·추·천·사·

우리 목회자에게 부여된 설교의 특권은 어떤 것과도 비교할 수 없는 영광이며 또한 어깨를 누르는 부담이기도 합니다. 어떤 이들은 진리보다도 설교를 멋지게 하려고 하기도 하고 본인의 성숙의 무게보다 더한 말들을 하려고도 합니다.

이런 때에 찰스 스윈돌 목사님의 신약 인사이트 시리즈가 나오게 된 것은 모든 목회자들을 위한 축복이라고 생각합니다. 그는 50년 가까이 사역을 하면서 단 한 번의 소란스러운 소문도 내지 않고 모든 교인에게 존경을 받은 목회자입니다. 탁월한 삶의 안목으로 진리를 발견하고, 가장 풍성한 언어로 본문의 강해를 전하는 목회자입니다. 그런가 하면 그는 가장 말씀을 잘 교육하는 달라스 신학교를 맡아 후학들을 교육하여 미국에서 가장 영향력 있는 신학교로 발전시켜나갔습니다.

이 책은 그의 50년 말씀 강해 사역의 결산입니다. 어렵고 난해한 설명이 아니라 진리에 대한 분명한 이해와 전 생애를 통해 입증한 진리의 말씀을 그만이 할 수 있는 언어의 연금술사적 표현으로 이 강해를 완성했습니다. 이 시리즈는 가볍고 빈약한 말씀으로 얼룩진 한국 교회의 강단에 풍성한 말씀의 은혜를 가져다줄 것입니다. 성경 본문을 다시 보게 만들고, 진리의 깊은 뜻에 목회자 자신이 먼저 은혜를 받게 하며, 전해야 할 메시지를 분명하게 정리해 주는 가이드가 될 것입니다. 한국 강단에 말씀이 흥왕되기를 간절히 바라며 젊은 목회자뿐만 아니라, 말씀 앞에 오늘도 씨름하며 간절히 사모하는 모든 설교자에게 진심으로 이 책을 권합니다.

홍정길 목사_남서울은혜교회

찰스 스윈돌은 우리 시대 하나님의 선물입니다. 그는 가장 신실한 강해 설교의 모본을 보이신 분입니다. 그는 학자는 아니지만 언제나 본문에 성실한 설교자입니다.

그는 주석/ 석의의 기본을 중시하면서 본문을 강해하는 분입니다. 그러면서 탁월한 적용으로 우리를 삶의 마당으로 안내합니다. 이번에 도서출판 디모데가 「찰스 스윈돌의 신약 인사이트」 시리즈를 펴낸 것에 대해 한국 교회와 더불어 축하하며 기뻐하고 싶습니다.

그만큼 한국 교회 강단이 풍성해질 것을 기대하기 때문입니다. 설교자들은 옷을 팔아서라도 이 시리즈를 비치하고, 모든 성경 연구자는 새로운 재산 목록으로 이 시리즈를 추가하십시오. 이 시리즈가 오늘의 허약한 강단을 부요하게 하고, 위기에 처한 한국 교회를 살리는 보약이 될 것을 예감합니다. 진지하게 말씀을 묵상하는 모든 이에게 이 책은 우리 시대의 동의보감이 될 것입니다. 찰스 스윈돌이 이미 끼친 영향력보다 더 오래, 그리고 더 깊게 이 시리즈는 말씀을 연구하는 모든 사람의 길잡이가 될 것입니다.

함께 귀한 보화를 나누는 기쁨으로 이 책을 추천합니다.

이동원 목사_지구촌교회

찰스 스윈돌 목사님은 저 개인의 판단으로는 현재 생존하고 있는 설교자 가운데 최고의 설교자라고 늘 생각해왔습니다. 제가 미국에 거주했던 오랜 시간 동안 기회가 있을 때마다 스윈돌 목사님의 설교를 들으면서 하나님의 말씀이 얼마나 귀하고 위대한 진리인지를 강하게 느끼곤 했습니다. 특히 설교를 전달하는 그분의 능력은 누구와도 비교가 되지 않습니다. 사실 이러한 판단은 저만의 느낌이 아니고 그분의 설교를 들어본 전 세계 수많은 기독교인들이 같은 판단을 하고 있다고 생각합니다. 스윈돌 목사님의 설교는 거의 강해식 설교인데 성경 말씀의 현실적 가치를 남김없이 드러내줍니다. 설교자들이 본받아야 할 모델임에 틀림없습니다. 달라스 신학대학원 총장을 은퇴한 스윈돌 목사님은 달라스에 교회를 개척하신 후 오늘까지도 설교를 하고 계십니다. 그 설교 시리즈를 〈인사이트 포 리빙(Insight for Living)〉이라 부릅니다. 이번에 디모데에서 출판한「찰스 스윈돌의 신약 인사이트」시리즈는 그분의 설교를 주석 형태로 정리하여 출판한 것으로서, 비록 활자화된 책이 그분의 현장 설교를 그대로 반영할 수는 없겠지만, 그래도 그분의 탁월한 말씀 선포를 최대한 반영한 것이라 할 수 있습니다. 한국의 모든 목회자와 신학생과 한국 교회에 이 시리즈가 소중한 자료로 사용되어지고, 독자들에게 큰 은혜를 끼치게 될 것을 기대해마지 않습니다.

김상복 목사_세계복음주의연맹(WEA) 회장, 할렐루야교회 원로목사

포스트모던 시대에 살고 있는 현대 크리스천들과 목회자들과 선교사들에게 있어서 가장 큰 취약점은 날이 갈수록 성경 말씀이 그들로부터 멀게 느껴진다는 사실이다. 찰스 스윈돌 목사님의 설교와 성경 강해는 이런 추세를 돌이키고도 남음이 있음을 지난 47여 년 동안 그의 설교를 듣고 하나님의 말씀이 주는 감동을 다시 찾은 미국 교회 회중들에 의해 충분히 입증된 바 있다. 이 「찰스 스윈돌의 신약 인사이트」 시리즈도 현대 한국 크리스천들과 목회자들과 선교사들로 하여금 말씀에 대한 이해와 적용을 할 수 있도록 도움으로써 다시 한 번 성경의 원저자가 의도했던 감동을 주기에 충분할 것이다.

성경 말씀이 처음 선포되었을 때 이를 들은 회중에게 일어났던 임팩트가 재현되기 위해서는 최소한 다음 두 가지 여건이 재조성되지 않으면 안 된다. 첫째, 하나님이 원래 의도하셨던 대로 그 의미(meaning)가 정확하게 전달되어야 한다. 둘째, 듣는 이들의 마음속에 말씀이 들어가서 하나님이 그 말씀을 통해 의도하셨던 일이 선명하게 드러나야 한다. 이럴 때 비로소 우리는 전해진 말씀이 자신들과 연관성(relevance)이 있다는 사실을 피부로 느끼게 될 것이다. 이를 다시 한국 상황에 맞게 정리하면 성경에 대한 이해와 아울러 이 말씀을 듣는 회중, 즉 한국 사람들의 마음에 대한 이해가 깊지 않으면 안 된다는 말이다. 이에 한 가지 중요한 요소를 더 보탠다면 이 둘 사이에 다리를 놓는 것, 즉 커뮤니케이션이 잘 되어야 한다는 것이다.

이 시리즈는 이 세 가지 모두를 탁월하게 이해한 이 시대의 가장 저명한 강해자 가운데 한 사람이 그의 전 생애를 건 결실이기도 하다. 이를 사용하는 한국 크리스천들과 목회자들과 선교사들에게도 다시 한 번 하나님의 말씀이 가슴속 깊이 파고들어가 원저자이신 성령이 의도하신 대로의 메시지에 따라 삶이 변화되며, 급기야 그 가치관과 세계관이 성경적이 되어 더 이상 얄팍한 크리스천이라는 비난을 받지 않게 되기를 간절히 기원하며 이 시리즈를 모든 사람에게 추천한다.

이태웅 목사_한국글로벌리더십연구원 원장

찰스 스윈돌 목사님은 우리 시대 최고의 목회자요 설교자로서 이미 수많은 저서를 통해 우리에게 잘 알려진 존경받는 저술가이기도 하다. 「찰스 스윈돌의 신약 인사이트」 시리즈는 목회자에게 유익을 주는 또 하나의 저서이다. 특히 로마서는 기독교 교리 체계를 다룬 것으로 다른 복음서에 비해 어렵다. 그러나 이 책은 목회자들의 설교나 성경 공부 준비에 아주 요긴한 좋은 지식을 제공하고 있어 대단히 유익하다.

김경원 목사_서현교회

"나는 성경 말씀을 고찰하고 선포하는 일에 중독되었다고 서슴없이 말할 수 있습니다." 이것은 찰스 스윈돌 목사님이 서문에서 고백한 내용이다. 그는 설교자로서 하나님의 말씀을 정확하고, 명료하고, 현실적이고, 통찰력 있게 전달하고자 애썼으며 이 일에 자신의 전 생애를 헌신했다. 이 책은 지난 50여 년 동안 설교하고 가르치면서 하나님의 진리를 이해하고 설명하고 적용한 귀한 책이다.

김병삼 목사_만나교회

찰스 스윈돌 목사님은 본문 주해와 적용에 탁월한 강해 설교자이다. 그에게는 원어로 말씀을 분석하는 지력과 말씀을 삶에 실제적으로 적용하는 통찰력이 있다. 그에게는 하나님의 말씀인 로고스(Logos), 그 말씀을 자신 있게 전하는 설교자의 에토스(Ethos), 그리고 열정과 헌신으로 가득한 설교자의 파토스(Pathos)가 있기에 이 시리즈가 말씀을 사랑하는 평신도와 목회자에게 큰 유익이 되리라 확신한다.

노창수 목사_워싱턴 중앙장로교회

찰스 스윈돌은 모든 사역자에게 존경을 받는 분입니다. 그분의 분명한 성경 강해와 실천적인 적용의 원리는 모든 곳, 모든 사람에게 깊은 영향력을 끼치고 있습니다. 이번에 디모데에서 출간된 「찰스 스윈돌의 신약 인사이트」 시리즈는 설교를 준비하는 신학생으로부터 담임목사에 이르기까지 매 주일 말씀을 선포하는 사역자들의 목마름을 해갈시켜줄 좋은 도움서입니다. 모든 분들의 일독을 적극 추천합니다.

박은조 목사_샘물교회

지난 반세기를 말씀을 전하는 일에 헌신해온 찰스 스윈돌 목사님은 과연 이 시대 가장 탁월한 설교자답게 모든 설교자를 위하여 대단히 귀한 선물을 준비했다. 설교자 치고 자료의 중요성을 모르는 사람이 어디 있을까? 이번에 그가 펴낸 이 새로운 시리즈는 어렵고 난해한 주석들과 너무도 평범한 설교집들 사이에서 방황하던 설교자들에게 마침표를 찍어줄 것이다.

박정근 목사_부산영안침례교회

내가 처음 강해 설교를 배운 후 연습을 위해 참고한 것이 찰스 스윈돌의 성경 공부였다. 그가 말씀을 묵상한 내용은 깊이도 있지만 적용의 포인트가 아주 신선했다. 무엇보다도 의사소통에 천재적인 능력을 보여주었다. 그는 자신이 강조하는 것처럼 성경 신학자는 아니다. 그럼에도 불구하고, 아니 그렇기 때문에 그의 성경 해석은 모든 사람에게 쉽게 전달이 된다. 이 시리즈는 성경을 공부하는 사람들에게 부담을 주지 않으면서도 실제적으로 많은 도움을 줄 것이다.

방선기 목사_직장사역연구소 소장

로마서를 가장 좋아해서 관련 서적들을 많이 읽어보았지만, 이렇게 insightful한 책은 없었습니다. 방대한 자료를 제시하며 로마서를 깊이 있게, 여러 가지 관점으로 볼 수 있도록 인도하는 이 책은 신기할 정도로 한결같이 친절하고 생생한 언어를 사용해 로마서의 원저자인 사도 바울을 만난 것 같은 기분을 느끼게 합니다. 가르치는 사람이라면 꼭 읽어야 할 책입니다. 단, 이 책을 펼치기 전 한 가지 조심해야 할 일이 있습니다. 이 책을 읽은 사람이라면 누구나 로마서 전도사가 될 것이기 때문입니다.

서정인 목사_한국컴패션 대표

명료하면서도 풍성한 표현, 정확하면서도 깊은 이해, 어렵지 않으면서도 부족함이 없는 성경 해석서가 있기를 바라왔는데 주님은 그런 축복을 찰스 스윈돌 목사님을 통해 우리에게 주셨습니다. 훌륭한 목회자로, 탁월한 설교자로서 그의 47년 목회 사역의 귀중한 자료들을 망라한 이 책을 말씀에 대한 갈증을 느끼는 모든 목회자, 특별히 설교를 준비하는 모든 설교자에게 진심으로 권합니다.

이찬수 목사_분당우리교회

오늘날 교계의 가장 빼어난 지도자 가운데 한 분으로 나는 주저 없이 찰스 스윈돌 목사님을 꼽는다. 그는 탁월한 지도력을 갖춘 목회자이고, 건강한 신학적 안목을 지닌 성경 강해자이며, 선명한 복음을 선포하는 설교자이다. 그러나 내가 그를 존경하는 진짜 이유는 말과 행실이 일치하는 그의 성숙한 신앙 인격 때문이다. 평생 스캔들 한 번 없이 수많은 사람들에게 거룩한 영향력을 미친 그의 47년 사역의 결정체가 책자로 출간되었다니 말할 수 없이 기쁘고 감사하다. 전통적 주석과 달리 성경을 통합적으로 꿰어내는 통찰력이 그의 라디오 사역인 〈인사이트 포 리빙(Insight for Living)〉을 연상시킨다. 이 보석 같은 책자를 모든 성도와 신학도와 설교자에게 자신 있게 추천한다.

정민영 선교사_WBT 부총재

찰스 스윈돌 목사님은 우리에게 잘 알려져 있는 목사님이다. 그가 가진 성경 공부와 강해 설교에 대한 탁월한 은사는 우리로 하여금 성경을 전체적으로 그리고 세밀하게 바라볼 수 있도록 도와준다. 그리고 그가 저술한 여러 책들은 누구나 성경을 바로 이해할 수 있도록 도와줄 뿐만 아니라 말씀을 삶에 적용하고 실천하는 데 대단히 훌륭한 가이드가 된다. 이번에 디모데에서 출판한 「찰스 스윈돌의 신약 인사이트」 시리즈는 목회자들의 설교 사역에 대단히 큰 도움을 줄 것이라고 확신한다.

정주채 목사_향상교회

드디어 기다리던 작품이 나오게 되어 기쁘다. 찰스 스윈돌, 그는 실천적 성경 해석가요 본문을 살아나게 하는 설교자이다. 그는 '그때 거기서' 주어졌던 말씀을 '지금 여기에서도' 적용되도록 실용적 인사이트를 준다. 특히 그는 어느 본문에서도 예수 그리스도가 나타나도록 설교의 절정을 이루는 원리와 비법을 자연스럽게 제시해준다. 그래서 말씀을 듣는 사람들을 부활의 능력으로 소생시켜준다. 이것이 그가 만들어내는 인사이트 주석의 핵심이다.

조봉희 목사_지구촌교회(서울)

본문에 대한 세밀한 통찰력과 시대를 읽어내는 예리한 지성이 청중을 사로잡는 수사학과 버무려진 책이다. 본문을 통하여 하나님의 음성을 읽어내는 영성과 그 음성을 청중의 삶에 적용하기 위한 찰스 스윈들의 열정과 사랑이 집대성되었다. 이 책에는 천상의 소리를 지상의 소리로 만드는 비법이 고스란히 담겨 있다.

최명덕 목사_건국대학교 교수

「찰스 스윈돌의 신약 인사이트」 시리즈를 통해 찰스 스윈돌 목사님을 우리 개인의 서재로 초대하고, 그분과 함께 목회 동역자로 일할 수 있는 길이 가능해졌다. 성경에 대한 그분의 애정과 깊은 영성은 모든 목회자에게 엄선된 자료, 탁월한 분석과 요약, 놀라운 통찰력, 감동과 도전을 준다. 우리는 더 이상 성경 본문 속에서 방황할 필요가 없다. 왜냐하면 이제 성경의 핵심으로 바로 뛰어들어갈 수 있기 때문이다.

홍인종 목사_장로회신학대학원 교수

찰스 스윈돌의 신약 인사이트 시리즈

로마서

Swindoll's New Testament Insights on Romans

Originally published in the U.S.A. under the title: Insights on Romans

Translated by Hisoo Kim
Published by permission of Zondervan, Grand Rapids, Michigan, U.S.A.
through arrangement of rMaeng2, Seoul, Republic of Korea.

※본문의 성경은 한글개역개정을 사용하였습니다. 별도의 경우 따로 표기해두었습니다.

CS

찰스 스윈돌

신약 인사이트 시리즈

김희수 옮김

SWINDOLL'S NEW TESTAMENT INSIGHTS

ROMANS

로마서

디모데

Timothy Publishing House

차례

■ 지도·도표·사진 목록

머리말

60여 년 동안 나는 성경을 애독해왔습니다. 성경을 향한 그 사랑에 내가 해병대 복무 중에 받은 복음 사역으로의 부르심이 더해져 나는 달라스 신학교에 입학하게 되었습니다. 그 4년 동안 나는 하나님의 말씀을 사랑하는 훌륭한 하나님의 사람들 밑에서 수학하는 특권을 누렸습니다. 그분들은 무오한 하나님의 말씀을 추앙하고, 신중하게 가르치며, 열정적으로 설교하고, 행동으로 실천하는 모범을 보여주었습니다. 나는 내 것이라고 선포된 위대한 유업에 대해 하나님께 감사하지 않고 보낸 주가 한 주도 없었습니다! 하나님의 진리를 이해하고 설명하고 적용하는 일에 이토록 헌신하도록 나를 키워준 그 훌륭한 신학자들과 멘토들에게 나는 영원한 빚을 지고 있습니다.

45년 이상을 나는 이 일에 정진해왔습니다. 그리고 얼마나 이 일을 사랑하는지 모릅니다! 고백하건대 나는 성경 말씀을 고찰하고 선포하는 일에 중독되었다고 서슴없이 말할 수 있습니다. 그렇기 때문에 이 시리즈 – 특히 하나님이 기록하신 말씀 속에 담겨진 진리를 설명하고 이해를 돕는 – 는 내 삶에서 매우 중요한 의미를 가집니다. 오랜 세월 힘을 다해 성경을 성실하게 연구하면서 발견한 소중한 서적들을 모아 널찍한 서재를 만들었습니다. 생의 마지막 날까지 내 인생의 가장 중요한 목표는 하나님의 말씀을 정확하고, 명료하며, 현실적이고, 통찰력 있게 전달하는 것입니다. 찾아볼 수 있는 많은 자료가 담겨진 신뢰할 만한 서적들이 없었다면 나의 작업은 몇십 년 전에 '고갈'되어버렸을 것입니다.

내가 가장 많이 그리고 즐겨 사용한 책들은 성경의 본문을 더 잘 이해하는 데 유용한 책들입니다. 대부분의 주석가들이 그렇듯이 나는 끊임없이 나의 재능을 연마하고 더 날카롭게 해줄 문헌들을 찾고 있습니다. 다시 말해서, 복잡한 것을 단순하고 이해하기 쉽게 만들어주고, 내가 살고 있는 21세기 세상의 관점에서 신성한 진리와의 관련성을 볼 수 있게 해주는 통찰력 있는 해설과 눈으로 보는 듯한 생생한 서술을 제공하며, 그 진리들을 내가 쉽게 잊지 못하도록 마음속 깊이 새겨주는 자료들을 찾는다는 뜻입니다. 그런 책을 발견하면 나는 그것을 손에서 놓지 않고 탐독한 후에 나중에 다시 찾아보기 위해 내 서재에 보관합니다. 그리고 정말로, 나는 자주 그 책들을 찾아봅니다. 신선한 통찰이 부족하거나 적합한 이야기나 예화가 필요할 때, 또는 본문 해석이 잘 풀리지 않아 빠져나올 방법을 찾을 수 없을 때 찾아볼 수 있는 자료가 풍부한 저작들이 있다는 게 얼마나 다행인지 모릅니다. 열정적인 주석가들에게 서재는 반드시 있어야 합니다. 나의 멘토 중 한 분이 이런 말을 한 적이 있습니다. "도대체 다른 어디에서 자네 손바닥에 만 명의 교수들을 올려놓을 수 있겠나?"

최근에 나는 내가 방금 설명한 것과 같은 충분한 자료들이 턱없이 부족하다는 사실을 알게 되었습니다. 그리고 문제를 한탄하기보다는 내가 그 해답의 일부가 되자는 생각을 품게 되었습니다. 그러나 그 해답은 큰 임무를 떠맡는 것이 될 터였습니다. 신약의 모든 책과 편지들을 망라하는 저술 작업은 너무나 벅차고 두렵게 느껴졌습니다. 그러나 내가 지난 45년여 동안 신약 성경의 대부분을 가르치고 설교했다는 사실을 깨달았을 때 안도감이 밀려왔습니다. 내 자료 파일들은 이 시대의 필요에 부응하는 새로운 의미가 보태어져 세상에 나가 주님의 신선한 말씀을 갈망하는 사람들의 삶에 적용되기를 기다리며 숨어 있던 메시지들에 대한 주석들로 가득했습니다. 이거면 됐다! 나는 내 꿈을 실현시켜줄 최고의 출판사를 찾기 시작했습니다.

나의 저작권 대리인인 실리(Sealy)와 맷 예이츠(Matt Yates)의 노고에 감사합니다. 나는 이렇게 방대한 프로젝트에 관심이 있는 출판사를 택했습니다. 완간하는 데 10년 이상이 걸릴 전집을 출판하는 모험에 열정적인 지원을 아끼지 않은 존더반 출판사의 훌륭한 직원들에게 감사를 전합니다. 여러 해 동안 나의 다른 저작들을 출판하면서 그들 대부분과 알고 지냈던 나는 그들이 이러한 임무를 해낼 역량이 있으며, 내 자료들을 출판하는 작업에서 선한 청지기가 되어줄 것을 확신했습니다. 확신과 격려를 준 스탠 건드리(Stan Gundry)와 폴 앵글(Paul Engle)에게 감사합니다. 그들은 처음부터 끝까지 충성스럽게 도움을 주었습니다. 베를린 버브룩(Verlyn Verbrugge)과 함께 일하는 것은 또 하나의 기쁨입니다. 그의 경험에서 우러나온 지혜와 예리한 통찰에 진심으로 감사를 드립니다.

나의 오랜 친구이자 이전의 편집자였던 존 슬론(John Sloan)과 또다시 함께 일하게 된 것도 특별한 기쁨이었습니다. 그는 편집장으로서 참으로 소중한 조언을 해주었습니다. 무엇보다도 가장 감사한 것은 그의 열정적인 지원이었습니다. 직접 편집을 해준 마크 게이더(Mark Gaither)와 마이크 스비겔(Mike Svigel)의 지칠 줄 모르는 노고에도 감사의 마음을 전합니다. 그들은 신약 성경 27권의 각 장과 구절들을 모두 섭렵하는 작업을 멋지게 해냈습니다. 그들은 원고를 성경 본문에 충실하고 흥미롭고 독창적이면서도 읽기 편한 문체로 다듬고 자연스럽게 내 목소리가 드러나게 해주었습니다. 그 과정을 지켜보는 것은 또 다른 즐거움이었습니다.

내가 50년 가까이 섬겨온 미국 여러 지역의 교인들에게도 깊은 감사를 드립니다. 매년 하나님의 메시지를 지키고 전달하는 소명을 수행하면서 그분들의 사랑, 지원, 인내 그리고 수많은 격려의 말을 들을 수 있었던 것은 행운이었습니다. 나는 목자로서 그 양 떼들을 이루 말할 수 없이 사랑했습니다. 또한 내가 지금 기쁨으로 섬기고 있는 텍사스 주 프리스코에 있는 스톤브라이어 교회(Stonebriar Community Church)의 양 떼들은 더더욱 그렇습니다.

마지막으로, 공부와 설교와 글쓰기에 중독된 나를 이해해준 아내 신시아(Cynthia)에게 감사합니다. 아내는 내가 이 일을 하는 것을 한 번도 반대한 적이 없습니다. 언제나 내가 최선을 다하도록 격려해주었습니다. 그녀의 애정 어린 지원과 더불어 30여 년간 인사이트 포 리빙(Insight for Living)을 훌륭히 이끌어온 그녀의 헌신에 힘입어 "때를 얻든지 못 얻든지" 나의 소명에 충실할 수 있었습니다. 평생을 함께 사역하면서 형성된 동역자로서의 관계는 그렇다 치더라도, 나에 대한 그녀의 헌신이 없었다면 이 시리즈는 결코 시작되지 못했을 것입니다.

이 책에 당신의 손길이 닿을 수 있어서, 그리고 궁극적으로 당신의 서가에 놓일 수 있게 되어서 정말 기쁩니다. 나의 끊임없는 기도와 바람은 이 책들이 당신이 성경을 공부하고 적용하는 데 유용하게 쓰이는 것입니다. 내가 오랜 세월에 걸쳐 깨달았듯이 당신 또한 하나님의 말씀은 시대를 초월하는 진리라는 사실을 깨닫는 데 이 책이 도움이 되기를 기도합니다.

"풀은 마르고 꽃은 시드나
우리 하나님의 말씀은 영원히 서리라"(사 40:8).

찰스 스윈돌(Charles Swindoll)
텍사스 주 프리스코

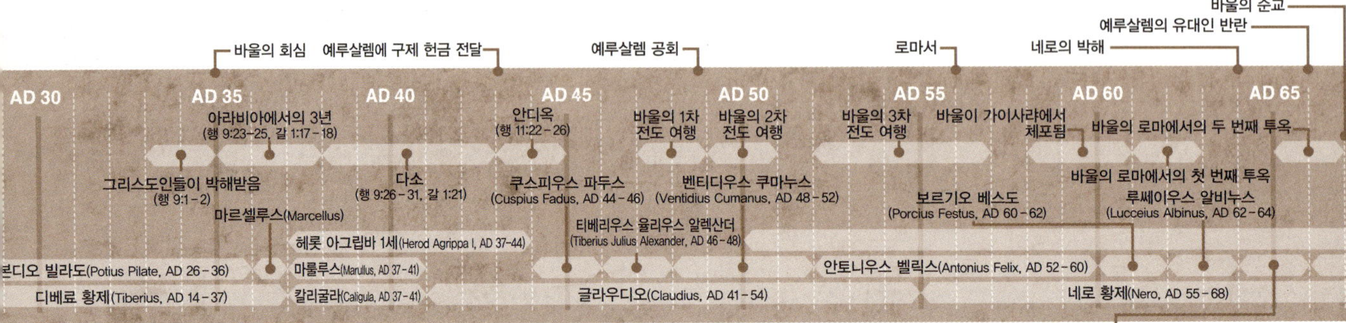

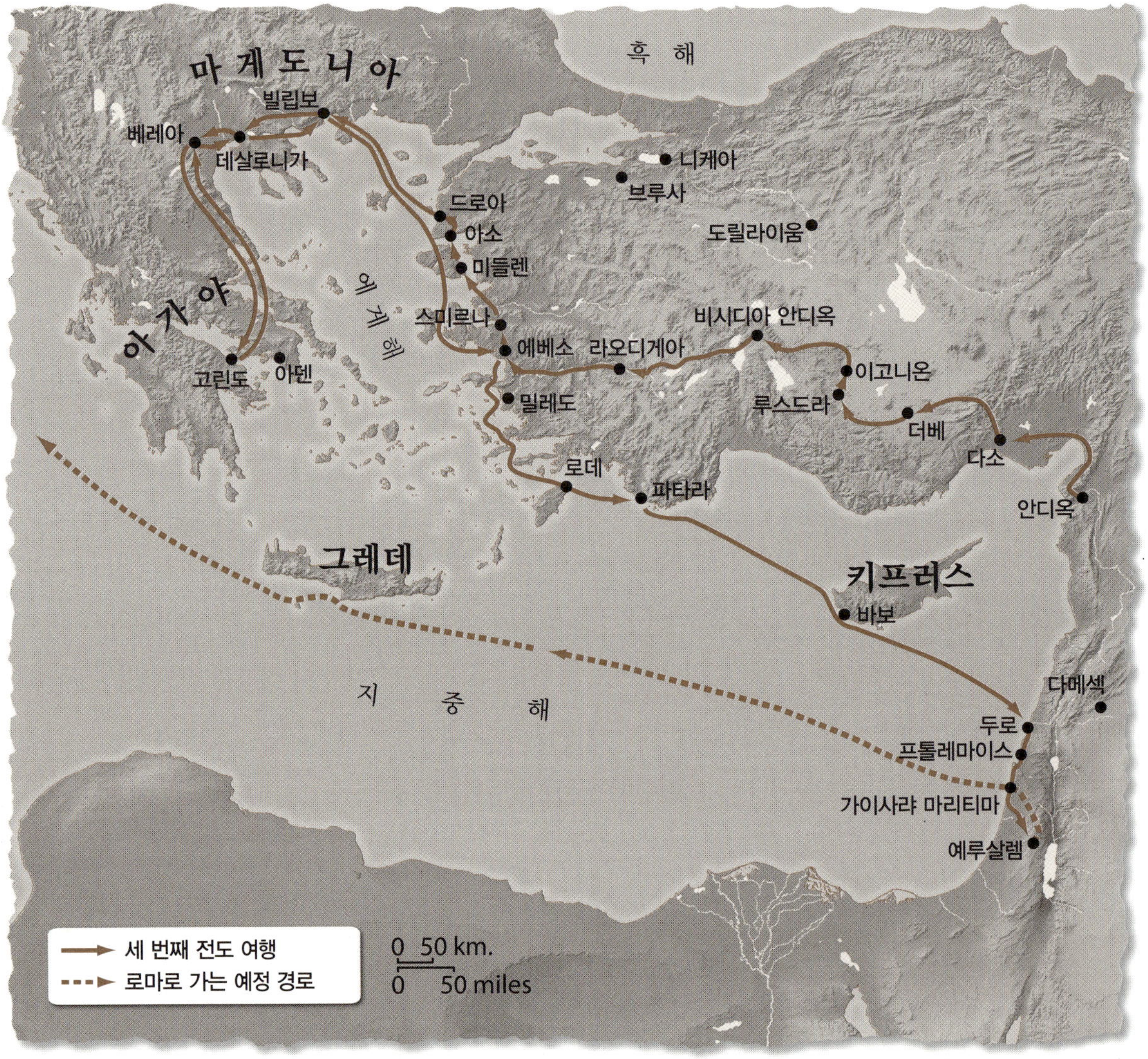

세 번째 전도 여행에서 이스라엘로 돌아온 바울은 사역의 결과를 나누기 위해 예루살렘의 교회 지도자들을 방문했다. 그런 다음, 아마도 안디옥에서 잠시 친구들을 만난 후에, 배를 타고 로마로 가서 스페인의 서쪽 변방 지역 전도를 시작할 계획을 세웠다. 그러나 예언대로 바울은 체포되었다(행 20:22-23). 그는 결국 로마에 갔다… 사슬에 묶인 채.

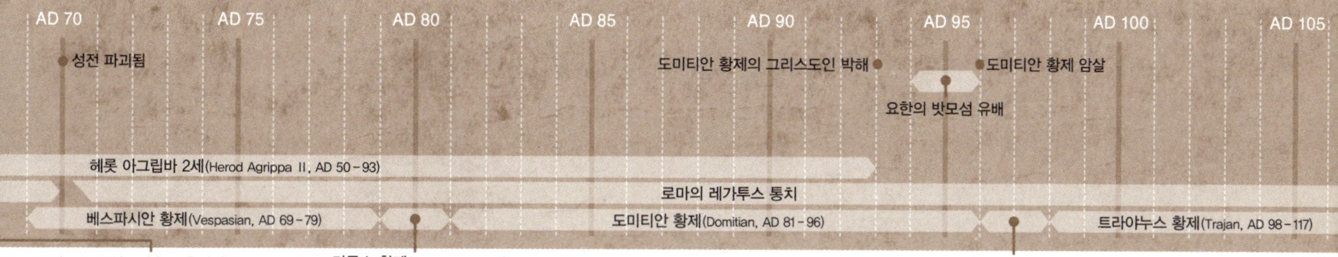

로마서

서론

나와 함께 과거로 시간 여행을 떠나자. 때는 AD 57년 겨울, 우리는 그리스 본토와 펠로폰네스 사이에 있는 좁은 지협, 로마가 짐을 가득 실은 선박들과 돈이 두둑한 여행객들로부터 거금을 끌어모으는 지역에 있다. 도시 외곽에 있는 부유하고 선량한 가이오라는 사람의 집에서 두 남자가 두루마리를 펼쳐놓고 토론을 벌이고 있다. 커다란 책상에 앉아 열심히 적고 있는 사람에게 다른 한 사람이 방 안을 서성이며 자신의 생각을 토로하고 있다.

말하는 사람은 어깨가 굽었고 눈에 띌 정도로 다리를 절어 걸음걸이가 불편해 보였지만, 신중하게 힘을 안배하며 걷고 있다. 그의 팔과 얼굴에는 바람, 햇빛, 나이 그리고 학대의 흔적이 남아 있다. 그의 손가락들은 울퉁불퉁하고 부자연스러운 방향으로 굽어 있는데 그것은 그가 여러 차례 돌팔매질을 당했다는 증거이다. 이런 육신의 소유자라면 당연히 상하고 의기소침한 마음을 가졌을 거라고 예상하겠지만, 그의 눈에는 특이한 무언가가 있다. 그의 눈은 정기가 넘치고, 이제 막 운전 면허를 받으려고 하는 십대 아이에게 보일 법한 희망으로 가득 찬 밝은 눈빛을 가지고 있다.

이 도시는 고린도이고, 마루를 서성이는 사람은 바울이다. 책상에 앉아 있는 그의 조수는 더디오이다. 그들이 작성하고 있는 문서는 주님이 가장 많은 열매를 맺은 전도자에게

로마서의 주제

단락	인사	하나님의 진노	하나님의 은혜
주제	바울의 소명과 계획 그리스도의 정체성 복음 믿음 '하나님의 의'	'하나님의 의' 인간의 도덕적 실패 인간에 대한 하나님의 유기 인간의 절망과 영원한 위험	'하나님의 의' 행위의 무력함 믿음을 통한 칭의 은혜/ 거저 주시는 선물 화해
핵심 용어	사도 복음 믿음 구원 의	불의 심판 율법 진노 내어버려두심	의롭다 함 행위/ 율법 할례 화목 제물 은혜
구절	1:1–17	1:18–3:20	3:21–5:21

하나님의 신실성	하나님의 위엄	하나님의 의	하나님의 공동체
의 인간 노력의 헛됨 성령의 필요성 자녀/ 하나님의 상속자 미래의 '영광'에 대한 확신	믿음을 통한 의 하나님의 계획 속의 이스라엘 하나님의 공의 하나님의 주권 하나님의 계획	사랑 시민의 책임 하나됨 상호 판단 상호 수용 기쁨, 평화, 소망	이방인 복음 바울의 과거 바울의 미래
'육신' 영 성화 예정 영화롭게 됨	자비 완악함 남은 자 신비	순응 변화 분별 수용	순종 칭찬 불화 방해물
6:1-8:39	9:1-11:36	12:1-15:13	15:14-16:27

작성을 의뢰하신 것으로, 가장 중요한 문헌인 로마 교회에 보내는 편지가 될 것이다. 바울뿐 아니라 다른 어느 누구도 그 글의 영향이 앞으로 여러 세기 동안 이어지리라는 것은 꿈에도 모르고 있다. 3세기 알렉산드리아의 오리겐(Origen, 초대 교회 교부이자 신학자 – 역주)에서부터 20세기 필라델피아의 반하우스(Barnhouse, 미국의 저명한 성경학자 – 역주)에 이르기까지 헤아릴 수 없이 많은 신학자들이 이 사도의 대표작을 놓고 수많은 주해와 묵상을 쓸 것이다. 어거스틴(Augustine)은 이 편지에서 그의 믿음의 모판을 발견할 것이다. 이 문서는 오직 그리스도 한 분만을 믿는 믿음을 통한 은혜로 의롭다 함을 얻는 진리 – 행위라는 거짓된 복음에서 이익을 얻었던 사람들의 교의 때문에 거의 알려지지 않은 교리인 – 를 재도입할 마틴 루터(Martin Luther)의 가슴속에 개혁의 불꽃을 일으킬 것이다. 이것은 조나단 에드워즈(Jonathan Edwards)의 마음에 불을 붙이고, 존 웨슬리(John Wesley)의 마음을

무려 15년에 걸친 세 번의 전도 여행을 통해 바울은 로마 제국의 동쪽 지역에 복음을 전했는데, 정말 험난한 사역이었다. 그럼에도 불구하고, 대부분의 사람들이 은퇴했을 나이에 바울은 복음의 불모지인 서쪽 변방 지역, 곧 이태리 북부, 프랑스 남부, 스페인, 포르투갈로 눈을 돌렸다.

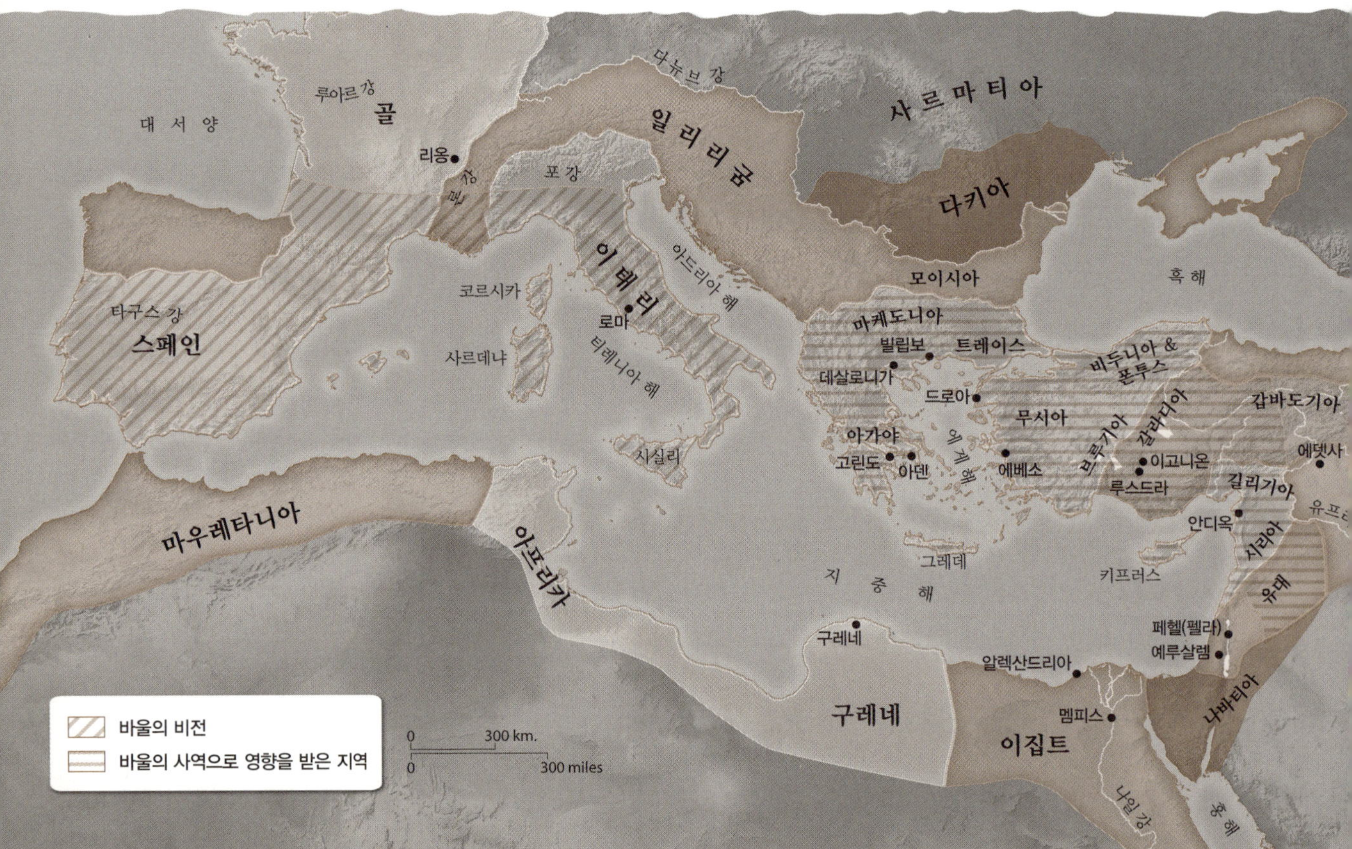

이상하게 흥분시키며, 조지 휫필드(George Whitefield)가 일으킨 부흥의 불길에 기름을 끼얹을 것이다.

"사도로 부르심을 받아 하나님의 복음을 위하여 택정함을 입었으니"(1:1)

당시 바울은 우여곡절 끝에 이 지역에 왔다. 그는 다소라는 혼잡한 국제 도시에서 출생했지만 예루살렘의 거대한 성전 그늘 속에서 성장했다. 환하게 빛나는 하얀 성전 안에서 저명한 랍비 가말리엘의 지도 아래 공부했다(행 22:3). 그는 로마 시민이기도 했지만(22:25-28), 무엇보다도 "약속의 아들"이었다. 그는 하나님이 자기 혈족에게 주신 엄청난 특권과 책임에 대해 들었다. 그는 모세의 율법을 공부했고, 전통의 아주 작은 부분까지도 열심히 실천했다. 그리고 그는 마음속에 오로지 하나의 목표를 품고 고루한 바리새인의 의식에 몰두했다. 그는 스스로가 성전이 되기를 바랐다. 하나님의 의를 담을 수 있는 신성하고, 강하며, 순결하고, 귀한 그릇이 되고자 했다.

그러나 위대한 사람들의 삶이 종종 그렇듯이, 의를 추구하려는 바울의 강한 열정은 예상하지 못했던 전환을 맞게 된다. 그가 그리스도인들의 입을 틀어막고 핍박하기 위해 다메섹으로 가던 길에 예수 그리스도가 나타나 그를 책망하고 변화시키셨다. 그리고 전혀 다른 방향으로 그를 돌려세우셨다(행 9:3-22). 그가 갈망하던 의는 바리새인들의 전통이 아니라 그가 죽이려고 하던 바로 그 사람들의 믿음에 있었다. 그들은 과거에 자신들을 핍박했던 사람, 그들이 사랑했던 스데반을 돌로 쳐 죽이는 일에 앞장섰던 그에게 기꺼이 손을 내밀고(7:58-8:1), 그 선함의 근원을 보여줌으로써 그에게 초자연적인 은혜를 드러내주었다. 그들은 단지 그들이 예수 그리스도를 믿는 믿음을 통해 은혜로 받은 의를 전해주었던 것이다(9:13-19).

부활하신 그리스도와의 만남은 바울을 변화시켰다. 그의 장래는 예루살렘에서 율법의 행위를 실천하며 사는 것이 아니라, 이방인들에게 가서 은혜를 전파하고 믿음으로 사는 것이 되었다. 그는 기독교를 근절시키는 대신 3만 킬로미터를 넘는 예루살렘과 로마 사이를 오가며 복음을 듣지 못한 사람들이 있는 곳이라면 어디에서나 복음을 전파하는 지칠 줄 모르는 사도가 될 것이었다. 그리고 그의 세 번째 전도 여행이 끝나갈 즈음, 자신의 평생을 사역에 바쳤다고 생각할 법한 시기에, 사도는 로마 너머에 있는 서쪽 변방으로 눈을 돌렸다(롬 15:23-24).

"선함이 가득하고 모든 지식이 차서 능히 서로 권하는"(15:14)

바울은 제국의 수도에 있는 성도들을 길게 칭찬했다. 로마 교회를 세운 것도 아니고 가본 적도 없지만 그는 몇몇 지도자들과 친밀한 관계를 유지하고 있었다(롬 16:1-15). 많은 사람들이 바울과 함께 사역을 했는데, 그들 중 어떤 이들은 전도 활동 초기의 감방 동료였고, 몇몇은 다른 지역에서 그의 수고로 맺은 열매였다. 그들의 말씀에 대한 순종과 서로에 대한 신실성은 다른 교회들 사이에서 전설이 되었다(16:19). 이것은 로마 내의 특별한 압력을 감안할 때 쉽지 않은 일이었다.

글라우디오 황제(AD 41-54) 때 로마 정부 - 대체로 다른 종교들에 대해 관대했던 - 는 전도를 금지하기 시작했다. 글라우디오는 유대인 그리스도인들이 주변 사람들에게 전도를 했기 때문에 유대인들을 로마에서 추방한 듯하다(행 18:2). 그런데 몇 년 후 글라우디오는 감옥에 갇히고 그가 양자로 입양한 후계자 네로가 왕위를 차지했다. 네로는 유대인들과 그리스도인들의 귀환을 허용했다. 집을 되찾고 거주 구역을 재건한 유대인 공동체는 더 이상의 말썽을 피하기 위해 세간의 이목을 끌지 말라고 그리스도인들에게 압력을 가했을 것이 분명하다. 네로가 왕위에 오른 첫 3년 동안은 모든 것이 조용했다. 아직 십대였던 황제는 궁정 내부의 위협에 신경쓰느라 외부에서 벌어지는 일에는 크게 관심을 갖지 않았다. 바울이 로마 제국의 수도에 있는 형제자매들에게 편지를 쓴 때가 바로 이 무렵이었다. 그런데 불과 몇 달 만에 네로는 친어머니를 독살함으로써 내부의 위험 요인을 제거했다. 그러고나서 그는 거창한 축제와 대규모 검투 등으로 로마 시민들의 환심을 사는 데 주력했다.

바울이 글을 쓸 당시 로마의 인구는 백만 명이 넘었는데, 그 중 절반 정도는 노예이거나 최근에 자유인이 된 노예들이었다. 로마는 지금의 대도시와 마찬가지로 엘리트들이 살기에는 근사한 곳이었지만, 그 외의 사람들에게는 고달픈 곳이었다. 빈부의 격차로 인해 하층민들이 폭동을 일삼는 탓에 시 행정관들은 늘 신경이 곤두서 있었다. 빈곤층의 사람들은 범죄가 횡행하는 거리에 위치한 5, 6층 높이의 불결한 고층 아파트에서 살았는데, 1층만 제외하고 그 위부터는 아무런 위생 시설이나 수도 시설이 없었다.

특권층들이 거주하는 그림 같은 저택과 도시의 대부분을 차지하는 범죄가 들끓는 빈민가의 큰 격차로 인해 각자 알아서 생존하도록 방치된 거주민들은 민족별로 모여 살았다. 다시 말해서, 1세기의 로마는 19세기와 20세기의 뉴욕과 별반 다르지 않았다. 그들은 같은 민족끼리 모여 살면서 정부의 박해를 피하기 위해 서로 불안한 평화를 유지하며 지배권을 다투는 일종의 자치 정부를 형성했다(행 18:2).

누구에게나 고달픈 삶이었으나, 그런 환경 속에서 그리스도인이 되는 것은 더더욱 고달픈 일이었다. 유대인과 이방인 그리스도인들 모두에게 그리스도의 제자가 되는 것은 종종 가족이나 친족 그리고 그들이 제공하는 안전을 잃는 것을 의미했다. 그들은 자칫하면 자기들을 으스러뜨릴 수 있는 성난 거인들 사이에 끼인 다람쥐 같은 느낌이었을 것이다. 그리고 AD 64년에 그들의 느낌이 옳았다는 것이 입증되었다. 네로는 제정신이 아니었다. 그가 그리스도인들을 너무나 잔혹하게 박해한 나머지 로마 시민들은 그들을 동정하기 시작했다. 어떤 이들은 그리스도인들이 로마를 불태웠기 때문에 죽음으로 내몰렸다고 말하지만, 로마의 역사가 타키투스(Tacitus)에 의하면 그리스도인들은 "로마 방화에 대한 책임 때문이 아니라, 그들의 인간에 대한 혐오와 적대감"[1] 때문에 처벌을 받은 것이었다.

그리스도인에 대한 이러한 일반적인 인식 – 그것이 불공정한 것이든 비방이든 상관없이 – 때문에 사도는 편지의 끝머리에서 실제적인 충고를 하게 되었을 것이다.

"소망의 하나님이 모든 기쁨과 평강을 믿음 안에서"(15:13)

로마의 성도들에게는 격려가 절실히 필요했고, 하나님의 영감으로 기록된 편지는 세

가지 측면에서 그들에게 격려가 되었다.

첫째, 이 편지는 복음에 대한 그들의 이해를 확인시켜주고 혼란스러웠던 부분을 명확하게 정리해주었다. 고립을 동반한 박해는 아무리 긍정적인 사람이라도 진리에 대한 열의를 잃게 만들 수 있다. 실제로, 고통과 고립은 사람의 정신을 지배하는 잔인한 기술에 사용되는 기본적인 도구이다. 전쟁 포로들의 말을 들어보면 인간은 몇 시간 동안 고문을 받고나면 고통을 끝내기 위해 아무리 터무니없는 말이라도 절대 진리로 받아들이게 된다고 한다.

바울은 아주 면밀하고 명쾌하게 복음의 진리를 설명했다. 그는 자신이 받은 교육과 당대 최고의 수사적 문체를 사용하여 조리 있게 하나님의 진리를 설명했다. 그는 회당에서 설교하고 시장에서 토론하던 시절을 떠올리며 모든 관련된 반대들에 답했다. 물론 성령이 내용에 영감을 주시고, 쓰는 과정을 감독하시며, 오류가 없도록 예방하셨다. 로마의 성도들은 완전하고, 포괄적이며, 간결한 기독교의 진리 선언서를 받았다. 그리고 그 편지는 사람들의 마음을 놀라울 정도로 평온하게 해주었을 것이다.

둘째, 이 편지는 그들의 믿음의 진실성을 확인해주고 그들의 순종을 칭찬했다. 길고 고된 여정에 있는 사람들은 자주 자신들이 옳은 길로 가고 있다는 확인을 받아야 한다. 그렇지 않으면 그들은 점점 낙심하여 열심을 잃거나 경로에서 이탈해 방황한다. 로마 교회는 오랫동안 흔들리지 않는 믿음과 진정한 공동체의 귀감이 되어왔었다. 바울은 실제로 그들을 이렇게 격려했다. "너희가 지금까지 해온 대로 계속하라. 너희는 올바른 목표를 향해 나아가고 있다!" 게다가 로마의 성도들은 1세기의 교회가 다 그랬듯 거짓 선생들의 영향에 취약했다. 이 편지는 진리를 분별하고 이단에 빠져들지 않도록 그들을 무장시켜주었다.

셋째, 이 편지는 미래에 대한 비전을 제시하고 그것을 성취하는 일에 바울의 동역자가 되어줄 것을 촉구했다. 교회가 지평선에서 눈을 떼면 반드시 소위 말하는 '복지부동'에 빠지게 된다. 하나님의 창조물을 구원하고 변화시키려는 그분의 계획을 성취하기는커녕, 자신들의 존재 이유를 망각하고 그로 인해 오랫동안 고통스럽게 엉뚱한 것을 추구하게 된다. 그런 교회들은 사소한 문제에 안달하고, 중요하지 않은 문제로 지도자들을 트집잡으며, 서로 비난하고, 세속적인 성장 전략을 실험하며, 헛된 철학을 좇는다. 그러는 사이 그들이 속해 있는 지역 사회는 그리스도에 대해서는 거의 듣지 못하고 마음이 끌리지 않는 말만 듣게 된다. 바울은 로마의 성도들에게 엄청난 일 – 새로 확장된 제국의 서쪽 지역에 복음을 전파하는 일 – 을 맡기면서 도전 의식을 북돋워주었다. 그곳은 아직 완전히 제압되지는 않았지만 사도가 세 번에 걸쳐 전도 여행을 다닌 지역을 합친 것보다 더 광대했다.

그리스도의 복음과 팍스 로마나(PAX ROMANA)

Todd Bolen/www.BiblePlaces.com

역사가들은 그리스도 탄생 이후 첫 2세기 동안의 로마 통치를 팍스 로마나 – '로마의 평화' – 라고 부른다. 그 시기에 로마는 다른 나라를 정복하는 일보다 그들이 기존에 통치하고 있던 지역을 안정시키는 데 주력하면서 평화를 누렸다. 그러나 그것은 잔인한 평화였다. 로마 제국은 자신과 페르시아 사이의 어디에서건 신속히 대규모의 군대를 동원할 수 있었고, 대부분 이루 말할 수 없을 정도로 잔인하게 반란에 대응했다. 일단 반란이 진압되면 보통 새 식민지 주민들에 대한 경고로 그 지역 진입로에서 생존자들을 십자가형에 처했다.

이 '평화'는 피흘림을 통해 이루어지기는 했지만 바울의 전도 사역이 퍼져나갈 길을 열어주었다. 군대를 신속하게 이동시키고 무역을 하기 위해 로마 정부는 정교한 고속도로 체계를 갖추어 돌과 콘크리트로 포장하고, 강도들을 막기 위해 정기적으로 도로를 순찰했다. 이 도로들은 사도와 그의 수행원들이 그들이 알고 있던 세상으로 갈 수 있는 유례없는 통로가 되었다. 그리고 그는 그 기회를 십분 활용하여 15년 동안 대부분 정부가 포장한 길과 정부가 통제하는 항로를 이용해 제국의 동쪽 지역을 세 차례 순방하고, 3만 킬로미터 이상을 항해했다.

결국, 그 무자비한 로마의 '평화'는 바울 생전에는 헤아릴 수 없이 많은 이방인들에게, 그리고 그 이후로는 무수히 많은 세대들에게 자비로운 "하나님과의 화평"(롬 5:1)을 의미하게 되었다.

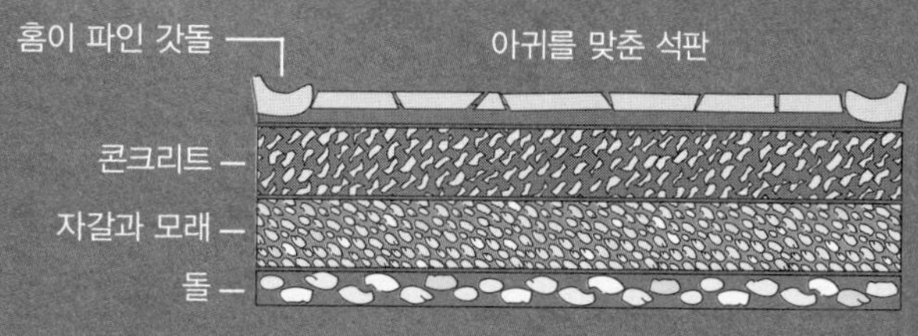

"복음에는 하나님의 의가 나타나서 믿음으로 믿음에 이르게 하나니"(1:17)

로마의 성도들에게 보낸 바울의 편지는 여러 가지 명칭으로 불릴 수 있다. 분명한 것은 이것이 그의 대표작이 되었다는 것이다. 이것은 최초의 조직 신학이다. 이 편지는 성도의 헌법 – 그리스도인의 마그나 카르타(Magna Carta) – 으로 간주될 수 있다. 우리는 심지어 이것을 새 왕국의 선언문으로도 부를 수 있다. 왜냐하면 이것은 우리의 근본적인 신앙을 선포할 뿐만 아니라, 그리스도의 제자로서 우리의 완성된 모습을 확립하기 때문이다. 그러나 무엇보다도, 2천 년 전에 바울과 그의 조수 더디오가 쓴 말씀은 바로 계시된 하나님의 말씀이다. 하나님이 인간 대리인에게 전능하신 창조주의 숨결을 불어넣어 위대한 계획을 드러내셨다.

1세기에 로마에 살던 그리스도인들에게 보내진 이 편지에 간결하게 정리되어 있는 '구원 계획'은 개개인의 구원에 관한 것보다 더 많은 계획을 담고 있다. 하나님의 계획은 소수의 사람들만 영원한 형벌의 불길을 피할 수 있는 화재 피난 장치에 불과한 것이 아니다. 이 위대한 계획 – 만인이 다 초대받은 – 은 창조자가 당신의 창조물을 다시 신성한 지배 아래 두어 악을 씻어내고, 구속하며, 교화하고, 새롭게 하여 만물이 다시 한 번 그분의 영광을 나타내게 하려는 것이다. 구원 계획은 각 사람에게 기쁜 소식이지만, 더 기쁜 소식은 하나님의 의가 이 세상에 마땅히 있어야 할 자리로 돌아온다는 것이다. 언젠가 그리스도가 천국과 지상 사이의 장막을 가르실 것이고, 하나님의 의가 "공중의 권세 잡은 자"(엡 2:2)를 그가 훔친 왕좌에서 쓸어버리고 다시 우주를 다스리실 것이다. 하나님의 계획은 막을 자가 없기에 이 미래는 피할 수 없다.

그때가 올 때까지 하나님의 의는 하나님의 아들 예수 그리스도에 대한 믿음을 통해 그분의 은혜를 받은 자들의 마음속에 거한다. 그러므로 로마서를 읽는 사람은 누구나 두 가지 질문에 답해야 한다. 첫째, 세상을 변화시키시는 하나님의 역사가 당신으로부터 시작되게 할 것인가? 바울이 설명하듯이 이것은 더 노력하라는 부름이 아니라 너무 늦기 전에 그분의 은혜에 순복하라는 호소이다. 둘째, 만약 하나님의 의가 지금 당신 안에 거하고 있다면 당신은 그것을 감추고 있을 것인가? 만약 지식이 부족하다면 계속해서 읽으라. 로마서가 당신이 알아야 할 모든 것을 설명해줄 것이다. 만약 용기가 부족하다면, 난관에 처해 있던 1세기의 로마 교회에 보낸 이 대담무쌍한 사도의 권고가 당신의 확신을 소생시켜 활기를 되찾게 해줄 것이다.

당신이 어떤 상황에 처해 있든, 영적 여정의 어느 지점에 있든, 당신이 이 편지를 면밀히 공부하는 데 투자한 시간이 당신을 영원히 변화시킬 것을 나는 확신한다. 이것은 과거 세대에게도 진리였다. 그리고 하나님 말씀의 능력은 세월의 흐름 속에서 약화되지 않았다. 당신이 읽는 동안, 성령이 당신에게 부족한 것을 채워주겠다고 약속하셨다. 당신은 그분의 약속을 믿기만 하면 된다. 이 진리에 복종하면 당신은 바울이 그랬듯이 "의인은 믿음으로 말미암아"(1:17) 산다는 사실을 깨닫게 될 것이다.

주: 서론

1. 타키투스, *The Works of Tacitus*, 2nd ed.(London: Woodward and Peele, 1737), 2:698.

인사

로마서 1:1–17

사명: 복음(로마서 1:1-17)

1 예수 그리스도의 종 바울은 사도로 부르심을 받아 하나님의 복음을 위하여 택정함을 입었으니
2 이 복음은 하나님이 선지자들을 통하여 그의 아들에 관하여 성경에 미리 약속하신 것이라 3 그의
아들에 관하여 말하면 육신으로는 다윗의 혈통에서 나셨고 4 성결의 영으로는 죽은 자들 가운데서
부활하사 능력으로 하나님의 아들로 선포되셨으니 곧 우리 주 예수 그리스도시니라 5 그로 말미암
아 우리가 은혜와 사도의 직분을 받아 그의 이름을 위하여 모든 이방인 중에서 믿어 순종하게 하나
니 6 너희도 그들 중에서 예수 그리스도의 것으로 부르심을 받은 자니라 7 로마에서 하나님의 사랑하
심을 받고 성도로 부르심을 받은 모든 자에게 하나님 우리 아버지와 주 예수 그리스도로부터 은혜와
평강이 있기를 원하노라

8 먼저 내가 예수 그리스도로 말미암아 너희 모든 사람에 관하여 내 하나님께 감사함은 너희 믿음
이 온 세상에 전파됨이로다 9 내가 그의 아들의 복음 안에서 내 심령으로 섬기는 하나님이 나의 증인
이 되시거니와 항상 내 기도에 쉬지 않고 너희를 말하며 10 어떻게 하든지 이제 하나님의 뜻 안에서
너희에게로 나아갈 좋은 길 얻기를 구하노라 11 내가 너희 보기를 간절히 원하는 것은 어떤 신령한 은
사를 너희에게 나누어 주어 너희를 견고하게 하려 함이니 12 이는 곧 내가 너희 가운데서 너희와 나
의 믿음으로 말미암아 피차 안위함을 얻으려 함이라 13 형제들아 내가 여러 번 너희에게 가고자 한
것을 너희가 모르기를 원하지 아니하노니 이는 너희 중에서도 다른 이방인 중에서와 같이 열매를 맺
게 하려 함이로되 지금까지 길이 막혔도다 14 헬라인이나 야만인이나 지혜 있는 자나 어리석은 자에
게 다 내가 빚진 자라 15 그러므로 나는 할 수 있는 대로 로마에 있는 너희에게도 복음 전하기를 원하
노라

16 내가 복음을 부끄러워하지 아니하노니 이 복음은 모든 믿는 자에게 구원을 주시는 하나님의 능
력이 됨이라 먼저는 유대인에게요 그리고 헬라인에게로다 17 복음에는 하나님의 의가 나타나서 믿음
으로 믿음에 이르게 하나니 기록된 바 오직 의인은 믿음으로 말미암아 살리라 함과 같으니라.

당신이 100퍼센트 천연인데다 100퍼센트 효과를 내는 모든 종류의 암 치료제를 발견했다고 상상해보라. 이 기적의 치료제를 가능한 한 많은 사람에게 보급하기 위해 당신은 얼마나 많은 시간, 에너지, 돈을 쓰겠는가?

바울은 사명감으로 불타는 사람이다. 그 사명은 바로 세상이 지금까지 받은 것 중에서 가장 소중한 것 – 복음, 죄라는 치명적 질병을 100퍼센트 치유하는 하나님이 제조하신 치료제 – 을 나누어주는 것이다. 복음 – 바울의 언어로는 *euangelion*("복된 소식") – 은 그의

삶을 이끄는 원동력이었다. 그리고 이 위대한 집착을 전혀 다른 차원으로 가져가려고 하던 그는 로마에 있는 형제자매들의 협조를 구한다. 안타깝게도, 그들은 서로 한 번도 만난 적이 없다.

핵심 용어

ἀπόστολος [*apostolos*, 아포스톨로스] (*652*)* "사도, 보냄을 받은 자, 공식 사절, 위원"
신약 성경은 기독교가 조직화되던 초기에 이 용어를 특정한 사람들의 직무와 공식적인 역할을 설명하는 데 사용했던 헬라 정부로부터 차용했다. '사도'라고 불릴 수 있으려면 부활하신 예수 그리스도를 직접 만났고, 사람들에게 복음을 전하라는 임무를 부여받았어야 했다.

εὐαγγέλιον [*euangelion*, 유앙겔리온] (*2098*) "복음, 기쁜 소식, 낭보"
"gospel(복음)"이라는 영어는 중세 영어의 복합어인 "good-spell"에서 유래되었는데, spell은 "이야기"라는 뜻이다. 즉, Gospel은 "좋은 이야기"이다. 이 헬라어는 전장에서 전령이 가져온 낭보나, 왕위 계승자의 탄생을 공식적으로 선포하는 것을 의미하는 말이었다.

σωτηρία [*sōtēria*, 소테리아] (*4991*) "구원, 구출, 보존"
대부분의 번역은 이 단어를 "구원"으로 표현하고 있으나, 그 뜻은 단지 위험으로부터의 구출에 한정되지 않는다. *sōtēria*는, 일단 즉각적인 위험이 지나간 후에도 해악으로부터 지속적으로 보존과 번영의 기회를 보장받는 것을 뜻한다.

δίκαιος [*dikaios*, 디카이오스] (*1342*) "의인, 도덕적으로 흠잡을 데 없는 사람, 준법자"
"의인"에 대한 헬라의 세속적인 개념은 시민의 의무를 다하는 사람, 도덕적인 시민을 뜻한다. 회당 선생들은 어떤 사람이 악행보다 선행을 더 많이 하면 대체로 그 사람을 의로운 사람으로 간주했다. 이런 의미에서 한 사람이 사회적, 법적 규범에 얼마나 순응하느냐에 따라 다른 사람보다 더 의롭거나 덜 의로울 수 있다. 그러나 바울은 의도적으로 이 단어의 뜻을 어떤 사람이 형벌을 받아야 하는지 아닌지를 나타내는 사법적인 정의로 제한했다. 이 경우에는 의(義)의 정도가 존재하지 않는다.

πίστις [*pistis*, 피스티스] (*4102*) "믿음, 확신, 의존, 신뢰"
이 헬라어의 세속적 용법은 종교와는 거의 관련이 없었기 때문에 바울의 독자들은 이 단어를 셉튜아긴트(Septuagint, 구약의 헬라어 번역본)에 사용된 의미로 알고 있었을 것이다. 헬라인들은 신들을 경외했지만 그들과 아무 관계도 맺지 않았다. 유대인들 – 그러므로 그리스도인들도 – 에게 pistis는 하나님과 관계를 맺는 방법이다.

*주: 숫자는 스트롱 원어 코드임.

—1:1—

바울이 쓴 편지의 첫 일곱 구절은, "바울은"(1:1)과 "로마에서 하나님의 사랑하심을 받고 성도로 부르심을 받은 모든 자에게"(1:7) 사이에 여러 개의 구를 가진 하나의 길고 복잡한 문장으로 이루어져 있다. 고대 헬라인들은 이런 문체를 이해하는 데 아무 어려움이 없었지만, 우리에게는 이렇게 여러 구절들이 뒤섞인 문장은 혼란스러울 수 있다. 그래서 간결하게, 이 문장을 두 가지 방법으로 분석해보기로 하자. 첫째, 나중에 참고할 '바울의 인사'라는 다음의 표를 주의하여 보라. 둘째, 바울의 인사가 단순한 개요를 따르고 있다는 점에 유

바울의 인사

1 예수 그리스도의 종 바울은
사도로 부르심을 받아
하나님의 복음을 위하여 택정함을 입었으니
2 이 복음은 하나님이
선지자들을 통하여
그의 아들에 관하여
성경에 미리 약속하신 것이라
3 그의 아들에 관하여 말하면
육신으로는 다윗의 혈통에서 나셨고
4 성결의 영으로는
죽은 자들 가운데서 부활하사
능력으로 하나님의 아들로 선포되셨으니
곧 우리 주 예수 그리스도시니라
5 그로 말미암아 우리가 은혜와 사도의 직분을 받아
그의 이름을 위하여 모든 이방인 중에서 믿어 순종하게 하나니
6 너희도 그들 중에서 예수 그리스도의 것으로 부르심을 받은 자니라
7 로마에서 하나님의 사랑하심을 받고
성도로 부르심을 받은 모든 자에게
하나님 우리 아버지와 주 예수 그리스도로부터
은혜와 평강이 있기를 원하노라.

의하라.

저자: "바울…"(1:1).

주제: 그의 편지의 내용을 예시하는 몇 개의 구로 이루어져 있다(1:2–6).

수신자: "로마에서 하나님의 사랑하심을 받고 성도로 부르심을 받은 모든 자"(1:7 상).

인사: "은혜와 평강이 있기를 원하노라"(1:7 하).

로마의 그리스도인들은 명성으로만 바울을 알았다. 그의 사역은 머나먼 예루살렘에서 시작되어(롬 15:19 참고) 로마 제국의 동부 거의 전역으로 퍼져나갔지만, 그는 아직 제국의 수도에는 가본 적이 없었다. 그래서 그를 직접 만나본 사람은 거의 없었다. 그럼에도 불구하고 그리스도인 지도자로서, 특히 이방인들 사이에서 그의 위상은 필적할 사람이 없었다. 그렇기 때문에 자기가 누구인지를 밝히면서 바울은 선택할 수 있는 타이틀이 많았다. 유명한 유대인 학자 가말리엘 밑에서 수학했고, 그 전에는 아테네와 알렉산드리아에 있는 대학들보다 더 뛰어나다고 알려진 다소에 있는 명망 높은 대학에 다녔을 그는 자기를 학자라고 말할 수도 있었다(행 22:3). 또는 종교적인 선생들로서는 매우 드물고 특별하며, 수도에서는 중요한 영향력을 갖는 로마 시민이라는 타이틀을 사용할 수도 있었다(행 22:28). 아니면 부활하신 그리스도를 개인적으로 만났던 것(행 22:6–11)이나, 천국의 찬란함을 직접 보았던 것(고후 12:2–5)을 상기시켰을 수도 있었다. 그러나 그는 다른 무엇보다도 훨씬 더 숭고하고, 훨씬 더 감동적이라고 생각하는 명칭을 선택한다. *Doulos Christou Iēsou*, "예수 그리스도의 종."

헬라인과 로마인들은 다른 무엇보다도 강제 노역을 혐오했다. 그들은 충성스러운 시민이 지녀야 할 덕목의 표현으로서 자발적으로 정부에 봉사하는 것을 반대하지 않았다. 반면에 강제 노역은 자유의 상실을 의미했고, 개인의 자유를 상실하는 것은 개인의 존엄성을 상실하는 것이었다.[1] 이와 비슷하게 유대 문화에서 *doulos*라는 말은 이스라엘이 애굽에서 노예 생활을 한 것(출 13:3)이나, 라반의 배신으로 인한 야곱의 노역(창 29:18)과 같은 불법적이거나 부조리한 봉사를 의미했다.[2] 간혹, 어떤 왕이 더 강한 왕에게 조공을 바치는 경우처럼, 다른 사람의 지배에 복종하는 사람들을 지칭하는 경우도 있었다.

아무도, 그 사람이 하나님을 섬기지 않는 한 *doulos*라는 명칭을 원하지 않는 게 당연했다. 그러나 창조주를 섬기는 사람이라면 어떤 명칭도 이보다 더 귀할 수는 없었다. '하나님의 종'으로는 아브라함, 모세, 다윗 그리고 다른 주목할 만한 믿음의 영웅들이 있다.

바울은 '종'이라는 명칭에 다른 명칭 두 개를 덧붙여 자기를 소개한다. 첫째, 그는 하나님께 '사도'로 부르심을 받았다. 세속적 헬라 문화와 셉튜아긴트(구약의 헬라 번역본)에서 '사도'란 파송한 사람의 임무를 완수하기 위해 파송된 사람을 일컬었다. 사도는 특사였다. 예를 들어, 사무엘상 16장을 보면 하나님이 이새의 아들 중 한 명을 이스라엘의 새 왕으로 기름 붓기 위해 사무엘을 베들레헴으로 보내신다. 이와 마찬가지로, 바울은 교육받은 정도나 인격이나 특별 계시 – 모두 그가 정당하게 주장할 수 있는 것들이다 – 가 아니라 그를 보내신 자의 명령에 근거한 권위를 주장한다. 그의 권위는 오직 하나님 한 분에게서 나온 것이다.

둘째, 바울은 복음을 가르치고 전파하기 위해 "택정함"을 입었다고 썼다(1:1). 여기에 쓰인 헬라어 단어는 *aphorizō*로, "분리하다" 또는 "보존하다"라는 뜻이다. 그러나 바울에게 이 단어는 그의 개인적인 경험에 근거한 아주 깊은 뜻이 간직되어 있다. 만약 이 헬라어 단어를 영어로 음역한다면 'off horizon'과 소리가 비슷할 것이다. 그리고 어느 정도 언어적 운신의 폭을 넓혀도 된다면 'off horizon'을 시각적으로 서술해보겠다.

1959년 나는 태평양을 횡단해 오키나와를 향해 항해하고 있던 대형 군함의 세 번째 갑판 꼭대기에 서 있었다. 사방을 둘러보니 짙은 쪽빛 바다가 하늘과 맞닿은 곳에서 우리가 수평선이라고 부르는 가상의 선을 그리며 끝없이 펼쳐져 있었다. 문득 하늘과 땅 사이의 그 경계선이 거대한 원을 그리며 내 세계를 둘러싸고 있다는 생각이 들었다. 나는 언제까지나 그 수평선을 쫓아 지구의 어느 곳이라도 갈 수 있지만, 다른 세계에 들어가기 위해 나를 둘러싸고 있는 테두리를 벗어날 수는 – 자연적이고 인간적인 의미에서 – 없을 것이다.

바울은 사실 이렇게 말하고 있는 것이다. "내 청년기의 삶에서 좋았던 부분은 내가 넘을 수 없는 수평선으로 둘러싸인 테두리 안에서 살았다는 것이다. 그런데 예수님을 따르는 자들을 핍박하고 심지어 죽이려고 다메섹으로 가던 길 위에서 그분이 나를 찾아오셨다. 그리고 주님은 믿음을 통해 나를 옛 수평선 너머의 세계로 보내셨다. 나는 존재의 한 영역에서 또 다른 영역으로 – '수평선을 벗어나(off – horizoned)' – 옮겨졌다." 더 나아가 사도는

로마서에 나오는 구약 구절

로마서 1:17	하박국 2:4	인용
로마서 2:6	시편 62:12	인용
로마서 2:6	잠언 24:12	인용
로마서 2:24	이사야 52:5	암시
로마서 2:24	에스겔 36:20	암시
로마서 3:4	시편 51:4	인용
로마서 3:10-12	시편 14:1-3(시편 53:1-3)	인용
로마서 3:10-12	전도서 7:20	암시
로마서 3:13	시편 5:9	인용
로마서 3:13	시편 140:3	인용
로마서 3:14	시편 10:7	인용
로마서 3:15-17	이사야 59:7-8	부연
로마서 3:18	시편 36:1	인용
로마서 4:3	창세기 15:6	인용
로마서 4:7-8	시편 32:1-2	인용
로마서 4:9	창세기 15:6	부연
로마서 4:17	창세기 17:5	인용
로마서 4:18	창세기 15:5	인용
로마서 4:22	창세기 15:6	인용
로마서 7:7	출애굽기 20:17	인용
로마서 8:36	시편 44:22	인용
로마서 8:36	이사야 53:7	암시
로마서 8:36	스가랴 11:4	암시
로마서 8:36	스가랴 11:7	암시
로마서 9:7	창세기 21:12	인용
로마서 9:9	창세기 18:10	인용
로마서 9:9	창세기 18:14	인용
로마서 9:12	창세기 25:23	인용
로마서 9:13	말라기 1:2-3	인용
로마서 9:15	출애굽기 33:19	인용
로마서 9:17	출애굽기 9:16	인용
로마서 9:25	호세아 2:23	부연
로마서 9:26	호세아 1:10	인용
로마서 9:27-28	이사야 10:22-23	인용
로마서 9:27-28	이사야 28:22	암시
로마서 9:27-28	호세아 1:10	암시
로마서 9:29	이사야 1:9	인용
로마서 9:33	이사야 8:14	인용
로마서 9:33	이사야 28:16	인용
로마서 10:5	레위기 18:5	암시

로마서 10:6	신명기 30:12	암시
로마서 10:7	신명기 30:13	암시
로마서 10:8	신명기 30:14	인용
로마서 10:11	이사야 28:16	인용
로마서 10:13	요엘 2:32	인용
로마서 10:15	이사야 52:7	인용
로마서 10:15	나훔 1:15	암시
로마서 10:16	이사야 53:1	인용
로마서 10:18	시편 19:4	인용
로마서 10:19	신명기 32:21	인용
로마서 10:20	이사야 65:1	인용
로마서 10:21	이사야 65:2	인용
로마서 11:3	열왕기상 19:10	부연
로마서 11:3	열왕기상 19:14	부연
로마서 11:4	열왕기상 19:18	부연
로마서 11:8	신명기 29:4	인용
로마서 11:8	이사야 29:10	암시
로마서 11:9–10	시편 69:22–23	인용
로마서 11:26–27	이사야 59:20–21	인용
로마서 11:26–27	예레미야 31:31–34	부연
로마서 11:34–35	이사야 40:13	부연
로마서 11:34–35	욥기 41:11	인용
로마서 11:34–35	예레미야 23:18	암시
로마서 12:19	신명기 32:35	인용
로마서 12:20	잠언 25:21–22	인용
로마서 13:9	출애굽기 20:13–17	인용
로마서 13:9	신명기 5:17–21	인용
로마서 13:9	레위기 19:18	인용
로마서 14:11	이사야 45:23	부연
로마서 15:3	시편 69:9	인용
로마서 15:9	사무엘하 22:50	인용
로마서 15:9	시편 18:49	암시
로마서 15:10	신명기 32:43	인용
로마서 15:11	시편 117:1	인용
로마서 15:12	이사야 11:10	인용
로마서 15:21	이사야 52:15	인용

51	직접 인용
10	부연해서 인용
15	명확한 암시

자기가 세상에 복음을 전하기 위해 "택정"되었다고 선포했다.

—1:2-6—

이 "복음"은 전 세계를 향한 사도의 사역과 메시지의 원동력이 되었을 뿐만 아니라, 그가 로마 사람들에게 보낸 메시지의 주요 주제이기도 한데, 바울은 그 주제를 "바울은"(1:1)과 "로마에서 하나님의 사랑하심을 받고 성도로 부르심을 받은 모든 자에게"(1:7) 사이에 배열되어 있는 구절 안에 예시하고 있다. 앞에 나온 '바울의 인사' 도표는 그 구절들이 복된 소식과 그 소식의 주인공이신 예수 그리스도에 대한 몇 가지 진리를 확립하기 위해 어떻게 서로 연결되어 있는지를 보여준다.

첫째, 복음의 기원은 하나님이시다. 바울은 복음이 "약속하신 것"이라고 말한다(1:2). 그렇다면 언제 약속된 것인가? 표에서 "약속하신"이라는 말 앞을 보라.

복음은 "미리" 약속되었다(1:2). 바울이 전달하는 메시지는 새것이 아니다. 그 약속은 구약의 초점이었고, 에덴 동산에서 아담과 하와의 비극적인 불순종 이후로 하나님과 인간 사이의 교류가 이루어진 원동력이었다.

복음은 "선지자들을 통하여"(1:2) 약속된 것이다. 바울이 전하는 메시지는 모세 이래로 모든 선지자에 의해 예시된 구원의 소망을 성취했다.

복음은 "성경에"(1:2) 약속되었다. 바울이 전달한 메시지는 궁극적인 진리의 시험대를 통과했다. 그것은 하나님의 말씀에서 나왔다. 그리고 사도는 그의 편지를 통틀어 적어도 60번 정도를 구약 성경을 인용하거나 부연함으로써 복음의 진실성을 입증하려고 노력한다.

둘째, 복음의 내용은 예수 그리스도이시다. 복음은 "그의 아들에 관하여"(1:3) 약속된 것이고, 바울이 그 아들에 대해 몇 가지 진리를 선포했다는 사실에 유의하라. 하나님의 아들은 "육신으로는 다윗의 혈통(문자적으로는 '씨')에서 나셨"다. 이는 예수님이 육체적으로 진짜 인간 남자이셨다는 뜻이다(1:3).

예수님은 부활하심으로써 영원한 정체성에 있어서는 하나님의 아들이심을 확실히 입증하셨다(1:4). "성결의 영"이라는 구절은 그분의 신성을 말한다. 하나님이 영이시듯, 아들도 같은 본성을 공유하신다.

하나님의 아들은 "우리 주 예수 그리스도"(1:4)이시다. "그리스도'는 다름아닌 바로 유대인 메시아, 즉 우리의 *Kyrios* – 구약 성경을 통틀어 주 하나님을 일컫는 데 쓰인 헬라어 – 이시다.

로마 성도들은 바울을 개인적으로 알지 못했기 때문에 처음부터 바울은 그의 독자들과 신학적 동일성을 입증하기 위해 흠 없는 진리의 족보를 제시하는 게 중요했다. 그리고 그리스도의 정체성보다 더 확실하게 배교자와 진정한 성도를 구분 짓는 쟁점은 없다.

오늘날 우리도 그래야 한다. '감리교', '장로교', '침례교', 또는 '복음주의' 같은 꼬리표는 거리의 평범한 사람들에게는 아무 의미도 없다. 진정한 기독교의 진리를 가르치는 선생은 삼위일체로서 그리고 복음의 중심 인물로서의 예수님이 누구신지에 대해 분명한 이해가 있어야 한다. 만약 어떤 사람이 예수님은 인간의 몸을 입은 하나님이 아닌 다른 어떤 존재라고 말한다면 그는 다른 사람을 가르칠 수 없다. 그런 사람은 몰몬교도이거나 여호와의 증인이거나, 정체불명의 회의론자일 수 있다. 이런 사람이 '그리스도인'이라는 꼬리표를 달고 성경을 들고 다닌다고 해도 그는 그리스도인이 아니다.

그런 사람을 회피하거나 거부해야 한다는 말이 아니다. 우리는 단지 그런 사람이 복음을 들어야 한다는 사실을 인식해야 한다.

셋째, 복음의 목적은 순종하는 신앙을 배양하는 것이다(1:5). 배움은 한 사람의 행동이 새 지식을 습득한 결과로 변화가 일어났을 때 이루어지는 것이라는 말이 있다. 하나님은 우리의 머릿속에 신학적 원칙들을 집어 넣기 위해 우리를 구원하신 것이 아니다. 우리는 우리의 삶을 그리스도께 내어드리기 위해 구원받았다(롬 16:26). 순종에 대해 생각할 때 동의어인 '복종'을 함께 생각하라. 바울은 다메섹으로 가는 길 위에서 그리스도를 만났을 때부터 그의 생을 마칠 때까지, 모든 것을 하나님의 뜻에 복종했다.

바울은 로마의 성도들에게 그들 또한 "예수 그리스도의 것으로 부르심을 받"았음을 상기시켰다(1:6). 그들이 받은 부르심이 사도의 직분 같은 공식적인 역할을 부여하지는 않더라도 그들은 그리스도의 사명을 공유한다. 예수 그리스도는 믿음과 순종으로 그들을 부르셨고, 그런 다음에 이방인들, 즉 로마의 주민들 그리고 크게는 로마 제국의 시민들을 동일한 믿음과 순종으로 이끌 책임을 부여하셨다.

"제자를 삼"는(마 28:19-20) 책임은 전적으로 전임 사역자들에게만 주어진 것이 아니다.

분명 그들은 설교하고, 가르치고, 인도하는 일에 인생을 바쳤지만 하인 대용 – 다른 사람들을 대신하여 일하기 위해 고용된 종 – 은 아니다. 그리스도의 몸의 지체인 우리 모두는 동일한 사명을 받았다. 우리는 복음을 듣지 못한 사람들을 찾아가 그들을 믿음과 순종의 삶으로 나아오게 하는 도구가 되어야 한다.

—1:7—

바울은 그의 독자들의 신원("하나님의 사랑하심을 받고 성도로 부르심을 받은 모든 자")을 밝히고나서 축원으로 인사를 마친다.

그는 성도들이 높은 영적 수준에 도달하기 위해서 고군분투하며 그리스도인의 삶을 살아야 한다고 말하기 위해 "성도"라는 용어를 사용한 것이 아니다. "성도"라는 말은 "거룩한"이라는 형용사의 명사형이다. 사제가 예배 의식을 위해 성전에 특정한 물건들을 보관하듯이 어떤 것을 특정한 목적을 위해 따로 떼어놓았을 때 그것은 '성별' 된다. 무언가를 '따로 떼어놓는' 목적은 그것을 세상의 때를 묻히지 않고 순결하게 지키기 위해서이다.

개인적인 적용은 그것이 우리에게 분명한 것처럼 그들에게도 분명했을 것이다. 성도들은 '따로 떼어놓은 자들'로 부르심을 받았다. 하나님이 부르셨고, 그분의 백성들을 구별하셨으며, 그리고 정결하게 하실 때 우리가 그 정결하게 되는 과정에 참여할 수 있는 여지가 있다고 바울은 말하는 것 같다.

더구나 성도들은 하나님만이 아니라 바울에게도 '사랑받는' 자들이다. 그는 로마에 있는 형제자매들에게 교리적 진리의 개요를 적어주려고 편지를 쓴 게 아니다. 그는 그들이 은혜가 충만한 삶을 일구어서 호흡하듯이 자연스럽게 순종이 이루어지기를 원한다. 그러나 그것은 균형을 필요로 한다. 근본주의 진영은 순종하는 삶에서 자비로움에는 눈곱만큼의 관심도 없는 사람들로 득실거린다. 이것과 정반대로 많은 사람들이 견고한 교리적 기반은 도외시하고 자비와 사랑을 강조한다. 이것은 모래 위에 집을 짓는 것보다 더 나쁘다. 아버지께 순복하는 삶은 두 가지 – 복음의 진리를 올바로 이해함으로써 점점 더 순종할 수 있게 되는 – 를 다 필요로 한다.

"은혜"와 "평강"의 이중 축복은 바울의 서명과 같은 인사이다(고전 1:3, 고후 1:2, 갈 1:3,

엡 1:2, 빌 1:2, 골 1:2, 살전 1:1, 살후 1:2, 딤전 1:2, 딤후 1:2, 딛 1:4, 몬 3절). “은혜”는 헬라식 강조법이다. 유대인들은 관습적으로 “완성과 성취 – 완전과 통합, 회복된 관계로 들어가는 것”[3]이라는 일반적인 의미를 가진 샬롬이라는 말로 인사를 했다. 그것은 약속의 땅과 아브라함에게 하신 하나님의 언약의 성취라는 모든 축복을 상징한다.

“은혜”는, 물론 그의 독자들은 이미 그리스도인이므로 구원을 의미하지 않는다. 이 말의 중요성은 사도가 편지에서 그 개념을 설명한 것을 보면 훨씬 더 분명해질 것이다. 이것은 신학적 의미로 가득 차 있는데, 그의 독자들도 곧 그 의미를 제대로 알게 될 것이다.

—1:8–13—

바울의 편지는 작은 촌락 사람들에게 쓴 것이 아니다. AD 58년 당시 로마에 거주하던 인구는 백만 명이 넘었고, 그 중 절반 정도는 노예이거나 최근에 자유를 얻은 노예들이었다. 그리고 현대의 국제 도시와 마찬가지로 로마는 엘리트들이 살기에는 근사한 곳이었지만, 그 외의 사람들이 살기에는 녹록지 않은 곳이었다. 하류층 사람들은 범죄가 횡행하는 지역에서 1층 외에는 아무런 위생 시설이나 수도 시설이 없는 불결한 고층 아파트에서 살았다. 그들은 특히 충분한 식량을 얻지 못했을 때, 언제라도 폭동을 일으킬 준비가 되어 있었다. 범죄는 통제 불능 상태였다. 그들은 같은 민족끼리 모여 살았고, 정부의 박해를 피하기 위해 서로 암묵적으로 불안한 평화를 유지하면서 지배권을 다투는 자치 정부를 형성했다(행 18:2).

그리스도인이 되는 것은 많은 경우 이런 사회 질서와 그 사회가 제공하는 안전에 도전하는 것을 뜻했다. 유대인과 이방인 그리스도인들 모두에게 그리스도의 제자가 되는 것은 종종 가족이나 친족을 잃는 것을 의미했다. 누구에게나 고달픈 삶이었지만 그런 환경 속에서 그리스도인이 되는 것은 더더욱 고달픈 삶을 의미하는 것이었다. 그들은 아마 마음만 먹으면 자기들을 으스러뜨릴 수 있는 성난 거인들 사이에 끼어 있는 다람쥐 같은 느낌이었을 것이다.

로마에 사는 성도들에게 필요한 것은 격려이며, 바울과 같은 위치에 있는 사람이 보낸 편지는 그들을 더 당당하게 만들어줄 것이었다. 로마의 형제자매들에게 무언가를 가르치기 전에 바울은 네 가지 방법으로 그들의 사기를 진작시킨다.

바울은 그들을 인정한다(1:8). 그는 로마의 그리스도인들이 수도에서뿐만이 아니라 제국 전역에서 신실하다는 명성을 얻은 것에 대해 개인적인 찬사와 감사를 표한다. 대부분의 사람들은 인정해주는 말을 잘 듣지 못한다. 직장에서는 드물게, 가정에서는 더 드물게, (부끄럽게도) 교회에서는 거의 듣지 못한다. 칭찬과 감사의 말은 비용 한 푼 들지 않음에도 낙심한 사람들에게는 얼마나 소중한가. 로마에서 악전고투하고 있던 성도들에게는 이런 말이 필요했다. "잘했어요! 지금처럼 계속하세요. 여러분이 하는 일이 세상에 영속적인 영향을 미치고 있어요."

바울은 그들을 위해 기도한다(1:9). 바울은 그 사람들을 대부분 알지 못한다. 그는 로마를 방문한 적이 없다. 그럼에도 그는 기도할 때 그들을 절대 빼놓는 법이 없었다.

여러 해 동안 나는 '크리스천 엠버시(The Christian Embassy)'라는 단체를 통해 정부와 군의 고위 인사들과 교류하는 기회를 가졌다. 이 단체에 속한 사람들 – 장관, 장성, 육군 참모 총장, 국회 의원, 백악관 직원, 행정 직원 등등 – 은 자기들을 위해 기도하는 사람들이 있다는 사실을 아는 것이 그들에게 얼마나 큰 의미가 있는지 자주 말한다. 워싱턴 D.C.는 권력자들에게는 고독한 곳이며, 높은 지위의 성도들에게는 더더욱 그렇다. 다른 사람들이 하나님 앞에 무릎을 꿇고 있다는 사실을 아는 것만으로도 그들을 지탱해주는 힘을 얻는다.

바울은 그들과 함께하고 싶은 마음을 표현한다(1:10). 바울은 격려가 필요한 사람과 물리적으로 함께 있어주는 것이 얼마나 중요한지 알 만큼 사역의 연륜이 깊었다.

나는 집에서 만3천 킬로미터 떨어진 곳에서 지독한 외로움을 겪으면서 우편물 배포 시간이 되기만을 목을 빼고 기다리던 해병대 시절을 잊지 못한다(그때에는 컴퓨터도 휴대 전화도 없었다). 만약 집에서 온 편지나 특별한 '누군가'가 보낸 엽서와 몇 끼의 식사를 맞바꿀 수 있다면 기꺼이 식사를 포기하지 않을 사람이 없었을 것이다. 나는 아내의 편지를 받고 그녀의 필체를 보는 순간부터 가슴이 방망이질을 쳤다. 나는 봉투를 뜯기 전에 그녀의 향수 냄새를 맡았다. 나는 글자 하나하나를 빨아들일듯이 보면서 읽고, 읽고, 또 읽었다. 왜냐하면 아내는 내가 그녀에게 어떤 의미인지를 말해주었기 때문이다. 그녀는 나의 소중함을 말해주었다. 아내는 나에게 그녀가 얼마나 나를 기다리고 있는지, 나를 만날 날을 얼마나 고대하고 있는지 상기시켜주었다. 분명 로마의 성도들도 바울의 글을 읽으면서 똑같은 느낌을 받았을 것이다.

우리는 이 편지가 한낱 신학 논문이 아니라는 사실을 명심해야 한다. 이것은 하나님이 당신의 특사인 바울을 통해 로마 사람들에게 보낸 사랑의 편지이다. 그들은 자기들이 "하나님의 사랑을 받은 자"이며, 그분의 자녀로 선택되었고, 성도로 구별되었다는 사실을 알아야 한다(1:7).

바울은 그들을 도울 것을 약속한다(1:11-13). 낙심한 사람들에게는 감정적, 영적 위로와 더불어 실제적인 도움도 필요하다. 바울은 그가 방문하려는 목적이 두 가지라고 말하는데, 각각의 이유는 "~목적에서(for the purpose of)" 또는 "~을 위하여(in order to)"라는 뜻의 헬라어 접속사 *hina*로 시작된다.

"어떤 신령한 은사를 너희에게 나누어 주어(그로 인해) 너희를 견고하게 하려 함이니"(1:11). 헬라어 관용구 *pneumatikon charisma*("영적 은사") 때문에 일부 사람들은 바울이 로마의 성도들에게 성령으로부터 나오는 초자연적인 능력을 주려 한다고 주장한다. 경우에 따라서 그는 이 구절을 이런 의미에서 쓰기도 했고(롬 12:6, 고전 1:7, 12:4, 31), 더 평범한 의미로 쓰기도 했다(롬 5:15, 16, 6:23). 그런데 12절에서 그가 의미하는 바를 어떻게 더 상세히 설명하고 있는지 유의하라. 그가 의미한 "영적 은사"는 모든 성도가 서로 믿음을 굳게 세워 줌으로써 얻는 것이다.

이것이 기독교적 의미의 리더십이다. 바울은 그들에게 없는 영적 은사를 주려는 게 아니다. 그는 그들과 자신의 영적 은사, 지식의 은사, 지혜의 은사, 사도의 은사를 나누려고 하는 것이다. 바울은 그들에게 하나님이 그에게 주신 지식을 나누어주려는 계획을 세운다. 반대로 그는 로마의 성도들이 제공하는 영적 은사로 강건해질 것이다.

"너희 중에서도… 열매를 맺게 하려 함이로되(하기 위하여)"(1:13). 그가 맺기 원하는 "열매"는 사역의 결과, 즉 더 많은 사람들이 예수 그리스도를 믿게 되고, 더 많은 그리스도인들이 믿음 가운데서 성장하여 순종하는 삶을 사는 것이다(빌 1:22, 골 1:6). 그런데 그는 "열매"라는 말을 진실한 믿음의 가시적 결과물이자, 다른 사람들을 사역하는 데 필요한 도구로서 관대하게 드려졌을 때 그 돈을 지칭하는 데 사용하기도 한다(롬 15:23-28).

바울은 로마에서 그리스도인 공동체가 존속하기 힘든 여러 가지 요인에도 불구하고 활기차게 번성하고 있다는 소문을 들은 듯하다. 그리고 그는 틀림없이 그들의 기개를 높이 평가했을 것이다. 바울은 그의 사역을 도울 뿐 아니라 그 일을 자기들의 사역으로 받아들일 수 있는 동지 의식을 가진 성도들을 분명히 보았다.

—1:14—

예수님은 복된 소식을 이렇게 설명하셨다. "하나님이 세상을 이처럼 사랑하사 독생자를 주셨으니 이는 그를 믿는 자마다 멸망하지 않고 영생을 얻게 하려 하심이라"(요 3:16). 많은 사람들이 이 소식을 들어보지 못했다. 하나님의 아들이 유대의 구릉 지대에 있는 베들레헴이라는 작은 마을 외곽에서 하나의 배아로, 그리고는 태아로, 그 다음에는 갓난아기가 되어 이 세상으로 들어오셨다. 그분은 성장하셨고, 스스로는 죄가 전혀 없으셨음에도 불구하고 온 세상을 위하여 죄의 형벌을 다 치르셨다. 그분은 우리가 치러야 할 대가를 하나도 남겨놓지 않고 다 치르셨기 때문에 누구든지, 곧 나이, 성별, 인종, 국적, 지리적 위치, 사회적 계급, 지성, 교육, 도덕까지도 상관없이 하나님을 믿어 그분이 거저 주시는 선물을 받기만 하면 "영생을 얻게 될 것이다." 아무 조건도 없다. 숨겨진 비용도 없다. 과외로 해야 할 것도 없다. 추가 요구 사항도 없다. 가입할 것도 없다. 그리스도 한 분만을 믿는 믿음을 통하여 오직 은혜로만. 그것뿐이다. 그리고 그것으로 충분하다!

요한은 이 말을 1세기 말엽에 예수님의 생애에 대해 쓴 글 속에 그대로 남겼다. 50여 년 전, 예수님이 부활하셨다가 하나님 아버지께로 올라가시고 얼마 지나지 않았을 때인 AD 35년, 믿지 않는 유대인들이 예수님을 믿기로 결정한 다른 유대인들을 핍박하기 시작했다. 한 바리새인 남자가 종교적으로 격분하여 그리스도인들을 추적해 투옥시켰고(행 8:3), 결국에는 최초의 그리스도인 순교자의 처형을 주도했다(행 7:58). 신도들을 색출해 감옥에 넣기 위해 다메섹으로 가던 중에 그는 부활하신 구세주를 만나 복된 소식을 믿게 되었다(행 9:3–6). 이 사건은 예루살렘과 인근의 종교계를 충격에 빠트렸다. 그리스도인들에 대한 핍박을 주도했던 인물이 전에 그가 죽였던 사람들의 대열에 합류한 것이다.

25년 후, 이방인이 대부분을 차지하는 안디옥 교회에서 성경을 공부하면서 그리스도인으로 성장한 바울은 예루살렘에서부터 로마에 이르는 세상에 복음을 전파하는 대사가 되었다. 제국에게 정복당한 지역에서 그가 바라던 바를 모두 이룬 사도는 새로이 로마에 예속되었지만 아직 '미개한' 스페인의 변방에 사는 사람들에게 복음을 전하고 싶어한다. 그러나 그것은 로마를 방문한 후의 일이 될 것이다. 여러 지역에서 사역을 하면서도 그는 복된 소식을 들어야 할 더 많은 사람들이 있는 수평선 너머를 계속 바라본다.

사도는 복음을 파괴하던 때보다 더 강한 열정과 헌신으로 복음을 전파하는 사명에 매진했다. 그리고 그는 "나"로 시작되는 세 개의 진술로 그 열정을 표현했다. "내가 빚진 자라." "나는 할 수 있는 대로 로마에 있는 너희에게도 복음 전하기를 원하노라." "내가 복음을 부끄러워하지 아니하노니."

"내가 빚진 자라"(1:14). 그의 선언은 글자 그대로 해석하자면 이렇다. "헬라인이나 야만인이나, 유식한 자나 무식한 자나 모두에게 나는 빚진 사람이다."

빚에는 여러 종류가 있다. 가장 친숙한 것은 은행에서 돈을 빌리는 것이다. 우리가 은행에 빚을 지는 것이다. 그런데 바울의 빚은 이와는 다른 종류이다. 어떤 사람이 나에게 돈을 맡기면서 다른 사람에게 그 돈을 전달해달라고 했다면 나는 나에게 돈을 준 사람에게 빚을 진 것이고, 실제로는 그 돈을 받아야 할 사람에게도 빚을 지고 있는 것이다. 중간에 있는 나는 양쪽 모두에게 빚진 자이다. 바울은 사실상 이렇게 말하고 있는 것이다. "나는 구세주로부터 직접 복음을 받았다. 그래서 이제 그 소식을 다른 사람에게 전해야 할 책임, 곧 갚아야 할 빚이 있다."

그것이 바울이 구원받은 조건이 아니었음을 지적하는 것이 중요하다. 바울은 영생에 대한 보답으로 주님께 빚을 지고 있기 때문에 스스로를 빚진 자로 여긴 것이 아니었다. 사도의 빚은 그의 부르심에 대한 자발적인 조건이었다. 그것은 한때 바울로 하여금 진리의 빛 안에 사는 사람들을 핍박하고 죽이게 만들었던 바로 그 영적 암흑 속에 사는 그의 동료 인간들의 운명에 대한 깊은 책임감이었다.

"야만인들"은 분노로 눈이 이글거리고, 잔인하며, 미개한 야만인들을 가리키는 것이 아니라 아직 로마식으로 교화되지 않은 사람들, 제국의 변방에 사는 사람들을 가리켰다. 헬라어 *barbaros*는 "말을 더듬다" 또는 "웅얼거리다"라는 뜻으로, 로마인들이 아직 로마화되지 않은 사람들을 가리키는 말이었다. 왜냐하면 로마인들은 그들이 필연적으로 거칠거나 무지하다고 생각했기 때문이다. 바울이 이 용어를 사용했다고 해서 그가 로마화되지 않은 사람들을 열등하게 본다는 말은 아니다. 그는 단지 그가 진 빚이 전 세계로 확장되는 것을 강조하기 위해 이 로마인들의 언어를 사용하고 있는 것이다.

—1:15—

"나는 할 수 있는 대로 로마에 있는 너희에게도 복음 전하기를 원하노라"(1:15). 바울의 열정은 화염에 싸인 고층 건물에서 비상구를 막 발견한 사람의 급박함처럼 들끓었다. 그는 필사적으로 사람들을 구하려고 소리쳤다. "이쪽으로 오세요, 이쪽으로! 이 계단으로 빨리 내려가세요! 이리로 나가야 합니다. 여기가 비상구요!" 20년간 계속해서 굶주림, 목마름, 헐벗음, 조난, 강도, 매맞음, 투옥, 여러 차례의 돌팔매질을 당한 후에도(행 14:19, 고후 11:23-27, 딤후 3:11), 그의 노고가 결실을 맺는 것 – 제국 전역에서 믿는 자들의 공동체가 번성하고 있는 것 – 을 본 후에도, 바울은 여전히 고향에서 멀리 떨어진 곳에 서서 그의 소명을 성취하려는 열정으로 가득 차 있다.

—1:16-17—

"내가 복음을 부끄러워하지 아니하노니"(1:16). 바울은 두 가지 이유로 다른 사람들이 어떻게 생각하든 아랑곳하지 않는데, 그 두 가지 이유는 모두 복음 안에 들어 있다.

첫 번째 이유: "이 복음은 모든 믿는 자에게 구원을 주시는 하나님의 능력이 됨이라." 앞서 내가 들었던 예화로 돌아가보자. 당신이 만약 모든 종류의 암을 완치시키는 완전한 치료제를 발견했다면, 그리고 당신이 날마다 불치병 환자들이 병상을 벗어나 건강하게 장수를 누리는 것을 보는 기쁨을 누리고 있다면, 사람들이 무어라 하든 상관하지 않을 것이다. 복음은, 정말로 멋지고, 특히 자존심 때문에 무시하기에는 대단히 흥미롭기 때문에 바울은 다른 사람들의 생각에 아랑곳하지 않고 자신의 열정을 유지했다.

두 번째 이유: "복음에는 하나님의 의가 나타나서." 죄가 질병이라면 의는 건강이다. 죄는 전적으로 선한 하나님의 본성을 거스르는 것이고, 의는 선과 악을 분별할 수 있는 단 한 분과의 올바른 관계이다. 죄라는 불치병에 대한 치료제는 복음이며, 그것을 받아들이는 사

람은 누구든지 창조주와 회복된 관계를 누릴 수 있다.

바울은, 예수 그리스도의 복음은 죄에 대해 근본적으로 차별화된 하나님의 접근법이지만, 천지창조보다 더 오래된 것임을 상기시키면서 인사를 끝맺는다. 그는 구약의 선지자 하박국의 말(합 2:4)을 인용해 태초부터 지금까지 구원은 은혜로 주어지고 믿음으로 받는 선물임을 보여준다. 따라서 복음에는 하나님의 의가 "믿음에서 나와 믿음으로"(직역) 드러난다. "의인은 믿음으로 말미암아 살리라." 인간은 하나님 앞에 섰을 때 행위가 아닌 믿음으로 의롭다 함을 받는다.

그것이야말로 바울이 이 편지에서 나누고 싶어하고 심혈을 기울여 설명하고 있는 복음의 빛이다. 그러나 치료제의 진가를 인정하려면 먼저 그 사람의 병과 그것이 초래하는 결과를 알아야 한다.

적용
바울에게 좋은 것은 모두에게 좋은 것이다

로마의 성도들에게 인사를 전한 후에 바울은 무엇이 그로 하여금 복음을 전파하는 일에 그토록 열정적으로 헌신하도록 이끄는지 설명한다.

"내가 빚진 자라"(1:14). 바울은 값을 헤아릴 수 없는 소중한 선물 – 죄라는 치명적 질병에 대한 유일한 치료제 – 을 위탁받았기 때문에 모든 사람에게 빚진 자라고 생각했다. 바울처럼 아무 대가 없이 영생의 선물을 받은 자들은 모든 사람, 곧 부유하건 가난하건, 지식이 많건 적건, 종교성이 있건 없건 간에 누구에게나 하나님이 주신 구원을 알릴 의무가 있다.

"나는 할 수 있는 대로"(1:15). 바울의 행동의 동기는 그가 받은 은혜와 책임 의식이다. 누구라도 자기에게 주어진 선물의 엄청난 가치를 진정으로 이해한다면 잠자코 있지 못할 것이다. 당신이 복음을 위한 일에 적극적으로 참여하고 있지 않다면 당신의 영적 생활에 무언가가 결여되어 있는 것이다.

"내가 복음을 부끄러워하지 아니하노니"(1:16). 현실을 직시하자. 복음은 그것을 이해하지 못하는 사람들에게는 어리석어 보인다. 그리고 과거에 무지는 조롱뿐만 아니라 핍박의 대상이었다. 영원한 생명을 하나님의 은혜의 진리에 건 사람들은 그것이 이 땅에서의 삶의 희생을 요구한다고 해도 흔들리지 말아야 한다.

기독교 전승에 의하면, 바울은 한 순간도 열정을 잃지 않았다. 그는 복음을 선포할 때는 활력이 넘쳤고 부끄러워하지 않았다. 그의 평생을 건 전도 여행은 마침내 로마에서의 순교로 끝이 났다.

주: 인사(로마서 1:1–17)

1. Gerhard Kittel and Gerhard Friedrich, eds., *Theological Dictionary of the New Testament: Abridged in One Volume*, trans. Geoffrey W. Bromiley(Grand Rapids: Eerdmans, 1985), 183.
2. 같은 책.
3. Robert Laird Harris, Gleason L. Archer, and Bruce K. Waltke, *Theological Wordbook of the Old Testament*, electronic ed.[Chicago: Moody Press, 1999(orig. 1980)], 930.

하나님의 진노

로마서 1:18-3:20

만약 내가 내 마음대로 하나님을 만든다면 그분은 헐리웃 영화에 나오는 하나님과 상당히 비슷할 것이다. 나는 하나님이 시가를 우적우적 씹으면서 나를 계속 웃게 만드는 기분 좋은 유머 감각을 가진 인물이었으면 좋겠다. 아니, 나보다 더 지혜로워서 내 고민을 해결해주면서도 나를 섬기는 조용한 집사 같은 존재라면 더 좋겠다. 내가 만든 하나님은 친절하고 성실하지만 내가 죄를 지었을 때는 “애들은 역시 애들이다”라는 식의 태도를 보였으면 좋겠다. 어쨌든 나의 잘못된 결정이 불러온 부정적인 결과로 고통받았으니 이미 벌은 충분하지 않은가?

당신은 어떤 하나님을 숭배하는가? 설계자 하나님? 당신과 친밀한 관계에 있는 사람들에게 결여되어 있는 모든 훌륭한 자질을 소유한 가상의 ‘더 높은 권력자’? 아니면 질투, 격노, 사소한 것까지 트집잡기, 수동적 공격성 죄책감(passive-aggressive guilt) 같은 당신이 가장 두려워하는 인격적 특성이 엄청나게 강한 존재? 당신은 당신이 상상하는 하나님을 숭배하는가, 아니면 실제로 존재하는 하나님을 숭배하는가?

하나님은, 성경에 나타난 대로, 우리 상상 속의 우상들과 같은 모습이 아니시다. 그런데도 우리는 너무나 쉽게 구름 속에서 여러 형상들을 보듯이 성경 속에서 우리가 선택한 하나님을 본다. 이런 무의식적인 우상 숭배를 피하려면 거기 계시는 하나님[위대한 기독교 철학자 프란시스 쉐퍼(Francis Schaeffer)가 하나님을 부르던 대로]을 알기 위해 말씀을 읽어야 한다. 바울이 로마 사람들에게 쓴 편지를 읽다보면 거기 계시는 하나님에 대한 불편한 진실을 대면하게 된다. 인간에 대한 그분의 분노는 단호하고 무시무시하게 불타오른다. 그렇다. 성경에 의하면, 이 사랑의 하나님은 정말 인간들을 영원한 고통 속으로 몰아넣으실 것이다.

만약 그것이 조금이라도 당신을 불편하게 만든다면, 당신은 한 분이신 진정한 하나님, 거기 계시는 하나님을 보기 위해 당신이 상상하고 있던 우상을 버릴 준비가 되어 있는지도 모른다.

바울의 로마서 첫 부분은 인간에 대한 고발이다. 하나님은 노하셨고, 우리 모두는 말로 형언할 수 없는 고통의 장소에서 그분과 영원히 분리되어야 할 처지이다. 사도는 인간이 처한 위험을 이렇게 설명한다. 인간은 하나님의 진노의 대상이다. 왜냐하면 전체적으로 그리고 개인적으로, 우리는 우리 마음과 행위로 하나님께 반항했다(1:18). 아무도 심판을 피

핵심 용어

ὀργή [*orgē*, 오르게] (*3709*) "분노, 급격한 분출, 분개, 복수심"

구약과 신약 성경은 "분노"를 나타내는 말로 두 개의 헬라어 단어를 사용한다. *Thymos*(끓어오르다)와 *orgē*. 세속적 헬라 문학에서 *thymos*는 일반적으로 분노의 감정을 나타내는 반면에, *orgē*는 분노의 행동을 표현한다. 그러나 성경은 이런 구분을 따르지 않는다. *Orgē*는 단어 자체로는 그 분노가 의로운 분노인지 악한 분노인지 알 수 없다. 그것은 상황이나 사람의 성품에 따라서 두 가지 다 될 수 있다.

ἀδικία [*adikia*, 아디키아] (*93*) "불의, 위법, 불법"

접두사 "a-"는 단어 앞에서 그 단어의 뜻을 부정한다. 따라서 *adikia*는 바르고, 옳고, 또는 합법적인 것의 반대말이다. 이 단어는 종교적인 의미를 함축할 수 있으나 기본적으로는 법적인 용어로, 기존에 세워진 표준에 위배되는 행위를 나타낸다. 유죄 선고를 받은 사람은 '불의한' 죄를, 부패한 통치자는 '부당한' 죄를 범한 것이다.

παραδίδωμι [*paradidōmi*, 파라디도미] (*3860*) "넘겨주다, 항복하다, 재산을 넘겨주다"

'주다'라는 동사를 어근으로 하는 이 단어는 어떤 것의 소유권을 다른 사람에게 넘겨준다는 뜻을 가지고 있다. 문맥에 따라서 일부 번역가들은 이 단어를 "배반하다"로 번역하나, 이 헬라어 단어는 그 동기가 선한지 악한지 말해주지 않는다. 이 단어는 예수님의 고난 이야기에서 주로 쓰인 것을 볼 수 있다. 예수님은 '배반당하시고', 유다에 의해 산헤드린에게(막 14:10), 산헤드린에 의해 빌라도에게(막 15:1), 빌라도에 의해 병사들에게(막 15:15) 넘겨지시고, 그리고 마지막으로 죽음에게 영혼을 '내어주셨다'(요 19:30).

κρίνω [*krinō*, 크리노] (*2919*) "심판하다, 나누다, 가늠하다, 결정하다"

문자적 의미는 혼합물의 구성 요소를 분리하기 위해 "가려내어 분리하다"라는 뜻이다. 기본적으로 "결론에 도달하기 위해 세세한 것들을 꼼꼼히 살펴보다"라는 뜻의 은유적 표현으로 사용된다. 사람에 대해서 사용할 때는 어떤 사람을 조사하여 그의 인품을 평가하기 위해 그의 삶을 엄밀히 조사한다는 뜻이다. 그렇다면 '판단'은 이렇게 꼼꼼히 조사한 후에 내리는 결론이다.

νόμος [*nomos*, 노모스] (*3551*) "올바른 행동의 타당한 기준이라고 정해진 율법"

명사인 *nomos*는 *nemō*, "분배하다"라는 동사와 밀접하게 관련되어 있다. 구전되는 관습을 나타내는 *ethos*와는 반대로, 이 단어는 사법부에 의해 정의된 성문화된 행동 규범을 지칭한다. 바울은 *nomos*라는 단어를 거의 언제나 모세가 하나님에게서 받은 행동 강령인 '모세 율법'을 지칭하는 데 사용한다.

할 수 없다. 이방인도(1:18–32), 도덕주의자도(2:1–16), 유대인들도(2:17–3:8). 사실, 우리 모두는 속속들이 부패했기 때문에 전부 하나님의 진노의 대상이다(3:9–20).

이 점을 입증하기 위해서 바울은 그가 사역을 하면서 얻은 지혜 – 아마 틀림없이 이방인들과 유대인 철학자들과의 수차례에 걸친 열띤 논쟁의 영향을 받았을 – 를 동원한다. 어떤 이들 – 오늘날과 마찬가지로 – 은 하나님의 음성을 듣지 못한 사람들의 경우 그들이 전혀 알지 못하는 율법을 어긴 것에 대해서 공정한 심판을 받을 수 있다는 생각에 이의를 제기했다. 바울은 하나는 자연에서, 다른 하나는 양심에서 나온 두 가지를 고발함으로써 그들의 반대에 응수한다. 유대인들은 조상 아브라함으로부터 물려받은 언약 덕택에 자신들이 심판을 면할 수 있다고 주장했다. 바울은 그들의 그릇된, 행위 지향적인 신학을 정정하는 것으로 그들의 반대에 응수한다. 그런 다음 그는 그들이 소중히 여긴다고 주장하는 그 율법에 근거하여 신랄한 고발을 퍼붓는다.

이 대목의 말미에서 바울은 결론적으로 하나님이 인간에게 노하신 것은 정당하며, 모든 사람은 그분의 심판을 받은 죄인임을 증명했다. 이 부분은 특별히 성경에서 유쾌하다고 할 수 없는 부분이다. 실제로, 인간에 대한 바울의 고발이 끝날 때쯤 하나님으로부터 도망쳐 숨고 싶은 생각이 든다면, 당신은 이제 겨우 그분을 있는 그대로의 모습으로 보기 시작한 것이며, 죄의 심각성을 이해하기 시작한 것이다.

하나님이 진노하시다(1:18–23)

---

18 하나님의 진노가 불의로 진리를 막는 사람들의 모든 경건하지 않음과 불의에 대하여 하늘로부
터 나타나나니 19 이는 하나님을 알 만한 것이 그들 속에 보임이라 하나님께서 이를 그들에게 보이셨
느니라 20 창세로부터 그의 보이지 아니하는 것들 곧 그의 영원하신 능력과 신성이 그가 만드신 만물
에 분명히 보여 알려졌나니 그러므로 그들이 핑계하지 못할지니라 21 하나님을 알되 하나님을 영화
롭게도 아니하며 감사하지도 아니하고 오히려 그 생각이 허망하여지며 미련한 마음이 어두워졌나니
22 스스로 지혜 있다 하나 어리석게 되어 23 썩어지지 아니하는 하나님의 영광을 썩어질 사람과 새와
짐승과 기어다니는 동물 모양의 우상으로 바꾸었느니라.

현대인들은 선조들보다 더 개화되었다. 그들은 미신에 넘어가지 않는다. 그들은 악령

을 쫓아내려고 주문을 외우지 않는다. 흉조를 겁내지 않는다. 현대인들은 이런 원시적이고 애니미즘적인 신앙에 휘둘리지 않고 세상을 있는 그대로의 모습으로, 비인격적인 자연의 힘과 물리적 법칙에 의해 지배되는 것으로 받아들인다. 게다가 그들이 선택한 신은 그들과 함께 진화되어왔다. 그 신은 더 이상 분노를 달래주어야 하는 난폭한 신이 아니다. 그 신은 더 친절하고 온유하며, 우리가 나쁜 짓을 하면 슬퍼하는 할아버지 같은 신이다. 그러나 그 신은 우리가 인간으로 산다는 게 얼마나 힘든 일인지 알며, 그 죄가 실제로는 우리 잘못이 아니라는 것도 알기에 죄를 벌하지 않는다. 대신 그는 부드럽게 자기 자녀들을 바로잡아주려고 애쓴다.

이 시대가 만들어낸 신은 자기가 창조한 세상을 진심으로 아끼는 전능한 창조자가 아니라, 측은할 정도로 소극적인 공처가 아버지 같은 모습에 더 가깝다. 현대인들은 신이란 그들이 기분을 맞춰주지 않으면 진노하는 존재가 아니라 더 사랑이 많은 존재일 거라 생각하며, 그들이 두려워해야 하는 신의 모습을 거부한다. 그러나 화내지 못하고 소극적으로 손을 쥐어짜면서 안타까워하는 신을 나는 사랑이 많은 신의 특성이라고 생각하지 않는다. 사랑의 신은 그가 사랑하는 사람들에게 해가 되는 것이라면 어떤 것이라도 싫어할 게 분명하다. 사랑의 신이라면 무고한 사람들을 악한 자들로부터 보호하기 위해 행동을 취할 게 분명하다. 사랑의 신이라면 특정한 행동을 '금지'한다고 선포할 때는 진심으로 하는 말일 게 분명하다. 어찌 됐든, 응보 없는 율법은 율법이라고 할 수 없다.

사랑의 신이라면 분명 노할 수도 있어야 한다. 그러나 신의 분노는 폭력적인 사람들에게서 연상되는 고래고래 소리지르는 식의 분노가 아니다. 바울은 '급격한 분출'이라는 뜻의 *orgē* 라는 헬라어 단어를 사용하여 죄를 대하시는 창조주의 반응을 묘사한다. 분노에 대한 묘사로 사용될 때 이 단어는 그릇된 행위에 대한 격분을 표현한다. 이런 맥락 속에서, *orgē* 는 천국의 벽을 넘어 이 땅을 향해 쏟아지는 하나님의 의로운 격노를 표현한다. 그리고 이 분노는 실로 격정적이고, 급격히 분출되는 것인데도 사랑의 하나님이시기도 한 그분의 성품과 딱 맞아떨어진다. 하나님의 분노는 분명 가공할 만하지만, 그러면서도 절제되어 있고, 신중하며, 침착하고, 전적으로 공정하다. 그분의 분노는 악과 대면했을 때 나오는 그분의 의로운 성품과 변함없는 사랑의 합당한 표현이다.

—1:18–19—

하나님은 사랑이시다(요일 4:8). 그렇기 때문에 하나님은 악이 당신의 창조물을 집어삼키는 것을 방관하지 않으신다. 그분이 무엇에 대해 분노하시는지 눈여겨보라. 그분은 '불경'과 '불의'에 격분하신다. 이 두 가지 용어를 정의할 필요가 있다.

'불경'은 헬라어 *asebeia*에서 나왔다. 어원은 *sebomai*인데, 원래는 인간이 신성한 존재 앞에서 으레 그러듯이 "앞에서 물러나다" 또는 "피하다"라는 뜻이다. 바울의 시대에는 일반적으로 "경의를 표하다" 또는 "숭배하다"라는 뜻으로 쓰였다. 헬라어 접두사 a는 뒤에 어떤 말이 붙든 그 의미를 부정하기 때문에, 이 단어는 '존경하지 않는' 행위나 태도를 의미한다. 불경한 삶의 태도는 경멸로 이어지게 마련이다.

'불의'는 셉튜아긴트에서 그대로 차용한, "신성한 율법을 범하는 것"이라는 뜻을 가진 *adikia*에서 나온 말이다. 물론 여기서 말하는 신성한 율법이란 이스라엘 백성들이 모범을 보여야 하는, 모세를 통해 주어진 행동 강령을 말한다.

이 행동 강령, 곧 바울이 '율법'이라고 부르는 것은 자의적인 것이 아니다. 어느 날 하나님이 자리에 앉아서 우리의 즐거움을 망칠 수 있는 온갖 방법들의 목록을 적기로 작정하신 것이 아니다. 이 생활의 규율은 그분의 성품을 나타내는 것이다. 우주의 절대 주권자이신 그분의 성품이 선을 규정한다. 다시 말해서, 만약 하나님이 거짓말쟁이시라면, 거짓말이 옳은 것이다. 그러나 하나님은 진리이시다(롬 3:4). 그러므로 그분의 성품에 위배되는 행위인 거짓말은 '죄'이다.

'불경'과 '불의'는 특정한 행동 규범을 어기는 것만이 아니라 하나님 자체, 곧 그분의 신성, 권위, 성품을 완전히 거부하는 것을 말한다. 바울은 하나님의 진노는 모든 불경과 불의, 즉 죄에 대해 나타난다고 단언했다. 우리가 죄를 짓기로 선택할 때 우리는 나쁜 것을 '선'하다고 하면서 하나님의 성품을 모욕하는 것이다. 바울이 이런 불경과 불의는 "불의로 진리를 막는" 사람들에 의해 영속된다고 말한 이유가 이 때문이다. 하나님의 진리 – 하나님은 이 진리를 가지고 우주를 존재하게 하시고 질서를 주셨다 – 가 사람들의 악한 의도에 의해 '막힌다'는 것이다.

'막다'라는 말을 시각적 이미지로 표현하자면 내용물이 쏟아지지 않게 용기의 뚜껑을

묵상의 서재

잃어버린 순수

손자가 생기면 사물이 다르게 보일 수밖에 없다. 성숙으로 가는 첫 발걸음은 세상이 언제나 좋은 곳만은 아니라는 사실을 불현듯 깨닫는 것에서 시작된다. 그리고 하나님이 주권을 가지고 계신 우주 안에 존재하는 악을 해결하려고 수십 년간 고군분투하고나면 손자들이 당신을 다시 제자리로 돌아오게 한다. 어린아이들을 품에 안으면 당신이 오래전에 잃었던 희미한 빛이 마음의 눈 한 귀퉁이에서 갑자기 깜박이기 시작한다. 그리고 당신은 그것이 잠깐 있다 사라지는 소중한 동심에 대한 경이감이라는 것을 발견하게 될 것이다.

어린 시절의 경이를 기억하는가? 인형들이 정말로 말을 한다. 백화점의 산타는 북극에서부터 당신의 마을에 막 도착한다. 밥(Bob) 아저씨는 정말로 사람들의 귀에서 동전을 꺼낼 수 있고, 아빠는 진정한 영웅이다. 그리고 하나님은 정말로 우주를 창조하셨고, 아버지로서의 관심을 가지고 계속 우주를 돌보신다. 그런데 서글픈, 그렇지만 필연적인 어떤 일이 일어났다. 우리는 성장해서 세상의 실제 모습을 보게 되었다. 인형들과 싸구려 산타 복장 뒤에 숨겨진 서글픈 진실을 알게 되었다. 날랜 손재주의 속임수는 더 이상 마음을 사로잡지 못했고, 아버지는 너무 빨리 작아졌다. 그리고… 하나님은? 그분의 왕국을 받아들이려면 우리가 반드시 가져야 한다고 예수님이 말씀하신 그 특성을 우리는 어른이 되어가면서 버린 것은 아닐까(마 18:4, 막 10:15, 눅 18:17)?

1920년대 초 에드윈 허블(Edwin Hubble)이 세상에서 가장 큰 망원경으로 어두컴컴한 하늘을 들여다보다가 놀라운 발견을 했을 때 인류는 어린아이 같은 짧은 경이의 순간을 경험했다. 그전까지는 모든 사람이 우리가 살고 있는 은하계가 우주의 전부라고 생각했다. 허블의 연구는 그렇지 않다는 사실을 입증했다. 먼 곳에 있는 별이라고 생각했던 것들이 수천 개의 은하계라는 사실이 밝혀졌다. 갑자기, 우주는 엄청나게 더 커졌고, 인류는 아는 것이 훨씬 더 적어진 듯했다. 그리고 잠시 – 소중한 한 순간 – 인류는 하나님의 창조의 장엄함을 어린아이 같은 경이감을 가지고 바라보았다.

불행하게도, 순수는 우리를 살짝 스치고 지나가버렸다. 인류가 수천 년 동안 그래왔듯이 우리는 어린 시절의 경이를 보다 다루기 쉬운 것과 바꾸었다. 그것은 바로 눈에 보이지 않는 것을 눈에 보이는 것으로 바꾼 것이다. 그리고 갑작스럽게, 우리와 진리와의 짧은 조우는 일련의 긴 빅뱅 이론과 무에서 유가 나왔다는 이론으로 대체되었다.

꽉 닫아놓으려고 애쓰는 모습으로 표현할 수 있다. 인간의 죄가 하나님의 뜻을 막고 있는 것이다. 죄는 하나님이 애초에 의도하셨던 대로 세상이 돌아가지 못하게 막는다. 맞다. 질병과 재난은 큰 피해를 입힌다. 그러나 세상에 횡행하는 악의 대부분은 살인, 절도, 국가들 사이의 적대감, 가정 폭력과 같이 인간이 인간에게 짓는 죄에 의해서 발생되고 계속 이어진다. 그렇지 않았다면 더 좋아졌을 세상이 사람들의 죄 때문에 그렇게 되지 못하고 있다.

그 다음에 바울은 하나님과 그분의 율법에 대한 걷잡을 수 없는 반항의 이유를 설명한다. 사람들은 그들에게 내재하고 있는 창조주에 대한 지식, 즉 그들을 구성하고 있는 DNA 속에 들어 있는 의식을 억누르고 있다. 하나님은 친밀하고 의미 있는 관계를 맺기 위하여 사람들을 창조하셨기 때문에, 사람들이 의도적으로 그 갈망을 억누르고 고의로 그분을 아는 선천적인 지식을 무시하지 않는다면, 그 관계에 대한 욕구로 인해 모든 시대, 모든 인종의 사람들은 본능적으로 그들의 창조자를 찾게 되어 있다.

—1:20-21—

어떤 사람들은 창조자에 대한 이 내재적이고 본능적인 증거가 너무 막연하다고 반대할지도 모른다. 그러나 바울은 창조된 세계 자체를 증거로 제시한다. 하나님은 손수 만드신 작품으로 우리를 둘러싸고 그것을 증거로 삼으셨다. 망원경으로 먼 우주를 보며 그분의 광대하심과 능력의 증거를 확인하라. 현미경으로 그분의 포괄적인 지성의 증거를 보라. 존 칼빈(John Calvin)은 이렇게 썼다. "하나님이 그것을 분명히 드러나게 하셨다고 말할 때 그분이 의미하는 것은 인간이 이 세상의 관중으로 창조되었고, 이토록 아름다운 작품을 보고 그 작가에게로 이끌리도록 볼 수 있는 눈이 주어졌다는 뜻이다."[1] 자연 자체가 인간들에게 '변명'의 여지가 없는 지적 설계에 대한 최고의 논거이다. 그럼에도 사람들은 제멋대로 하나님의 진리를 막는다. 그리고 비극적인 결과로 "스스로 지혜 있다 하나 어리석게" 되었다.

—1:22-23—

우리는 바보란 말썽을 일으키거나 어리석은 결정을 하는 사람이라고 생각한다. 그런데 헬라 문화와 히브리 문화에서는 '바보'라는 말을 한층 더 심각하게 받아들였다. 히브리어에는 사람들의 어리석은 정도를 정하는 단어가 네 가지나 있다. 다음에 나오는 단어들은 바로 앞 단어의 특성을 포함하면서 그것을 바탕으로 형성된 것이다. 히브리인들에 의하면 가장 심한 바보는 최고의 지성을 소유했으면서 불순종하는 사람이다!

- *Kesil*: 지식이나 실제적인 경험이 부족한, 지적으로 둔한.
- *Ewil*: 어리석은 선택 안에 내포되어 있는 도덕적 의미에 무감각한.
- *Nabal*: 자의로 지혜에 눈을 감고 자기 자신과 타인에게 잔인하게 파괴적인.
- *Letz*: 의도적이고 고질적으로 하나님께 반항적인.

헬라어 역시 네 가지 기본 단어를 사용한다.

- *aphrōn*: 물리적, 영적 세상에 대한 상식적인 인식이 결여된.
- *anoētos*: 불합리하고 지각이 없으며 정욕을 다스리지 못하는.
- *asynetos*: 이해가 없는, 논리적으로 생각하지 못하는.
- *mōros*: 마음과 성품 속에 도덕적인 가치가 없다고 말해도 좋을 정도로 정신적으로 나태한.

바울은 *mōros*라는 단어를 선택했는데, 여기서 영어 단어 'moron(머저리)'이 나왔다. 헬라 사회에서는 *mōros*만이 유일하게 비난받아 마땅한 사람이었다.

이렇게 무익한 어리석음은 인간이 그들의 창조자를 찾지 못하게 방해한다. 그것은 인간들로 하여금 피조물을 기괴한 것으로 왜곡시키게 만든다. 다음에 나오는 하강하는 악순환의 고리를 눈여겨보라. 자의적으로 하나님을 무시함으로써(1:21) 교묘하게 하나님을 모방하게 되고(1:21–22), 결국에는 대대적으로 하나님을 대체하게 된다(1:23–25). 피조물이 창조자 대신 숭배를 받는다. 부패하지 않는 것 대신 부패하는 것이. 영원한 것 대신 일시적인 것이. 하늘에 계신 영적인 조물주 대신 지상의 육욕적인 짐승이.

인간은 선물을 통해 충족감을 얻기 위해 선물을 주는 사람보다는 선물 자체를 추구하는 고질적인 습관이 있다. 예를 들어, 고대 이집트인들은 매년 나일 강이 범람해 토양을 비옥하게 만들어준 덕택에 비옥한 나일 삼각주 지역에서 번영을 구가했다. 그들은 곡식이 성장하는 데 태양이 중요한 역할을 한다는 사실도 알고 있었다. 그러나 그들은 흙, 강, 해를 만드신 이에게 감사하지 않고 해와 강 자체를 숭배했다. 그들은 해와 강의 기원을 설명하는 잘 꾸며진 신화를 만들어냈고, 그것들을 의인화시켜서 그 순환의 이유를 설명했다. 그리고 그들은 해와 강이 생사를 주관하는 힘을 가졌다고 상상했기 때문에 제물로 이 피조물을 매수해야 한다고 생각했다.

현대인들은 이와 같은 미신을 재미있어하면서 멸시하지만 그들 역시 선물을 주는 자와 선물을 혼동하기 일쑤이다. 그들은 월급이 그들의 필요를 공급해줄 것이라 기대하면서 성실하게 생업에 종사하고, 직업의 제단에 결혼과 자녀들을 희생 제물로 바치기도 한다. 그들 또한 빵이 아니라 그것을 제공하시는 하나님이 그들의 생명을 유지시켜주신다는 사실을 망각하고 있는 것이다.

한 분이신 참된 하나님을 인간이 만들어낸 신으로 바꾸는 것은 끝없이 이어져온 인간의 오랜 습관이다. 우리의 타락한 본성은 죄에 대해 우리를 견책하지 않고, 우리가 우리 죄에 염증을 느껴 하나님과의 관계를 다시 시작하기를 수동적으로 기다리는 조물주를 선호한다. 그러나 하나님은 수동적인 부모가 아니시다. 그분은 우리가 그분의 존재를 인식하건 인식하지 않건 죄에 대해 우리를 견책하실 것이다. 그리고 그분을 거절한 것에 대한 응보는 우리의 상상을 초월한다.

적용

믿음은 선택이다

18세기의 계몽주의는 인류를 미신에서 이성의 빛으로 인도했다고 주장했다. 계몽주의는 또 철학과 과학, 종교와 현실, 신앙과 이성 사이에 벽을 세웠다. 그로 인해 소위 말하는 이성의 시대가 탄생했다. 이 시기에는 무엇이든 초자연적인 것은 '비이성적인' 것으로 분류되었다. 요컨대, 그것은 눈에 보이는 것을 지지하면서, 적어도 눈에 보이지 않는 것이 실험을 통해서 입증되거나 실행 가능한 이론에 들어맞지 않는 한 눈에 보이지 않는 것을 거부하겠다는 결단이었다.

이 엄격히 현대적인 사고방식을 채택한 사람들은 객관적으로 분석된 자료와 편향적이지 않은 이론적 평가가 내려진 후에야 믿음을 구축하기를 좋아한다. 그러나 그들이 선호하는 바는 추정에서 시작된다. 그들은 검증될 수 없거나 과학적으로 관찰될 수 없는 모든 것은 '실제'가 아닌 '비실제'의 범주에 두어야 한다는 계몽주의의 추정을 의식적으로건 무의식적으로건 채택했다. 그들이 이런 식으로 그들의 믿음을 구축하기 좋아한다는 것은, 곧 그들이 이미 계몽주의적 관점에서 세상에 접근하기 시작했음을 나타낸다.

그러므로 하나님의 비실재성 – 추측하건대 그분의 존재는 입증될 수 없고 과학적인 검증의 대상이 아닐 터이므로 – 을 받아들이는 것은 자료의 객관적인 분석이나 이론에 대한 편견 없는 평가의 결과가 아닌 것이다. 그것은 특정한 방식으로 세상을 보는 추정에 근거한 결정, 즉 선택인 것이다. 그들이 선택한 어떤 종류의 추정이 하나님의 존재의 부정이라는 필연적 결론을 이끌어냈고, 그러므로 그것은 '비합리적'이다.

사실, 모든 사람의 세계관은 선택이다. 성도들은 이것을 인정하는 데 아무 문제가 없지만(시 111:10, 잠 1:7, 9:10), 믿지 않는 사람들은 그들의 세계관이 추정이 아닌 객관적인 선택임을 입증하려고 열을 올린다.

창조주는 당신의 존재의 증거를 제공하셨다. 우주의 기본적인 질서는 타락으로 인해 훼손되기는 했어도, 지적 설계자의 존재를 암시한다. 거기에 더하여, 인간은 의미를 갈구한다는 사실 하나만으로도 우주가 우연한 행운이 아니라는 것을 말해준다. 과거에 아주 희귀하게 이 설계자가 당신 능력의 초자연적 증거를 가지고 자연 세계로 뚫고 들어왔고, 우리는 그것을 목격한 자들의 증언을 들었다. 그러므로 하나님에 대한 믿음은 비합리적인 것이 아니다. 사실, 그것은 일부 과학자들이 추정하여 결론내린 불신보다 덜 과학적이지 않다.

그러므로 만약 믿음이나 불신이 선택에서 시작된다면, 하나님의 실재를 받아들이는 것은 지적 결론이라기보다는 도덕적 선택이라는 논리적 귀결에 이르게 된다. 그리고 비합리적인 사고방식을 가져야만 믿음을 가질 수 있는 게 아니라면 그분의 실재를 받아들이지 않은 자들은 마침내 그분을 대면했을 때 변명의 여지가 없을 것이다.

몇 가지 질문을 던지고자 한다. 당신은 우주를 어떻게 보기로 선택했는가? 당신은 당신의 결정을 실제로 시험해볼 용의가 있는가? 당신은 세상의 지적 설계를 믿지 않기로 선택했을 수도 있다. 또는 무의식 속에서 하나님이 어떤 모습인지 결정했을 수도 있다. 당신의 믿음은 옳을 수도 있고 그를 수도 있다. 당신은 그 선택을 기꺼이 유보할 것인가?

당신의 믿음에 좀 더 합리적인 접근을 제시해보겠다. 우리는 사도 바울의 인도로 하나님의 성품, 인간의 본질, 창조의 목적, 선과 악에 관한 진리, 세상이 지금 이런 모습인 이유를 밝히기 위한 여정을 시작하려고 한다. 오늘 두 가지 명제를 선택 – 고찰을 위해서라도 – 하라. 첫째, 하나님은 존재한다. 둘째, 하나님은 당신이 그럴 거라고 상상하는 모습과 다르다.

버림받은, 그러나 잊혀지지 않은(1:24–32)

---

24 그러므로 하나님께서 그들을 마음의 정욕대로 더러움에 내버려 두사 그들의 몸을 서로 욕되게
하게 하셨으니 25 이는 그들이 하나님의 진리를 거짓 것으로 바꾸어 피조물을 조물주보다 더 경배하
고 섬김이라 주는 곧 영원히 찬송할 이시로다 아멘

26 이 때문에 하나님께서 그들을 부끄러운 욕심에 내버려 두셨으니 곧 그들의 여자들도 순리대로
쓸 것을 바꾸어 역리로 쓰며 27 그와 같이 남자들도 순리대로 여자 쓰기를 버리고 서로 향하여 음욕
이 불 일듯 하매 남자가 남자와 더불어 부끄러운 일을 행하여 그들의 그릇됨에 상당한 보응을 그들
자신이 받았느니라

28 또한 그들이 마음에 하나님 두기를 싫어하매 하나님께서 그들을 그 상실한 마음대로 내버려 두
사 합당하지 못한 일을 하게 하셨으니 29 곧 모든 불의, 추악, 탐욕, 악의가 가득한 자요 시기, 살인,
분쟁, 사기, 악독이 가득한 자요 수군수군하는 자요 30 비방하는 자요 하나님께서 미워하시는 자요
능욕하는 자요 교만한 자요 자랑하는 자요 악을 도모하는 자요 부모를 거역하는 자요 31 우매한 자요
배약하는 자요 무정한 자요 무자비한 자라 32 그들이 이같은 일을 행하는 자는 사형에 해당한다고 하
나님께서 정하심을 알고도 자기들만 행할 뿐 아니라 또한 그런 일을 행하는 자들을 옳다 하느니라.

엄한 사랑은 누구에게나 쉽지 않다. 좋은 부모라도 자기 자녀를 훈육하는 것을 즐기지 않는다. 그렇게 해야 하지만 그들은 그것을 싫어한다. 마찬가지로 교회들은 때때로 어떤 교인이 스스로를 파괴하고, 가정을 해치고, 또는 명백히 하나님을 욕되게 하는 행동을 멈추려 하지 않을 때 강경한 태도를 취해야 한다. 우리가 누군가를 진심으로 사랑한다면 죄가 그 죄인을 파괴하고 모든 사람이 그 사람의 악행으로 인해 피해를 입을 때 소극적인 태도로 일

관해서는 안 된다. 우리는 다른 사람의 선택에 책임을 질 필요는 없지만, 우리 앞에서 파괴적인 행위를 하지 못하게 할 수는 있다. 이것은 실제로 창조주가 죄 많은 피조물을 대하시는 방식이다.

인간은 하나님을 전적으로 거절함으로써 하나님이 심판을 선포하는 것 외에 다른 선택의 여지를 남겨놓지 않았는데, 그 심판이란 인간을 그들의 죄 가운데 "내버려 두시는 것"으로 시작된다. 신학자들은 이것을 '유기의 형벌(judical abandonment)'이라고 부르며, 여기에 대해서는 두 가지 설명이 있다. 어떤 이들은 유기의 형벌이란 인간이 스스로 악의의 응보를 받도록 소극적으로 내버려두는 것이라고 생각한다. 다시 말해서, 인간이 줄을 잡아당기면 하나님은 그냥 붙잡은 손을 펴서 줄을 놓으신다. 그러면 인간은 죄와 그 결과를 향해 곤두박질치며 정욕이 극에 달하게 된다. 그러나 이것은 그 형벌의 일부분에 불과하다. 하나님이 인간을 죄에 "내버려 두시는 것"은 전혀 소극적인 의미가 아니다.

—1:24-25—

이 엄한 사랑의 결단을 설명하기 위해 바울은 예수님이 당하셨던 고난을 설명하는 복음서에 사용된 것과 동일한 헬라어 동사를 선택한다. 예수님은 유다에 의해 산헤드린에게(막 14:10), 산헤드린에 의해 빌라도에게(막 15:1), 빌라도에 의해 피에 굶주린 그분의 적들에게(눅 23:25), 그리고 채찍질과 십자가 처형을 위해 군인들에게(막 15:15) 넘겨지셨다. 마지막으로 예수님은 당신의 영혼을 죽음에 '내어주셨다'(요 19:30). '내어줌'은 소극적인 방치가 아니라 적극적인 결정을 나타낸다. 하나님은 단지 낙심하고 체념하셔서가 아니라 특별한 목적을 성취하시기 위해서 인간들을 그들의 정욕에 넘겨주신다. 하나님의 유기의 형벌을 설명하는 데 가장 유용한 예는 구약에 있을 것이다.

이스라엘 백성들이 불신의 결과로 40년을 광야에서 헤맬 때 하나님은 기적적인 방법으로 만나를 공급하셔서 그들의 생명을 유지시키셨다(민 11:7-9). 그런데 그들은 애굽의 노예 시절에 주인들이 주었던 음식을 그리워하면서 불평했다. "누가 우리에게 고기를 주어 먹게 하랴"(11:4-6). 주님은 응답하셨다.

"하루나 이틀이나 닷새나 열흘이나 스무 날만 먹을 뿐 아니라 냄새도 싫어하기까지 한 달 동안 먹게 하시리니 이는 너희가 너희 중에 계시는 여호와를 멸시하고 그 앞에서 울며 이르기를 우리가 어찌하여 애굽에서 나왔던가 함이라"(민 11:19-20).

사실 하나님은 이런 뜻으로 말씀하신 것이다. "너희가 갈망하는 죄가 네 코로 밀려나와 너희가 그것에 넌덜머리를 낼 때까지 그것을 먹을 것이다."

죄의 위험한 비탈길을 예증이라도 하듯이 바울은 "하나님께서 그들을 내버려 두셨다"는 구절을 세 차례 사용하면서 점점 더 심각해지는 영향을 설명했다. 각각의 예에 나오는 특정한 죄와 어떻게 하나의 죄가 다른 죄로 이어지는지 눈여겨보라.

"하나님께서 그들을… 더러움에 내버려 두사"(1:24). "더러움"으로 번역된 헬라어는 주

바울은 아크로고린도(Acrocorinth) 인근에 있는 고린도라는 도시에서 로마서를 썼다. 사진에서 도시를 내려다보고 있는 바위산 정상에 아크로고린도가 있었다. 아크로고린도는 사랑의 여신 아프로디테의 신전이 있던 곳으로, 성전의 창녀들이 제국 전역에서 온 손님들을 접대했다.

로 특정한 신에 대한 예배 의식에서 어떤 사물이나 사람의 소용 가치가 상실되었음을 설명하는 종교적 의미로 사용되었다. 오늘날, 우리는 '오염되다' 또는 '전염되다'라는 뜻으로 사용할 수 있다. 오염된 수술 기구는 무균 상태가 아니므로 외과 의사에게는 무용지물이다. 의사는 그것을 내던져버릴 것이다.

하나님이 사람들을 그들의 더러움에 내어주시는 이유는 구속을 위해서이다. 약물 중독자에게 뜨거운 샤워와 푹신한 침대를 주기보다 주님은 그가 더 나은 것을 원하게 될 때까지 그를 자기가 뱉어놓은 오물 구덩이 속에 누워 있게 내버려두신다. 그는 자신의 중독을 뒤로하고 그 더러움에서 떠나고 싶어질 때까지 인간으로서 그가 가진 목적을 성취하지 못할 것이다.

우상 숭배자들은 '창조주보다 피조물'을 숭배함으로써 스스로를 더럽힌다. 시대와 문화가 바뀌었지만 인간의 마음은 바뀌지 않았다. 서구 문화는 나무나 돌을 깎아놓은 것에 절하지 않지만, 카운슬링 센터에는 하나님이 아닌 다른 무언가로부터 안전과 의미를 찾으려는 사람들로 가득하다. 그리고 그들의 행동은 사뭇 이상해질 수 있다. 그들은 재물의 공급자가 아니라 재물을 믿는다. 그들은 직장, 관계, 또는 지위, 은행 계좌를 섬긴다. 그들은 그들의 창조주를 찾기보다 약물, 알코올, 성(性), 일, 쇼핑, 포르노, 음식 그리고 이에 상응하는 여러 가지 다른 행동으로 시선을 돌린다. 그들은 매일 진리를 거짓과 바꾸고, 그러면서 스스로를 더럽힌다.

—1:26–27—

"하나님께서 그들을 부끄러운 욕심에 내버려 두셨으니"(1:26). 바울은 사랑, 아름다움, 성적 쾌락의 여신인 아프로디테의 신전이 인근에 있는 고린도에서 이 편지를 쓰고 있다. 아프로디테 신전은 약 580미터 높이의 고원인 아크로고린도의 정상에 자리잡고 있었으며, 신전 창녀들이 로마 제국의 변방에서부터 몰려드는 예배자들을 유인했다. 이 도시의 악명은 매우 높아서 아리스토파네스(Aristophanes)는 "음행하다"라는 뜻의 *corinthianize*라는 신조어를 만들어냈다.[2] 그럼에도 불구하고 이 '접대 여성들'[3]은 여사제로 존중받았고, 공공 축제에서 귀빈 대접을 받았다.

고린도에서 가장 극단적으로 드러났던 이런 기괴한 이중 잣대는 헬라인과 로마인들의 성에 대한 일반적인 태도를 반영한다. 두 문화 모두 미덕을 무엇보다도 귀하게 여기면서도 간음은 눈감아주었고, 공공연히 동성애를 묵과했다. 헬라 문화에서 지체가 높은 남성은 훨씬 어린 파트너와 동성애를 하는 게 으레 있을 수 있는 일로 여겨졌다. 아니 좀 더 노골적으로 말하자면, 헬라인과 로마인들은 소아성애를 용인했을 뿐만 아니라 교육에 필요한 부분으로 생각했다.

음란에 빠진 사람들의 파토스(격한 감정)는 "부끄러운" 또는 치욕스러운 것으로 표현되어 있다. 우리 지도자들이나 권위자들이 혐오스러운 행동을 했을 때 명성에 오점을 남기는 것과 마찬가지로 이 사람들은 그들의 욕정으로 인간의 존엄성을 훼손했다. 하나님은 남녀가 평생을 헌신하겠다는 언약을 한 관계 속에서 친밀한 성적 쾌락을 누릴 수 있도록 인간의 몸을 창조하셨다. 하나님이 의도하신 성은 절대 수치스럽고 굴욕적인 것이 아니라 그 선물과 선물을 주신 분께 영광을 돌리는 것이다. 그러나 인간은 그 멋진 선물을 인간 이하의 것으로 일그러뜨렸다.

—1:28—

"하나님께서 그들을 그 상실한 마음대로 내버려 두사"(1:28). "상실한(영어 성경에는 depraved로 표현되어 있으며, 새번역에는 '타락한'으로 번역되었다 – 역주)"으로 번역된 헬라어는 "가치가 없다고 검증된"이라는 뜻을 가지고 있다. 안타깝게도 인간의 타락(depravity)이라는 개념을 일각에서는 "최대한으로 악한"이라는 뜻과 혼동했다. 그러나 바울은 "상실한"이라는 단어를 이런 뜻으로 이해하지 않았다. 이 단어의 핵심을 나타내는 헬라어 단어는 *dokimazō*로서, "지켜보다"라는 뜻을 가진 어근에서 파생되었다. *Dokimazō*는 "관찰이나 시험을 통해 가치나 진정성을 증명하다"라는 뜻이다. 이것이 인간이 하나님을 거절한 것을 설명하기 위해 바울이 선택한 동사이다. 영어 성경 NASB가 이것을 잘 번역했다. "그들은 좋다고 생각하지 않았다." 인간은 하나님을 테스트하고, 판단하고, 그분을 인정하지 않기로 결정했다. 그것을 보고 하나님은 인간들을 *adokimos*, 즉 "가치나 진정성이 없다"고 판단하여 그들을 스스로의 정욕에 넘겨주어 시험하신다.

이 역설이 이해되는가? 하나님을 시험하려던 인간이 무가치하다고 판명된다. 잠재된 것을 다 드러낼 수 있다면 그들은 '선' 그 자체이신 하나님과 정반대임이 판명된다. 주님은 그들을 그들 내면의 욕망에 넘겨주신다. 그리고 그 시험의 결과는 자명하다. 인간은 그 성품이 "모든 불의, 추악, 탐욕, 악의가 가득한 자"(1:29)이다. 그들의 행위에 의해 그들은 "시기, 살인, 분쟁, 사기, 악독이 가득한 자요 수군수군하는 자요 비방하는 자요 하나님께서 미워하시는 자요 능욕하는 자요 교만한 자요 자랑하는 자요 악을 도모하는 자요 부모를 거역하는 자요 우매한 자요 배약하는 자요 무정한 자요 무자비한 자"(1:29–31)임이 드러났다.

이 상호 테스트의 결과로 인간은 하나님을 거부한다. 그들은 창조주로서의 하나님을 거부하고, 선의 기준으로서의 그분의 성품을 거부하며, 옳음과 그름을 판단하는 그분의 권위를 거부하고, 그들을 견책하시는 심판관으로서의 권한을 거부한다. 급기야, 그들은 스스로를 하나님으로부터 완전히 분리시켰고, 그에 대한 응답으로 하나님은 '유기의 형벌'이라는 엄한 사랑, 가혹한 자비라는 천국의 판결을 내림으로써 정식으로 선을 그으셨다.

"상실한"은 "할 수 있는 한 나쁜"이라는 의미가 아니라 "할 수 있는 한 벗어난"이라는 뜻이다. 창조주와 그분의 피조물은 '죄'라고 하는 끝을 알 수 없을 정도로 깊고, 넓은 균열의 양단에 서 있다. 인류는, 사법적으로 하나님으로부터 분리되어 속수무책으로 멀어진 채, 그들 앞에 놓인 위험을 의도적으로 무시하고 있다.

—1:29–32—

"상실한"이라는 말은 주로 인간의 위치, 즉 하나님으로부터의 분리의 형벌과 관련되어 있으면서 동시에 인간 본성에 관한 암울한 암시를 담고 있다. 상실한 마음에 "내버려진" 그들의 행위는 그들이 도덕적으로 아무 가치가 없음을 드러내고, 바울은 무려 21가지의 악행을 나열하며 그것을 예증한다. 그리고 앞서 설명한 바와 같이 그들은 "핑계하지 못"한다(1:20). 그들은 자의로 그들의 창조주, 옳고 그름, 죄에 대한 벌을 묵살했고, 다른 사람들의 악행을 칭찬하는 지경에까지 이르렀다.

어떤 이들은 바울이 이 부분을 쓸 때 첫째로 이방인들을 염두에 두고 있었다고 추정하지만, 피조물에 대한 이 고발은 모든 사람, 곧 모세를 통해 율법이 주어지기 전에 살았던 사람들과 율법이 전해진 후에 의도적으로 그것을 묵살하며 산 사람들 모두에게 적용된다. 이 고발은 하나님께 그분과 인간을 분리시키는 것 외에 다른 선택의 여지를 남겨놓지 않았다. 하나님은 사실상 이렇게 말씀하신 것이다. "너희가 나를 의도적으로 거부했기 때문에 나는 다른 선택의 여지가 없다. 너희를 내 앞에서 내쫓아야 한다." 그리고 우리가 깨닫건 깨닫지 못하건, 이보다 더 참담한 상황은 없다.

적용

이방인, 세리 그리고 그 밖의 엄한 사랑이 필요한 사람들

'유기의 형벌'은 거부와 다르다. 그것은 오히려 구속에 대한 하나님의 계획의 첫 발걸음이다. 예수님은 잃어버린 양의 비유에서 하나님 아버지의 집요한 구속적 사랑을 제자들에게 가르치셨다. "만일 어떤 사람이 양 백 마리가 있는데 그 중의 하나가 길을 잃었으면 그 아흔아홉 마리를 산에 두고 가서 길 잃은 양을 찾지 않겠느냐"(마 18:12). 그런 다음, 예수님은 어떻게 죄의 영향 속에 있는 성도가 관계의 회복을 추구할 수 있는지를 제자들에게 가르치셨다. 우리는 때로 냉혹하기도 한 하나님 아버지의 사랑을 본받아야 한다. 우리가 따라야 할 단계를 유의하여 보라.

첫째, 우리는 다른 사람들의 잘못을 대면해야 한다(마 18:15). 누가 알겠는가? 그 문제가 불행한 오해였을지. 실제로 일어나지도 않은 일 때문에 관계가 끊어진다면 얼마나 불행한 일이겠는가. 또는 그 사람이 부지불식간에 다른 사람의 기분을 상하게 했거나, 혹은 상처를 가한 쪽이 돌아올 비난이 두려워 그 죄를 언급하여 다루기를 두려워하는지도 모른다. 어떤 경우든 관계의 균열은 누군가가 그 유쾌하지 않은 분열에 대해 말하는 모험을 감행하지 않는 한 계속 커질 게 분명하다.

둘째, 만약 그 사람이 진실을 부인하거나 책임을 회피하면 도움을 요청하라(마 18:16). 깨어진 관계는 관점의 차이에서 기인하는 경우가 많다. 상처를 받은 쪽은 대체로 죄를 과장하고, 상처를 준 쪽은 대체로 죄를 최대한 축소하려고 한다. 양쪽 모두가 신뢰하는 한두 사람을 동반하면 그 상황을 훨씬 쉽게 해결하는 데 도움이 될 객관성을 충분히 확보할 수 있을 것이다.

셋째, 만약 다른 사람들이 도움을 줄 수 없다면 교회의 권위 있는 지도자들에게 호소하라(마 18:17). 처음 두 단계는 누구에게나 권할 수 있는 방법이지만, 세 번째는 당연히 상처를 준 사람이 성도일 경우에만 적합하다. 만약 그 죄를 개인적으로 해결하지 못했으면 교회의 권위가 개입하는 게 효과적이다. 진리는 말로 표현되어야 한다. 사랑 안에서. 더구나 이런 지도자들은 신성한 권위를 가지고 말한다(그들이 자격을 가지고 있다는 가정 아래). 그들을 무시하는 것은 심각한 문제이다.

마지막으로 만약 그 사람이 회개를 완강히 거부하면 그를 죄에 넘겨주어야 한다(마 18:17). 이것은 하나님이 내리신 인간에 대한 유기의 형벌과 다르지 않다. 그분은 이스라엘 백성들에게 그들이 순종하지 않으면 모든 복과 보호를 거두어갈 수밖에 없다고 약속하셨다(신 28:15-68). 그분은 선지자들을 통해 그들에게 거듭 경고하셨고(렘 3:8-10, 호 2:5-7), 이스라엘의 멸망과 유다 백성의 추방으로 약속을 이행하셨다(왕하 17:6, 렘 39:1-10). 그분은 우리가 우리 죄에 넌더리가 나서 당신에게 돌아가게 하려고 인류에게도 이와 같이 하셨다고 바울은 말한다. 이와 비슷하게 바울은 고린도 교회에게 자기 아버지의 아내와 성관계를 가졌으면서 회개하지 않는 한 남자의 죄를 대면하고 "이 악한 사람은 너희 중에서 내쫓으라"(고전 5:13)고 조언했다. 당연히 목표는 회복이 뒤따르는 회개이다(갈 6:1-2).

주님은 무자비한 마음으로 이 최종 조치를 처방하신 것이 아니다. 그분의 유기의 형벌은 스스로를 파괴하는 죄에서 구원하기 위한 엄한 사랑의 수단일 뿐이다. "이런 자를 사탄에게 내주었으니 이는 육신은 멸하고 영은 주 예수의 날에 구원을 받게 하려 함이라"(고전 5:5). 주님이 제자들에게 "이방인과 세리와 같이 여기라"(마 18:17)고 명령하신 것은 그분이 무정해서가 아니었다. 잊지 말라. 예수님은 가장 부도덕한 사람부터 시작해서 모든 인류를 구원하러 오셨다. 그분은 창녀와 세리의 죄는 용인하지 않으셨지만, 그들을 구원하시기 위해 그들과 함께 식사하기로 결정하셨다. 다시 말해서, 그분은 자신의 죄를 끝까지 고집하는 사람들을 "형제"나 "자매"로 부르기를 거부하셨던 반면에, 친절을 베푸심으로써 그들을 구원하려고 애쓰셨다.

만약 어떤 사람이 고집스럽게 죄를 회개하기를 거부한다면 우리는 그가 신자가 아니라는 사실을 알게 될 것이다. 그러면 그를 그리스도께로 인도하려는 모든 시도를 하는 게 맞다. 그런 다음 예수 그리스도를 믿고 회개하면 그를 하나님의 가족으로 받아들이라. 그러나 지은 죄를 회개하지 않는 사람을 계속 믿음의 동료로 받아들인다면 우리는 그가 복음을 듣고 구원받기 위해 구세주께 돌아설 수 있는 기회를 박탈하는 것이다. 그것은 "절대 그럴 수 없다"(3:4, 6, 31 참고)!

양심의 고발(2:1–16)

1그러므로 남을 판단하는 사람아, 누구를 막론하고 네가 핑계하지 못할 것은 남을 판단하는 것으
로 네가 너를 정죄함이니 판단하는 네가 같은 일을 행함이니라 2이런 일을 행하는 자에게 하나님의
심판이 진리대로 되는 줄 우리가 아노라 3이런 일을 행하는 자를 판단하고도 같은 일을 행하는 사
람아, 네가 하나님의 심판을 피할 줄로 생각하느냐 4혹 네가 하나님의 인자하심이 너를 인도하여 회
개하게 하심을 알지 못하여 그의 인자하심과 용납하심과 길이 참으심이 풍성함을 멸시하느냐 5다만
네 고집과 회개하지 아니한 마음을 따라 진노의 날 곧 하나님의 의로우신 심판이 나타나는 그 날에
임할 진노를 네게 쌓는도다 6하나님께서 각 사람에게 그 행한 대로 보응하시되 7참고 선을 행하여
영광과 존귀와 썩지 아니함을 구하는 자에게는 영생으로 하시고 8오직 당을 지어 진리를 따르지 아
니하고 불의를 따르는 자에게는 진노와 분노로 하시리라 9악을 행하는 각 사람의 영에는 환난과 곤
고가 있으리니 먼저는 유대인에게요 그리고 헬라인에게며 10선을 행하는 각 사람에게는 영광과 존귀
와 평강이 있으리니 먼저는 유대인에게요 그리고 헬라인에게라 11이는 하나님께서 외모로 사람을 취
하지 아니하심이라

12무릇 율법 없이 범죄한 자는 또한 율법 없이 망하고 무릇 율법이 있고 범죄한 자는 율법으로 말
미암아 심판을 받으리라 13하나님 앞에서는 율법을 듣는 자가 의인이 아니요 오직 율법을 행하는 자
라야 의롭다 하심을 얻으리니 14(율법 없는 이방인이 본성으로 율법의 일을 행할 때에는 이 사람은
율법이 없어도 자기가 자기에게 율법이 되나니 15이런 이들은 그 양심이 증거가 되어 그 생각들이
서로 혹은 고발하며 혹은 변명하여 그 마음에 새긴 율법의 행위를 나타내느니라) 16곧 나의 복음에
이른 바와 같이 하나님이 예수 그리스도로 말미암아 사람들의 은밀한 것을 심판하시는 그 날이라.

로마서의 첫 장에서 바울은 죄인인 인간들을 일관되게 "그들", 즉 고발하는 손가락이 다른 곳으로 향하는 친절하고 안전한 삼인칭 대명사로 지칭했다. "그들이 핑계하지 못할지니라"(1:20). "하나님을 알되 하나님을 영화롭게도 아니하며"(1:21). "그 생각이 허망하여지며"(1:21). "어리석게 되어"(1:22). "그들을 마음의 정욕대로 더러움에 내버려 두사"(1:24). "그들이 하나님의 진리를 거짓 것으로 바꾸어"(1:25). "그들을 부끄러운 욕심에 내버려 두셨

으니"(1:26). "그들이 마음에 하나님 두기를 싫어하매"(1:28). 그리고 인간의 타락상을 괴로운 마음으로 상세하게 열거한 후 2장에서 돌연 대명사를 외부인을 가리키는 삼인칭에서 내부를 가리키는 이인칭 "너희"로 180도 바꾼다.

어떤 사람들은 바울이 여기서 초점을 이방인에서 유대인으로 바꾸고 있다고 주장했다. 성도들 사이에 있던 유대인 그리스도인들은 분명 이방인의 타락에 대해 그들의 유대인 형제가 내린 진단을 듣고 확신을 얻었을 것이다. 하나님은 당신을 예배하도록 모든 인간을 창조하셨다. 그리고 그분은 특별한 계획 속에서 아브라함의 자손, 즉 이삭 그리고 야곱 – 히브리 민족 – 을 불러내어 세상에서 당신의 의의 도구로 삼으셨다. 그리고 하나님은 이방인들을 그들의 치욕스러운 정욕에 내버려두시는 한편, 히브리 민족을 당신의 자녀처럼 견책하고 질책하셨다. 세상 모든 민족 가운데 히브리 민족이 인류를 위해 율법의 청지기가 되는 복을 받았다. 이는 유대인들에게 숭고한 소명 의식을 주었을 뿐만 아니라 우월감까지도 고취시켰다. 실제로 많은 유대인들이 '하나님의 선민'이라는 그들의 유업 때문에 자신들이 심판에서 제외된다고 우쭐댔다.

로마 교회도 다른 교회들에게서 보여졌던 유대인과 이방인 사이의 긴장으로 골머리를 앓았을 수 있으나, 바울의 말에서 그가 특별히 이 점을 염두에 두고 있는지는 알 수 없다. 아마 "그들"에서 "너희"로의 전환은 이방인에서 유대인으로가 아니라, 일반적인 인간에서 "하나님의 심판을 피할 줄로 생각하는 사람들"(헬라어를 글자 그대로 번역한 것)로의 전환일 가능성이 높다. 세상에 대해 유죄 판결을 내린 후 바울은 독자들을 재판에 회부한다.

이 부분에서 세 가지 진리가 분명해진다. 하나님의 심판은 피할 수 없다(2:1-4). 하나님의 심판은 공정하다(2:5-11). 하나님의 심판은 보편적이다(2:12-16).

—2:1-4—

처음에 독자는 바울의 이런 포괄적 고발에 이의를 제기할지도 모른다. "내가? 같은 일을 행한다고? 나는 바울이 나열한 죄를 짓지 않았어!" 그러나 한 가지 물어볼 게 있다. 잠시 시간을 내어 정직하게 생각해보라. 당신과 주님만의 이야기이다. 당신은 누가 '선하고' 누가 '나쁜지' 어떻게 분별하는가?

당신이 나를 포함한 대부분의 사람들과 다르지 않다면, 당신의 무의식 속에는 사람들을 분류하는 도덕적 범주가 적어도 세 가지는 있을 것이다. 어떤 사람들은 분명 도저히 부인할 수 없을 정도로 '나쁘다.' 아돌프 히틀러, 조세프 스탈린, 찰스 맨슨(Charles Manson, 20세기 미국 최고의 살인마 - 편집자 주), 가룟 유다, 네로. 거의 모든 사람이 동의하리라 생각한다. 이들은 의심의 여지없이 악했다.

그리고 마더 테레사 같이 소수의 부정하기 힘든 '선한' 사람들이 있다. 그녀는 대부분의 사람들에게 현대의 '선'의 규범으로 추앙받는다. 빌리 그레이엄(Billy Graham)도 그런 사람들 가운데 하나일 것이다. 어떤 사람은 이렇게 말할지도 모른다. "음, 나는 마더 테레사도 아니고 빌리 그레이엄도 아니지만 꽤 괜찮은 사람인데."

그 다음에 어느 정도 선하지만 때로는 나쁜 짓을 하기도 하는 사람들이나, 어느 쪽으로도 아직 결정되지 않은 사람들을 대거 포함하고 있는 중간 범주가 있다. 우리는 대개 스스로를 이 범주에 포함시킨다. 그렇지 않은가? 그리고 이 범주 안에서 우리는 겉으로 보이는 선량함의 순서대로 사람들을 평가한다. 어떤 사람들은 다른 사람들보다 분명히… 더 선하다. 그렇다면 당신은 누구를 그 척도로 삼고 있는가?(정직하라. 지금 이것은 당신과 주님만의 일이다.) 맞다. 당신 자신이다.

고속도로를 달릴 때 우리보다 더 천천히 가는 사람은 바보, 멍청이이고, 더 빨리 달리는 사람은 누구를 막론하고 안전을 위협하는 위험인물이다! 천국과 지옥 중 어디를 가리라고 생각하느냐는 질문을 받으면 많은 사람들은 이렇게 대답할 것이다. "글쎄요, 나는 완벽한 사람은 아니지만 살인을 한 적도 없으니 그런대로 선한 사람이라고 생각하는데요." 알코올 중독자들은 종종 마약 중독자들을 얕보고, 마약 중독자들은 '술주정뱅이'들을 조롱한다. 감옥에서도 살인범, 강간범, 절도범들이 아동 성추행범을 용납하지 못해서 아무 거리낌 없이 그들을 학대하고 심지어는 죽이기까지 한다. 범죄자들 사이에 명예라니!

우리는 모두 "이런 일을 행하는 자에게 하나님의 심판이 진리대로"(2:2) 내린다는 바울의 말에 동의한다. 그러나 바울은 우리가 다른 사람들에게 내리기를 바라는 그 심판이 우리에게도 임할 것임을 일깨워준다. 그 사실이 바로 우리를 당혹하게 만든다. 우리는 모두 세상에 정의가 실현되기를 원하면서 각자 마음속에 자기 나름대로 인식한 선을 근거로 한 의의 기준을 가지고 있다. 거기에다가 우리는 우리가 받아들일 수 있는 한도 내의 악만 용납한다. 우리가 세상에서 악을 뿌리뽑지 않으시는 하나님께 분개할 때 우리는 모든 악의 제거는 우리의 종말도 의미한다는 사실을 망각하고 있는 것이다! 그러니 이제부터 우리는 우리의 본심을 말해야 할 것이다. "주님, 제 안에 있는 악보다 더 악한 것을 모두 없애주시옵소서."

의의 기준은 완전하기 때문에 하나님의 심판은 모든 사람에게 임한다. 그런데 어떻게 우리는 살아 있는 것일까? 어떻게 우리는 하나님의 진노로 숯덩이가 되지 않는 것일까? "그의 인자하심과 용납하심과 길이 참으심"으로 인해서이다(2:4). 다시 말해서 은혜 때문이다.

—2:5-11—

마지막 때에는 지구상에 살았던 모든 인간이 다 참여하는 무시무시한 법정 장면이 펼쳐질 것이다. 각 사람의 행위가 의의 정의(定義) 자체인 하나님의 거룩한 성품에 견주어 저울에 달아질 것이다(2:5-6). 부, 권력, 지위, 인종, 피부색, 국적, 유산, 철학은 전혀 중요하지 않을 것이다. 종교도 문제가 되지 않을 것이다. 모든 사람 - 율법을 접한 사람이나 접하지 못한 사람 - 에게 동일한 기준이 적용될 것이다. 하나님은 예수님이 거듭 말씀하셨고(마 16:27), 요한계시록에 상세히 묘사된 구약의 약속대로(시 62:12, 잠 24:12) "각 사람에게 그 행한 대로 보응하"실 것이다(롬 2:6). 의의 보상은 영생이지만(2:7), 불의에 대한 형벌은 진노이다(2:8).

바울은 자가당착에 빠지지 않는다. 앞에서 그는 복음은 "모든 믿는 자에게 구원을 주시는 하나님의 능력이 됨이라"(1:16)고 말했고, "의인은 그의 믿음으로 말미암아 살리라"(합 2:4)는 구약의 선지자의 선포를 인용했다. 그의 의도는 각 사람이 자신의 행위대로 심판을 받을 것이며, 행위에 의해 구원받지 못한다는 사실을 분명히 밝히려는 것이었다. 선행의 양이 아무리 많아도 저울의 반대편에 있는 하나님의 의와 평형을 이루지 못할 것이다. 아니, 어림도 없을 것이다.

사도의 요점은 단순하다. "하나님께서 외모로 사람을 취하지 아니하심이라"(2:11). 모든 사람은 심판관 앞에 서서 그들의 의의 증거를 제시할 수 있는 동등한 기회를 갖는다. 그리

DSGpro/www.istockphoto.com

하나님의 거룩하신 성품이 진정한 의의 표준이라고 바울은 말한다. 최후의 심판 때에 우리의 선은 다른 사람들의 의나 우리 자신의 양심이 아니라 주님의 선에 견주어질 것이다. 만약 우리의 의의 무게가 우리 쪽으로 기울지 않으면 우리는 유죄로 판결될 것이다.

고 그 기준은 모두에게 동일할 것이다. 그러나 바울은 경고한다. "다만 네 고집과 회개하지 아니한 마음을 따라 진노의 날 곧 하나님의 의로우신 심판이 나타나는 그 날에 임할 진노를 네게 쌓는도다"(2:5). 감히 자신의 행위가 영생에 합당할 만큼 선하다거나, 모든 사람을 감찰하시는 하나님이 죄를 눈감아주시리라고 생각하는 사람이 있다면 그의 미래는 암담할 뿐이다.

—2:12–16—

"지옥으로 향하는 길은 선한 의도로 포장되어 있다"는 옛 속담은 바울의 말에 비추어볼 때 특히 더욱 적절한 것 같다. 우리는 누구나 잘하려고 한다. 문제는 이것이다. 우리는 제대로 알면서 행하고 있는가? 그리고 우리가 행할 때에 우리의 행위는 의로운가?

이러한 사도의 진술에 이의를 제기하는 사람도 있을 것이다. "무릇 율법 없이 범죄한 자는 또한 율법 없이 망하고 무릇 율법이 있고 범죄한 자는 율법으로 말미암아 심판을 받으리라"(2:12). 이것은 공평해 보이지 않는다. 어떻게 자기가 알지도 못하는 규율을 어긴 것 때문에 벌을 받는 것이 정당할 수 있다는 말인가? 그러나 그것이 바로 바울의 요점이다. 약속의 땅에서 멀리 떨어진 곳에 살고 있는 이방인들은 히브리인들을 단 한 사람도 본 적이 없고, 그가 지키는 율법을 들어본 적도 없을 것이다. 그러나 모든 사람은 하나님의 형상을 가지고 있다. 죄에 의해 얼룩지기는 했지만 그래도 하나님의 형상이다. 그리고 그 형상의 일각에 어떤 행위가 선하고 어떤 행위가 악한지를 아는 감각이 내재되어 있다. 세세한 것들에 대해서는 정확하지 않을 수도 있다. '선'에 대한 개인의 이해는 오류가 있을 수도 있다. 그러나 이런 불완전한 기준을 적용한다 해도 의로운 삶을 사는 사람은 없다. 자신의 양심에 완전히 순종한 사람은 아무도 없다. 죄책감은 개인의 도덕이 금하는 것을 하는 데 대한 보편적인 반응이다.

종말에, 최후의 판결이 나오면 각 사람의 행위의 무게가 달아지고, 그 무게가 미달되는 것을 보게 될 것이다. 그리고 율법을 무시한 것은 변명의 여지가 없다. 각 사람은 옳고 그름에 대해 알고 있는 바에 따라서 심판받을 것이다. 그리고 어떤 기준 – 모세의 율법이든 이방인의 양심이든 – 에 의해서든 모든 사람은 죄인이라는 사실이 밝혀질 것이다.

적용

지금 있는 곳에서 시작하라

이 부분에서 바울은 비난하는 우리의 손가락의 방향을 안으로 돌리며 과감하게 선포한다. "그러므로 남을 판단하는 사람아, 누구를 막론하고 네가 핑계하지 못할 것은 남을 판단하는 것으로 네가 너를 정죄함이니 판단하는 네가 같은 일을 행함이니라"(롬 2:1). 여기서 "판단"이라고 번역된 헬라어 동사는 마태가 예수님의 가르침을 설명할 때 사용했던 것과 같은 단어이다. "비판을 받지 아니하려거든 비판하지 말라"(마 7:1). 바울이나 예수님의 의도는 우리가 다른 사람들에게서 "악을 보지 말아야" 한다거나, 다른 사람들의 죄를 점검하지 말고 넘어가야 한다는 것일까? 절대 그렇지 않다!

예수님도 바울도 우리가 분별을 해서는 안 된다고 말하는 것은 아니다. 바울은 자기 아버지의 아내와 관계를 맺었던 고린도 교회의 남자에 대해 썼다. "내가 실로 몸으로는 떠나 있으나 영으로는 함께 있어서 거기 있는 것 같이 이런 일 행한 자를 이미 판단하였노라"(고전 5:3). 그러고나서 바울은 그 남자가 회개하기를 바라는 마음으로 그를 회중에서 추방하라고 했다(고전 5:5). 예수님은 청중들에게 이렇게 도전하셨다. "또 어찌하여 옳은 것을 스스로 판단하지 아니하느냐"(눅 12:57). 주님은 우리에게 양심을 주셨고, 우리가 그것을 가지고 스스로를 방어할 수 없는 사람을 지켜주고 정의를 구현하기 바라신다. 결국, 어떤 공동체든 그것의 안전성과 건강함은 그 공동체가 가진 규율과 그것을 얼마나 잘 수행하느냐에 의해 측정된다. 한계가 없는 관용은 용납될 수 없다.

사람들에게 "판단"하지 말라고 경고하면서 예수님과 바울은 교활한 위선의 죄를 짓지 말라고 경고한다. 옳은 것과 그른 것을 분별하고 서로를 넘어지지 않게 붙잡아줄 때 우리는 자신의 동기에 민감해야 한다. 다른 사람의 영혼에는 아무 관심도 없는 독선적인 태도를 취하지 않았는가? 다른 사람의 죄목을 대면서(마치 현대의 바리새인처럼) 일말의 자비도 베풀 마음이 없지 않았는가? 자신의 욕심을 채우기 위해 다른 사람들을 힐난하는 거만한 태도를 키우지 않았는가? 우리는 다른 사람의 비행을 손가락질하면서 실제로는 우리 자신의 죄로부터 주의를 돌리고 있지 않은가? 이 질문들에 대한 대답은 매우 중요하다. 예수님은 경고하셨다. "너희가 비판하는 그 비판으로 너희가 비판을 받을 것이요 너희가 헤아리는 그 헤아림으로 너희가 헤아림을 받을 것이니라"(마 7:2).

주님은 우리가 옳고 그름에 관심을 갖기 바라신다. 그분은 이 땅의 의가 천국의 의를 반영하기 원하신다. 그분은 우리가 선의 대리인이 되어 악에 저항하기 원하신다. 그리고 가장 좋은 출발점은 지금 당신이 있는 곳에서 멀지 않다. 그곳이 바로 자기 성찰의 시작점이다. 만약 진심으로 이 세상의 악을 뿌리뽑는 데 관심이 있다면 예수님의 도전을 받아들이라.

"어찌하여 형제의 눈 속에 있는 티는 보고 네 눈 속에 있는 들보는 깨닫지 못하느냐."

"보라 네 눈 속에 들보가 있는데 어찌하여 형제에게 말하기를 나로 네 눈 속에 있는 티를 빼게 하라 하겠느냐."
"외식하는 자여 먼저 네 눈 속에서 들보를 빼어라 그 후에야 밝히 보고 형제의 눈 속에서 티를 빼리라."

– 마태복음 7:3-5

이것은 바울이 "남을 판단하는 것으로 네가 너를 정죄함이니"(롬 2:1)라고 했던 말의 의도를 다시 생각하게 한다. 우리가 하나님의 의에 정말 관심이 있다면, 진심으로 죄를 규탄하고 정의를 옹호하고 싶다면, 진실로 선의 투사가 되고 싶다면 우리 자신을 검토하는 일부터 시작해야 한다. 그런 다음 시간이 있다면 다른 사람의 죄를 추궁할 수 있다. 자기 자신의 결함을 알면 은혜의 정신 안에서 겸허한 태도로 다른 사람들을 '판단'할 수 있게 될 것이다.

종교의 어두운 면(2:17-29)

17유대인이라 불리는 네가 율법을 의지하며 하나님을 자랑하며 18율법의 교훈을 받아 하나님의
뜻을 알고 지극히 선한 것을 분간하며 19맹인의 길을 인도하는 자요 어둠에 있는 자의 빛이요 20율
법에 있는 지식과 진리의 모본을 가진 자로서 어리석은 자의 교사요 어린 아이의 선생이라고 스스로
믿으니 21그러면 다른 사람을 가르치는 네가 네 자신은 가르치지 아니하느냐 도둑질하지 말라 선포
하는 네가 도둑질하느냐 22간음하지 말라 말하는 네가 간음하느냐 우상을 가증히 여기는 네가 신전
물건을 도둑질하느냐 23율법을 자랑하는 네가 율법을 범함으로 하나님을 욕되게 하느냐 24기록된
바와 같이 하나님의 이름이 너희 때문에 이방인 중에서 모독을 받는도다

25네가 율법을 행하면 할례가 유익하나 만일 율법을 범하면 네 할례는 무할례가 되느니라 26그
런즉 무할례자가 율법의 규례를 지키면 그 무할례를 할례와 같이 여길 것이 아니냐 27또한 본래 무
할례자가 율법을 온전히 지키면 율법 조문과 할례를 가지고 율법을 범하는 너를 정죄하지 아니하겠
느냐 28무릇 표면적 유대인이 유대인이 아니요 표면적 육신의 할례가 할례가 아니니라 29오직 이면
적 유대인이 유대인이며 할례는 마음에 할지니 영에 있고 율법 조문에 있지 아니한 것이라 그 칭찬이
사람에게서가 아니요 다만 하나님에게서니라.

보기에 따라서 종교는 좋을 수도 있고 나쁠 수도 있다. 우리는 보편적으로 종교 지도자

들을, 비록 그들의 종교에 동의하지 않더라도 호의적으로 본다. 마하트마 간디는 의심할 여지없이 그가 속한 세상을 더 좋게 변화시켰다. 마틴 루터 킹 주니어(Martin Luther King Jr.)는 인종 간의 적대감이 점점 커져 정점에 다다랐을 때 폭력을 사용했던 많은 동시대 사람들과 달리 평화와 비전을 제시하는 목소리를 높였다. 기독교에 대한 지식이 전무한 많은 사람들도 빌리 그레이엄을 걸출한 하나님의 사람으로 존경한다. 더 나아가 정치인들은 평화롭고 질서 있는 사회를 유지하는 데 종교의 역할이 중요하다는 사실을 오래전부터 인식하고 있었다. 인간은 자신보다 더 큰 존재를 믿을 때 대체로 더 고상해진다.

그러나 종교에는 어두운 일면이 있다. 종교는 불화를 일으키고, 전쟁을 지속시키며, 잔혹한 행위를 부추겨왔다. 제노사이드(Genocide) – 한 민족에 대한 대량 학살 – 는 거의 대부분 종교적 반감이 동기가 된다. 그 결과 일부 무신론자들은 초자연적인 것에 대한 모든 믿음에 대해 지적, 정치적 전쟁을 선포함으로써 세상에서 가장 많은 악을 양산하는 종교를 멸절시키려고 한다. 나는 그들의 논리에는 공감하지 않지만 그 동기는 인정한다. 만일 내게 그리스도인들에게 설교할 수 있는 기회가 딱 한 번만 주어진다면, 그 설교의 제목은 '종교적이지 않은 그리스도인이 되는 방법(How to Be a Christian without Being Religious)'[4]이 될 것이다.

이게 모순처럼 들리는가? 그리스도인이 되는 것과 종교적이 되는 것이 같은 의미가 아닌가? 대부분의 사람들이 '그리스도인'이라는 말에 대해서 이해하고 있는 대로라면 그렇다. 그러나 바울의 로마서를 읽어보면 그렇지 않다.

일부 사람들이 기독교에 대해 가지고 있는 생각을 보면 러닝 머신이 떠오른다. 날마다 결의에 찬 그리스도인들이 그들의 지도자들과 동료들의 종교적인 요구 위에 올라가 달리기 시작한다. 노력하고, 분발하고, 희망을 갖고, 탄원하고, 하나님을 기쁘시게 할 수 있도록, 또는 하나님의 사랑을 받을 수 있도록, 또는 잠시나마 하나님이 그들로 인해 미소 지을 수 있게 해달라고 기도하며 점점 더 빨리 달린다. 하나님이 요구하시는 이상과 우리가 서 있는 지점은 너무나 멀어서 그 틈을 메우려면 분명히 우리는 열심히 노력해야 한다.

그것이 종교이다. 수고로울 뿐 얻는 건 없다.

다행히 진정한 그리스도인의 삶은 종교와는 무관하다. 그리스도인이 되기 원하는 사람은 우선 러닝 머신 위에서 아무리 애를 써도 그러한 종교적인 노력이 우리와 죄 사이를 멀어지게 하지 못하며, 우리를 하나님께 더 가까이 데려가지도 못한다는 사실을 받아들여야 한다. 그것은 오로지 하나님의 은혜로만 가능하다. 하나님의 은혜가 우리가 얻을 수 없는 구원과 받을 자격이 없는 호의와 갚을 수 없는 친절을 베풀어주신다.

그러나 일반적인 사고방식으로는 은혜가 이해되지 않는다. 이 세상에는 "공짜 점심이란 없다." "심은 대로 거둔다." 정의는 죄에 대한 배상을 요구한다. 따라서 끔찍한 파멸에 대한 환상과 종교의 불가능한 요구 사이에 꼼짝없이 갇힌 사람들은 올바른 '무언가'가 그들의 내면을 어떻게든 변화시켜주리라는 망상에 빠진다. 그들은 헛되이 올바른 의식, 올바른 부적, 올바른 전통, 올바른 유산을 탐색한다. 그러나 그 모든 노력은 아무 쓸모없다. 허사이다. 종교는 완전히 잘못되었다!

1장 말미에서 바울은 이방인들이 거짓 신들을 좇음으로써 형벌을 자초했다는 사실을 설명했다. 그리고 2장의 서두에서 그는 자기만의 방식으로 한 분이신 참된 하나님을 추구하는 것은 아무 소용이 없음을 입증했다. 우리는 하나님의 기준은 말할 것도 없이 스스로 정한 의의 기준도 만족시키지 못한다. 이제 사도는 모든 민족 중에서 가장 종교적인 민족인 유대인들에게로 화살을 돌린다.

하나님의 언약 백성들에 대한 바울의 기소를 읽으면서 그것이 한 유대인에게서 나왔다는 사실에 주의해야 한다. 그런데 그가 자기 동족에게 쓴 내용 전체가 현대의 그리스도인들에게도 그대로 적용된다. 도널드 그레이 반하우스(Donald Grey Barnhouse)는 다음과 같이 썼다.

> 형식, 의식, 전례, 종교적 계율과 실천 그리고 그것들에 부가되는 모든 태도에는 그토록 집착하면서 하나님의 은혜는 이해하지 못하는 사람들이 있다. 그들은 구속 없는 예배 절차, 사랑 없는 행위, 합당한 의미에서 하나님을 경외하지 않는 예배 형식을 가지고 있으며, 그렇기 때문에 하나님의 심판 아래 있다.
>
> 그들이 어떤 이름으로 불리건 상관없이 원칙은 동일하다. 신약 성경이 쓰이던 당시에 그 논쟁은 종교적인 유대인들을 반박하기 위한 것이었다. 오늘날 그것은, 바울의 시대에 유대인들을 반대했듯이, 열정적인 로마 가톨릭 신자들이나 열렬한 근본주의자들에 대한 반박일 수 있다. 종교를 믿는 사람이 어떤 의미서건 그 종교에 의해 변

화되지 않는다면 아무리 신앙을 고백해도 별 소용이 없다.[5]

—2:17-20—

바울은 유대인들의 종교적 교만에 대한 몇 가지 근거를 밝히는 것으로 시작한다.

그들의 명칭: '유대인'이라는 명칭은 "야훼는 찬송을 받을지어다"라는 뜻을 가진 "유다(Judah)"에서 유래되었다. 언약을 상기시켜주는 이 멋진 말은 교만의 원인이 될 수도 있었다. 많은 사람들이 이 명칭을 일종의 성처럼 사용하기도 했다. 이를 테면 이런 식이다. "Chuck Swindoll, Jew(척 스윈돌, 유대인)."

율법의 소유: 하나님은 온 세상에 그분의 말씀을 전하게 하려고 히브리 백성을 택하셨다. 많은 사람들은 이 책무가 그들을 하나님의 심판에서 제외시켜준다고 생각했다.

하나님과의 독특한 관계: "하나님을 자랑한다"는 것은 어떤 사람이나 사물 때문에 우월한 위치에 있음을 주장하거나, 그것으로 인한 아주 강한 자신감을 표현하는 의미를 가지고 있다. 바울이 그랬듯이 세속적 헬라어는 거의 언제나 이 단어를 부정적인 의미로 사용했다.

하나님의 뜻을 앎: 하나님의 가르침을 받은 자들로서 그들은 그 시대를 향한 하나님의 계획을 분별할 수 있었다. 율법 외에도 그들은 선지자들의 글, 곧 의심의 여지없이 국가로서 그들의 엘리트 의식을 부추겼던 미래에 대한 지식을 정성껏 보존했다.

열국을 가르칠 책임: 하나님은 유대인들에게 그분에 대해서 온 세상을 가르칠 책임, 즉 아브라함과의 언약만큼이나 오래된 의무를 부여하셨다. 그들은 "맹인의 길을 인도하는 자요 어둠에 있는 자의 빛이요 율법에 있는 지식과 진리의 모본을 가진 자로서 어리석은 자의 교사요 어린 아이의 선생"이 될 터였다(2:19-20). 많은 유대인들은 진리를 소유하기만 하면 그들의 과업을 성취할 수 있는 뛰어난 능력을 저절로 받게 된다고 생각했다.

이러한 복의 어두운 일면은 교만, 즉 많은 유대인들이 이방인들을 "개"라고 부를 정도의 오만함이었다.

바울의 의도는 그의 동족인 유대인들을 질타하거나, 하나님의 선민으로서 그들 고유의 특권이 나쁘다고 말하려는 것이 아니라, 그의 유대인 독자들에게 그들의 종교가 그들을 전

묵상의 서재

교회의 수치

날카로운 전화벨 소리는 내 서재에 흐르던 정적을 깨트렸고, 수화기 저편에서 전해진 메시지는 내 가슴을 무너트렸다. 또 한 명의 동료 사역자가 도덕적으로 실족했다. 한때는 우뚝 섰던 또 한 명의 십자군 – 성도들을 진리로 무장시키고 원수를 대적해 견고하게 서라고 격려했던 – 이 수치스럽게 대열을 이탈했고, 그의 죄는 적에게 승리를 안겨주었다. 수화기를 채 내려놓기도 전에 눈물이 뺨을 타고 흘러내렸다.

문득 고대의 한 장면이 떠올랐다. 끔찍한 장면이. 블레셋 사람들과의 비극적인 전투가 벌어졌던 이스라엘 길보아 산의 전장은 히브리 군사들의 시체로 발 디딜 틈이 없었다. 그 중에는 키가 훤칠한 노련한 전사, 사울 왕의 시체도 있었다. 블레셋의 이교도들은 하나님의 군대를 이기고 얼마나 고소해했을까! 사울은 10여 년간 다윗의 인생을 악몽으로 내몰았지만 다윗은 다음과 같은 말로 왕의 죽음을 애통해했다. "오호라 두 용사가 엎드러졌도다"(삼하 1:19, 27).

나는 서재에 홀로 앉아 다윗의 추락에 대해 생각했다. 지붕 위에서 아리따운 밧세바를 내려다보는 비틀거림에서 시작된 추락을. 그는 비틀거리다가 결국 넘어졌고, 그의 추락은 지금 생각해도 등골이 오싹해진다. 나단이 뼈마디가 드러난 손가락으로 다윗의 얼굴을 가리키며 "당신이 그 사람이라"(삼하 12:7)고 선포한 후에 그 말이 얼마나 그의 귓가를 맴돌았을까. 가장 용맹스러운 하나님의 전사, 주님의 적들을 패주시키고 거짓 우상들을 파괴했던 전사가 간통과 그것을 무마하기 위한 살인으로 가장 높으신 분의 이름을 훼손했다. 하나님의 적들이 얼마나 비웃었을지. 아무리 회개를 했다고 해도 다윗 자신과 그의 가정과 그의 통치는 이전과 같을 수 없었다.

하나님의 가족 중 어느 한 사람의 실족도 모든 사람에게 영향을 미치지만, 지도자의 도덕적 과실은 교회의 기초를 뒤흔든다. 그리고 어떤 경우에는 교인들이 아예 회복이 안 될 수도 있다. 그렇기 때문에 나는 내 동료 전사가 그의 서재에 홀로 앉아, 아마도 손에 얼굴을 묻은 채 '어떻게 내가 나 자신과 내 가족과 아내와 교회를 모욕하고 그리고 무엇보다도 내 주님의 이름을 그렇게 욕되게 할 수 있었단 말인가?'라고 스스로에게 의아해할 것을 생각하며 몸서리쳤다.

영원의 세계에서 나의 구세주와 함께하기 전까지는 옛 본성이 죽지 않을 한낱 인간에 불과하다는 사실을 알게 된 나는 주님께 호소했다. "악한 자들로부터 저를 보호해주소서. 제가 휘청거릴 때 필요하다면 저를 엄히 다스려주소서. 제가 넘어지기 전에, 오 하나님, 저를 막으소서! 제가 절대 이런 말을 듣지 않게 하여주소서. '어디까지 추락하려나.' 저 때문만이 아니라 당신의 이름을 위해서."

혀 변화시키지 않는다는 사실을 이해시키려는 것이다. 겉으로 올바른 행동을 하는 것은 내면을 정화시키는 것과는 아무 상관이 없다. 그것이 결국 종교의 정의, 곧 속사람을 구원받을 만한 존재로 만들기 위해 외적인 행위를 하는 것이다. 예외 없이, 이런 표리부동한 의는 위선을 낳기 마련이다.

—2:21-24—

사도는 이제 먼저 자신을 성찰하고나서 유대인의 종교적 교만의 근거를 반박하는 확실한 증거를 가져와 그 독선에 대한 반대 심문을 하기 위해 법복을 입는다. 그는 다섯 가지 예리한 질문을 던진다.

- "다른 사람을 가르치는 네가 네 자신은 가르치지 아니하느냐"(2:21)?
- "도둑질하지 말라 선포하는 네가 도둑질하느냐"(2:21)?
- "간음하지 말라 말하는 네가 간음하느냐"(2:22)?
- "우상을 가증히 여기는 네가 신전 물건을 도둑질하느냐"(2:22)?
- "율법을 자랑하는 네가 율법을 범함으로 하나님을 욕되게 하느냐"(2:23)?

만약 행여라도 누군가가 처음에 나오는 네 개의 질문에 '아니요'라고 대답할 수 있거나, 다섯 번째 질문을 과감히 부인할 수 있다 해도, 그 사람은 이사야 선지자와 에스겔 선지자의 고발은 피할 수 없을 것이다(사 52:5, 겔 36:20-22). 유대인은 이방인들과 마찬가지로, 개인의 거룩함이나 종교적 유업을 근거로 하나님의 심판에서 벗어날 수 없다. "기록된 바와 같이 하나님의 이름이 너희 때문에 이방인 중에서 모독을 받는도다"(2:24).

—2:25-29—

어떤 이유에서건 유대인 독자들이 여전히 납득하지 못할까봐 바울은 유대인의 종교적 유산 중에서 가장 개인적이고 친숙한 면을 거론한다. 유대인들의 시조 때부터 할례는 유대인 남자들이 하나님이 아브라함과 맺은 언약에 참여한다는 상징이었다(창 17장). 태어난 지 8일째에 이루어지는 이 가입식은 하나님이 그 사내아이를 자기 것이라고 주장하셨으며, 그 아이는 '약속의 아들'이 되어야 한다는 사실을 상기시키는 시각적 장치였다. 많은 유대인들은 아브라함이 하나님과 맺은 언약에 참여함으로써 자신들이 하나님의 진노에서 벗어날 수 있다고 생각했다.

바울에 의하면, 그것은 어림 반 푼어치도 없는 말이다. 그는 구약의 선지자들의 말을 인용해 할례란 내면의 참모습을 겉으로 드러내는 표상에 지나지 않음을 그의 민족에게 일깨워준다. 하나님은 하나님을 따르는 사람들이 그분을 닮아가고 율법을 지킴으로써 그분의 성품에 경의를 표하는 '마음의 할례'(신 10:16, 30:6, 렘 4:4)에 더 큰 관심을 보이신다.

종교 – 러닝 머신 종교 – 의 전형적인 징후는 부차적인 것을 지나치게 강조하고 본질을 간과하는 것이다. 우리는 스스로 육체의 할례를 시행할 수 있다. 그것은 우리가 하나님의 도움 없이 할 수 있는 종교적 의무이다. 그러나 마음의 할례는 우리의 능력 밖의 것으로 일종의 수술을 요한다. 그것은 초자연적인 수술이다. 그리고 이 진정한 할례의 외적 상징은 순종이다. 주님은 깨어진 언약의 외적 징표를 지닌 불순종하는 유대인보다 할례받은 마음을 가진 이방인을 더 좋아하신다고 바울은 단호히 말한다.

가정의 예를 들어 설명해보겠다. 당신은 무엇을 더 좋아하는가? 버젓이 결혼 반지를 끼고 다니는 불성실한 배우자인가, 아니면 당신과 공유하는 친밀한 삶을 지키면서 반지를 끼고 있지 않은 배필인가? 결혼 반지는 둥글고 금으로 만들어진 영원한 정절의 상징이다. 반지는 그것을 끼고 있는 사람의 참된 속마음을 겉으로 나타내는 것이다. 반지가 부부의 결합에서 가장 중요한 요소라고 생각한다면 얼마나 어리석은 일인가. 더 나아가 반지가 자기 배우자에 대한 정절을 지켜줄 수 있다고 생각한다면 이 또한 얼마나 어리석은 일인가.

할례와 결혼 반지는 많은 공통점을 가지고 있다. 그것은 모두 개인의 내적 신념의 외적 표상이다. 불행하게도 종교는 하나님이 가장 중요하게 생각하시는 것은 무시하면서 외적인 상징만 과도하게 강조한다.

내 경험에 의하면, 종교는 적어도 세 가지 양상으로 나타난다.

첫째, 종교는 영적인 것보다 물질적인 것을 강조한다. 종교는 경건한 행위와 겉으로 드러나는 희생적인 수고를 더 중요하게 생각한다. 종교는 사람을 기진맥진할 때까지 바쁘게 만들고, 사람들에게 보여지고 칭송받기 위해 하는 선행을 강조한다.

둘째, 종교는 본질적인 문제는 간과하고 부차적인 문제를 강조한다. 상징, 전통, 의식이 교회의 실제 사명이나 교인들의 본질적이고 참된 성숙보다 더 중요하게 여겨진다. 외부로 드러난 모습이 진지한 믿음이나 순전한 복종보다 더 관심을 받는다.

셋째, 종교는 다른 무엇보다도 이기심을 조장한다. 정말이다. 종교적 열심은 자기 자신을 염두에 둔 것이다. 무엇을 하건 그 사람의 동기는 남들에게 보여지고 알려지기 원하는 마음이다. 자신을 드러내지 않고 남의 이목을 끌려고 하지 않는 태도는 그 사람의 사고방식으로는 생경한 일이다. 종교는 점점 더 권력과 명성의 우위를 차지하려는 교만을 조장한다.

이 모든 악으로 충분하지 않다면, 그 외에도 종교는 열성적인 신도들로 하여금 하나님의 은혜가 필요하다는 사실을 깨닫지 못하게 만든다. 종교가 직접 심판으로 이끈다는 사실은 얼마나 아이러니하고 비극적인 일인가.

적용

특권의 문제

바울이 유대인의 교만에 대한 다섯 가지 근거를 검토하는 대목에서(2:17–21) 나는 내가 섬기는 교회의 전반적인 영성과 더불어 나 자신의 태도도 면밀히 살펴보아야겠다는 생각이 들었다. 히브리 민족이 향유했던 특권은 이제 그리스도인의 특권 – 적어도 하나님의 구속 계획 속에 들어 있는 이 시대에는 – 이다. 각각의 특권은 스스로를 성찰하는 질문을 하도록 인도한다. 당신이 기독교 지도자, 곧 목사, 장로, 집사, 교사, 소그룹 리더, 자원봉사 코디네이터, 한 가정의 가장이라면 각각의 특권을 읽고 모든 질문에 대한 당신의 대답을 곰곰이 생각해볼 것을 권한다.

- **우리의 명칭:** 우리는 '그리스도인'이라는 명칭을 명예롭게 생각해야 한다. 스스로를 그리스도인이라고 말하는 것은 다른 사람들이 신뢰할 수 있는 행동 규범을 공개적으로 밝히고, 동료들에게 당신이 그것을 지키는지 책임지고 지켜봐줄 것을 요청하는

것이다. 우리가 '그리스도인'이라는 명칭을 사용할 때 누가 영광을 받는가? 하나님인가, 나 자신인가?

- **신성한 진리를 소유함**: 하나님의 기록된 말씀인 성경 66권을 지키고 관리할 책임은 어떤 공식적인 기관이 아니라 모든 성도와 그들의 공동체에게 있다. 우리는 전 세계에 그분의 메시지를 전달하기 위해 하나님이 선택하신 사람들이다. 이 엄청난 특권은 막중한 책임을 동반한다. 우리는 하나님의 진리가 우리에게 적용되지 않는다는 듯이 행동하거나, 은혜를 필요로 하지 않는 듯한 초연한 태도를 보이지는 않는가?
- **하나님과의 독특한 관계**: 믿는 자로서 우리는 이제 예수 그리스도를 믿는 믿음을 통하여 은혜로 말미암아 "하나님과 화평을" 누린다(5:1). 거기에 더하여 우리 안에는 전능하신 창조주의 영이 거하시는데, 이는 구약의 성인(聖人)들은 상상도 하지 못했을 일이다. 우리는 무엇을 '자랑'하는가? 즉, 무엇을 신뢰하는가? 하나님의 은혜인가, 우리 자신의 공로인가?
- **하나님의 뜻을 앎**: 성경은 하나님의 뜻은 그분의 창조물을 악으로부터 돌이켜 그분의 의로 채우는 것이라고 밝혔다. 성경은 또한 하나님이 그 일을 어떻게 하실 것인지 그리고 어떤 구체적인 일들이 그분의 재림의 전조일지를 밝혔다. 우리는 하릴없이 마지막 때의 사건들이 다음 시대의 도래를 알려줄 날을 기다리고 있는가? 아니면 복된 소식을 세상에 전파하여 이 세상을 하나님의 의로 가득 채우려는 그분의 계획에 적극적으로 참여하고 있는가?
- **열국을 가르칠 책임**: 예수님은 제자들에게 "가서 모든 민족을 제자로" 삼으라고 명령하셨고(마 28:19-20), 이것은 이스라엘을 향한 하나님의 명령의 연장이다(롬 2:19-20). 성경을 발행하고, 배포하고, 가지고 다니는 것은 명예로운 임무이지만, 우리의 행위 속에서 하나님의 말씀을 나타내는 것을 대신하지는 못한다. 우리는 성경을 가르치고, 암송하고, 인용하면서 우리가 전파하는 진리를 실천하여 사실상 말 한 마디 없이도 세상 사람들의 마음을 얻고 있는가?

현재 우리 문화 속 교회의 성장 모델은 비전 선언문에 큰 비중을 둔다. 이 다섯 가지 특권과 그에 따르는 책임을 반영하여 당신 교회의 비전 선언문을 어떻게 바꾸겠는가? 개인적으로 당신의 삶에 대한 비전 선언문을 한 문장으로 써볼 수 있겠는가? 한번 해보라.

"이의를 기각함"(3:1-8)

1그런즉 유대인의 나음이 무엇이며 할례의 유익이 무엇이냐 2범사에 많으니 우선은 그들이 하나
님의 말씀을 맡았음이니라 3어떤 자들이 믿지 아니하였으면 어찌하리요 그 믿지 아니함이 하나님의
미쁘심을 폐하겠느냐 4그럴 수 없느니라 사람은 다 거짓되되 오직 하나님은 참되시다 할지어다 기
록된 바 주께서 주의 말씀에 의롭다 함을 얻으시고 판단 받으실 때에 이기려 하심이라 함과 같으니라
5그러나 우리 불의가 하나님의 의를 드러나게 하면 무슨 말 하리요 [내가 사람의 말하는 대로 말
하노니] 진노를 내리시는 하나님이 불의하시냐 6결코 그렇지 아니하니라 만일 그러하면 하나님께서
어찌 세상을 심판하시리요 7그러나 나의 거짓말로 하나님의 참되심이 더 풍성하여 그의 영광이 되
었다면 어찌 내가 죄인처럼 심판을 받으리요 8또는 그러면 선을 이루기 위하여 악을 행하자 하지 않
겠느냐 어떤 이들이 이렇게 비방하여 우리가 이런 말을 한다고 하니 그들은 정죄 받는 것이 마땅하
니라.

1886년 스코틀랜드 작가 로버트 루이스 스티븐슨(Robert Louis Stevenson)은 누구에게나 불편한 진실을 드러내는 소설을 썼다. 그는 그 소설에 「지킬 박사와 하이드(The Strange Case of Dr. Jekyll and Mr. Hyde)」라는 제목을 붙였다. 그것은 빅토리아 시대의 가장 이상적인 도덕성과 품위의 소유자인 명망 높은 의사이자 의학 연구자에 대한 이야기이다. 주인공은 자기 자신을 실험 대상으로 삼아 시행한 실험의 결과, 다른 사람들에게 보여지는 그의 온화한 행동 이면에 숨어 있던 살인마의 마각을 드러내게 된다.

위대한 문학의 핵심에는 종종 훌륭한 신학이 들어 있다. 스티븐슨의 이 특이한 이야기는 1세기가 지난 후에도 여전히 독자들의 마음을 사로잡는다. 이는 어느 정도 우리가 지킬 박사에게서 우리 자신의 모습을 보고 우리가 교묘히 숨기고 있는 하이드를 두려워하기 때문이다. 아마도 스티븐슨의 이야기의 영향을 받았을 마크 트웨인(Mark Twain)은 이렇게 말했다. "모든 사람은 아무에게도 보여주지 않는 어두운 이면을 가진 달(月)이다."

바울이 쓴 로마서의 중심 주제는 복음, 즉 복된 소식이다. 그러나 그는 나쁜 소식, 즉 달의 어두운 면인 인간의 타락이라는 보편적 문제에서부터 시작한다. 먼저 겉으로 보이는 자기 모습의 그늘 속에 도사리고 있는 악의 존재를 깨닫지 못한 사람이 어떻게 구세주의

필요성을 인식할 수 있겠는가?

오해하지 말라. 앞서 배웠듯이 "타락한"이라는 말은 우리가 가능한 최대치로 악해진다는 뜻이 아니다. 하이드와 같은 본성을 가진 사람들은 예컨대 종종 다른 사람에게 큰 친절을 베푸는 행위와 같은 선행을 한다. 더구나 우리는 언제라도 지금 우리의 모습보다 훨씬 더 나빠질 수 있다. 그러므로 우리가 어떤 선을 성취했건 간에 우리는 그것에 대해 칭찬받을 자격이 없다. 우리는 악의 노예가 된 본성을 가지고 있으며, 들키거나 비행의 필연적 결과에 대한 두려움이 없다면, 그 무엇도 우리가 참담한 나락으로 곤두박질치는 것을 막지 못할 것이다. 아마 이런 말을 들어본 적이 있을 것이다. "권력은 사람을 타락시키고 절대 권력은 사람을 절대적으로 타락시킨다." 맞는 말이다. 절대 권력은 견제의 부재를 의미한다. 절대 권력을 가진 사람은 자기가 하고 싶은 일은 무엇이든지, 그것에 대한 응보 없이 할 수 있다. 그리고 외적 견제의 부재 속에서 우리 각자의 내면에 도사리고 있는 타락한 인간의 본성은 놀라우리만치 이기적이고, 잔인하며, 탐욕적이고, 살인적인 행위를 드러낼 것이다.

'타락'이라는 용어는 지상에서의 수평적 관계보다 존재의 수직면 – 우리와 하나님과의 관계 – 과 더 많은 관련이 있다. 우리는 가능한 최대치로 악하지는 않지만, 우리의 악행은 우리가 가능한 한 최대로 나빠질 수 있음을 증명한다. 우리의 선행은 법적으로나 관계적으로 하나님으로부터 분리된 상태를 극복하는 것과는 하등 상관이 없다. 우리는 비단 우리가 한 일 때문만이 아니라 우리의 존재 자체로 인해서 심판받는다.

바울은 그 원칙이 모든 사람에게 적용된다는 것을 증명하기 위해 어떤 사람이 어떤 가면을 쓰고 있든 한 사람씩 차례차례 옮겨가며 그것을 체계적으로 벗겨냈다. 그는 지혜로운 체하고, 창조주보다 피조물을 숭배하며, 자연스러운 것을 부자연스러운 것으로 바꾸고, 억지 웃음을 짓고 있는 바보를 드러내기 위해 꼬장꼬장한 지적인 이방인에게서 가면을 벗겨냈다(1:18-32). 결국, 하나님은 그런 사람들을 "더러움", "부끄러운 욕심", "상실한 마음" – 다시 말해서 그 행위에 의해 무익하다고 입증된 마음 – 에 넘겨주셨다.

그 다음에 그는 자기가 지키는 의식과 전통 덕분에 심판을 초월할 수 있다고 믿는 득의만만한 십자군, 독선적인 도덕주의자의 갑옷을 부순다. 우리가 종교의 빛나는 흉배 뒤에 숨어 있는, 하나님의 율법은 고사하고 자기 자신의 도덕 규범조차 만족시키지 못하면서 양심의 가책으로 떨고 있는 타락한 마음을 발견하는 것은 조금도 놀랄 일이 아니다(2:1–16).

마지막으로 사도는 그의 동료들인 약속의 아들들의 거룩한 직분을 박탈했다. 분명 하나님은 당신의 말씀을 받아 그것을 세상에 전하게 하려고 히브리 민족을 택하셨지만, 창조주와의 독특한 관계에도 불구하고 그들은 하나님의 심판을 면제받지 못했다. 사실 그들은 더 큰 벌을 받아야 마땅하다. 이방인들은 자신들도 모르는 가운데 죄를 짓고 죄의 삯을 거두어야 하지만, 유대인들은 그들이 누구를 거스르고 있는지 그리고 그들의 죄가 거둘 결과가 무엇인지, 그들이 무엇을 거부했는지를 더 잘 알면서 하나님께 반항한다.

여기까지 오면서 바울은 모든 사람이 죄인임을 충분히 입증했다. 고의적인 무시(1:18–32), 독선(2:1–16) 그리고 지나치게 종교적인 태도(2:17–19). 그들은 모두 하나님의 진노를 받아 마땅하다. 이 진리를 회당에서 가르치면서 바울은 분명히 많은 반대에 부딪혔을 것이다. 그의 독자들로부터도 반박이 있을 것을 예상한 사도는 가장 많이 제기되는 네 가지 반대를 질문 형식으로 바꿔 말한다.

- 민족적인 이점에 대한 질문
- 하나님의 신실성에 대한 질문
- 혼동된 의에 대한 질문
- 왜곡된 논리에 대한 질문

—3:1–2—

민족적인 이점에 대한 질문: "그런즉 유대인의 나음이 무엇이며 할례의 유익이 무엇이냐"(3:1)? 다시 말해서, 만약 아브라함의 후손들[그리고 자신들의 선택으로 같은 약속에 참여한 이방인들(창 17:12–13, 출 12:48–49)]에게 하신 하나님의 약속이 그들을 의롭게 만들지 못한다면 무슨 소용이 있는가?

바울은 하나님이 약속은 어느 누구도 심판으로부터 면제시켜주지 않지만, 그러나 그것이 불공평한 특권이라는 것을 설명한다. 아브라함, 이삭, 야곱의 후손들은 지상의 어떤 사람들보다도 많은 진리를 받았다. 그들에게 성경이 주어졌다. 그들을 통해 성경이 전파되었다. 은혜를 받으라는 하나님의 초청이 그들을 통해 온 세상에 전달될 것이다.

—3:3-4—

하나님의 신실성에 대한 질문: "어떤 자들이 믿지 아니하였으면 어찌하리요 그 믿지 아니함이 하나님의 미쁘심을 폐하겠느냐"(3:3)? 다시 말해서 히브리 민족이 책임을 다하지 못해서 하나님이 세상을 구원하시려는 계획을 성취하시지 못하겠는가?

대답은 자명하다. 유대인 전체의 불신이 어떤 식으로든 하나님이 당신의 뜻을 이루시지 못하게 하는 일은 없을 것이다. 그분은 약속을 지키시며, 인간이 약속을 지키지 못하더라도 언제나 신실하실 것이다. 사실, 그분의 빛은 칠흑 같은 인간의 어둠을 배경으로 할 때 더 밝게 빛난다. 설명을 위해 바울은 시편 51편에 나오는 다윗의 회개 기도를 인용한다.

> "내가 주께만 범죄하여 주의 목전에 악을 행하였사오니 주께서 말씀하실 때에 의로우시다 하고 주께서 심판하실 때에 순전하시다 하리이다"(시 51:4).

—3:5-6—

혼동된 의에 대한 질문: "그러나 우리 불의가 하나님의 의를 드러나게 하면 무슨 말 하리요 [내가 사람의 말하는 대로 말하노니] 진노를 내리시는 하나님이 불의하시냐"(3:5)? 다시 말해서, 인간이 실패하리라는 것을 알면서 이 도덕 규범을 만드셨다면 하나님의 진노는 부당한가? 결국, 애초부터 우리는 실패할 운명이 아니었는가?

뒤에서 바울이 설명하겠지만, 율법을 주었기 때문에 인간이 갑자기 죄인이 된 것이 아니다. 하나님은 우리가 이미 화살을 쏜 후에 엉뚱한 곳에 임의로 과녁을 그려놓고 과녁을 벗어났다고 주장하시는 것이 아니다. 과녁은 그 자리에 계속 있었다. 온전히 의로우신 하나님의 성품 – 그리고 항상 그래 왔다 – 이 기준이다. 율법은 과녁을 비추고 확대하여 인간이 과녁을 놓친 것에 대해 변명할 여지를 주지 않는 것뿐이다. 바울은 다음에 이어지는 편지의 주요 부분에서 이 점에 대해 매우 상세하게 설명할 것이다(4:15, 5:13).

주님은 당신의 진노를 정당화하시려고 인간에게 율법을 주신 것이 아니다. 오히려 은혜를 주시려고 인간들의 변명에 정면으로 대응하고자 옳은 것과 그른 것 사이에 분명한 선을 그으신 것이다. 율법을 주신 것은 우리를 구속하시려는 그분의 계획의 첫 발걸음이었다.

—3:7–8—

왜곡된 논리에 대한 질문: "그러나 나의 거짓말로 하나님의 참되심이 더 풍성하여 그의 영광이 되었다면 어찌 내가 죄인처럼 심판을 받으리요 또는 그러면 선을 이루기 위하여 악을 행하자 하지 않겠느냐 어떤 이들이 이렇게 비방하여 우리가 이런 말을 한다고 하니 그들은 정죄 받는 것이 마땅하니라"(3:7–8). 즉, 하나님의 빛이 우리의 어두움 때문에 더 밝게 빛난다면 우리의 죄가 하나님을 더 영화롭게 한 것이 아닌가? 죄를 열심히 지으면 유례 없는 은혜를 체험하게 되리라!

얼마나 터무니없는 생각인가! 이것은 죄의 파괴적인 본질을 이해하지 못한 생각이다. 그런 식의 논리는 이렇게 말하는 것과 같다. "화재와 재난이 구조 대원들의 기술과 용기를 보여줄 수 있는 기회를 제공한다면, 그들에게 더 많은 기회를 주기 위해 보다 많은 화재와 재난을 일으키는 게 좋지 않을까?" 희생자만 생각하지 않는다면 그럴 듯하게 들린다.

그러나 희생자가 없는 죄는 없다. 모든 그릇된 선택은 누군가에게, 당장은 아닐지라도 반드시, 직접 겪지 않으면 간접적으로라도 해를 입힌다. 인간은 누구나 어느 정도 고통을 겪는다. 그리고 죄는 하나님을 영화롭게 하기는커녕 하나님을 슬프게 한다. 죄는 그분의 성품, 그분에 관한 모든 것, 그분이 바라시는 모든 것에 대한 모욕이기 때문이다. 죄는 창조주와 그분이 그토록 사랑하시는 피조물 사이를 갈라놓는다.

바울의 마지막 말에 유의하라. 자기들의 자의적인 죄를 그토록 왜곡된 논리로 정당화시키려는 사람들에 대해서 그는 한 마디로 단언한다. "그들은 정죄 받는 것이 마땅하니라."

적용

종교 대(對) 은혜

바울의 유대인 독자들은 모든 인간이 권능을 부여한 종교들의 항변과 같은 맥락에서 믿음을 통해 은혜로 의롭다 함을 받는 교리에 반대했다. 첫째, 하나님의 부당한 호의는 인간을 종교의 지배에서 해방시킨다. 둘째, 은혜는 사람이 하나님과의 관계를 유지하는 수단으로서의 종교를 없앤다. 셋째, 은혜는 믿는 자의 삶 속에서 선행의 목적을 완전히 바꾸어놓는다. 결과적으로 은혜를 베푸는 종교는 무익하고 비효율적이어서 종교를 신봉하는 사람들로부터 권력이나 목적, 생계를 얻는 자들에게는 나쁜 소식이다.

은혜는 우리가 하나님과 관계를 맺는 방법에 깊이 영향을 미치기 때문에 우리의 사고방식과 생활 방식 또한 변화시킨다. 특히 하나님의 은혜를 받는 것은(몇 가지만 말하자면) 우리가 우리의 소유를 어떻게 취급하는지, 어떻게 삶을 꾸리는지, 우리 자신을 어떻게 생각하는지를 결정한다. 종교와 은혜는 다음과 같은 상충하는 메시지를 보낸다.

소유물에 대해

종교: "보존하고 자랑스럽게 여겨라. 그것은 네 선행에 대한 보상이다."

은혜: "나누고 감사히 여겨라. 그것은 지혜롭게 관리해야 할 하나님의 재산이다."

행위에 대해

종교: "끊임없이 하나님의 호의를 얻기 위해 노력하라. 아무리 많이 해도 충분하지 않다."

은혜: "너는 이미 하나님의 호의를 얻었다. 하나님의 은혜는 충분하다."

자존감에 대해

종교: "내가 성취한 것 때문에 나는 좋은 사람이다. 나를 보라!"

은혜: "나는 하나님으로부터 의롭다 함을 받은 죄인이다. 그리스도를 바라보라!"

당신의 삶, 곧 당신이 소유물을 어떻게 다루는지, 무엇이 당신을 움직이게 하는지, 당신이 자신을 어떻게 생각하는지를 살펴볼 때 당신은 어떤 목소리에 귀를 기울이고 있는가? 당신은 날마다 종교의 부름에 응답하여 인정받기 위해 노력하는가, 아니면 하나님의 초청을 받아들여 날마다 그 관계 안에서 안식하는가?

하나님의 은혜를 받아들이는 것은 인간의 본성에 가장 어긋나는 선택으로 시작한다. 우리는 우리의 무력함을 인정하고 하나님의 초자연적인 개입을 받아들여야 한다. 끊임없이.

타락의 해부(3:9–20)

---

9 그러면 어떠하냐 우리는 나으냐 결코 아니라 유대인이나 헬라인이나 다 죄 아래에 있다고 우리
가 이미 선언하였느니라 10 기록된 바 의인은 없나니 하나도 없으며

11 깨닫는 자도 없고 하나님을 찾는 자도 없고
12 다 치우쳐 함께 무익하게 되고 선을 행하는 자는 없나니 하나도 없도다
13 그들의 목구멍은 열린 무덤이요 그 혀로는 속임을 일삼으며 그 입술에는 독사의 독
이 있고
14 그 입에는 저주와 악독이 가득하고
15 그 발은 피 흘리는 데 빠른지라
16 파멸과 고생이 그 길에 있어
17 평강의 길을 알지 못하였고
18 그들의 눈 앞에 하나님을 두려워함이 없느니라 함과 같으니라

19 우리가 알거니와 무릇 율법이 말하는 바는 율법 아래에 있는 자들에게 말하는 것이니 이는 모
든 입을 막고 온 세상으로 하나님의 심판 아래에 있게 하려 함이라 20 그러므로 율법의 행위로 그의
앞에 의롭다 하심을 얻을 육체가 없나니 율법으로는 죄를 깨달음이니라.

"우리는 나으냐?"라고 번역된 수사 의문문은 실제로는, "우리는 스스로를 뛰어난 존재로 만들고 있는가?" 또는 "우리는 뛰어난가?"라는 의미를 가진 하나의 헬라어 단어이다. 대부분의 번역가들은 바울이 3장 1절에서 제기한 질문과 비슷한 앞의 문장을 택한다. 같은 뜻을 가진 두 질문을 연결하기 위해 그는 각각의 질문을 헬라어 "Ti oun", 즉 "그러면 어떠하냐?"로 시작한다. 그런 다음 같은 질문에 대해 각각 다르게 대답한다.

기록되었으되

3:10–12	"기록된 바 의인은 없나니 하나도 없으며 깨닫는 자도 없고 하나님을 찾는 자도 없고 다 치우쳐 함께 무익하게 되고 선을 행하는 자는 없나니 하나도 없도다."	시편 14:1–3 (시편 53:1–3)	"어리석은 자는 그의 마음에 이르기를 하나님이 없다 하는도다 그들은 부패하고 그 행실이 가증하니 선을 행하는 자가 없도다 여호와께서 하늘에서 인생을 굽어살피사 지각이 있어 하나님을 찾는 자가 있는가 보려 하신즉 다 치우쳐 함께 더러운 자가 되고 선을 행하는 자가 없으니 하나도 없도다."
3:10–12		전도서 7:20	"선을 행하고 전혀 죄를 범하지 아니하는 의인은 세상에 없기 때문이로다."
3:13	"그들의 목구멍은 열린 무덤이요 그 혀로는 속임을 일삼으며 그 입술에는 독사의 독이 있고."	시편 5:9	"그들의 입에 신실함이 없고 그들의 심중이 심히 악하며 그들의 목구멍은 열린 무덤 같고 그들의 혀로는 아첨하나이다."
3:13		시편 140:3	"뱀 같이 그 혀를 날카롭게 하니 그 입술 아래에는 독사의 독이 있나이다(셀라)."
3:14	"그 입에는 저주와 악독이 가득하고."	시편 10:7	"그의 입에는 저주와 거짓과 포악이 충만하며 그의 혀 밑에는 잔해와 죄악이 있나이다."
3:15–17	"그 발은 피 흘리는 데 빠른지라 파멸과 고생이 그 길에 있어 평강의 길을 알지 못하였고."	이사야 59:7–8	"그 발은 행악하기에 빠르고 무죄한 피를 흘리기에 신속하며 그 생각은 악한 생각이라 황폐와 파멸이 그 길에 있으며 그들은 평강의 길을 알지 못하며 그들이 행하는 곳에는 정의가 없으며 굽은 길을 스스로 만드나니 무릇 이 길을 밟는 자는 평강을 알지 못하느니라."
3:18	"그들의 눈 앞에 하나님을 두려워함이 없느니라 함과 같으니라."	시편 36:1	"악인의 죄가 그의 마음속으로 이르기를 그의 눈에는 하나님을 두려워하는 빛이 없다 하니."

"유대인의 나음이 무엇이냐?" "범사에 많으니"(3:1–2).

"우리는 나으냐?" "결코 아니라"(3:9).

—3:9—

그러면, 어느 쪽인가? 유대인이 이방인보다 유리한가? 답은 그렇다. 그리고 어떻게 보느냐에 따라서 아니다이다.

억만장자가 당신의 집에 찾아와 이런 제안을 했다고 가정해보자. "세상에서 가장 가난한 사람들에게 내 돈을 나누어주고 싶습니다. 그 기금을 당신의 개인 은행 계좌에 넣을 테니 당신이 수표를 끊어서 나눠주십시오." 이제 10년이 흘렀는데 아무도 전보다 사정이 나아진 사람이 없다고 상상해보라. 수표를 받은 사람들이 아무도 수표를 현금으로 바꾸지 않았다. 심지어 당신도 돈을 인출하지 않았다. 당신은 이익을 누렸는가? 물론이다! 당신은 전권을 가지고 억만장자의 재산을 운용할 수 있었다. 그러나 실제적인 의미에서 당신이 얻은 것은 아무것도 없다. 당신 자신을 위해서 자금을 인출하지 않았기 때문에 당신은 아무 생각 없이 수표를 찢어버린 사람들보다 하나도 나을 게 없다.

히브리 백성들은 하나님이 세상에 복을 주시는 통로인 하나님의 말씀의 대리인으로서 하나님의 진리에 직접 접근할 수 있는 권한을 받았다(창 12:3, 22:18). 그럼에도 이방인들과 마찬가지로 "그들이 하나님의 진리를 거짓 것으로 바꾸어 피조물을 조물주보다 더 경배하고 섬겼다"(롬 1:25). 그로 인해 아브라함, 이삭, 야곱의 후손들이 하나님께 등을 돌려 하나님의 이름이 "이방인 중에서 모독을 받"게 되었다(2:24). 유대인들과 이교도들은 하나도 다를 것이 없다. 그들 모두의 가슴속에는 똑같이 죄로 물든 심장이 뛰고 있다.

—3:10–18—

나와 절친한 친구 중 하나는 35년 넘게 장례 사업 분야에서 일해오고 있다. 나는 특별히 깊은 인상을 남겼던 그 친구와의 대화를 오랫동안 기억하고 있다. 그는 침울한 어조로 말했다. "나는 대부분의 사람들이 보지 못할 것을 보아왔다네. 이 일을 하면서 내 검시대

위에는 모든 연령, 인종, 국적, 크기, 종교의 시신들이 올려졌지. 그들의 몸을 가르고 속을 보면 모두 똑같다네. 그리고 분명히 말하지만, 그건 결코 보기 좋은 모습은 아니라네."

마지막으로 극적인 미사여구를 사용하여 바울은 논쟁이나 반대의 여지를 남겨놓지 않고 보편적 인간의 타락에 대한 문제를 해결한다. 그리고 랍비의 오랜 전통을 따라 그는 논란의 여지가 없는 하나님의 말씀을 진주를 꿰듯이 한 줄로 엮어낸다. 사도가 구약에서 끌어온 직접적인 인용과 분명한 암시를 유의해서 보라.

바울은 인류를 검시대에 올려놓고 거죽을 갈라 그 속에 있는 것을 드러낸다.

"그들의 목구멍은 열린 무덤이요
그 혀로는 속임을 일삼으며
그 입술에는 독사의 독이 있고
그 입에는 저주와 악독이 가득하고
그 발은 피 흘리는 데 빠른지라."

이것은 내 말도 아니고 다른 사람의 말도 아니다. 이것은 당신을 포함한 모든 인류에 대한 최종 판결이다. 너무 극단적으로 들리는가? 너무 적나라한가? 당신은 아마 이렇게 생각할지도 모른다. '그건 아마 인간이 소유할 수 있는 최악의 요소라고 하는 말이 맞을 거야. 그렇지만 나는 그렇게까지 나쁘지는 않아.' 비난 하나하나를 자세히 살펴보자.

"의인은 없나니 하나도 없으며"(3:10). 우리는 물론 우리의 의를 측정하는 기준이 착한 사람의 선함이 아니라 흠 없고 완전한 하나님의 성품임을 잊지 말아야 한다. 하나님은 각 사람의 선을 저울에 올려놓고 반대편에 그분의 완전성을 올려놓으신다. 아무도, 우리 중에서 가장 선한 사람조차도 충분히 선했거나, 선할 수 있는 사람이 없다.

"깨닫는 자도 없고 하나님을 찾는 자도 없고"(3:11). "깨닫다"라는 동사는 퍼즐 조각을 맞추듯이 '모으다'라는 뜻이다. "아무도 퍼즐을 제대로 맞추지 않아 그림을 볼 수 없다." 더구나 스스로 하나님을 '찾는' 사람도 없다. 사람들은 다른 선택의 여지가 없을 때에만 하나님께로 돌아선다. 프랜시스 톰슨(Francis Thompson)은 그의 시, 〈하늘의 추격자(The Hound of Heaven)〉에서 이 점을 잘 표현했다.

나는 그로부터 도망쳤다.
밤이나 낮이나, 몇 해를 두고
그로부터 도망쳤다.
내 마음의 얽히고설킨 미로에서
그를 피하였다.
그리고 눈물을 흘리면서
나는 숨었다, 연이어 웃으면서
희망에 부풀어 오르다가
곤두박질쳤다.
입 벌린 두려움의 거대한 어둠 속으로,
따라오고 다시 따라오는 강한 발걸음을 피하려,
그러나 서두르지 않고
침착한 걸음걸이로
신중하고도 위엄 있게 뒤쫓는
그 발자국 소리보다 더 절박하게
하나의 목소리가 들려온다.
"나를 배반한 너를, 모든 것이 배반하리라."

어떤 사람들은 다른 사람들보다 더 빨리 더 멀리 - 어떤 사람들은 무덤까지 - 도망친다. 그러나 하나님이 추적하지 않으시면 아무도 그분을 찾지 않는다.

"다 치우쳐 함께 무익하게 되고 선을 행하는 자는 없나니 하나도 없도다"(3:12). "치우쳐"라는 말은 헬라어의 *ek*, "-으로부터"와 *klinō*, "구부리다"의 합성어에서 나왔고, "옆으로 굽히다"라는 뜻이다. 베드로는 믿는 자들에게 "악에서 떠나 선을 행하고 화평을 구하며"(벧전 3:11)라고 명령한다. 그런데 도리어 사람들은 하나님께 등을 돌렸다. 주님은 우리 안에 오직 그분만이 채우실 수 있는 특별한 갈망을 만들어놓으셨다. 그런데 우리는 이 갈망을 채우기 위해 그분께 오지 않고 덧없고, 일시적이며, 파괴적이기까지 한 대체물을 추구한다. 이 대체물들은 우리의 갈망을 채우지도 못할 뿐더러 하나도 예외 없이 전보다 더 큰 공허를 남긴다.

"그들의 목구멍은 열린 무덤이요 그 혀로는 속임을 일삼으며 그 입술에는 독사의 독이 있고"(3:13). 바울은 자신의 적을 심판해달라고 하나님께 탄원한 다윗의 애가를 인용한다. 어떤 사람의 목구멍이 열린 무덤이라는 말은 그 사람이 해로운 조언을 한 것에 대한 비난이다. 독이 있는 입술은 죽음의 키스를 낳는다. 아마 친구로 가장한 적들이 그에게 해준 충고로 인해 거의 죽을 뻔했던 듯하다.

바울은 그릇된 종교에 대한 더 보편적인 원칙을 끌어내려고 다윗의 특별한 애가를 다른 말로 표현한다. "…속임을 일삼으며"에 주목하라. 신앙을 통해 병을 고치려는 치료사들은 고통을 끝내기 위해서라면 무슨 짓이든 하고, 어디든 가며, 얼마가 됐든 돈을 지불할 의향이 있는 사람들의 고통을 포식한다. 무당이나 영매들은 적절한 사례금을 내면 고인이 된 사랑하는 이들과 소통할 수 있다는 정신 나간 소리를 믿게 만든다. 모든 종교는 봉사나 희

선조들의 신앙

바울은 의로운 자들은 선에 대한 하나님의 기준에 의해서가 아니라 믿음을 통해 은혜로 의롭다 함을 받았다는 사실을 분명하게 증명하기 위해 구약을 가르치고 인용했다. 이것은 자연히 "예수님이 오시기 이전의 사람들은 어떻게 믿음을 통해 은혜로 구원받았는가?"라는 좋은 신앙의 질문으로 이어진다. 답은 언제나 "하나님이 자기를 드러내신 대로 하나님을 믿는 믿음으로"였고, 앞으로도 그럴 것이다. 만약 어떤 사람이 진심으로 믿으면 그 사람의 믿음이 자연스레 하나님의 가르침을 따르게 만들 것이다. 그럼에도 불구하고 구원은 하나님의 은혜이며, 이 은혜는 오로지 믿음을 통해서만 받을 수 있다.

하나님은 언제나 동일하시고 변하지 않으시지만 과거에는 인간들에게 당신을 다르게 나타내셨고, 그분의 가르침도 시간이 흐르면서 변해왔다. 주님은 언약궤 위에 다채로운 구름의 형태로 이스라엘 백성들에게 나타나셨다. 그리고 그분은 이스라엘 백성들에게 성막을 짓고, 특정한 행동 규범을 지키며, 그들이 불가피하게 그것을 어겼을 때에는 동물을 희생제물로 바치라고 지시하셨다. 하나님을 믿었던 사람들의 믿음이 얼마나 진실한가는 하나님의 명령에 얼마나 순종하는가를 통해서 볼 수 있었다. 하나님의 은혜, 즉 이스라엘에게 스스로를 계시하신 은혜가 믿는 자들을 구원했다. 한편 그들의 순종은 그들이 하나님을 얼마나 진정으로 신뢰하는지를 실제로 드러내주는 표현이었다.

우리는 이제 성전에 가거나 동물 제사를 드리지 않는다. 하나님의 섭리 안에서 "때가 차"(엡 1:9) 하나님은 하나님의 아들, 인간으로 오신 예수 그리스도의 모습 속에서 자신을 온전히 드러내셨다. 그리고 오직 은혜에 감동되어, 그분은 가르치셨다. "수고하고 무거운 짐 진 자들아 다 내게로 오라 내가 너희를 쉬게 하리라 나는 마음이 온유하고 겸손하니 나의 멍에를 메고 내게 배우라 그리하면 너희 마음이 쉼을 얻으리니"(마 11:28-29). 이 시대에 하나님이 자신을 나타내신 모습, 즉 인간이 되신 예수 그리스도를 그대로 받아들인 사람들은, 구약 시대 우리의 조상들이 그랬듯이 믿음을 통한 은혜로 의롭다 함을 받을 것이다.

생의 대가로 구원을 약속한다. 그릇된 종교를 전파하는 것은 암환자에게 아스피린으로 그들이 처방받은 치료제를 대체할 수 있다고 설득하는 것과 같다.

"그 입에는 저주와 악독이 가득하고"(3:14). 바울은 또 다른 시편을 인용하는데, 이번에는 그들에게 닥칠 심판을 까맣게 모르는 성공한 권력자들에 대한 것이다.

> "악인은 그의 마음의 욕심을 자랑하며
> 탐욕을 부리는 자는 여호와를 배반하여 멸시하나이다
> 악인은 그의 교만한 얼굴로 말하기를
> 여호와께서 이를 감찰하지 아니하신다 하며
> 그의 모든 사상에 하나님이 없다 하나이다
> 그의 길은 언제든지 견고하고 주의 심판은 높아서 그에게 미치지 못하오니
> 그는 그의 모든 대적들을 멸시하며"
> (시 10:3–5).

현실을 직시하자. 우리는 일이 잘 안될 때에만 하나님을 생각하는 습성이 있다. 번영의 수레바퀴가 잘 굴러가고 삶이 안락하며 편안할 때 주님은 우리 마음속 맨 끝자리에 놓인다. 짤막한 감사의 기도를 올릴지는 모르지만, 번영을 구가할 때 – 역경에 처했을 때 우리가 하는 것과는 달리 – 영적 통찰을 추구하거나 하나님을 찾는 사람은 아무도 없다.

"그 발은 피 흘리는 데 빠른지라 파멸과 고생이 그 길에 있어 평강의 길을 알지 못하였고"(3:15–17). 1954년에 윌리엄 골딩(William

하나님에게는 비밀이 없다

인간 아버지에게서 태어난 사람들은 남녀노소를 불문하고 아무에게도 보여주지 않는 어두운 면이 있지만, 하나님께는 아무것도 숨길 수 없다. 인간은 자화자찬할지 몰라도 우리를 지으시고 심판하시는 이는 모든 것을 보고 계신다.

- "내가 보는 것은 사람과 같지 아니하니 사람은 외모를 보거니와 나 여호와는 중심을 보느니라"(삼상 16:7).
- "주는 계신 곳 하늘에서 들으시고 사하시며 각 사람의 마음을 아시오니 그들의 모든 행위대로 행하사 갚으시옵소서 주만 홀로 사람의 마음을 다 아심이니이다"(왕상 8:39).
- "너는 네 아버지의 하나님을 알고 온전한 마음과 기쁜 뜻으로 섬길지어다 여호와께서는 모든 마음을 감찰하사 모든 의도를 아시나니 네가 만일 그를 찾으면 만날 것이요 만일 네가 그를 버리면 그가 너를 영원히 버리시리라"(대상 28:9).
- "나의 모든 길과 내가 눕는 것을 살펴 보셨으므로 나의 모든 행위를 익히 아시오니"(시 139:3).
- "나 여호와는 심장을 살피며 폐부를 시험하고 각각 그의 행위와 그의 행실대로 보응하나니"(렘 17:10).
- "예수께서 이르시되 너희는 사람 앞에서 스스로 옳다 하는 자들이나 너희 마음을 하나님께서 아시나니 사람 중에 높임을 받는 그것은 하나님 앞에 미움을 받는 것이니라"(눅 16:15).
- "지으신 것이 하나도 그 앞에 나타나지 않음이 없고 우리의 결산을 받으실 이의 눈 앞에 만물이 벌거벗은 것 같이 드러나느니라"(히 4:13).

Golding)은 노벨상 수상작인 「파리 대왕(Lord of the Flies)」이라는 소설을 출간했다. 이 소설은 한 무리의 영국 남학생들이 탄 배가 난파되어 어느 작은 섬에 갇히게 된 이야기를 소재로 하고 있다. 그들은 처음에는 모두에게 식량, 거처, 안전을 제공하는 공동체를 즉석에서 결성하고, 지나가는 선박에게 구조 신호를 보내기 위한 봉화까지 계속 관리하면서 순조롭게 시작했다. 그러나 오래지 않아 소년들 대부분은 공동체를 버리고 자신들이 원하는 것을 얻으려고 힘이 약한 소년들을 죽이기까지 하는 만행을 저지른다. 소수의 무리만 인간으로서의 품위를 포기하지 않기로 선택한다. 야만적인 소년들과 품위를 지킨 소년들을 갈라놓은 가장 중요한 한 가지 요소는 바로 구조되리라는 희망이었다. 자신들이 발견되리라는 희망을 가지고 서로의 행동을 견제했던 아이들은 올바로 처신했다. 그러나 그 희망을 버린 아이들은 본능을 제어할 이유를 찾지 못했고, 그래서 그들의 타락한 본성이 적나라하게 드러나게 된 것이다.

그것이 인간의 본성이다. 야만과 문명 – 지킬 박사와 하이드 – 사이에 놓인 베일의 두께는 우리의 행위에는 결과가 따른다는 진실된 믿음의 두께와 같다. 그리고 역사는 그 베일이 몹시 얇다는 것을 보여주었다.

"그들의 눈 앞에 하나님을 두려워함이 없느니라"(3:18). 이 "두려움"은 두 가지 형태로 나타날 수 있다. 하나님의 선에 대항하는 사람들은 그분의 능력 때문에 두려움에 떨어야 한다. 인생의 어느 시점에서인가 모든 사람은 그런 두려움을 경험해야 한다. 올바른 두려움은 회개와 그분과의 회복된 관계로 이끈다. 그러나 불행하게도, 많은 사람들이 그들의 창조주를 인정하지 않고 그들을 향해 쌓인 분노를 계속 무시할 것이다(롬 2:4–5, 고후 5:10, 계 16:1–21).

—3:19–20—

바울은 그의 편지의 첫 번째 중요한 대목을 율법이 무엇이며, 하나님이 왜 율법을 주셨는지를 분명하게 밝히면서 마무리하는데, 이것은 다음에 이어지는 부분에서 계속 전개시킬 요점이기도 하다. 주님은 율법을 지킬 수 있는 사람이 있으리라는 기대를 가지고 율법을 주신 것이 절대 아니다. 그분은 우리가 인정하기를 거부하는 사실, 즉 인간 – 유대인과 이방인 모두 – 은 죄에 빠져 있다는 사실을 아셨기 때문에 처음부터 결과를 알고 계셨다. 그것은 우리가 저지른 죄과를 말하는 게 아니라, 우리가 안팎으로 속속들이 물들어 있는 죄 자체를 말하는 것이다. 어떤 학자가 말했듯이 죄가 파란색이라면 우리는 머리부터 발끝까지 파란색일 것이다.

하나님의 율법의 은혜는 그것이 가져다주는 치유 안에서 찾을 수 없다. 율법은 죄인에게 죽음만을 가져올 수 있기 때문이다. 마틴 루터는 이렇게 썼다. "진정한 기독교 신학에서 율법의 핵심 원리는 사람들을 더 좋게 만드는 것이 아니라 더 나쁘게 만드는 것이다. 다시 말해서 율법은 사람들에게 그들의 죄를 보여주어서 그들이 겸손해지고, 무서워하며, 멍들고, 낙심하도록 하는 것이다. 그리고 이로 인해 위로받고자 그 축복받은 분(그리스도)께로 나아오게 하는 것이다."[6] 그러니 하나님의 율법으로 인해 그분께 감사하라! 우리의 문제에 대해 그분이 엄한 사랑으로 대면해주시는 것을 감사하라!

이 시대에는 기독교 진리의 부정적인 면, 다시 말해서 죄라는 불치병에 초점을 맞추고 싶어하지 않는 설교자들이 있다. 그들은 피상적으로 근사하게 들리는 긍정적인 면에만 초점을 맞추기 좋아한다. 이것은 듣기 좋은 소리만 하고 싶어하는 의사와 다를 바 없다. 당신은 어떤지 모르겠지만 내가 의사를 찾아가는 이유는 그의 웃음 띤 얼굴을 보거나 칭찬을 듣기 위해서가 아니다. 나는 진실을 원한다. 내 몸에 대해 있는 그대로의, 유쾌하지 않은, 꾸밈없는 진실을. 만약 그 의사가 종양을 발견했다면 나는 그것에 대해서 당장 알고 싶다. 그리고 내가 암에 걸렸다면 그 사실을 알고 싶다. 특히 그것이 치유가 가능한 것이라면!

하나님은 우리의 상태가 치명적이라는 나쁜 소식이 우리를 복음으로 인도한다는 것을 알기 때문에 우리에게 율법을 주셨다. 그것은 치유될 수 있다. 치료제가 있다. 무엇보다도 그 치료제는 100퍼센트 효과가 있고 완전 무료이다! 그것이 "기쁜 소식"이라고 불리는 건 전혀 놀랄 일이 아니다.

주: 하나님의 진노(로마서 1:18-3:20)

1. John Calvin, *Commentaries on the Epistle of Paul the Apostle to the Romans*, trans. And ed. John Owen(Whitefish, MT: Kessinger, 2006), 70.
2. Geoffrey W. Bromiley, *The International Standard Bible Encyclopedia*, rev. ed.(Grand Rapids: Eerdmans, 1988), 1:773.

3. 기원전 5세기의 그리스 시인 핀다로스(Pindar)가 그렇게 불렀다.
4. 이 제목은 Fritz Ridenour의 로마서 주석서, *How to be a Christian without Being Religious*(Glendale, CA: Regal, 2002)에서 영감을 얻은 것이다.
5. Donald Grey Barnhouse, *God's Wrath: Exposition of Bible Doctrines, Taking the Epistle to the Romans as a Point of Departure*(Grand Rapids: Eerdmans, 1964), 2:110-11.
6. Martin Luther, Galatians(Wheaton, Ill.: Crossway, 1998), 176.

하나님의 은혜

로마서 3:21-5:21

아브라함의 히브리 후손들이 약속의 땅을 차지하기 위해 이집트를 벗어난 지 얼마 지나지 않아 그들은 광야에 고립되어 물도 식량도 없는 처지가 되었다. 많은 사람들이 모세에게 불평을 쏟아놓기 시작하자 자유를 얻은 처음의 감격은 거의 사라져버렸다. "우리가 애굽 땅에서 고기 가마 곁에 앉아 있던 때와 떡을 배불리 먹던 때에 여호와의 손에 죽었더라면 좋았을 것을 너희가 이 광야로 우리를 인도해 내어 이 온 회중이 주려 죽게 하는도다"(출 16:3). 그때 몇몇 사람들은 고통스럽지만 안정된 애굽의 노예의 삶으로 되돌아갈 계획을 세웠다.

물론, 주님이 당신의 백성들을 물도 식량도 없는 광야로 데려가신 것은 무자비하셔서가 아니라 그들의 영적 여정의 첫 번째 기착지에서 그들을 출발시키기 위해서였다. 궁극적으로 그분은 이스라엘 백성들이 절대적인 확신을 가지고 이렇게 말하기를 바라셨다. "사람이 떡으로만 살 것이 아니요 하나님의 입으로부터 나오는 모든 말씀으로 살 것이라"(신 8:3, 마 4:4). 그러나 그것은 자연 상태에서의 인간이 저절로 가질 수 있는 능력이 아니다. 아담의 아들딸들은 가르침을 받아야 했다. 하나님께 의지하는 자세와 삶에 대한 이 진리를 기억하기 위한 가시적인 그림을 주시려고 그분은 그들에게 꿀과 구운 과자 맛이 나는 하얗고, 미세한, 얇은 조각으로 된 물질을 주셨다. 매일 아침 하나님의 사랑하는 백성들은 잠에서 깨어 그들의 장막 밖 땅바닥에 깔려 있는 그것을 발견했다. 그들은 그날에 필요한 양만큼만 모으고 내일 필요한 것은 내일 하나님이 제공하실 것을 믿어야 했다. 이 생명의 선물은 잠시 있다가 사라졌기 때문에 그들은 지체 없이 그것을 모아야 했다. 그리고 그것은 다음 날 해가 뜨기 전까지 먹지 않으면 상해버렸다.

그들은 나중에는 그것을 "하늘에서 내려온 빵"이라고 불렀지만, 처음에는 히브리어로 "이게 뭐지?"라는 뜻의 "만나(Manna)"라고 불렀다.

사냥을 하거나 재배하거나 만들어내거나 사고팔 수 없는, 이 생명을 유지시켜주는 물질은 실제로 무엇일까? 일해서 얻을 수 있는 게 아니라 그냥 받을 수밖에 없는 초자연적이고, 공짜이며, 절대적으로 필요 불가결한 이 물질은 무엇일까? 이것을 뭐라고 불러야 할까? 광야의 히브리 민족에게 그것은 물리적인 형태를 가지고 있었으므로 그들은 그것을 "천국의 떡"이라고 불렀다. 다른 때에 히브리 민족이 불모지에 모였을 때 이 영적 실체는 다시 한 번 물리적 형태를 취했고, 그분은 스스로를 "생명의 떡"이라고 하셨다(요 6:35).

핵심 용어

δικαιόω [*dikaioō,* 디카이오오] (*1344*) "정당화하다, 의롭다고 선포하다, 결백을 입증하다, 진실성을 입증하다"

신약 성경에서 이 동사는 거의 예외 없이 법적으로 '무죄' 선고를 받는 법적 의미를 함축하고 있다. 이 공적인 선포는 실제로 어떤 대상의 죄나 결백을 반영할 수도 있고 아닐 수도 있다. 결백한 사람은 행정 당국이 공식적으로 그의 정당성을 확인함으로써 결백이 입증될 수도 있고, 또는 실제로 죄를 지었음에도 정당하다고 선포되어 진짜 결백한 사람과 동일한 권리와 특권을 얻을 수도 있다.

ἱλαστήριον [*hilastērion,* 힐라스테리온] (*2435*) "용서의 방법, 회복의 방법"

"행복한, 다정한, 친절한"이란 뜻의 형용사 *hileōs*를 어근으로 하는 *hilastērion*은 이런 좋은 관계를 맺는 방법 – 특히 그 관계가 깨어졌을 때 – 을 뜻한다. *Hilastērion*은 분노를 누그러뜨리고, 정의의 요구를 만족시키며, 지속적인 친교를 모색한다. 이 단어는 상처를 받은 사람이 이미 용서하거나 자비를 베풀 의사가 없다는 뜻을 함축하고 있지 않다. 도리어 진심으로 뉘우치는 사람이 용서와 회복을 모색하는 행위를 표현한다.

ἔργον [*ergon,* 에르곤] (*2041*) "일, 행위, 임무나 의무의 완수"

이 헬라어는 영어의 "work"라는 명사처럼 노동 행위와 그 결과를 모두 나타낸다. 예를 들어, 어떤 사람이 집을 지으면 그 구조물은 그 사람의 '작품(work)'이라고 일컬어진다. 다시 말해서 그 집은 그것을 지은 사람의 수고의 행위와 결과 모두를 상징한다. 로마서에서 바울은 이 평범한 단어에 더 특별하고, 전문적인 의미를 부여한다. 사도에게 '일'이나 '행위'는 모세의 율법을 지키려는 고투와 그 노력의 결과를 나타낸다. 그러므로 바울은 종종 '율법'이라는 말과 '행위'라는 말을 호환해서 사용한다.

περιτομή [*peritomē,* 페리토메] (*4061*) "할례, 할례받은 자, 할례받은 자들 중 하나"

이 헬라어 명사는 "둘레를 베다"라는 동사에서 나왔고, 남성의 포피를 잘라내는 히브리 민족의 의식을 표현하는 말이다. 하나님이 제정하신 이 의식은 할례받은 남성은 하나님과 아브라함이 맺은 언약에 참여했다는 사실을 증명한다. 시간이 흐르면서 할례는 그 민족과 언약과 문화의 상징이 되었다. 결과적으로 많은 사람들이 할례를 받은 사람은 하나님의 축복을 받고 하나님의 심판을 면한다고 생각하게 되었다.

χάρις [*charis,* 카리스] (*5485*) "은혜, 받을 자격이 없거나 공로 없이 얻은 호의, 기쁨의 근원"

세속 문학에서 이 단어는 "기쁨"이라는 단어와 밀접한 관계가 있다. 따라서 *charis*는 선의, 호의, 즐거움, 기쁨을 주는 것이다. 이 단어는 신약 성경의 많은 부분에서 직접적이고 세속적 의미로 사용되었다. 그러나 바울은 선택한 백성들을 향한 하나님의 자발적인 선의를 표현하는 구약의 용어인 *chesed*를 새 언약(렘 31:31-33)으로 표현한 것이 *charis*라고 생각했다. 따라서 바울에게 '은혜'란 구원의 전 과정을 표현하는 함축적인 전문 용어이다.

바울은 이 초자연적인 실체를 "은혜"라고 부른다. 만나는 그 원칙을 예증했다. 예수님은 그것을 온전히 드러내기 위해 오셨다. 그럼에도 불구하고 모든 사람이 그것을 보지는 못할 것이다. 그러므로 만약 당신이 그것을 본다면 "너희 눈은 봄으로, …복이 있도다"(마 13:16).

은혜의 선물을 풀다(로마서 3:21-31)

21 이제는 율법 외에 하나님의 한 의가 나타났으니 율법과 선지자들에게 증거를 받은 것이라 22 곧
예수 그리스도를 믿음으로 말미암아 모든 믿는 자에게 미치는 하나님의 의니 차별이 없느니라 23 모
든 사람이 죄를 범하였으매 하나님의 영광에 이르지 못하더니 24 그리스도 예수 안에 있는 속량으로
말미암아 하나님의 은혜로 값 없이 의롭다 하심을 얻은 자 되었느니라 25 이 예수를 하나님이 그의 피
로써 믿음으로 말미암는 화목제물로 세우셨으니 이는 하나님께서 길이 참으시는 중에 전에 지은 죄를
간과하심으로 자기의 의로우심을 나타내려 하심이니 26 곧 이 때에 자기의 의로우심을 나타내사 자기
도 의로우시며 또한 예수 믿는 자를 의롭다 하려 하심이라

27 그런즉 자랑할 데가 어디냐 있을 수가 없느니라 무슨 법으로냐 행위로냐 아니라 오직 믿음의
법으로니라 28 그러므로 사람이 의롭다 하심을 얻는 것은 율법의 행위에 있지 않고 믿음으로 되는 줄
우리가 인정하노라 29 하나님은 다만 유대인의 하나님이시냐 또한 이방인의 하나님은 아니시냐 진실
로 이방인의 하나님도 되시느니라 30 할례자도 믿음으로 말미암아 또한 무할례자도 믿음으로 말미암
아 의롭다 하실 하나님은 한 분이시니라 31 그런즉 우리가 믿음으로 말미암아 율법을 파기하느냐 그
럴 수 없느니라 도리어 율법을 굳게 세우느니라.

내가 그다지 찬탄하지 않는 부류의 사람이 있다면, '자수성가한 사람'일 것이다.

나는 사역을 하면서 이런 부류의 사람들을 많이 보아왔다. 빈손으로 시작해서 이를 악물고 땀 흘려 일하며 자기를 희생한 결과 정말 중요한 인물이 된다(적어도 세상의 가치 판단에 의하면). 그들은 예외 없이 어떤 기관의 정상에 오르거나 자기 소유의 기관을 운영한다. 나는 세상이 소위 '성공'했다고 말하는 사람들에게 그다지 깊은 감명을 받지는 않지만, 그들이 가진 자질 중에는 감탄하는 것이 많다. 나는 그들의 카리스마를 인정한다. 나는 사람들에게 동기를 부여하고 조화를 이루며 일하게 만드는 그들의 신비한 능력에 감탄한다. 나는 단호한 결단력, 독창성, 다수가 반대해도 자신들이 옳다고 생각하는 일을 밀고 나가는

그들의 태도를 존경한다. 그리고 그들의 정직한 노력이 멋지게 보상받을 때 그들과 함께 기뻐한다. 그렇지만 그런 사람들은 그들을 그 자리에 있게 해준 그 자질 자체를 숭배하는 경우가 허다해서 나는 자수성가한 사람들을 흠모하지는 않는다.

물론 반드시 부자가 되어야만 자수성가한 것은 아니다. 교회는 그런 사람들, 요컨대 천국의 문지기를 감동시키기 위해 날마다 열악한 환경에서 저임금을 받으며 일하면서도 옆 사람들보다 더 많은 선행을 생산하려고 필사적인 노력을 아끼지 않는 사람들로 가득하다. 그리고 아이러니하게도 그들의 노고가 끝나고 땅 속에 누이기 직전 가장 가까운 가족과 친구들은 함께 모여서 그들이 즐겨 부르던 찬송을 부른다.

> 나 같은 죄인 살리신
> 주 은혜 놀라워
> 나 한때 길 잃고 헤매었으나 이제는 찾은 바 되었고
> 나 한때 눈 먼 소경이었으나 이제는 보게 되었네.
>
> 내 마음에 두려움을 알게 하신 것도
> 주님의 은혜요
> 그 두려움에서 구원하신 것도 주님의 은혜로다
> 나 처음 믿은 그 순간 귀하고 귀하다.[1]

존 뉴턴(John Newton)은 자수성가한 의인에게 경의를 표하려고 이 찬송가를 쓴 것이 아니다. 그의 시구는 위로부터 채움받기를 갈망하는 공허한 영혼에서 우러나온 것이다. 천국에 자기 자리를 마련하기 위해 노력해야 한다고 생각하는 사람들은 대신 이런 노래를 불러야 할 것이다.

> 나 같은 일꾼 땀 흘리게 한
> 내 안의 신 놀라워!
> 죄 많던 내가 이제는

선량해졌다네.

노력으로 하나님 옆자리를 얻었고
행위로 그분을 미소 짓게 했네.
내 가치를 증명하기 위해 땀 흘린 세월을
전력을 다해 걸었다네.

만년 동안 거기서
애써 쾌락을 얻고
우리가 한 모든 일을
자랑하지 않는 날이 없으리라.

이것은 바울이 예수 그리스도께 받아 평생을 다해 가르친 복음이 아니다! 복된 소식은 "네 안에서 선을 찾아 그것을 키우라"는 식의 메시지가 아니다. 복음은 "하늘은 스스로 돕는 자를 돕는다"고 절대 말하지 않는다. 실제로 복된 소식은 우리의 죄로 병든 실상에 대한 명확한 이해에서 시작한다. 그 병은 치명적이다! 다행스러운 것은 치료가 가능하다는 것이다. 그러나 죄라는 치명적 질병은 좋은 영양분을 섭취하고 열심히 운동한다고 해서 치료되는 것이 아니다. 근본적인 수술이 필요하다. 우리는 영적으로 죽었으므로 최소한 이식이 필요하다.

로마서 3장 21절에서 "이제는 율법 외에 하나님의 한 의가 나타났으니"라는 바울의 말은 그가 복음을 설명하는 방식이 크게 변했음을 보여준다. 사도는 우리의 영혼을 좀먹는 타락, 하나님에 대한 의도적 반항, 스스로를 개선해보려는 가련한 시도, 부정확한 도덕의 나침반, 한심한 자만심에 대한 참담한 진실을 전한 후에 우리를 소망의 진리로 돌이켜 세운다. 다음에 나오는 구절들은 복음에 대한 네 가지 중요한 진리를 요약한 것이다.

- 구원은 의의 이동이다.
- 구원은 은혜의 선물이다.

• 구원은 사랑의 표현이다.
• 구원은 믿음의 선포이다.

—3:21–22—

바울은 "하나님의 의"를 매우 시적인 용어로 표현한다. "나타났다" 또는 "알려졌다"로 번역된 헬라어 *phaneroō*는 헬라 문학에서 일출을 묘사할 때처럼 "빛나다, 불을 밝히다, 나타나다"라는 의미를 비유적으로 표현하는 데 자주 사용되었다. 사람들이 하나님의 의를 얻기 위해 헛된 노고를 하던 인류 역사상 가장 암울했던 시기에 복음이 떠오르면서 은혜의 서광이 비치기 시작했다. 그리고 은혜는 참된 의, 즉 바울이 세 가지 측면에서 스스로 만든 의와 다르다고 한 의를 제시한다.

첫째, 참된 의는 율법을 지켜서 – 적어도 죄에 물든 사람들은 – 얻을 수 없다. 건강 식품을 먹어서 몸 속의 암을 제거할 수는 없다. 발암 물질을 멀리하는 것은 암을 예방하는 좋은 방법이지만, 일단 암에 걸리고나면 발본적인 치료가 필요하다. 불행히도 우리는 죄라는 질병을 가지고 태어났다.

둘째, 참된 의는 새로운 개념이 아니다. 그것은 태초부터 목격되었고, 선포되었으며, 인간에게 주어졌다. 율법과 선지자들은 이 의를 설명하고 그것이 모든 시대에 걸쳐 하나님의 구속 계획의 일부라는 사실을 증명한다.

셋째, 참된 의는 우리 안에서 나오지 않는다. 그것은 오로지 예수 그리스도께 대한 믿음을 통해서 온다.

—3:23—

인간과 하나님이 의를 재는 기준은 다르다. 주님은 완전을 요구하시는 반면, 우리는 경쟁의 관점에서 생각하기를 좋아한다. 다시 말해서, "하나님이 요구하시는 것이 무엇인가?"라고 묻기보다 우리는 다른 사람들의 상대적인 선을 근거로 우리 자신의 선을 판단한다. 비교해서 말하자면 어떤 사람들은 괄목할 만한 도덕적 삶을 산다. 그러나 바울은 천국에 들어가는 것은 높이뛰기 시합이 아니라고 말한다.

이 글을 쓰고 있는 지금, 높이뛰기 세계 기록은 2미터 40센티미터가 조금 넘는다. 2미터라니! 부끄럽지만 솔직히 고백하자면 나는 아마 운이 좋으면 그 높이의 반 정도는 뛸 수 있을 것이다. 만약 의의 기준이 수직적 도약으로 측정된다면 직업 운동선수들은 거의 모든 사람을 부끄럽게 만들 것이다. 우리는 간신히 책상을 밀어내고 러닝 머신 위에서 고작 30분을 보내기도 힘겨운데, 그들은 죽을 힘을 다해서 자신의 몸을 최상의 컨디션으로 만들려고 노력한다. 땅에서 2미터 높이에 있는 장대를 뛰어넘는 것은 놀라운 실력이기는 하지만, 그러나 천국의 기준은 훨씬 더 높다. 2미터 이상… 아니 3미터… 아니 30미터.

종교는 오랫동안 우리가 상상할 수 있는 것보다 더 높이 도약하는 사람들의 헌신을 기려왔다. 그리고 기독교도 예외는 아니다. 교회들은 빠짐없이 출석하는 사람들을 칭찬하고,

전략적 요충지로서 로마의 식민지였던 고린도는 사진에 보이는 *bēma*, 즉 "심판대"를 완벽하게 갖춘 수도의 축소판이었다. 로마에 사는 그리스도인들에게 이 정의의 상징은 특별히 생생하게 다가왔을 것이다.

하도 많이 읽어 낡은 성경을 가지고 다니는 사람들을 경외하며, 중요한 일에 거액을 기부하는 사람들을 추앙한다. 신학교 교육은 어쨌든 더 높은 단계의 영적 가치를 제시한다. 목사 안수는 분명 또 다른 영적 차원으로 이끌어줄 것이다. 그리고 선교사들은? 아, 그들은 분명 모든 사람들 중에서 가장 많은 도덕적 신임을 얻을 것이다!

그러나 만 미터 상공에 있는 비행기를 타고 지상에서 벌어지는 높이뛰기 시합을 지켜본다고 상상해보면 인간의 의에 대한 하나님의 관점을 이해하게 될 것이다. 그 최고의 선수들 중 아무라도 천국까지 뛰어오를 수 있다고 생각한다면 얼마나 어처구니가 없겠는가! 그러니 인간의 노력으로 하나님의 의를 얻을 수 있다고 주장한다면 얼마나 더 터무니없겠는가. 하나님의 성품이 도덕적 표준이며, 그것은 지표면에서 수천 광년 높이에 설치된 장대이다. 그리고 인간은 그분의 *doxa*("의견, 명성, 이미지, 그림자")에 턱도 없이 모자란다.

—3:24—

그러면 어떻게 해야 하나님과 천국에 합당한 의를 얻을 수 있을까? 그것은 오직 선물로만 받을 수 있다.

"의롭다 함을 얻는다"는 바울의 용어는 가장 중요한 영적 원칙을 나타내기 때문에 설명이 좀 필요하다. "의롭다 함을 얻는다"는 말은 판사 앞에 선 피고의 법적 신분을 나타내며, 이 법적 신분이 궁극적으로 그 사람의 미래를 결정짓는다. 만약 어떤 사람이 "의롭다"고 생각되면 그는 형벌을 받지 않을 것이다. 그러나 만약 어떤 사람이 "불의하다"고 생각되면 그는 벌금, 투옥 혹은 그보다 더한 형벌을 받을 것이다. 인간의 법정에서 판사에게 의롭다는 판결을 받으려면 혐의를 받고 있는 죄에 대해 결백을 입증해야 한다.

이 비유는 로마의 철권 통치 아래 살았던 바울과 그의 독자들에게는 특별히 생생하게 다가왔을 것이다. 그 지역의 총독은 보통 *bēma* 또는 '심판대'라고 불리는 커다랗고 높은, 푸른색과 흰색으로 된 단상에 앉아서 판결을 내렸다. 몇 해 전 바울이 고린도를 처음으로 방문했을 때 유대인 지도자들이 그를 고발해서 *bēma* 앞에 섰었지만, 당시의 로마 지방 총독은 심리할 필요가 없다며 소송을 기각했다.

앞서 바울의 주장(1:18-3:20)에 의하면 아무도 우리의 창조주와 심판관 앞에서 반박의 여지없이 결백하다고 주장할 수 없다. 모든 인간은 하나님의 의의 기준에 턱없이 모자란다. 그러므로 우리는 다른 방법으로 의롭다 함을 받아야 한다. 우리는 의롭다 함을 받았다. 즉, 의롭다고 선포되었다.

"그리스도 예수 안에 있는 속량으로 말미암아"
"하나님의 은혜로"
"값 없이"

비록 우리가 유죄이고, 하나님 앞에서 털끝만큼도 의가 없다고 해도, 우리는 예수 그리스도의 계좌에서 우리 계좌로 이체된 의에 의해 의롭다고 선포된다.

이 현대의 예화를 생각해보라. 2000년 6월 23일, 한 청각 장애 부부가 버지니아 주의 페어팩스 법정에서 도널드 맥도너프(Donald McDonough) 판사 앞에 서 있었다. 그들은 집세가 밀렸다는 집주인의 고소에 대해 아무런 항변도 하지 않았다. 그들은 최근에 결혼했고, 불행하게도 그로 인해 그들이 거처할 집을 빌리는 데 사용했던 장애 수당을 상실했다. 당시 그들은 250불의 집세가 밀려 있었고, 그 돈을 갚을 수 있는 가능성도 없었다.

맥도너프 판사는 그 기소 내용에 동의하지 않을 수 없었다. 집주인에게는 집세를 받아야 할 날짜가 있었고, 그 부부는 정말로 집세를 미납한 죄를 지었던 것이다. 정의가 외면당할 수는 없었다. 그럼에도 불구하고 판사는 가엾은 마음에 선고를 내릴 수가 없었다. 적어도 아직은 아니었다. 원고측 변호사가 그들의 주장을 다 말하고나자 판사는 갑자기 법정을 떠났다. 몇 분 후 그는 자기 방에서 250불을 현금으로 가지고 돌아와 원고측 변호사에게 내밀며 말했다. "집세가 지불되었다고 생각하시오." 무죄한 사람에게서 유죄한 사람에게 돈이 전달되면서 부채가 지불되었고 사건은 기각되었다. 법은 지켜졌다. 피고들은 이제 법정에서 볼 때 "정당했고" "의로웠다."

이와 마찬가지로 우리는 우리의 도덕적 결손을 메우기 위해 다른 사람의 계좌에서 의를 이체함으로써 천국의 법정에서 의롭다 함을 받을 것이다. 어떻게 그렇게 되었는지 궁금한가? "하나님의 은혜로" 그렇게 되었다. 우리가 선해서가 아니라 그분이 선하시기 때문에 우리에게 대가 없는 선물이 주어진 것이다.

묵상의 서재

동료 죄인과 함께 축하하기

친구 집으로 차를 몰고 가면서 가족들에게 우리가 참석하려고 하는 파티가 아주 특이한 파티라는 점을 일러주던 일이 떠오른다. 그것은 내 친구 부부가 감옥에서 7년을 보낸 후 가석방된 아들의 귀가를 축하하는 파티였다. 그 아들이 기소당한 죄를 지은 건 사실이었지만, 그가 받은 선고는 다른 수감자들의 범죄와 비교했을 때 비정상적으로 과중했다. 어쨌든 상관없다. 그는 집에 왔다. 그리고 삶을 향한 그의 패기는 주변 모든 사람에게 활력을 주었다. 종종 사람의 마음을 강퍅하게 만들고 냉혹하게 변화시키는 그 경험이 도리어 이 젊은이의 마음을 정제해주었고 부드럽게 만들었다. 감옥이라는 가혹한 시련 속에서 고요히 참회하고 겸허히 감사하는 성숙한 하나님의 자녀가 된 것이다.

그는 판사가 배심원의 판결을 수용하여 선고를 내리던 순간부터 시작해서 그가 경험했던 일들을 허심탄회하게 말했다. 법정에 모였던 사람들이 소지품을 챙겨서 주차장으로 걸어갈 때 그는 옆문으로 호송되어 감옥에 갇혔다. 그러고나서 그는 발가벗겨지고, 조사를 당하고, 사진이 찍히고, 지문이 채취되고, 수갑이 채워져서 교도소 버스에 태워졌다. 그로부터 7년 동안 그는 '기결수'라는 명칭으로 불렸고, 남은 여생 동안 그는 '전과자'나 '흉악범'으로 불릴 것이다.

그 젊은이가 겪었던 일들을 곰곰이 생각하다가 나는 이렇게 자문하지 않을 수 없었다. "그와 내가 다른 점이 무엇일까?" 몇 가지 다른 점이 있다. 그의 범죄 기록은 공적인 기록의 문제이다. 내 범죄 기록은 천국에 자물쇠가 채워져 보관되어 있다. 그는 대부분의 사람들이 상상하기 힘든 형벌을 겪었다. 나는 나의 잘못과 비행에 대해 단 1초도 응징당하지 않을 것이다. 세상은 영원히 그를 세상 시민들 중에서 가장 하찮은 존재로 취급할 것이다. 나는 부당하게 칭찬받고 있다. "그런즉 자랑할 데가 어디냐 있을 수가 없느니라"(3:27)! 그 흉악범과 나는 다른 점보다 같은 점이 더 많다. 내 마음은 그 또는 당신과 마찬가지로 타락했다. 세상의 법정은 그를 감옥에 가두어야 한다고 생각했지만, 당신과 나 역시 전능하신 심판관 앞에 섰을 때 마찬가지로 죄인일 뿐이다. 솔직히 말해서, 당신과 나는 한층 더 심한 벌을 받아 마땅하다.

그러므로 가석방된 내 친구의 아들 앞에서 잘난 척할 용기가 있다면 그와 함께 자랑하자. 그와 함께 예수 그리스도와 그분이 주시는 불가해한 선물을 자랑하자. 우리 자신을 그와 동류, 누릴 자격이 없는 자유를 누리고 있는 가석방된 흉악범으로 생각하자. "그런즉 자랑할 데가 어디냐?" 우리는 없다. 우리의 선량함 속에도 없다. 그리고 한 번 더 상기시켜도 되겠는가? 구원은 선물이다. 그리고 이 선물은 받는 자가 아니라 주는 자의 선을 증명한다. ☙

우리는 어떻게 이 의를 전달받는가? "그리스도 예수 안에 있는 속량으로 말미암아." 속량. 우리가 이해해야 할 또 다른 핵심 용어이다. 고대를 배경으로 한 다음의 예화가 이것을 이해하는 데 도움을 줄 것이다.

오랜 옛날에는 정부가 빈곤 구제 프로그램을 제공하기 전에는 사람이 빚을 지면 자기 소유의 땅을 잃고 의지할 사람이나 방도 없이 절대 빈곤에 빠질 수 있었다. 채무자가 감옥에 가거나 굶어 죽지 않을 수 있는 유일한 방법은 부유한 사람의 종이 되는 것이었다. 다시 말해서 돈이 많은 사람에게 자신의 빚을 갚아달라고 하고 대신 그 사람의 종이 되는 것이다. 보통 종살이의 기간은 갚아준 빚의 액수에 따라 정해졌다. 그러나 탐욕스럽거나 못된 주인을 만나면 그가 계속 채무 상태를 유지시켜 가난에서 영원히 벗어나지 못하게 만들 수도 있었다. 주인은 돈이 필요할 때 자기 노예들을 경매로 팔 수도 있었다.

혹 상상할 수 없을 정도로 자비로운 사람이 있다면 그 사람이 입찰해서 노예를 산 후에 그를 풀어줄 수도 있었다. 그러면 그 노예는 채무와 노예 신분에서 '구제' 받을 수 있었다.

모든 인간은 도덕적으로 진 빚에 의해 죄의 노예가 되었다. 하나님의 율법은 우리가 "의롭다"거나 "정당하다"는 판결을 받으려면 대가를 치를 것을 요구하지만, 우리 스스로의 선으로는 그 값을 치를 방법이 없다. 우리에게는 구속자가 필요하다. 우리를 위해 빚을 갚아줄 사람이 필요하다. 그리고 복음은 우리에게 그 빚을 말끔히 다 갚아주신 예수 그리스도라는 구속자가 계시다고 말한다.

—3:25—

그리스도가 어떻게 인간을 구속하셨는지를 설명하면서 바울이 사용한 핵심 용어를 NASB에서는 "화목제물"로, NIV에서는 "속죄제물"로 번역했다. *hilastērion*이라는 헬라어는 영어로 직역된 단어가 없다. 이와 관련된 구약에 나오는 히브리어는 명절인 욤 키푸르(Yom Kippur, 속죄일)에 나오는 *kippur*이다(레 16:1-34, 23:26-32).

'속죄의 날'인 욤 키푸르에는 대제사장이 이스라엘 회중 앞에 숫염소 두 마리를 데려다 놓고 제비를 뽑아(지금으로 말하면 동전던지기 같은 것이다) 염소의 운명을 결정했다. 물론 히브리인들은 운을 믿지 않았다. 제비를 뽑는 것은 하나님의 주권적 지배에 순종하는 그들만의 방식이었다. 그런 다음 제사장은 "제비 뽑은 염소를 속죄제로"(레 16:9) 드렸다.

대제사장은 자기 자신과 가족을 위해 황소를 제물로 드린 후에 언약궤가 있는 성막의 지성소로 들어갔다. 하나님의 특별한 임재가 히브리인들이 "속죄소"(레 16:2)라고 부르는 법궤 위에 초자연적인 광채("Shekinah")로 나타났다고 구약 성경은 말한다. 대제사장 – 오직 대제사장만 – 은 일 년에 한 번 욤푸르 때 지성소에 들어갈 수 있었고, 이 제약을 어기고 들어간 자는 그 자리에서 목숨을 잃었다.

제사장은 제물로 드린 염소의 피를 카포렛(*kapporet*, 속죄소, 히브리어에서 "몸값을 지불하다, 선물로써 호감을 사다"라는 뜻을 가진 *Kopher*라는 동사에서 파생된 명사) 위에 뿌렸다. 카포렛은 "속죄소, 속죄의 보장, 화해의 장소, 변제, 달램"이라는 의미를 가지고 있다. 구약 성경에 나오는 이 구절을 헬라어로 번역하면서 *hilastērion*이라는 단어를 사용한 것이다. 이 희생 제사는 죄에 대한 하나님의 진노를 죽음으로 보상함을 상징했다.

그런 다음 대제사장은 회중들이 보는 앞에서 다른 염소의 머리에 손을 얹고 상징적으로 그 집단의 죄를 그 '희생양'에게 전가한다. 그 운이 좋은 염소는 자유롭게 풀려나 "그들의 모든 불의를 지고"(레 16:22) 광야로 달려나갔다.

아담은 죄를 범하고 그 죄의 결과로 사망이라는 대가를 치렀다(롬 6:23). 그는 그 즉시 영적으로 죽었고, 그의 육신은 무덤을 향해 쇠락하기 시작했다. 우리도 마찬가지이다. 우리 죄에 대한 형벌은 천국의 법정에서 우리가 도저히 감당할 수 없는 빚이 되었다. 우리는 죄에 대해 분노하고 있는 심판관 앞에 서 있다. 1장 18-23절을 공부하면서 알게 된 대로 하나님은 사랑이시다(요일 4:8). 그러나 하나님의 사랑은 악이 그분의 창조물을 집어삼키는 동안 속수무책으로 방관하는 무기력한 사랑이 아니다. 그분의 거룩한 성품은 "모든 경건하지 않음과 불의에 대하여"(롬 1:18) 불타오른다. 그분의 성품은 정의를 요구한다. 그리고 죄에 대한 정당한 응보는 사망, 곧 지상에서의 육체적 생명의 종말뿐 아니라 하나님으로부터의 영원한 분리이다.

바울은 예수님의 십자가 죽음이 중요한 두 가지 요구 조건을 만족시키는 공식적인 피뿌림 – 속죄일의 속죄 의식 – 이라고 단언한다. 첫째, 그리스도의 속죄는 인간의 죄에 대한 정의를 요구하는 하나님의 진노를 만족시켰다. 둘째, 이 속죄는 하나님을 중상하던 자들을 침묵시켰다. 구약 내내 하나님은 심판을 미루셨고, 이는 일부 사람들이 하나님이 온전히 선하지 않다는 주장을 하게 만든 단초가 되었다. 어떻게 거룩하신 하나님이 무고한 자들에게 가해지는 폭력과 학대를 처벌하지 않고 넘길 수 있는가? "이(그리스도의 공식적인 속죄)는 하나님께서 길이 참으시는 중에 전에 지은 죄를 간과하심으로 자기의 의로우심을 나타내려 하심이니"(3:25).

로마서 3장 21–25절을 요약하면 이렇다. 의의 기준은 인간이 도달할 수 없는 도덕적 완전함이다. 그러므로 우리의 유일한 희망은 하나님이 자비의 선물로 주시는 칭의밖에 없다. 우리는 이 선물을 우리를 대신해 형벌을 받아 천국 법정이 요구하는 정의의 실현을 이루신 예수 그리스도를 믿음으로써 받는다.

—3:26—

하나님의 진노는 죄의 대가를 요구한다. 그리고 하나님의 진노는 그분의 독생자의 속죄하시는 죽음으로 상쇄되었다. 죄는 형벌을 받았으므로 하나님은 "의로우시다." 그리고 그분의 아들의 죽음이 그분의 성품에 어긋나지 않고 성도들을 의롭다고 선포할 수 있는 길을 터주었으므로 그분은 "의롭게 하는 자(justifier)"이시다. 그러나 우리가 이 영생의 선물이 주는 혜택을 누리려면 그것을 받아야 한다. 우리는 믿음으로 이 선물을 받는다.

만약 맥도너프 판사의 법정에 섰던 그 부부가 그들의 채무를 변제해줄 250불을 거절했다면 어떻게 됐을까? 만약 그들이 자존심 때문에 그 판사가 베풀어준 관용을 받아들이지 않았다면 어떻게 됐을까? 선물은 받는 사람이 그것을 받아들이기 전에는 아무 소용이 없다!

그 자비로운 판사가 제시한 것은 '은혜'라는 이름을 가지고 있다. 공로 없이 얻은 호의라 불린다. 자비는 애써 얻거나 자격이 있어서 받는 것이 아니다. 그것은 요구해서 얻을 수 있는 게 아니다. 오로지 제공될 뿐이다. 그것은 보답할 수 있는 게 아니다. 오로지 받을 수만 있다.

이 담대한 진리의 선포는 바울을 잠시 멈춰 세우고 어쨌든지 구원받을 자격이 있다고 주장하는 사람들에게 세 가지 질문을 던지게 한다.

"그런즉 자랑할 데가 어디냐"(3:27)?

"하나님은 다만 유대인의 하나님이시냐 또한 이방인의 하나님은 아니시냐"(3:29)?

"그런즉 우리가 믿음으로 말미암아 율법을 파기하느냐"(3:31)?

—3:27-28—

"그런즉 자랑할 데가 어디냐?" 천국이 자화자찬하는 사람들의 노래로 가득하겠는가?

만년 동안 거기서
애써 쾌락을 얻고
우리가 한 모든 일을
자랑하지 않는 날이 없으리라.

아니다! 하나님의 은혜는 모든 사람의 자랑할 권리를 무색하게 만든다.

1959년 나는 샌프란시스코에 있는 한 교회의 로비에 서서 마하트마 간디, 마틴 루터 킹 주니어, 에이브러햄 링컨, 조지 워싱턴과 같은 위대한 인물들의 거대한 초상화를 바라보고 있었다. 솔직히 나는 그들에게 둘러싸인 채 다소 위축되는 느낌을 받았다. 한 개인의 위대함이 세상에 미친 영향에 의해 측정된다면 그 사람들이야말로 위대한 인물들임에 틀림없었다. 그들 모두 당대에 자유의 수호자들이었다. 초상화 맨 아래쪽에는 다음과 같은 글귀가 청동 글자로 새겨져 있었다.

"너희가 다… 하나님의 아들이 되었으니."

나는 이 교회가 그리스도인의 사랑과 행위의 지고한 이상은 권장하지만 오래전에 성경의 진리에서 벗어났음을 알 수 있었다. 나는 그들이 모든 사람은 위대하건 평범하건, 하나님의 주권 아래 있다는 사실을 인정한 것에 점수를 주었다. 그리고 나는 인종적 평등을 쟁취하기 위한 투쟁이 지지를 받지 못하던 때에 옳은 일을 하고자 했던 그들의 순수한 열망을 존경한다. 그러나 나는 이 영웅들이 그들의 선행으로 인해 하나님의 나라에서 '위대하다'고 평가받았다는 암시가 함축되어 있는 사실이 유감스러웠다.

나는 거의 한 시간 가까이 회중석에 앉아서 아무 의미 없는 웅변적인 설교를 들었다. 설교 가운데 예수 그리스도의 이름은, 로비에 초상화들이 나란히 걸려 있듯이 여타의 자비와 친절의 괄목할 만한 귀감이 되었던 인물들의 이름과 같은 맥락에서 거론되었다. 아무도 그분의 속죄의 희생이나 죽음에 대한 승리의 이야기를 듣지 못했다. 아무도 우리가 그분의 승리의 전리품을 나눠 갖도록 초대받았다는 이야기를 듣지 못했다.

예배를 마친 후에 나는 그 교회 교인인 내 친구들과 로비에 서서 청동 글씨를 가리키며 물었다. "그런데 저기 생략 부호 보이는가? 저 구절의 나머지 부분이 뭔지 아나?"

"모르는데" 한 친구가 대답했다. "자네는 아나?"

"저건 바울의 갈라디아서에 나오는 말씀이라네. '너희가 다 믿음으로 말미암아 그리스도 예수 안에서 하나님의 아들이 되었으니.' 자네는 예수 그리스도를 믿나?" 나는 친구의 냉담한 반응을 보고 더 이상 대화를 할 마음이 없다는 걸 알았다.

복음의 진리는 우리의 자존심을 상하게 한다. 자존심은 충분한 선행이 하나님의 아들에 대한 믿음을 대체할 수 있다고 주장한다. 믿음은 우리가 우리 자신을 구원할 수 없다는 겸허한 시인이다.

그 다음에 나오는 바울의 말이 핵심이다. 여기까지 그의 편지는 선행이 우리를 구하기에는 턱없이 부족하다는 사실을 증명했다. 이제 그는 믿음의 절대적 필요성을 증명하기 시작한다. "그러므로 사람이 의롭다 하심을 얻는 것은 율법의 행위에 있지 않고 믿음으로 되는 줄 우리가 인정하노라."

—3:29-30—

바울의 두 번째 가설적 질문은 하나님은 불공평하다는 주장을 검토한다. 만약 하나님의 율법을 지킴으로써 의롭다 함을 받을 수 있고, 하나님이 이스라엘 민족에게만 율법을 주셨다면 이는 하나님은 히브리 민족들만 구원받기 바라신다는 사실을 시사하는 것이다. 사도는 이 질문에 간단명료하게 대답하고 있다. "사람은 율법의 행위에 의해서가 아니라 믿음에 의해서 의롭다 함을 받는다. 그리고 모든 사람은 그 믿음의 자리에 초대받았으므로 하나님은 모두의 하나님이시다." 어떤 사람들은 하나님의 은혜를 믿고 할례의 권리를 통해 그들의 믿음을 증명한다. 어떤 사람들은 히브리 민족의 관습과는 별개로 그분의 은혜를 믿는다. 공통분모는 믿음이다.

—3:31—

이것은 모세를 통해 이스라엘에게 주신 율법이 무의미하다는 말일까? 바울은 "무효로 하다, 무용지물이 되다, 수포로 돌아가다"라는 뜻을 가진 *katargeō*라는 헬라어를 사용하고 있다. 그의 가설적 질문은 두 가지 의미를 함축하고 있다. 첫째, '믿음의 법'은 그리스도 이전에는 중요하지 않았던 새 원칙이다. 둘째, 아마도 믿음에 대한 새 진리가 율법에 대한 옛 진리를 폐하는 것으로 추측된다.

논리의 규칙을 아는 사람이라면 두 가지 상반된 진술은 둘 다 진리일 수 없다는 것을 안다. 하나님은 한 분이시고 그분은 변하지 않으신다. 그리고 4장 1–13절에서 바울은 이 '믿음의 법'이 아주 오래된 것임을 실증하기 위해 아브라함의 예와 히브리인들의 할례 의식을 예로 든다. 모세를 통해 이스라엘 백성들에게 주어진 행동 규범은 하나님의 은혜의 표현이었으나, 칭의(justification)의 방법은 아니었다. 오히려 하나님은 우리의 죄를 드러내시고 우리가 죄인임을 증명하려고 율법을 주셨다. 율법은 하나님의 성품을 반영하기 때문에 율법이 나쁘다고 말할 수는 없다. 그러나 율법은 우리가 하나님께 반항했음을 객관적으로 증명하기 때문에 우리의 몰락에 기여했다.

믿음이 하나님의 율법의 진리를 약화시키거나 상반되기는커녕 율법을 '세우'거나 '확립'한다. 이 '믿음의 법' 또는 '믿음의 원칙'은 모세의 율법보다 앞서며, 더 중요한 사실은 그것이 율법의 기초를 제공하고 있다는 것이다. 불순종은 바로 하나님의 선하심과 능력을 믿지 않는다는 객관적인 증거이다. 인간은 선행과는 상관없이 믿음을 통해 은혜를 받는다.

구원 – 우리의 창조자이자 심판관이신 분 앞에서 의롭다고 선포되는 – 은 받아들여야 할 선물이지 벌어야 할 품삯이 아니다.

적용
선물과 영광

로마서 3장 21-31절에서 바울은 하나님의 의에 미치지 못하는 인간에 대한 공소장을 요약한 후에 믿음에 대한 주장을 펼친다. 구원은 선한 행위에 대한 보상이 아니다. 구원은

- 예수 그리스도의 계좌에서 우리의 계좌로 의가 이전된 것이다(3:21-23).
- 은혜의 선물은 우리의 선 때문이 아니라 하나님의 선에 의해 주어진 것이다(3:24).
- 그분에 대한 우리의 사랑이 아니라 우리에 대한 그분의 사랑의 표현이다(3:25-26).

그러므로 구원은 구원을 베푸는 자를 영화롭게 하는 선물이다. 다시 말해서, 구원은 우리를 위한 것이지만 우리에 대한 것은 아니다. 구원의 초점은 하나님이시다.

그러고나서 바울은 초점을 인간의 필요에서 믿음으로 받는 하나님의 은혜 - 많은 종교 지도자들이 거부한 교리인 - 로 돌린다. 그는 여행을 다니며 자주 부딪혔던 질문들을 재차 던지면서 그들의 반대에 선수를 친다.

질문: "자랑할 데가 어디냐?"(구원이 누구의 공로인가?)
암묵적 대답: 하나님(3:27-28)!

질문: "하나님은 다만 유대인의 하나님이시냐?"(구원은 제한적인가?)
암묵적 대답: 아니다, 누구나 구원받을 수 있다(3:28-30)!

질문: "우리가 믿음으로 말미암아 율법을 파기하느냐?"(율법의 역할은 무엇인가?)
암묵적 대답: 율법은 하나님이 우리의 문제를 대면하고 진단하시는 수단이다. 그분께로 돌이키라(3:31)!

구원에서 믿음의 역할에 대한 바울의 강조는 믿지 않는 자들에게 복음을 선포할 때 반드시 필요할 뿐더러 성도들의 일상생활에서도 중요하다. 청교도들은 종종 그들의 엄격한

생활 태도 때문에 비난받아왔지만 – 대부분이 부당한 – 나는 그들의 글이 내 설교에 교만이 끼어들거나 내가 내리는 결정에 영향을 미치기 시작할 때 나에게 딱 맞는 것임을 알게 되었다. 그 글들은 우리에게 한 번도 은혜가 필요하지 않은 순간이 없으며, 우리를 악에서 구원하시는 하나님의 능력을 신뢰하는 것은 날마다 해야 하는 선택임을 일깨워주었다.

나는 당신이 매일 경건의 시간을 가질 때 청교도들의 글을 읽어볼 것을 강력히 권한다. 내 서재에는 내가 다음의 글을 발췌한 「비전의 계곡(The Valley of Vision)」이라는 제목의 낡은 문집이 있다.

오 주 하나님, 영원하신 이여,
하늘이 당신의 영광을
땅이 당신의 풍요를 선포합니다.
우주는 당신의 성전
당신의 실재가 그 무한을 가득 채웁니다.
당신은 당신의 기쁨을 위해 생명을 창조하시고 행복을 전해주셨습니다.
당신은 지금 이대로의 나를 만드셨고 내가 가진 것을 주셨습니다.
당신 안에서 나는 살고 움직이며 존재합니다.
당신의 섭리 안에서 내 거처의 한계를 정하셨고 현명하게 나의 모든 일을 주관하셨습니다.
예수님 안에서 내가 누리는 당신의 풍요로 인해, 당신의 말씀 안에서 선명하게 드러나는 그분의 모습으로 인해 감사드립니다. 그 안에서 나는 그분의 인격, 성품, 은혜, 영광, 굴욕, 고난, 죽음, 부활을 봅니다.
그분이 계속 구세주가 되어주셔야 함을 제가 알게 하시고, 욥과 함께 "나는 비천하오니"라고, 세리와 함께 "자비를 베푸소서, 나는 죄인이로소이다"라고 외치게 하소서.
내 안의 죄를 사랑하는 마음을 다스려주소서.
당신을 영원히 섬기고 누리려면 용서받아야 할 뿐 아니라 새롭게 되어야 한다는 것도 알게 하소서.
나는 아무 항변의 말도, 업적도, 가치도, 약속도 없는 채로 만물 위에 뛰어난 예수님의 이름으로 당신께 나아갑니다.
나는 자주 길을 잃고, 고의로 당신의 권위에 도전하며, 당신의 선의를 악용합니다.
내 죄의 많은 부분은 나의 종교적 특권과 그것을 얕잡아 보고 나에게 유익하게 사용하지 못한 것에서 기인합니다.
그러나 나는 당신의 호의나 당신의 영광에 무관심하지 않습니다.
당신의 편만하심을, 당신이 나의 행로, 나의 길, 나의 눕는 것, 나의 최후에도 함께 계신다는 것을 내가 깊이 느끼게 하여주소서.[2]

우리 중 누구나 단 하루만이라도 우리 자신의 선이 충분하다는 생각이 머리를 들 때마다 이 기도를 읽으면 다시 우리의 실상을 보게 될 것이다. 그리고 그것은 얼마나 다행스러운 일인가!

모든 영광을 하나님께 돌릴지어다!

의(義)의 다른 이름(로마서 4:1–15)

1 그런즉 육신으로 우리 조상인 아브라함이 무엇을 얻었다 하리요 2 만일 아브라함이 행위로써 의롭다 하심을 받았으면 자랑할 것이 있으려니와 하나님 앞에서는 없느니라 3 성경이 무엇을 말하느냐 아브라함이 하나님을 믿으매 그것이 그에게 의로 여겨진 바 되었느니라 4 일하는 자에게는 그 삯이 은혜로 여겨지지 아니하고 보수로 여겨지거니와 5 일을 아니할지라도 경건하지 아니한 자를 의롭다 하시는 이를 믿는 자에게는 그의 믿음을 의로 여기시나니 6 일한 것이 없이 하나님께 의로 여기심을 받는 사람의 복에 대하여 다윗이 말한 바

> 7 불법이 사함을 받고 죄가 가리어짐을 받는 사람들은 복이 있고
> 8 주께서 그 죄를 인정하지 아니하실 사람은 복이 있도다 함과 같으니라

9 그런즉 이 복이 할례자에게냐 혹은 무할례자에게도냐 무릇 우리가 말하기를 아브라함에게는 그 믿음이 의로 여겨졌다 하노라 10 그런즉 그것이 어떻게 여겨졌느냐 할례시냐 무할례시냐 할례시가 아니요 무할례시니라 11 그가 할례의 표를 받은 것은 무할례시에 믿음으로 된 의를 인친 것이니 이는 무할례자로서 믿는 모든 자의 조상이 되어 그들도 의로 여기심을 얻게 하려 하심이라 12 또한 할례자의 조상이 되었나니 곧 할례 받을 자에게뿐 아니라 우리 조상 아브라함이 무할례시에 가졌던 믿음의 자취를 따르는 자들에게도 그러하니라

[13] 아브라함이나 그 후손에게 세상의 상속자가 되리라고 하신 언약은 율법으로 말미암은 것이 아니요 오직 믿음의 의로 말미암은 것이니라 [14] 만일 율법에 속한 자들이 상속자이면 믿음은 헛것이 되고 약속은 파기되었느니라 [15] 율법은 진노를 이루게 하나니 율법이 없는 곳에는 범법도 없느니라.

존 밀튼 그레고리(John Milton Gregory)는 내가 지금까지 읽은 가르침을 주제로 한 책 중에서 가장 훌륭한 책을 저술했다. 나는 해지고 너덜너덜해진 「가르침의 일곱 가지 법칙(The Seven Laws of Teaching)」을 늘 곁에 두고 있는데, 그 책은 내가 궤도에서 벗어나지 않고 말을 전달하도록 도와준다. 그가 말하는 네 번째 법칙은 새 지식은 옛 지식의 바탕 위에 쌓인다는 것이다. 아마 그것이 예화가 그렇게 유용한 이유일 것이다. 좋은 예화는 친숙한 개념을 사용하여 새로운 개념을 설명한다. 위대한 영국의 설교자 찰스 스펄전(Charles Spurgeon)은 설교를 집으로, 예화를 창을 통해 들어와 집 안의 어둠을 밝히는 빛으로 묘사했다.

바울은 예화의 필요성을 알고 있었다. 수세기 동안 하나님의 은혜의 진리는 기본적으로 "하늘은 스스로 돕는 자를 돕는다"고 가르친 그리스 철학과 유대교의 전통에 의해 흐려졌다. 신실한 유대인이라면 누구나 하나님의 율법을 주의 깊게 지키고 하나님의 의식을 엄수함으로써 '하나님의 의'를 이루려고 노력했다. 많은 사람들이 기독교는 그러한 추구 – 그리스도의 속죄에 의해 가능해진 새 생명, 그리고 그것은 아버지께 순종하여 그리스도를 따름으로써 참여할 수 있다 – 의 연속에 불과하다고 가르쳤다. 그래서 "사람이 의롭다 하심을 얻는 것은 율법의 행위에 있지 않고 믿음으로 되는 줄 우리가 인정하노라"(3:28)는 바울의 선포는 특히 유대인 신자들에게 획기적인 새로운 교리로 들렸다. 믿음을 통한 은혜로 의롭게 된다는 교리가 전혀 새로운 것이 아님을 입증하기 위해 바울은 유대인들의 신앙과 관습에서 친숙한 두 가지 아이콘 – 아브라함(4:1-8)과 할례(4:9-12) – 을 사용한다.

—4:1-2—

미국인들을 진정 미국인답게 만드는 것이 무엇인지에 대해 논의할 때 대부분의 미국인들은 원칙을 고수했고 국가를 건립하기로 결정했던, 흔히 '미국 헌법의 제정자들'로 일컬어지는 이들을 가리킨다. 그렇다면 우리는 몇 가지 질문에 대한 답을 쟁점화시켜보자. 그들은 무엇을 믿었는가? 시대를 초월한 어떤 보편적인 이상이 그들의 행동을 이끌었는가? 우리는 오늘날 우리가 채택한 정책에 그런 원칙들을 적용하고 있는가? 이러한 주장의 논거로 조지 워싱턴, 벤자민 프랭클린, 토마스 제퍼슨, 제임스 매디슨의 예를 들 수 있을 것이다.

마찬가지로 유대인들은 그들의 선지자들, 왕과 사사들 그리고 모세보다 더 이전, 그의 아들 이삭과 손자 야곱을 통해 유대인의 혈육적 선조가 된 아브라함까지 거슬러 올라간다. 아브라함의 삶을 있는 그대로 살펴보았을 때 하나님이 전해주신 율법과 제사를 잘 지킨 것으로 인해 의롭다 함을 받은 한 사람의 모습이 드러난다면, 하나님의 의를 바라는 사람은 누구나 그가 보여준 모범을 마음에 새기고 따라야 할 것이다. 어쨌든, 아브라함은 하나님께 특별히 선택받은 민족의 육체적, 영적 조상이었다.

바울은 그 다음에 거짓임을 알지만 검토를 위해 진실로 가정한 상황을 제시한다. "만일 아브라함이 행위로써 의롭다 하심을 받았으면" – 다시 말해, "만약 아브라함이 그가 한 행위 때문에 의롭다고 여김을 받을 수 있었다면 – 그러면 아브라함은 자기가 성취한 것을 찬양할 자격이 있었을 것이다. 그럼에도, 바울은 그 생각에 진저리를 친다. 그는 사람이 행위를 통해 의롭다 함을 받을 수 있다는 생각을 참을 수 없었다.

—4:3—

모든 사람 – 유대인들의 존경을 받는 선조까지도 – 이 스스로 의를 얻을 수 있다는 터무니없는 생각을 따지기에 앞서 바울은 그의 주장의 근거로 창세기 15장 6절을 인용한다. "아브람이 여호와를 믿으니 여호와께서 이를 그의 의로 여기시고"(창 15:6). 일찍이 아브라함이 성인이 되어 족장이 되었을 때 주님은 그를 택하사 악에서 세상을 구원하기 위한 위대한 계획 가운데 중요한 역할을 맡기셨다. 하나님은 아브라함과 그의 후손들과 무조건적인 언약을 맺으셨다.

> "여호와께서 아브람에게 이르시되 너는 너의 고향과 친척과 아버지의 집을 떠나 내가 네게 보여 줄 땅으로 가라 내가 너로 큰 민족을 이루고 네게 복을 주어 네 이름을

> 창대하게 하리니 너는 복이 될지라 너를 축복하는 자에게는 내가 복을 내리고 너를 저주하는 자에게는 내가 저주하리니 땅의 모든 족속이 너로 말미암아 복을 얻을 것이라 하신지라"(창 12:1-3).

그의 부모가 그에게 "존경받는 아버지"라는 뜻을 가진 아브람이라는 이름을 지어준 것에 주목하라. 그런데 아이러니하게도 그는 아기를 갖지 못하는 여자와 결혼했다. 그럼에도 불구하고 아브람은 가족을 떠나 하나님이 그와 그의 후손들에게 주시기로 약속한 땅으로 가라는 하나님의 명령에 순종했다(창 12:7, 13:15, 15:18, 17:7-8).

내가 만일 이 이야기의 작가라면, 나는 아브람의 순종에 대해 즉각 보상을 하는 것으로 이야기를 풀어갔을 것이다. 약속의 땅에 있는 비옥하고 아름다운 골짜기에 그를 정착시킨 후 그를 '존경'하는 아버지로 부르며 재잘대는 작은 아브람들에게 둘러싸이게 했을 것이다. 그의 순종을 예로 들어 내가 순종할 만한 하나님이라는 것을 모든 사람에게 보여주는 기회로 삼았을 것이다. 다행히 단 한 분뿐이신 진정한 하나님은 나보다 지혜로우시다. 그분은 기다리셨다. 주님은 순종과 축복을 맞바꾸는 사업적 계약 이상을 원하셨다. 그분은 관계를 원하셨다. 관계는 상호 간에 균등한 친밀감과 신뢰를 요구한다.

아브람과 그의 아내 사래는 몇 번의 위기를 겪으면서 자주 흔들렸다. 그들은 용감하게 적들을 물리쳤지만, 적이 너무 강하다고 생각될 때에는 거짓말을 했다(창 12:11-13). 그들은 우상 숭배를 거부했지만 우상 숭배가 번성한 애굽으로 피난하여 기근에서 살아남았다. 하나님의 약속을 믿었지만 인간의 관습을 통하지 않고 실현될 방법을 보지 못했다(15:2-3). 그리고 이 모든 일을 겪으면서 그들은 나이가 들고 늙어갔다.

아브람은 자신의 85세 생일이 가까워지고 오래전에 사래가 폐경이 되자 하나님의 약속이 의심스러워졌다. 그에 대한 응답으로 주님은 그를 안심시키셨다. "하늘을 우러러 뭇별을 셀 수 있나 보라 또 그에게 이르시되 네 자손이 이와 같으리라"(창 15:5).

아브람은 믿음을 보여주었다. 그가 믿은 것은 자기 자신도 아니고, 약속도 아니었다. 하나님을 감동시키려는 것도 아니었고, 의로운 행위로 그런 것은 더욱 아니었다. 아브람은 "주님을 믿었다"(창 15:6). 다시 말해서, 그 노인은 하나님을 신뢰했다. 그는 그분의 성품을 신뢰했다. 그는 자연적인 방법으로는 분명히 어렵지만 하나님이 당신이 하신 약속을 성취하실 것이고, 또 하실 수 있다고 믿었다. 그리고 주님은 아브람을 의롭다고 선포하심으로써 그의 신뢰에 응답하셨다. 하나님은 "그를 의롭다고 산출하셨다(reckoned)."

"산출(reckon)"은 회계 장부나 거래 내역을 분석하고 빚을 청산하는 과정을 표현하는 회계 용어이다. 당신이 신용 카드를 가지고 있다고 하자. 매달 그 카드 회사는 상세한 거래 내역서를 당신에게 보낸다. 지출, 미수 이자, 회비 그리고 당신이 지불한 금액. 잔고, 곧 당신이 빚진 총액은 이 모든 것을 반영해 산출한 결과이다.

주님은 말하자면, 아브람의 믿음 때문에 그의 계좌의 잔액을 지불하시고는 '지불 완료'라는 도장을 찍으셨다. 아브람은 의롭다고 선포되었다. 그가 그렇게 불릴 자격이 있어서가 아니라 그가 모든 것을 빚지고 있는 하나님이 그에게 은혜를 베풀기로 결정하셨기 때문이다.

—4:4-8—

바울은 이 회계 비유를 사용해 무조건적인 은혜의 특성을 강조하고, 이러한 은혜가 어떻게 모든 사람에게 적용되는지를 보여주는 데까지 확장시켜나간다.

당신이 고용주를 위해 일하는 직업을 가지고 있다면 당신은 합의된 급여나 일한 시간, 또는 당신이 생산한 것을 근거로 급여를 받을 것이다. 그것은 선물이 아니다. 당신이 번 것이다. 당신은 그것을 위해 일했고 그것을 기대할 권리가 있다. 당신의 고용주는 급여가 지불될 때까지 당신에게 빚을 지고 있는 것이다. 당신이 아무리 당신의 직업에 대해 감사한다고 해도 당신이 받는 급여는 보상이지 은혜가 아니다.

한편, 바울은 아브라함이 믿음으로 받은 은혜를 우리도 받을 수 있다고 단언한다. 하나님이 유대인의 선조를 의롭다고 여기셨던 것과 동일한 방법으로 그분은 우리를 그렇게 여기실 것이다. 그러나 바울은 믿음은 단순히 정직, 친절, 겸손, 이타심 같은 다른 고귀한 가치들보다 좀 더 강력한 힘을 가진 미덕이라고 말하려는 게 아니다. 하나님을 믿는 것은 선한 일이고 필요하기도 한 일이나, 그렇다고 그것이 은혜를 받을 자격을 주는 것은 아니다. 바울은 계속해서 하나님의 은혜를 받은 자들을 "죄인"이라고 부른다. 믿음은 죄로 인해 우리가 저지르는 악행을 제거하는 것과는 아무 상관이 없기 때문이다.

믿음을 통해 하나님은 죄와 타락의 문제에 대해 말씀하신다. 그러나 우리는 단박에 변하지 않는다. 우리는 죽는 날까지 죄와 실패 속에서 악전고투할 것이다. 그것이 우리가 지위와 상태를 신중히 구별해야 하는 이유이다. 한 사람이 믿음을 통해 하나님의 은혜를 받으면 그 사람은 현재의 행위와 상관없이 의롭다고 여겨지고 그렇게 대우받는다. 판사에 의해 감형된 죄수가 감방에 갇혀 있다고 생각해보라. 사법적, 법률적으로(지위) 그는 자유인이다. 그러나 경험적으로(상황) 그는 아직 갇혀 있다. 궁극에는 그의 경험이 그의 법률적 지위와 일치하게 될 것이다.

믿음으로 하나님의 은혜를 받은 불의한 자가 하나님의 주권에 의해 "의롭다"고 선포된다. 유대인들의 역사에서 또 하나의 중요 인물인 다윗 왕은 시편 32편에서 이 진리를 찬양했다. 그는 그의 충직한 신하 우리아의 아내와 간통하고 자신의 죄를 은폐하기 위해 그를 죽이면서 성공의 정점에서 추락했다(삼하 11:2-25). 자신의 죄를 대면한 후에 다윗은 이렇게 시인했다. "내가 여호와께 죄를 범하였노라"(12:13). 그리고 그는 회개하고 하나님께 용서받았다. 그것에 대해 다윗은 이렇게 썼다.

> "허물의 사함을 받고 자신의 죄가 가려진 자는 복이 있도다
> 마음에 간사함이 없고 여호와께 정죄를 당하지 아니하는 자는 복이 있도다
> 내가 입을 열지 아니할 때에 종일 신음하므로 내 뼈가 쇠하였도다
> 주의 손이 주야로 나를 누르시오니 내 진액이 빠져서 여름 가뭄에 마름 같이 되었나이다(셀라)
> 내가 이르기를 내 허물을 여호와께 자복하리라 하고 주께 내 죄를 아뢰고 내 죄악을 숨기지 아니하였더니 곧 주께서 내 죄악을 사하셨나이다(셀라)"(시 32:1-5).

—4:9-12—

아브라함 – 하나님께 선택받은 민족의 조상인 – 이 순종의 결과로서가 아니라 믿음을 통해 은혜로 의롭다 함을 받았다는 사실을 예증한 후에 바울은 유대교의 신앙과 관례의 두 번째 아이콘인 할례 의식으로 주의를 돌린다. 그가 묻고자 하는 것은 결국 이것이다. "이

신앙의 관례는 오로지 하나님이 아브라함에게 약속하신 사람들만을 위한 것인가?"

사도는 그의 독자들에게 질문 하나를 던짐으로써 자신의 이 수사적인 질문에 답한다. 아브람이 하나님을 믿고 하나님의 은혜를 입었을 때 그는 할례를 받은 상태였는가, 받지 않은 상태였는가?

아브람과 그의 할례에 대한 답은 어느 누구보다도 아브라함이 받은 언약, 그리고 할례와 그 언약과의 관계를 잘 알았던 유대인들에게 명백했을 것이다. 주님은 아브라함의 일생 동안 적어도 세 차례나 당신과 아브라함과의 언약을 확증해주셨다. 첫 번째는 하나님이 그에게 고향을 떠나라고 지시하실 때였다(창 12:1-3). 바울이 앞에서 언급한 만남이 두 번째였다(15:1-21). 하나님은 수년 후까지도 이 약속과 할례를 연관 짓지 않으셨다(17:9-14). 사실상 그것은 십 년도 더 후의 일이었다(16:16-17:1).

아브라함 이후로 수백 년이 흐르는 동안 하나님의 언약 백성들은 할례라는 외적인 징표를 점점 더 많이 강조하면서 사실상 그들과 하나님과의 관계에서 내적인 영적 중요성을 망각했다. 불행하게도 이것은 오늘날 종교에서도 흔히 일어나는 일이다. 나는 개인적으로 예수 그리스도를 알지 못하면서 세례를 받고 성찬식에 참여하는 헤아릴 수 없이 많은 사람들을 생각하면 등골이 오싹해진다. 이런 의식은 하나님과 개인 사이의 관계를 떠나서는 아무런 의미도 없다. 그렇기 때문에 바울은 하나님이 아브라함에게 하신 약속에 참여하는 것은

할례: 권리인가, 관습인가?

주님은 세 번째이자 마지막으로 아브라함에게 약속을 확인시켜주시면서(창 17장) 약속의 공동체 안에 사는 모든 남자는 약속의 증표로 할례를 받아야 한다고 명령하셨다. 할례를 거부하는 것은 공동체와 결별하거나 하나님을 거부하는 것과 다를 바 없는 행위였다. 그러므로 그 반역자는 유대 사회에서 제거되고 외부인으로 취급받아야 했다. 더 나아가 하나님과 그분의 언약을 거부하는 사람은 구제받을 수 없는 사람으로 낙인찍혔다. 이와 반대로 할례를 받은 젊은이는 일정 연령이 되면 유대 사회의 모든 권리와 특권을 누릴 수 있었다.

하나님의 언약에 참여하는 이 개인적인 의식이 그렇게 강조된 것을 보면 왜 많은 유대인들이 그 의식의 의미를 확대시켰는지 쉽게 알 수 있다. 많은 사람들은 만약 어떤 사람이 할례를 거부하여 죄인이 된다면, 반대로 그가 할례를 받으면 구원받을 수 있다는 논리를 폈다. 언약에 참여하고 율법에 순종하는 것을 구원에 이르는 유일한 길로 생각하는 태도를 일부 유대인 그리스도인들이 교회에 유입시켰다(행 15:1, 갈 2:3-4). 많은 유대인들에게 할례를 받지 않는 것은 구원받지 못하는 것이고, 할례를 받는 것은 의로움을 향해 나아가는 인간이 걸어야 할 고된 여정의 시작이었다.

언제나 마음의 문제였음을 예증하는 할례의 원래 목적을 분명히 밝혀야 할 필요가 있었다.

할례는 인간을 죄에서 구원하거나 의롭다고 여기는 것과는 아무 상관이 없다. 바울은 그것을 "봉인(seal)"이라고 했다. 더 오래된 번역에서는 그 헬라어를 "도장"이라고 표현했다. 「신약 신학 사전(Theological Dictionary of the New Testament)」은 이 용어의 법적 의미를 다음과 같이 설명한다.

> 봉인은 법적 보호와 보증의 역할을 한다. 따라서 그것은 재산이나 유언장 등에 쓰인다. 법은 봉인의 남용, 즉 소유권자가 죽기 직전에 봉인을 뜯는 등의 행위를 금지한다. 봉인은 신분을 증명한다. 봉인은 또한 가옥, 묘비 등을 위법한 일들로부터 보호한다. 유언자와 증인들은 함께 유언장을 봉인한다. 로마법에서는 유언장을 개봉하려면 6명의 증인이 모두 각자의 봉인을 열어야 하며, 남 바빌로니아에서는 유산이 분할될 때 수혜자가 그 사실을 알리거나 도장을 찍는다. 봉인은 그 외에도 무게나 측량을 인증하는 데 사용된다. 봉인은 정부에서 중요한 공적 역할을 한다. 모든 권력 기관은 봉인을 가지고 있다. 왕의 봉인은 승인을 상징한다. 사적인 삶이나 공적인 삶에서 도장을 소유하는 것은 권력의 요소를 나타낸다.[3]

아마도 현대의 가장 흔한 예는 비공식적인 서류와 공식적인 서류를 구분해주는 공증일 것이다. 또 다른 좋은 예는 증서일 것이다. 공식 직인은 위조 문서를 구별해준다. 주님은 할례를 그것을 받은 사람과 하나님 사이에 맺어진 언약의 진위의 증표로 삼으려고 하셨다. 아브라함과의 이 언약은 일방적이고 무조건적이었지만 – 하나님은 사람들의 반응과 상관없이 당신이 약속하신 것을 성취하시겠다고 맹세하셨다 – 주님은 단순한 외적 증표 이상을 포함한다는 합의 아래 유대인들의 참여를 의도하셨다. 할례라는 매우 개인적인 상징과 더불어 분명히 드러나는 경건한 성품이 수반되어야 했다.

마찬가지로 세례는 예수 그리스도를 믿기로 한 개인의 결정에 뒤따르는 것이다. 세례는 한 사람이 죄에서 돌이켜 그리스도의 성품을 닮기 위해 평생을 정진하겠다는 공적인 선포이다. 인간은 세례를 통해 구원받을 수 없으며, 구원받기 위해 세례를 받아서도 안 된다. 세례는 새 신자가 새 언약에 참여한다는 주님의 '공증 도장'으로 의도된 것이다. 이상적으로 말하면 그 그리스도인의 행위는 지켜보는 세상 사람들에게 그와 그리스도와의 관계를 분명하게 나타낸다. 여하튼 "그리스도인"이라는 말은 "작은 그리스도"라는 뜻이다.

아브라함은 할례받기 수년 전에 '하나님의 의'를 믿고 받았기 때문에 바울은 그를 "모든 믿는 자 - 할례를 받았건 받지 않았건 - 의 조상"이라고 부른다. 많은 비(非) 유대인들이 믿음으로 하나님의 은혜를 받았고, 많은 할례받은 유대인들이 그리스도가 중심에 없는 신앙의 외적 상징을 믿었다. 그러므로 아브라함은 그의 믿음으로 인하여 참된 신자들의 족장의 역할을 부여받았다.

—4:13-15—

바울은 원점으로 다시 돌아와 자신의 주장에 대한 결론을 내린다. "일하는 자에게는 그 삯이 은혜로 여겨지지 아니하고 보수로 여겨지거니와 일을 아니할지라도 경건하지 아니한 자를 의롭다 하시는 이를 믿는 자에게는 그의 믿음을 의로 여기시나니"(롬 4:4-5). 바울은 이 구절에서 말한 것을 4장 13-15절에서 다시 언급한다. 인간을 향한 하나님의 기대에 대한 가장 흔한 오해와는 반대로 우리는 그분의 율법에 순종함으로써 의롭다 함을 얻지 못한다. (부디 그 문장을 다시 읽으라!) 온전한 순종을 통해 의롭다 함을 받을 수 있다면 하나님의 은혜는 필요가 없을 것이다. 그러나 실제로 선행을 통해 "의롭다"는 명칭을 받을 수 있는 사람은 없기 때문에 하나님의 은혜가 없다면 우리에게는 아무 희망도 없다. 우리가 지금 이 순간부터 온전히 순종한다 해도 미래의 의(義)가 과거의 죄를 지울 수 없다.

그렇다면 왜 하나님은 우리에게 율법을 주셨을까? 그것을 통해 우리가 구원받을 수 있다고 제시하기 위해서가 아니다. 전혀 그렇지 않다! 하나님은 우리의 불순종을 분명하게 드러내시려고, 우리의 타락하고 죄 많은 본성이 얼마나 그분의 성품을 거스르는지를 보여주시려고 우리에게 율법을 주셨다. 자신의 가치를 증명하기 위한 방편으로 율법이 주어졌다고 믿는 사람은 곧 좌절하고 결국에는 절망에 빠지고 말 것이다. 율법을 지킴으로써 의롭다 함을 받기를 기대하는 사람은 거듭되는 실패를 맛보게 될 것이다. 우리의 유일한 소망은 하나님의 약속을 믿음으로써 선물로 주어진 하나님의 의를 받는 것이다. 의란 실제로는 두 글자로 된 단어이다. 그 두 글자는 믿음이다.

적용

하나님의 Don't-Do-It-Yourself(Don't DIY - 우리 스스로 만들어 쓸 수 없는) 키트

바울은 유대인의 믿음과 실천의 모델로 논란의 여지가 없는 아브라함의 예를 들어 칭의(하나님에 의해 의롭다고 선포되는 것)는 언제나 믿음의 문제라는 원칙을 예시한다. 하나님은 아브라함의 믿음 때문에 의(義)의 잔고가 흑자가 된 것을 반영하시려고 인간의 계좌를 조정하셨다(4:1-3). 그 족장이 구원받는 것은 선한 행위와 아무 관계가 없었다. 그와는 반대로 바울은 아브라함의 믿음을 사용해 다음과 같은 주요 영적 원칙을 설명했다. 일을 하면 품삯을 벌지만(4:4), 하나님의 은혜를 신뢰하면 선물을 받는다(4:5-8).

구원에서 믿음의 역할을 더 설명하기 위해 바울은 할례를 검토하여 다음과 같은 점에 주목했다.

1. 아브라함의 구원은 하나님이 할례를 시행하시기 전에 일어났다(4:9-10).
2. 하나님은 할례 의식(또는 다른 어떤 행위)이 사람의 내면을 변화시키는 것과 관계가 있다는 뜻을 전혀 내비치지 않으셨다. 오히려 할례받는 소년이 마음속에 가진 하나님의 은혜에 대한 믿음의 외적 증표로 삼으실 생각이었다(4:11).
3. 할례 의식은 신뢰 안에서 주어졌다. 즉, 그 내적 믿음의 외적 징표는 사내 아기가 언젠가는 하나님의 은혜를 신뢰할 것이라는 기대를 가지고 아기에게 시행되어야 했다.
4. 할례와 그것이 상징하는 언약은 아브라함의 예(그리고 그의 후손들의 예)가 세상 사람들에게 하나님의 은혜에 대한 믿음을 가져오리라는 기대와 함께 주어졌다(4:12).

이런 특성의 이면에 있는 원칙들은 행위, 의식 그리고 교회의 전통의 역할에도 적용된다. 그 무엇도 예수 그리스도 안에서 믿음으로만 받을 수 있는 하나님의 은혜를 대신할 수 없다. 예수님은 당신을 따르는 자들에게 그들의 내적 변화의 외적 증표로 세례를 받으라고 하셨다. 할례와 마찬가지로 유대인들에게 세례는 각 개인이 하나님의 은혜의 수혜자라는 사실을 나타내는 공식 직인이다. 세례는 구원을 보장하지 않으며 사람의 마음을 변화시키는 것과도 무관하다.

예수님은 또한 당신을 따르는 사람들에게 예수님이 그들을 대신하여 죽으신 희생적 죽음을 통해 그들이 받은 은혜를 기억하기 위한 방법으로 성찬식을 하라고 지시하셨다. 빵은 그냥 빵일 뿐이다. 포도주는 그냥 포도주일 뿐이다. 이런 요소들은 초자연적 현실에 대한 자연적 상징물이다. 불신자는 교회의 성찬식에 참여해도 변하지 않는다. 그리고 믿는 자는 의식을 마치고나면 하나님의 자녀 그 이상도 그 이하도 아니다.

물론, 이것은 성숙한 신자는 이미 알고 있는 사실이다. 그러나 이 사실을 불분명하게 인식하고 있는 성숙한 그리스도인은 다른 의식과 전통에 무분별하게 의미를 두어 죄책감을 가질 수 있다. 날마다 하나님의 은혜를 상기시켜주지 않으면 우리는 무의식 중에 교회에 가고, 헌금하고, 성경을 공부하거나 암송하고, 공동체 안에서 일하고, 다른 보람 있는 활동을 하는 것이 우리의 의를 더 크게 해줄 것이라고 생각한다. 그러면 우리는 필연적으로 이런 행위를 하지 않는 사람들을 판단하게 된다.

나는 전심으로 우리와 전능자와의 친밀감을 깊게 해줄 행위와 의식을 권장하지만, 이러한 건전한 믿음의 표현이 결코 스스로 의롭게 되는 도구가 되어서는 안 된다. 우리는 우리의 내면을 더 정결하게 만들 수 없다. 하나님만이 우리를 위해 그 일을 하셔야 한다. 그렇다면 우리가 영적 훈련에 정진해야 하는 이유는 무엇인가? 이유는 한 가지이다. 영적 훈련은 우리가 하나님의 아들을 친밀하게 그리고 경험적으로 알 수 있는 방법이기 때문이다.

교회의 의식이나 관례에 참여할 때, 영적 훈련을 받을 때, 선행에 에너지를 쏟을 때 다음과 같은 기도로 당신이 기대하는 것을 다시 분명히 하라.

> "아버지, 제가 하고 있는 일로 인해 당신의 아들을 더 잘 알게 되고, 성령의 가르침에 더 민감해지도록 도와주소서. 아멘."

하나님의 의의 선물은 하나님이 세우신 원칙을 바탕으로 한다. 그 원칙들을 하나님의 Don't – Do – It – Yourself 키트의 도구들이라고 생각하라. 그 키트의 상표가 뭔지 아는가? 그것은 바로 은혜이다.

바랄 수 없는 중에 바라다(로마서 4:16-25)

16 그러므로 상속자가 되는 그것이 은혜에 속하기 위하여 믿음으로 되나니 이는 그 약속을 그 모
든 후손에게 굳게 하려 하심이라 율법에 속한 자에게뿐만 아니라 아브라함의 믿음에 속한 자에게도
그러하니 아브라함은 우리 모든 사람의 조상이라 17 기록된 바 내가 너를 많은 민족의 조상으로 세웠
다 하심과 같으니 그가 믿은 바 하나님은 죽은 자를 살리시며 없는 것을 있는 것으로 부르시는 이시
니라 18 아브라함이 바랄 수 없는 중에 바라고 믿었으니 이는 네 후손이 이같으리라 하신 말씀대로
많은 민족의 조상이 되게 하려 하심이라 19 그가 백 세나 되어 자기 몸이 죽은 것 같고 사라의 태가
죽은 것 같음을 알고도 믿음이 약하여지지 아니하고 20 믿음이 없어 하나님의 약속을 의심하지 않고
믿음으로 견고하여져서 하나님께 영광을 돌리며 21 약속하신 그것을 또한 능히 이루실 줄을 확신하였
으니 22 그러므로 그것이 그에게 의로 여겨졌느니라 23 그에게 의로 여겨졌다 기록된 것은 아브라함
만 위한 것이 아니요 24 의로 여기심을 받을 우리도 위함이니 곧 예수 우리 주를 죽은 자 가운데서 살
리신 이를 믿는 자니라 25 예수는 우리가 범죄한 것 때문에 내줌이 되고 또한 우리를 의롭다 하시기
위하여 살아나셨느니라.

바울은 4장의 전반부에서 인간은 행위로 하나님께 의롭다 함을 받을 수 없다는 진리를 분명하게 밝히고난 후(4:1-15), 어떻게 하나님이 우리에게 당신의 의가 있다고 믿으실 수 있는지 설명한다. 그것은, 유사 이래로 숱한 변화를 겪은 용어인 우리의 '믿음'에 의해서 가능하다.

마크 트웨인(Mark Twain)은 그의 소설 속에서 입증할 수 없는 사실들에 희귀한 애정을 보이는 아마추어 탐정인 바보 윌슨(Pudd'nhead Wilson)의 입을 통해 다음과 같이 말한다. "믿음은 자네가 그렇지 않다고 생각하는 것을 믿는 것이라네."[4] 불행하게도 이것은 우리 시대에 믿음에 대한 가장 중요한 정의가 되었다. 아니, 더 정확하게 말하자면 믿음은 "증거가 없는 어떤 것에 대한 확신"[5]이다. 그러나 언제나 그랬던 것은 아니다. 믿음에 대한 이 정의는 우주에 대한 사람들의 생각과 철학적 입장이 변화되어온 결과인데, 그 변화의 시작은 13세기와 토마스 아퀴나스의 가르침으로 거슬러 올라간다. 그의 저작들은 영적 영역과 물질적 영역을 다른 범주에 놓고 그것이 연결되어 있음을 증명하는 방법들을 제시했다. 그것은 대단히 중요한 이론이었다. 왜냐하면 그때까지는 거의 모든 사람이 우주는 자연적 원인과 초자연적 원인이 동시에 작용한 결과라고 생각했기 때문이었다.[6] 다시 말해서 사람들은

일반적으로 모든 사건은 물리적 현상과 하나님의 역사(또는 이교도 문화에서는 여러 신들)가 함께 작용한 결과라고 생각했다.

불행히도 아퀴나스의 영적 영역과 물질적 영역의 개념적 분할로 시작된 것은 추악한 분열이 되었다. 그의 시대 이후로 거의 대부분의 철학 체계는 마치 눈에 보이는 것과 보이지 않는 것이 같은 지성의 집에서 살 수 없다는 듯한 태도로 그 둘 사이의 관계를 설명하려고 했다. 결국, 실존주의라고 불리는 20세기의 철학은 두 영역 사이의 간극은 지적으로는 연결될 수 없으며, 과학도 논리도 인간이 영적 실체를 체험하게 만들 수 없다고 주장했다. 실존주의자들에 의하면 영적 영역은 완전히 '다른' 영역이어서 인간은 모든 논리를 무시하고 그 간극을 뛰어넘어야 한다. 맹목적인 '믿음의 도약'을 해서 거기에 아무것도 없는 것이 아니라 무언가가 있다고 믿어야 한다. 그렇기 때문에 오늘날 믿음에 대한 가장 일반적인 생각은 비이성적 믿음, 또는 "당신이 그렇지 않다고 생각하는 것을 믿는 것"이다.

그러나 성경에 나타난 바와 같이 믿음은 결코 비이성적인 것이 아니다. 믿음은 간혹 증거를 초월하지만, 그렇다고 해서 믿음이 우리 뇌의 작동을 멈추게 하고, 논리를 무시하며, 우리가 사실이기를 바라는 것을 맹목적으로 믿으라고 요구하는 것은 아니다. 이 점을 더 분명히 하기 위해서 '믿음'이라는 말을 '신뢰'로 바꾸라. 성경에 설명된 것과 같은 믿음을 실천하는 것은 어떤 것 또는 어떤 사람을 신뢰하기로 선택하는 것이다. 비행기를 타거나, 의사가 당신을 마취하고 수술을 하도록 몸을 맡길 때마다 당신은 믿음을 실천하고 있는 것이다. 당신은 그 비행기가 제대로 설계되고 건조되었으며, 승무원들이 그것을 조종할 줄 안다는 합리적인 기대를 가지고 비행기에 탑승해 목적지에 안전하게 착륙할 것을 기대한다. 당신의 의사가 지식과 경험을 겸비하고 있다는 타당한 확신을 가지고 당신은 의식이 없는 당신의 육신을 그의 손길에 내어주면서 전보다 상태가 더 좋아질 것을 기대한다. 어느 누구도 당신의 여행이 안전하게 끝날 것이라거나 당신이 치유될 것이라고 증명할 수는 없다. 그러나 당신이 보아온 것이 당신으로 하여금 아직 볼 수 없는 것을 신뢰하게 만든다. 시간이 흐르면서 경험이 신뢰의 결정을 더 공고히 해준다. 결국에는 되풀이된 경험이 비행기 여행이나 의술에 대한 믿음을 더 강화시켜준다.

믿음 – 또는 신뢰 – 은 우리로 하여금 아직 볼 수 없는 것을 체험하게 하기 위해서 보이는 것을 초월해 나아가게 한다. 그렇지만 믿음은 건너뛰는 것이 아니다. 그리고 믿음은 결코 맹목적이지 않다. 바울은 이 진리를 아브라함과 하나님과의 관계 속에서 증명한다.

—4:16-17—

바울의 "그러므로"라는 표현은 그가 방금 쓴 것과 그 다음에 선포할 것을 논리적으로 연결시켜준다. 품삯은 일을 해서 벌고, 율법을 지키지 못하면 하나님의 진노를 받듯이 은혜는 믿음을 통해 받는다. 은혜는 우리가 사는 세상에는 너무나 이질적인 것이기 때문에 은혜와 믿음은 함께 가야 한다. 그것은 신성한 힘이 다른 모든 힘에 우선하는 하나님의 기적 – 바다를 가르거나(출 14:13-31) 하늘에서 빵을 내리는 것(16:1-7)과 다를 바 없는 – 이다. 하나님의 은혜와 순수한 믿음의 초자연적 역학 관계를 설명하기 위해 바울 사도는 다시 한 번 조상 아브라함의 경험에 주목한다. 아브라함이 유대인의 조상이며 그들과 하나님과의 언약의 조상인 것과 동일하게 아브라함은 하나님을 믿음으로써 하나님과 연합될 모든 이들의 조상이다.

아브라함의 생애는 믿음의 여정이었다. 그의 삶은 인류의 요람에 둥지를 튼 우상 숭배 문명인 갈데아에서 하나님이 그를 선택해 불러내셨을 때 미미하게 시작되었다. 아무도 하나님이 왜 하필 그 갈데아 사람을 선택하셨는지 몰랐다. 우리가 아는 것이란 그 사람이 가진 어떤 특별한 장점 때문이 아니었다는 것뿐이다. 주님은 이 남자에게 넓은 땅과 번영하는 자손과 영원한 복을 주겠다고 약속하셨다. 그래서 그 미래의 이스라엘 민족의 조상은 티그리스 – 유프라테스 강 유역을 거슬러 올라가 '비옥한 초생달' 지역의 위쪽을 횡단해 요르단 골짜기로 내려갔다.

수십 년 후에 그 늙은 갈데아 남자는 절망에 빠졌다. 백 살이 가까워지면서 약속받은 땅은 기근으로 황폐해졌고(창 12:10-20), 가족은 탐욕으로 인해 갈라졌으며(13:4-12), 그의 평안은 침입자들로 인해 깨어졌는데(14:5-24), 아브람 – "존경받는 아버지" – 에게는 아직 아이가 없었다. 아브람을 격려하시려고 주님이 꿈 속에서 나타나 그가 정말로 "여러 민족의 아버지"가 될 것을 확인해주셨다(17:4). 그 약속에 대한 보증으로 주님은 아브람의 이름을 아브라함, "여러 민족의 아버지"로, 그의 아내의 이름을 "논쟁하기 좋아하는"이라는 뜻을 가진 사래에서 "공주"라는 뜻의 사라로 바꾸셨다. 그 노인은 대부분의 사람들과 같은 반응을 보였다. 그는 웃었다!

> "아브라함이 엎드려 웃으며 마음속으로 이르되 백 세 된 사람이 어찌 자식을 낳을까 사라는 구십 세니 어찌 출산하리요 하고 아브라함이 이에 하나님께 아뢰되 이스마엘이나 하나님 앞에 살기를 원하나이다"(창 17:17–18).

이스마엘은 누구인가? 아브라함이 믿음을 상실한 결과물이다. 13년 전 아브람과 사래는 하나님의 계획에 약간의 인간의 개입이 필요하다고 결정했다. (우리는 모두 그런 일에 능하다.) 하나님의 약속을 자세히 검토해본 결과 사래가 그 약속의 자녀의 어머니가 된다는 말은 없었다. 어쩌면 하나님은 대리모를 의미하셨을지도 모른다. 사래는 육신적으로 임신이 불가능해졌지만 아브람은 아니었다. 아마도 그들이 충분히 창조적으로 생각하지 않고 있는 것 같다. 그래서…

> "사래가 아브람에게 이르되 여호와께서 내 출산을 허락하지 아니하셨으니 원하건대 내 여종에게 들어가라 내가 혹 그로 말미암아 자녀를 얻을까 하노라 하매 아브람이 사래의 말을 들으니라 아브람의 아내 사래가 그 여종 애굽 사람 하갈을 데려다가 그 남편 아브람에게 첩으로 준 때는 아브람이 가나안 땅에 거주한 지 십 년 후였더라"(창 16:2–3).

그러나 이 계획은 역효과를 낳았다. 하나님의 약속이 성취되도록 우리가 도울 때 언제나 이런 일은 일어난다. 하갈과 이스마엘은 아브라함이 자신의 노력으로 얻을 수 있다고 생각한 축복은 고사하고 족장의 식솔들 사이에서 심각한 분쟁의 씨앗이 되었다. 그래서 주님이 사래의 시든 자궁이 "여러 민족"의 근원이 될 것임을 분명히 밝히셨을 때 아브람은 불신의 웃음을 억누를 수 없었다(창 17:17). 예상한 대로 사라가 나중에 천사들을 통해 그 소식을 들었을 때 그녀 역시 실소를 터뜨렸다(18:12).

아브람과 사래를 너무 나무랄 수도 없다. 우리에게는 성경이 있어서 이미 하나님이 이 우주의 전능한 창조주이심을 알고 있기 때문이다. 그러나 그들은 처음에는 하나님에 대해서 거의 아무것도 몰랐다. 갈수록 주님이 당신의 성품과 능력을 점점 더 많이 드러내시면서 그들의 믿음도 그것에 비례하여 성장했다. 그들의 믿음은 맹목적인 도약이 아니라 처음에는 아주 작은 신뢰가 요구되는 주님이 이끄시는 믿음의 여정이었다. 신뢰를 선택할 때마다 복을 받고 하나님을 더 많이 알게 되는 보상을 받았다. 하나님이 신실한 분이시라는 사실이 입증될수록 그들의 믿음은 성숙해갔다.

그 노부부가 지은 불신의 웃음에 대한 천사의 반응에 주목하라. "여호와께 능하지 못한 일이 있겠느냐 기한이 이를 때에 내가 네게로 돌아오리니 사라에게 아들이 있으리라"(창 18:14). 우리의 제한적이고 자연에 구속된 시각은 90살이 된 여자는 아기를 가질 수 없다는 사실에 초점을 맞춘다. 그러나 하나님은 자연계의 한계에 얽매이지 않으신다. 그분은 다른 어떤 존재도 할 수 없는 것을 하실 수 있고, 그렇게 하시는 초자연적인 – 자연을 초월하는 – 존재이시다.

아브라함과 사라 이야기에서 몇 장 뒤를 보면 다음과 같은 말이 쓰여 있는 것을 볼 수 있다. "주님은 당신이 하겠다고 말씀하신 대로 사라를 돌보셨고 하겠다고 말씀하신 것을 사라에게 행하셨다"(창 21:1, 저자 번역). 그 노파는 그 다음에 임신했고, 9달 동안의 임신 기간을 거쳐(얼마나 대단한 구경거리였겠는가!) 아들을 낳았으며, 그들은 "그가 웃었다"라는 뜻의 이삭이라는 이름을 붙여주었다. 사라는 이삭의 이름을 선포하면서 그 속에 담긴 아이러니에 대해 말했다.

> "하나님이 나를 웃게 하시니 듣는 자가 다 나와 함께 웃으리로다 또 이르되 사라가 자식들을 젖먹이겠다고 누가 아브라함에게 말하였으리요마는 아브라함의 노경에 내가 아들을 낳았도다"(창 21:6-7).

사라의 미소가 비웃음에서 기쁨의 웃음으로… 냉소에서 축하로 변하는 것을 보는 것은 얼마나 멋진 일인가!

그런데 이것이 로마서 4장 16-25절과 무슨 상관이 있는가? 모든 것이 상관이 있다. 특히 유대인 독자들에게 중요하다. 바울은 앞에서 이렇게 선포했다. "그러므로 사람이 의롭다 하심을 얻는 것은 율법의 행위에 있지 않고 믿음으로 되는 줄 우리가 인정하노라"(3:28).

그러고나서 그는 아브라함의 의가 믿음을 통해 왔음을 증명했다(4:1-15). 그리고 90세 노파의 임신과 마찬가지로 자연적인 방법으로 의롭게 될 수 없었기 때문에 아브라함은 믿음이 필요했다. 아브라함과 맺은 하나님의 언약은 수많은 후손을 주시겠다는 약속이었다. 그 족장은 자연적인 방법으로 그 약속을 실현시키려고 했지만(사라의 몸종인 하갈을 통해) 허사였다. 그가 드려야 했던 단 한 가지는 약속한 대로 행하시는 하나님의 성품과 능력에 대한 믿음이었다. 그리고 얼마 후에 하나님은 아브라함과 사라의 어떤 도움도 없이 주권적이고 초자연적인 방법으로 약속을 성취하셨다.

—4:18—

"바랄 수 없는 중에 바라다"는 말은 일부 사람들이 기독교 신앙에 대해 '믿음의 도약' 식으로 접근하는 것을 지지하기 위해 사용한 구절을 역설적으로 뒤집은 것이다. 바울이 이 말을 통해 의미하는 것은 자연적 희망과 초자연적 희망의 분리이다. 다시 말해서, 아브라함은 어떤 자연적 방법으로도 바랄 수 없는 것을 이루시는 하나님의 초자연적 능력에 그의 소망을 두었다는 뜻이다. 그러나 그의 소망은 맹목적인 도약이 아니었다. 아브라함은 전에 하나님의 초자연적 능력이 역사하시는 것을 보았기 때문에 그가 그분의 초자연적 능력을 믿는 것은 지극히 타당했다. 더구나 아브라함은 하나님의 신실하심 때문에 장차 무슨 일이 벌어질지 구체적인 것을 알지 못하는 상태에서도 그분을 신뢰했다.

바울은 아브라함의 "바랄 수 없는 중에 바라는 것"을 우리가 가져야 할 믿음의 귀감으로 사용했다. 우리는 어떤 인간적이고 자연적인 방법으로도 천국에 들어갈 수 있을 만큼 선해질 수 없다. 그것은 믿음을 통해서만 얻을 수 있는 것이다. 그러나 이 믿음은 맹목적인 도약도 아니고, 모든 이성이나 증거를 거스르며 믿겠다는 선택도 아니다. 하나님은 친히 당신이 신뢰할 만한 존재이심을 증명하셨다.

아브라함과 사라는 오랜 기다림을 경험했고, 그 기다림은 인간적인 관점에서 볼 때 잔인하게 보일 수도 있을 것이다. 그러나 주님은 두 가지 중요한 목적을 성취하시기 위해 그 기다림을 사용하셨다. 첫째, 주님은 아브라함과 그의 후손들이 하나님의 약속은 그 기원이 하나님께 있으며, 초자연적인 방법으로 성취된다는 것을 이해하기 원하셨다. 둘째, 주님은 아브라함과 사라가 하나님의 거룩한 성품과 무한한 능력을 점점 더 많이 알아갈수록 믿음이 커지기를 – 그들의 개인적인 경험을 통해서 – 원하셨다.

—4:19-21—

나는 아브라함과 사라의 믿음에 대한 바울의 성령으로 영감된 설명을 보면 용기가 생긴다. 그들의 이야기를 읽다보면 줏대 없는 믿음의 예를 많이 목격할 수 있다. 그런데도 하나님은 그들의 더딘 성장보다는 최종 목적지를 보신다. 우리의 관점에서 보면 그들은 그 길을 가면서 여러 차례 주저했다. 그러나 주님은 그것보다는 자연적 장애물이 있음에도 불구하고 그들이 목적지에 다다랐다는 사실을 보신다. 그들은 웃었지만 그 웃음은 그들의 신뢰를 무력하게 만들지 않았다. 그 노부부는 함께 하나님을 믿기로 결정하면서 그들의 쇠락해가는 육신과 감퇴하는 성적 능력을 충분히 인식하고 있었다. 간혹 퇴행하기도 했지만 아브라함의 마음 – 인간적으로는 약하지만 언제나 하나님만 바라보고 다른 것은 보지 않는 – 은 한결같았다.

아브라함은 하나님을 알아갈수록 그를 둘러싸고 있는 분명한 반대에도 불구하고 그분을 신뢰하는 능력이 점점 더 커졌다. 그의 믿음은 하나님이 약속하신 모든 것을 이루시리라는 사실을 무조건 믿을 수 있을 정도로 견고해졌다. 그리고 이 구절에는 나와 있지 않지만, 그의 믿음의 이야기를 아는 모든 사람이 익히 알고 있는 마지막 한 가지 시험은 아브라함의 단호한 믿음을 증명했다. 그리고 그것이 그 남자의 마지막 시험이었을 것이다.

아브라함의 외아들이자 하나님의 약속의 아들인 이삭이 태어난 지 몇 년이 지났을 때 주님은 아브라함에게 인간이 상상할 수 없는 일을 지시하셨다. "네 아들 네 사랑하는 독자 이삭을 데리고 모리아 땅으로 가서 내가 네게 일러 준 한 산 거기서 그를 번제로 드리라"(창 22:2). 그 신실한 아버지는 지체 없이(분명, 심히 괴로워하며) 순종했다.

희생 제물을 드릴 장소에 가까이 왔을 때 영리한 이삭은 당연히 할 법한 질문을 했다. "불과 나무는 있거니와 번제할 어린 양은 어디 있나이까"(창 22:7)? 아버지의 대답은 상황을 숨기려는 것으로 볼 수도 있지만, 나는 그의 말 속에서 언제 어떻게 하나님이 약속을 성취하실지 알지 못하는 상황 속에서도 하나님의 선하심을 신뢰하겠다는 결심을 본다. "내

아들아 번제할 어린 양은 하나님이 자기를 위하여 친히 준비하시리라"(22:8).

만약 이 상황이 아브라함이 하나님을 처음으로 경험하는 것이었다면 그의 믿음은 엄청난 도약으로 생각될 수 있다. 그러나 이것은 하나님에 의해 시작되고, 인도되고, 지속되고, 개발되고, 완성된 - 물론, 아브라함의 의지와 더불어 - 여정의 정점이다. 그 족장의 원숙한 믿음은 순종의 열매를 맺었고, 그 믿음에 대해 주님은 이렇게 응답하셨다. "네 씨로 말미암아 천하 만민이 복을 받으리니 이는 네가 나의 말을 준행하였음이니라"(창 22:18).

—4:22-25—

자연적이고 인간적인 관점에서 보면 혹자는 아브라함이 하나님의 명령에 순종함으로써 약속된 복을 얻었다고 생각할 수도 있다. 바울이 예로 든 모리아 산 사건은 아브라함의 순종은 그의 믿음이 가시적으로 드러난 것이었고, 그가 하나님의 의의 선물을 받을 수 있었던 것은 결국 그의 믿음 때문이었음을 증명한다.

바울은 중요한 연관성을 짚어내기 위해 장황하게 설명한다. 아브라함은 유대인들의 선조이지만 그들만의 조상은 아니다. 그는 믿음으로 하나님의 은혜를 받고 자기의 공로 없이 의롭다 함을 받은 모든 사람의 조상이다. 아브라함과 우리 사이의 유일한 차이점은 믿음의 대상이다. 아브라함은 "하나님이… 준비하시리라"(창 22:8)는 생각을 갖고 외아들 이삭을 희생 제물로 바치라는 하나님의 명령에 순종해야 했다. 우리는 우리의 죄 때문에 내어줌을 당하고, 또한 우리를 의롭다 하시기 위하여 살아나신 우리 주 예수 그리스도를 죽은 자 가운데서 살리신 이를 믿어야 한다(로마서 4:24-25을 보라).

이것이야말로 가장 직접적으로 표현된 복음이다. 그리스도는 성경 말씀대로 우리 죄를 위해 죽으시고 묻히셨다가 죽음에서 부활하사 500여 명의 제자들이 모인 곳에 나타나신 것을 포함하여 제자들에게 모습을 보이셨다(고전 15:6). 그리고 죽음이라는 불가피한 최후까지도 하나님의 예비하심을 믿음으로써 우리는 "바랄 수 없는 중에 바라고" 영생의 선물을 받는 것이다.

적용

'크신 하나님의 사람' 되기

바울은 죄로 가득 찬 인간이 의롭게 되는 것은… 적어도 인간의 용어로는 불가능하다는 것을 전적으로 시인했다. 그러고나서 그는 구원의 또 다른 핵심 원칙 - 하나님의 약속과 은혜의 원칙은 불가능한 것까지도 가능하게 한다는 - 을 예시하기 위해 임신이 불가능했던 아브라함과 사라의 이야기를 인용한다. 그러므로 하나님은 죽은 자에게 생명을 주시고, 무에서 유를 창조하실 수 있다(4:16-17).

하나님은 아브라함에게 무수한 후손들을 보게 될 것을, 사실상 여러 민족의 아버지가 될 것을 약속하셨다. 그러나 세월이 흘렀고, 사라가 아기를 가질 수 있는 시간도 흘러갔다. 사라의 몸이 아기를 가질 수 없게 된 지 오랜 후에 하나님은 약속을 다시 확인해주셨고, 아브라함은 "바랄 수 없는 중에" 바라면서 그분을 신뢰했다. 그것은 맹목적인 신앙이 아니었다. 그 노인은 불가능한 상황이라는 것을 알면서도 자신의 하나님이 위대한 분이심을 믿었다(4:18-21).

아브라함은 크신 하나님을 예배하고 섬겼다. 그는 자기를 지으신 이가 인간의 불가능보다 훨씬 더 강하시다는 것을 알았다. 그리고 그에게서 우리는 믿음에 대한 두 가지 중요한 교훈을 배운다.

- 순전한 믿음은 우리가 하나님의 약속이 성취되기를 기다려야 할 때 강해진다. 주님이 약속하신 것을 받기 위해 기다려야 할 때 우리는 점차 환경에서 눈을 돌려 하나님의 위대하심과 신실하심을 보게 된다.
- 순전한 믿음은 하나님을 아는 것과 정비례한다. 우리가 그분의 성품을 온전히 이해할수록 우리의 믿음은 자라게 된다.

로버트 딕 윌슨(Robert Dick Wilson)은 프린스턴 신학교의 뛰어난 인물로, 언어학에서 성취한 탁월한 업적으로 널리 기억된다. 그는 성경을 더 정확하게 이해하겠다는 일념으로 45개 이상의 고대 언어를 연구했다. 그러나 그의 학생들은 그것보다 그들의 설교를 평가하는 그의 독특한 접근 방식을 더 많이 기억한다. 그는 학생들이 동사를 분석하거나 고대의 구절을 세밀하게 분석하는 능력을 비판하지 않았고, 학생들의 학식을 분석하거나 그들의 카리스마에 관심을 보이지 않았다. 그는 그보다 더 중요한 특성에 주의를 집중했다. 한 학생이 설교하는 것을 들은 후에 그는 이렇게 말했다. "자네가 크신 하나님의 사람인 게 기쁘군. 학생들을 만나면 나는 그들이 품은 하나님이 큰지 작은지를 보게 되고, 그러면 그들이 어떤 사역을 하게 될지 알 수 있다네."[7]

당신의 하나님은 얼마나 크신가? 당신은 혼란의 바다에서 환경의 파도에 밀려 이리저리 떠다니는가? 아니면 하나님은 만물을 다스리시며 당신에게 닥치는 모든 사건에 목적을 가지고 계시다는 것을 알고 있는가?

당신은 불가능한 것은 절대 불가능하다고 생각하는가? 아니면 하나님께 그 문제에 대한 최종 결정권을 내어드리는가?

당신은 기도할 때 큰일을 이루어달라고 요청하기를 부끄러워하는가? 아니면 그분은 큰일을 하실 수 있을 뿐 아니라, 당신을 위해 극적이고 초자연적인 일들을 기꺼이 이루실 것이라고 믿는가?

당신이 믿는 하나님의 크기는 당신의 대답과 관련이 있다. 당신이 몇 살이든 상관없이 누가 당신의 미래를 이끌고 있는가? 창조력도 능력도 없는 보잘것없는 신인가? 아니면 무한히 창조적이시고, 전능하시며, 측량할 수 없을 정도로 위대한 하나님이신가?

당신이 '크신 하나님의 사람'이 되길 바란다. 마음을 다해 그분이 어떤 분이신지 아는 데 전념하는 것에서부터 시작하라.

하나님과의 화평(로마서 5:1-11)

1그러므로 우리가 믿음으로 의롭다 하심을 받았으니 우리 주 예수 그리스도로 말미암아 하나님과
화평을 누리자 2또한 그로 말미암아 우리가 믿음으로 서 있는 이 은혜에 들어감을 얻었으며 하나님
의 영광을 바라고 즐거워하느니라 3다만 이뿐 아니라 우리가 환난 중에도 즐거워하나니 이는 환난
은 인내를, 4인내는 연단을, 연단은 소망을 이루는 줄 앎이로다 5소망이 우리를 부끄럽게 하지 아니
함은 우리에게 주신 성령으로 말미암아 하나님의 사랑이 우리 마음에 부은 바 됨이니
6우리가 아직 연약할 때에 기약대로 그리스도께서 경건하지 않은 자를 위하여 죽으셨도다 7의

인을 위하여 죽는 자가 쉽지 않고 선인을 위하여 용감히 죽는 자가 혹 있거니와 8우리가 아직 죄인
되었을 때에 그리스도께서 우리를 위하여 죽으심으로 하나님께서 우리에 대한 자기의 사랑을 확증하
셨느니라 9그러면 이제 우리가 그의 피로 말미암아 의롭다 하심을 받았으니 더욱 그로 말미암아 진
노하심에서 구원을 받을 것이니 10곧 우리가 원수 되었을 때에 그의 아들의 죽으심으로 말미암아 하
나님과 화목하게 되었은즉 화목하게 된 자로서는 더욱 그의 살아나심으로 말미암아 구원을 받을 것
이니라 11그뿐 아니라 이제 우리로 화목하게 하신 우리 주 예수 그리스도로 말미암아 하나님 안에서
또한 즐거워하느니라.

나는 내 여동생 루시(Luci)에게 이런 질문을 한 적이 있다. "네 생각에는 인간이 경험할 수 있는 감정 중에서 최고의 감정이 무엇인 것 같니?" 나는 동생이 사랑, 즐거움, 만족, 성취, 기쁨 같은 것을 말할 거라고 생각했는데 동생의 대답은 나를 놀라게 했다. 루시는 한치의 망설임도 없이 단호하게 "안도감"이라고 말했다.

잠시 생각을 해보니 나도 동의하지 않을 수 없었다. 그리고 경험을 통해 나는 안도감이 정말로 인생에서 경험하는 모든 감정 가운데 가장 좋고 가장 즐거운 감정임을 확신하게 되었다. 그렇기 때문에 안도감은 예술과 엔터테인먼트에서 핵심 요소가 되었다. 훌륭한 이야기, 교향곡, 연설 그리고 심지어 롤러코스터도 점점 긴장을 고조시키다가 절정에 도달한 다음 위기를 해결한다. 이것은 관객을 만족시키는 데 절대 실패하지 않는 공식이다.

바울은 공들여 로마서를 쓰면서 바로 그 최고의 문체를 사용해 우리가 겪는 하나님 경험의 전형을 보여준다. 앞장들에서는 독자들이 하나님과의 관계에 자만하고 있는 모습을 보여준다. 어떤 이들은 자기들이 받은 유대인의 유업으로 인해 특별한 대우를 받을 자격이 있다고 믿는다. 또 어떤 이들은 자기들의 선행과 깨끗한 전과 기록이 하늘의 심판관을 충분히 감동시킬 것이라고 생각한다. 바울은 급히 결정적 발언으로 강도를 높인다. "기록된 바 의인은 없나니 하나도 없으며"(3:10). "모든 사람이 죄를 범하였으매 하나님의 영광에 이르지 못하더니"(3:23).

아무도 자연적 방법을 통해서는 하나님의 진노를 피할 수 없다는 무서운 소식으로 사람들의 심기를 어지럽힌 후에 사도는 기쁜 소식으로 긴장을 해소한다. 하나님과 함께하는 영생을 얻는 데 필요한 의와 천국의 모든 기쁨은 믿음을 통해 얻는 선물이다(3:28). 그리고 그 문제에 대해 유대인이나 이방인 모두에게 동일한 해답으로 그는 믿음을 통해 아브라함에

게 주어졌던 하나님의 은혜를 예로 들었다(4장).

그런데 문제가 있다. 바울이 하나님의 은혜에 대한 이야기를 너무 짧게 줄여버린 것 같은 생각이 드는 것이다. 16장으로 된 소설에서 4장이면 이야기를 클라이맥스로 끌고가 중요한 국면을 해결하기에 적절한 시점은 아니다! 그것은 독자들을 의아하게 만들 수도 있다. 좋아, 그럼 이제 어떻게 되는 거지?

바울의 로마서에서는 바로 이 부분이 이야기가 본격적으로 시작되는 지점이다. 예수 그리스도의 죽음과 부활 그리고 믿음을 통해 받은 하나님의 의로 인해 하나님의 진노라는 위기를 해결하고나면 믿는 자들은 구원이 주는 안도감을 가져야 한다. 이제 당신이 그 생각을 묵살해버리기 전에 이러한 안도감을 갖는 것이 쉬운 일이 아니라는 사실을 이해시켜 주고 싶다. 만약 그것이 쉬운 일이었다면 바울은 자신의 편지 4분의 3을 그 주제에 할애하지 않았을 것이다!

5장에 담긴 사도의 메시지는 기본적으로 다음과 같다. "이제 너희들은 하나님과 화목하게 되었으니 이제 막 새 삶을 시작했다… 그리고 그것은 여기서부터 더 좋아진다." 첫 11절은 과거를 잠깐 돌아보는 것에서 시작하여(5:1) 현재에 대한 감사로 이어지고(5:2-8), 그 다음 미래에 대한 기대로 우리를 데려간다(5:9-11).

—5:1-2—

독자들에게 남은 여정을 준비시키기 위해 바울은 잠시 멈춰 서서 우리가 어디에 있는지 생각해보라고 한다. 이제 우리는 믿게 되었다! 이 단계는 성도의 인생에서 기념비적인 단계이며, 우리가 잠시 멈추어 서서 그것의 중요성을 생각하지 않는다면 남은 우리의 여정은 미스터리로 남게 될 것이다. 그는 말하자면, 우리의 어깨를 잡고 돌려세워 우리가 지나온 길을 돌아보게 하면서 말한다. "믿음으로 의롭게 된 우리는 우리 주 예수 그리스도를 통해서 하나님과 화해했다."

잠깐!
더 읽지 말라!

앞의 글을 다시 천천히 읽으라.

"하나님과의 화평." 이 두 마디의 말 속에는 다른 어떤 말보다도 많은 안도감이 들어 있다. 암환자에게 "다 나았다"라는 말보다, 사형수에게 "석방되었다"라는 말보다 더. 그리고 하나님의 가공할 진노의 위험성을 더 많이 알수록 하나님과의 화해가 주는 상상할 수 없을 정도의 안도감(모든 감정 중에서 최고의 감정인)을 더 많이 체험하는 것 같다. 예수님은 이 진리를 누가복음 7장 41-43절에 나오는 비유로 설명하셨다.

> "빚 주는 사람에게 빚진 자가 둘이 있어 하나는 오백 데나리온을 졌고 하나는 오십 데나리온을 졌는데 갚을 것이 없으므로 둘 다 탕감하여 주었으니 둘 중에 누가 그를 더 사랑하겠느냐 시몬이 대답하여 이르되 내 생각에는 많이 탕감함을 받은 자니이다 이르시되 네 판단이 옳다 하시고."

'평화'는 내적 평온 – 우리가 느끼는 안도감의 일부이기는 하지만 – 을 말하는 게 아니다. '평화'는 우리가 죄로 인해 더 이상 하나님의 진노의 대상이 아니라는 뜻이다. 예수 그리스도의 죽음이 우리가 진 죄의 빚을 탕감하고 죄의 결과인 적대감을 해소시킴으로써 하나님과 사람들이 더 이상 분리되지 않고 화합하게 되었다. 그리고 그 결과로 얻게 되는 안도감은 말로 다 표현할 수 없다. 평생을 바쳐서 하나님을 만족시키려고 하거나, 지옥에 가지 않기 위해 선행을 쌓으려고 발버둥쳤던 사람이라면 누구나 이 비유가 최고의 비유임을 안다.

마틴 루터는 젊은 시절 오랜 기간을 로마 가톨릭 교회가 규정해놓은 장황한 선행을 통해 하나님의 진노를 달래려고 애쓰며 보냈다. 그러나 그는 아무런 위안도 얻지 못했다. 오히려 애를 쓰면 쓸수록 그 노력이 헛되다는 사실만을 더 알게 될 뿐이었다.

> 나는 부끄러울 것 없는 수도사로 살았지만 하나님 앞에 서면 극심한 양심의 가책과 함께 내가 죄인인 것 같은 생각이 들었다. 나는 나의 속죄가 하나님의 진노를 잠재웠다고 믿을 수 없었다. 나는, 그렇다, 죄인들을 벌하시는 하나님의 의를 좋아하지 않

> 았고, 불경스럽지 않았다 해도 내심으로는 분명히 심하게 투덜대면서 하나님께 화가 나 이렇게 말했다. "참으로, 저 불쌍한 죄인들, 원죄로 인해 영원히 길을 잃은 자들에게 (십계명의) 율법에 짓눌리게 하는 것만으로도 모자라, 하나님은 복음으로 그리고 또 하나님의 의와 분노로 우리를 위협하는 복음으로 고통에 고통을 더하시는가!" 그래서 나는 통렬하고 괴로운 양심으로 분노했다. 그러나 그러면서도 나는 성 바울이 (로마서 속에서) 알기 원했던 것을 알고 싶은 강렬한 욕망에 끈덕지게 바울을 파고들었다.[8]

하나님께 빚을 갚으려고 할 때 발생하는 문제는 얼마나 많이 갚아야 하는지 결코 알 수 없다는 점이다. 사람들에게 물어보라. "당신은 죽은 후에 천국에 갈 거라고 생각합니까?" 그러면 대부분은 이렇게 대답할 것이다. "그러면 좋겠지요." 종교가 자기를 구원할 거라고 믿는 사람들은, 만약 진지하다면, 죽음만이 그들의 영원한 운명의 비밀을 해결해줄 것이며, 그들의 운명은 영원한 고통이 될지도 모른다는 생각으로 끝없는 두려움에 시달리며 살 수밖에 없을 것이다.

마침내, 루터는 평안을 찾았다.

> 밤낮 없는 묵상의 결과 하나님의 자비로 나는 "복음에는 하나님의 의가 나타나서 믿음으로 믿음에 이르게 하나니 기록된 바 오직 의인은 믿음으로 말미암아 살리라" (롬 1:17)는 말씀에 주목하게 되었다. 이 말씀을 통해서 나는 하나님의 의란 믿음이라고 불리우는 하나님의 선물로 의로운 삶을 사는 것이라고 이해하기 시작했다. 요컨대 이런 뜻이다. 하나님의 의는 자비로운 하나님이 믿음으로 우리를 의롭다고 하시는 수동적 의인 복음에 의해 나타난다. 그것은 이렇게 기록되어 있다. "오직 의인은 믿음으로 말미암아 살리라." 이 구절을 읽으며 나는 내가 완전히 거듭나서 열린 문을 통해 천국에 들어간 것처럼 느껴졌다. 성경 전체가 완전히 다르게 보였다. 나는 기억을 더듬으며 성경을 처음부터 끝까지 통독했다. 나는 하나님의 역사하심을 비유한 다른 용어들도 찾아냈는데, 그것은 하나님이 우리 안에서 행하시는 일, 우리를 지혜롭게 하시는 하나님의 능력, 하나님의 권세, 하나님의 구원, 하나님의 영광 등이다.

> 그리고 나는 내가 이전에 '하나님의 의'라는 말에 대해 느꼈던 혐오감만큼이나 큰 사랑으로 그 감미로운 말을 찬양했다. 바울이 말한 그 구절이 나에게는 천국으로 들어가는 문이었다.[9]

바울은 믿음으로 하나님의 은혜를 받는 경험과 그 결과로 얻은 평화를 "들어감(introduction)"을 얻었다고 말한다. 헬라어로 *prosagōgē*는 "접근" 또는 "소개" 등 여러 가지 뜻을 가지고 있는데, 이런 뜻으로는 그 단어가 가지고 있는 문화적 요소를 제대로 잡아내지 못한다. *Prosagōgē*는 궁궐로 안내되어 그 사람이 도착했음이 알려지는 과정 - 그것은 곧 통치자에게 말할 수 있는 권리와 기회를 의미한다 - 을 나타낸다. 바울은 에베소서에서 그리스도인들의 기도를 설명하면서 동일한 단어를 사용했다. "곧 영원부터 우리 주 그리스도 예수 안에서 예정하신 뜻대로 하신 것이라 우리가 그 안에서 그를 믿음으로 말미암아 담대함과 확신을 가지고 하나님께 <u>나아감</u>을 얻느니라"(엡 3:11-12, 밑줄 저자 강조).

바울은 예수 그리스도가 우리를 "은혜"라는 완전히 새로운 영역으로 안내하셨다는 선포로 *prosagōgē*를 사용하고 있다. 그 "은혜" 안에서 우리는 전혀 다른 관점을 따라 살 권리와 기회를 갖는다. 이 새 영지는 완전히 다른, 여러 면에서 우리가 속해 있던 곳과는 상반되는 기준에 의해 다스려진다. 그 외에도 "서 있는"이라는 구절에 유의하라. "서 있다"라는 뜻의 헬라어는 영속하는 무언가를 확립한다는 의미를 함축하고 있다. 이민을 가듯이 우리는 은혜의 땅에 영주권을 얻은 것이다. 물론 그러기 위해서 우리는 많은 부분을 적응해야 한다. 우리는 그곳의 문화와 방식에 익숙해져야 한다.

바울은 "하나님의 영광을 바라고 즐거워하느니라"는 말로 서론을 끝맺는데, 여기에는 검토해볼 만한 중요한 세 가지 단어가 사용되었다. 이것은 바울이 그리스도인의 삶을 묘사하면서 점점 중요성이 더해진다.

"즐거워하다"라는 단어가 문자적으로 "자랑하다(bosat)"라는 뜻을 가진 바울이 사용한 헬라어 단어를 가장 잘 표현하는 단어인 듯하다. 우리는 일반적으로 자랑하는 것을 부정적인 행위로 생각하지만, 한 권위 있는 헬라어 사전은 그 동사를 "어떤 사람 또는 어떤 것이 특별히 주목할 만하다는 아주 큰 확신을 표현하는 것"이라고 정의하고 있다.[10] 어떤 사람들은 자신의 선행이 천국에 들어가기에 충분할지 불안해하면서 사는 반면에, 은혜의 땅에 대한 거주권을 받은 사람들은 온전한 확신 가운데 살 수 있다. 역설적으로 믿는 자들의 "자랑"은 그들이 자기 자신의 선함을 신뢰하는 것이 아니라, 거저 주어지는 은혜의 선물을 신뢰하는 것이기에 생득적으로 겸손하다. "즐거워하다"라는 동사를 "즐거운 확신 가운데 사는 것"으로 번역하면 더 확실해진다.

성경에서 말하는 "바라다(hope)"는 영어에서 말하는 바라는 생각이라는 의미를 포함하고 있지 않다. 어린아이가 "크리스마스 선물로 빨간색 자전거를 받았으면 좋겠다(hope)"라고 하면 크리스마스트리 옆에서 그 선물을 발견하고 놀랄 수도 있고 그렇지 않을 수도 있다. 바울이 사용한 단어는 "보증된 기대"라는 뜻을 가진 명사이다. 어떤 사람이 음악회 표를 구입했다면 그는 주어진 날에 자리가 있다는 희망 – 보증된 기대 – 을 손에 쥐고 있는 것이다. 바울은 이 단어를 예수님이 장차 세상을 다스리기 위해 재림하셔서 당신의 뜻대로 세상을 바로잡으실 때를 묘사하기 위해 특별하게 사용한다.

"영광"은 하나님이 바라시는 대로의 사물의 상태, 곧 선이 악을 이기고, 정의가 승리하며, 죄가 설 곳을 잃고, 만물이 하나님의 거룩한 성품과 어우러지는 것을 말한다.

—5:3-5—

바울은 "즐거워함(즐거운 확신 가운데 사는 것)"에는 세 단계가 있다고 설명한다. 첫째, 우리는 "바라고 즐거워한다"(5:2). 즉, 우리는 그리스도가 언젠가 모든 것을 바로잡으실 것이라는 보증된 기대 속에서 즐거운 확신을 가지고 산다. 그것은 우리가 새롭게 되었고, 예수님을 점점 더 닮아가는 과정에 있음을 아는 기쁨이다. 그것은 일이 잘 풀리고 있을 때 우리가 경험하는 기쁨이며, 불행한 처지로 인하여 괴로워함이 없는 상황에서 그분의 재림을 기대하는 기쁨이다.

불행하게도 천국 이편의 삶에는 고통이 있다. 이것은 어느 누구도 피할 수 없다. 어쩌면 성도들에게 더 그럴 것이다(요 15:18-19). 그리고 이 사실은 두 번째 단계의 즐거움으로 우리를 이끈다. "우리가 환난 중에도 즐거워하나니"(롬 5:3). 첫 번째 단계는 사뭇 자연스럽다. 우리 앞에 놓인 멋진 미래를 생각할 때 어떻게 기뻐하지 않을 수 있겠는가? 그러나 두 번째 단계는 천국의 자상한 인도 아래 구축되어야 한다.

"환난"이라는 말은 헬라어로 *thlipsis*이다. 이것의 문자적 의미는 "압박"인데, 물론 "고뇌, 적대감, 고통, 억압"을 비유적으로 표현하는 데 쓰인다. 이 맥락에서는 "압박"이 가장 적합하다. "환난"은 기쁨에 대한 공격은 언제나 크고 극적이며, 현실에서 그것은 온갖 크기와 형태로 나타날 수 있음을 시사한다. 그리고 우리는 누구나 그것과 맞닥뜨린다. 마감일, 재정, 사람들의 기대, 직장 내 정치와 요구, 집과 자동차 수리, 인간관계의 압박. 그리고 이런 압박감은 건강을 잃는 것, 실직, 슬픔, 이혼, 박해 그리고 여타의 중요한 인생사들로 더 커질 수 있다. 그럼에도 우리는 완전히 새로운 방식의 삶으로 인도되었기에 역경이 닥칠 때 압박감을 받으면서도, *thlipsis* 안에서 즐거운 확신을 가지고 살 수 있는 것이다.

어떻게 우리는 이런 초자연적 능력을 얻을 수 있을까? 그것은 다른 사람들, 우리가 하는 일, 또는 내적 강인함에서 오는 게 아님은 분명하다. 우리는 주님이 친히 지도하시는 세심히 관리되는 훈련 프로그램을 거치면서 압박 가운데서도 기뻐할 수 있는 능력을 얻게 된다. 바울은 이 프로그램을 한 국면이 다른 국면으로 이어져 결국 환경을 초월하는 기쁨을 체험할 수 있는 능력을 주는 연쇄 반응으로 설명한다. 이 연쇄 반응은 몇 가지 핵심 용어를 포함하고 있다. 연쇄 반응으로 차례차례 넘어지는 도미노를 생각해보라.

"환난은 인내를 (이룬다)." *Thlipsis*는 *hypomonē*를 구축하는데, *hypomonē*는 문자적으로 "밑에 남다"라는 뜻이고, 비유적으로는 "끈기 있게 견디다"라는 의미를 가지고 있다. 본래 압박이 가해지면 우리는 그것을 해소하기 위한 적절한 방법을 취하기 마련이다. 고통받기를 자원하라거나 고통을 없앨 수 있는 기회를 그냥 지나치라고 말하는 사람은 없다. 그러나 간혹 아무 해결책도, 구제책도, 위안도 없을 때가 있다. 압박을 피하거나 도망갈 수 없을 때가 있다. 그럴 때 우리는 의도적으로 "그 밑에 남기로" 결정한 후 품위 있고 의연하게 대처한다.

진리의 사슬은 3절과 4절 사이의 간격을 "인내는 연단을 (이룬다)"는 구절로 연결한다. *Hypomonē*는 *dokimē* 또는 "연단"을 낳는다. *Dokimē*는 "바라보다"라는 동사에서 그 의미가 유래되었고, 야금하는 사람이 금이나 은의 시료를 강한 열 밑에 놓고 반응을 살펴보는 것을 나타낸다. 이 단어는 전쟁터나 경기에서 버텨내어 기개를 증명한 군인이나 운동선수를 일컫는 말로도 쓰였으므로, "굽히지 않는 기개"로 번역될 수도 있다.

이것은 허위나 부인, 또는 긍정적인 사고의 힘이 아니다. 이 굽히지 않는 기개는 우리가 원한다고 해서 개발되는 것도 아니다. 이것은 이 타락한 세상에서 성령이 인생의 역경을 도구 삼아 우리 마음속 깊은 곳에 '연단된 성품'을 조각하실 때 생겨난다.

"연단은 소망을 (이룬다)." *Dokimē*는 *elpis*, 즉 약속된 결과에 대한 확신인 "보증된 기대"를 이룬다. 우리는 최종 점수를 이미 알고 있는 상태로 이길 가능성이 거의 없는 우수한 팀과 맞서 역전승을 거두는 긴박감 넘치는 경기를 관전할 때 이런 종류의 희망을 경험한다. 경기의 결과를 알고 있으면 경기를 볼 때 느끼는 감정이 크게 달라진다. 우리는 불안해하지 않는다. 역전당하고 있을 때에도 초조해하지 않는다. 이 경기의 확실한 결과를 알고 있기 때문에 좌절할 수 없는 희망인 것이다.

바울의 논리를 뒤집어보자. 하나님이 성도들의 성품을 함양시키시는 프로그램은 전적으로 이 보증된 기대에 달려 있다(4-5절). 우리의 보장된 승리는 "연단"의 기초가 되고(4절), 연단은 "인내"를 나타내며(4절), 인내는 은혜 안에서 의연하게 "환난"을 견디게 해준다(3절). 우리에게 필요한 확신을 주기 위해서 바울은 로마에 보낸 그의 편지에서 처음으로 두 가지 위대한 진리 - 하나님의 위대한 사랑과 성령의 거하심(5절) - 를 소개한다.

우리는 1장 18-32절에서 하나님의 진노에 대해 배웠다. 이제 우리는 하나님과 화평케 된 자들은 그분의 사랑을 체험할 수 있다는 사실을 깨닫는다. 그분의 성령이 우리를 채우고, 변화시키고, 능력을 주신다. 그분은 우리가 약할 때 힘을, 미련할 때 지혜를, 의심할 때 사랑을, 절망에 빠질 때 증거를 주신다. 성령은 우리 안에 항상 거하시면서 장차 올 승리를 계속 확증해주신다.

—5:6-9—

많은 그리스도인들이 한 번 은혜로 구원받았으면 나머지는 혼자 힘으로 해야 한다고 잘못 생각한다. 어떤 사람들은 이미 천국행 티켓을 손에 넣었으니 자기가 좋은 대로 행동해도 된다고 생각하고 싶어한다. 또 어떤 사람들은 그들이 받은 은혜에 부끄럽지 않기 위해 애쓰다가 지치는 경우도 많다. 두 생각 모두 죽은 다음 영생이 봉인된 이후에도 우리에게는 여전히 구세주가 필요하다는 사실을 인지하지 못한 것이다. 하나님의 은혜가 없다면 우리는 여전히 무력할 뿐이다. 우리는 하나님이 끊임없이 허리를 굽혀 일으켜주셔야 하는 존재들이다.

우리가 얼마나 끊임없이 은혜를 필요로 하며, 하나님은 얼마나 신실하게 은혜를 베푸시는지 설명하기 위해 바울은 복음의 단계를 되짚는다. 그러면서 그는 우리에게는 구원받을 만한 것이 아무것도 없는데도 그리스도는 우리를 위해 죽으셨다는 사실을 강조한다. 한 선한 사람이 다른 선한 사람의 생명을 구하기 위해 자신의 생명을 희생하는 것은 참으로 놀라운 일이다. 우리는 대부분 그러한 자기 희생적 행위에 공감할 수 있고, 똑같은 행위를 요구받았을 때 그런 용기를 가질 수 있기를 희망한다. 그러나 누가 연쇄 살인범인 사형수 대신 죽겠다고 나서겠는가? 누가 히틀러나 스탈린의 목숨을 구하기 위해 자기 목숨을 내어 놓겠는가?

예수 그리스도는 그렇게 하셨다.

당신은 이렇게 생각할지도 모르겠다. '그렇지만 나는 사람을 죽인 살인자는 아닌데!' 그러나 바울이 2장에서 가르쳐준 것을 잊지 말자. 가장 흉악한 죄인의 가슴속에서 고동치고 있는 것과 똑같은, 죄에 물든 심장이 우리 가슴속에서도 뛰고 있다는 사실을. 천국은 우리가 흔히 하듯이 죄를 저울에 달지 않는다. 우리의 죄는 인류가 가장 타락했던 예보다 가볍지 않다. 그럼에도 불구하고 나는 바울의 선포를 암송할 것을 권한다. "우리가 아직 죄인 되었을 때에 그리스도께서 우리를 위하여 죽으심으로 하나님께서 우리에 대한 자기의 사랑을 확증하셨느니라"(5:8).

"확증하다"와 "죽었다"는 동사에 주목하라. 전자는 이상하게도 현재 시제이다. 보통은 "우리가 아직 죄인 되었을 때에 그리스도께서 우리를 위하여 죽으심으로 하나님께서 우리에 대한 자기의 사랑을 확증하셨느니라"가 자연스럽다(한글 성경은 이렇게 번역되어 있으나, 영어 성경은 '확증하다'가 현재형으로 되어 있다 - 역주). 바울은 이렇게 의외의 시제를 사용해 중요한 사실을 강조한다. 구원받기 전에 우리는 우리가 당연히 되었어야 했던 모습이 아니었고, 현재도 마땅히 되어야 하는 모습이 아니다. 그럼에도 불구하고, 우리를 죄에서 구원하시기 위해 받을 자격이 없는 우리에게 신실하게 은혜를 베푸신 하나님은 지금도 받을 자격이 없는 은혜를 계속해서 베푸신다.

그리스도의 죽음으로 인해 우리는 (은혜로 말미암아, 믿음을 통해) 천국의 심판관에게 "의롭다"는 선포를 받는다. 우리는 더 이상 그분의 진노를 두려워할 필요가 없다. 우리는 더

묵상의 서재

이상한 가르침

몇 년 전 나는 가정 성경 공부반을 인도했는데, 얼마 되지 않아 참석하는 사람 수가 70명이 넘게 되었다. 그들 중 많은 사람들이 복음을 들어보지 못했고, 복음을 알고자 하는 열정이 분명히 보였기 때문에 나는 복음에 초점을 맞춰 가르치기로 했다. 9주 후에 나는 생각했다. '몇 명이 메시지를 이해하고 있는지 한번 점검해봐야지.' 그래서 각 사람에게 색인 카드를 나눠주고 한두 문장으로 복음을 간략하게 설명해보라고 했다. 전혀 복잡하지 않은 문제였다. 70여 명의 학생들 중에서 몇 명이 제대로 된 답을 제출했는지 아는가?

다섯 명!

처음에 나는 혼란과 환멸을 느꼈다. 어떻게 내 가르침이 그렇게 효과가 없을 수 있는가? 그렇지만 그후 나는 계속 모임을 인도하면서 사람들이 단편적으로 배운 것을 연결시켜 은혜라는 개념을 받아들이기 매우 어려워한다는 사실을 알게 되었다. 인생에서 무언가가 거저 주어진다는 생각은 인간적 관점으로 볼 때는 비논리적이고 무책임해 보일 수 있다. 왜냐하면 이 세상은 "네가 값을 치른 것만 가질 수 있다"는 식이기 때문에 우리는 응당 구원도 그럴 것이라고 넘겨짚는다. 조만간 우리는 교회에 출석하고, 굶주린 사람을 먹이고, 보람 있는 일에 돈을 기부하고, 성구를 암송하고, 다른 뺨도 내밀고, 상처 입은 참새를 치료해주는 일 등등으로 점수를 딸 것이다. 결국 우리는 이런 논리적 귀결에 이른다. "이 모든 일은 분명히 하나님의 관심을 받을 거야. 잘만 하면, 하나님은 나에게 상을 주실 거야… 어쩌면 천국에 들어가게 해주실지도 몰라."

그러나 하나님의 경제 시스템은 다르다. 은혜는 천국의 통화(通貨)이다. 그렇기 때문에 은혜는 이 세상에서 가장 부조리한 개념이다. 은혜는 수혜자에게는 거저 주어지고, 베푸는 자에게는 비용이 든다. 은혜는 복을 받을 자격이 있는 자의 창고에서 받을 가치가 없는 자의 필요로 옮겨간다. 은혜는 아무런 기대도, 조건도, 제약도, 기록도 없이 주어진다. 사실, 은혜란 수혜자가 그것을 남용할 수 없다면 진정한 은혜가 아니다. 그리고 많은 사람들이 실제로 은혜를 남용한다.

누군가가 받을 자격이 없는 사람에게 끊임없이 은혜를 베풀고, 받는 사람은 그것을 대부분 남용할 때 우리는 그 누군가를 봉, 잘 속는 사람, 어수룩한 사람이라고 부른다. 하나님이라면 분명 절대로 자신의 위엄을 제쳐놓거나, 그렇게까지 자신을 낮추려 하지 않으실 것이다. 그렇지 않은가?

그러나 그분은 그러려고 하셨다. 그리고 그렇게 하셨다. 이 구절을 천천히 읽어보라. 소리 내어 읽으면 더 좋다.

"그는 근본 하나님의 본체시나 하나님과 동등됨을 취할 것으로 여기지 아니하시고 오히려 자기를 비워 종의 형체를 가지사 사람들과 같이 되셨고 사람의 모양으로 나타나사 자기를 낮추시고 죽기까지 복종하셨으니 곧 십자가에 죽으심이라"(빌 2:6-8).

하나님이 자신을 낮춰 인간이 되신다? 그리고 우리가 받아야 할 벌까지 받으신다? 신학교 4년과 40년은 족히 되는 목회 생활을 한 후에도 나는 이 사실을 받아들이기가 힘들다. 그러니 초신자들이 이런 사실을 납득하는 데 어려움을 겪는 것도 놀랄 일은 아니다. ♾

이상 벌받을 대상이 아니다. 그분의 희생이 우리의 죄의 빚을 갚아주셨다. 과거의 죄뿐만 아니라 앞으로 우리가 아마도 틀림없이 짓게 될 죄까지도. 우리는 사후에 받을 최후의 심판에서 하나님의 진노를 피했을 뿐만 아니라, 살아 있는 동안에도 그분의 진노의 대상이 아니다.

바울은 이 모든 것을 5장 1절의 서두를 뒷받침하기 위해 썼다. 예수 그리스도의 죽음과 부활은 우리를 '은혜'라는 완전히 새로운 경지로 인도했고, 그 은혜 안에서 우리는 전혀 다른 관점에서 번창할 기회를 얻는다.

—5:10-11—

그러나 그게 다가 아니다. 하나님과의 화해 – 하나님의 진노에서 벗어나는 것 – 만으로는 충분하지 않다. 다른 것이 더 있다. 훨씬 더 많은 것이. 인류를 위한 하나님의 독생자의 죽음은 이야기의 일부분에 불과하다. 그분은 죽으셨을 뿐 아니라 다시 살아나셨다! 그분의 죽음은 죽음의 정죄를 걷어냈다. 그분의 부활은 우리에게 풍성한 영생을 주셨다.

동사의 시제를 다시 주의 깊게 보라. "화목하게 된"은 과거 시제이다. 화해는 이미 성립되었다. 하나님과 우리 사이에 입 벌리고 있던 골짜기는 영원히 메워졌다. 그리스도의 죽음이 하나님과 화해한 삶을 위한 *Prosagōgē* – 접근, 소개(5장 2절을 기억하는가?) – 의 수단이 되었다. 그리고 "화목하게 된"(완료 시제)[11] 우리는 "구원을 받을 것이다"(미래 시제).

바울이 사용한 "구원을 받을"이라는 말은 지옥의 고통으로부터 보호받는 것보다 훨씬 더 많은 의미를 담고 있다. 그가 의미한 것은 우리가 '은혜'의 영지에서 새 생명을 누리는 것을 방해하는 미래의 모든 죄를 포함해서 하나님께 반항하는 모든 것으로부터의 보호이다. 그리고 이 확신은 우리를 기쁨의 세 번째 단계로 나아가게 해준다고 바울은 단언한다. "하나님 안에서 또한 즐거워하느니라"(5:11).

성숙한 신자들은 온갖 다른 생각을 초월하는 기쁨을 경험한다. 왜냐하면 그들의 기쁨은 "하나님과 화목"하게 된 관계, 즉 전능자와 화해한 관계 속에 닻을 내리고 있기 때문이다. 그들은 타락한 세상의 고통에도 불구하고, 과거에 지은 죄의 물리적 결과에도 불구하고, 심지어는 그들이 살았어야 했던 삶을 살지 못했음에도 불구하고 기쁜 확신을 가지고 산다. 그들은 내가 젊었을 때 배운, 아직도 즐겨 부르는 오래된 찬송가의 가사처럼 산다.

> 그때에 우리는 우리가 있을 곳에 있을 것이며
> 그때에 우리는 우리가 되어야 할 것이 될 것이며
> 지금 우리 것이 아니고, 우리 것이 될 수 없던 것들이
> 곧 우리 것이 될 것이라.[12]

아직 사물은 제자리에 있지 않다. 세상은 하나님의 방식으로 돌아가지 않으며, 우리는 여전히 우리 안에 옛 성품을 대단히 많이 가지고 있다. 그렇지만 믿음으로 "의롭다"고 선포된 우리는 우리 주 예수 그리스도를 통해 하나님과 화목하게 되었다. 예수 그리스도를 통해 우리는 온전하고 새로운 존재의 영역으로 인도되었고, 그 안에서 우리는 만물이 올바르게 될 그날, 곧 선이 악을 이기고, 정의가 충만하며, 죄가 사라지고, 모든 것이 하나님의 거룩하신 성품과 조화를 이루며 존재하는 날에 대한 확증을 품은 채 번영할 기회를 가지고 있다.

내가 "승리의 기쁨"이라고 부르는 이 세 번째 단계의 기쁨은 현재의 상황을 초월하여 죄, 고통, 슬픔, 죽음에 대한 주님의 승리를 축하하는 것이다. 자연적 방법으로는 얻을 수 없는 이 기쁨은 성도 안에 거하시는 성령의 역사이다. 성령의 역사는 사랑하는 그리스도인의 영혼에 끊임없이 속삭이는 확증의 목소리이다. "이제 하나님과 화목하게 되었으니 너는 이제 막 새 삶을 시작했다… 그리고 그 삶은 지금부터 점점 더 멋있어질 것이다."

적용

하나님과의 화평, 환난 중의 기쁨

성도들이 예수 그리스도를 믿음으로 하나님의 은혜를 받으면 우리는 "하나님과 화평"하게 된다(5:1-2). 따라서 우리는 어떤 상황도 징벌의 결과가 아니라는 것을 알고 안심할 수 있다. 불행한 일들은 우리가 나쁜 짓을 했기 때문에 발생하는 게 아니다. 어떤 사건도 우리에 대한 하나님의 악의의 표현이 아니다. 오히려 그분은 좋은 일이건 나쁜 일이건 모

든 상황을 사용하여 우리를 성숙시키겠다고 약속하셨다(5:3-5).

하나님이 우리 편이시라는 사실을 증명하기 위해 바울은 우리가 아직 그분과 적대 관계에 있을 때, 우리가 믿음을 바탕으로 한 그분과의 관계 속에서 걸음마를 시작하기 훨씬 전에 우리를 구원하시려는 하나님의 은혜가 우리에게 임했음을 지적한다(5:6-8). "하나님과 화평"하게 된 후에 그분이 우리의 죄를 벌하시려고 가혹한 일을 당하게 하신다는 생각은 얼마나 어리석은 일인가! 절대 그렇지 않다. 이제 우리는 의롭게 되었고 분노에서 구원되어 화해했으니, 비록 고통스러운 일들로 가슴이 아플지라도 영원히 기뻐할 수 있다(5:9-11). 이러한 역경은 절대 형벌이 아니다.

인생의 엄혹한 현실은 우리가 아직 구속받지 못한 타락한 세상 속에서 살고 있다는 것이다. 언젠가 이 세상은 구속되고 변화될 것이다(계 21-22장). 그러나 그때가 올 때까지 우리가 "하나님과 화평"하려면 부패한 세상 체제에 대항해야 한다. 예수님은 우리가 하나님과 연합했기 때문에 세상 사람들에게 미움을 받을 것이라고 하셨다(요 15:18-21). 그럼에도 하나님은 세상이 우리를 불행에 빠트리기 위해 만든 것을 우리의 선을 위해 사용하신다! 그러므로 환난 중에서도 우리는 기뻐할 수 있다. 이 진리 안에서 온전히 안식할 수 있으려면 다음의 세 가지 원칙을 적용해야 한다.

1. 우리가 기뻐할 수 있는 비결은 올바른 초점을 갖는 것이다. 더 이상 내 자신이나 내가 처한 환경에 초점을 맞추어서는 안 된다. 나는 이제부터 나의 구세주와 그분의 목적에 초점을 맞추어야 한다. 그분은 내 삶에 들어와 내 마음의 중심에 앉기 원하신다. 그분은 세상을 향한 위대한 계획을 수행하고 계시며, 나는 그 계획의 핵심이다. 어떤 상황에 처하든지 나는 신중하게 물어야 한다. "하나님이 이 세상을 향한 계획을 성취하시기 위해 내 안에서 그리고 나를 통해서 어떤 일을 하고 계시는가?"
2. 올바른 초점을 선택하면 올바른 태도를 갖게 된다. 나 자신과 내 고통에서 시선을 돌려 내 안에서 나를 통하여 선을 이루시려는 하나님의 계획에 초점을 맞추기 시작하면 더 이상 의심 속에서 방황하거나 자기 연민에 빠지지 않게 된다. 나는 더 이상 하나님의 선하심이나 신실하심에 대해 방황하지 않고, 더 이상 내 불행이 죄의 부산물일지도 모른다고 두려워하지 않으며, 언제 그 불행이 끝날 것인지 오랜 시간 방황

하며 보내지 않는다. 나의 초점이 옳을 때 나는 복종, 겸손, 감사를 배운다.

3. 올바른 태도의 열매는 승리하는 기쁨이다. 주님이 나를 잘 배우는, 겸손하며, 감사하는 마음을 가진 사람으로 빚으실 때 나는 내 안에서 환경을 초월하는 기쁨이 자라나는 것을 발견한다. 이것은 하나님의 실재를 느끼고 그분의 목적을 이해하는 데서 오는 기쁨이다. 그런 기쁨은 전염성이 강하다! 나는 그분의 특별한 목적이 무엇인지 모를 수는 있지만, 그것이 나의 선과 그분의 영광을 위해서라는 사실은 안다. 그리고 그것은 최악의 시기를 지날 때에도 평안한 행복을 누릴 수 있게 해준다.

나의 멘토이자 친구인 하워드 헨드릭스(Howard Hendricks)가 한번은 어떤 친구 목사에게 이렇게 물었다. "잘 지내나?" 그 목사는 이렇게 대답했다. "아, 이런 상황 아래서는 정말 참담하다네." 헨드릭스는 말했다. "그러면, 왜 그 아래에 있나?"

당신은 삶이 제한하는 상황 아래에서 살도록 당신 자신을 허용하지 말라. 당신의 힘이나 능력으로가 아닌 하나님의 선하심과 당신을 향한 그분의 다함 없는 사랑을 신뢰함으로써 그것을 초월하는 법을 배우라. 당신은 하나님과 화평하게 되었다. 그러니 기뻐하라!

죄 대(對) 은혜(로마서 5:12–21)

[12]그러므로 한 사람으로 말미암아 죄가 세상에 들어오고 죄로 말미암아 사망이 들어왔나니 이와
같이 모든 사람이 죄를 지었으므로 사망이 모든 사람에게 이르렀느니라 [13]죄가 율법 있기 전에도 세
상에 있었으나 율법이 없었을 때에는 죄를 죄로 여기지 아니하였느니라 [14]그러나 아담으로부터 모
세까지 아담의 범죄와 같은 죄를 짓지 아니한 자들까지도 사망이 왕 노릇 하였나니 아담은 오실 자의
모형이라

[15]그러나 이 은사는 그 범죄와 같지 아니하니 곧 한 사람의 범죄를 인하여 많은 사람이 죽었은즉
더욱 하나님의 은혜와 또한 한 사람 예수 그리스도의 은혜로 말미암은 선물은 많은 사람에게 넘쳤느
니라 [16]또 이 선물은 범죄한 한 사람으로 말미암은 것과 같지 아니하니 심판은 한 사람으로 말미암
아 정죄에 이르렀으나 은사는 많은 범죄로 말미암아 의롭다 하심에 이름이니라 [17]한 사람의 범죄로
말미암아 사망이 그 한 사람을 통하여 왕 노릇 하였은즉 더욱 은혜와 의의 선물을 넘치게 받는 자들
은 한 분 예수 그리스도를 통하여 생명 안에서 왕 노릇 하리로다

[18]그런즉 한 범죄로 많은 사람이 정죄에 이른 것 같이 한 의로운 행위로 말미암아 많은 사람이 의

롭다 하심을 받아 생명에 이르렀느니라 [19] 한 사람이 순종하지 아니함으로 많은 사람이 죄인 된 것 같이 한 사람이 순종하심으로 많은 사람이 의인이 되리라 [20] 율법이 들어온 것은 범죄를 더하게 하려 함이라 그러나 죄가 더한 곳에 은혜가 더욱 넘쳤나니 [21] 이는 죄가 사망 안에서 왕 노릇 한 것 같이 은혜도 또한 의로 말미암아 왕 노릇 하여 우리 주 예수 그리스도로 말미암아 영생에 이르게 하려 함이라.

이 말씀을 보면 거대한 우주적 전쟁이 당신 주변과 마음속에서 벌어지고 있다. 그리고 당신은 중립이 될 수 없다. 어느 한 편을 선택해야 한다. 나는 선과 악 사이에서 벌어지고 있는 전쟁에 대해 말하고 있지 않다. 나는 은혜와 죄 사이의 갈등을 말하고 있다. 당신은 어느 쪽에 충성하는가? 어느 것이 당신의 선택을 받는가? 어느 것이 당신의 관계를 특징짓는가? 어느 것이 당신을 앞으로 나아가게 만드는가? 어느 것이 또 다른 거대한 충돌(선과 악 사이의 싸움)을 바라보는 관점을 형성하는가?

이 두 거대 세력 사이의 갈등은 인간이 창조된 지 얼마 되지 않았을 때 에덴동산에서 시작되었다. 창조주는 최초의 인간을 만드시고, 특별히 그들의 육체적 필요를 염두에 두고 창조하신 청정한 환경 속에 그들을 두셨다. 그렇게 풍요한 환경 속에서 그 남녀가 해야 할 일이란 동산을 돌보고, 그 기쁨을 맛보며, 서로 사랑하고, 영원히 하나님과 친밀한 관계를 즐기는 것이었다. 더구나 주님은 그 부부에게 땅을 다스리는 부섭정관의 권세와 책임을 부여하심으로써 권위를 위임하셨다(창 1:26-27, 2:15). 이렇게 넘치는 풍요 속에 거하던 그들도 단 한 그루의 나무는 건드릴 수 없었다.

본성이 죄에 물들지 않았던 아담은 순종과 불순종, 선과 악을 선택할 자유를 가지고 있었다. 그리고 그가 어느 쪽을 선택했는지는 우리 모두 알고 있다. 하나님이 유일하게 금지하신 것을 거역하기로 한 그의 결정이 모든 것을 바꾸었다. 불순종하기 전에는 "아담과 그의 아내 두 사람이 벌거벗었으나 부끄러워하지 아니"(창 2:25)했던 그들이, 하나님이 그들을 대면하러 오시자 "여호와 하나님의 낯을 피하여 동산 나무 사이에 숨은지라"(3:8). 이것이 아담이 내린 두 번째 비극적 선택이었다. 그는 죄로 자기를 가리고 은혜로부터 달아났다. 분명히 그는 하나님의 사랑이 그분을 더 노하게 만들었음을 알고 있었을 것이다.

주님은 그 떨고 있는 부부를 은신처에서 몰아내신 후 몇 가지 저주를 선포하셨다. 다시 말해서 주님은 그들이 지은 죄의 피할 수 없는 응보를 발표하셨다. 주님은 앞서 이렇게 말씀하셨다. "네가 먹는 날에는 반드시 죽으리라"(창 2:17). 아담은 이 죽음이 단순히 육체적 존재의 종말 이상을 의미한다는 것을 금방 알게 되었다. 흙이 그의 지배에 저항했기 때문에 동산을 돌보는 일은 노역이 되었다. 하와의 해산의 기쁨은 고통과 뒤섞였다. 부부의 친밀감은 서로가 서로를 지배하려고 하면서 의지와 의지가 부딪히는 투쟁이 되었다. 그리고 죽음 – 육체적 생명의 종말 – 은 두 번째의, 더 두려운 죽음인 창조주와의 영원한 분리로 이어졌다.

이것이 첫 사람이 물려준 유산이다. 그는 선 대신 악을 택했고, 그럼으로써 우리에게 그의 전철을 따르는 운명을 지워주었다. 군주나 대통령 또는 수상이 자기 국민들을 위해 시행한 정책의 결과를 거둬들이는 것과 마찬가지로, 아담은 모든 인류 – 사실상 모든 피조물 – 를 위한 길을 선택했다. 거기에는 당신과 나도 포함된다. 더구나 우리는 그의 변형된 본성을 물려받았기 때문에 모든 악을 피하고 선(善)만 선택하는 건 불가능하다.

이건 공평하지 않은 것 같다. 그렇지 않은가? 아담이 내 운명을 선택했다니? 그가 불순종한 것으로 내 운명이 결정되었다니? 그러나 잠깐만! 우리는 우리 자신의 죄를 더함으로써 우리 대표자가 지은 최초의 죄를 승인했음을 잊지 말라. 우리의 악한 선택이 하나님의 선하심에 대항했던 아담을 강력히 지지하고 있다. 현실을 직시하자. 우리는 "핑계하지 못"한다(롬 1:20). 우리의 대장 아담과 마찬가지로 우리도 숨은 곳에서 나와 우리의 창조주와 대면해야 한다. "내가 먹었나이다"(창 3:12). 덤불 속에 숨어 있으면 결코 은혜를 발견할 수 없다.

네 죄를 부끄러워하라!

'죄'라는 말은 혼동될 수 있다. 한편으로 그것은 감정과는 무관하게 나쁜 짓을 한 사람의 도덕적 상태를 표현하는 '객관적 죄'를 말할 수 있다. 악행을 저지른 후에 그 사람이 부정적인 감정을 느끼는가, 느끼지 못하는가와는 무관하다. 그 사람이 어떻게 느끼건 간에 그는 객관적으로 유죄이다. 다른 한편으로 '주관적 죄'는 슬픔이나 회한의 감정이 생길 수 있고, 대체로 양심의 가책으로 괴로워하게 만든다.

나는 이 주관적 감정을 '수치심'이라고 부르기를 좋아한다. 어떤 사람이 유죄일 때, 즉 악행으로 인해 객관적으로 비난받을 만할 때 수치심이 따르기 마련이다! 부모들은 못되게 구는 아이들에게 "그런 짓을 하다니 부끄러운 줄 알아야지!"라고 말하곤 한다. 다시 말해서, "네가 죄를 지었다는 사실에 너는 수치심을 느껴야 한다"는 말이다. 수치심은 하나님이 주신 감정이며, 그것을 주신 목적은 우리로 하여금 회개하게 하기 위해서이다.

안타깝게도 사람들은 수치심에 짓눌리면서도 회개하려고 하지 않는다. 사람들은 수치심이 강해지면 회개하기보다 한결같이 부조리하고 파괴적인 선택을 한다. 아담과 하와는 회개하지 않고 무화과나무 잎사귀를 꿰어 입었다. 수치심에 의한 행동은 점점 더 기괴해질 뿐이다.

하나님은 수치심을 제거할 방법을 제공해주셨다. 그분은 죄를 제거하려고 당신의 아들을 보내셨다!

바울은 편지의 이 대목을 접속 부사인 "그러므로"로 시작했는데, 사실 그것은 이렇게 말하는 것과 다를 바 없다. "앞에서 말한 것이 진리이기 때문에 뒤에 나오는 것 역시 진리이다." 성도들은 하나님이 요구하시는 의를 믿음을 통한 선물로 받으며, 이는 아브라함의 예로써 확증된 진리이다(롬 4:1-25). 그러므로 성도들은 하나님과 화평케 되고, 종말에 그리스도가 만물을 바로잡으실 때 그 승리를 공유하게 될 것이라는 보증된 확신을 가지고 살 수 있는 권리와 기회를 소유하고 있다(5:1-11). 그러므로(5:12)…

바울의 "그러므로"는 마침표가 아니라 쉼표 역할을 한다. 하나의 계시된 진리는 자연스럽게 우리가 생각해보아야 할 또 다른 진리로 우리를 인도한다. 이 흥미진진한 구절은 인류 역사상 가장 중요한 두 인물, 곧 아담과 예수님의 중요성을 비교하고 대비한다. 더 나아가 이 시점까지 사도가 쓴 모든 내용을 요약하면서 다음에 나오는 기념비적인 기독교의 진리와 대면할 준비를 시킨다. 이 부분은 다음과 같이 요약될 수 있다.

5:12-14 인류의 파멸(1:18-3:20 요약)
5:15-19 인류의 구원(3:21-5:11 요약)
5:20-21 인류의 통치(6:1-8:39 소개)

—5:12-14—

죄는 사망을 낳는다. 이것은 중력의 법칙만큼이나 예측 가능하고 보편적인 법칙이다. 왕과 왕비처럼 죄와 죽음은 함께 지배한다. 태초에 한 인간의 악한 결정이 죽음의 통로가 되었다. (바울은 그의 이름을 생략했지만 우리는 그가 누구인지 안다.) 잊지 말라. "죽음(사망)"은 육체적 실존의 불가피한 종말에만 국한되지 않는다는 것을. "죽음"은 하나님이 창세기에서 선포하신 저주와 그분과의 영원한 분리를 포함한다. 그리고 바이러스처럼 죄는 모든 인간을 감염시켜 우리 모두에게 죽음 같은 실존을 운명 지워주었다.

하나님은 창조 후 몇천 년이 지난 모세 시대 전까지는 인간의 행동에 관한 표준을 명시하거나 성문화하지 않으셨다. 그렇기 때문에 바울은 그때까지는 죄를 "죄로 여기지 아니하였다"고 단언했는데, 이 말은 인간이 죄인이 아니라거나 벌을 받지 않아도 된다는 뜻이 아니다. 그럼에도 불구하고 죽음 – 죄의 자연적 결과 – 은 인류를 지배했다. 바울의 요점은 사법적인 의미이다.

"율법"은 우리를 위해 글로 기록되어 보존된 하나님의 거룩하신 성품의 상세한 표현과 다름없다. 모세에게 율법이 주어지고, 모세가 그것을 이스라엘 백성에게 주어서 지키고 보급하게 하기 전에 사람들은 그들의 창조주와 대립하며 살았다. 그렇다고 해도 바울이 이미 논증한 바와 같이(1:18–2:16) 성문화된 율법이 없었어도 그들은 "핑계할 수 없"었다. "죄를 죄로 여기지 아니하였"다에서 "여기다"라는 헬라어 원어 역시 회계 용어로서 "부채를 청구하다"(빌레몬서 18절을 보라)는 뜻이다.

이렇게 생각해보자. 한 젊은 부부가 신혼여행에서 돌아와 살림을 차리고 함께 살기 시작한다. 남편은 일한다. 아내도 일한다. 그들은 번 것을 쓰면서 잘 살아가는 듯하다. 3년 후 주택 담보 대출 금리가 하락하면서 그들은 집을 살 수 있는 절호의 기회를 얻는다. 불행하게도 그들은 첫 불입금을 낼 돈이 없다. 사실 그들에게는 신용 카드 부채가 몇천 불 쌓여 있었다. 재정 상태를 바로잡으려고 그들은 재무 전문가와 상담했고, 그 전문가는 그들이 예산을 세우도록 도왔다. 그는 그들의 수입을 가계부의 한쪽에 기입하고, 월별 지출 목록을 다른 쪽에 기입했다. 자, 보라. 그들은 수개월 동안 서서히 적자를 쌓아가고 있었다. 그들은 습관을 바꿔야 했다.

가계부를 보고 무엇이 변했을까? 물론 그들의 재정 상태가 변한 것은 아니다. 변한 것은 그들의 인식이었다. 가계부는 그들의 무책임한 재정 관리 실태를 드러내어 그것에 대해 조치를 취할 수 있는 기회를 제공했다.

율법은 우리의 도덕적 채무의 실상을 보게 해주는 도덕의 회계 장부이다. 회계 장부가 있건 없건 우리의 빚은 그대로이다. 결국 율법의 회계 장부가 인류에게 주어지기 전에도 "죽음은 아담부터 모세까지 지배했다." 아담처럼 명백하게 명령을 거역한 죄를 짓지 않은 사람들도 마찬가지로 죽을 수밖에 없는 죄인이다.

—5:15–17—

5장 14절의 마지막 구절은 아담과 예수님 사이의 두 가지 중요한 유사점을 비교하고 있다. 첫째, 두 사람 – 타락 이전의 아담과 신성을 소유하셨고 동정녀에게 잉태되셨던 예수님 – 모두 죄의 유혹을 받았을 때 도덕적으로 순결했다. 둘째, 두 사람 모두 인간을 대표 – 전 인류의 육체적 선조로서의 아담과 하나님에게 위임받은 대표로서의 예수님 – 했다. 그러나 유사점은 거기에서 끝난다. 바울은 그런 다음 아담과 예수님이 인간에게 미친 영향을 대조하기 위해 가상의 선으로 가운데를 갈라 양편에 "아담"과 "예수님"의 이름을 적었다.

아담	예수님
금지된 나무	십자가
범죄	선물
많은 사람이 죽음	은혜가 많은 사람에게 넘침
정죄	의롭게 됨
사망이 다스림	의의 선물이 다스림

각자의 도덕적 선택으로 인한 대조적인 결과를 눈여겨보라. 아담은 범죄했다. 그리스도는 순종하셨다(마 26:39, 막 14:36, 눅 22:42). 아담이 범죄한 결과로 모든 인간이 죽음이라는 응보를 받은 반면, 그리스도가 순종하심으로 인류에게 은혜가 주어졌다. 아담의 죄는 모든 사람에게 심판을 가져왔으나, 그리스도의 죽음은 모든 사람에게 의를 제공했다. 아담의 죄는 죽음에게 왕좌를 내주었고, 그리스도의 의의 선물은 장차 세상을 다스릴 것이다.

또 다른 중대한 차이점인 각자의 행위가 인간에게 어떤 영향을 미쳤는지를 보는 것 역시 중요하다. 치명적이고 부정적인 영향을 준 아담의 죄는 보편적이고 역사적인 사실이고, 그리스도의 순종에 의해 주어진 생명의 선물은 장차 모든 사람이 아닌 일부에게만 적용될 것이다. 은혜의 선물은 "많은 사람에게 넘"친다(즉, 아담이 지은 죄의 영향을 받은 "많은 사람": 모든 사람). 그러나 모든 사람이 하나님의 은혜의 선물을 받기로 선택하지는 않을 것이다.

그럼 이제 "사망이… 왕 노릇 하였은즉"이라는 구절과 "받는 자들은… 왕 노릇 하리로다"라는 구절을 비교해보자. 첫 번째 동사는 이미 일어난 일을 표현하는 과거 시제이다. 두 번째 구절의 동사는 앞으로 일어날 일을 표현하는 미래 시제이다. 첫 번째 구절의 주어는 "사망"이다. 사망이 만물을 다스린다. 두 번째 구절의 주어는 "(은혜와 의의 선물을) 받는 자들"이다. 믿는 자들이 언젠가는 "사망"을 왕좌에서 몰아내고 그 자리를 차지할 것이다.

—5:18-19—

두 사람이 인류에게 미친 영향을 극명하게 대조하기 위해 바울은 모든 내용을 두 쌍의 비교 서술로 압축했다. 명확한 비교를 위해 다음과 같이 나열했다.

아담: 한 범죄로 많은 사람이 정죄에 이름.

예수님: 한 의로운 행위로 많은 사람이 의롭다 함을 받음.

아담: 한 사람이 순종하지 아니함으로 많은 사람이 죄인이 됨.

예수님: 한 사람이 순종함으로 많은 사람이 의인이 됨.

"(의인이) 되리라"(5:19)는 헬라어 동사는 어떤 사람을 공직에 임명한다는 뜻을 가진 법적 용어이다. 한 사람의 불순종이 많은 사람을 죄인으로 지명했고, 한 사람의 순종이 많은 사람을 의인으로 지명했다. 우리가 새로 임명받은 "의로운 사람"이라는 지위에는 그에 따르는 특정한 권리와 책임이 함께 온다(디도서 1:5을 보라). 이것이 성도가 의롭다고 선포되는, 믿음에 의한 칭의 – 율법 앞에 떳떳하게 섬으로써 형벌을 면제받는 – 를 설명하는 바울의 또 다른 방식이다.

—5:20-21—

율법이 들어옴으로써 범죄가 "더했다"고 말하는 것은 두 가지로 해석될 수 있다. 첫째, 율법이 무엇이 옳고 그른지를 명확하게 규정하기 전에는 볼 수 없었던 것을 이제 볼 수 있게 해준다는 의미에서 죄는 "더해졌다." 둘째, 율법의 존재가 율법이 명하는 것을 거역하고 싶은 반항심을 자극한다. 두 해석 모두 유효하다. 바울의 설명은 인간의 죄를 기소하는 율법의 사법적 역할을 정확하게 반영하면서, 동시에 우리 인간의 반항적인 본성을 정확하게 표현한다. 실제로 "…하지 말라"는 말은 반항하는 우리의 옛 본성을 자극한다.

바울은 주안점을 요약하면서 편지의 이 부분을 끝맺는다. 구원은 율법을 지키는 것으로 얻을 수 없다. 구원은 은혜의 선물이다(5:20). 그런 다음 이 대목의 마지막 문장에서 다음에 나올 내용의 주제 – 성도의 삶 속에서 죄를 이기는 은혜의 출현과 결국 은혜가 세상을 지배하게 됨 – 를 예시한다.

이 말씀을 보면 당신의 마음속에서는 거대한 우주적 전쟁이 치열하게 벌어지고 있다. 앞서 배웠듯이 그 전쟁은 선과 악 사이의 전쟁이 아니다. 악은 이미 당신의 마음을 차지했다. 당신의 영혼을 차지하려고 다투고 있는 세력은 죄책감과 은혜이다. 당신은 죄를 범했다. 그러므로 당신이 느끼건 느끼지 못하건 죄책감은 합당한 반응이다. 많은 사람들이 그렇듯 당신도 온갖 방법 – 자기 부인, 최소화, 기분 전환, 책임 전가, 심지어는 종교 – 으로 죄책감을 해결하려고 할 것이다. 불행하게도 이런 방법들은 아담이 무화과나무 잎으로 자신의 불순종을 가릴 수 없었듯이 죄책감을 덮을 수 없다.

아담의 죄에 대한 하나님의 해결책은 신속하고 엄정했다. 그분은 우주를 창조하신 것만큼이나 손쉽게 말씀으로 우주를 사라지게 하실 수 있었다. 그리고 그분이 그렇게 하신다고 해도 그분은 여전히 거룩하실 터였다. 실제로 많은 철학자들이 어떻게 선하고 전능하신 하나님이 악의 존재를 참으실 수 있는지 의문을 품는다. 답은 역시, 은혜이다. 받을 자격이 없는 호의. 설명할 수 없는 자비. 정의를 집행하고 피조물을 숯덩이로 만들기보다 주님은, 사랑에 감동되어, 범죄한 아담을 대면하셨다.

많은 영어 번역은 하나님이 동산에 오시는 모습을 해질 녘의 부드러운 미풍과 함께 거니는 저녁 산책과 같은 모습으로 묘사한다. 그러나 더 정확한 번역은 하나님의 분노가 거센 폭풍과 함께 동산에 불어닥쳤다고 말한다. 그분의 첫 질문 "네가 어디 있느냐?"는 수사적이다. 그것은 숨은 곳에서 나오라는 도전적인 권유이다.

딱 알맞은 때에 주님은 우리에게 율법을 주심으로써 범죄한 인간과 대면하셨다. 율법은 죄를 지은 사람들을 판결하고 정죄하기에 위험하고 치명적이면서도 하나님의 은혜의 방법이기도 하다. 율법을 통해서 그분의 분노가 우리의 동산에 불어닥치고, 숨은 곳에서 나올 것을 단호히 재촉한다. 우리가 하나님의 분노를 두려워하는 것은 옳지만, 그분의 은혜를 불신하는 것은 어리석은 일이다. 결국, 그분이 가장 바라시는 것이 죄에 대한 벌을 집행하는 것이라면 그분은 이미 그렇게 하셨다.

그러므로 당신은 선택할 수 있다. 죄의식인가? 은혜인가? 당신은 둘 다 가지고 있을 수 있다. 계속 숨어서 죄의식에 매달려 당신의 죄에 대한 불가피한 심판 – 하나님으로부터의 고통스러운 영원한 분리 – 의 고통을 당할 수 있다. 또는 숨기를 그만두고 그분 앞에 나와 당신의 죄를 인정하고, 당신의 능력으로 그분을 기쁘시게 할 수 없다는 사실을 받아들이고 그분이 주시는 은혜의 선물을 받을 수 있다.

하나님은 아들 예수 그리스도를 보내셔서 우리가 살 수 없는 죄 없는 삶을 살게 하시고, 우리가 죽어야 할 속죄의 죽음을 죽게 하시며, 우리를 위해 부활하사 새 생명을 얻게 하시고, 그분을 믿는 자들을 완전히 새로운 종류의 실존으로 들어가게(*prosagōgē*) 하셨다. 그분의 선물은 은혜로 거저 주어지고 믿음을 통해 받는 것이다. 그러므로 선택은 당신에게 달려 있다. 죄의식인가? 은혜인가?

주: 하나님의 은혜(로마서 3:21-5:21)

1. 존 뉴턴, '어메이징 그레이스', 1779.
2. Arthur Bennett, ed., *The Valley of Vision: A Collection of Puritan Prayers & Devotions*(Carlisle, Penn.: The Banner of Truth Trust, repr. 2006), 6-7.
3. Gerhard Kittel and Gerhard Friedrich, eds., *Theological Dictionary of the New Testament: Abridged in One Volume*, trans. Geoffrey W. Bromiley(Grand Rapids: Eerdmans, 1985), 1127.
4. 마크 트웨인, *Following the Equator and Anti-Imperialist Essays*(New York: Oxford Univ. Press, 1996), 132.
5. *Merriam-Webster's Collegiate Dictionary*, 11th ed., s.v. "faith."
6. 많은 사람들이 이 변화는 고대 그리스 철학자들인 헤로도토스, 소크라테스, 아리스토텔레스에게서 기인했음을 정확히 입증한다. 그러나 서구의 사상은 더 이상 앞으로 나아가지 못했을 뿐만 아니라, 소위 말하는 '암흑의 시대'에는 퇴행했다. 토마스 아퀴나스는 고대 그리스인들이 멈춘 곳에서 다시 시작해 그들의 우주론을 기독교적 색채로 포장했다.
7. John Huffman Jr., *Who's in Charge Here*?(Chappaqua, N.Y.: Christian Herald Books, 1981), 63.
8. 마틴 루터, *Luther's Works*, vol. 34, Career of the Reformer IV(St. Louis: Concordia, 1960), 336.
9. 같은 책, 336-37.
10. Johannes P. Louw and Eugene Albert Nida, *Greek-English Lexicon of the New Testament: Based on Semantic Domains*, electronic ed. Of the 2nd ed.[New York: United Bible Societies, 1996(orig. 1989)], 1:430.
11. 두 가지 다 헬라어 문법의 부정 과거이다. 이 동사들이 어떤 시제로 번역되어야 하는지는 문맥을 보고 결정한다.
12. 토마스 켈리(Thomas Kelly), '구세주를 아는 이들', 1806.

하나님의 신실성

로마서 6:1–8:39

1862년 9월 22일, 에이브러햄 링컨 대통령은 다음과 같이 시작하는 선언문을 발표했다.

> 현재 미합중국에 대하여 반란 상태에 있는 주 또는 주의 일부에서 예속 상태인 노예들은 1863년 1월 1일 이후부터 영원히 자유의 몸이 될 것이다.

북부 연방은 남부 연방의 노예들이 그들의 소중한 자유를 주장할 수 있게 될 때까지 수 개월을 싸워야 했다. 부커 T. 워싱턴(Booker T. Washington)은 그가 9살이었던 어느 날 버지니아 주 남서부 지역에 있던 농장에서 해방을 맞이하던 순간을 그의 자서전「노예의 굴레를 벗고(Up from Slavery)」에서 이렇게 회상했다.

> 내가 그 장면과 관련해서 지금도 가장 뚜렷하게 기억하는 것은 이방인인 듯한 어떤 사람(추측하건대 미합중국 관리였을 것이다)이 짧은 연설을 한 다음 사뭇 긴 문서 – 아마 노예 해방 선언이었을 것이다 – 를 낭독한 것이었다. 그런 다음 우리는 모두 자유이며, 우리가 원할 때 원하는 곳으로 갈 수 있다는 말을 들었다. 내 옆에 서 계시던 어머니가 몸을 굽혀 우리에게 키스하실 때 어머니의 뺨에는 기쁨의 눈물이 흘러내렸다. 어머니는 우리에게 그게 무슨 뜻인지를, 그날이야말로 어머니가 그렇게 오랫동안 기도해왔지만 살아서 보지 못할까봐 두려워했던 바로 그날이라는 것을 설명해주셨다.[1]

남부 연방의 최종적인 항복, 대통령의 암살과 지난한 정쟁을 거치면서 합중국은 미국에서 노예 제도를 공식적으로 폐지하는 내용의 수정 헌법 13조를 비준했다. 1865년 12월 18일, 그 소식은 국회 의사당이 위치한 캐피톨 힐(Capitol Hill)을 휩쓸고 셰넌도어(Shenandoah)로 내려가 애팔래치아 산맥을 넘어 캐롤라이나 주의 시골길을 지나 조지아, 앨라배마, 미시시피, 루이지애나의 농장들과 텍사스와 알칸사스의 목화밭까지 퍼져나갔다. 메시지가 전달되었다. 노예들은 자유다… 적어도 공식적으로는. 자유의 실효성은 또 다른 문제였다.

> 해방된 유색인종들의 열광적인 기쁨은 오래가지 않았다. 나는 그들이 그들의 오두막으로 돌아갔을 즈음 감정이 변한 것을 알아챘다. 그들은 자유에 따르는 큰 책임, 스스로를 책임지는 것, 생각하고 자기 자신과 아이들을 위한 계획을 세우는 것 등으로 머릿속이 꽉 찬 듯했다. 그것은 마치 열서너 살짜리 아이를 느닷없이 자기 힘으로 살아가야 하는 세상 속으로 내보낸 것과 같았다. 앵글로 색슨 족이 수백 년 동안 붙들고 씨름해왔던 중대한 문제가 몇 시간 만에 이들이 해결해야 할 문제로 던져진 것이었다. 그것은 가정, 생계, 자녀 양육, 교육, 시민권, 교회의 설립과 지원 등의 문제들이었다. 몇 시간 사이에 열광적인 기쁨이 사라지고, 노예 구역에 깊은 그늘이 드리워진 듯 보이는 것이 놀라운 일이었을까? 어떤 이들에게는 이제 실제로 자유를 얻게 된 사실이 그들이 기대했던 것보다 더 심각한 문제로 다가왔다. 어떤 노예들은 일흔 또는 여든 살이었다. 그들의 전성기는 지났다. 그들이 새로운 거처를 찾는다고 해도 그들에게는 낯선 곳, 낯선 사람들 틈에서 생계를 이어갈 기력이 없었다. 이런 부류의 사람들에게 문제가 특히 심각한 듯했다. 게다가, 그들의 마음속 깊은 곳에는 '옛 주인님'이나 '옛 마나님'과 그들의 자녀들에게 이상하고 기묘한 애착심이 있어서 그것을 깨뜨리기가 쉽지 않다는 사실을 깨달았다. 경우에 따라서는 그런 식으로 근 반세기를 살아온 그들에게 헤어진다는 생각이 쉽지만은 않았다. 점차 한 사람 한 사람씩, 처음에는 은밀히, 나이 많은 노예들은 노예 구역에서 이탈해 '큰 집'으로 돌아가 그들의 전 주인과 장래에 대해 소곤소곤 이야기를 나누기 시작했다.[2]

잠깐의 축하 후에 이전에 노예였던 자들 중 많은 이들은 밭으로 돌아가 '물납 소작인'으로 노역을 계속했다. 공식적으로는 어디나 갈 수 있는 자유가 있었지만 현실적으로는 변한 것이 거의 없었다. 법적 해방은 단지 노예들에게 자유인으로서 살 수 있는 기회를 주었다. 그들의 법적 지위가 실제 체험으로 바뀌려면 내적 변화가 필요했던 것이다. 이 도전이 너무 위압적이라고 생각한 사람들은 그 대신 노예라는 불편한 익숙함을 택했다.

노예 제도를 전혀 모르는 사람들이 볼 때 이것은 얼마나 어리석어 보이는지 모른다. 그런데 그리스도인들 - 나는 대부분의 그리스도인들이라고 말하겠다 - 은 날마다 자유 대신 노예가 되기를 선택하고 있다. 자유롭게 되었는데도 그들이 자유인으로 사는 것은 수월하지도 않고 자연스럽지도 않다. 그것은 과정이다. 그리고 구원과 마찬가지로 그것은 초자연적으로 이루어져야 한다. 신학자들은 이제 막 자유를 얻은 죄의 노예가 서서히 내적으로

핵심 용어

ἁγιασμός [*hagiasmos*, 하기아스모스] (*38*) "성화, 성별(聖別), 거룩"

이것은 이방인의 예배에서 사용되는 상용어로서 정화된, 특정한 신을 예배할 때 특별히 사용하려고 구별해놓은, 그렇기 때문에 의례적으로 순결한 것을 표현하는 용어이다. 유대인들은 이 용어를 하나님이 사용하시기 위해 따로 남겨놓은 것 – 히브리 민족을 포함하여 – 을 일컫는 용어로 사용하였다. 바울은 이 용어에 그보다 더 중대한 개인적 의미를 적용했다. 성도들 안에 성령이 거하시기 때문에 성도들은 성전이며, 그렇기 때문에 "지성소" 못지않게 신성하다(출 26:33–34, 레 16:2).

σάρξ [*sarx*, 사르크스] (*4561*) "육신, 인간의 물리적 측면"

바울은 종종 세속적인 헬라어를 차용하여 그것의 통상적인 의미에 심오한 영적 진리를 더하곤 했다. 그 사도에게 *sarx*는 단순히 인간의 물질적인 면만이 아니라, 타락 이후 변질된 세상 속에 널리 퍼진 우리의 죄악으로 물든 반항적인 사고방식과 행위를 의미했다(창 3:14–19). *Sarx*는 하나님의 새 왕국의 사고방식과 행위에 반하는 우리가 회심하기 전 본성의 일부이다.

πνεῦμα [*pneuma*, 프뉴마] (*4151*) "영, 인간의 비물질적 측면, 성령"

*Pneuma*는 문자적으로 "바람" 또는 "숨"이라는 뜻이지만, 세속적 헬라 문학에서는 개인의 비물질적인 요소 – 죽은 후에는 존재하지 않거나 몸에서 분리되어 계속 살아 있는 – 에 대해서 말할 때 더 많이 쓰였다. 바울은 *pneuma*를 이와 비슷한 의미로도 사용했지만, 하나님의 성령을 지칭하는 용어로도 사용했다. 또한 "영(Spirit)"은 삼위일체의 삼위만이 아니라, 세상의 타락한 삶에 반하는 하나님의 마음을 나타내기도 했다. "Spirit"은 *sarx*의 반의어이다.

προορίζω [*proorizō*, 프루리조] (*4309*) "미리 결정하다, 앞서 결심하다, 예정하다"

바울은 일반적인 헬라어에 전문적이고 기술적인 의미를 부여하는 데 반대하지 않았지만, 그 단어의 일반적이고 사전적인 정의를 더 자주 사용했다. 이 단어는 "미리 결정하다"라는 뜻이다. 이 동사는 예지의 의미를 담고 있기는 하지만, 만약 미래를 아는 것이 결정을 내리는 데 영향을 미친다면 어떻게 영향을 미치는지는 시사하고 있지 않다.

δοξάζω [*doxazō*, 독사조] (*1392*) "찬양하다, 영화롭게 하다, 칭송하다, 어떤 것의 가치를 드러내다"

구약의 헬라어 번역을 보면 하나님의 *doxa*는 통상 그 앞에서 인간이 생명을 잃을 수도 있는 그분의 거룩하고 의로운 본질의 물리적 현현을 뜻한다(출 33:18–23). 신약에서는 "강조점이 참여로 옮겨진다".[3] 즉, 성도들은 그리스도의 영광에 참여하며(롬 8:17, 골 1:27, 3:4) 종국에는 그분과 같은 부활한 육신을 받는다(빌 3:21). 천국 용어로 doxa는 눈으로 볼 수 있게 된 의(義)이다.

변화하여 온전히 성숙하고 완벽한 자유인이 되어가는 과정에 이름을 붙였다. 그것이 '성화'이다. 그것이 바로 바울의 로마서가 말하려는 이 대목의 주제이다.

살기 위해 죽다(로마서 6:1–14)

---

1 그런즉 우리가 무슨 말을 하리요 은혜를 더하게 하려고 죄에 거하겠느냐 2 그럴 수 없느니라 죄
에 대하여 죽은 우리가 어찌 그 가운데 더 살리요 3 무릇 그리스도 예수와 합하여 세례를 받은 우리
는 그의 죽으심과 합하여 세례를 받은 줄을 알지 못하느냐 4 그러므로 우리가 그의 죽으심과 합하여
세례를 받음으로 그와 함께 장사되었나니 이는 아버지의 영광으로 말미암아 그리스도를 죽은 자 가
운데서 살리심과 같이 우리로 또한 새 생명 가운데서 행하게 하려 함이라 5 만일 우리가 그의 죽으심
과 같은 모양으로 연합한 자가 되었으면 또한 그의 부활과 같은 모양으로 연합한 자도 되리라 6 우리
가 알거니와 우리의 옛 사람이 예수와 함께 십자가에 못 박힌 것은 죄의 몸이 죽어 다시는 우리가 죄
에게 종 노릇 하지 아니하려 함이니 7 이는 죽은 자가 죄에서 벗어나 의롭다 하심을 얻었음이라

8 만일 우리가 그리스도와 함께 죽었으면 또한 그와 함께 살 줄을 믿노니 9 이는 그리스도께서 죽
은 자 가운데서 살아나셨으매 다시 죽지 아니하시고 사망이 다시 그를 주장하지 못할 줄을 앎이로라
10 그가 죽으심은 죄에 대하여 단번에 죽으심이요 그가 살아 계심은 하나님께 대하여 살아 계심이니
11 이와 같이 너희도 너희 자신을 죄에 대하여는 죽은 자요 그리스도 예수 안에서 하나님께 대하여는
살아 있는 자로 여길지어다

12 그러므로 너희는 죄가 너희 죽을 몸을 지배하지 못하게 하여 몸의 사욕에 순종하지 말고 13 또
한 너희 지체를 불의의 무기로 죄에게 내주지 말고 오직 너희 자신을 죽은 자 가운데서 다시 살아난
자 같이 하나님께 드리며 너희 지체를 의의 무기로 하나님께 드리라 14 죄가 너희를 주장하지 못하리
니 이는 너희가 법 아래에 있지 아니하고 은혜 아래에 있음이라.

"세상에 공짜는 없다."

"먹고 마시고 즐겨라. 내일이면 죽는다."

"친구를 가까이 하라. 적은 더 가까이 하라."

"소비자가 주의를 기울여야 한다."

"가는 정이 고와야 오는 정이 곱다."

"하늘은 스스로 돕는 자를 돕는다."

세상의 지혜가 전해주는 것은 대체로 그릇된 신학이다. 그 이유는 아담의 불순종이 다른 모든 피조물을 그와 함께 반항으로 끌고 들어간 직후부터 세상은 더 이상 하나님이 의도하신 대로 움직이지 않게 되었기 때문이다. 그 결과 하나님의 창조물을 빛냈던 질서와 아름다움은 완전히 사라지지는 않았더라도 일그러지고 기괴하게 변했다. 지금의 세상은 겸손, 이타심, 믿음 그리고 그 중에서도 가장 이질적인 은혜와 같은 천국의 특성이 들어설 여지가 없는 다른 체계에 의해서 움직이고 있다.

바울은 말미에서 내린 결론에서 죄가 죄를 통해 세상과 죽음을 지배하고 있지만, 예수 그리스도는 이미 죄를 정복하셨다고 담대히 선포했다. 그의 말을 인용하자면 이렇다. "죄가 더한 곳에 은혜가 더욱 넘쳤나니 이는 죄가 사망 안에서 왕 노릇 한 것 같이 은혜도 또한 의로 말미암아 왕 노릇 하여 우리 주 예수 그리스도로 말미암아 영생에 이르게 하려 함이라"(5:20-21). 이것은 그가 6-8장에서 설명할 내용을 요약하고 있다.

설명을 시작하기 위해 사도는 죽음이 지배하고 있는 세상과 타락한 마음에 은혜가 얼마

정말 답을 기대하는가?

수사 의문문은 사실상 질문 형식의 서술이기 때문에 실제로 답을 기대하지 않는다. 그것은 논쟁의 기술에서 특히 효과적인 도구로 쓰인다. 수사적 질문은 강력한 주장과 더불어 상대편이 대답할 말을 잃은 채 잠자코 있는 듯 보이게 만든다. 예를 들어, 논쟁을 이런 질문으로 마무리할 수 있다. "내가 내 원칙들을 저버릴 것이라고 기대하는 것은 아니겠지요?"

바울 역시 로마 제국을 두루 다니면서 이와 같은 상황에 숱하게 직면했고, 그것들 중 몇 가지는 로마서에 마치 일반적인 반대를 예상한다는 듯이 쓰여 있다. 이 질문들은 그 문제에 대한 바울의 가르침을 반영하려는 것이 아니라 그에게 대답할 기회를 주기 위한 것이다. 그는 자주 올바른 교리를 설명하기 전에 "그러면 어떠하냐?"라는 말로 수사적 질문을 던진다.

여기 몇 가지 예가 있다

"그런즉 유대인의 나음이 무엇이며 할례의 유익이 무엇이냐"(3:1).

"어떤 자들이 믿지 아니하였으면 어찌하리요 그 믿지 아니함이 하나님의 미쁘심을 폐하겠느냐"(3:3).

"그러면 어떠하냐 우리는 나으냐"(3:9).

"그런즉 자랑할 데가 어디냐 있을 수가 없느니라 무슨 법으로냐"(3:27).

"그런즉 육신으로 우리 조상인 아브라함이 무엇을 얻었다 하리요"(4:1).

"그런즉 우리가 무슨 말을 하리요 은혜를 더하게 하려고 죄에 거하겠느냐"(6:1).

"그런즉 어찌하리요 우리가 법 아래에 있지 아니하고 은혜 아래에 있으니 죄를 지으리요 그럴 수 없느니라"(6:15).

"그런즉 우리가 무슨 말을 하리요 율법이 죄냐"(7:7).

"그런즉 우리가 무슨 말을 하리요 하나님께 불의가 있느냐 그럴 수 없느니라"(9:14).

나 이질적인 것인지를 보여주는 두 가지 질문을 던진다. 이것은 그가 이미 답을 가지고 있는 질문이다.

"그런즉 우리가 무슨 말을 하리요 은혜를 더하게 하려고 죄에 거하겠느냐"(6:1).

"그런즉 어찌하리요 우리가 법 아래에 있지 아니하고 은혜 아래에 있으니 죄를 지으리요 그럴 수 없느니라"(6:15).

그는 틀림없이 예루살렘과 로마 사이에 있는 모든 회당에서 은혜에 대한 이러한 도전에 직면했을 것이다.

—6:1—

수사적 질문은 질문을 가장한 사실상의 진술이기 때문에 딱히 답을 기대하지 않는다. 그러나 그것은 그 진술이 반박할 수 없는 것으로 보이게 만들어 상대편을 궁지로 몰기 때문에 논쟁에 효과적이다. 바울은 그의 반대자들이 은혜의 교리에 도전하게 하기 위해 한 수사적 질문을 나열한다. "만약 죄가 은혜를 불러오고, 죄가 많을수록 은혜가 더해진다면, 천국에서 은혜가 흘러나오도록 가능한 죄를 많이 지어야 하는가?" 반대자들의 대답은 당연히 이럴 것이다. "그것은 사실이 아니다. 그러므로 은혜의 교리는 분명 옳지 않다."

바울의 반대자들은 중요한 점을 지적했다. 타락한 마음은 뒤틀린 관점에서 은혜를 보기 마련이다. 그러나 바울은 그 논박을 유리하게 이용했다. 그의 반대자들은 하나님이 은혜를 받는 사람들을 타락한 마음 상태로 남아 있게 허용하실 수 없으며, 그렇지 않으면 은혜를 받은 사람들이 바울을 비난하는 자들이 그랬듯이, 은혜를 엉망진창으로 훼손할 것이라는 사실을 그들의 왜곡된 관점을 통해 극명하게 입증했다. 그러므로 믿는 자들은 새로운 본성, 새로운 마음을 받아야 한다.

—6:2-3—

바울은 잘못된 생각을 강하게 질책한다. "그럴 수 없느니라!" 즉, "그런 일은 절대 있을 수 없다!"는 뜻이다. 그런 다음 그는 독자들에게 기념비적인 기독교의 진리를 포함하고 있는 두 가지 수사적 질문을 또 던진다. "죄에 대하여 죽은 우리가 어찌 그 가운데 더 살리요?"라는 첫 번째 질문은 성도들은 더 이상 옛 주인을 섬기지 않는다는 사실을 강조한다. 우리의 옛 본성은 죄를 이길 수 없기 때문에 우리는 죄의 종이었다. 그러나 죽음이 우리를 올무에서 해방시켰다. 노예의 속박에서 해방되어 자유롭게 다닐 수 있음에도 불구하고 여전히 학대와 노역에 시달리고 있다면 그 얼마나 비극적인 일인가!

자연스럽게 이것은 다음 질문으로 이어진다. "우리는 분명히 살아 있는데 어떻게 죄에 대해 죽을 수 있는가?" 바울은 두 번째 수사적 질문으로 답한다. "무릇 그리스도 예수와 합하여 세례를 받은 우리는 그의 죽으심과 합하여 세례를 받은 줄을 알지 못하느냐?" 그리고 두 번째 질문은 "연합(identification)"이라는 심오한 진리를 소개한다. 이 진리에 의하면 예수 그리스도를 믿는 모든 사람은 그분과 "합하여 세례를 받았다." 이것이 물 세례가 아님은 문맥을 볼 때 확실히 알 수 있다. 이것은 로마의 성도들, 특히 유대인들에게는 친숙했을 생생한 표현이다.

"Baptize(세례받다)"라는 말은 "담그다, 물 속에 가라앉다"라는 뜻의 헬라어 *baptizō*를 음역한 것이다. 어떤 것 속에 가라앉는다는 말은 그것에 의해 완전히 덮인다는 뜻이다. 또한 세례의 주안점은 연합이다. 유대교로 개종한 사람은 세례를 통해 하나님이 아브라함과 맺은 언약에 참여하게 되고, 따라서 그들은 생물학적 유대인과 동일시되며, 하나님이 아브라함의 히브리 후손들에게 약속하신 모든 것의 상속자가 된다.

우리가 죄로부터 구원받기 위해 예수 그리스도를 믿을 때 우리는 영적인 의미로 그분에게 감싸인다. 실제로, 우리의 정체성은 그분과 연합되어 그분의 경험이 우리의 경험이 된다. 그분은 죽으셨고 우리는 그분과 함께 죽었다. 그분이 죽음에서 살아나 새 생명을 얻으셨으므로 우리도 그럴 것이다. 예수 그리스도, 그분의 죽음, 그분의 부활과 우리가 연합된 덕분에 우리는 죄의 올무에서 해방되었다. 그리스도와의 연합은 믿음에서 시작되지만 결과는 계속 진행 중이다.

이것은 너무나 추상적이어서 어려운 개념이다. 그러나 실제로는 우리가 로마서 3장 21절-5장 21절에서 배운 진리와 크게 다르지 않다. 우리는 예수 그리스도가 우리를 위해 형벌을 받으시고, 우리를 대신해 죄에 대한 법적인 대가를 치르실 때 그분과 동일시되었다. 그 다음에 하나님은 당신의 독생자의 의를 우리의 도덕 계좌에 넣어주셨고, 우리는 믿음을 통해 이 은혜를 받는다. 그러나 은혜는 거기서 그치지 않는다.

워렌 위어스비(Warren Wiersbe)는 우리가 예수 그리스도 안에서 믿음으로 받는 은혜의 지속적인 혜택을 보여주는 멋진 표를 만들었다.[4]

로마서 3:21-5:21	로마서 6-8장
대리: 그분이 나를 위해 죽으심	연합: 내가 그분과 함께 죽음
그분이 내 죄를 위해 죽으심	그분이 죄에 대해 죽으심
그분이 죄의 대가를 치르심	그분이 죄의 권세를 깨뜨리심
칭의: 의롭다고 여김을 받음(내 계좌에 넣음)	성화: 의가 주어짐(내 삶의 일부가 됨)
그분의 죽음으로 인해 구원받음	그분의 생명으로 인해 구원받음

연합은 성도들로 하여금 하나님의 아들이 누리시는 모든 것에 참여하게 해준다. 성도들이 이 선물을 최대한 활용하도록 하기 위해서 바울은 먼저 이 중요한 기독교 진리의 복잡한 원칙을 설명하고(6:4-10), 연합의 개요를 설명하며(6:11-12), 그런 다음 그것을 적용하는 방법을 설명하는 것으로 끝맺는다(6:12). 눈여겨보아야 할 세 가지 핵심 용어는 다음과 같다.

알다.
여기다.
드리다.

—6:4(진리를 알라)—

해방은 법적으로 원하지 않던 속박으로부터 사람을 풀려나게 하지만, 그 사람이 자유를 누리는 것을 보장하지는 않는다. 그 사람은 우선 자신이 풀려났다는 사실을 알아야 한다.

바울은 세 가지 조건적 용어를 사용해서 연합을 설명한다. "그러므로… 이는… 하려 함이라." 접속사 "그러므로(*oun*)"는 사도의 다음 진술이 바로 전에 쓴 내용을 논리적으로 연결한다는 것을 나타내기 때문에 중요하다. 다시 말해서, 다음에 나오는 문장이 별개가 아니라 그 진리를 부연 설명한다는 뜻이다. "무릇 그리스도 예수와 합하여 세례를 받은 우리는 그의 죽으심과 합하여 세례를 받은 줄을 알지 못하느냐"(6:3). 그러므로 "(우리가 그의 죽으심과 합하여 세례를 받았기 때문에) 우리가 그의 (방금 언급한) 죽으심과 합하여 (동일한) 세례를 받음으로 그와 함께 장사되었나니." 6장 4절의 세례는 6장 3절의 세례 – 물이 아닌 영적 세례 – 와 같다.

간혹 은혜와 구원의 약속은 믿음에 의해서가 아니라 물웅덩이를 통해서 얻을 수 있다고 주장하는 사람들이 있기 때문에 나는 이 점을 분명하게 하고 싶다. 바울은 할례 – 하나님과 아브라함의 약속에 유대인들이 참여한다는 중요한 상징인 – 는 어느 누구도 구원할 수 있는 능력이 없다는 진리를 증명하기 위해 상세히 설명했다. 할례는 한 개인의 신앙이 참되다는 것을 증명하기 위한 '공증 날인'이다. 아브라함이 의인으로 인정받은 것은 그의 신앙이었음을 기억하라. 마찬가지로 물 세례 – 그리스도를 통한 하나님의 새 언약에 그리스도인이 참여한다는 중요한 상징 – 는 어느 누구도 구원할 수 있는 능력이 없다. 물 세례는 한 개인이 그리스도와 연합하는 영적 세례가 참되다는 것을 확인해주는 '공증 날인'이다.

6장 4절에 나오는 말들에는 많은 의미가 함축되어 있어서 다음과 같이 분석해보았다.

"그러므로…"	논리적 귀결
"그와 함께 장사되었나니…"	우리의 경험이 그의 경험이다…
"세례를 받음으로…"	그와 연합함으로…
"그의 죽으심…"	그는 죽음에 둘러싸이셨다…
"그리스도를… 살리심과 같이…"	그리스도가 부활하신 것과 동일한 방법으로…
"아버지의 영광으로 말미암아…"	하나님 아버지의 권능에 의해…
"우리로 또한… 하려 함이라…"	우리는 잠재적으로… 것이다…
"새 생명 가운데서 행하게…"	그리스도가 경험하신 새 생명을 경험하고난 후에 그것에 따라서 행동한다.

—6:5-7—

우리가 예수님의 죽음(우리를 대신한 죽음)에 연합했으니 그분의 부활에도 연합하리라는 것이 논리적 귀결이다. 이것은 우리가 알던 모르던 사실이다. 영원한 나라에서 우리는 그분과 같아질 것이다. 우리의 몸은 그분의 몸과 같아질 것이다. 우리는 고통, 고난, 연약함, 유혹에 시달리지 않을 것이다. 그러나 그때까지, 우리가 타락한 세상에서 이 육신을 입고 살고 있는 동안 우리는 이 새 생명을 잠재적으로 소유한다. 그 생명을 지금 여기서 경험하려면 우리는 그것을 주장해야 한다(요한일서 3:2-3을 보라).

"죄의 몸"에 대해서는 바울이 나중에 훨씬 자세히 설명할 것이다. 육신이 본래는 악한 것이 아니라고 해도(어떤 사람들이 주장하듯이), 지금은 우리의 죄로 가득 찬 옛 본성의 매개체임을 인정할 수밖에 없다. 육신은 본래 악하지 않다. 그러나 그것은 이 타락한 세상의 일부이며, 그렇기에 유혹과 타락의 대상이다. 영적인 의미에서 우리는 죽었다. 죽은 몸은 유혹에 반응하지 않는다. 주검은 악행을 선택하지 않는다. 유혹과 죄는 주검에는 아무런 영향을 미치지 못한다. 그리고 언젠가 우리는 이 진리를 물리적으로 경험할 것이다. 그때까지, 곧 우리가 육체적으로 죽고 육체적으로 새 생명을 얻어 부활할 때까지 우리는 이 진리를 경험할 수 있는 기회를 가지고 있다.

이 새롭고 풍성한 그리스도의 생명을 경험하기 위해 밟아야 할 첫 단계는 "이것을 아는 것(Knowing this, 한글 성경에는 "우리가 알거니와"로 번역됨 – 편집자 주)"(6:6)이다. 그것은 바로 "우리의 옛 사람이 예수와 함께 십자가에 못 박힌 것은 죄의 몸이 죽어 다시는 우리가 죄에게 종 노릇 하지 아니하려" 한다는 사실이다. 다시 말해서, 우리는 새로운 관리자 밑으로 들어간 것이다. 우리는 죄, 세상 또는 다른 어떤 지배자의 권세가 아닌 하나님의 권세 아래 있다. 우리는 더 이상 죄를 선택할 의무가 없다.

해병대 초년 시절, 나는 이제까지 만났던 사람들 가운데 가장 무섭고 고압적인 한 훈련 교관 밑에 예속되어 있었다. 그의 목표는 순진한 촌뜨기들과 닳아빠진 도시 떨거지들의 의지를 꺾는 것, 고집 센 소년들을 용감한 전사로 바꾸는 것이었다. 훈련 교관들은 동정심 따위와는 거리가 멀었다. 그들은 모든 행동을 일일이 지시했다. 언제 먹을지, 언제 마실지, 언제 잘지, 언제 일어날지, 심지어는 언제 용변을 볼지까지도. 그리고 불순종의 결과는 가

혹했다.

기초 훈련을 마친 후 나는 숙소와 임무를 부여받았다. 그리고 해병대는 나를 아내에게서 떨어뜨려 지구의 반대편으로 보내 16개월 동안 그곳에 두어도 좋은지 묻지 않았다. 관계는 단순했다. 그들은 나에게 해야 할 것을 말했고, 나는 그대로 해야 했다. 그런 다음 나는 명예롭게 제대했고 더 이상 그들의 권위 아래 있지 않았다.

오랜 세월이 흐른 뒤, 나는 달라스 포트워스 공항에서 탑승을 기다리고 있던 중 먼 과거로부터 울려오는 친숙한 소리를 들었다. "제군들, 줄을 서라. 똑바로! 줄도 똑바로 못 서나? 너는 여기 서고, 너는 저기!" 나는 대번에 그 소리의 정체를 알 수 있었다! 두 명의 훈련 교관이 한 무리의 신병들을 훈련소에 데려가기 위해 탑승 준비를 시키고 있었다.

나는 한편에 서서 그 모습을 지켜보았다. 몇 분이 흐른 후 한 교관의 눈이 나와 마주쳤을 때 나는 말했다. "잘되가나요 중사님? 그 코흘리개들이 제대로 줄을 섰나요?" 그는 나를 보고 씩 웃더니 말했다. "네, 선생님." 나는 그와 즐거운 시간을 가졌다. 왜냐고? 왜냐하면 그는 내 위에 군림할 권위를 가지고 있지 않았기 때문이다. 그는 심지어 나에게 "선생님"이라고까지 했다. 만약 그가 나를 그 줄에 세우려고 했다면 나는 너털웃음을 치고는 재빨리 돌아서서 커피숍을 향해 걸어갔으리라! 나는 해병대 교관에게, 그가 대장이었다고 해도 순종할 필요가 없었다. 그들은 더 이상 나를 지배할 수 없었다.

우리가 그리스도와 함께 죽었을 때 우리의 몸은 죄의 속박에서 풀려났다. 우리는 명예롭게 제대했다.

—6:8-11(진리로 여기라)—

하나님의 선물을 받을 수 있다는 사실을 알았다면, 이제 우리는 그것을 요구해야 한다. 바울은 또 다른 논리적 접속사로 그의 추론을 이어간다. "만일(*ei*)." 이 경우에 사용된 "만일"은 다음에 나오는 내용이 믿는 사람들, 즉 "그리스도와 함께 죽은" 사람들에게만 사실이기 때문에 조건적이다. 만일 우리가 그리스도와 함께 죽었다면 우리는 또한 그분과 함께 살 것을 믿는다. 즉, 그분이 소유한 것과 같은 종류의 생명을 소유한다. 그리고 이것은 죽음으로 끝날 수 없는 새로운 종류의 생명이다.

예수님은 친구 나사로를 부활시키셨다… 일시적으로(요 11장). 그후에 병에 걸려서든, 늙어서든, 재난에 의해서든 나사로는 다시 죽었다. 이것은 예수님이 경험하신 부활이 아니다. 그분은 새로운 생명으로 부활하셨다. 그분의 육신은 죽음에서 깨어나셨을 뿐만 아니라 더 이상 질병, 재난, 노화가 지배하지 못하는 새로운 몸으로 변화되셨다. 그것은 더 이상 이 세상이 학대할 수 없는 몸이었다. 우리의 육신이 죽고 새 생명으로 부활할 때 우리도 그렇게 될 것이다.

그것은 분명한 확신으로 우리가 기대할 수 있는 놀라운 미래이다. 그러나 우리는 기다릴 필요가 없다. 우리는 지금 당장 이 진리의 혜택을 누릴 수 있다. 그리스도는 죽으실 때 모든 사람을 위해서 죽으셨다(3:21–5:21). 그리고 이제 그분이 살아 계시는 새 생명에서, 그분은 "하나님에 대하여" 살아 계신다(6–8장). 부활한 생명은 그 근원도 목적도 모두 하나님이다. 그리고 이 선물을 누리기 위해 우리는 그것이 진리라고 "여기고" 또는 "간주하고", 그것에 맞춰 행동해야 한다. 복음의 대리인으로서의 권위를 바탕으로 바울은 성도들에게 명령한다. "너희 자신을 죄에 대하여는 죽은 자로 여기라." 그것을 사실로 간주하라. 그 진리가 사실이라고 주장하라. 그것에 의지해 말씀대로 살아가라.

—6:12–13(진리를 드리라)—

우리가 노예에서 해방되었고 과거의 속박에서 벗어났다는 것을 알았다면, 새 생명의 혜택을 누리기 위해 새 주인에게 우리 자신을 드려야 한다.

노예들은 주인의 명령을 수행한다. 그들은 주인이 원하는 바를 이루기 위해 사용하는 주인의 도구이다. 해방되기 전에 우리는 죄의 권세를 거절할 수 없었지만, 이제 우리는 죄의 명령에 순종할 필요가 없다. 우리의 육신을 죄의 욕망인 "불의"의 도구로 삼지 말고, 이제 새 주인이신 하나님이 원하시는 "의"를 이루시도록 우리의 몸을 그분께 드려야 한다.

"도구(instrument, 한글 성경의 경우 '무기'로 번역됨 – 편집자 주)"로 번역된 헬라어는 많은 경우 전쟁 무기를 일컫는다. 우리는 더 이상 우리의 몸을 악한 목적을 이루기 위해 죄에게 이용당하는 무기로 드리지 말고 의를 위해 싸우는 보병이 되어야 한다.

—6:14—

바울은 그의 논지를 다음과 같이 요약하여 결론짓는다. "죄가 너희를 주장하지 못하리니." 그런 다음 그는 다음의 요점을 소개한다. "너희가 법 아래에 있지 아니하고 은혜 아래에 있음이라." 우리는 죄의 속박에서 해방되었기 때문에 율법과 관련이 없다. 율법의 목적은 범죄를 지적하는 것이다. 그러므로 죄에 속하지 않은 사람은 율법에 예속되지 않는다.

나는 분명히 완전함과는 거리가 멀다. 그러나 나는 불법 마약을 사용하고 싶은 유혹에 빠진 적이 한 번도 없다. 그것은 나에게 아무것도 해줄 게 없으며, 돌연 사라져버린대도 내 삶은 조금도 변하지 않을 것이다. 그러므로 헤로인의 판매나 소지에 대한 법이 갑자기 바뀌어도 나는 아무 영향도 받지 않을 것이다. 헤로인은 내 삶에 들어설 자리가 없기 때문에 그것의 판매나 사용을 금지하는 법률은 나와 무관하다. 나에 관한 한 그 법규는 있으나마나한 것이다. 그것은 나에게 무의미하다. 다시 말해서 나는 그 법 "아래"에 있지 않다.

본성이 완전히 변화되어 모든 죄에 대한 욕망을 잃어버린 사람이 있다고 상상해보라. 그 사람은 더 이상 법 – 헤로인에 대한 법뿐만이 아닌 모든 법 – 의 규제를 받지 않을 것이다. 그 사람의 삶에서 법, 경찰, 법정, 감옥 같은 것이 존재하지 않는 것과 마찬가지일 것이다. 더 나아가 그 변화된 영혼은 마치 하나님이 아예 어떤 행위는 악하고 어떤 행위는 악하지 않다고 규정하시지 않았던 듯이 살 수 있을 것이다. 그 사람의 행동을 제약하는 규율은 무의미할 것이다. 바울에 의하면, 이것이 바로 변화시키시는 은혜의 능력을 받은 사람에게 잠재된 능력이다.

은혜는 이 세상에 속한 것이 아니다. 은혜는 그 기원을 초자연적인 것에 두고 있으며, 타락한 마음에게는 불가해한 것이다. 그러므로 새로 해방된 영혼이 옛 성품의 이질적인 것을 이해하고 적용하는 데 어려움을 겪는 것은 당연하다.

나는 달라스 신학교의 설립자이자 초대 총장인 루이스 스페리 체이퍼(Lewis Sperry Chafer) 밑에서 수학한 사람들에게서 그에 대한 이야기를 들었다. 81세에 세상을 떠난 그는 생의 마지막 1년을 휠체어에 앉아서 조직 신학을 가르치며 보냈다. 그가 좋아하는 주제는 은혜였다. 체이퍼 밑에서 공부한 내 멘토가 말해주기를, 어느 날 특별히 감동적이었던 강의를 마치고난 후 그 노교수는 성경을 덮고 문 쪽으로 휠체어를 밀고 가서 불을 껐다. 학생들은 미동도 하지 않았다. 그때 그가 말했다. "나는 전 생애를 바쳐 하나님의 은혜를 공부했습니다. 그런데 이제서야 나는 그것을 조금 이해하기 시작했습니다. 여러분, 그것은 정말 위대합니다."

체이퍼 박사 밑에서 공부하고 훗날 내 멘토가 된 사람들은 모두 은혜의 표본들이었다. 한 사람도 예외가 없었다. 은혜가 가진 유쾌한 매력은 다른 사람들에게 강력하고 지속적인 영향을 미친다. 안타까운 것은 율법주의에 대해서도 똑같은 말을 할 수 있다는 사실이다.

적용
지금 최선의 삶을 살라

타락한 마음에 은혜는 너무나 낯선 것이어서 새롭게 회복된 마음이 적응하기가 쉽지는 않다. 그럼에도 성령은 신실하게 모든 환경과 경험을 사용해 새 신자를 안에서부터 변화시키신다. 결국, 육체적 생명이 영원한 생명에게 밀려날 때 우리 믿는 자들은 그리스도와 같이 될 것이다(요일 3:2). 그때까지 우리는 제조 과정 속에 있다.

성령이 변화의 사역을 하실 수 있고, 성실하게 그 임무를 수행하실 동안(빌 1:6) 우리는 그 과정에 참여하라는 부르심을 받았다. 우리가 지금 이곳에서 누리는 삶의 질을 결정하는 데 있어서 우리가 담당해야 할 몫이 있다. 물론 내가 말하는 삶의 질이란 우리의 물리적 환경과는 아무 상관이 없다. 나는 진정한 기쁨, 전능자와의 친밀감, 죄의 충동으로부터의 자유 그리고 그리스도를 닮는 것에 대해 말하고 있다. 하나님은 성실하게 당신의 뜻을 우리 안에서 성취하실 것이지만, 우리가 거기에 얼마나 참여하느냐에 따라서 우리의 발전에 도움이 되기도 하고 방해가 되기도 할 것이다.

은혜 안에서의 성장은 우리가 세 가지 구체적인 변화를 일으키는 방법을 실행하는 것으로 시작된다. 이 패턴은 우리가 새로운 영적 진리에 맞닥뜨릴 때마다 되풀이될 것이다.

진리를 알라(6:3-10). 이 경우에, 우리의 새로운 영적 상태에 대한 진리는 우리가 죄에 대하여 죽었다는 것이다. 그리스도를 믿기 전에 우리는 죄의 노예였다. 우리는 죄를 짓는 것을 중단할 능력이 없었다. 이제 죄는 단 하나의 무기, 곧 속임수만을 가지고 있을 뿐이다. 사탄은 죄에 대한 충동은 끊어질 수 없다고 당신이 생각하기를 원한다. 그러나 진리는 확고하다. 우리는 자유롭다!

진리로 여기라(6:11). 일단 새 진리를 만나면 우리는 우리의 옛 사고방식을 버리고 새 지식으로 바꾸어야 한다. 그것은 쉽지만은 않다. 우리는 무의식적으로 옛 사고방식에 따라 특정한 방식으로 행동하도록 훈련되어 있다. 더구나 우리는 옛 생활 습관 - 그것이 불쾌한 것이어도 - 에 정서적인 애착을 가지고 있다. 습관은 버리기가 쉽지 않다. 그렇기 때문에 우리는 반복적이고 지속적으로 거룩한 진리를 "그것이 진리라고 여겨야" 한다. 다시 말해서 그것이 진리라고 결정해야 한다.

우리 몸을 진리에게 드리라(6:12-13). 어떤 것이 진리라고 판결되면 그것에 맞게 우리의 행동을 바꿔야 한다. 바울은 가장 기본적인 용어로 이 명령을 표현했다. 당신의 마음이 당신의 몸을 지배한다. 그러니 당신의 몸을 지휘하여 당신이 진리로 받아들인 것에 따라서 움직이게 하라.

만약 어떤 억만장자가 온전히 호의로 당신의 은행 계좌에 1억 불을 입금했다고 말하면 어떤 기분일지 상상해보라. 완전히 거저 주는 것이다. 아무 조건도 없다. 세금도 이미 다 납부했다. 당신은 어떨지 몰라도 나는 이렇게 할 것이다.

진리를 알라. 나는 거래하고 있는 은행장에게 전화를 걸어, 정말 내 계좌로 그 돈이 입금되었는지 확인할 것이다.

진리로 여기라. 나는 내 수표책을 꺼내서(나는 아직도 수표책을 가지고 다닌다!) 대장에 입금액을 기입하고 잔액을 계산할 것이다.

내 몸을 진리에게 드리라. 내 교회와 몇몇 내가 좋아하는 사역에 상당액을 기부한 후에 나는 수표를 쓰기 시작할 것이다! 내가 엄청난 부자라는 사실을 받아들이기 힘들겠지만, 나는 필요한 적응을 하기 위해 모든 노력을 다할 것이다.

현재 당신이 반복적이거나 충동적인 특정한 죄로 인해 고통받고 있다면, 아마도 절대 그것에서 벗어나지 못할 거라는 망상에 시달리고 있을 것이다. 나는 변화가 쉬울 거라는 말로 당신을 욕되게 하지 않을 것이다. 그것은 쉽지 않다. 그러나 진리는 단순하다. 당신이 믿는 자라면, 당신이 예수 그리스도를 믿는 믿음으로 하나님이 주시는 영생의 선물을 받았다면, 당신 안에는 상상을 초월하는 영적 재산이 있다. 당신 안에는 어떤 악도 이길 수 있는 힘이 있다. 그분은 다름 아닌 성령으로 나타난 하나님이시다. 그분에게 도움을 청하라!

알고, 여기고, 드리는 것이 우리의 문제를 완전히 해결해주지는 않는다. 나는 영적 성숙의 과정을 지나치게 단순화시킬 생각은 없다. 깊숙이 자리잡은 죄는 간단한 회계 처리보다 더 많은 관심을 필요로 한다. 그러나 그것은 필요한 시작이다.

그러니 기다리지 말라. 지금 시작하라. 옳은 일을 시작하기에 너무 늦은 때란 없다.

누구의 노예인가? (로마서 6:15–23)

15 그런즉 어찌하리요 우리가 법 아래에 있지 아니하고 은혜 아래에 있으니 죄를 지으리요 그럴
수 없느니라 16 너희 자신을 종으로 내주어 누구에게 순종하든지 그 순종함을 받는 자의 종이 되는
줄을 너희가 알지 못하느냐 혹은 죄의 종으로 사망에 이르고 혹은 순종의 종으로 의에 이르느니라
17 하나님께 감사하리로다 너희가 본래 죄의 종이더니 너희에게 전하여 준 바 교훈의 본을 마음으로
순종하여 18 죄로부터 해방되어 의에게 종이 되었느니라 19 너희 육신이 연약하므로 내가 사람의 예
대로 말하노니 전에 너희가 너희 지체를 부정과 불법에 내주어 불법에 이른 것 같이 이제는 너희 지
체를 의에게 종으로 내주어 거룩함에 이르라

20 너희가 죄의 종이 되었을 때에는 의에 대하여 자유로웠느니라 21 너희가 그 때에 무슨 열매를
얻었느냐 이제는 너희가 그 일을 부끄러워하나니 이는 그 마지막이 사망임이라 22 그러나 이제는 너
희가 죄로부터 해방되고 하나님께 종이 되어 거룩함에 이르는 열매를 맺었으니 그 마지막은 영생이
라 23 죄의 삯은 사망이요 하나님의 은사는 그리스도 예수 우리 주 안에 있는 영생이니라.

나의 멘토 중 한 사람인 레이 스테드만(Ray Stedman)은 언제나 흥미로운 장소였던 캘리포니아의 샌프란시스코에서 목회를 했다. 60년대와 70년대에는 특별히 그랬다. 어느 해인가 J. 버논 맥기(J. Vernon McGee)가 로스앤젤레스에 있는 열린문 교회(Church of the Open Door)에서 시리즈 설교를 해달라고 레이를 초청했고, 그는 기꺼이 응했다. 어느 날 저녁 휴식 시간에 그는 북부의 그의 사역지를 생각나게 하는 호프 스트릿(Hope Street)을 거닐었다. 그는 얼마 가지 않아 사뭇 요란한 차림의 주민 한 사람과 마주쳤다. 길고 헝클어진 머리에 터부룩한 수염, 남루한 옷차림을 한 괴상한 남자가 앞뒤로 메시지가 적힌 광고판을 목에 걸고 그를 향해 걸어왔다. 앞면에는 굵은 글씨 – 그가 쓴 것이 분명한 – 로 이렇게 쓰여 있었다. "나는 예수 그리스도의 노예이다." 그 꾀죄죄한 선지자는 레이의 눈을 뚫어져라 쳐다보면서 지나갔고, 그가 인도를 따라 계속 올라가자 레이는 돌아서서 뒤쪽 광고판을 보

았다. 거기에는 이렇게 쓰여 있었다. "당신은 누구의 노예인가?"

질문한 사람이 괴상하기는 하지만 좋은 질문 아닌가! 우리는 모두 무언가를 섬긴다. 관건은 그것이 무엇이냐이다.

어떤 이들은 일의 노예이다. 그렇게 분주함과 성취를 섬기는 사람들은 두세 시간 이상 노트북 컴퓨터를 끄지 못하며, 전자 제품들을 손에서 떼지 못한다. 그들은 관심이 필요한 사랑하는 사람들을 달래주기 위해 업무 휴가를 얻는다. 그러나 쓸 생각이 전혀 없는 그 휴가들을 쌓아놓고 좀처럼 쓰려고 하지 않는다. 균형 잡힌 삶은 늘 지금 진행중인 프로젝트의 마감일 이후에 있다.

어떤 이들은 물질, 소유, 일시적인 것의 노예이다. 만족이란 물질의 소유에서 얻을 수 있다는 환상에 이끌려 그들은 이미 그들이 소유하고 있는 것을 즐길 수 있을 만큼 충분히 소유했다고 생각하지 않는다. 그것은 이런 질문으로 우리를 인도한다. "얼마가 돼야 충분한가?" 백만장자이자 석유업계의 거물인 H. L. 헌트(H. L. Hunt)는 내가 지금까지 들은 가운데 가장 솔직한 대답을 한 것으로 유명하다. "돈이란 기록된 숫자에 불과하다."

그 어느 때보다도 사람들은 관계의 노예가 된 것 같다. 사람들은 마술을 부리듯이 다른 사람들의 인정을 받을 수 있는 보기 좋은 외양으로 변모한다. 그들은 자신들이 받는 인정이나 비난에 따라서 자기 용납과 자기 혐오 사이를 왔다 갔다 한다. 그들은 열정적으로 헌신한다. 그런데 아이러니하게도 그들이 가장 피하고 싶어하는 두려운 상태가 바로 외로움이다.

아마도 가장 불쌍하고 점점 더 흔해지는 노예들은 자아라는 신의 노예가 된 사람들일 것이다. 심리학자들은 그들을 나르시시스트(narcissist)라고 부른다. 그 명칭은 강물에 비친 자기 모습을 보고 사랑에 빠진 나르시스라는 로마 신화 속 인물에게서 나온 것이다. 그는 자기가 사랑하는 대상에게 입을 맞추려다가 입술이 물을 동요시켜 자신의 형상이 사라지자 상심하였고, 애인을 영원히 잃을지도 모른다는 두려움에 강물을 마시지 않았다. 결국 그 자기애의 노예는 목이 말라 죽고 말았다.

나르시시스트들은 심지어 그들이 이타적으로 보일 때에도 자기 자신을 섬기며, 끊임없이 다른 사람들의 시간, 관심, 칭찬, 헌신, 보살핌을 요구한다. 그러나 다른 형태의 예속과 마찬가지로 이것은 더 큰 공허를 가져올 뿐이다.

우리는 모두 무언가를 섬긴다. 중요한 것은 무엇을 섬기느냐이다.

—6:15-16—

바울은 "그런즉 우리가 무슨 말을 하리요 은혜를 더하게 하려고 죄에 거하겠느냐"(6:1)는 질문에 대한 답변을 "죄가 너희를 주장하지 못하리니 이는 너희가 법 아래에 있지 아니하고 은혜 아래에 있음이라"(6:14)는 말로 결론을 지었다. 다시 말해서, 성도들은 이제 죄를 짓지 않기로 선택할 수 있기 때문에 율법을 초월할 수 있는 자유가 있다. 이것은 두 번째 수사적 질문 – 다시 한 번 복음에 대한 반응으로 바울이 자주 들었을 – 을 생각나게 한다. "우리가 법 아래에 있지 아니하고 은혜 아래에 있으니 죄를 지으리요?"

바울은 "그럴 수 없느니라!"고 말하면서 또다시 감정적인 반응을 보인다. 그리고 그는 자신의 수사 의문문으로 시작해서 그 질문이 부조리하다는 것을 보여준다. (수사 의문문은 질문의 형식을 빌린 진술이라는 것을 기억하라.) "너희 자신을 종으로 내주어 누구에게 순종하든지 그 순종함을 받는 자의 종이 되는 줄을 너희가 알지 못하느냐 혹은 죄의 종으로 사망에 이르고 혹은 순종의 종으로 의에 이르느니라." 사도는 독자들에게 인간은 그가 순종한 대상의 종이 된다는 사실을 상기시킨다. 그리고 무언가의 종이 된다는 것은 그 대상의 사욕을 섬기는 도구가 되는 것이다(6:12-13). 은혜가 우리를 자유롭게 했기에 우리는 이제 두 주인 중에서 하나를 선택할 수 있다. 옛 주인인 "죄"는 그것을 섬기는 자들을 파괴하는 데 전념한다. 새 주인인 "순종"은 의와 하나님을 기쁘시게 하는 것들을 추구하며, 그분을 섬기는 자들에게 생명을 준다.

고대 로마인들은 두 가지 형태의 노예 제도를 가진 것으로 알려져 있다. 우리에게 친숙한 종류의 노예 제도는 적을 포획해 그에게 향수를 불러일으키는 모든 것을 파괴한 후, 그를 로마로 보내 경매로 파는 것이었다. 그런데 더 오래되고 더 흔한 형태의 노예 제도는 '자발적 계약'이었다. 가난하게 된 사람들이 먹을 것과 살 곳을 얻기 위해 스스로를 노예로 내놓을 수 있었다. 즉, 자신의 기본적 필요를 채우기 위해 자진해서 노예가 되었던 것이다.

남북 전쟁 후 미국 남부에서는 많은 해방된 노예들이 그들이 필요로 하는 땅과 생계 수단을 받고, 그들이 생산한 것의 대부분을 지주와 '나누어야' 하는 '물납 소작인'이 되는 것 외에 다른 선택의 여지가 없었다. 물론, 이것은 노예 상태를 완곡하게 표현한 것에 지나지 않았다. 그럼에도 불구하고 최후의 수단일 경우만 제외하고 포악한 주인을 선택하는 사람은 아무도 없었다.

사실상 바울은 이렇게 묻고 있다. "너희를 계속 노예로 부리다가 결국에는 죽이는 것이 주목적인 주인을 왜 선택하는가? 그것은 마치 해방된 노예가 옛 주인이 그의 쇠사슬을 더 조이고 교수대를 세우는 일을 돕는 것과 같다! 도대체 어느 누가 자진해서 그런 잔악한 주인을 섬기겠는가?"

우리에게는 채워주어야 할 기본적인 필요가 있다. 그리고 우리는 두 주인 사이에서 선택할 수 있다. 누구에게 갈 것인가? 누구의 사욕을 섬길 것인가? 하나는 생명을, 다른 하나는 죽음을 약속한다.

죄를 섬긴다? 얼마나 터무니없는 생각인가!

—6:17-18—

이러한 사실 앞에서 바울은 즉흥적인 송영을 부른다. "하나님께 감사하리로다." 복음은 현재 진행형의 영원한 의미를 함축하고 있다. 영생은 미래의 어느 때, 이 땅의 생명이 다한 후에 시작된다. 그러나 한 사람이 믿음으로 하나님의 은혜를 받는 즉시 어떤 일이 일어난다. 그 사람에게 그 즉시 새로운 마음, 죄를 싫어하고 새 주인 – 의(義) – 을 섬기고 싶은 갈망이 주어진다.

—6:19—

목사인 나는 삽입 어구로 제시된 바울의 발언에 담긴 진가를 알아볼 수 있다. 좋은 예화는 난해한 개념을 단순 명료하게 만들 수 있다. 찰스 스펄전은 훌륭한 설교를 예화의 창이 없다면 내부가 캄캄할 수밖에 없는 성당에 비유했다. 예화는 그 공간을 빛으로 채워 누구나 분명히 볼 수 있게 해준다. 그러나 특별히 좋은 예화는 그것 자체가 살아나 오히려 초점을 흐릴 수 있다. 설교자들은 비유가 우화로 변하지 않도록 주의해야 한다. 노예 제도의 예는 매우 효과적이지만 한 가지 결점이 있다. 바울이 가르치려고 애쓰는 진리는 실제로는 하나의 역설이다. 하나님의 종이 되는 것은 인간이 체험할 수 있는 자유 중에서 가장 큰 자유인 것이다.

하나님이 아담과 하와를 창조하셨을 때 그들은 하나님의 형상을 완벽하게 담고 있었다. 그들은 자신들이 창조된 목적, 곧 하나님과 무한히 교감하고, 서로가 제약 없는 친밀감을 누리며, 하나님의 부섭정관으로서 다른 피조물을 지배하는 목적에 부합하는 삶을 살았다. 그들이 창조된 목적대로 살 때, 또는 바울이 선택한 표현대로 "의의 종이 되었을 때"만큼 인류가 자유로웠던 적은 없었다.

우리가 "의를 섬기면" 하나님을 기쁘시게 할 뿐 아니라 우리 자신에게도 가장 좋은 일을 하는 것이다. 이것이 우주가 타락하기 전 주님이 순종을 통해 우주를 창조하신 방법이다. 그러나 인간은 진리를 거짓말과 바꾸고, 기본적인 필요를 채우기 위해서 창조주를 찾지 않고 죄에 의탁했다. 그 결정은 죄를 영속시켰을 뿐만 아니라 그에 수반되는 속박도 강화시켰다. 이것이 죄의 악순환이다.

하나님의 은혜는 이 모든 것을 변화시켰다. 그리스도의 희생적 죽음으로 우리가 에덴의 순수와 자유를 어느 정도 되찾을 수 있는 가능성이 생겼다. 우리가 죄를 섬기면 죄에 더 단단히 구속되듯이, 의를 섬기면 우리가 자유롭게 창조된 목적에 부합하는 삶 – 하나님과의 무한한 교감, 서로 간에 제약 없는 친밀성, 하나님의 부섭정관으로서 다른 피조물을 다스리는 것 – 을 살 수 있게 된다. 바울은 이것을 *hagiasmos*라고 했는데, 이 단어는 보통 "성화, 거룩, 성별(聖別), 순결"로 번역된다. 바울에게 성화란 하나의 상태이자 과정이다. 이 단어는 그의 편지에 두 번밖에 나오지 않지만(6:19, 22), 이 큰 부분의 중심 주제이다(롬 6-8장).

—6:20-22—

다시 한 번, 바울은 성도의 선택을 분명하게 설명한다. 죄와 의는 서로 배타적이다. 예수님의 말씀을 인용하자면 이렇다. "한 사람이 두 주인을 섬기지 못할 것이니 혹 이를 미워하고 저를 사랑하거나 혹 이를 중히 여기고 저를 경히 여김이라"(마 6:24). 더구나 인간의 본성은 진공 상태를 몹시 싫어한다. 하나님은 특정한 필요를 가진 존재로 인간을 창조하셨다. 태초에 이러한 물리적, 정서적, 영적 필요는 인간이 하나님과 평화를 누림으로써 채워졌다. 타락 이후 우리는 그것 대신 죄에 의지했다.

이 때문에 사도는 또 다른 수사적 질문을 던지게 되는데, 이번에는 논쟁을 위한 노련한 전략으로서가 아니라 독자로 하여금 내면을 보게 만들기 위해서이다. 그는 이렇게 묻는다. "당신은 죄를 추구함으로써 하나님이 주신 이러한 필요들을 채우려고 했을 때 무엇을 얻었는가?"

수세기 동안 사람들은 이런저런 이유로 향정신성 약물에 의지해왔지만, 가장 기본적인 욕구는 낙심이 아니라 행복을 느끼는 것이다. 그들은 대개 마약이 단기적으로는 즉각적이고 매우 큰 만족감을 준다는 사실을 발견한다. 의학 전문가들은 이러한 약물들이 장기적으로는 이중적인 영향을 미친다고 말한다. 그것들은 복용자에게 약물에 대한 욕구를 증가시키면서 그의 신체 반응을 저하시킨다. 다시 말해서 마약은 점진적으로 더 많이 원하게 만들고, 동일한 만족감에 도달하기 위해서 점점 더 많은 약을 복용하게 만든다.

죄도 이와 같다. 죄는 대체로 변칙적인 방법으로 하나님이 주신 정상적인 필요들을 채우려고 한 결과이다. 바울은 독자들에게 죄의 속박에서 해방되었어도 우리는 여전히 채워져야 할 필요들을 가지고 있다는 사실을 상기시킨다. 그리고 우리는 그것들을 채우기 위해 무언가에 의지할 것이다. 앞에서 말한 바와 같이 우리는 누구나 무언가를 섬긴다. 중요한 것은 무엇을 섬기는가이다.

죄의 속박에서 풀려난 – 이를테면 죄에 대한 중독에서 벗어난 – 성도들은 이제 성취를 위해 창조주께 의지할 것이다. 이제 죄의 견인력은 약해진 반면, 성화의 순환은 성도를 하나님께 더 가까이 끌어당긴다. 주님께 더 많이 의지할수록 의미 있는 만족감과, 역설적으로 더 큰 자유를 얻게 된다. 그리고 하나님의 노예가 되면 궁극적으로 죽음이 아니라 영생으로 인도된다.

어느 누가 그것을 원하지 않겠는가?

—6:23—

바울은 은혜가 죄를 조장한다는 비난에 대한 대답을 간결한 대구로 마무리한다. 대비되는 것에 주목하라.

죄의	그러나	하나님의
삯		거저 주는 선물
죽음		영생

이 구절은 일반적으로 아직 믿지 않는 사람들에게 복음을 설명하기 위해 사용되지만, 바울은 성도들에게 성화를 격려하기 위해서 이 구절을 썼다. 이 결구에서 바울은 그가 다음 장에서 세심한 주의를 기울여 설명할 새로운 개념을 소개한다.

6장에서 바울은 예수 그리스도를 신뢰하고 믿음으로 하나님의 은혜를 받는 자들은 그분과 "합하여 세례를 받았다"고 말했다. 그러므로 성도들은 그분의 경험이 그들의 경험이 되고, 그분의 복이 그들의 복이 되며, 그분의 능력이 그들의 능력이 되도록 그분과 연합된 것이다. 우리는 우리 자신의 힘으로 위에서 말한 어떤 것도 소유하지 못한다. 우리는 "그리스도 안에" 있음으로써 모든 것을 소유한다. 우리는 "죄에 대하여는 죽은 자요 그리스도 예수 안에서 하나님께 대하여는 살아 있는 자"이다(6:11). 더 나아가 우리는 "그리스도 안"에 있음으로써 영생을 얻는다(6:23).

이 "그리스도 안"이라는 개념은 다음에 이어지는 여러 장에서 바울이 독자들에게 말하는 모든 것을 이해하는 데 가장 중요한 개념이다. 성도들의 생명은 그리스도 안에 있는 것에서 나오고, 그들의 기쁨은 그리스도 안에서 발견되어야 하며, 그들의 성공은 그리스도 안에서 안식하는 것에 달려 있고, 우리는 그리스도 안에 있는 다른 사람들과 교제한다.

앞으로 보겠지만, 우리는 "그리스도 안"에 있음으로써 죄의 유혹을 피하고, 우리가 결코 가능하지 않으리라고 생각했던 자유를 누릴 기회를 제공받는다. 그러나 우리가 이 땅의 삶에서 그런 기쁨을 체험하리라는 보장은 없다. 자유롭게 되는 것과 마찬가지로 우리는 "알고(진리를 이해하고)", "여기고(진리를 주장하고)", "드려야(진리를 적용해야)" 한다. 불행하게도, 우리의 옛 주인은 움켜쥔 것을 내놓으려 하지 않는다. 해방은 선언되었다. 그럼에도 우리 주변과 마음속에서는 전쟁이 벌어지고 있다. 당신이 주 예수 그리스도를 믿는다면 당신은 날마다 대답해야 할 질문을 받게 될 것이고, 당신의 대답은 당신을 생명 또는 사망으로 인도할 것이다. 당신은 누구의 종인가?

적용

주인을 선택하라

바울은 이제는 우리가 할 수 없이 죄를 섬기거나 불의의 목적을 이루지 않아도 된다고 당당하게 선포한다(6:15-21). 우리는 자유롭게 죄에 순종하기로 선택해 그 참담한 응보를 거둘 수도 있고, 그리스도께 순종하기로 선택해 그분의 기쁨을 함께 향유할 수도 있다(6:20-23).

바울의 말을 곰곰이 생각하면서 내가 목회한 세월을 뒤돌아보면, 내가 많은 시간을 두 가지 문제 중 하나와 씨름하면서 보내고 있다는 사실을 깨닫는다.

첫째, 나는 무언가에 예속되어 있으면서도 자유롭다고 생각할 수 있다. 이것이 잃어버린 자들의 상태이다. 그들은 성취감을 주거나 문제들을 해결해줄 거라고 생각하는 무언가를 노예처럼 섬긴다. 돈, 직업, 성(性), 관계, 모험,

로마서에 나오는 "그리스도 안에"

"그리스도 안에"라는 구절은 바울에게 매우 의미심장한 말이다. 이 구절은 그의 서신서들에서 적어도 84번 정도 등장하며, 로마서에는 13번 나온다.

로마서 3:24	"그리스도 예수 안에 있는 속량으로 말미암아 하나님의 은혜로 값 없이 의롭다 하심을 얻은 자 되었느니라."
로마서 6:11	"이와 같이 너희도 너희 자신을 죄에 대하여는 죽은 자요 그리스도 예수 안에서 하나님께 대하여는 살아 있는 자로 여길지어다."
로마서 6:23	"죄의 삯은 사망이요 하나님의 은사는 그리스도 예수 우리 주 안에 있는 영생이니라."
로마서 8:1	"그러므로 이제 그리스도 예수 안에 있는 자에게는 결코 정죄함이 없나니."
로마서 8:2	"이는 그리스도 예수 안에 있는 생명의 성령의 법이 죄와 사망의 법에서 너를 해방하였음이라."
로마서 8:39	"높음이나 깊음이나 다른 어떤 피조물이라도 우리를 우리 주 그리스도 예수 안에 있는 하나님의 사랑에서 끊을 수 없으리라."
로마서 9:1	"내가 그리스도 안에서 참말을 하고 거짓말을 아니하노라 나에게 큰 근심이 있는 것과 마음에 그치지 않는 고통이 있는 것을 내 양심이 성령 안에서 나와 더불어 증언하노니."
로마서 12:5	"이와 같이 우리 많은 사람이 그리스도 안에서 한 몸이 되어 서로 지체가 되었느니라."
로마서 15:17	"그러므로 내가 그리스도 예수 안에서 하나님의 일에 대하여 자랑하는 것이 있거니와."
로마서 16:3	"너희는 그리스도 예수 안에서 나의 동역자들인 브리스가와 아굴라에게 문안하라."
로마서 16:7	"내 친척이요 나와 함께 갇혔던 안드로니고와 유니아에게 문안하라 그들은 사도들에게 존중히 여겨지고 또한 나보다 먼저 그리스도 안에 있는 자라."
로마서 16:9	"그리스도 안에서 우리의 동역자인 우르바노와 나의 사랑하는 스다구에게 문안하라."
로마서 16:10	"그리스도 안에서 인정함을 받은 아벨레에게 문안하라 아리스도불로의 권속에게 문안하라."

힘, 평판, 교육, 성취, 심지어는 중독까지도… 이 세상의 우상들은 무수히 많다. 나는 사람들이 그들의 신을 살려두기 위해 희생하면서, 만약 그들이 희망을 두었던 대상이 죽으면 – 또는 죽었을 때 – 어떤 삶을 살게 될지 두려워하는 것을 본다. 그리고 나는 그들이 시종 자기 자신과 다른 사람들에게 지금 그대로의 삶이 좋은 것이라는 확신을 심어주려고 애쓰면서 얼마나 노예처럼 살고 있는지 깨닫지 못하는 것에 놀라움을 금치 못한다. 게다가 그들은 그리스도께 순복하면 그들의 자유를 빼앗길 것이 두려워 복음에 귀를 기울이기를 거부한다!

둘째, 실제로는 자유로운데 스스로 예속되어 있다고 생각할 수 있다. 이 두 번째 문제도 첫 번째 문제만큼이나 비극적이다. 세계 각지의 카운슬링 센터에는 그들이 더 이상 가상의 신들을 섬기지 않아도 된다는 사실을 받아들이기 어려워하는 그리스도인들로 가득 차 있다. 지금 그들은 어떤 것도 요구하지 않으시고 능력을 주시는 하나님을 섬기고 있다는 사실을 인식하지 못한 채 여전히 수치심 뒤에 숨어 죄의 충동에 얽매여 있다. 그들은 자기 자녀들을 정죄하지 않으시고, 그들이 죄를 이기는 것을 보기 원하시는 하나님과 화평을 이루었다.

두 문제 모두 해결책은 동일하다. 바로 진리이다.

한편, 믿지 않는 자들은 "죄의 삯은 사망이요 하나님의 은사는 그리스도 예수 우리 주 안에 있는 영생"임을 알아야 한다(6:23). 그들이 경험하는 '자유'는 죄가 그들이 소중히 여기는 모든 것을 빼앗아가고 있으며, 결국에는 그들을 영원한 고통 속으로 끌고 갈 것이라는 사실로부터 그들의 주의를 돌리기 위한 환상이다.

반면에 성도들은 그들의 자유를 받아들이고 유혹의 실체를 파악해야 한다. 죄를 지을 수 있는 각각의 기회는 우리의 육신을 무언가에 복종시키라는 유혹이다. 유혹은 이렇게 묻는다. "다음 몇 분 동안 네 몸을 어떤 주인에게 복종시키겠는가? 항상 이전보다 더 큰 공허감을 남겨주는 너의 충동에게인가, 언제나 하나님의 자녀로서의 너의 가치를 확인시켜주시는 그리스도에게인가?"

솔직히, 나는 유혹을 받을 때 그냥 나쁜 짓을 하지 않는 것만으로는 충분하지 않다는 사실을 깨달았다. 나는 내 몸을 복종시킬 다른 무언가가 필요하다. 여기 죄의 유혹을 받을 때 도움이 되는 4단계가 있다.

1. 유혹으로부터 도망치라. 다시 말해서 환경을 바꾸라. 당신이 있는 곳에서 단 몇 분만 이라도 다른 곳으로 빨리 이동하라.
2. 대안으로 하나님께 영광을 돌릴 무언가를 하라. 기도도 좋지만 기도에 더 실제적인 무언가를 더하라. 경건한 활동으로 죄의 충동을 체계적으로 해결하라.
3. 죄 대신 하나님을 선택할 자유를 주신 하나님께 감사하고 그분의 격려를 요청하라. 영적 전쟁은 힘겨운 것이다!
4. 무엇이 유혹을 불러일으키는지 분별하여 같은 상황을 피할 수 있는 실제적인 단계를 취하라.

고뇌하는 그리스도인의 초상(로마서 7:1–25)

1형제들아 내가 법 아는 자들에게 말하노니 너희는 그 법이 사람이 살 동안만 그를 주관하는 줄
알지 못하느냐 2남편 있는 여인이 그 남편 생전에는 법으로 그에게 매인 바 되나 만일 그 남편이
죽으면 남편의 법에서 벗어나느니라 3그러므로 만일 그 남편 생전에 다른 남자에게 가면 음녀라 그
러나 만일 남편이 죽으면 그 법에서 자유롭게 되나니 다른 남자에게 갈지라도 음녀가 되지 아니하느
니라

4그러므로 내 형제들아 너희도 그리스도의 몸으로 말미암아 율법에 대하여 죽임을 당하였으니
이는 다른 이 곧 죽은 자 가운데서 살아나신 이에게 가서 우리가 하나님을 위하여 열매를 맺게 하려
함이라 5우리가 육신에 있을 때에는 율법으로 말미암는 죄의 정욕이 우리 지체 중에 역사하여 우리
로 사망을 위하여 열매를 맺게 하였더니 6이제는 우리가 얽매였던 것에 대하여 죽었으므로 율법에
서 벗어났으니 이러므로 우리가 영의 새로운 것으로 섬길 것이요 율법 조문의 묵은 것으로 아니할지
니라

7그런즉 우리가 무슨 말을 하리요 율법이 죄냐 그럴 수 없느니라 율법으로 말미암지 않고는 내가
죄를 알지 못하였으니 곧 율법이 탐내지 말라 하지 아니하였더라면 내가 탐심을 알지 못하였으리라
8그러나 죄가 기회를 타서 계명으로 말미암아 내 속에서 온갖 탐심을 이루었나니 이는 율법이 없으
면 죄가 죽은 것임이라 9전에 율법을 깨닫지 못했을 때에는 내가 살았더니 계명이 이르매 죄는 살아
나고 나는 죽었도다 10생명에 이르게 할 그 계명이 내게 대하여 도리어 사망에 이르게 하는 것이 되
었도다 11죄가 기회를 타서 계명으로 말미암아 나를 속이고 그것으로 나를 죽였는지라 12이로 보건
대 율법은 거룩하고 계명도 거룩하고 의로우며 선하도다

13그런즉 선한 것이 내게 사망이 되었느냐 그럴 수 없느니라 오직 죄가 죄로 드러나기 위하여 선

한 그것으로 말미암아 나를 죽게 만들었으니 이는 계명으로 말미암아 죄로 심히 죄 되게 하려 함이라
14우리가 율법은 신령한 줄 알거니와 나는 육신에 속하여 죄 아래에 팔렸도다 15내가 행하는 것
을 내가 알지 못하노니 곧 내가 원하는 것은 행하지 아니하고 도리어 미워하는 것을 행함이라 16만
일 내가 원하지 아니하는 그것을 행하면 내가 이로써 율법이 선한 것을 시인하노니 17이제는 그것을
행하는 자가 내가 아니요 내 속에 거하는 죄니라 18내 속 곧 내 육신에 선한 것이 거하지 아니하는
줄을 아노니 원함은 내게 있으나 선을 행하는 것은 없노라 19내가 원하는 바 선은 행하지 아니하고
도리어 원하지 아니하는 바 악을 행하는도다 20만일 내가 원하지 아니하는 그것을 하면 이를 행하는
자는 내가 아니요 내 속에 거하는 죄니라

21그러므로 내가 한 법을 깨달았노니 곧 선을 행하기 원하는 나에게 악이 함께 있는 것이로다
22내 속사람으로는 하나님의 법을 즐거워하되 23내 지체 속에서 한 다른 법이 내 마음의 법과 싸워
내 지체 속에 있는 죄의 법으로 나를 사로잡는 것을 보는도다 24오호라 나는 곤고한 사람이로다 이
사망의 몸에서 누가 나를 건져내랴 25우리 주 예수 그리스도로 말미암아 하나님께 감사하리로다 그
런즉 내 자신이 마음으로는 하나님의 법을 육신으로는 죄의 법을 섬기노라.

초상화가에 대해서라면 디미트리 베일(Dimitri Vail)의 사실성에 필적하는 화가는 아마 없을 것이다. 그의 색채와 명암의 선택, 세밀한 부분을 놓치지 않는 섬세함, 심지어는 붓질의 질감까지도 그의 그림에 사진과 분간이 힘들 정도의 사실성을 더해준다. 나는 몇 년 전에 그의 화랑을 여러 차례 방문했다. 그의 화랑은 달라스의 구시가지에 있었다. 초상화들이 걸려 있는 길고 좁다란 회랑을 걸어가노라면 마치 시간을 거슬러 올라가 헐리웃의 유명 인사들을 실제로 만나는 것 같은 느낌이 들었다. 액자마다 주인공의 이름이 새겨진 작은 황동 명패가 달려 있었다. 마치 그들을 필요로 하는 사람이 있기라도 하다는 듯이.

빌 코스비(Bill Cosby)는 특유의 입을 벌리지 않고 웃는 미소를 짓고 있었다. 나는 코미디언들을 보았다. 로완(Rowan)과 마틴(Martin)은 마틴과 루이스(Lewis) 바로 옆에 걸려 있었다. 베니 굿맨(Benny Goodman)이 그렇게 능숙하게 연주하던 클라리넷을 들고 있었고, 그와 나란히 잭 베니(Jack Benny)가 상상을 초월하는 괴로운 소리를 냈던 그의 바이올린과 함께 그려져 있었다. 존 웨인(John Wayne), 제임스 딘(James Dean), 레드 버튼스(Red Buttons), 에드 설리번(Ed Sullivan), 프랭크 시나트라(Frank Sinatra), 소피 터커(Sophie Tucker)도 있었다. 그들과 함께 몇 명의 대통령들, 우주인들, 세계적인 운동선수들이 있었다. 그런데 세상에서 가장 똑똑하고, 용감하고, 아름다운 사람들의 초상화 맨 끝에 침울하

다 못해 거의 울 듯한 슬픈 얼굴의 초상화가 희미한 불빛 속에 걸려 있었다. 액자는 다른 것들에 비해 훨씬 작고 허름했으며, 주인공의 명패도 달려 있지 않았다. 그래서 나는 안내원을 불러 그 그림에 대해 물었다.

"저 사람은 누구죠?" 내가 물었다.

그녀는 의미심장한 미소를 지으며 말했다. "그런 질문을 수도 없이 받아요. 이건 화가의 자화상이에요. 그는 최근 개인적으로 극심한 고통을 당하던 시기에 이 그림을 그렸고, 여기에 걸기로 결정했죠. 이 그림은 판매하지 않습니다."

내가 놀랐다는 것을 인정한다. 나는 이런 뛰어난 사람들 - 유명 인사들, 대중적 영웅들과 정치가들 - 과 어울렸던 사람이라면 끊임없이 기쁨과 흥분 사이를 오가는 영구적으로 사용할 수 있는 운동 기계 같은 사람일 것이라고 예상했던 것 같다. 그런데 그는 내가 아는, 삶과 씨름하는 여느 사람들과 같은 사람이었던 것이다.

내가 아는 한 사도 바울은 그림을 그린 적이 없었다. 그럼에도 불구하고 그가 펜과 잉크로 그린 인간의 초상이 로마 사람들에게 보낸 그의 편지의 화랑에 걸려 있다. 첫 번째 액자는 '잃어버린 사람'이라는 제목을 달고 있으며 직설적이고 정확하다. 그것은 타락, 공허, 교만의 초상이다. 두 번째 액자는 '의롭게 된 죄인'이라는 이름의, 감사하는 마음을 가진 인물의 모습을 담고 있다. 죄의 움켜쥔 손아귀에서 막 벗어난 이 사람은 기쁨을 감추지 못한다. 그 다음 액자에 담긴 '승리하는 성도'의 의기양양한 모습은 고무적이다. 그는 실제로 영생이 죽은 후에 시작되는 것이 아님을, 영생은 그리스도를 믿는 순간부터 시작된다는 사실을 깨달았다.

회랑의 맨 끝에는 어두운 그림이 하나 걸려 있다. 주인공은 슬프고, 지치고, 패배한 사람이다. 그게 누구인지 궁금한가? 그것은 바로 예술가의 자화상이다. 그것은 바울이다. 황동 명패의 먼지를 털어보면 그가 손수 써 넣은 이름을 볼 수 있을 것이다. "곤고한 사람."

로마서 7장은 바울이 "나"라는 일인칭 단수 대명사를 거의 30번 가까이 사용해 표현한 바울의 자화상이다. 그가 언어로 표현한 자화상의 끝머리에서 그는 탄식한다. "나는 곤고한 사람이로다!" "곤고한"이라는 용어는 "고통, 괴로워하는, 비참한"이라는 뜻을 가진 헬라어의 번역이다.

텍사스에는 젖은 옷에서 물을 짜낸다는 뜻의 속어가 있다. 물건을 둘둘 말아 양 끝을 잡고 서로 반대 방향으로 뒤틀어 물을 "짠다(wrench)." 그것이 "곤고한"이라는 말 속에 숨어 있는 뜻이다. 바울은 무언가가 그에게서 생명을 "짜내는" 것 같은 느낌을 표현한 것이다. 왜일까? 어떻게 그럴 수 있을까? 분명 그 초상화들은 '상실'에서 시작해 '승리'를 얻는 과정을 그리고 있다. 그런데 어째서 죄의 학정에서 벗어난 다음에 그려진 초상화인데 고통받고, 고민하고, 비참한 남자의 모습이 표현되었을까?

그 대답을 찾기 위해 우리는 먼저 성도와 행동 또는 '율법'을 지배하는 규칙 사이의 관계를 이해해야 한다.

—7:1–4—

앞에서 바울은 믿는 자들은 "법 아래에 있지 아니하고 은혜 아래에" 있다는 도발적인 발언을 했다(6:14). 이제 그는 먼저 친숙한 민법을 예로 들어 어떻게 그것이 사실인지 다시 설명한다.

바울은 독자들에게 가상의 시나리오를 제시한다. 그 시나리오를 보면 한 남자와 한 여자 사이의 결혼이 명백히 다른 남자와 함께하고 싶은 여자의 욕망 때문에 갈등을 겪고 있다. 그러나 혼인법은 그녀가 남편을 떠나 다른 남자와 결혼하는 것을 금하고 있다. 이 법은 그녀에게 간음죄라는 꼬리표를 붙일 것이다. 그러나 그녀의 배우자가 죽으면 그녀는 법적 의무에서 벗어나 자유롭게 다른 사람과 결혼할 수 있다. "그러므로" – 즉, 동일한 논리에 의해 – 모세의 율법에 대한 성도들의 의무는 죽음으로써 종결되었다.

바울의 예화는 세 가지 요소를 포함하고 있다. 남편, 아내, 그들의 행동을 규정하는 법. 많은 사람들이 모세의 율법을 죽어서야 살아 있는 배우자의 고통을 덜어주는 독재적이고 학대하는 배우자와 같은 것이라고 하면서 율법에 남편의 역할을 갖다 붙이는 실수를 범하고 있다! 그러나 바울의 적용에서 누가 죽는지 유의하여 보라. 그는 율법이 죽는다고 말하지 않았다. 율법은 여전히 살아서 활발하게 활동하며 하나님의 구속 계획에서 자신의 소임을 다하고 있다. 죽는 것은 성도이다. 그리고 그 죽음과 함께 그가 죄와 맺은 혼인의 의무도 종식된다(6:2, 18, 22). 이것은 바울이 7장 6절에서 이 점에 대해 내린 결론을 보면 분명해진다. "이제는 우리가 얽매였던 것에 대하여 죽었으므로 율법에서 벗어났으니." 우리는 이전에 죄에 얽매였었다.

성도와 율법 사이의 관계는 그가 "그리스도 안에서" 죽은 후에도 존재한다. 그러나 그것은 이전과는 전혀 다른 관계이다.

—7:5-6—

하나님은 두 가지 목적을 이루시기 위해서 율법을 주셨다. 첫째, 율법은 우리의 죄를 드러낸다. 하나님은 우리가 회개하고 그분을 믿게 하기 위해 율법을 주어 죄와 대면하게 하셨다. (우리는 이것을 5장 12-13절을 공부할 때 배웠다.) 둘째, 율법은 우리의 악한 본성을 드러낸다. 율법은 우리의 반항적인 본성을 행동으로 옮기게 하여 우리가 스스로를 도울 능력이 없음을 보여주고, 우리의 마음을 변화시키려면 하나님이 필요하다는 사실을 증명한다.

몇 년 전 텍사스 갤버스턴에 있는 갤버스턴 만에 고층 호텔 하나가 최초로 개장했다. 그 호텔은 바다에 너무 인접해 있어서 호텔 주인은 투숙객들이 객실 발코니에서 낚싯줄을 바다로 드리우지 않을까 우려했다. 강한 풍속, 납으로 만들어진 커다란 낚싯봉 그리고 일층의 유리 창문은 나쁜 조합인 것이 분명했다. 그래서 지배인은 바다를 향하고 있는 객실마다 다음과 같은 게시문을 붙였다.

발코니에서 낚시 엄금.

어떻게 됐을까? 알아맞혀보라. 1층의 레스토랑을 방문한 손님들은 납덩이가 유리 창문에 부딪히는 소리를 예사로 들으면서 식사를 했다. 간혹 창문에 금이 가기도 했다. 결국 호텔 관리인들은 실수를 깨닫고 현명한 결정을 내렸다. 그들은 객실 내의 게시문을 모두 떼어냈다.

문제는 해결되었다! 다시는 발코니에서 낚시질을 하는 사람들이 없었다.

바울은 이런 반항적인 본성에 이름을 붙였다. 그는 그것을 "육신"이라고 부르는데, 그가 그 용어를 사용한 방식은 성경의 다른 어떤 작가들과도 같지 않다. 신약 성경을 통틀어 "육신"은 종종 인간의 영혼이나 정신에 반대되는 개념으로서, 인간의 물질적 측면을 상징하는 데 사용되고 있다. 예수님은 육신이 약하다고 한 번 말씀하신 적이 있으나(마 26:41), 바울 이전에는 아무도 육신을 죄가 많다거나 악하다고 말하지 않았다.[5]

바울은 "육신"이라는 단어를 타락한 상태의 인간을 나타내기 위해 상징적으로 사용하고 있다. 육은 하나님이 만드신 원래의 창조 질서가 왜곡된 세상 체계를 따라 생각하도록 프로그램되어 있어서 끊임없이 그분의 의지를 거스른다. 타락한 세상이 은혜를 거스르듯 육은 성령을 거스른다. 그리고 "육신 안에" 있다는 것은 바울이 1장 18–32절에서 묘사한 대로 타락하고 부패한 세상에 호응하여 생각하고 행동하는 것이다.

"이제는", 우리가 죄의 목표를 이룰 율법적 의무로부터 벗어났다고 바울은 선포한다. 더 나아가 우리는 율법에 반하지 않는 새로운 본성을 소유하고 있기 때문에 우리와 율법의 관계는 변했다. 바울은 이 새 본성을 "영(Spirit)"이라고 하면서 대문자 "S"를 사용했다. 왜냐하면 우리가 받은 영은 하나님의 영이기 때문이다. 율법을 공부하고 율법에 맞추어 살면

플라톤이 말한 세상

BC 400년경 소크라테스의 제자인 플라톤이 제시한 우주에 대한 설명이 천 년 동안 서구의 철학, 과학, 종교에 영향을 미쳤다. 사실상, 기독교 신학의 많은 부분도 부지불식간에 플라톤의 영향을 받았고, 대부분 치명적인 결과를 가져왔다.

플라톤은 우주를 두 개의 영역으로 나누었다. "이데아(또는 '형상')"의 영역은 이론상으로만 존재하는 모든 사물로 이루어졌다. 이 실체가 없는 영역은 완전하고 질서 정연하며, 도덕적으로 순결하고 영원하다. 이것은 인격도 아니고 비인격도 아닌, 이성과 질서의 근원인 떼오스(theos, "신")가 있는 곳이다. "물질(또는 '실체')"의 영역은 그에 반해 우리가 살고 있는 물리적, 물질적 세상이다. 이것은 훨씬 우월한 이데아의 세계에 대한 불완전하고 열등한 표현이다.

예를 들어 이데아의 세계에서 '의자'라는 개념은 물질적 세계에서 여러 가지 방법으로 나타난다. 식탁 의자, 책상 의자, 흔들의자, 심지어 안락의자도 있다. 그것들은 다 다르지만 모두가 각각의 아이템을 의자로 규정하는 무형의 특질 또는 이데아를 구현한다. 그러나 이러한 물질적 표현은 불완전하다. 부패하지 않는 불멸의 의자 이데아와는 달리 그것들은 파괴되거나 변형되거나 오염될 수 있다. 그러므로 그것들은 열등하다. 각각의 물질적 의자는 이데아의 세계에 존재하는 진정한 의자의 그림자에 불과하다.

이러한 우주의 모델은 끝없는 종교적·철학적 체계의 원천이 되었다. 그것들은 대부분 인간을 타락한 물질적 육신 속에 갇힌 '영혼'인 순수한 이데아의 편린으로 보았다. 인간의 영혼은 순수하고 영원히 결코 부패하지 않는 선이지만, 육신은 생래적으로 악하고 더럽혀진 감옥이다.

바울은 그리스 철학을 잘 알고 있었지만, 구약의 우주론에 배치되는 플라톤의 우주론을 거부했다. 그렇기 때문에 바울이 의미한 '영'과 '육신'을 그리스 철학의 영향을 받은 우리 문화가 미묘하게 암시하는 대로가 아니라 바울이 의도한 대로 해석하도록 주의를 기울여야 한다.

서 글자 하나까지도 다 지키는(어쨌든 우리는 그럴 능력도 없다) 대신 우리는 불순종할 수 없는 하나님의 영이 우리를 통해 사시도록 허용한다.

한 시인은 그것을 이렇게 표현했다.

율법은 엄격한 주인
벽돌을 요구하고 지푸라기를 거부한다.
그러나 율법이 복음의 혀로 노래할 때
그것은 나에게 날라고 하며 날개를 준다.[6]

—7:7-13—

바울은 이 부분에서 유대인 독자들이 그를 오해할 수도 있다고 생각한 것 같다. 그의 열정적인 어조 때문에 사람들 중에는 그가 율법을 악한 것으로 여기거나, 은혜가 율법에 반한다고 생각하게 만들 가능성이 있었다. 또 어떤 이들은 그가 사용한 예화가 죄와 율법이 동의어라는 의미를 담고 있다고 오해할 수 있었다. 그래서 그는 단도직입적으로 이렇게 묻는다. "율법이 죄냐?"

또다시 사도는 감정적인 반응을 보인다. "그럴 수 없느니라!" 그러고나서 언제나처럼 그는 빈틈없는 설명을 내놓는다. 율법의 원래 목적 – 우리로 하여금 죄에 대해 해명하게 하고 우리 "육신"의 죄성을 드러내는 – 은 선하다. 바울의 설명을 우리 시대의 예화로 풀어 보면 이해하기 쉬울 것이다.

얼마 전까지만 해도 사람들은 대부분 말기가 될 때까지 암을 발견하지 못했다. 대부분은 처음 증상을 자각했을 때 의사로부터 절망적인 말을 들었다. 그러던 중 환자의 몸을 빠르고 정확하게 검사하여 상세한 영상을 내놓는 MRI가 개발되었다. 영상이 나오면 숙련된 사람이 그것을 검토하여 환자가 어떤 징후를 느끼기 훨씬 전에 암 종양의 위치를 찾을 수 있다. MRI 결과 암으로 진단됐다고 해서 환자가 자신의 병에 대해 그 기계를 탓한다면 어리석은 일일 것이다. 오히려 그는 치료받을 수 있는 초기에 병을 발견한 것에 대해 감사해야 할 것이다.

본질적으로 바울은 이렇게 말한 것이다. "나는 율법이 나의 치명적인 상태를 드러내기 전까지 내가 죄라는 병으로 죽어가고 있다는 사실을 몰랐다. 더구나 율법은 내 병을 사랑해서 그것을 지키기 위해 무슨 짓이라도 할 수 있는 내 모습을 보여주었다. 나는 죽은 사람처럼 살고 있었다! 내 문제를 지적함으로써 율법은 내가 사형 선고를 받은 상태에서 살고 있다는 사실을 보여주었다."

율법은 하나님의 진단 도구이다. 그것의 목적은 죄라는 병을 드러내어 우리에게 그 예후를 보여주는 것이다. 그 병은 치료받지 않으면 치명적이지만 완치될 수 있다. 율법이 죽음을 야기시키는가? 그것은 MRI가 암을 발생시키지 않는 것과 마찬가지이다.

—7:14-16—

바울은 앞에서 "육신"의 개념을 영에 반대되는 것이라고 소개했다. 그는 육신이 어떤 식으로, 특히 상호 작용이 점점 더 복잡해질수록 성도들에게 어떻게 계속해서 영향을 미치는지 설명할 필요가 있다. 어떤 사람이 믿음을 갖기 전이라면 육신은 죄를 섬기고 율법의 정죄를 느낀다. 그 사람이 계속 율법을 지키기 원해도 모든 노력은 곧 실패하게 된다. 일단 믿음을 통해 하나님의 은혜를 받으면 성령이 그 성도 안에 거하시게 된다. 그래서 내적 갈등이 시작된다. 육신은 계속 죄를 섬기는데 성령은 의를 섬긴다. "내가 행하는 것을 내가 알지 못하노니 곧 내가 원하는 것은 행하지 아니하고 도리어 미워하는 것을 행함이라 만일 내가 원하지 아니하는 그것을 행하면 내가 이로써 율법이 선한 것을 시인하노니"(7:15-16).

—7:17-23—

바울은 육욕적으로 죄를 지향하는 것을 "내 속에 거하는 죄"라고 표현했다. 예수 그리스도를 믿었을 때 새로운 본성을 받았지만, 그의 몸은 자기 나름의 마음을 소유하고 있는 것 같다. 이는 마치 그가 가장 싫어하는 것을 좋아하는 사람과 그 자신이 결합된 것 같은 느낌이었다. 똑같은 상황이 모든 믿는 사람에게 벌어지고 있다. 모든 그리스도인은 예수 그리스도처럼 행동하기만을 바라는 새로운 본성을 받는다. 그러나 인간의 옛 본성인 육신은 이전과 같은 삶을 계속하기 원한다. 여기 그 전투를 묘사한 대목이 있다.

> "이제는 그것을 행하는 자가 내가 아니요 내 속에 거하는 죄니라 내 속 곧 내 육신에 선한 것이 거하지 아니하는 줄을 아노니 원함은 내게 있으나 선을 행하는 것은 없노라 내가 원하는 바 선은 행하지 아니하고 도리어 원하지 아니하는 바 악을 행하는도다 만일 내가 원하지 아니하는 그것을 하면 이를 행하는 자는 내가 아니요 내 속에 거하는 죄니라 그러므로 내가 한 법을 깨달았노니 곧 선을 행하기 원하는 나에게 악이 함께 있는 것이로다 내 속사람으로는 하나님의 법을 즐거워하되 내 지체 속에서 한 다른 법이 내 마음의 법과 싸워 내 지체 속에 있는 죄의 법으로 나를 사로잡는 것을 보는도다"(7:17-23).

다시 한 번 헤로인의 비유를 들고자 한다. 대부분의 전문가들은 단번에 마약을 끊는 것은 인간이 견딜 수 있는 일 가운데 가장 괴로운 경험 중 하나라는 데 동의한다. 뼈와 근육의 통증, 불면증, 설사, 구토, 충격을 받은 것 같은 증상들이 보통 마약을 중단하고 2-3일 후에 절정에 달하고, 진정되기까지 일주일 이상이 걸린다. 중독자가 심리적 외상으로 고통받는 것은 둘째 치고라도 육체적 고통만으로도 충분히 괴롭다. 그런데 그 고통스러운 금단증상을 견뎌내고 물리적인 의존성을 극복한 후에도 많은 사람들이 다시 마약을 찾는다. 중독자들을 마약에 빠져들게 만드는 문제들이 여전히 존재하고 있고, 혼자서 견디기에는 거기서 벗어나고 싶은 갈망이 대단히 크기 때문이다.

물리적으로 어떤 것에 의존해본 경험이 있는 사람이라면 누구나 그 욕구가 절대 사라지지 않는다는 사실을 단언할 것이다. 심지어는 담배를 끊은 사람들도 금연한 지 몇 년이 지난 후에도 이따금 맛있는 식사를 한 후에 흡연 욕구를 느낀다고 한다. 그것이 마약 중독 치료 전문가들이 한결같이 몸이 물리적 의존성을 극복하게 하는 치료는 시작에 불과하다고 말하는 이유이다. 평생 동안 맑은 정신을 유지하기 위해 가장 중요한 것은 마음의 치료 - 그것 자체가 필생의 노력을 요하는 - 이다. 중독은 실제로는 '치료'되지 않는다. 중독은 늘 중독자들의 삶의 일부분일 것이다. 그러나 중독자들은 영원히 '회복 중'인 상태를 유지할 수 있다.

우리는 모두 만성적으로 죄에 중독되어 있다. 구원받은 오랜 후에도 우리의 몸은 잠깐의 쾌락을 주고 오랜 고통을 야기하는 죄를 갈망한다. 그리고 죄를 향한 갈망에 빠지게 하는 유혹은 우리 삶 속에 항상 존재할 것이다. 적어도 우리가 "이 사망의 몸"(24절)에서 풀려나게 될 때까지는. 그럼 지금은? "오호라 나는 곤고한 사람이로다!"

—7:24-25—

옛 본성과의 싸움에 대한 바울의 표현은 평범한 그리스도인들이 부딪힐 미래의 처절한 모습을 그리고 있지 않은가? 나는 내가 바울이 아니라는 것을 순순히 인정한다. 그러니 만약 바울이 패배감을 느꼈다면 내게인들 무슨 희망이 있겠는가?

바울은 자기 자신을 "곤고한 사람"이라는 말로 표현했다. 현대어에서는 그 말이 많이 쓰이지 않지만, 그것을 대신할 말을 나는 생각해낼 수 없다. 그러니 언어로 그림을 그려보겠다. 12라운드의 접전을 마친 한 복서가 있다고 치자. 수개월에 걸친 훈련, 대대적인 광고, 챔피언의 영광에 대한 간절한 꿈은 사라지고, 그는 눈두덩이가 부어올라 잘 볼 수도 없고, 갈비뼈 두어 대가 부러져 숨도 제대로 쉬지 못하면서 기진맥진한 채 축 처져 있다. 설상가상으로 그는 링 한가운데에서 그의 패배가 관객들에게 선포되는 소리를 들어야 한다.

바울이 묘사한 싸움은 그를 비참하게 만들었다. 육, 즉 자기 힘으로는 자신의 육신을 이길 수 없기에 그는 도움을 요청한다. 죽음 이외에 무엇이 그를 그의 마음이 의를 갈망하는 것보다 훨씬 더 강력하게 죄를 갈구하는 육신으로부터 자유롭게 해줄 수 있을까? 누가 그를 그의 고통에서 구원해줄 것인가?

답은 금방 나온다. "하나님, 우리 주 예수 그리스도."

내가 달라스의 디미트리 베일의 화랑을 떠나려고 할 때 안내원이 말했다. "우리는 베일 씨가 좀 더 행복했을 때의 자화상을 하나 더 그렸으면 해요." 나는 그가 그렇게 했는지 아닌지 모른다. 다행히도 바울은 7장에서 그림을 중단하지 않았다. 그의 걸작품은 아직 나오지 않았다. 그리고 바울의 소망이 우리의 소망이기에 우리는 확신을 가지고 그가 기대한 것과 동일한 영광된 미래를 기대할 수 있다. 기다려보라.

적용
무지개 좇기, 자기 계발 그리고 다른 헛된 추구

성도가 한 번 죄에 대해 죽으면 "그리스도 안에서" 그 사람과 율법의 관계는 영원히 변한다. 새 언약(렘 31:31–33)은 우리에게 새 삶의 규율 – 성령(7:1–6) – 을 준다. 하나님은 우리가 우리의 불의를 직시하고 구원의 필요성을 보게 하시려고 인간에게 율법을 주셨다. 한 사람이 율법을 지키려는 헛된 노력을 버리고 예수 그리스도를 믿음으로 은혜를 받으면 율법은 그 소임을 다한 것이다(7:7–13). 율법과 성도의 관계는 이제 끊어진다.

그러면 이제 구원받은 우리의 삶의 목표는 무엇인가? 율법을 지킴으로써 하나님을 기쁘시게 해야 하는 것 아닌가? 우리는 도덕적으로 완전하신 그리스도와 같이 되어야 하는 것 아닌가? 선행을 추구하고 우리 삶 속에서 죄를 뿌리뽑아 하나님의 친절에 보답해야 하는 것 아닌가? 이제 우리는 하나님의 은혜로 정죄받지 않게 되었으니 금식, 기도, 성경 공부, 십일조 그리고 다른 영적 훈련을 통해 우리 자신을 성화시켜야 하지 않겠는가?

만약 바울의 자화상이 우리에게 가르쳐준 것이 있다면 육신의 힘으로 이룬 자기 계발은 헛된 노력이라는 것이다(7:14–25). 당신은 스스로를 채찍질해 그리스도와 같이 되려고 노력할 수 있지만, 그러나 차라리 무지개를 잡는 것이 더 수월할 것이다. 일부 선생들이나 설교자들은 하나님처럼 완벽해지는 것이 불가능하다는 사실을 알면서도 높은 이상을 갖는 것에서 가치를 찾는다. 어떤 이들은 완전함의 기준을 도달하기 쉽게 낮춘 다음 죄를 이겼다고 주장한다. 대부분의 사람들은 그냥 비참하게 나가떨어질 때까지 애쓰다가 – 어떤 때에는 파괴적인 힘에 의해 – 무너진다.

그러나 하나님은 결코 완전함을 요구하지 않으신다. (다시 읽으라. 큰 소리로!) 오염되지 않은 도덕성은 에덴 동산과 함께 사라졌다. 우리는 은혜로 구원받은 다음에 스스로의 노력으로 성화되는 것이 아니다. 은혜의 역사는 반쪽 짜리가 아니다. 7장 13–25절에서 바울이 서술하는 비참한 자화상의 핵심은 인간은 구원받기 전에도 그랬듯 구원받은 후에도 스스로 죄를 정화할 수 없음을 보여주기 위한 것이다. 오직 하나님만 영혼을 정결케 하실 수 있다.

그렇다면 은혜로 구원받은 성도로서 이제 우리의 의무는 무엇인가? 첫째 목표는 예수 그리스도와 개인적으로 점점 더 깊어지는 친밀한 관계 속에서 그분을 아는 것이다(빌 3:8–

11). 만일 우리가 성경을 읽고, 기도하고, 묵상하고, 일기를 쓰고, 금식을 한다면 그것을 하는 유일한 목적은 그분의 마음을 알기 위한 것이어야 한다. 만일 우리가 예배하고, 섬기고, 성찬식에 참여하고, 성도들과 함께 시간을 보낸다면, 그것은 다른 사람들을 변화시키시는 그분의 역사를 통해서 그분에 대해 배우기 위한 것이어야 한다. 만일 우리가 가난한 자들을 먹이고, 약한 자를 보호하며, 외로운 자를 위로하고, 파괴되고 가난한 지역에 복음을 선포한다면, 그것은 우리가 그분의 신발을 신고 걷는 것이 그분의 성품을 직접적인 체험을 통해 알게 되는 것이기 때문이어야 한다. 시련이나 승리를 경험할 때마다 그리스도의 성품을 알고 그분의 목적을 더 잘 이해하게 되는 기회로 삼자.

영적 훈련은 거룩함에 도달하는 방법이 아니다. 그것은 그리스도를 아는 방법이다. 우리가 개인적인 경건 생활에 힘쓰고, 다른 믿는 사람들과 교제하며, 그리스도의 이름으로 세상에 나아가면 – 우리가 점점 더 그분을 깊이 알게 되면서 – 성령은 그분만이 하실 수 있는 일, 즉 우리가 구세주를 더 닮아가게 하실 것이다. 달이 스스로 빛을 발하지 못하지만 태양빛을 반사하듯이, 우리도 하나님의 아들과 가까워질수록 하나님의 빛으로 빛날 것이다.

바로 그것이 가치 있는 추구이다.

우리의 행보에 대해서 이야기하자(로마서 8:1-17)

1그러므로 이제 그리스도 예수 안에 있는 자에게는 결코 정죄함이 없나니 2이는 그리스도 예수
안에 있는 생명의 성령의 법이 죄와 사망의 법에서 너를 해방하였음이라 3율법이 육신으로 말미암
아 연약하여 할 수 없는 그것을 하나님은 하시나니 곧 죄로 말미암아 자기 아들을 죄 있는 육신의 모
양으로 보내어 육신에 죄를 정하사 4육신을 따르지 않고 그 영을 따라 행하는 우리에게 율법의 요구
가 이루어지게 하려 하심이니라 5육신을 따르는 자는 육신의 일을, 영을 따르는 자는 영의 일을 생
각하나니 6육신의 생각은 사망이요 영의 생각은 생명과 평안이니라 7육신의 생각은 하나님과 원수
가 되나니 이는 하나님의 법에 굴복하지 아니할 뿐 아니라 할 수도 없음이라 8육신에 있는 자들은
하나님을 기쁘시게 할 수 없느니라

9만일 너희 속에 하나님의 영이 거하시면 너희가 육신에 있지 아니하고 영에 있나니 누구든지 그
리스도의 영이 없으면 그리스도의 사람이 아니라 10또 그리스도께서 너희 안에 계시면 몸은 죄로 말
미암아 죽은 것이나 영은 의로 말미암아 살아 있는 것이니라 11예수를 죽은 자 가운데서 살리신 이의

영이 너희 안에 거하시면 그리스도 예수를 죽은 자 가운데서 살리신 이가 너희 안에 거하시는 그의
영으로 말미암아 너희 죽을 몸도 살리시리라
12그러므로 형제들아 우리가 빚진 자로되 육신에게 져서 육신대로 살 것이 아니니라 13너희가 육
신대로 살면 반드시 죽을 것이로되 영으로써 몸의 행실을 죽이면 살리니 14무릇 하나님의 영으로 인
도함을 받는 사람은 곧 하나님의 아들이라 15너희는 다시 무서워하는 종의 영을 받지 아니하고 양자
의 영을 받았으므로 우리가 아빠 아버지라고 부르짖느니라 16성령이 친히 우리의 영과 더불어 우리
가 하나님의 자녀인 것을 증언하시나니 17자녀이면 또한 상속자 곧 하나님의 상속자요 그리스도와
함께 한 상속자니 우리가 그와 함께 영광을 받기 위하여 고난도 함께 받아야 할 것이니라.

서부 텍사스에서 콜로라도로, 특히 여름의 폭염 속에서 차를 몰고 가는 것은 정말 고역 가운데 고역이다. 나는 에어컨도 없이 그런 적이 있었는데, 말을 타고 가는 것과 거의 흡사한 경험이지 않을까 싶다. 여행은 끝이 보이지 않는 황량하고 먼지가 폴폴 날리는 평원에서 시작된다. 몇 시간 동안 아무 변화도 없는 좁고 길게 뻗어 있는 텍사스를 거슬러 올라가면서 끝없이 펼쳐진 뜨거운 길 위를 달리다보면 문득 도대체 주 경계선을 넘을 수 있기는 있는 걸까 하는 의구심이 든다. 마침내 텍사스의 텍스라인(Texline)이라는 재치 있는 이름의 마을을 통과하여 뉴 멕시코의 옛 산타페 트레일로 접어들면 거기서부터 25번 주간고속도로(Interstate 25)이다. 그 지역은 대부분이 평평하고, 먼지가 많고, 뜨겁다. 사막이 얼마나 숨 막힐 듯이 더운지 내가 말했던가?

마침내, 간신히, 해발 2천 미터 이상 솟아 있는 라톤 패스를 통과하면 에어컨은 꺼지고, 창문은 내려가고, 갈색은 초록색으로 바뀌고, 멀리 꼭대기에 눈을 뒤집어쓴 산들이 처음으로 눈에 들어온다. 얼마 지나지 않아 낮에는 좀 더 서늘한 공기를 호흡하고, 밤에는 빗소리를 듣게 될 것이다. 이따금, 나는 콜로라도의 산 속에 하나님이 사실 거라고 생각하고 싶은 유혹에 빠진다. 산꼭대기와 계곡 사이에서 울리는 천둥소리를 듣다보면 마치 하나님이 기침을 하시는 것 같다.

바울의 편지는 우리를 험한 지역으로 데려왔다. 먼지가 이는 영적 황무지에서 출발하여 끝없이 펼쳐진 건조한 평원을 지나 수 킬로미터 밖으로 왔다. 그리고 로마서 7장의 사막이 특히나 더 실망스러웠던 이유는 그것이 우리가 떠나서 기뻐했던 곳과 대단히 비슷해 보였기 때문이다.[7] 다행히도 바울의 편지는 삶, 특히 그리스도인의 삶과 매우 닮아 있다. 희

망찬 마음이 사그라질 즈음 우리는 하나님의 라톤 패스에 진입한다.

사도가 그의 암울한 자화상 속에서 표현한 것은 하나님의 영이 없는 상태에서 그리스도인의 삶을 살려는 노력이 얼마나 덧없는가이다. 이것은 믿음을 떠나 의롭다 함을 얻으려고 애쓰는 것만큼이나 허망한 일이다. 우리는 그분의 무조건적인 호의 없이 죄라는 치명적 질병을 극복하지 못할 뿐더러, 또한 하나님의 영이 은혜를 베풀지 않으시면 그분을 기쁘시게 할 수 없다. 바울은 그것에 대해 이렇게 말하고 있다. "내 속 곧 내 육신에 선한 것이 거하지 아니하는 줄을 아노니 원함은 내게 있으나 선을 행하는 것은 없노라"(7:18).

그리스도인의 여정에서 나는 '곤고함'이 반드시 거쳐야 할 기착지임을 깨달았다. 바울처럼 나도 완전히 속수무책이었던 지점이 있었다. 나는 하나님이 기뻐하시는 삶, 내가 진정으로 바라는 방식의 삶을 삶 수 없는 나의 무능함 속에 갇혀버린 느낌이었다. 나는 아마도 그리스도인을 가장 의기소침하게 만드는 감정일 죄책감에 짓눌려 괴로워했다. 수치심만큼 단번에 당신을 잡아 끌어 죄 쪽으로 밀어 넣는 것은 없을 것이다.

설상가상으로 나는 그릇된 신학을 가진 선의의 사람들로부터 지도를 받고 있었다. 오늘날 많은 교회들은 예수 그리스도를 믿은 후에 대해서는 이상하리만치 침묵하고 죽은 후에 대해서만 말하는 복음을 전한다. 이런 식의 복음에 의하면 그리스도인들은 최후의 심판 때까지 자기 힘으로 육신과 싸워야 하고, 그 최후의 심판 날 그들을 맞이하기 위해 진주로 장식된 문이 열릴 때 그들의 곤고한 싸움이 녹화된 테이프가 모든 사람 앞에서 재생될 것이다. 이상한 가르침이다.

은혜로 구원받고 행위로 성화된다? 이것은 복음이 아니다.

나는 곤고한 상태에 이르고나서야 내가 그리스도인의 삶을 살 수 없다는 사실에 굴복했다. 그제서야 비로소 – 갈 데까지 가고나서야 – 나는 로마서 8장의 서두에 나오는 바울의 충격적인 선언에 담긴 진리를 받아들일 마음이 되었다. 암흑 속의 섬광처럼, 하나님이 계시는 곳으로 가는 여정 속에서 만나는 라톤 패스처럼 진리가 보이기 시작한다. "그러므로 이제 그리스도 예수 안에 있는 자에게는 결코 정죄함이 없나니"(8:1). 이것이야말로 "그리스도 안에서"의 새 삶에 대한 가장 중요한 진리이다. 이것이야말로 우리가 딛고 서고, 그것에 의해 살며, 그것을 통해 결국에는 승리를 쟁취할 진리인 것이다.

우리는 중요한 전환점에 도달했다. 이 지점에서부터 여정은 자주 힘겹고 때로는 혼란스럽기도 하겠지만, 결코 우리를 분노하게 하지는 않을 것이다. 이 시점에서부터 복음은 점점 더 좋아진다.

—8:1-4—

첫 번째 단어를 그냥 지나치면 안 된다. 접속 부사인 "그러므로"는 그냥 지나치기에는 대단히 중요하다. 이 단어는 1절 "이제 그리스도 예수 안에 있는 자에게는 결코 정죄함이 없나니"가 그 앞에 서술된 생각의 연속이라는 사실을 말해준다.

외롭고 허망한 육신과의 암울한 싸움 속에서 그는 부르짖는다. "이 사망의 몸에서 누가 나를 건져내랴?" "건져내랴?"가 미래 시제임에 유의하라. 영원한 운명은 이미 결정되었다(3:28, 5:1-2, 6:23). 바울의 마음속에 있는 질문은 그가 지금 겪고 있는 싸움에 관한 것이었다. 그리고 답이 이어진다. "우리 주 예수 그리스도로 말미암아 하나님(이 나를 이 사망의 몸에서 건져내실 것이다)." "그러므로 이제… 결코 정죄함이 없나니."

8장 1-4절에 나오는 세 가지 중요한 진리는 다음과 같다.

첫째, 우리는 심판을 받을 때뿐만 아니라 지금도 영원히 안전하다(8:1). 하나님은 우리가 의롭다 함을 받았다는 사실을 공식적으로 선포하셨고, 하나님은 당신의 말씀을 절대 철회하지 않으신다.

둘째, 우리는 천국에 들어갈 때뿐만 아니라 지금도 내적으로 죄의 지배를 받지 않는다(8:2). 생명의 영이 우리를 해방시켰다(결과가 지속적으로 영향을 미치는 과거 시제).

셋째, 우리는 천국의 심판대 앞에 섰을 때뿐만 아니라 지금도 신분상 의인이다(8:3-4). 율법이 이룰 수 없었던 것을 하나님은 우리를 위해 당신의 아들을 통해 이루셨다.

나는 바울이 맨 앞에 이 안심시켜주는 말을 쓴 것에 대해 감사한다. 이것은 곤고한 사람을 위로할 뿐만 아니라 홀가분한 마음으로 그가 다음에 가르쳐주는 것들에 귀를 기울이고 집중하게 해준다. 여러 차례 나는 사람들이 우리 아이들 중 한 명에 대한 소식을 전해주려고 건 전화를 받았고, 나는 그들이 곧바로 이렇게 말해준 것에 대해 깊이 감사한다. "척, 우선 자네 아들(또는 딸)은 무사하다네." 가장 큰 두려움에서 벗어나면 용건을 더 집중해서 들을 수 있다.

—8:5-8—

바울이 7장에서 그의 어두운 자화상을 그렸을 때 우리는 두 개의 본성이 서로 지배하려고 싸우고 있다는 사실을 배웠다. 옛 본성인 "육신"과 우리 안에 거하시는 하나님의 선물인 "성령"이다. 8장 1-4절의 진리를 알고 안심하고나면 이 싸움이 사뭇 다르게 보인다. 옛 본성이 절대 포기하지 않고, 절대 물러서지 않고, 절대 패배를 인정하지 않더라도 우리는 성령이 더 강하시다는 확신을 가지고 살 수 있다. 이제 문제는 "우리는 누구에게 지배권을 넘겨줄 것인가?"이다. 바울의 설명은 선택이 성도의 몫이라는 사실을 암시한다. 쉽게 이해할 수 있도록 헬라어를 더욱 문자 그대로 번역해보았다.

> "육신을 따라 사는 자들은 육신의 일에 마음을 쏟는다.
> 그러나
> 영을 따라 (사는)[8] 자들은 영의 일에 (마음을 쏟는다)."

그 다음에 나오는 대구는 각각의 선택에 내포된 의미를 예견한다. 육신의 생각은 죽음이다. 영의 생각은 생명과 평안이다.

그러면 육신의 생각이란 무엇인가? "육신을 따른다"는 것은 무슨 뜻인가? 늘 그렇듯이 우리는 성경으로 성경을 해석한다. 바울의 자화상은 육신을 따르는 모습이 어떤 것인지 그 고통을 상세하게 표현하고 있다. 육신 안에 있다는 것은 거침없이 죄를 추구한다는 뜻을 담고 있다. 어쨌든 육신은 하나님께 적대적이다. 우리가 하나님의 은혜를 받기 전, 그리고 그분의 영이 우리 안에 거하시기 전에 육신은 죄악만 갈망한다. 그 결과 그리스도인들은 여러 가지 이유에서 죄에 빠지는 것으로 알려져왔다. 어떤 구경꾼들은 그들이 죄를 지을 때에 진정한 신자가 아니었다고 말하겠지만, 우리는 추측할 수밖에 없다. 내가 확신하기로는 진정한 신자였는데 잠시 이교도 같은 행동을 했다고 생각되는 한두 사람과 나는 절친한 관계를 맺고 있다.

그러나 이 구절에서 바울은 그리스도인이 훨씬 더 흔히 경험하는 것을 말하는 것 같다. 성도가 그냥 더 열심히 노력해서 의롭게 되려고 할 때 그 사람은 육신을 따르는 것이다. 우리가 공부한 3장 23절과 높이뛰기 시합의 예를 기억하는가? 열심히 훈련해서 자기 힘으로 하늘로 뛰어오르려고 하는 사람들은 "미치지 못할" 것이다. 그것이 옛 본성의 사고방식이다. 세상 체계는 이렇게 말한다. "하나님은 스스로 돕는 자를 돕는다." 그러나 은혜는 이렇게 선포한다. "그러므로 사람이 의롭다 하심을 얻는 것은 율법의 행위에 있지 않고 믿음으로 되는 줄 우리가 인정하노라"(3:28).

육신의 생각은 고상한 이상이나 존경할 만한 소망일 수도 있다. 그러나 그것 또한 뼛속까지 스며든 교만이다. 육신의 생각은 하나님 없이 경건한 목적들을 성취하려고 한다. 그것은 하나님의 은혜를 거부하고 자기 뜻대로 선을 행하려는 자기 의지, 자기 방식, 자기 능력을 앞세운다. 육신의 생각은 '자수성가'의 철학을 받아들이고, 모험적인 사업가 정신에 놀랍도록 잘 동조한다. 철저한 개인주의와 "할 수 있다"는 자세가 사업에는 좋을지 몰라도 영적 생활에는 죽음이다. 그것은 당신을 심히 곤고하게 만들 것이다.

아무리 의도가 선한 육신의 생각이 들더라도 우리가 구원받기 전에 그것은 하나님께 적대적인 것이라는 사실을 결코 잊어서는 안 된다. 이제 육신이 협조할 거라고 생각한다면 어리석은 생각이다. 육신은 변할 수 없다. 육신은 뒤에 남겨질 뿐이다.

—8:9-11—

바울은 독자들에게 그들이 더 이상 육신의 생각에 현혹되지 않고 "그리스도 안에서" 자유를 얻은 대로 생각하고 선택할 수 있는 능력을 얻었다는 사실을 상기시킨다. 하나님의 영이 그들에게 이 자유를 주셨다. 흥미로운 점은 바울이 믿음으로 하나님의 은혜를 받은 사람들로만 자격을 제한하고 있다는 것이다. 그러므로 사도가 성도에 대해서 가르치는 모든 것은 일반인들에게는 적용되지 않는다. 사실, 그의 가르침의 많은 부분이 "성령 안에" 있지 않은 사람들에게는 터무니없는 소리로 들릴 것이다.

도널드 그레이 반하우스는 우리가 영적 진리에 접근하기 위해서는 성령이 계셔야 한다는 사실을 설명해주는 멋진 예화를 제공해준다.

각각 개 한 마리씩을 끌고 시골길을 가던 두 남자가 마주쳤다. 그들은 이야기를 나누기 시작했고, 개들은 그들 방식대로 코를 맞대며 교감하기 시작했다. 개들은 덤불 속에 토끼 발자국이 있다는 이야기를 나누었는지 신이 나서 함께 달려갔다. 개들은 주인들에게 돌아와 두 남자 사이에서 오가는 대화를 들었지만, 그들이 분자 물리학에 대해서 말하건, 부셸(bushel, 곡물이나 과일의 중량 단위 - 역주) 당 옥수수의 가격에 대해서 말하건 도통 무슨 뜻인지 알아듣지 못한다. 개 안에 있는 개의 본성에 의해서가 아니라면 개가 어떻게 개의 일을 알겠는가? 마찬가지로 개는 인간의 일을 알지 못하며, 인간의 지성만 인간의 일을 이해할 수 있다…. 그러므로 개가 개는 이해하지만 인간은 이해할 수 없듯이, 인간은 인간을 이해할 수 있지만 성령의 도우심 없이는 하나님을 결코 이해하지 못한다.[9]

—8:12-13—

성령이 우리 안에 거하시기 때문에 그리고 우리는 하나님의 마음을 알 수 있는 방법이 있기 때문에 우리에게는 의무가 있다. 그런데 이 말은 우리가 무슨 일을 해야 한다는 것처럼 들린다. 그렇지 않은가? 일부 존경받는, 인기 있는 신학자들은 예수 그리스도가 우리를 위해 희생하셨으므로 우리는 그분에게 빚을 지고 있다고 가르친다. 그들은 그분의 선물은 값을 매길 수 없을 정도로 귀한 것이어서 우리가 그것을 갚을 수는 없어도 그분에게 감사의 빚을 지고 있다고 단언한다. 그리고 그 빚 때문에 우리는 죽을 때까지… 어쩌면 그보다 더 오랫동안 선한 일에 헌신할 것을 요구받는다. 그러나 그런 가르침을 지칭하는 헬라어는 '헛소리(*hogwash*)'이다!

우리에게 의무가 있는 것은 사실이지만 그것은 하나님을 위해서 선한 일을 행하는 것이 아니다. 그 의무는 성령이 우리를 대신해, 우리를 통해 선한 일을 행하시도록 함으로써 우리가 예수님을 더 닮게 되고, 그분께 올려드려야 할 영광을 공유하는 것이다. (얼마나 근사한가?) 바울은 이것을 에베소, 빌립보, 골로새, 데살로니가 그리고 아마도 예루살렘과 로마 사이에 있는 백여 도시에서 가르쳤을 것이다. 에베소 사람들에게 그는 이렇게 썼다.

"너희는 그 은혜에 의하여 믿음으로 말미암아 구원을 받았으니 이것은 너희에게서

난 것이 아니요 하나님의 선물이라 행위에서 난 것이 아니니 이는 누구든지 자랑하지 못하게 함이라 우리는 그가 만드신 바라 그리스도 예수 안에서 선한 일을 위하여 지으심을 받은 자니 이 일은 하나님이 전에 예비하사 우리로 그 가운데서 행하게 하려 하심이니라"(엡 2:8-10).

빌립보 사람들에게는 이렇게 썼다.

"너희 안에서 착한 일을 시작하신 이가 그리스도 예수의 날까지 이루실 줄을 우리는 확신하노라"(빌 1:6).

주님은 우리를 위해 미리 선한 일을 예비하셨다. 그분은 이 선한 일을 위해 우리를 준비시키고 싶어하시며, 그럴 수 있는 능력을 가지고 계시다. 무엇보다도 그분은 이 모든 것을 합하여 마음먹으신 바를 이루실 것이라고 약속하셨다. 우리의 책임은 그분이 그렇게 하시도록 해드리는 것뿐이다. 우리가 그렇게 하면 우리는 살 것이다. 우리가 그렇게 하지 않으면, 즉 우리가 육신에게 마음을 쏟으면, 그러면 죽음과 같은 비참한 실존이라는 피할 길 없는 종말을 맞이하게 될 것이다.

—8:14-17—

바울은 부정적인 것(하지 말라고 하는)에 충분히 오래 집중했다. 그는 재빨리 긍정적인 것으로 방향을 돌린다. 다음에 나오는 네 구절에서 우리는 성령 안에서 살 때 누리는 실제적인 혜택을 찾을 수 있다.

첫 번째 혜택: 날마다 실제적인 하나님의 인도를 받음(8:14). 이것은 성도들이 성령으로부터 어떤 결정을 내리고, 그 다음에는 무엇을 해야 할지에 대해 언어적 또는 비언어적 메시지를 받는다는 생각을 뒷받침해주는 증거로 자주 사용된다. 그러나 바울이 여기서 가르치는 것은 그게 아니다. 그것은 사실상 새 언약의 약속들을 속이고 있다. 이 장의 말미에서 배우겠지만, 주님은 단순히 우리 영혼의 귀에 명령을 속삭이시는 것보다 훨씬 더 심오하고

유용한 일을 하실 것이다. 그 다음에 나오는 바울의 진술은 성령은 선물이지 독재자가 아님을 확인시켜준다.

바울이 이 문장을 어떻게 표현했는지 주의 깊게 보라. "무릇 하나님의 영으로 인도함을 받는 사람은 곧 하나님의 아들이라." 많은 사람들이 자기가 미리 정해놓은 결론을 뒷받침하기 위해 이것을 거꾸로 바꾼다. "하나님의 아들은 성령에 의해 인도함을 받는다." 그러나 이것은 진실이 아니다. 주님은 분명 진실된 성도들을 신실하게 인도하시지만, 대부분의 사람들은 그분을 따르기에는 정신이 다른 데 팔려 있거나 너무 고집스러워서 사실상 아무 곳으로도 가지 않고 있다. 성경의 다른 부분에 나오는 가르침을 보면 성령은 분명히 인도하시지만, 성도들은 자기가 가고 싶은 곳으로 가서 성령을 "근심하게" 한다고 밝히고 있다(엡 4:30).

이 구절은 약속이기도 하고 확신의 실제적 방법이기도 하다. 성령을 적극적으로 따르는 사람들은 그 인도하심을 확실히 증거할 것이다(갈라디아서 5:18-25을 보라). 그 증거 - 또는 바울이 즐겨 부르듯이 "열매" - 는 눈에 보이는 증거이며, 그것은 성도에게 그가 진실로 "하나님의 아들"임을 확인해준다.

그런데 우리는 여자라고 해도 "아들"이라는 말을 "자녀"로 바꾸어서는 안 된다. 바울은 자녀라는 중립적인 헬라어를 선택할 수도 있었지만, 믿는 자들은 무언가를 물려받는다는 사실을 나타내기 위해서 일부러 "아들"이라는 단어를 선택했다. 여자들도 남자들과 동일하게 하나님의 유업을 물려받을 것이므로 "하나님의 아들들"이다.

두 번째 혜택: 하나님과의 두려움 없는 친밀함(8:15). 바울은 다시 한 번 성도들이 해방되었다는 복음을 공고히 한다. 믿는 자들은 더 이상 그들에게 무엇을, 언제, 얼마나 오래, 얼마나 자주, 어디서 할지 지시하는 주인을 섬기지 않는다. 우리는 해방되었고 그렇기 때문에 우리는 진짜 자유롭다. 하나님이 우리를 사셨다. 대가는 그분의 아들의 죽음이었다. 그분은 우리를 노예로 소유할 전적인 권리를 가지셨지만, 매매 증서를 찢어버리고 새 문서를 기안하셨다. 입양 서류를! 그분은 단순히 더 친절하고 더 온화한 주인이 아니다. 그분은 우리의 "아바(Abba)"이시다. 이것은 아버지를 친밀하게 부르는 아람어로서, 우리 말에서 "아빠"라는 말에 가장 가까운 단어이다.

전능하신 우주의 창조주와의 친밀함이라니! 얼마나 멋진 생각인가.

우리는 빚을 갚아야 하는 노예로서가 아니라 우리 아버지의 유업을 할당받을 권리를 소유한 아들로서의 의무를 가지고 있다. 그 의무는 성령이 은밀히 우리 영에게 속삭이시는 명령으로 주어지는 것이 아니라, 가족의 일원이 되어 기여하라는 초대로서 주어진다. 우리가 잘해냈을 때 그것은 그분 한 분만이 아니라 우리 자신과 하나님의 가족에 속한 다른 모든 사람들에게 유익하다.

세 번째 혜택: 하나님께 속한 자임을 아는 것(8:16). 성령이 당신의 사랑하는 아들들의 영혼에 말씀하신다면 그것은 이 말씀을 하시기 위해서일 것이다. "너는 내 소중한 자녀이다."

오직 이 구절만 신약 성경에서 성령이 우리에게 일반적 관행으로 예언적 방식으로 말씀하신다고 알려진 부분이다. 예수님은 새 언약(나중에 고찰하겠다)을 발표하신 후에 지정된 사람들을 통해서 말씀하셨다. 그분은 신약 성경의 마지막 책인 계시록이 사도들 가운데 마지막 생존자인 요한에 의해 기록될 때까지 사도들과 선지자들을 통해 예언의 말씀을 하셨다.

일부 비평가들은 성경은 하나님이 사람들에게, 사람들을 통해 말씀하시는 이야기들로 가득 차 있으며, 하나님은 여전히 그렇게 하실 수 있는 능력을 가지고 계시다는 사실을 지적하며 지정된 사람들을 통해 말씀하신다는 사실에 반대한다. 맞는 말이다. 주님은 특별한 때 특정한 목적을 위해서 대언자들을 특별히 선택하셨다. 그러나 한 통찰력 있는 주석가가 언급했듯이 이야기된 것이 반드시 표준이 되는 것은 아니다. 성경에 나오는 누군가가 무엇을 경험했다고 해서 우리에게도 그 일이 흔히 일어나리라고 기대해도 된다는 뜻은 아니다.

예를 들어 발람의 노새는 하나님의 초자연적인 인도하심으로 자기 주인을 힐책했다(민 22:28-30). 그 사건은 성경에 기록되어 있고, 주님은 여전히 당신이 선택하신 것을 통해 말씀하실 수 있으며, 또다시 그렇게 하신다고 해도 막을 수 없다. 그러나 나는 우리가 하나님의 음성을 듣기 위해 헛간 앞에 가기보다는 성경을 볼 것을 권한다.

우리는 종말 때의 사건이 펼쳐지기 시작할 때까지 다른 예언이 필요하지 않다. 우리는 필요한 정보를 다 가지고 있다. 진리는 선포되었고, 그것만 해도 우리가 평생 감당하기 버겁다! 그렇다고 해서 우리가 우리 힘으로 살아야 한다거나, 성령이 우리를 인도하지 않으신다는 말이 아니다. 그분은 우리와 함께 계시고 우리를 인도하신다. (곧 바울로부터 성령의 인도하심에 대해 배울 것이다.) 그러나 구속의 시간표 위에서 이 시점에서는 하나님은 사람들에게, 또는 사람들을 통해서 예언하지 않으신다. 그것이 종교 개혁의 주요 교의 중 하나

[*sola scriptura*(오직 성경으로)]이며, 부분적으로 개신교를 규정하는 것이기도 하다. 우리는 로마에건 옆집에건 교황이 있어야 할 필요를 느끼지 못할 뿐더러 암시(暗視, 어두운 곳에서 물체를 보는 일 – 편집자 주)도 필요 없다. 우리는 하얀 종이에 검은 글씨로 인쇄된, 여러 언어로 쓰였고 모든 사람이 이해할 수 있는 하나님의 말씀을 가지고 있다. 우리는 거기에 집중해야 한다.

네 번째 혜택: 하나님 앞에서 우리의 가치에 대한 지속적인 일깨움(8:17). 로마법에서 입양은 흔한 일이었다. 로마 사회의 많은 부분이 어느 한 사람이 힘이 약한 사람들의 '대부'가 되어주는 '후원'이라고 불리는 제도를 바탕으로 하고 있었다. 후원을 받는 사람은 자기 후견인에게 충성해야 할 의무가 있었다. 후견인이 자기가 후원하는 사람 가운데 마음에 드는 사람을 입양해 토지를 물려주는 경우도 흔했다. 바울이 "양자"라고 말했을 때 로마 독자들은 대번에 아우구스투스 황제가 그의 후견인인 로마 제국의 건국자 줄리어스 시저에게 입양되어 그가 가졌던 권력의 많은 부분을 물려받은 사실을 떠올렸을 것이다.

입양을 통해 성도들은 하나님의 독생자와 공동 상속인이 되었다. 그리고 그분과 연합함으로써 우리는 그분이 마땅히 받으셔야 할 모든 것을 받는다. 그것이 어떤 결과를 낳을지 보려면 요한계시록 5장 12절을 보라. 그분은 입양된 형제자매들과 모든 것, 즉 예배를 제외한 모든 것을 나누실 것이다. 예배는 그분만 받으셔야 한다.

바울은 믿지 않는 자들은 육신대로 살고, 하나님의 자녀들만 영에 따라 산다는 것을 성도들에게 확신시키려고 노력했다. 그 진리에 대한 자연스러운 반응은 이렇게 말하는 것이다. "그렇다면 나는 영에 의해 살고 싶어요! 어떻게 해야 하나요?" 내가 습관적으로 제일 먼저 하려고 했던 일이 적용을 위해 그 구절을 면밀히 검토하는 것이었음을 인정한다. 그런데 나는 어떤 의무, 어떤 명령, 어떤 "해야 한다"나 "해서는 안 된다", 심지어는 어떤 유용한 제안도 찾지 못했다. 사도는 어떤 행위가 우리가 "영에 따라 사는" 데 도움이 될 거라든지, 더 영적인 사람이 되는 7단계 계획 같은 것을 지시하지 않았다.

솔직히 나는 실망했다. 고백하건대, 나는 내 육신의 생각으로 영이 인도하시는 삶을 내 힘으로 만든 거룩함으로 바꾸려고 했다. 돌연, 나는 7장으로 다시 돌아가 감추려 해도 감출 수 없는 비참한 고통을 고스란히 다시 느끼기 시작하고 있었다. 그 순간 육은 언제나 우리와 함께 있을 뿐 아니라, 간절히 우리를 지배하고 싶어한다는 생각이 퍼뜩 떠올랐다!

바울은 우리가 거룩하게 될 수 있는 행위의 목록을 나열하지 않고, 하나님의 영은 스스로의 결정으로 성도들 안에서 그리고 성도들을 통해서 살기 시작하셨음을 확인시킨다. 그런 다음 그는 성령이 우리를 위해 하실 일과 그 결과 우리가 받을 복에 대해 설명한다! 영을 따라 산다는 것은 우리가 그분을 위해 하는 일과는 관련이 없다. 기억하라. 우리는 아무것도 할 수 없음을. 영을 따라 사는 삶은 그분이 우리를 위해 무슨 일을 하시는가에 관한 것이다. 왜냐하면 하나님의 영이 거하시는 것은 은혜의 선물이기 때문이다. 죄의 속박에서 우리를 대속하는 바로 그 선물이 역시나 우리를 죄로부터 구원한다. 죄로부터의 구원이라는 선물은 우리가 무덤 속에 들어간 후가 아니라 지금부터 시작된다.

그러면 우리는 무엇을 해야 하는가? 우리의 의무는 무엇인가? 답은 단순하다. 육신이 쉽사리 지배를 포기하지 않을 것이기에 어렵기는 하지만 답은 지극히 간단하다. 아무것도 없다.

아무것도 없다고? 기도도 할 필요가 없다고? 새벽 4시에 일어나 '경건의 시간'을 가질 필요도 없다고? 가족 예배를 드릴 필요도 없다고? 더 영적으로 되기 위해 가진 돈을 모두 바치거나, 매일 샤워를 하거나, 십계명을 지키거나, 어두운 색의 옷을 입거나, 저지방 음식을 먹거나, 많은 선행을 할 필요가 없다고?

그렇다. 아무것도. 당신 안에 성령이 계시다면 당신은 이미 당신이 될 수 있는 최대한으로 영적인 사람이 된 것이다.

만약 영적 생활에 대한 바울의 설명에서 어떤 의무가 발견된다면 그것은 영적인 사람이 되려고 애쓰기를 중단하라는 것이다. 전부 중단하라. 그리고 성령이 그렇게 하시게 하라. 이 말이 이해가 된다면 당신이 영의 일에 마음을 쏟고 있다고 그리고 은혜를 이해하기 시작했다고 확신해도 된다. 그렇지 않다면, 당신은 로마서의 후반부에 나오는 가르침을 받아들일 준비가 되지 않은 것이다.

영광과 탄식(로마서 8:18-27)

[18]생각하건대 현재의 고난은 장차 우리에게 나타날 영광과 비교할 수 없도다 [19]피조물이 고대하
는 바는 하나님의 아들들이 나타나는 것이니 [20]피조물이 허무한 데 굴복하는 것은 자기 뜻이 아니요
오직 굴복하게 하시는 이로 말미암음이라 [21]그 바라는 것은 피조물도 썩어짐의 종 노릇 한 데서 해

방되어 하나님의 자녀들의 영광의 자유에 이르는 것이니라 22 피조물이 다 이제까지 함께 탄식하며
함께 고통을 겪고 있는 것을 우리가 아느니라 23 그뿐 아니라 또한 우리 곧 성령의 처음 익은 열매를
받은 우리까지도 속으로 탄식하여 양자 될 것 곧 우리 몸의 속량을 기다리느니라 24 우리가 소망으로
구원을 얻었으매 보이는 소망이 소망이 아니니 보는 것을 누가 바라리요 25 만일 우리가 보지 못하는
것을 바라면 참음으로 기다릴지니라

26 이와 같이 성령도 우리의 연약함을 도우시나니 우리는 마땅히 기도할 바를 알지 못하나 오직
성령이 말할 수 없는 탄식으로 우리를 위하여 친히 간구하시느니라 27 마음을 살피시는 이가 성령의
생각을 아시나니 이는 성령이 하나님의 뜻대로 성도를 위하여 간구하심이니라.

1957년, 나는 집에서 약 만3천 킬로미터 떨어진 동남아시아에서 47명의 다른 해병대원들과 조립식 막사에서 함께 기거하며 아내를 그리워하고 있었다. 우리는 결혼한 지 고작 2년 반밖에 되지 않았었기에 – 거의 신혼이나 마찬가지였다 – 오키나와는 내가 있고 싶은 곳이 아니었다. 나는 나를 그곳에 두신 하나님께 몹시 화가 나 있었다. 다행히 다른 한 남자도 주님께 선택받아 그곳에 와서 네비게이터라는 기관에서 주님을 섬기게 되었다. 특별히 외로웠던 어느 날 밤 그가 나부터 시작해… 나를 위해 모든 것을 변화시키게 될 선물을 내 손에 쥐어주었다.

나는 내 침대에 앉아 근사하게 장정된 책의 보호 덮개를 벗기고 표지를 읽었다. 확대역 신약 성경(The Amplified New Testament)이었다. 그때까지 볼 수 있었던 번역판은 킹 제임스(King James)와 J. B. 필립스(J. B. Phillips)였는데, 그것은 새로 나온 번역본이었고 독특했다. 나는 성탄절 밤 텅 빈 막사에 홀로 앉아 성경을 펼치고 친숙한 구절들을 찾아 읽었다. 얼마나 시간이 흘렀을까? 빌립보서 3장 10절을 보게 되었을 때 그 확대역 성경 구절에서 큰 감명을 받은 나는 새해부터 그 구절에 삶의 초점을 맞추기로 마음먹었다.

바울이 빌립보에 있는 그의 형제자매들과 사역과 복음에 대한 자신의 열정을 나누면서 인생의 목적에 대한 진술을 할 때 그의 열정은 절정에 다다랐다.

> "(내가 굳게 결심한 목표는) 그리스도의 인격의 경이로움을 (더 확실하고 분명하게 인지하고 이해함으로써 그분을 점점 더 깊이, 더 친밀하게) 알아가고, 마찬가지로 (믿는 자들에게 영향을 미치는) 그분의 부활의 능력을 깨닫고, 그분의 고난에 동참하여 그분의

죽음까지도 (영적으로) 닮아가기를 그치지 않는 것입니다"(빌 3:10, 확대역).

1월에 나는 첫 몇 구절에 집중했다. "(내가 굳게 결심한 목표는) 그리스도의 인격의 경이로움을 (더 확실하고 분명하게 이지하고 이해함으로써 그분을 점점 더 깊이, 더 친밀하게) 알아가고." 1월 한 달 내내 나는 주님을 깊이, 친밀하게, 점진적으로 아는 데 내 시간과 관심을 집중했다. 나는 그분과 함께하는 시간을 늘렸고, 낮 시간 동안 기도로 그분과 대화했으며, 그분의 생각이라고 여겨지는 대로 생각하려고 노력했다. 밤에는 잠자리에서 그분께 정신을 집중했다.

2월에는 그 다음 부분에 집중했다 "마찬가지로 (믿는 자들에게 영향을 미치는) 그분의 부활의 능력을 깨닫고." 나는 생각했다. '주님, 만약 저에게 그런 힘을 주실 수 있다면, 누가 알겠습니까? 제가 이곳 동료들 중 한 사람에게 예수님에 대해서 말할 수 있을지요. 그러니 저의 1958년 2월을 위해 이 구절의 이 대목을 당신께 드립니다.' 그 해가 가기 전에 일곱 명이 그리스도를 알게 되었다. 대수롭지 않게 보일지도 모르겠지만, 아마도 많은 사람들이 해병대 임시 막사에 있는 48명 중에서 7명이면 놀라운 부흥이라고 생각할 것이다! 그렇게 해서 우리 여덟 명은 작은 성경 공부 그룹을 만들어 성구 암송에 정진했다. 우리는 금요일 저녁마다 GI 펠로우십에 참석하였고, 작은 IVF 찬양곡집을 가지고 찬양을 하나하나 익혔다. 나는 많은 찬양곡들을 열심히 외웠다. 멋진 한 해였다.

3월에 나는 "그 고난에 동참함"이라는 구절에 초점을 맞추었다. 솔직히 말해 그 구절은 실천으로 잘 옮겨지지 않았다. 선교사 친구 덕분에 나를 섬에 데려다놓으신 주님에 대한 분노는 어느 정도 수그러들었지만 완전히 해결된 것은 아니었다.

많은 사람들이 그리스도를 믿고 따르기 시작하면 그들의 모든 문제가 사라질 것이라는 희망을 가지고 그분께 나아온다. 많은 인기 있는 설교자들은 그들이 '믿음의 말씀'이라고 하는 교리인 거짓 복음을 선포한다. 그때 당시 나는 오랜 세월을 그리스도인으로 살아왔으면서도 여전히 주님이 대속하시고 '아들'이라고 부르시는 사람들을 만사형통하게 해주실 거라는 기대를 가지고 있었다. 신혼부부를 지구 반대편에 떨어져 있게 하는 것은 잔인하게 느껴졌고, 그래서 나는 내가 처한 상황에서 하나님의 선하심을 찾으려고 발버둥쳤다.

바울보다 더 하나님과 친밀한 관계를 누린 사람은 거의 없을 것이다. 사역하는 내내 그가 자신의 편지에 적어놓은 기쁨을 경험한 사람은 극소수일 것이다. 또한 그보다 더 많은 고통을 당한 사람도 거의 없을 것이다. 고린도의 성도들에게 보낸 편지에서 그는 솔직하게 자신이 겪은 고난의 일부를 요약하고 있다.

> "그들이 그리스도의 일꾼이냐 정신 없는 말을 하거니와 나는 더욱 그러하도다 내가 수고를 넘치도록 하고 옥에 갇히기도 더 많이 하고 매도 수없이 맞고 여러 번 죽을 뻔하였으니 유대인들에게 사십에서 하나 감한 매를 다섯 번 맞았으며 세 번 태장으로 맞고 한 번 돌로 맞고 세 번 파선하고 일 주야를 깊은 바다에서 지냈으며 여러 번 여행하면서 강의 위험과 강도의 위험과 동족의 위험과 이방인의 위험과 시내의 위험과 광야의 위험과 바다의 위험과 거짓 형제 중의 위험을 당하고 또 수고하며 애쓰고 여러 번 자지 못하고 주리며 목마르고 여러 번 굶고 춥고 헐벗었노라 이 외의 일은 고사하고 아직도 날마다 내 속에 눌리는 일이 있으니 곧 모든 교회를 위하여 염려하는 것이라"(고후 11:23-28).

경험은 때때로 선생이 가질 수 있는 가장 확고한 권위이다. 바울의 몸은 그가 그리스도를 위해 받은 고난의 상흔을 가지고 있었고, 그 각각의 흔적은 그리스도의 승리를 기념했다. 아마 세상의 다른 어떤 사람도 로마 사람들에게 그렇게 큰 격려를 해줄 수 없었을 것이다. 바울은 주님이 시작하신 일은 그들 안에서 반드시 이루시리라는 것을 그의 독자들에게 확인시켜준 후에 답이 분명한 질문을 할 필요가 있었다. "만약 더 이상 정죄함이 없고 내가 이제 하나님의 아들이 되었다면 어째서 내가 마치 벌 받을 것처럼 느껴야 하는가?"

—8:18—

바울은 성도들이 하나님의 가족 안에서 그분의 자녀라는 사실을 성령이 계속 확인시켜 주신다고 방금 단언했다(8:16). 더 나아가 우리는 축복과 고난, 영광과 탄식을 모두 포함한 그리스도의 유업을 공유한다(8:17). 사도는 우리가 당하는 현재의 고통 - 대부분의 사람들보다 더 심했던 그의 고통도 포함해서 - 을 얕보지는 않지만, 그것은 우리가 영원히 누리게 될 장래의 영광에 비해 작은 것이라고 생각한다.

앨런 레드패스(Allen Redpath)는 그의 저서 「하나님의 사람 만들기(The Making of a Man of God)」에서 이렇게 썼다. "싸움 없는 승리는 없다. 상처 없는 전투는 없다."[10] 나는 영광의 대가가 탄식이어야 한다거나, 고난으로 성화를 살 수 있다고 말하려는 게 아니다. 기독교 역사를 보면 선의를 가진 사람들이 육신을 극복하고 더 깊은 영성을 얻으려는 바람으로 실제로 자기 자신을 막대기와 채찍으로 때렸다. 이런 채찍질하는 '고행자들' 중 일부는 나중에 그런 성화의 행위가 옷 안에 두꺼운 가죽 재킷을 입으면 그다지 많이 고통스럽지 않다는 사실을 발견했으니 참으로 어처구니가 없다. 무의미한 고통도, 자기를 비하하는 행위도 영적 성숙에 빠르게 도달하는 길이 될 수 없다.

우리는 고통을 추구할 필요가 없다. 예수님이 그러셨듯이 타락한 세상의 폭정 가운데 성령 안에서 진실되게 사는 것만으로도 충분히 많은 고난을 당할 것이다. 그리고 그런 고통을 통해 우리는 어느 정도 그분의 경험을 공유한다. 어쨌든 예수님은, 세상이 그분에게 그랬듯이 악을 따르지 않는다는 이유만으로 우리를 괴롭힐 것이라고 경고하셨다(요 15:18-20). 그러므로 실제적인 의미에서 고난은 우리가 올바른 길 위에 있음을 말해주는 것이다. F. B. 마이어(F. B. Meyer)는 그의 저서 「이사야서에 나타난 그리스도(Christ in Isaiah)」에서 다음과 같이 말했다. "만약 내가 미지의 나라에서 나의 거할 곳으로 가기 위해 해가 가려진 골짜기나 돌투성이의 길을 지나야 한다면, 그늘이 지거나 마차가 덜컹거릴 때마다 내가 바른 길로 가고 있음을 알 수 있을 것이다."[11]

"그가 아들이시면서도 받으신 고난으로 순종함을 배워서"(히 5:8). 그리고 순종은 그분을 고통스러운 죽음으로 인도했다. 바울도 그리스도의 고난의 길을 따라갔고, 그 길은 순교로 이어졌다. 편지의 이 구절에서 사도는 그가 그리스도를 따랐듯 그분을 따르라고 우리에게 말하고 있다.

—8:19-22—

양자로 입양된 후에 우리가 받는 고난은 하나님의 무심한 질책의 결과가 아니다. 창조주는 여전히 당신의 피조물에 대한 주권자이시지만, 우리에게 일어나는 불행한 일들은 그분이 원래 원하셨던 것이 아니다. 그분은 우리의 몸을 고통을 견디거나, 질병으로 시들어 가거나, 악을 갈구하도록 만들지 않으셨다. 하나님은 우리가 그분을 영원히 경배하고 기뻐하도록 창조하셨다. 그러므로 죽음은 그분의 창조 행위에 대한 최대의 모욕이다. 죽음은 죄의 결과, 그분의 본의에 대한 왜곡 그리고 적이다(고전 15:26 참고).

창조 이야기는 모든 풀잎이 비취색이고, 모든 시내가 수정처럼 맑으며, 모든 나무가 열매로 가득한 원래 그대로의 세상 모습으로 끝난다. 하나님은 세상을 "좋다"고 선포하시고 관리인에게 유산을 맡기시듯 첫 자녀인 아담과 하와에게 세상을 맡기신다(창 1:27-30). 그러나 그런 후에 하나님의 자녀들은 진리를 거짓말로 바꾸었고, 아들로서 받은 유업을 팔아 노예로 속박되었으며, 질병, 재난, 죽음, 부패가 한때 아름다웠던 하나님의 세상에 들어오도록 문을 열었다. 바울은 여기서 피조물을 의인화하여 절망 가운데 신음하면서 장차 일어날 일 - "하나님의 아들들이 나타나는 것"(8:19) - 을 고통스럽게 고대하는 모습으로 표현했다.

그가 장차 일어날 이 사건을 어떻게 묘사하고 있는지 유의하여 보라. 당연히 그렇게 될 "하나님의 계획의 나타남"이 아니다. 분명히 일어날 "하나님의 아들의 나타남"도 아니다. "하나님의 아들들의 나타남"은 그 아들들의 정체가 미스터리로 남아 있다는 미묘한 암시를 담고 있다. 우리는 아마도 틀림없이 우리가 이교도라고 생각했던 사람들을 성인(聖人)들 가운데서 발견하거나, 영적 거인으로 칭송받았던 사람들 가운데 어떤 이들이 빠져 있는 것을 보고 놀랄 것이다! 더구나 바울이 이 사건을 묘사하는 데 *apokalypsis* - 영어의 "apocalypse(재앙)"라는 단어의 어원인 - 라는 헬라어를 택한 것은 우연의 일치가 아니다. 예수님이 재림하실 때 만물이 다시 올바르게 될 것이다.

인간이 타락했을 때 피조물도 타락했다. 하나님이 인류 가운데 남아 있는 성도들을 회복시키실 때 피조물도 회복될 것이다. 주님이 친히 왕으로 다스리시고, 사막은 장미처럼 피어나며, 어린 양과 사자는 함께 눕고, 죄는 설 자리를 잃을 것이다. 그때까지 우리는 과도기에 산다. 그때까지 피조물은 산고를 겪는 산모처럼 고통스러운 기대 속에서 신음한다. 19-22절은 피조물의 신음에 대해 네 가지 중요한 사실을 알려준다.

피조물의 신음은 일시적이다(8:19).

피조물의 신음은 죄의 결과이다(8:20).

피조물의 신음은 목적을 위한 수단이다(8:20-21).

피조물의 신음은 우주적이다(8:22).

—8:23-25—

우리는 피조물 가운데 없어서는 안 될 존재인 까닭에 우리 또한 신음한다. 우리는 타락한 세상에서 피할 수 없는 인생의 역경을 통과하며 신음한다. 파산의 비극, 깨어진 관계, 자연 재해, 불치병, 피할 수 없는 죽음. 거기에 더하여 창조주와의 온전하고 연속적인 친밀함을 누리지 못하게 우리를 끊임없이 잡아끄는 육신으로 인해 신음한다. 우리는 짐을 꾸리고 완결된 입양 서류를 손에 든, 우리가 "아빠"라고 부를 수 있는 아버지가 오시기를 기다리는 고아와 같다(8:15).

바울은 다시 한 번 우리의 불가피한 미래에 대한 '보증된 기대'를 표현하기 위해 *elpis*("소망")라는 헬라어를 사용했다(5:2-5). 우리는 입양되었고 구속되었지만, 이 선물에는 아직 성취되어야 할 부분이 있다. 우리는 이 '보증된 기대' 속에서 구원을 받았지만, 그러나 우리는 적의 지역, 즉 적진 뒤에 사는 다른 왕의 시민이다. 우리는 우리 구원의 "첫 열매"를 받았을 뿐이다.

땅을 일구며 사는 사람들은 "첫 열매"의 의미를 이해한다. 그들은 곡식을 키우기 위해 잡초, 가뭄, 해충, 극심한 날씨와 싸우며 땀 흘려 일한다. 그들은 아무 보장 없이 땅에 씨를 뿌리고 나무와 포도나무를 기른다. 그렇기에 수확의 첫 신호가 축하의 이유가 되는 것이다. 더구나 그 첫 열매의 품질은 그 계절의 남은 날들이 어떻게 전개될지를 암시한다. 첫 옥수수 알갱이, 한 부쉘의 사과, 포도송이, 밀 다발이 품질이 좋으면 그것을 위해 땀 흘린 사람들은 안도의 숨을 내쉰다. 그들은 이제 농작물을 보호하면서 익기만 기다리면 된다. 그들은 인내하며 간절히 추수를 기다린다(8:23).

우리는 인생의 역경과 불가항력적인 고통으로 인하여 신음할 뿐 아니라, 육신 때문에 그리고 그것이 우리가 갈망하는 삶을 끊임없이 가로막기 때문에 신음한다. 우리의 몸과 본능적인 사고방식은 아담과 하와가 죄를 통해 세상에 죽음과 쇠락을 불러왔을 때 못지않게

묵상의 서재

말로 할 수 없는 기도

나는 몇 주 동안 나를 무릎 꿇게 만들었던 한 가지 특별한 소원을 기억한다. 기도는 주님을 위한 합리적인 계획의 윤곽을 그리는 것으로 시작되었다. 그러나 어려움이 지속되면서 나는 주님이 나에게는 드러나지 않은 문제점들을 보실 수 있으며, 내가 생각할 수 없는 수많은 변수를 생각하실 수 있다는 것을 깨달았다(사 55:8-9). 그래서 나는 "어떻게 할지"는 그분 손에 맡기고 내가 바라는 결과를 요청하는 데에만 집중하는 게 최선이라고 결정했다. 어려움이 계속되면서 나는 내가 바라는 결과가 올바른 해결책이 아닐 수도 있으므로 그것 역시 주님께 내어놓아야 한다는 사실을 받아들이기 시작했다. 이 특별한 짐은 결국 기도할 의욕도 없을 정도로 나를 기진맥진하게 만들었다. 고통이 너무 심해 말할 기운도 없어진 내가 극심한 혼란 가운데 하나님께 표현할 수 있었던 것은 항변하는 탄식 – 말로 하기에는 감정이 너무나 격해서 – 뿐이었다.

나는 내가 종종 주님을 이해하지 못한다는 사실을 인정한다. 나는 그분이 눈 깜짝할 사이에 말 한 마디로 문제를 해결하고 내 슬픔을 끝나게 할 수 있으신데도 왜 그토록 오래, 그렇게 큰 고통을 당하게 하시는지 짐작할 수 없었다. 그때에는 그분이 저 멀리 계시면서 나에게 관심이 없는 것처럼 느껴졌다. 그래서 나는 그때를 기회 삼아 그분의 지혜와 선하심을 나에게 일깨우는 훈련을 했다.

"누가 지혜가 있어 이런 일을 깨달으며 누가 총명이 있어 이런 일을 알겠느냐 여호와의 도는 정직하니 의인은 그 길로 다니거니와 그러나 죄인은 그 길에 걸려 넘어지리라"(호 14:9).

이 모든 일이 끝났을 때, 힘이 다 고갈되고 말이 침묵 속에 잠긴 후 번민이 내 몸의 모든 모공을 통해 스며나와 다 말라버리고나자 나는 그분의 뜻과 방법 앞에 엎드러져 항복했다. 그제서야 나는 내가 말도 하지 못하고 무엇을 기도해야 할지도 몰랐을 때 하나님의 영이 나를 대신해 중재해주셨었다는 확신 속에서 안식을 얻었다. 그분이 내가 할 수 없는 것을 하고 계셨다.

시련이 끝났을 때 주님은 내 생각보다 훨씬 효율적으로 많은 문제를 해결해주셨다. 물론 미결로 남겨놓으신 문제도 있었지만 나는 그분의 판단을 신뢰했다. 더 중요한 것은 내가, 의심의 여지 없이, 더 좋은 쪽으로 변했다는 점이다. 나는 하나님의 뜻에 잠잠히 순복했던 – 시련 후에 훨씬 수월해진 마음 자세이다 – 시험에서 빠져나왔다. 그 일을 나는 감사하게 생각한다.

나는 방금 말한 고난 속에서 내가 혼자가 아님을 분명히 느꼈다.

뒤틀려 있는 피조물의 일부인 까닭에, 우리는 옛 본성과 새 본성 사이에서 지루하게 계속 되고 있는 내면의 내란으로 신음하고 있다.

—8:26-27—

"이와 같이…." 무엇과 같이? 답은 8장 19절에서부터 여기까지 이어져온 가르침 속에서 찾을 수 있다. 피조물은 탄식하고(8:19-22), 우리도 속으로 탄식한다(8:23-25). 마찬가지로 성령도 탄식하신다(8:26). 성령도, 아들이 그러셨듯이 그분의 자녀들 안에 거하심으로 친히 죄의 문제를 담당하셨기에 우리를 위해 탄식하신다. 예수님은 제자들에게 그들의 고난에 함께할 새로운 존재 - 위로자, 선생, 대변자 - 가 올 것이라고 약속하셨다. 성령이 오실 것을 약속하신 것이다. 성령은 우리의 죄를 지적하시고 진리를 가르치실 뿐 아니라, 우리의 고난을 함께 견디신다. 그분은 우리가 고난을 이겨내도록 돕기 위해 "옆에 있는 자로 부르심[헬라어의 *paraklētos*의 문자적 번역, 또는 영어로 Paraclete(중재자)]"을 받았다.

우리를 고난 가운데 내버려두시는 하나님이 무자비하시다는 생각이 들 때 나는 그분 역시 "말할 수 없는 탄식으로" 탄식하신다는 사실을 떠올린다. 죽은 아이 위에 엎드려 흐느끼는 어머니를 볼 때 나는 성령도 그녀의 고통을 함께 겪고 계신다는 것을 안다. 한 남자가 신부의 뺨에 키스하고 그녀의 몸을 장의사에게 내어주는 것을 볼 때 나는 성령이 그의 절망적인 고통을 느끼고 계신다는 것을 안다. 그분은 질병이나 재난이나 사망이나 부패로 고통받게 하기 위해서가 아니라 그분의 영광을 나타내게 하시려고 이 육신들을 창조하신 창조주의 영이시다. 그분은 우리가 우리 자신을 사랑하는 것보다 더 우리를 사랑하시며, 그렇기에 우리와 함께 신음하신다.

다행히 성령은 우리가 소유하지 않은 능력을 가지고 계신다. 힘이 다 소진되고나면 우리는 탄식밖에 할 것이 없다. 더 할 수 있는 것이 없다. 성령은 목적을 가지고 탄식하신다. 그분은 우리가 갖지 못한 지혜로 기도하시고, 우리의 근시안으로 인식하지 못하는 것을 우리를 위해 요청하시면서 중재하신다. 그리고 무엇보다도 그분은 우리의 마음과 아버지의 마음이 연합하여 그분의 뜻을 이루도록 천국에서 탄원하신다.

오키나와에서 16개월을 체류한 것은 내 뜻이 아니었다. 나는 샌프란시스코에서 복무하면서 아름답고 젊은 아내와 함께 작지만 멋진 아파트, 남들이 부러워하는 해병대의 신분, 우리의 결혼을 가꿀 수 있는 멋진 기회를 가졌다. 그리고 나는 그렇게 했다! 그때 그 모든 것을 무너트린 전보가 도착했다. 성탄절 밤 썰렁한 임시 막사의 침대에 홀로 앉아 있던 나는 주님께 버림받은 느낌이었다. 주님이 내가 미국에서 가졌던 행복에 빠져 있었다면 절대 듣지 못했을 삶을 변화시키는 질문을 내 앞에 던지시기 전까지는 그랬다. "나를 알기 원하느냐?"

바울의 편지 때문에 나는 성령이 내가 외롭고 실망했을 때 나와 함께 탄식하셨음을 안다. 내가 기쁨에 대한 소망을 완전히 포기한 곳에서 그분은 나 대신 아버지의 뜻이 내 삶 속에 이루어지기를 기도하시며 나를 위해 탄원하셨다. 성령은 내 미래에 대해 하나님이 계획하신 방향 – 내가 상상도 하지 못했고, 내가 이기적으로 내 계획을 추구했다면 분명히 놓쳤을 – 으로 나를 이끄셨다. A. W. 토저(A. W. Tozer)는 이렇게 썼다. "하나님이 큰 아픔을 주지 않으시고도 큰 복을 주실 수 있는지 의심스럽다."[12] 나는 더 쉽고 더 즐거운 방법 – 짓눌러 부서트리지 않는 – 으로 기쁨을 받을 수 있는 마음 자세를 가질 수 있다면 좋겠다. 그런 방법이 있다면 사랑의 하나님은 분명히 그것을 사용하실 것이다.

뒤돌아보면 16개월은 다른 사람들의 고난에 비해 짧은 시간이었다. 이 16개월의 고통은 45년이 넘는 세월 동안 사역의 기쁨을 얻을 수 있도록 나를 준비시켜주었다. 보상이 고통보다 훨씬 컸다. 지금 나는 내가 지상에서 보낸 70여 년이 영원한 세상에서 나에게 무엇을 가져다줄지 상상할 수 없다!

적용

탄식… 그리고 영광!

악의 문제는 누구에게나 어려운 문제이다. 믿지 않는 자들은 어떻게 선하고 전능하신 하나님이 악이 계속 존재하도록 허락하실 수 있는지 의아해한다. 믿는 자들은 슬픔이나 고통이 너무 커 견디기 힘들어지면 모든 것을 의심하기 시작한다. 우주 만물도 질병, 재난, 죽음, 쇠락이 끝나기를 고통스럽게 기다리며 탄식한다. 그럼에도 불구하고 바울은 현재의 고통은 내세의 영광에 비하면 아무것도 아니라고 생각한다(8:17-25).

나는 거의 반세기 동안 성경의 이 부분을 가르치면서 두 가지 원칙을 발견했다.

첫째, 탄식이 클수록 영광도 크다. 하나님은 고통의 근원이 아니시다. 그리고 그분은 우리의 고통을 막아주겠다고 약속하지도 않으셨다. 그 대신 어떤 고통도 무익한 것은 없을 것이라고 약속하셨다. 세상의 의도는 해를 가하려는 것이지만, 하나님은 고통을 사용해 우리에게 선을 이루신다. 그분은 우리가 당신의 아들을 더 많이 닮아가고, 미래에 최대한으로 복을 받게 하시려고 고통을 사용하신다.

고통과 고난을 당할 때 아무리 많이 상심했더라도 시련이 끝나면 기쁨이 더 커질 것을 확신하라. 그러므로 소망, 곧 보증된 확신을 가지고 인내하라.

둘째, 우리의 영혼이 약할수록 그분의 도움은 더 강하다. 나는 주일날 강대상에 설 힘이 거의 없었던 때가 여러 번 있었다. 어느 금요일 오후 우리 딸아이가 치어리딩을 하면서 만든 피라미드에서 떨어져 등뼈가 부러졌다. 그후 36시간 동안 – 금요일 밤, 토요일 낮과 밤 – 우리는 딸의 병상 옆에서 아이의 마비가 영구적인 것이 아니기를 기도했다. 장기적인 상태가 아직 불투명한 가운데 나는 주일날 예정된 대로 설교를 했다. 나는 눈물 어린 눈을 깜박거리면서 망친 게 분명한 설교를 어찌어찌 이어갔다. 아니 그랬다고 생각했다. 그런데 내가 그 교회에서 한 설교 중에서 그때의 녹음 테이프를 요청한 사람들이 가장 많았다. 왜 일까? 나는 내가 가장 약해졌을 때 그 설교를 했기 때문이라고 확신한다.

고통과 고난이 당신을 무릎 꿇게 할 때, 그때가 바로 당신의 사역에서 하나님의 능력이 가장 크게 나타날 때이다(고후 12:10). 때때로 일에서 잠시 물러나 있어야 할 때가 필요하지 않다는 말이 아니다. 당신은 섬길 준비가 되어 있어야 한다. 그러나 당신이 고통 가운데서 다른 사람들을 계속 섬겨야 할 때 하나님은 당신의 연약함에 그분의 능력을 몇 배로 더하신다.

이것을 몇 가지 실제적인 지침으로 요약해보겠다.

당신의 고난이 하나님의 벌이라고 추측하지 말라.

고난이 지나가면 하나님이 당신에게 더 큰 기쁨을 주실 것을 기대하라.

주님이 당신을 버리셨다고 생각하지 말라.

당신의 두려움과 의심을 고백하고, 그분께 그것을 헤치고 나갈 힘을 달라고 요청하라.

하나님으로부터 거부당했거나 버림받았다고 생각하지 말라.
잠시 당신의 부담을 줄일지라도 의무에 계속 충실하라.
당신의 기도가 하나님께 전달되지 않는다고 생각하지 말라.
어떻게 기도해야 할지 모를 때에도 계속 기도하라.
당신의 고난이 포기해도 된다는 허락이라고 추측하지 말라.
주님이 당신의 약함을 통해서 그분의 능력을 증대시키실 것을 믿으라.

예수님은 제자들에게 당신으로 인해 세상이 그들을 미워할 것이며, 그분에게 그랬듯이 그들의 앞날에도 핍박이 있을 것이라고 경고하셨다. 그분의 경험이 우리에게 본보기가 되었다. "그는 육체에 계실 때에 자기를 죽음에서 능히 구원하실 이에게 심한 통곡과 눈물로 간구와 소원을 올렸고 그의 경건하심으로 말미암아 들으심을 얻었느니라 그가 아들이시면서도 받으신 고난으로 순종함을 배워서"(히 5:7–8). 그분은 우리의 고난에 참여하셨다. 머지않아 우리는 그분의 영광에 참여할 것이다! 얼마나 멋진 일인가!

우리가 넉넉히 이기느니라(로마서 8:28–39)

28 우리가 알거니와 하나님을 사랑하는 자 곧 그의 뜻대로 부르심을 입은 자들에게는 모든 것이
합력하여 선을 이루느니라 29 하나님이 미리 아신 자들을 또한 그 아들의 형상을 본받게 하기 위하여
미리 정하셨으니 이는 그로 많은 형제 중에서 맏아들이 되게 하려 하심이니라 30 또 미리 정하신 그들
을 또한 부르시고 부르신 그들을 또한 의롭다 하시고 의롭다 하신 그들을 또한 영화롭게 하셨느니라
31 그런즉 이 일에 대하여 우리가 무슨 말 하리요 만일 하나님이 우리를 위하시면 누가 우리를 대
적하리요 32 자기 아들을 아끼지 아니하시고 우리 모든 사람을 위하여 내주신 이가 어찌 그 아들과
함께 모든 것을 우리에게 주시지 아니하겠느냐 33 누가 능히 하나님께서 택하신 자들을 고발하리요
의롭다 하신 이는 하나님이시니 34 누가 정죄하리요 죽으실 뿐 아니라 다시 살아나신 이는 그리스도
예수시니 그는 하나님 우편에 계신 자요 우리를 위하여 간구하시는 자시니라 35 누가 우리를 그리스
도의 사랑에서 끊으리요 환난이나 곤고나 박해나 기근이나 적신이나 위험이나 칼이랴 36 기록된 바

우리가 종일 주를 위하여 죽임을 당하게 되며
도살 당할 양 같이 여김을 받았나이다 함과 같으니라

37 그러나 이 모든 일에 우리를 사랑하시는 이로 말미암아 우리가 넉넉히 이기느니라 38 내가 확

신하노니 사망이나 생명이나 천사들이나 권세자들이나 현재 일이나 장래 일이나 능력이나 [39]높음이 나 깊음이나 다른 어떤 피조물이라도 우리를 우리 주 그리스도 예수 안에 있는 하나님의 사랑에서 끊을 수 없으리라.

여러 해 전, 로드 설링(Rod Serling)은 〈트와일라이트 존(The Twilight Zone, 미국 텔레비전 방송의 SF 시리즈 - 역주)〉의 에피소드 중 하나로 한 친절한 골동품상이 겉으로는 아무 값어치도 없어 보이는 병에서 요정 지니를 풀어주게 된 이야기를 썼다. 전통대로 그 남자는 네 개나 되는 소원을 빌 수 있게 되었고, 지니는 현명한 선택을 하라는 경고를 한다. 중요한 소원 한 가지를 허비한 후에 아내와 의논을 마친 그 남자는 정확히 백만 달러의 돈을 요구했고, 지니는 즉시 그것을 주었다. 6만 달러 가량을 가난한 친구들에게 나눠주고나서 그 남자와 그의 아내는 남은 돈이 얼마인지를 열심히 계산했다. 그런데 불행하게도, 그들이 계산을 다 끝내기도 전에 국세청 감사원이 내민 세금 고지서에는 그들에게 달랑 5달러밖에 남지 않는 금액이 청구되어 있었다.

그는 면세가 되는 백만 달러를 달라고 소원을 빌었어야 했다. 그는 자기가 빈 소원의 결과를 심사숙고하지 못했다.

그 다음에 그는 선거에 의해 쫓겨나지 않는 강대국의 지도자가 되게 해달라며 권력을 구했다. 지니는 즉시 그의 요청을 들어주었다. 눈 깜짝할 사이에 그는 나찌 수행원들에게 둘러싸여 절대 다시 유행하지 않을 스타일의 콧수염을 달고 있는 자신을 발견했다.

그는 지니가 아이러니를 좋아한다는 점을 참작해 더 구체적으로 소원을 말했어야 했다.

그 불쌍한 남자는 예전의 삶으로 다시 돌아가게 해달라는 마지막 소원을 비는 것 외에 다른 선택의 여지가 없었다. 일시적으로 부와 권력을 소유했던 골동품상은 그 경험을 통해 지혜를 얻었다. 그는 무엇보다도 온전한 예지력 없이 권력을 탐하면 그것 자체가 지옥이 될 수 있다는 교훈을 얻었다. 그가 그를 진심으로 아껴주는 지니를 찾았다면 좋았을 텐데.

죄의 결과로서 계속 세상을 괴롭히는 악의 문제를 설명하면서 바울은 상황을 더 악화시키는 인간의 두 가지 한계를 강조했다. 첫째, "우리가 보지 못"한다는 것이다(8:25). 우리의 시각은 제한되어 있다. 우리는 미래를 보지 못하며, 불과 몇 분 후에 무슨 일이 일어날지 예측할 수 없다. 둘째, "우리가 마땅히 기도할 바를 알지 못"한다는 것이다(8:26). 우리는 하나님의 뜻에 맞는 기도를 하기 위해 최선을 다하겠지만, 우리에게 선한 것의 정반대를 소망하는 경우가 다반사이다. 다행히도 우리는 악한 지니 같은 하나님을 섬기지 않는다. 그리고 나는 내가 주님께 했던 근시안적인 요청을 들어주지 않으신 것에 대해 감사한 적이 수없이 많다.

—8:28—

우리는 우리가 어떻게 기도해야 하는지 보지 못하고, 또 알지 못한다. 그러나 우리는 한 가지 가장 중요한 사실을 알고 있다. 이 구절은 "우리가 바라거니와", "우리가 추측하건대", 또는 "우리가 소망하거니와"로 시작하지 않고 "우리가 알거니와"로 시작한다. 우리는 우리 창조주의 성품을 바탕으로 한 약속을 가지고 있다. "하나님을 사랑하는 자 곧 그의 뜻대로 부르심을 입은 자들에게는 모든 것이 합력하여 선을 이루느니라." 바울은 조심스럽게 단어를 선택해 신중하게 이 기본적인 약속을 서술한다. 우리는 모든 구절을 좀 더 상세히 살펴볼 필요가 있다.

"하나님을 사랑하는 자." 헬라어는 단어의 순서를 매우 중요하게 본다. 바울은 이 약속이 성도들을 위한 것임을 강조하기 위해 이 구절을 처음에 두었다. 주님은 모든 이의 최선을 위해 행하시지만, 이 특별한 약속은 그분의 "아들들"에게만 하신 것이다.

"그의 뜻대로 부르심을 입은 자들에게는." 이 사람들은 "하나님을 사랑하는 자들"이다. 예수님은 말씀하셨다. "너희가 나를 사랑하면 나의 계명을 지키리라"(요 14:15). 그리고 이렇게도 말씀하셨다. "오직 내가 아버지를 사랑하는 것과 아버지께서 명하신 대로 행하는 것을 세상이 알게 하려 함이로라"(14:31). 하나님을 사랑하는 것과 그분의 명령을 따르는 것은 엄연히 연결되어 있다.

"모든 것이." 헬라 작가들은 이 말을 우주, 보이는 것과 보이지 않는 것, 선한 것과 악한 것, 실제와 가상에 이르기까지 모든 것 – 악한 사람들의 악행도 포함하여 – 을 일컫는 데 자주 사용했다.

"합력하여." 바울은 "합력"이라는 단어를 사용하여 직조공이 색실을 섬세하게 섞어 짜서 미리 그려놓은 패턴을 만들어내는 것과 같은 개념을 전달한다.

"선을 이루느니라(Into good)." 전치사 "into"는 마치 만물이 하나님의 주권적 의지 안에 들어 있는 듯한 공간의 개념을 전달한다. 하나님이 특정한 목표를 이루시는 것을 나타내는 "unto(에게로)"가 더 좋은 번역이지만, 나는 "into(안에)"를 더 좋아한다. 그분은 마음속에 목적을 가지고 모든 것을 엮으시고 또한 결실을 맺으실 것이다. 그리고 그것은 선할 것이다.

우리의 육신은 우리로 하여금 "선하신" 하나님이 우리에게 선한 것, 즉 우리에게 행복, 만족, 기쁨을 주신다고 믿게 만들 것이다. 그러나 이것은 부분적으로만 진실이다. 로마서를 통틀어 바울은 "선"이라는 단어를 거의 도덕적 의미에만 국한해서 사용하고 있다. "선"이란 그것이 하나님의 성품을 나타내고, 그분이 원래 창조하신 질서에 합치하기 때문에 하나님을 기쁘시게 하는 것이다. 태초에 하나님은 세상을 선하게 창조하셨고, 세상 끝날에 세상은 선하게 재창조될 것이다.

하나님의 "선"은 온전히 인간에게 초점이 맞춰져 있지 않다. 그러나 사람들은 그분의 선하심 속에서 타당한 관점을 가지고 그분과 동행하며 살 때 행복하고, 만족하며, 기쁘다.

이것을 모두 합쳐보면 이렇게 된다. "주님은 하나님을 사랑하는 자들 - 주님이 세상을 향한 그분의 구속 계획에 참여하라고 부르신 자들- 안에 도덕적 선을 창조하시기 위해 그들이 맞닥뜨리는 모든 상황, 모든 영향, 모든 원자, 또는 생각을 섞어 짜신다."

주님이 우주를 회복하시면 우주는 주님이 원래 설계하셨던 것보다 더 좋아질 것이다. 그리고 그분의 회복은 당신의 백성들로부터 시작될 것이다. 우리 각자에 대한 그분의 계획을 성취하시기 위해 주님은 질병, 재난, 사망, 부패를 포함한 모든 것을 사용하신다. 세상의 파괴적인 것들은 전능자의 손에서 그분의 선을 이루는 도구로 바뀔 것이다.

그렇다면 세상의 모든 것이 선하다는 말일까? 물론 그렇지 않다. 세상은 불공평하고, 가혹하고, 충격적이고, 낙심케 한다. 그리고 세상에는 하나님의 창조 질서에 거세게 저항하는 사람들이 있다. 그럼에도 불구하고 악이 세상을 파괴하려고 하면 주님은 세상의 파괴를 우리에게 유익한 쪽으로 바꾸신다.

만약 하나님이 목적을 위해 악을 사용하신다면 그분이 당신의 백성들에게 악을 가져오신다는 뜻일까? 절대 그렇지 않다. 하나님은 죄의 설계자가 아니시다. 하나님에게서는 선한 것만 나온다. 그분은 악을 세상에 가져오지 않으신다. 우리가 죄를 통해 악을 세상에 가져온다. 그리고 한 인류인 우리가 계속 죄를 지음으로써 고난을 영속시킨다. 주님은 인간과 세상이 그들이 선택한 대로 계속 살게 허용하시지만, 절대 피조물에 대한 그분의 주권적 통치를 넘어서게 하지 않으신다.

—8:29-30—

그 어떤 것도 하나님의 계획을 전복시키거나 변경시킬 수 없다. 성도들 각각의 운명은 바울이 앞에서 "선"이라고 부른 것, 그가 "그 아들의 형상과 같은 것"이라고 덧붙여 정의한 것이다. 이것은 사도에게 또 다른 확신을 구축시켜줄 진리를 드러낼 기회를 제공한다. 로마의 그리스도인들에게 그들이 가야 할 영적 행로의 목적지를 보여준 후에, 다시 그들을 돌려 세워 그들이 지나온 방향을 보게 한다.

미리 아심 ▶ 그리스도와 같이 되기로 예정됨 ▶ 부르심을 받음 ▶
의롭다 함을 받음 ▶ ▶ 영화롭게 됨

하나님은 그들을 미리 아셨다. 즉, 그분은 그들의 삶에 적극적으로 개입하심으로써 그들을 친밀히 아셨다. 헬라어 동사 *ginōskō*(히브리어 동사 *yada*에 해당하는)는 그냥 아는 것이 아닌 훨씬 자세히 아는 것을 표현하는 말이다. 이 동사는 부부가 나누는 성적 친밀함을 완곡하게 표현하는 데 흔히 사용되었다.

이렇게 적극적인 의미에서 하나님이 미리 아신 자들은 모든 사람을 포함하지 않는다. 이 때문에 일부 사람들은 하나님이 의도적으로 어떤 사람들은 지옥에 보내기로 선택하셨다고 주장했다. 그것은 논리적 추론일 수는 있으나, 우리는 성경이 실제로 말하는 것 이상으로 성경을 해석하지 않도록 주의해야 한다. 바울의 이 가르침은 성도들을 대상으로 한 것이다. 그가 이 부분에서 말하는 것은 믿지 않는 자들에 대한 것이 아니다.

하나님은 미리 아신 자들을 예정하셨다(*predestined*). 이 헬라어의 어원은 바울이 1장 1절에서 그가 "택정(*aphorizō*)"되었다고 쓴 것이나, 내가 농담으로 "off-horizoned"라고 말했던 것과 같다. 어원인 *horizō*는 "제한하다, 지명하다, 결정하다"라는 뜻이다. 접두사 *pro*

는 당연히, "*pro*active(미리 대책을 강구하다)"에서 쓰인 것처럼 그 행동이 먼저 행해졌다는 뜻을 나타낸다. 주님이 친밀하게, 적극적으로 아는 사람들을 미리 예수님의 성품을 닮은 사람들이 되도록 정하셨다. 그리하여 하나님의 독생자는 아버지가 양자로 삼으신 모든 자의 만형이 되실 것이다.

하나님이 예정하신 사람들은 성도라고 불리며, 성도들은 의롭다 함을 받는다(3:21–5:21). 결국 모든 성도는 영화롭게 될 것이다. 이는 영웅처럼 높임을 받는 것이 아니라 그리스도처럼 되는 것이다. 영화롭게 되는 것은 더 이상 세상에 의해 훼손될 수 없는 순결한 성품과 육신을 모두 소유하는 것이다.

—8:31–36—

바울은 수사적 질문으로 격려를 계속한다. "그런즉 이 일에 대하여 우리가 무슨 말 하리요?" 나는 "이 일"이 이 부분에서 바울이 가르치려는 요점이라고 생각한다. 즉, 인간의 타락(1:19–3:20), 믿음을 통해 은혜로 의롭다 함을 받음(3:21–5:21), 성령에 의한 성화(6:1–8:30). 성도가 구원의 과정을 생각할 때 그를 그 길로 데려오신 하나님의 적극적인 역할을 놓칠 수 없다.

미리 아심 ▶ 그리스도와 같이 되기로 예정됨 ▶ 부르심을 받음 ▶
의롭다 함을 받음 ▶ 영화롭게 됨

바울이 조건을 나타내는 "만일"이라는 용어를 사용했다는 것은 논쟁에서 그 조건이 사실이라고 추정하는 것이다. 그러므로 "왜냐하면"이라는 용어가 "만일 하나님이 우리를 위하시면 누가 우리를 대적하리요?"라는 구절을 번역하기 위해 삽입될 수 있다.

실제로 그는 이렇게 묻고 있는 것이다. "왜냐하면 하나님은 믿는 자들을 미리 적극적으로 아시고, 그들이 그분의 아들과 같이 되도록 예정하셨으며, 그래서 우리를 신실하게 부르고 의롭게 하셨으니 마지막 단계를 신실하게 성취하지 않으시겠는가?" 바울은 웅변가가 군중들을 열광시키듯이 네 개의 수사적 질문을 던지고 답함으로써 독자들을 안심시킨다.

각각의 질문은 사탄과 그의 부하들을 분명하게 겨냥하면서 똑같은 답을 요구한다. "아무도 없다!" 왜냐하면 악은 전능하신 하나님 앞에서는 무력하기 때문이다.

"누가 우리를 대적하리요"(8:31)?
"누가 능히 하나님께서 택하신 자들을 고발하리요"(8:33)?
"누가 정죄하리요"(8:34)?
"누가 우리를 그리스도의 사랑에서 끊으리요"(8:35)?

"누가 우리를 대적하리요"(8:31)? 오해하지 말라. 삶 속에는 우리를 대적하는 것들이 많이 있다. 역경과 비극은 가차 없이 모든 성도의 희망을 깨트린다. 핍박자들과 반대론자들이 우리를 대적한다. 우리 안에 거하는 죄가 우리를 대적한다. 상실에 대한 두려움이 우리를 대적한다. 악한 자와 그를 신봉하는 자들이 우리를 대적한다. 마침내 죽음이 우리를 대적한다. 그러나 하나님의 능력에 비하면 그것은 아무것도 아니지 않은가?

혹시 주님의 신실하심을 의심하는 사람을 위해 바울은 하나님이 이미 우리를 대속하시려고, 또한 노예의 속박에서 우리를 해방시키시려고 당신의 아들을 희생하셨다는 사실을 환기시킨다. 값을 치렀는데 자기가 구입한 것의 인수를 거부한다는 것은 말이 안 된다. 그것이 얼마나 모순인지 보여주는 예화를 들어보겠다.

한 보석상의 매니저가 어느 날 오후 전화를 걸어 당신이 행운권 추첨에서 뽑혀 고가의 다이아몬드 목걸이를 상품으로 타게 되었다고 알려왔다고 하자. "내일 아침 10시에 가게로 와서 상을 타 가시면 됩니다!"

그래서 다음 날 아침 10시 조금 전에 도착한 당신은 시상대 주변에 작은 무리의 사람들이 모여 있는 것을 발견한다. 매니저가 몇 마디 말을 하고 목에 목걸이를 걸어준 후 사진을 몇 장 찍고 박수를 치고나자, 절차는 끝난다. 당신은 그 값비싼 목걸이를 목에 걸고 집에 가고 싶지 않아서 상냥하게 매니저에게 묻는다. "이 근사한 목걸이를 넣을 상자를 하나 얻을 수 있을까요? 집까지 안전하게 가져가고 싶어서요."

그때 세상의 어떤 매니저도 이렇게 대답하지 않을 것이다. "그럴 수 없습니다! 당신에게 목걸이를 주었으니 상자는 당신이 알아서 하세요!" 상자의 가격은 목걸이에 비하면 아무것도 아니다.

우리는 그리스도 안에서 우리에게 필요한 모든 것을 가지고 있다. 그리고 아버지는 당신의 자녀들을 보호하시고 그들을 안전하게 데려오시기 위해 그 어떤 것도 아끼지 않으실 것이다.

"누가 능히 하나님께서 택하신 자들을 고발하리요"(8:33)? 이것은 법적인 질문이다. "고발하다"로 번역된 헬라어는 단순히 "불러들이다"라는 뜻이다. 이것은 고발을 당했으므로 법정에 출두하라는 공식적인 소환이다.

나는 몇 년 전에 내가 사역하고 있던 교회의 맨 앞줄에 서서 설교하기 바로 직전 교인들과 함께 찬양을 부르고 있었다. 그때 양복을 입은 한 험상궂은 남자가 예배당 뒤편으로 들어와 천천히 앞쪽으로 걸어왔다. 나는 그 남자가 회중석에 들어가 앉을 거라고 생각하고 계속 찬양을 했는데 그는 계속 걸어왔다. 그는 맨 앞으로 걸어와 나를 마주보고 서서 봉투 하나를 내 가슴팍에 내던졌다. 소환장이었다!

나는 그것을 재빨리 읽어보고는 그가 하찮은 일로 걸고넘어지려는 정신 나간 사람임을 알았지만 그래도 불안하기는 했다. 내가 아무리 법적으로 결백하다 하더라도 판사 앞에 불려 나간다는 것 자체가 속을 불편하게 했다. 특출하게 능란한 변호사가 판사들을 설득해 사건을 호도할 수도 있다는 걱정이 떠나지 않았다.

이제 재판권을 가진 유일한 판사가 내 아버지라고 생각해보자. 그 정신 나간 사람의 시시껄렁한 고발은 심리받을 기회조차 얻지 못할 것이다.

우리에 대한 어떤 고발도 법정에 서지 못할 것이다. 왜냐하면 죄에 대한 우리의 빚은 다 변제되어 우리는 죄가 없는 상태이기 때문이다. 우리는 지금 그리고 영원히 천국의 심판관 앞에서 의인으로 여겨질 것이다.

"누가 정죄하리요"(8:34)? 소환장을 받았을 때 나는 그 고발이 하찮은 것임을 알았다. 나는 판사가 한번 보고 기각시키면 그걸로 종결되리라고 확신했다(실제로도 그랬다). 거짓된 고발은 참기 어렵기는 해도 적어도 나는 정의롭다. 나는 정의로운 판사가 그 고발 건을 심리하는 한 두려움 없이 그 불의한 고발자를 대면할 수 있다. 그러나 만약 판사가 당신에게 불리하게 나온다면 어떻게 될까? 당신은 무엇에 희망을 걸 수 있을까?

바울의 대답은 위대한 기독교의 교리 네 가지를 집중 조명한다.

"죽으신 이는 예수 그리스도이다." 이것이 대속의 교리이다. 하나님의 아들이 우리를 대신해 죄의 대가를 치르셨다.

"다시 살아나신…." 이것은 부활의 교리이다. 하나님의 아들이 새 생명으로 부활하셨고, 그분과 우리가 하나 됨으로써 우리 또한 새 생명을 얻었다.

"하나님 우편에 계신 자…." 이것은 상속의 교리이다. 하나님의 아들이 전 우주에 대한 주권을 가지고 왕이자 최후의 심판관으로서 지금 다스리고 계신다.

"우리를 위하여 간구하시는 자." 이것은 중재의 교리이다. 우리의 대변자이시며 천국에서 우리의 대표자이신 하나님의 아들이 신실하게 우리의 행복을 추구하고 계신다.

그러므로 우리에게는 우리를 죄의 속박에서 해방시키시려고 독생자를 희생시키신 아버지가 계시다. 우리에게는 우리를 자유롭게 하시려고 대가를 치르시고 지금은 만물의 소유권을 가지고 계신 아들이 계시다. 그리고 우리 안에 거하시면서 우리의 고난에 참여하시고, 우리가 할 수 없는 일에 영적 추진력이 되어주시는 성령이 계시다. 모든 면에서 우리를 위해 역사하시는 삼위일체의 하나님이 계시는데 어떤 악이 대항할 수 있겠는가?

"누가 우리를 그리스도의 사랑에서 끊으리요"(8:35-36)? 바울은 그가 몸소 겪은 일곱 가지 일을 제시한다(고후 11:23-28). 솔직히 말해서 우리는 억압, 편견, 핍박, 가난의 고통을 겪으면 자연히 주님이 아직도 우리에게 관심을 가지고 계신지, 또는 우리가 살아 있다는 사실을 기억이나 하시는지 의심하기 시작한다. 우리의 육신은 가장 편안할 때 보살핌을 받는다고 느끼며, 역경을 당할 때 버림받았다고 느낀다. 독자들에게 하나님의 사랑을 재확인시켜주기 위해서 바울은 시편 44편 22절을 인용하여 하나님의 신실한 제자들은 늘 고난을 당했다는 사실을 상기시킨다.

병원에서 치료를 받았을 때 그후에 느낄 수 있는 증상들에 대해 말해주는 의사에게 나는 언제나 고마운 마음을 갖는다. "치료받은 부위에 찌르는 듯한 통증을 느끼실 수 있지만 정상적인 것이니 걱정하지 마십시오." 그러면 통증이 와도 의사에게 전화를 하거나, 병원으로 서둘러 가지 않아도 된다는 것을 알 수 있다. 결국에는 통증이 가라앉고 사라질 것을 알기 때문에 통증을 견뎌내기만 하면 되는 것이다.

바울은 로마의 성도들에게 사실상 이 점을 안심시키고 있는 것이다. "여러분은 세상으로부터 오는 고난과 믿지 않는 자들로부터 오는 핍박을 당할 수 있습니다. 그러나 걱정하지 마십시오. 그건 정상적인 것입니다."

—8:37-39—

은혜를 믿고 받아들이는 것은 육신에게는 자연스러운 일이 아니다. 그렇기 때문에 우리는 이제 처음에 우리가 했던 일을 해야 한다. 그것은 바로 진리를 알고, 진리를 주장하고, 우리가 아버지와 계속 연결되기 위해 성령에게 의지하듯이 진리를 적용하는 것이다.

"그러나 이 모든 일에…"(8:37). 모든 일이란 무엇을 말하는가? 그것은 그리스도인이 경험하는 모든 일에 대해서이다. 초기의 해방의 기쁨에서부터 자유의 엄혹한 현실, 우리의 옛 주인이 우리를 쉽사리 놓아주지 않으리라는 깨달음, 육신과의 싸움, 세상의 핍박에 이르기까지의 모든 것. 기쁨, 슬픔, 좌절, 승리 이 모든 것. 이 모든 일에서 양의 무리인 우리는 승리한다.

적을 이기고 정복하는 양의 이미지는 우스꽝스럽다. 싸우는 양이라? 그다지 어울리지 않는다. 그러나 투사이신 예수님 – "하나님의 어린양"이면서 "유다의 사자"이시기도 한 – 이 계시기에 우리는 정복한다. 선지자 이사야가 쓴 책에 나오는 고난받는 종은 시편과 요한계시록에 나오는 정복하는 왕이기도 하다. 그분이 우리를 대신하여 승리하실 것이기 때문에 우리는 승리할 것이다.

사도의 전권을 가지고 바울은 단언한다. "내가 확신하노니…"(8:38). 헬라어로 이 동사는 완료 시제로서 과거에 발생한 어떤 일이 현재까지 그 결과가 지속되는 것을 나타낸다. 그는 인생에서 아무것도, 우리의 가장 큰 적인 죽음조차도 우리를 그리스도의 사랑에서 끊을 수 없음을 확신했다. 그분의 죽음과 부활은 자연 세계에서 우리를 위협하는 그 어떤 것도 능가하는 그분의 능력을 나타낸다. 더 나아가, 초자연적 세계의 그 무엇 – 천사들(택함을 받았건 타락했건)과 영적 세력들을 포함하여 – 도 우리를 해칠 수 없다. 하나님은 초자연적 세계에 속한 모든 것을 포함하여 삼라만상을 창조하셨고, 우주를 계속 통치하고 계신다.

하나님이 시간과 공간 속의 모든 것을 다스리시기에 당신의 백성을 데려와 안팎의 죄를 씻기시고, 그리스도의 형상으로 다듬으시며, 새 생명을 주시고, 영원히 "하나님과 화평"을 누리게 하시려는 그분의 뜻은 그 무엇도 꺾을 수 없다.

바울은 이 중요한 대목을 정곡을 찌르는 질문으로 시작했다. "우리가… 죄에 거하겠느냐"(6:1)? 다시 말해서, 이제 죄의 속박에서 벗어난 우리가 전처럼 계속 죄를 섬길 것인가? 분명한 대답은 "아니요"라고 큰 소리로 외치는 것이다. 그러나 죄는 자기 노예들을 쉽사리 포기하지 않을 것이다. 전쟁은 계속된다.

노예 해방 선언이 발효된 지 몇 달 후인 1863년 8월 26일 링컨 대통령은 허먼 멜빌(Herman Melville)의 「모비 딕(Moby Dick)」에 나오는 생생한 묘사로 국민들에게 다시 용기를 북돋워주었다. "우리는 오랫동안 고래를 추적해온 포경선과 같습니다. 마침내 그 괴물에다 작살을 꽂았지만 이제부터는 배를 신중하게 조종해야 합니다. 그렇지 않으면 그 괴물이 꼬리를 한 번 '철썩' 내리치기만 해도 우리 모두를 저 세상으로 보내버릴 것입니다."[13]

나는 하늘나라의 삶에 대해 준비되어 있다. 나는 죽음 이후의 삶에 대한 두려움이 없다. 그러나 하나님의 은혜로 주어진 자유 속에서 사는 법을 배우는 것은 자연스럽게 되지도 않고 쉽지도 않다. 다행스러운 것은 나의 하나님이 그 괴물에게 작살을 꽂으셨다는 것이다. 그 괴물을 죽이는 것은 시간 문제일 뿐이다.

적용

이 단어에 주목하라

당신이 오늘 어떤 도전에 직면하고 있는지, 또는 어떤 슬픔이 당신 가슴을 짓누르고 있는지 나는 모른다. 만약 있다면, 극소수의 사람들만 당신의 고통에 대해서 알고 있을 가능성이 높다. 그리고 설사 그들이 알고 있다 해도 당신이 지고 있는 짐 – 적절한 표현을 찾기 힘든 말이다 – 의 복잡함, 부조리함, 절망을 제대로 알 수 있는 사람은 없을 것이다. 이런저런 이유로 우리는 다른 사람들과 그것을 자유롭게 나누지 못한다. 왜냐하면 사실 다른 사람들이 아무리 이해하려고 노력한다 해도 우리의 슬픔 속으로 완전히 들어올 수 있는 사람은 아무도 없기 때문이다. 우리는 아주 잠깐이나마 우리가 만나는 공감을 기꺼이 받아들이지만, 그것이 슬픔을 해결하지는 못한다.

당신은 내가 이 말을 할 줄 알았으리라. 그럼에도 불구하고 나는 이 말을 해야겠다. 왜냐하면 그것이 진리이니까. '하나님은 알고 계신다.'

하나님이 모든 것을 알고 계신다는 것은 성경의 중요한 진리이다. 그분은 전지하시다. 하나님은 찾지 않으신다. 하나님은 배우지 않으신다. 하나님은 지켜보다가 우리에게 편안한 쪽으로 계획을 조정하지 않으신다. 그분의 계획은 정해져 있다. 그분의 지식은 완전하다. 그분은 이 타락하고 부패한 세상의 무질서한 환경에 목적을 부여하신다. 게다가, 그분은 우리를 온전히 – 우리를 사랑하는 그 누구, 심지어는 우리 자신보다도 더 – 사랑하신다. 그러므로 우리는 그분의 계획 안에서 안식할 수 있다. 음악가인 마이클 W. 스미스(Michael W. Smith)가 최근에 한 콘서트에서 이렇게 말했다. "하나님은 여전히 하나님이시고, 나는 여전히 하나님이 아닙니다."

내 경험에 의하면 내 고난을 하나님의 주권적인 계획에 내어드리고, 세상의 모든 문제를 그분의 섭리에 맡기는 것은 하나의 과정이다.

거부(Rejection). 애초에 우리는 우리가 당하는 고난의 부당함이나 부조리함이나 합목적성을 받아들이기를 거부하고 우리 전부를 던져 그것에 대항한다. 그것을 물리치기 위해서라면 우리는 모든 재정적, 정서적, 지적, 관계적 자원을 전부 고갈시킬 것이다. 우리는 명예로운 탈출을 위해서 삶의 틈이란 틈은 다 탐색한다. 그런 다음 그다지 명예롭지 않은 것들을 고려한다. 이 고난이 사실은 하나님의 주권적 계획일지도 모른다는 생각은 정말이지 생각조차 하기 싫어한다.

수용(Toleration). 상황이 오래 계속되거나 악화되면 우리는 점진적으로 하나님이 기적적으로 개입하지 않으실 수도 있다는, 하나님이 그 고난을 그대로 방치하실 수도 있다는 가능성을 받아들이기 시작한다. 좌절, 분노, 항변, 협상, 목적 추구 그리고 더 나아가 고통에서 벗어나려는 시도들이 용해되어 종국에는 절망적인 슬픔이 된다. 우리는 피할 수 없는 미래를 견뎌나가기로 결정하고, 하나님의 주권적 계획의 짓누르는 부담 아래에서 오히려 덜 발버둥친다.

에피파니(Epiphany, 진리가 드러나는 순간). 서서히 우리는 가물거리며 빛나는 하나님의 목적, 누군가가 말했듯이 한 가닥 희망을 보기 시작한다. 오래전에 하나님의 주권에 의지를 내어드린 – 어쩔 도리가 없어서 불만스럽기는 했지만 – 우리는 조금씩 그분의 섭리를 받아들이기 시작한다. 우리는 여기저기서 기쁨의 조각들을 모으고, 우리가 미처 깨닫기 전에 삶은 풍요로워진다. 우리의 고난은 원하지 않는 적에서 지금의 우리를 만드는 데 필수불가결한 요소로 변했다. 슬프지만 반드시 있어야 할 것이 된다. 그러다가 어느 날엔가 그것을 본다. 그것의 목적을. 우리는 현재 누리고 있는 축복을 받기 위해 왜 그 고난이 필요했는지 그리고 어떻게 하나님의 계획이 다른 길로 벗어나지 않을 수 있었는지 달콤한 슬픔 속에서 깨닫는다.

당신도 하나님의 계획에 순복하는 과정에서 비슷한 패턴을 볼 수 있을 것이다. 엘리자베스 퀴블러 로스(Elisabeth Kubler-Ross)는 그녀의 저서 「죽음과 죽어감(On Death and Dying)」에서 이 과정을 부인, 분노, 협상, 우울, 수용이라는 '슬픔의 5단계'로 불렀다. 그러나 비극을 극복하는 자연적 능력을 성령의 초자연적 역사로 오해하지 말라. 그렇다. 조만간, 우리는 마지막 단계인 "수용"에 도달할 것이지만 오직 하나님만 우리를 변화시키실 수 있고, 오직 하나님만 우리에게 영적 통찰력을 주실 것이다. 많은 믿지 않는 자들이 그들이 직면하는 큰 재난을 받아들이려고 애쓰지만 온전히 헤쳐나오는 경우는 드물다. 그러나 믿는 자들은 하나님의 아들과 같이 된다. "그가 아들이시면서도 받으신 고난으로 순종함을 배워서"(히 5:8).

나는 당신에게 독특한 일을 권하려고 한다. 성경을 열어 로마서 8장 28-39절을 보라. 당신이 지금 겪고 있는, 당신의 삶을 불행하게 만드는, 그것을 제거하기 위해서라면 무슨 일이라도 각오할 한 가지 고통을 가장 잘 요약하는 단어 하나(또는 둘)를 생각하라. 8장 28-39절이 적힌 옆의 여백에 괄호를 그리고 그 안에 당신의 고통을 적어 넣으라.

앞으로 며칠 동안 당신이 낮 시간에 머무는 곳에 성경을 둔 다음, 그 구절이 있는 페이지를 펼쳐놓으라. 수시로 그 구절을 읽고, 그때마다 기도하라. 그 구절에 담긴 약속들이 당신의 마음 깊숙이 각인되게 해달라고 기도하라. 성령이 당신의 상처를 치유하시고, 당신에게 신뢰와 복종을 가르쳐달라고 기도하라. 당신의 고통이 끝나게 해달라고 기도하라. 그런 다음 지체 없이 하나님의 뜻에 주도권을 내어드리라.

나는 당신에게 일이 어떻게 전개될 거라고 추측해서 말하지도 않을 것이고, 순종으로 향하는 길이 짧고 편할 거라고 감히 말하지도 않을 것이다. 그 반대이다! 그러나 이것은 약속할 수 있다. 당신이 로마서 8장 28-39절 옆에 적어놓은 말이 있는 그 페이지가 언젠가는 당신의 보물이 될 것이다. 당신은 이때를 되돌아보며 깨닫게 될 것이다. 당신이 얼마나 멀리 왔는지…. 그리고 당신이 받은 하나님의 풍성한 복을 그 어느 것과도 바꾸려 하지 않을 것이다.

주: 하나님의 신실성(로마서 6:1-8:39)

1. Booker T. Washington, Up from Slavery(New York: Doubleday, 1901), 19-20.
2. 같은 책, 20.
3. Gerhard Kittel and Gerhard Friedrich, eds., Theological Dictionary of the New Testament: Abridged in One Volume, trans. Geoffrey W. Bromiley(Grand Rapids: Eerdmans, 1985), 180.
4. Warren W. Wiersbe, The Bible Exposition Commentary(Wheaton, IL: Victor Books, 1989), comment on Rom. 6:1
5. 예수님이 인간의 판단 기준과 하나님의 판단 기준을 대조하셨을 때 거의 근접하셨다(요한복음 8:15을 보라).
6. Ralph Erskine, Sermons and Other Practical Works(Falkirk: Peter Muirhead, Rev. John Stewart, and Hugh Mitchell, Publishers, 1796), 7:275.
7. 부디, 텍사스 서부에 사시는 분들이 편지 보내지 마시길. 나도 텍사스 사람이고 텍사스를 사랑한다. 내가 든 예는 거기 사는 내 친구들이 불행한 삶을 살고 있다는 말을 하기 위해서가 아니다! 그곳은 덥기는 해도 지옥은 아니다!
8. 헬라어 구문법에서 대구의 경우 첫 번째 구절과 동사가 같을 때 두 번째 구절의 동사를 생략하는 경우가 흔하다.
9. Donald Grey Barnhouse, Exposition of Bible Doctrines, Taking the Epistle to the Romans As a Point of Departure(Grand Rapids: Eerdmans, 1955), 3:34.
10. Alan Redpath, The Making of a Man of God: Studies in the Life of David(Westwood, NJ: Revell, 1962), 93.
11. F. B. 마이어, *Christ in Isaiah*(London: Morgan and Scott, 1917), 9.
12. A.W. 토저, 「신앙의 기초를 세워라(*The Root of the Righteous,* 생명의 말씀사)」.
13. 에이브러햄 링컨, Doris Kearns Godwin의 Team of Rivals에 인용됨(New York: Simon and Schuster, 2005), 688.

하나님의 위엄

로마서 9:1–11:36

우주의 전능한 창조주는 피조물에게 당신 자신을 숨기지 않으셨다. 그분의 작품은 세상이 지성을 가진 존재에 의해 창조되었다는 부인할 수 없는 증거이다. 불행하게도 죄가 인간의 감각을 무디게 만든 탓에 하늘의 창조주를 볼 수 있는 본능을 가지고 있음에도 불구하고, 우리가 그분을 보려면 한 가지 이상의 작은 기적들을 필요로 한다.

더 강력한 본능은 하나님을 우리가 만든 그 무언가로 대체하려는 것이다. 고대에는 땅속에서 파내거나 이런저런 괴상한 형상으로 깎아 만든 것들로 하나님을 대체했다. 지금 우리는 더 이론적인 우상들, 즉 무에서 유가 나왔다는 과학적 신화나 인간 진화의 무한한 잠재력을 찬양하는 자만심에 차 있는 철학과 같은 우상들을 선호한다. 어떻든지 상관없다. 그것들은 과거에 있었던 거짓된 희망을 불어넣는 신들을 대신한다.

자연을 통해 스스로를 드러내는 것이 충분하지 않음을 아신 주님 역시 극적이고 기적적인 방법으로 당신을 드러내셨다. 그분은 어떤 이들에게는 들리도록 말씀하셨고, 어떤 이들에게는 꿈이나 환상을 통해 찾아가셨다. 그분은 초기 역사에서는 여러 가지 물리적 형태로 나타나셨고, 그 다음에는 언약궤 위에 나타난 *shekinah*의 초자연적인 광휘 속에서 이스라엘 백성들에게 그분의 독특한 실체를 나타내셨다. 그분은 모세의 율법을 통해 거룩한 성품을 나타내셨고, 모든 사람들이 읽고 삶에 적용할 수 있도록 그분의 메시지를 오류 없이 착실하게 기록한 선지자들과 사도들을 통해서 모든 인류에게 말씀하셨다. 궁극적으로 그분은 당신의 아들 예수 그리스도 안에서 스스로를 완벽하게 드러내셨다.

전능자는 인간들이 의미를 발견하는 데 사용하는, 상상할 수 있는 모든 방법으로 당신 자신을 드러내셨고, 그분의 방법은 정확하고 충분했다. 그럼에도 그분은 아직도 신비로 남아 계신다. 그리고 그분의 방법들도 마찬가지다. 우리가 그분을 정확하게 본다고 해도 우리는 그분을 온전히 이해하지 못한다.

하나님의 불가해한 본질의 좋은 예가 삼위일체다. 성경은 단일체임을 단언하면서도 서로를 구분하여 부르는 – 그리고 서로에게 말하기까지 하는 – 세 인격인 성부, 성자, 성령이신 그분에 대해 말한다. 많은 사람들이 이 역설을 하나님의 이해할 수 없는 특질로 그냥 받아들이는 것에 만족하지 못한다. 결과적으로 역사는 헛되이 그분의 삼위일체를 설명하거나 예증하려고 시도한 선의의 사람들로 가득 차 있으며, 이러한 서투른 시도는 위험한 이단을 잇따라 낳았다. 우리는 차라리 도저히 이해할 수 없는 것은 그냥 받아들이고 시인

월터 찰머스 스미스(Walter Chalmers Smith)와 함께 노래하는 것이 낫다.

불멸의, 보이지 않는, 지혜로우신 유일한 하나님
우리의 눈에는 숨겨진, 보이지 않는 빛 속에 계신
가장 축복받고, 가장 영광스러운 고대의
전능자, 승리자이신 당신의 위대한 이름을 찬양하나이다.[1]

핵심 용어

σκληρύνω [*Sklērunō*, 스클레루노] (*4645*) "딱딱하게 하다, 완고하게 만들다"
*Sklērunō*는 간 조직이 딱딱해지면서 정상적인 기능을 하지 못하게 만드는 "간경화(sclerosis of the liver)" 같은 의학 용어에 쓰이는 *sclerosis*의 어원이다. 성경의 저자들은 사람의 의식이나 의지는 신체의 장기와 같은 것이어서, 계속해서 혹사시키면 하나님이 본래 의도하신 기능이 점차 감퇴된다는 비유적 의미로 이 용어를 사용하였다.

ἔλεος [*eleos*, 엘레오스] (*1656*) "자비, 은혜로운 신실함"
구약의 헬라어 번역은 의미심장한 히브리어 *chesed*를 대부분 *eleos*로 번역했다. *Chesed*는 군주가 신하를 보호하거나 상급을 줄 때, 또는 부모가 자녀를 부양하는 것과 같이 관계에 의해 윗사람이 아랫사람에게 은혜를 베푸는 행위를 표현한다. *Chesed*는 사랑이 동기가 되어 자유롭게 행해진 은혜의 행위이다. 신약 성경에서 *eleos*는 죄인들을 향한 하나님의 성향을 모방하는 성도들의 태도이다. 바울에게 하나님의 *eleos*는 그분의 분노에 반대되는 것이다.

ὑπόλειμμα [*hypoleimma*, 휘폴레임마] (*5275*) "남은 자, 잔존자, 찌꺼기"
세속적 헬라어에서 이 용어는 먹고 남은 음식물 찌꺼기나 타고 남은 나무를 지칭한다. 구약에서 하나님의 심판의 시기를 예언할 때 *hypoleimma*는 전통을 전승시키고 아브라함의 언약을 통해 축복받게 될 유대인 생존자들을 지칭했다. 예수님 시대의 랍비들은 낙관적으로 이렇게 남겨진 유대인들을 대다수로 생각했던 반면, 바울은 현실적으로 그들을 잔류한 무리라고 생각했다.

μυστήριον [*mystērion*, 미스테리온] (*3466*) "신비, 이전에 드러나지 않은 비밀"
이 명사는 헬라어 동사 *myō*, "소리를 죽이다"에서 파생되었고 일반적으로 비밀이라는 뜻으로 사용된다. 이교도 예배에서의 "신비"는 한 특정한 신에 대한 헌신으로 기꺼이 희생하고, 복잡한 의식을 거행하며, 고통까지 겪을 각오가 되어 있는 극소수의 사람들에게만 주어지는 비밀이다. 그러나 유대인과 기독교 문헌에서의 "신비"는 최초로 모든 인류에게 계시된 하나님의 진리이다. 비밀이었던 것이 지금은 그것을 인정하기로 선택한 모든 사람에게 널리 알려진 사실이 되었다.

나는 어떻게 하나님이 한 분이면서 세 분이시며, 그러면서 하나일 수 있는지 이해하지 못하는 것과 마찬가지로, 그분의 불가해한 면모들을 이해하지 못한다. 그러므로 나는 바울이 쓴 로마서의 이 대목은 내 능력으로 풀 수 없는 미스터리를 포함하고 있다는 것을 염치없지만 인정하겠다. 하나님의 본질에 대한 수수께끼와 마찬가지로 나는 성경이 계시한 하나님의 주권적 계획을 받아들이며 성령이 능력을 주시는 대로 그것을 성실하게 가르칠 것이다.

유감스럽게도 이것은 모든 사람을 만족시키지는 못할 것이다. 어떤 이들은 성경이 그냥 암시하는 것으로부터 교리를 도출하지 않기 때문에 내가 충분히 대답하지 않았다고 생각할 것이다. 또 어떤 이들은 바울이 의도적으로 들쭉날쭉하게 놔둔 가장자리를 둥글게 다듬지 않았다는 이유로 성을 낼 것이다. 그러나 나는 내 가르침이 전통적인 성경 해석에 바탕을 두기 원한다. 설혹 그것이 내 신학에 균열을 남기거나, 성경 속 다른 곳에서 분명하게 가르쳐진 다른 진리의 기반을 약화시키는 것처럼 보일지라도 말이다. 나는 천국의 비밀을 모조리 체계적으로 정리하고, 분류하며, 목록을 작성하고, 상관관계를 보여주며, 연결시켜야 직성이 풀리는 사람들의 노력으로 얼룩진 역사를 되풀이하고 싶지 않다. 만약 그들이 그토록 많은 신자들로 하여금 이런저런 괴상한 교리를 받아들이도록 만들지 않았다면, 그들의 유산은 비웃음을 샀을 것이다.

로마서의 첫 여덟 장은 놀라우리만치 설명이 순차적이고 논리적이다. 그리고 마지막 다섯 장(12–16장)에서 바울은 한결같이 직설적이다. 그런데 이 대목은 그렇지 않다! 사실, 대부분의 주석가들은 이 구절에 의해 제기된 '문제점'을 인정하거나 또는 아무 문제도 없다고 부정하면서 해설을 시작한다. 나는 양쪽 다 옳다고 분명하게 말하겠다.

이 부분은 우리가 논리라고 생각하는 것을 무시하고 있기 때문에 분명히 난해하다. 우리가 예정론과 선택론에 대해 알게 되는 구절이 바로 이 구절이다. 우리는 유대인들의 불신과 그들에게 예정된 하나님의 약속을 만난다. 그리고 우리는 이방인들이 어떻게 세상을 향한 하나님의 마스터플랜에 포함되었는지 생각하지 않을 수 없게 된다. 그런데 하나님의 주권에 대한 바울의 논문을 따로 떼어놓고 보면 이해하기가 훨씬 쉽다. 따라서 우리는 로마서 9–11장을 종종 상식에 어긋나는 것처럼 보이는 하나님의 뜻을 받아들이듯이 받아들여야 한다. 이 험난한 시대에, 우리는 그분을 신뢰하는 법을 배워야 하고, 그런 다음에는 곧 그분의 뜻에 순복해야 한다. 그러면 우리의 시각이 그분의 시각에 맞춰지고 더 이상 상황에 떠밀리지 않게 되면서, 우리는 언제나 그렇듯이 그분이 옳았음을 필연적으로 깨닫게 된다. 그러니 로마서 9장 1절–11장 36절을 그대로 두자. 내가 사랑하고 존경해 마지않는 신학 교수 한 분이 자주 주의를 주시듯이, 이 진리들을 똑 떨어지게 맞추려고 하지 말자.

이 대목을 공부하면서 우리는 하나님의 본질에 대한 세 가지 측면을 검토해볼 것이다. 지나치게 많은 설명 없이 우리는 9장에서 하나님의 주권과 맞닥뜨리고, 함축된 의미를 붙잡고 씨름하며, 결국에는 그것이 담고 있는 진리 안에서 안식하는 법을 배우게 될 것이다. 그러고나서 10장에서 '하나님의 의'에 대해 깊이 생각하게 될 것이다. 우리는 하나님이 우리의 '공정함'이라는 개념에 구애받지 않으신다는 것을 받아들이는 법을 배울 것이다. 그분은 모든 권세를 소유하셨고, 그러므로 그분이 심판자이시다. 그 다음 11장에서 우리는 하나님의 신실성 안에서 위로를 얻을 것이다. 해답을 얻지는 못하지만 우리는 창조주의 절대 변하지 않는 선하심과 그분의 피조물에 대한 비할 데 없는 사랑을 신뢰할 수 있다. 그러니 그대로 두자.

예정에 대한 솔직한 이야기(로마서 9:1–33)

1–2 내가 그리스도 안에서 참말을 하고 거짓말을 아니하노라 나에게 큰 근심이 있는 것과 마음에
그치지 않는 고통이 있는 것을 내 양심이 성령 안에서 나와 더불어 증언하노니 3 나의 형제 곧 골육
의 친척을 위하여 내 자신이 저주를 받아 그리스도에게서 끊어질지라도 원하는 바로라 4 그들은 이
스라엘 사람이라 그들에게는 양자 됨과 영광과 언약들과 율법을 세우신 것과 예배와 약속들이 있고
5 조상들도 그들의 것이요 육신으로 하면 그리스도가 그들에게서 나셨으니 그는 만물 위에 계셔서 세
세에 찬양을 받으실 하나님이시니라 아멘

6 그러나 하나님의 말씀이 폐하여진 것 같지 않도다 이스라엘에게서 난 그들이 다 이스라엘이 아
니요 7 또한 아브라함의 씨가 다 그의 자녀가 아니라 오직 이삭으로부터 난 자라야 네 씨라 불리리라
하셨으니 8 곧 육신의 자녀가 하나님의 자녀가 아니요 오직 약속의 자녀가 씨로 여기심을 받느니라
9 약속의 말씀은 이것이니 명년 이 때에 내가 이르리니 사라에게 아들이 있으리라 하심이라 10 그뿐
아니라 또한 리브가가 우리 조상 이삭 한 사람으로 말미암아 임신하였는데 11 그 자식들이 아직 나지
도 아니하고 무슨 선이나 악을 행하지 아니한 때에 택하심을 따라 되는 하나님의 뜻이 행위로 말미암
지 않고 오직 부르시는 이로 말미암아 서게 하려 하사 12 리브가에게 이르시되 큰 자가 어린 자를 섬

기리라 하셨나니 13기록된 바 내가 야곱은 사랑하고 에서는 미워하였다 하심과 같으니라

14그런즉 우리가 무슨 말을 하리요 하나님께 불의가 있느냐 그럴 수 없느니라 15모세에게 이르시
되 내가 긍휼히 여길 자를 긍휼히 여기고 불쌍히 여길 자를 불쌍히 여기리라 하셨으니 16그런즉 원
하는 자로 말미암음도 아니요 달음박질하는 자로 말미암음도 아니요 오직 긍휼히 여기시는 하나님으
로 말미암음이니라 17성경이 바로에게 이르시되 내가 이 일을 위하여 너를 세웠으니 곧 너로 말미암
아 내 능력을 보이고 내 이름이 온 땅에 전파되게 하려 함이라 하셨으니 18그런즉 하나님께서 하고
자 하시는 자를 긍휼히 여기시고 하고자 하시는 자를 완악하게 하시느니라

19혹 네가 내게 말하기를 그러면 하나님이 어찌하여 허물하시느냐 누가 그 뜻을 대적하느냐 하리
니 20이 사람아 네가 누구이기에 감히 하나님께 반문하느냐 지음을 받은 물건이 지은 자에게 어찌
나를 이같이 만들었느냐 말하겠느냐 21토기장이가 진흙 한 덩이로 하나는 귀히 쓸 그릇을, 하나는 천
히 쓸 그릇을 만들 권한이 없느냐 22만일 하나님이 그의 진노를 보이시고 그의 능력을 알게 하고자
하사 멸하기로 준비된 진노의 그릇을 오래 참으심으로 관용하시고 23또한 영광 받기로 예비하신 바
긍휼의 그릇에 대하여 그 영광의 풍성함을 알게 하고자 하셨을지라도 무슨 말을 하리요 24이 그릇은
우리니 곧 유대인 중에서뿐 아니라 이방인 중에서도 부르신 자니라 25호세아의 글에도 이르기를

> 내가 내 백성 아닌 자를 내 백성이라, 사랑하지 아니한 자를 사랑한 자라 부르리라
> 26너희는 내 백성이 아니라 한 그 곳에서 그들이 살아 계신 하나님의 아들이라 일컬음을
> 받으리라 함과 같으니라

27또 이사야가 이스라엘에 관하여 외치되 이스라엘 자손들의 수가 비록 바다의 모래 같을지라
도 남은 자만 구원을 받으리니 28주께서 땅 위에서 그 말씀을 이루고 속히 시행하시리라 하셨느니라
29또한 이사야가 미리 말한 바 만일 만군의 주께서 우리에게 씨를 남겨 두지 아니하셨더라면 우리가
소돔과 같이 되고 고모라와 같았으리로다 함과 같으니라

30그런즉 우리가 무슨 말을 하리요 의를 따르지 아니한 이방인들이 의를 얻었으니 곧 믿음에서
난 의요 31의의 법을 따라간 이스라엘은 율법에 이르지 못하였으니 32어찌 그러하냐 이는 그들이
믿음을 의지하지 않고 행위를 의지함이라 부딪칠 돌에 부딪쳤느니라 33기록된 바

> 보라 내가 걸림돌과 거치는 바위를 시온에 두노니 그를 믿는 자는 부끄러움을 당하지
> 아니하리라 함과 같으니라.

예정. 이 말만으로도 위협적이다. 예정설은 표면적으로는 인간의 가장 귀중한 보물, 곧 자율권을 강탈해가는 것처럼 보이기 때문에 아마도 기독교 교리 가운데 가장 난해한 개념 중 하나일 것이다. 이 교리는 자기 결정이라는 개념에 정면으로 배치되며, 궁극적으로 그

리스도인들과 인본주의자들 – 세상의 운명은 우리의 결정에 달려 있다고 주장하는 – 을 구분 지어준다. 인본주의자들은 과거란 역사라는 가마 속에서 불타버려 변경될 수 없지만, 미래는 아직 무르고 유연한 진흙같아서 인간의 손에 의해 빚어지기를 기다리고 있다고 말한다. 그들의 말에 따르면 개인적으로 집단적으로 우리 – 희망적인 생각이 꾸며낸 전능한 존재가 아닌 – 는 우리의 미래를 결정할 것이다. 요샛말로 "모든 건 우리 하기 나름이다."

오늘 나는 그 정반대의 메시지를 선포하기 위해 위대한 신학자들, 설교자들, 선생들, 선교사들, 복음 전도자들과 함께했다. 나는 윌리엄 틴데일(William Tyndale), 존 위클리프(John Wycliffe), 존 칼빈(John Calvin), 울리히 츠빙글리(Huldrych Zwingli), 존 후스(John Huss), 존 녹스(John Knox), 마틴 루터(Martin Luther)와 같은 개혁가들의 대열에 합류한다. 나는 시인인 아이작 왓츠(Isaac Watts)와 존 뉴턴(John Newton)과 함께 노래하고 조지 휫필드(George Whitefield), 조나단 에드워즈(Jonathan Edwards), 찰스 스펄전(Charles Spurgeon)과 함께 설교한다. 나는 잠자고 있던 칼빈주의자 세대를 흔들어 깨워 그리스도의 명령을 따라 모든 나라를 제자로 삼게 한 선교 개척가 윌리엄 캐리(William Carey)의 부름에 화답한다. 나는 존 오웬(John Owen), A. H. 스트롱(A. H. Strong), 윌리엄 쉐드(Willam Shedd), 찰스 핫지(Charles Hodge), B. B. 와필드(B. B. Warfield), 루이스 스페리 체이퍼(Lewis Sperry Chafer), 존 F. 월부어드(John F. Walvoord), 도널드 그레이 반하우스(Donald Grey Barnhouse), 레이 스테드만(Ray Stedman)의 신학에 동조한다. 그리고 나는 내 동시대인인 존 스토트(John Stott), R. C. 스프라울(R. C. Sproul), 존 파이퍼(John Piper), 존 맥아더(John MacArther), J. I. 패커(J. I. Packer)와 같은 반열에 서 있다. 오늘 나는 하나님이 인간을 창조하시고 우리의 과거를 인도하셨을 뿐만 아니라, 이미 우리의 미래도 정해놓으셨음을 선포하기 위해 건전한 성경 학자들과 입장을 함께한다. 그와 동시에 '개방적 유신론'에 반대한다. "오직 우리 하나님은 하늘에 계셔서 원하시는 모든 것을 행하셨나이다"(시 115:3).

예정론을 받아들이면 우리 관점이 극적으로 변하게 된다. 우리는 어머니의 자궁에서 나와 어린 시절을 거치는 동안 우리 자신을 우주의 중심에 놓는다. 그후 대부분의 건강한 성인은 성숙해가는 과정 중 어느 시점에선가 깜짝 놀랄 일을 경험한다. 우리는 세상이 우리가 그어놓은 둥근 지평선 너머에도 존재하며, 다른 사람들도 다른 위치에서 동일한 세상을 바라본다는 사실을 어느 날 문득 깨닫는다. 머지않아 우주는 더 이상 우리를 중심으로 돌지 않으며 우리의 작은 세계는 훨씬 더 거대한 현실의 아주 작은 부분임을 받아들인다.

구원도 이와 같다!

우리는 사람들에게 열심히 하나님의 '구원 계획'을 전하지만 – 그래야 하므로 – 우리 역시 종종 기독교는 '우리 하기 나름'이 아니라, 그분이 하시기 나름이라는 사실을 제대로 인식하지 못할 때가 있다. 만약 우리가 예수 그리스도의 온전한 복음을 선포해야 한다면 우리는 하나님의 구원에 대한 마스터플랜을 인정하고 받아들여야 한다. 전능하신 창조주는 우주를 위한 그분의 어젠다, 즉 변경될 수 없는 계획을 성취하신다. 그러므로 '구원의 계획'을 듣고 받아들인 사람들은 설사 그들이 깨닫지 못했더라도 그들보다 월등히 큰 무언가의 일부가 된 것이다.

이제 잠시 로마서 8장 28-39절을 하나님의 구원의 마스터플랜이라는 시각에 비추어 다시 읽어보라.

우리는 이 약속들을 개인적인 것으로 주장하려는 경향이 있다. 하나님은 실제로 우리 한 사람 한 사람을 개별적으로 사랑하시지만 바울이 이 구절에서 일인칭 복수인 "우리"와 "우리를"이라는 단어를 사용한 것에 유의하라. 이것은 하나님이 각 개인에게 최고의 선을 이루어주시기 위해 우주를 바꾸실 거라는 약속이 아니다. 오히려 하나님의 '구원 계획'은 믿는 자가 뛰어드는 거대한 운명의 강과 같다. 이 의의 강물은 종국에는 세상에 넘쳐흘러 옛 질서를 휩쓸어가고 새 질서가 들어설 자리를 마련할 것이다. 그리고 예수님이 모든 것을 바로잡기 위해 재림하실 때, 그분에 대한 믿음으로 인해 우리는 그 새 질서의 일부가 될 것이다.

오해하지 말라. 바울의 로마서는 우리의 구원에 대해 쓴 것이 아니다. 그의 주요 주제는 우리의 구원이 한 부분을 차지하는 하나님의 의이다. 주님은 당신의 어젠다를 추구하신다는 점을 기억하라. 이는 하나님의 의가 만물을 다스릴 수 있도록 창조의 왕좌에서 사망을 몰아내고, 그 왕좌를 하나님의 아들에게 주는 것이다. 그리고 그분은 사람들이 그분의 계획에 가담하건, 하지 않건 그 일을 하실 것이다.

그러나 8장의 결론에 나오는 하나님의 약속은 중요한 질문을 제기한다. 바울이 로마 교회에 편지를 쓸 무렵 대다수의 유대인들은 예수님을 메시아로 받아들이기를 거부했고, 점점 더 많은 사람들이 하나님이 계획하신 구원의 마스터플랜을 거부하고 있었다. 그렇다면 한 민족으로서의 그들의 운명은 어떻게 될 것인가? 그들은 수세기 전에 세워진 하나님의 마스터플랜 속에 들어 있지 않았던 것일까? (아브라함, 모세, 이스라엘) 그리고 다윗에게 하신 하나님의 약속은 이스라엘 민족이 구원받을 것을 보장하지 않았는가? 만약 하나님이 언약의 백성들을 구원하는 일에 신실하지 않으시다면 이방인 그리스도인인 우리는 어떤 확증을 가질 수 있는가?

바울은 이것을 기회로 유대인들의 가시 돋친 질문과, 그들이 복음을 거부하는 것에 대한 문제를 다룬다. 그러나 이는 12장에서 바울의 주제를 다시 시작하기 위한 삽입구에 불과한 것이 아니다. 여러 측면에서 이것은 복음의 정점이다. 로마서 8장 28-39절이 악에 대한 하나님의 궁극적 승리를 기술하는 반면, 로마서 9장 1절-11장 36절은 하나님의 본질을 더 깊이 감지할 수 있게 해준다. 그리고 우리가 제일 먼저 보게 되는 그분의 속성은, 그분의 주권이다.

—9:1-5—

바울보다 더 간절히 유대인들이 예수님을 메시아로 영접하고, 그들에게 약속된 언약의 축복을 받기를 바란 사람은 없을 것이다. 그는 의심할 바 없이 이것을 위해 자주 기도했고, 하나님의 뜻에 따라 기도한다는 절대적인 확신을 가지고 있었다. 어쨌든 아브라함과 하나님 사이의 약속을 성취하는 것이 하나님의 계획임에는 틀림이 없었다. 유대인들은 하나님께 복종하고 믿음을 통해 은혜를 받는 삶을 살아가는 살아 있는 초대장으로서, 하나님에 의해 통치되고 축복받는 하나님 나라의 원형이 되어야 했다. 그러나 그들은 실패했다. 다윗과 솔로몬의 통치 아래서도 그들은 약속받았던 땅 전부를 그들의 것이라고 주장할 엄두도 내지 못했다(창 15:18-21). 바울은 그의 유대인 형제자매들이 구원받기를 갈망했다. 옛 언약의 자녀들이 억지로라도 새 언약을 받아들이기를 원했다.

그러나 그것은 바울이 세상을 다스리는 방식일 터였다. 그는 그들이 구원받는 것을 볼 수 있다면 그들 대신 고통을 당하겠다는 말을 하기까지 이르렀다(9:3).

아이러니가 보이는가? 이것은 의도적이다. 누군가가 이미 그들을 대신해 고통을 당했다. 그럼에도 유대인들은 그들의 메시아를 거부했다. 그리고 만약 그들이 하나님의 아들을 거부했다면, 어떤 이유에서 그들이 다소에서 온 한 하찮은 복음 전도자가 전하는 동일한 선물을 받겠는가? 그래서 바울은 아브라함의 유대인 자손들이 향유할 수 있는 일곱 가지 목록을 나열하지만, 그것들 중 어떤 것도 대다수의 유대인들로 하여금 진리를 볼 수 있게 만들지는 못했다.

이스라엘 백성 – 하나님이 아브라함과 언약을 맺으셨을 때 하나님은 공로와 상관없이 수세대 후까지 백성들을 축복하겠다고 약속하셨다. 다시 말해서 아브라함의 후손들은 그들이 유대인 부모에게서 태어났다는 이유만으로 축복과 특권 – 어느 누구도 도저히 얻거나 선택할 수 없는 – 을 누릴 것이다.

양자 됨 – 하나님이 개입해 이스라엘 민족을 애굽의 노예에서 해방시키셨을 때, 하나님은 그들을 당신의 자녀라고 하셨다(출 4:22).

영광 – 하나님이 이스라엘을 애굽에서 이끌어내셨을 때, 하나님은 그들에게 그분의 임재와 보호가 따를 것을 눈앞에 보여주셨다(출 13:21-22, 14:19-20). 그리고 초자연적인 *shekinah*의 광휘가 성막과, 나중에는 성막에 있던 언약궤 위에 머물렀다(출 40:34-38).

언약들 – 하나님이 이스라엘 백성들을 가나안 국경으로 데려오셨을 때 아브라함과 맺은 조건 없는 언약이 성취되었다(창 12:1-3, 15:1-21, 17:1-22). 그때 남은 자들은 군중들에게 하나님을 신뢰할 것을 권고했지만 군중들은 가나안 거민들의 크기와 힘을 보고 선뜻 나서지 못했다. 결국 그들 모두는 불신의 세대가 모두 사망할 때까지 광야를 떠돌아야 했다(민 13:25-33, 14:33-38). 40년 후 이스라엘 백성들은 믿음으로 약속의 땅의 첫 구획을 차지했다. 그리고 그때 하나님은 그들의 순종을 조건으로 또 다른 언약을 세우셨다(신 28장).

그후에도 하나님은 다윗 왕에게 오로지 그의 자손들만이 이스라엘의 왕좌에 대한 적법한 권리를 가지게 될 것을 약속하는 또 다른 무조건적인 언약을 세우셨다(삼하 7:12-16). 그리고 이스라엘이 가장 암울했던 시기에 주님은 '새 언약'을 세우실 것을 약속하셨다(렘 31:31-34). 그 언약이 (시내 산에서처럼) 인간의 순종에 달려 있든, (아브라함과 맺은 것처럼) 하나님이 일방적으로 하신 것이든 축복은 하나님의 백성, 유대인들에게 왔다.

율법을 주심 – 하나님은 이스라엘 백성들을 한 국가로 세우시면서 그들에게 그분의 거룩한 성품을 반영하는 영원히 변하지 않는 행동 강령을 주셨다(신 5:1-22). 다른 나라들의 법은 이기적인 왕들에 의해 멋대로 변하기 일쑤였다. 어떤 나라나 민족도 절대적인 진리를 정의의 바탕으로 갖는 특권을 누리지 못했다.

예배 – 하나님은 자기 백성들에게 행동 강령을 주시면서 그들이 불가피하게 그것을 어겼을 때 회복할 수 있는 방법도 제공하셨다(출 25-30장). 하나님은 사람들이 그분에게 다가올 수 있는 수단으로 성전을 세우셨고, 성전의 관리를 언약의 백성들에게 위임하셨다.

약속들 – 하나님은 이스라엘 백성들을 벌하시면서 동시에 희망 – 새 언약의 중개자가 되실 메시아에 대한 약속 – 도 주셨다(렘 31:31-34).

이 일곱 가지 혜택은 이스라엘의 고집스러운 반항의 긴 역사와 비교했을 때, 하나님의 신실하심은 변함이 없다는 것을 예증한다. 이스라엘 역사상 중요한 시기에 하나님께 신실했던 소수의 사람들이 없었다면, 이스라엘은 완전히 멸망했을 것이다. 더구나 이스라엘이 받은 축복과 특권의 목록은 하나님을 믿지 못한 것에 대한 변명의 여지가 없음을 확연히 보여준다. 믿지 않는 대다수는 그들 앞에 있는 산더미 같은 증거를 무시하고 하나님을 신뢰하지 않기로 작정했고, 이는 그들의 불신앙이 지적인 문제가 아니라 도덕적인 문제임을 증명한다. 아이러니하게도 그들은 그들의 유업이 믿음과는 별개로 그들을 구원할 것이라고 생각하면서, 하나님과의 독특한 관계를 우상으로 – 또다시 선물과 선물을 주신 분을 혼동하면서 – 대체했다.

바울은 '조상들'에게 주어진 약속들은 물리적 의미에서 그들의 후손인 예수 그리스도를 통해서 아직도 유효하다는 것을 확인한다. 다시 말해서, 그분이 진정한 *Bar Mitzvah*, 즉 '약속의 아들'이시다. 다른 모든 사람들이 실패했지만 예수님은 성공하셨다. 예수님은 이스라엘이 받아야 할 약속의 축복을 요구하셨고, 그 축복을 모든 성도가 누릴 수 있게 하셨다.

자신의 뜻을 공포한 후에, 바울은 하나님의 뜻을 선포하기 시작한다. 편지의 이 부분, 즉 9장 6절부터 9장 끝까지를 살펴보면 예정론에 대한 네 가지 중요한 진리가 나온다.

예정은 하나님의 주권적 선택에서 시작된다(9:6-13).
예정은 하나님의 완전한 성품을 지지한다(9:14-18).
예정은 하나님의 자비를 보여준다(9:19-22).
예정은 하나님의 공정성을 옹호한다(9:23-33).

이는 하나님의 구속 계획이, 이스라엘이 그들의 메시아와 새 언약을 거부함으로써 실패했다는 의견에 대한 바울의 반론이다. 그는 하나님의 관점이 인간의 그것과 어떻게 다른지를 보여주는 것으로 시작한다.

—9:6-13—

예정은 하나님의 주권적 선택에서 시작된다.

우리는 다수결의 원칙을 주장한다는 점에서 천성적으로 민주적이다. 대부분의 현대의 정부 형태는 다수의 의견을 대변하는 사람에게 권력을 부여하고, 그 사람은 정책을 세우고 '국민들의 뜻'을 실행하기 위해 국민들을 대신해 행동한다. 사실상 이들이 대표하는 것은 그들을 반대하는 소수자들을 포함한 국가 전체이다. 그러나 하나님은 그렇지 않으시다. 진정한 국가는 그분의 주권적 선택에 의해 정해지며, 그것은 인간의 관습에 위배된다. 바울은 그의 주장을 예시하기 위해 이스라엘 역사상 두 번의 중대한 순간을 예로 든다.

내가 하나님의 언약을 아브라함의 유대인 후손들에게만 국한시키는 데 유념했다는 것을 아마 눈치챘을 것이다. 그 언약들은 그의 모든 후손에게 해당되는 것이 아니다. 첫째, 아브라함에게는 이삭 외에도 다른 아들들이 있었다. 그는 사라의 몸종 하갈에게서 이스마엘이라는 아들을 낳았고(창 16장), 사라가 죽은 후에는 또 다른 아내를 맞이하여 적어도 여섯 명의 사내아이를 낳았다(창 25:1-2). 그러나 하나님은 아브라함과 맺은 언약을 오로지 사라를 통해서만 낳은 후손으로 제한하셨다(창 17:18-21, 21:12). 그 이유는 하나님이 그렇게 하려고 작정하셨기 때문이다. 우리는 왜 하나님이 그것이 최선의 방책이라고 선택하셨는지를 추측해서 몇 가지 그럴듯한 이유를 제시할 수 있지만, 결국에는 이런 결론에 도달할 수밖에 없다. 하나님이 주권적으로 그 언약의 전달자로 이삭을 선택하셨다.

둘째, 이삭은 한 명 이상의 아들 – 실제로 쌍둥이 – 을 두었다. 당시의 관습은 장자가 두 배의 유산을 물려받고 일족의 족장으로서의 아버지의 자리를 승계했다. 이삭이 낳은 쌍둥이의 경우에는 장자인 에서가 약속된 축복을 받아야 했다. 그런데 쌍둥이가 태어나기 전에 주님이 그들의 어머니에게 말씀하셨다. "큰 자가 어린 자를 섬기리라"(창 25:23). 이것은 단순한 예언이 아니었다. 이것은 관습에 반하여 장자보다 어린 사내아이가 아브라함의 약속을 이어받을 것이라는 하나님의 주권적 선택이었다.

바울이 든 이 예는 하나님이 아브라함과 맺으신 언약에 대한 두 가지 오해를 바로잡는다. 첫째, 단지 아브라함의 유전자를 받았다는 이유만으로 그 약속의 실행을 요구할 수 없다. 족장의 많은 아들들 중에서 – 적어도 여덟 명 – 딱 한 사람만이 그 축복에 대한 적법한 권리를 주장할 수 있었다. 둘째, 공로나 관습적 권리(인간의 선택인)에 의해서가 아니라 하나님의 선택에 의해서 단 한 사람만이 그 축복을 받았다.

결과적으로 야곱이 그의 형 에서를 대신해 축복을 받았다. 다시 말하지만, 하나님이 그렇게 하기로 하셨기 때문이다. 인간이 옳고 그른 것을 선택할 수 있는 능력을 소유하기 전에 주님은 야곱을 선택하셨다. 그런데 그는 정말로 믿을 수 없을 정도로 그럴 자격이 없는 사람이었다. 야곱이라는 이름 자체도 "대신 들어서다" 또는 "빼앗은 사람"이라는 뜻이다. 그는 뻔뻔한 모략가이자 사기꾼이었고 거처간 곳마다 많은 적들을 만들었다. 그럼에도 결국 주님은 그의 옛 방식을 깨부수고 그에게 "하나님과 겨루어 이기다"라는 뜻의 "이스라엘"이라는 새 이름을 주셨다.

바울은 자신의 주장에 최종적인 검증을 더하기 위해 로마서 9장 13절에서 말라기의 말씀을 인용한다.

> "여호와께서 이르시되 내가 너희를 사랑하였노라 하나 너희는 이르기를 주께서 어떻게 우리를 사랑하셨나이까 하는도다 나 여호와가 말하노라 에서는 야곱의 형이 아니냐 그러나 내가 야곱을 사랑하였고 에서는 미워하였으며 그의 산들을 황폐하게 하였고 그의 산업을 광야의 이리들에게 넘겼느니라"(말 1:2-3).

하나님은 미워하시는가?

"미움"이란 강한 단어이다. 우리는 어렸을 때부터 무슨 일이 있더라도 미워하는 마음을 품지 말고 모든 사람, 원수까지도 사랑하라는 그리스도의 명령에 순종하라고 배웠다. 그래서 하나님이 야곱은 사랑하셨고 에서는 미워하셨다(말 1:2-3)는 말씀은 충격적이다. 어떻게 사랑의 하나님이 미워하실 수 있는가?

히브리 단어를 검토하는 것에서부터 시작하자. 구약에서 "미워하다"로 해석될 수 있는 단어는 두 가지이다. *Sane*와 *ma'as*. 이 둘의 의미에는 미묘한 차이가 있다. 사실 구약의 저자들은 간혹 이 두 단어를 호환해서 사용하기도 했다. 예컨대, 아모스 선지자는 이스라엘 백성들이 드리는 예배에 대한 하나님의 혐오감을 표현하기 위해 이 두 단어를 함께 나열했다. "내가 너희 절기들을 미워하여 멸시하며 너희 성회들을 기뻐하지 아니하나니"(암 5:21, 밑줄 저자 강조).

*Sane*와 *ma'as*는 어떤 것에 대한 강한 감정적 불쾌감을 표현하는 반면, 고대 근동 문화에서 "미움"은 감정보다는 우선순위와 더 관련이 많다. 예를 들어 에서가 자유 의지로 자기에게 약속된 축복을 팥죽과 바꾸었을 때, 에서는 그의 장자 상속권을 "하찮게 여겼다"(창 25:29-34). 에서는 자기의 장자 상속권에 대해서 강한 부정적인 감정을 가지고 있지 않았다. 우리가 그 단어를 사용할 때 의미하는 것처럼 그가 그것을 "미워"하지 않았던 것은 분명하다. 사실 에서는 그가 잃어버린 것을 되찾기 위해 싸웠고, 실패했을 때 몹시 슬퍼했다.

또 다른 예로, 창세기 29장은 야곱이 어떤 식으로 라헬을 "사랑"하고 라헬의 언니 "레아"를 "미워"했는지에 대한 이야기를 들려준다. 다시 한 번, 이 단어는 야곱이 한 사람을 다른 사람보다 더 좋아한 것을 나타낸다. 그는 레아를 싫어하지 않았다. 어쨌든 그는 레아와의 사이에 적어도 일곱 명의 자녀를 두었다!

더 나아가, 신약에서 예수님은 당신을 따르는 자들에게 그들의 돈, 가족, 심지어 그들의 생명까지도 "미워"해야 한다고 요구하셨다(마 6:24, 눅 14:26, 요 12:25). 예수님이 제자들에게 다른 사람들을 학대하라고 가르치신 것이 아님은 분명하다. 문제는 다른 모든 것보다 제자도를 우선으로 두고, 다른 모든 관계보다 그리스도와의 관계를 우선으로 하는 우선순위였다.

이쯤에서 그만하고 "미움"에 그 이상의 악의가 없는 것으로 결론짓자. 그러나 우리는 구약에서 "미움"이라는 용어가 다른 중요한 뜻으로 사용된 예를 그냥 넘어갈 수 없다. 창세기 37장에서 "미워하다"는 말은 요셉을 향한 그의 형들의 극단적인 혐오감을 표현한다. 그들은 요셉을 죽일 음모를 꾸미지만 마침 노예 상인들이 지나가자 그를 팔아버리기로 작정했다. 분명히 "미워하다"라는 용어는 감정적이지 않은 선택 또는 격한 혐오감을 모두 표현할 수 있다. 그렇다면 말라기 1장 2-3절은 어느 쪽일까?

말라기서는 기준 미달의 희생 제물을 바치고, 최고의 가축들을 자신들을 위해 보존함으로써 성전을 모독한 유다 왕국에 대한 경고였다. 말라기는 에서가 그의 장자권을 "가볍게 여겼"듯이 제사장들이 그들에게 주어질 약속의 축복을 "경시"한 것을 고발했다. 그리고 야곱(이스라엘로 이름이 바뀐)과 에서(그 후손들이 에돔이라는 나라를 세운)의 이야기를 상기시키면서 그 둘을 분명하게 비교했다.

야곱은 언약을 소중히 여겼다.	에서는 언약을 경시했다.
하나님은 이스라엘의 구원을 약속하셨다.	하나님은 에돔을 벌하겠다고 맹세하셨다.
(신 4:29-31, 30:1-10)	(렘 49:7-22, 겔 35장)

말라기의 시대까지 두 가지 예언이 모두 성취되었다. 하나님은 이스라엘의 신실한 남은 자

들을 회복시켜 약속의 땅에 들어가게 하셨다. 그러나 그들은 마냥 뽐내며 기뻐할 만한 처지가 아니었다. 이스라엘 백성들은 그들에게 약속된 축복을 경시함으로써 에서와 같은 운명에 처할 수도 있는 위험이 있었다. 다시 말해서 "귀를 기울이라, 이스라엘 백성들이여. 에서가 자기의 장자권을 경시함으로써, 에돔은 하나님께 버림받았다. 너희가 너희의 장자 상속권을 멸시하면 어떤 일이 일어날 것이라고 생각하는가?"라는 경고이다.

하나님의 "미움"은 양날검이다. 그것은 정말 감정으로 가득 차 있지만, 감정이 양날검을 사용하는 동기가 되지는 않는다. 그분의 분노와 마찬가지로, 그분이 이것 대신 저것을 택하는 행위("미워함")는 절대적으로 정당하며 지극히 공정하시다.

—9:14-18—

예정은 하나님의 완전한 성품을 지지한다.

나에게는 잘 어울리지 않는 직업들이 있다. 예를 들어, 나는 훌륭한 외과의사가 되지는 못할 것이다. 그 이유는 첫째, 나는 피를 보는 것이 질색이다. 둘째, 나는 다른 사람의 고통에 너무 쉽게 감정 이입이 되기 때문에 필요한 객관성을 갖지 못할 것이다. 셋째, 나는 그 분야의 교육을 받지 않았다. 그렇기 때문에 내가 아무리 아내를 사랑한다고 해도 아내가 수술을 받아야 할 경우가 생긴다면 실력 있는 의사에게 아내를 맡겨야 한다. 나는 그 일을 할 수 없기 때문이다.

만약 '우주의 대법관'직이 공석이 된다면 그 일을 맡을 사람에게 필요한 자질은 이런 것들일 것이다. 지원자가 갖추어야 할 자격은 전능하고, 전지하며, 무소부재(동시에 모든 곳에 존재하는)하고, 불변해야 하며, 영원하고(시간의 경계를 초월하는), 독존해야 하며(아무것도 부족하지 않은), 거룩하고('선'의 정확한 정의), 올발라야 한다(모든 결정이 절대적으로 옳은). 그러나 인간은 불행히도 그 직책에 자격 미달일 뿐더러 자격을 갖춘 자가 누구인지 짐작조차 할 수 없다.

더구나 우리에게는 우리의 소관이 아닌 것을 좌지우지할 권리가 없다. 예컨대, 나는 다른 사람의 집에 들어가 그 가정의 규칙을 바꿀 수 없다. 그곳은 내 소유가 아니다. 마찬가지로, 이 세상은 우리의 것이 아니다. 우리는 하나님이 창조하신 세상에서 사는 특권을 부여받았고 마음만 먹으면 언제라도 이곳을 떠날 수 있지만, 그분만이 당신의 피조물을 다스릴 권리를 소유하신다. 그리고 그분은 그럴 자격이 있으시기 때문에 우리는 그분의 판단을 신뢰할 수 있다.

바울은 모세의 이야기와 모세가 애굽의 통치자와 대면했던 이야기를 예로 들어 주님이 피조물을 다루실 자격이 있으심을 증명한다. 모세에게 하나님이 하신 말씀은 우주적인 원칙을 확립한다. 은혜는 선물이기 때문에 선물을 주는 자는 자기 뜻대로 선물을 주거나 주지 않을 권리를 가지고 있다. 그러므로 자비는 다음의 것들에 의해 좌우되지 않는다.

"원하는 자." 자비는 베푸는 자의 선택이지, 받는 자의 선택이 될 수 없다.

또는 "달음박질하는 자." 자비는 선물이다. 그러므로 자비는 노력으로 얻을 수 없다.

모세와 바로의 사건은 대조해서 연구해볼 만하다. 두 남자의 삶의 시작은 같았다. 두 사람 모두 애굽 왕실의 이교도 가정에서 성장했다. 두 사람 모두 우상을 숭배하는 사제들이 가르치는 이교도 학교에서 교육을 받았다. 두 사람 모두 진흙 구덩이에서 뒹구는 노예들의 삶보다는 월등히 높은 수준의 생활을 즐겼다. 그러나 그들의 행로는 하나님이 한 사람의 삶 속에 개입하셨을 때 갈라졌다. 모세는 살인죄를 지었지만, 그후 40년 동안 주님은 그의 성품을 변화시키셨다.

한편, 바로는 애굽의 궁전에서 그의 특권적 삶을 계속 이어나갔고 마침내 애굽의 왕이 되었다. 그는 도망자가 되는 치욕을 겪지 않았다. 그는 광야를 떠도는 양치기로 일하면서 겨우 입에 풀칠이나 하는 삶을 살지 않았다. 그는 변함없이 이교도로서 40년을 살았다.

하나님의 구속 계획에서 다음 단계를 밟아야 할 적절한 때가 되었을 때 하나님은 두 사람을 대면시키셨다. 모세는 이스라엘 백성들을 풀어달라고 요구했으나 바로는 그들에 대한 주권을 주장하면서 거절했다. 그때 주님은 눈썹 하나만 까딱하셔서 애굽을 역사의 저편으로 사라지게 하실 수 있었다. 그러나 주님은 서서히 강도가 심해지는 여러 가지 고통을 주셨다. 성경에 서술된 그분의 목적은 이러했다. "내가 너를 세웠음은 나의 능력을 네게 보이고 내 이름이 온 천하에 전파되게 하려 하였음이니라"(출 9:16).

바로는 하나님의 구속 계획에 정면으로 맞섬으로써 스스로 악에게 헌신했다. 이것은 바로 개인의 선택이다. 그는 악을 선택했다. 하나님이 그를 위해 그것을 선택하신 것이 아니었다. 그러나 주님은 그의 마음을 "완악하게" 하셨다. 즉, 그의 마음속 깊이 뿌리내리고 있는 악을 좇겠다는 그의 결심을 더 굳게 만드셨다. 그리고 주님이 그렇게 하신 것은 전적으로 정당했다. 주님은 누구에게도 은혜를 빚지지 않으셨다. 그러므로 그분이 바로로 하여금 자신이 선택한 악에 머물러 있도록 허용하고, 그 결과를 감당하도록 하신 것은 결코 공정하지 않다고 할 수 없다. 더구나 주님은 바로의 악행을 기회로 삼아 이스라엘 백성에 대한 주권을 주장하시고 악을 이기는 능력을 보여주셨다.

바울은 하나님의 의로운 성품을 증명하기 위해 바로와 모세가 택했던 서로 다른 행로에 대해 자세히 설명한다. 그들의 이야기는 두 가지 면에서 하나님의 성품을 보여준다. 첫째, 하나님이 두 사람의 삶에 개입하시고, 그들 모두에게 스스로를 낮추고 하나님의 주권을 받아들일 충분한 기회를 제공하심으로써 하나님의 은혜를 보여준다. 둘째, 각기 다른 두 사람의 선택에 대해 각각 다르게 반응하신 것에서 그분의 공정성을 보여준다. 결론은 이렇다. 구원의 공로는 하나님 한 분께만 있다. 정죄받은 자는 오로지 자기의 잘못으로 인해 벌을 받는 것이다.

—9:19-22—

예정은 하나님의 자비를 보여준다.

바울은 예정론에 대한 다음과 같은 흔한 반론을 예상했다. "만약 하나님이 바로의 마음을 완악하게 하신 것처럼 누군가의 마음을 '완악하게' 하신다면 어떻게 그 사람이 심판받은 것이 공정할 수 있겠는가?" 사도 바울은 구약의 예(사 29:16, 45:9, 64:8, 렘 18:6)를 들면서 두 가지 쟁점을 분명하게 설명한다.

첫째, 하나님은 주권을 가진 창조주이시므로 그분이 원하시는 대로 피조물에게 행할 권리가 있으시다(9:19-21). 다시 말해서, 하나님이 꽃들에게 대답할 필요가 없는 것과 마찬가지로 인간들에게 대답하지 않으셔도 된다. 우리에게 생명이 주어졌다는 것 자체가 은혜이다. 우리에게 우리의 운명을 선택할 수 있는 제한된 자유 의지가 주어졌다는 것은 은혜 위의 은혜이다. 그리고 인류 전체적으로 또 개인적으로 하나님께 반역한 후에도 구속의 소망이 주어진 것은 놀랍도록 넘치는 은혜이다!

하나님은 그분의 뜻대로 피조물에게 행할 주권을 가지고 계시다는 것을 확증한 바울은 "만일"이라는 말로 그의 추론을 계속 이어가는데(9:22-23), 여기에서 "만일"은 사실로 추정된다. 그리고 이것은 그의 두 번째 요점을 뒷받침한다. 우리는 하나님께 반항하기로 선택했을 때 홀대를 받더라도 불평할 수 있는 권리를 상실했다. 그러므로 즉각적인 죽음 외에 우리가 받는 모든 것은 자비이다.

자비를 필요로 하는 사람들은 '권리'를 소유하고 있지 않다. 바로의 경우, 애굽의 주권을 가짐으로써 대다수의 사람들이 감히 꿈도 꾸지 못하는 특권을 누리는 시간이 그에게 주어졌다. 은혜이다. 그에게는 그의 죄를 뉘우칠 기회가 적어도 열 번은 주어졌다. 설사 그에게 더 이상의 은혜가 주어지지 않았다고 해도, 그는 이미 그가 받아 마땅한 것보다 훨씬 더 많은 은혜를 받았다.

"준비된 진노의 그릇"(9:22)이라는 구절 때문에 혼동하거나 오해하지 말라. 많은 문법학자들은 "준비된"이라고 번역된 헬라어 동사를, 동사의 주어가 그 동사의 행위의 대상이 되는(재귀 용법) "중간태"로 되어 있다고 해석한다. 그러므로 이것은 "스스로 멸망의 대상이 된 그릇"으로 해석되어야 한다. 하나님은 원하는 대로 진흙을 빚으실 권리를 갖고 계셨지만 바로로 하여금 자신이 원하는 형상을 선택하도록 허용하셨다. 주님은 그냥 그의 모습을 굳히셨을 뿐이다. 그리고 은혜를 베푸셔서 그를 즉시 벌하지 않고 서서히 벌하셨다.

모든 인간은 즉시 생명이 끊어져야 마땅하지만, 우리가 살아 있다는 사실은 하나님이 의를 행사하지 않으셨다는 것을 증명한다. 그분은 잠시 정의의 실현을 보류할 수 있는 주권을 행사하셨다. 어떤 사람들은 구원받지 못한다는 사실을 불평하기보다, 우리의 잔이 반이 넘게 차 있는 것을 보고 누구라도 구원받을 수 있다는 사실에 하나님께 감사해야 한다! 우리는 하나님이 어떤 사람들에게 스스로 선택한 악한 모습대로 굳어지게 하는 주권을 행사하시는 것에 대해 불평하지 말고, 우리를 포함하여 누군가에게 자비를 베푸시는 주권을 행사하시는 것에 감사해야 한다!

이쯤에서 또 하나 분명히 해야 할 것이 있다. 바울은 여기서 그 문제를 언급하지는 않으나 분명히 그 의미가 내포되어 있다. 하나님은 어느 누구도 죄를 짓게 만들지 않으신다(야고보서 1:13-16을 보라). 더 나아가 하나님은 어느 누구도 죄를 짓도록 유혹하거나 권하지 않으신다. 아마도 하나님이 완악하게 하신 모든 사람의 전형일 바로의 경우는, 반항적인 마음이 그것이 탐하는 죄에 "넘겨졌거나" 또는 유기되는 형벌을 받은 것이다.

솔로몬이 죽은 후 약속의 땅은 내란이 일어나 북왕국 이스라엘과 남왕국 유다로 나뉘어 끊임없이 싸우게 된다. 다윗의 후손들이 유다를 다스렸던 반면, 이스라엘은 적통이 아닌 왕조의 흥망을 여러 차례 겪었다.

—9:23-33—

예정은 하나님의 공정성을 옹호한다.

23-24절은 22절에 함축되어 있는 질문에 대한 답이다. 어째서 주님은 "멸하기로 준비된 진노의 그릇을 오래 참으심으로 관용하시는가?" 다시 말해서, 멸망할 운명인 자들을 계속 살려두시는 목적이 무엇인가? 두 가지 이유가 있다.

첫째, 우리 인간들은 시간 속에서 진보하지만 하나님은 시간 밖에 존재하신다. 자비와 영광을 얻을 운명으로 선택받은 자들은 죄에 속박당하고 상실된 자궁으로부터 벗어날 것이다. 그들은 은혜를 받기 전 얼마 동안 그 모습대로 존재하다가 성령에 의해 변화될 것이다. 주님은 우리를 위해 그 과정이 시간 속에서 진행되게 하기로 결정하셨다. 모든 피조물은 자격 없는 그릇에 은혜가 주어지고 그들의 변모된 모습이 하나님을 영화롭게 하는 과정을 볼 수 있게 된다.

둘째, 주님은 선택받은 자들과 선택받지 못한 자들을 분리하기 위해 세상이 시간 속에서 움직이도록 하셨다. 하나님은 누가 자비를 얻도록 선택받았고 누가 선택받지 못했는지 아시지만 우리는 모른다. 우리는 사람들의 외면만을 보고 판단하지만 그분은 사람들의 속마음을 보고 판단하신다. 우리에게 악해 보이는 사람이 실제로는 '자비의 그릇'인데 아직 변화되지 않았을지도 모른다. 예를 들어, 바울은 회심하기 전에는 그리스도인들을 죽이고 핍박하던 자였다(행 7:58, 8:1, 9:1-2, 22:3-5). 바울이 에베소서에 썼듯이, 그리스도가 그를 만나주신 후에 그는 하나님께 영광을 돌렸다. "모든 성도 중에 지극히 작은 자보다 더 작은 나에게 이 은혜를 주신 것은 측량할 수 없는 그리스도의 풍성함을 이방인에게 전하게 하시고"(엡 3:8).

25절의 서두에서 바울은 호세아와 이사야의 말을 상기시키면서 유대인들의 질문으로 돌아간다. 이 구약의 두 선지자는 두 개의 그릇에 대해 이야기한다. '분노의 그릇'인 이스라엘과 '자비의 그릇'인 유다. 하나님의 선택에 대한 이 두 이야기는 사뭇 다르게 끝난다.

호세아는 다윗과 솔로몬이 다스리던 왕국이 북왕국 이스라엘과 남왕국 유다로 분할되고 한참 후에 살았던 선지자이다. 이스라엘은 우상 숭배와 불신앙의 오랜 역사를 가지고 있었고, 여러 세대에 걸쳐 경고를 받았음에도 불구하고 회개하지 않았다. 호세아의 신탁을 거부한 지 얼마 되지 않아, 앗수르의 연이은 공격 시도 끝에 기원전 722년 마지막 남은 이스라엘 왕국이 멸망했다. 침략자들은 대부분의 거주민들을 추방하고 다른 나라 사람들을 이스라엘로 이주시켜 다른 민족 간의 결혼을 권장했다. 그 결과 한 세대가 채 지나기 전에 이스라엘 왕국에 남아 있던 주민들의 혈통은 끊어졌다. 신실한 남은 자들 외에 남아 있는 유대인들은 남왕국 사람들이 전부였다.

호세아와 동시대 사람인 이사야는 역사적으로 신실한 왕들이 별로 없었던 남왕국 유다의 예언자였다. 그들은 얼마 동안은 이사야의 경고에 귀를 기울였고 앗수르인들이 예루살렘을 포위하고 공격했을 때 살아 남았다. 그러나 한 세대 후에 그들 역시 주님께 등을 돌렸다. 기원전 586년에 느부갓네살 왕이 유다를 정복하고 유대인 인재들을 바벨론으로 끌고 갔다.

포로로 생활한 지 수십 년이 지난 후에 신앙이 없는 유대인 왕들은 약속의 땅에서 축출되었다. 그런 다음 주님은 호세아와 이사야가 예언한 대로 약속의 백성들 가운데 남은 자들을 다시 돌려보내 새 출발을 하게 하셨다. 하나님이 "내 백성이 아니라"고 하셨던 반항적인 유대인들은 포로 생활에서 풀려난 후, "내 백성"이라는 새 이름을 얻었다.

두 개의 그릇에 대한 이 이야기를 읽다보면 우리는 하나님이 수세기에 걸쳐서 이스라엘과 유다 모두에게 여러 차례 경고하시는 것을 볼 수 있다. 두 나라 모두 하나님의 경고에 귀 기울이지 않았고, 그랬기 때문에 심각한 응보를 받았다. 하나님은 동일한 열정으로 그들을 추적하셨다는 점에서 두 나라 모두에게 공평하셨다. 회개하면 구원해주신 것도 두 나라 모두에게 공평하셨다. 그리고 그분이 경고하셨듯이 지속적인 불순종의 결과 역시 추방과 망명으로 동일했다(신 28:15-68). 그러나 그분은 모든 피조물 위에 군림하는 주권자로서의 특권을 행사하여 한쪽, 즉 유다에 자비를 베푸셨다. 그분은 아브라함과 다윗에게 하신 조건 없는 약속을 이루기 위해 남은 자들을 보존하셨다.

바울은 이 구약의 예언들을 확대 적용했다. 호세아서에서 말하는 "내 백성이 아니"었다가 다시 "내 백성"이 된 소수는 유대인들이었다. 그리고 이사야서에 나오는 "남은 자"는 나라를 재건하기 위해 에스라와 느헤미야와 함께 돌아온 유대인들이었다. 그럼에도 불구하고 바울은 이방인들의 구원을 더 넓은 의미에서 구약의 예언들이 성취되는 것으로 보았다.

언제나 기대를 초월하시는 하나님을 나는 사랑한다!

적용

양극단

로마서 8장 28-39절에서 바울은 독자들에게, 우리의 느낌과는 반대로 성도들의 구원은 확실하다는 것을 확인시킨다. 우리가 신실해서가 아니라 하나님이 신실하시기 때문이다. 이는 당연히 이러한 질문을 이끌어낸다. "만약 하나님이 신실하게 그분이 택한 자들을 보존하신다면, 믿지 않는 유대인들은 어떻게 되는 겁니까? 아브라함의 자손들에게 하신 하나님의 무조건적인 약속은 위기에 처한 것 같은데요?" 바울의 대답(9:1-11:36)은 하나님의 성품을 변호하는 것으로 시작한다. 그는 예정론을 설명하는 것으로 대답하는데, 예정론은 네 개의 진리를 성립시킨다.

- 예정은 하나님의 주권적 선택에서 시작된다(9:6-13).
- 예정은 하나님의 완전한 성품을 지지한다(9:14-18).
- 예정은 하나님의 자비를 보여준다(9:19-22).
- 예정은 하나님의 공정성을 옹호한다(9:23-33).

바울의 가르침은 다음의 대구로 요약될 수 있다.

하나님은 신실하게 당신이 선택하신 남은 자들을 구원하신다.
정죄받은 자들은 스스로 정죄한 것이다.

우리는 눈에 보이는 모순을 해결하려는 유혹에 빠지지 말고 이 대구를 있는 그대로 받아들이는 것이 현명하다. 불행하게도 예정론을 그냥 두지 못하고 양극단으로 몰고가는 사람들이 더러 있다.

첫 번째이자 가장 흔한 경우는 구원이 전적으로 개인의 '자유 의지에 의한 선택'이라고 말하는 것이다. 얼핏 말이 되는 것같아 보이지만 내포된 의미는 명백히 비성경적이다. 이 경우에는

- 구원의 짐을 전적으로 개인의 어깨에 올려놓는다.
- 인간의 마음이 타락했다는 사실을 부인하거나 극소화시킨다.
- 선택이나 범죄함으로 인해 사람은 구원을 잃을 수 있다고 생각한다.
- 불가피하게 율법주의로 흐른다(구원을 얻기 위해 율법을 지키는 것을 지나치게 강조).

두 번째 극단은 인간은 구원이나 심판에서 일체 아무런 역할을 하지 않는다고 말하는 것이다. 많은 사람들이 하나님의 주권을 지지하고, 개인의 구원에 대해서 각 개인에게 영광을 돌리는 것을 방지하기 위해 이러한 극단으로 치우친다. 의도는 훌륭하나 – 내가 높이 평가하는 것 – 이것 역시 비성경적인 결론에 도달하게 된다. 이 경우에는

- 개인의 정죄에 대한 책임을 전적으로 하나님께 전가한다.
- 악에 대한 책임이 하나님께 있다는 결론에 도달한다.
- 세상을 구원하시려는 하나님의 계획에 인간은 아무 상관이 없음을 암시한다.
- 불가피하게 운명론과 무기력으로 이어진다(인간의 책임에 대한 과소평가).

역사는 이 문제를 어느 한 극단으로 가져간 사람들의 예로 가득 차 있으며, 그 결과 복음주의는 어려움을 겪었다. 하나님의 주권을 강조하고 인간의 책임을 간과하는 사람들은, 성도로 예정된 사람들이라면 그리스도인들이 복음을 전파하건 하지 않건 상관없이 그리스도께로 올 것이라고 결론짓는다. 해외 선교는 칼빈주의자인 윌리엄 캐리가 형제들의 신학의 옷깃을 잡아 흔들어 의식을 깨어나게 할 때까지 수십 년 동안 방치되어 있었다.

인간의 책임을 강조하고 하나님의 주권적 선택을 간과하는 사람들은, 사람들에게 그리스도를 억지로 믿게 하려고 상상할 수 있는 온갖 수단을 동원한다. 이제 모든 교파가 무의식 중에 이렇게 외치고 있다. "하나님은 스스로 돕는 자를 도우신다." 그들은 은혜에 행위를 더하고 교인들에게 그들이 받은 '의롭다 함'을 유지해야 할 책임을 지운다.

인턴으로 페닌슐라 바이블 교회에서 레이 스테드만의 지도를 받고 있던 나는 한 동료 인턴과 함께 사역을 했다. 그는 기침하는 것도 하나님이 하게 하신 것이고, 침을 뱉으면 그것도 하나님이 하게 하신 것이며, 트림을 하면 하나님이 트림을 하게 하신 거라고 생각했

다. 그러니 만약 그가 죄를 짓는다면 그 일에도 어떤 식으로든지 하나님이 개입되어 있을 터였다!

나는 반대로, 좀 더 웨슬리 교파에 가까웠다. 내가 해야 할 일이란 고결하고 순종적인 삶을 사는 것이었다. 그래서 나는 내가 노력할수록 더 성령 충만한 그리스도인이 될 수 있다는 확신 속에서 착실한 그리스도인답게 영적 러닝머신 위를 달렸다. 그 동료 인턴이 여름 내내 우리와 함께 살았으니, 맙소사! 우리가 얼마나 많은 논쟁을 했겠는가. 급기야 나의 아내 신시아(Cynthia)가 간청했다. "우주의 신비는 그만 풀고 저녁 좀 먹으면 안 될까요?"

결국 내 절친한 친구는 균형을 찾았고, 레이는 내가 성경을 더 깊이 파고들어 올바른 관점을 찾을 수 있도록 도와주었다. 그는 깜짝 놀랄 질문을 던져 내 관심을 끌었다. "찰스, 무엇을 두려워하나? 어째서 자네는 하나님의 주권에 대한 교리를 그렇게 두려워하는 건가?"

나는 눈을 깜박이며 창문 밖을 보다가 발을 내려다보았다. 그리고 다시 레이의 눈을 보았다. "나는 잃어버린 자들에 대한 내 열정이 식게 될까봐 두려워요. 만약 내가 진심으로 이것을 믿는다면 목사로서 소극적인 자세를 갖게 되지는 않을지, 택함받은 자들을 가려내는 일을 모두 하나님께 맡기고 아무것도 하지 않게 될까봐 두려워요."

레이는 말했다. "자네는 주권적 은혜를 설파한 침례 교도 찰스 스펄전의 말을 잊지 말게나. '만약 하나님이 택함받은 자들의 등에 줄을 그어놓으셨다면 나는 하루 종일 사람들의 셔츠를 들추면서 런던 거리를 다닐 것이다. 그러나 하나님은 누구든지 원하는 자는 오라고 하셨기에 나는 모든 사람에게 복음을 전하고, 그분께 택함받은 자들을 믿음으로 이끄는 것은 그분께 맡긴다.'"

그의 말이 큰 도움이 되었다. 사역을 하면서 하나님을 섬기는 시간이 길어질수록 나는 하나님의 주권적 선택에 관한 교리에서 더 많은 위안을 얻는다. 하나님의 전적인 지배에 대한 확신은 나를 소극적으로 만들지 않으며, 도리어 더 열정적이고 더 자유롭게 복음을 전파하게 해주었다. 그리고 나는 내 사역의 '성공' 여부에 대해 부담을 덜 느낀다. 내 의무는 신실한 것이다. 결과는 그분이 책임지신다.

하나님께 영광을 돌릴지어다!

책임에 대한 솔직한 이야기(로마서 10:1–21)

1 형제들아 내 마음에 원하는 바와 하나님께 구하는 바는 이스라엘을 위함이니 곧 그들로 구원을
받게 함이라 2 내가 증언하노니 그들이 하나님께 열심이 있으나 올바른 지식을 따른 것이 아니니라
3 하나님의 의를 모르고 자기 의를 세우려고 힘써 하나님의 의에 복종하지 아니하였느니라 4 그리스
도는 모든 믿는 자에게 의를 이루기 위하여 율법의 마침이 되시니라

5 모세가 기록하되 율법으로 말미암는 의를 행하는 사람은 그 의로 살리라 하였거니와 6 믿음으
로 말미암는 의는 이같이 말하되 네 마음에 누가 하늘에 올라가겠느냐 하지 말라 하니 올라가겠느
냐 함은 그리스도를 모셔 내리려는 것이요 7 혹은 누가 무저갱에 내려가겠느냐 하지 말라 하니 내려
가겠느냐 함은 그리스도를 죽은 자 가운데서 모셔 올리려는 것이라 8 그러면 무엇을 말하느냐 말씀
이 네게 가까워 네 입에 있으며 네 마음에 있다 하였으니 곧 우리가 전파하는 믿음의 말씀이라 9 네
가 만일 네 입으로 예수를 주로 시인하며 또 하나님께서 그를 죽은 자 가운데서 살리신 것을 네 마음
에 믿으면 구원을 받으리라 10 사람이 마음으로 믿어 의에 이르고 입으로 시인하여 구원에 이르느니
라 11 성경에 이르되 누구든지 그를 믿는 자는 부끄러움을 당하지 아니하리라 하니 12 유대인이나 헬
라인이나 차별이 없음이라 한 분이신 주께서 모든 사람의 주가 되사 그를 부르는 모든 사람에게 부요
하시도다 13 누구든지 주의 이름을 부르는 자는 구원을 받으리라

14 그런즉 그들이 믿지 아니하는 이를 어찌 부르리요 듣지도 못한 이를 어찌 믿으리요 전파하는
자가 없이 어찌 들으리요 15 보내심을 받지 아니하였으면 어찌 전파하리요 기록된 바 아름답도다 좋
은 소식을 전하는 자들의 발이여 함과 같으니라

16 그러나 그들이 다 복음을 순종하지 아니하였도다 이사야가 이르되 주여 우리가 전한 것을 누
가 믿었나이까 하였으니 17 그러므로 믿음은 들음에서 나며 들음은 그리스도의 말씀으로 말미암았느
니라

18 그러나 내가 말하노니 그들이 듣지 아니하였느냐 그렇지 아니하니

그 소리가 온 땅에 퍼졌고
그 말씀이 땅 끝까지 이르렀도다 하였느니라

19 그러나 내가 말하노니 이스라엘이 알지 못하였느냐 먼저 모세가 이르되

내가 백성 아닌 자로써 너희를 시기하게 하며
미련한 백성으로써 너희를 노엽게 하리라 하였고

20 이사야는 매우 담대하여

내가 나를 찾지 아니한 자들에게 찾은 바 되고
내게 묻지 아니한 자들에게 나타났노라 말하였고

21 이스라엘에 대하여 이르되 순종하지 아니하고 거슬러 말하는 백성에게 내가 종일 내 손을 벌렸
노라 하였느니라.

수세기 동안 철학자들과 과학자들은 빛의 본질에 대해 논쟁했다. 어떤 이들은 빛이란 소리와 마찬가지로 공간을 이동하는 파동이라고 주장했다. 다른 이들은 여기에 반대하여 빛이란 빛의 근원에서 퍼져나온 작은 입자들의 흐름이라고 말했다. 애석하게도 실험은 도움이 되지 않았다. 파동 실험을 하면 빛은 파동인 것으로 판명된다. 입자 실험을 하면 입자로 판명된다. 그와 관련된 지식을 가진 사람들이 내게 설명해준 바에 의하면 한 실험이 다른 실험을 반증해야 한다. 그러나 실험은 거짓말을 하지 않는다.

이 논쟁은 세상에서 가장 명석한 사람들을 서로 대립하는 진영으로 양분했고, 각 진영은 상대편이 틀렸음을 입증하기 위해 실험하고, 계산하며, 이론을 세우고, 논문을 썼다. 그러던 중 1905년에 한 탐탁지 않은 학자 – 낮에는 특허 심사관으로 일하면서 밤마다 이 거대한 미스터리를 푸는 데 매진했던 – 가 독일의 대표적인 물리학 학술지에 발표한 논문이 모든 것을 바꾸어놓았다. 알버트 아인슈타인은 빛은 파장이면서 입자라는 이론을 내놓았다. 그의 이론은 도무지 말이 되지 않았지만, 그가 내놓은 결과는 제기된 이의를 모두 흡족히 해결했다.

과학에 문외한인 우리는 그의 사상이 세상에 미친 영향을 제대로 평가할 수 없다. 그의 이론 – 결국 그에게 노벨상을 안겨준 – 은 우리가 이해하고 있는 물리적 법칙을 뒤집는다. 이 '빛의 이중성'은 불가능하다. 그런데 우리의 지적 능력을 초월하는 차원에서는 빛에 대한 미스터리가 '2+2' 만큼이나 단순하다.

신학 역시 풀리지 않는 수수께끼를 지니고 있다. 어떻게 하나님이 하나이시면서 셋이고, 그러면서 한 분일 수 있는가? 우리는 정말 이해할 수 없다. 그렇지만 성경은 분명하게 그분을 삼위일체라고 소개한다. 많은 선생들이 자기가 이해할 수 있는 신성을 더 좋아했기 때문에, 이것은 사도들이 세상을 떠난 직후에 기독교계를 분열시킬 위험의 소지가 있는 역설이었다. 이런 식으로 생긴 초기의 많은 이단들은 지금도 사교로 존재하고 있으며, 그들

은 정통 그리스도인으로 보이도록 교묘하게 위장한다.

또 다른 역설은 '하나님의 주권 대 인간의 자유의지'이다. 예나 지금이나 신학자들은 한 쪽을 만족시키기 위해 다른 쪽을 왜곡시켜 결국에는 비성경적인 신앙과 실천에 이르게 하는 죄를 범해왔다. 예를 들어, 18세기 영국의 칼빈주의 침례교는 복음 전도는 하나님의 주권적 예정을 방해한다고 생각했다. 젊은 청년 윌리엄 캐리가 마태복음 28장 16-20절에 나오는 그리스도의 명령에 순종하여 해외로 선교사를 파송해야 한다고 주장했을 때, 나이 많은 한 목사는 이렇게 질책했다. "앉게, 젊은이. 자네는 광신자로구먼! 하나님이 이교도들을 회심시키기 원하신다면, 자네나 나와 의논하지 않아도 그 일을 하실 걸세!"[2]

또 다른 극단적 입장으로, '자유 의지'를 가르치는 선생들은 구원이란 전적으로 각 사람의 손 – 그리스도를 붙잡고 있기에 지쳐서 놓칠 수 있는, 성도를 불신에 빠트리는 – 에 달려 있다고 믿었다. 사람은 언제든지 믿음으로 의롭다는 선포를 받을 수도 있고 못 받을 수도 있으며, 죽을 때에 당연히 그 사람의 영적, 정신적 상태에 따라서 지옥으로 곤두박질 치거나 천국으로 날아오를 수 있다는 입장이다. 이런 분파에 속한 사람들은 끊임없이 두려움과 의심에 시달리며 결국에는 행위를 바탕으로 한 종교 – 오직 그리스도 안에서, 오직 믿음으로, 오직 은혜에 의해서 받는 구원에 상반되는 – 로 귀착된다.

그러면 어떻게 이 위대한 진리들, 곧 하나님의 주권과 인간의 자유 의지를 융화시킬 수 있을까? J. I. 패커에 의하면 어떤 사람이 위대한 칼빈주의자 설교자인 찰스 스펄전에게 바로 이 질문을 했다고 한다. 스펄전은 이렇게 대답했다. "나는 그러려고 하지 않겠습니다. 사이 좋은 친구를 화해시킬 필요는 없으니까요."[3] 얼마나 재치 있는 대답인가! 우리가 그 역설을 깨우칠 수 없다는 이유만으로 두 진리가 진리가 아닌 것은 아니다.

로마서 9장에서 바울은 구원은 하나님의 역사임을 확증했다. 하나님은 어떤 사람들은 택하셨고 어떤 사람들은 마음을 "완악하게" 하셨다. 이 선택론이나 예정론은 당연히 나올 법한 질문을 제기했다. "만약 하나님의 뜻이 그들을 선택하는 것이 아니라면, 어떻게 하나님이 믿음을 선택하지 않은 자들을 공정하게 심판하실 수 있는가?"(9장 19절을 내 나름대로 의역해보았다.) 주님의 절대적 주권을 변호하고, 그분의 온전한 의를 지지하며, 우리에게 그분의 자비를 보여주고, 그분의 공정성을 옹호한 후 바울은 적절한 때에 인간의 책임으로 주의를 돌린다.

9장과 10장을 함께 놓고 보면 이 문제의 양면을 볼 수 있다. 사실, 우리는 다른 쪽을 축소시키지 않으면서 각각을 옹호해야 한다.

A: 하나님께 반항하는 사람들이 그분을 거부했기 때문에 하나님은 그들을 거부하신다(마 10:33, 21:42-44, 요 15:22-24, 롬 1:28-32).

B: 하나님이 먼저 우리를 사랑하셨기 때문에 우리는 하나님을 사랑한다(롬 5:8, 8:28-30, 요일 4:10).

바울은 인류에게 복음의 진리를 제시하면서 네 가지 가능한 도피 경로를 차단한다.

복음은 누구에게나 열려 있다. 그러므로 복음을 듣는 자들은 책임을 져야 한다(10:8-10).

복음은 보편적이다. 그러므로 아무도 책임을 면할 수 없다(10:11-15).

복음은 분명하다. 그러므로 구원받지 못한 자들에게 책임이 있다(10:16-20).

하나님은 신실하시며 변함이 없으시다. 그러므로 책임은 여전히 우리에게 있다(10:21).

—10:1-4—

바울은 주님과 유대인들과의 관계를 계속 설명하면서 다시 한 번 그의 동포들이 복음을 받아들이기를 바라는 간절함을 표현한다. 바울은 그의 동포 유대인들을 정죄하거나 비난하지 않고, 그들 때문에 눈물을 흘린다. 그의 가슴은 찢어질 듯이 아프다. 그는 가말리엘과 다른 랍비들 밑에서 수학하기 위해 다소를 떠날 때 그와 함께 여행하고 공부했던 동문들을 떠올린다. 그는 열정과 결의와 성실성을 가지고 있지만 그릇된 목표를 추구하고 있는 옛 친구들과 동료 바리새인들을 생각한다. 그들은 그들의 메시아를 받아들이지 않고, 열정적으로 그리고 성실하게 그들 나름대로 만든 의를 추구하면서 그것으로 하나님을 충분히 만족시킬 수 있다고 생각한다.

바울은 올바른 지식이 없는 진지한 열정의 무익함을 체험을 통해 알고 있다(행 22:3, 갈 1:14). 바울의 동포 유대인들은 하나님의 성품과 그분을 기쁘시게 하는 방법 모두를 몰랐다. 그들은 자신을 하나님의 의에 복종시켜 하나님의 의가 그들을 내면에서부터 다스리시게 하지 않고, 자기의 목적을 이루기 위해 그분의 의를 왜곡하려고 했다.

나는 교회 안에서 얼마나 자주 이와 같은 모습을 발견하는지 모른다! 그리고 내가 관찰한 바에 의하면 교회가 길을 잃는 데에는 두 가지 주된 이유가 있다. 첫째, 무지이다. 그들은 성경을 모르고 성경에 입각한 기본 신앙을 어떻게 형성해야 하는지 모른다. 결과적으로 그들은 그들의 성실한 노력이 하나님을 기쁘시게 할 거라고 상상하며 대부분의 사람들이 좋은 목표라고 생각할 일 – 가난한 사람들을 위한 음식, 옷, 거처 마련하기, 세계 평화, 질병 퇴치 – 에 매진한다.

둘째, 교회는 무의식중에 그들만의 전통을 섬기는 나름의 방식에 집착하여 성경의 명령에 귀 기울이지 못하고 완고해질 수 있다. 교회가 관습의 틀을 깨지 못하면, 그 교회는 주님이 아니라 스스로를 섬기기 시작한 것이다. 하나님의 나라를 확장하는 것보다 자기를 보존하는 것이 최고의 우선순위가 된다.

유대인의 전통은 이미 오래전에 원래의 목적에서 벗어나 비극적으로 잘못 사용되고 있었다. 모세의 율법은 사람들이 하나님의 의를 얻는 수단으로 주어진 것이 절대 아니었다. 오히려 "그리스도는 율법의 *telos*이시다." *Telos*는 "공적, 성취, 완성, 완벽, 처형, 종결" 등의 광범위한 의미를 가지고 있다. 대부분의 학자들은 "종결"로 보았다. 실로 예수님은 율법을 종결시키셨다.

나는 그들의 요지 – 예수님이 옛 체계를 종결지으시고 새 언약을 가져오셨다 – 를 이해하지만 만족하지는 않는다. 이 단어들은 모두 각각 나름대로 옳지만, 모두 총괄해서 볼 때 그 의미를 가장 잘 전달한다. 예수님은 율법을 폐하지 않으셨다. 그분은 율법을 성취하셨다. 사람들은 더 이상 하나님에 대한 그들의 믿음의 표현으로서 율법을 추구하지 않는다. 그들은 그분의 아들, 예수 그리스도 안에서 그리고 예수 그리스도를 통해서 하나님께 직접 나아온다.

—10:5—

바울은 다시 한 번 세상에 하나님의 의를 가져오려는 그분의 계획 속에서 율법의 역할을 명확하게 밝힌다. 하나님은 당신의 의로운 성품을 그대로 표출하시며 모세를 통해 율법을 계시하셨다. 이는 사실상 이렇게 말하면서 인간을 대면하시는 것과 마찬가지였다. "여기 내가 요구하는 의의 표준이 있다. 너희가 죄의 대가인 영원한 고통을 피할 수 있을 정도로 의롭다고 선포받으려면 글자 하나하나까지 다 지켜야 한다." 따라서 행위에 의한 구원은 이론적으로 가능하다. 그러나 인간이 하늘나라에 들어갈 만큼 높이 뛸 수 없듯이 그것은 현실적으로 불가능하다. 어떠한 타락한 인간도 그것을 성취할 수 없다. 율법에 대한 적절한 반응은 겸허히 외치는 것이다. "누가 이런 식으로 의롭다 함을 받을 수 있겠는가? 나는 절대 할 수 없다!" 예수님은 바로 그때, 그분을 믿는 자들에게 '율법의 마침'이 되신다.

- 예수님은 율법을 온전히 지키심으로써 율법의 요구를 성취하셨다.
- 예수님은 순종으로 아버지를 기쁘시게 함으로써 율법의 목적을 이루셨다.
- 예수님은 율법의 모든 요구를 이행하심으로써 율법의 목적을 완수하셨다.
- 예수님은 순종에 대한 보상을 요구하심으로써 율법의 약속을 이행하셨다.
- 예수님은 율법의 기대치를 초월하심으로써 율법의 요구 조건을 완수하셨다.
- 예수님은 말씀이 육신이 되심으로써 율법의 필요성을 종결시키셨다.

—10:6-7—

이 진리에 대한 유일한 반응은 겸허한 복종이다. 믿음으로 의롭다 함을 받는 것이 새로운 개념이 아님을 증명하기 위해 바울은 신명기 30장 9-14절에 나오는 모세의 말을 끌어온다. 이스라엘 백성들이 약속의 땅에 막 들어가려 할 때, 하나님은 그들에게 도덕적 완벽을 기대하지 않는다는 것을 상기시키시며, 재차 순종의 큰 상급과 반항의 무서운 결과를 설명하셨다. 그보다 하나님은 그들의 헌신을 원하셨다. 그분은 그들을 "네 마음을 다하며 뜻을 다하여 여호와 네 하나님께 돌아오"라고 부르셨다(신 30:10).

완전함은 합리적인 기대치가 아니다. 그러나 헌신은 인간이 도달할 수 있는 믿음의 응답이다. 모세 시대에 이스라엘 백성들은 하나님에 대한 믿음을 통해 하나님의 의에 접근할 수 있는 방법을 받았고, 오늘날의 우리도 그렇다. 우리는 무언가를 얻기 위해 천국으로 올라가지 않아도 된다. 그리스도가 우리에게 필요한 모든 것을 가지고 우리에게 내려오셨다. 우리는 죄에 대한 대가도 치를 필요가 없다. 그리스도가 우리를 위해 대가를 치르셨고 우리에게 생명을 주시기 위해 부활하셨다. 하나님의 의는 우리의 공로에 의해서가 아니라 믿음을 통해 얻는다. 각 사람이 이 진리를 선택하는 것이 그 사람의 운명이며, 이는 인간의 책임에 대한 바울의 4중 변론으로 이어진다.

—10:8–10—

복음은 누구에게나 열려 있다. 그러므로 복음을 듣는 자들은 책임을 져야 한다. 아이러니하게도 바울은 신명기에서 언약의 백성들이 약속의 땅에 막 들어가려 할 때, 주님이 그들 앞에 제시하신 두 가지 선택에 대한 이야기가 나오는 구절을 인용한다. 주님은 그들 앞에 생명과 복, 사망과 화를 놓으시고 그들에게 선택하라고 하셨다. 그들은 순종을 선택하면 복을, 불순종을 선택하면 저주를 받을 터였다(신 30:15–20). 2천여 년 후에, 예수님은 이스라엘 백성들 앞에 비슷한 선택의 기회를 내놓으셨다. 믿음으로 그분을 영접하고 의롭다 함을 받을 것인가, 행위로 의를 추구하다가 정죄받을 것인가. 은혜인가 심판인가. 더 나아가 바울과 같은 성도들의 증언과 설교를 통해서, 이스라엘은 다시 한 번 복음의 메시지 형태로 주어진 선택에 직면했다. 믿으라 그리하면 "구원받을 것이다."

어떤 사람들은 이 진리를 '안일한 믿음주의'라고 얕잡아 말한다. 그들은 '믿음의 복음'이 인간을 하나님의 심판의 손아귀에서 너무 쉽게 벗어나게 하는 것처럼 보여서 그것을 받아들이지 못한다. 그러나 여기 파피루스 위에 잉크로 쓰인, 성령에 이끌린 신실한 순교자들에 의해 수세기 동안 보존되었다가 이제 온갖 언어로 들을 수 있는 말씀을 보라. "사람이 마음으로 믿어 의에 이르고 입으로 시인하여 구원에 이르느니라." 성도라면 누구라도 말할 수 있을 것이다. 그러한 믿음은 복잡하지 않다고. 그렇지만 결코 '쉬운' 것은 아니라고.

이것은 우리의 구원을 위해 죽음과 부활로 대신 값을 치르신 그리스도께도 쉽지 않았다. 이것은 이 메시지를 보존하고 결국에는 그것을 설교하다가 죽은 사도들에게도 쉽지 않았다. 이것은 치욕과 고통 속에서 죽어가면서 이 메시지를 증거했던 수천 명의 순교자들에게도 쉽지 않았다. 이것은 로마의 변절된 교회로부터 이탈해 이 메시지를 회복하기 위해 모든 것을 포기했던 종교 개혁가들에게도 쉽지 않았다. 이것은 전세계의 적대적인 곳에 이 메시지를 전하기 위해 자신들의 안녕을 희생했던 사람들에게도 쉽지 않았다. 더 나아가 선천적으로 죄인인 사람들이 이 초자연적 진리를 믿기도 쉽지 않다.

그럼에도 불구하고 이 복음의 메시지는 모든 사람에게 열려 있다. 이것은 공짜이고, 제약도 없다. 누구에게나 유효하기에 책임을 면할 수 없다.

—10:11-15—

복음은 보편적이다. 그러므로 아무도 책임을 면할 수 없다. 바울은 다시 한 번 구약(10:11, 13)을 인용하는데, 이번에는 석공이라면 누구나 친숙할 이사야의 예를 끌어온다(사 28:16). 우두머리 석공은 첫 번째 돌을 건물 구석의 정확한 지점, 정확한 높이에 놓는다. 이 모퉁잇돌이 기준점이 된다. 다른 돌의 정확한 위치가 이것을 기준으로 판별된다. 이는 의무와 책임을 상징한다. 의의 표준은 예수 그리스도를 믿는 믿음이다. 그분을 믿는 자들은 이 모퉁잇돌을 기준으로 직각, 수직, 수평을 맞춘다. 이 기준은 하나님의 건축물 안의 모든 돌, 즉 유대인이나 이방인에게 똑같이 적용된다.

더 나아가 복음은 모든 사람을 위한 것이기 때문에 모든 사람은 복음의 기준 - 믿음 - 을 만족시킬 책임이 있다. 어떤 신학자들은 복음에 믿음으로 응답하는 것은 선행과 너무나 흡사해 보인다는 이유로 이것에 반대한다. 그들의 이론에 의하면 만약 사람들이 자유 의지로 그리스도를 믿을 수 있다면 사람들은 구원이 자신들의 공로라고 주장할 수 있다는 것이다. 또한 우리는 하나님의 은혜가 아니라면 아무도 의롭다 함을 받을 수 없음을 알기 때문에, 그리스도에 대한 믿음은 아무 영향도 받지 않고 자유롭게 선택될 수 없으며 성령에 의해 강요되었다는 것이다. 이 교리(신학자들이 "거역할 수 없는 은혜"라고 하는)는 논리적으로 들리는 이론의 산물이지만 성경 어디에서도 딱히 이것을 지지하는 내용은 찾아볼 수 없다.

만약 이 방향으로 추론을 계속한다면 성령에 의해 억지로 끌려온 사람들만이 그리스도의 속죄의 선물을 받을 수 있는 능력을 가지고 있다는 결론에 도달할 수밖에 없다. 그러므로 (동일한 신학자들이 결론 내리기를), 그리스도는 다른 사람들이 아니라… 믿기로 예정되어 있는 사람들만을 위해서 죽으셨다는 결론이 나온다. 이것이 "제한적 속죄론"이다. 그리고 이것이야말로 성경에 배치된다.

하나님의 은혜의 풍성함은 "그를 부르는" 모든 사람에게 넘친다.

- "누구든지 주의 이름을 부르는 자는 구원을 받으리라"(롬 10:13).
- "하나님이 세상을 이처럼 사랑하사 독생자를 주셨으니 이는 그를 믿는 자마다 멸망하지 않고 영생을 얻게 하려 하심이라"(요 3:16).
- "그는 우리 죄를 위한 화목 제물이니 우리만 위할 뿐 아니요 온 세상의 죄를 위하심이라"(요일 2:2).
- "죽음의 고난 받으심으로 말미암아 영광과 존귀로 관을 쓰신 예수를 보니 이를 행하심은 하나님의 은혜로 말미암아 모든 사람을 위하여 죽음을 맛보려 하심이라"(히 2:9).

의심할 나위 없이 그리스도는 모든 사람을 위해 죽으셨다. 그분이 주신 속죄의 선물은 모든 사람에게 주어졌다. 그것은 전세계가 다 얻을 수 있다.

나는 사도 베드로가 교회 안의 거짓 선생들에 대해 언급할 때 그들을 구약의 거짓 선지자들과 동일시한 것에 특별히 호기심이 발동한다.

> "그러나 백성 가운데 또한 거짓 선지자들이 일어났었나니 이와 같이 너희 중에도 거짓 선생들이 있으리라 그들은 멸망하게 할 이단을 가만히 끌어들여 자기들을 사신 주를 부인하고 임박한 멸망을 스스로 취하는 자들이라"(벧후 2:1).

나는 이 구절을 빙빙 돌려 아무 신학 이론에라도 끼워 맞출 수 있는 방법을 열 가지도 넘게 생각해낼 수 있다. 나는 이 구절이 생각할 수 있는 모든 방향으로 바뀌는 걸 보아왔다. 그러나 분명한 의미는 변하지 않는다. 교회 안에서 그릇된 가르침을 전하는 죄인들은 그들을 구속하기 위해 대가를 치르신 예수 그리스도를 부인하고 있기 때문에 영원한 고통을 당하게 된다는 것이다. 그리스도는 거짓 종교의 구원받지 못한 선생들을 포함하여 온 세계의 죄에 대한 대가를 치르셨다.

진리는 피할 수 없다. 모든 사람은 복음에 대한 그들의 반응에 책임을 져야 한다.

—10:16-20—

복음은 분명하다. 그러므로 구원받지 못한 자들에게 책임이 있다. 바울은 특별히 하나님의 진리의 말씀을 들을 수 있는 독특한 위치에 있었던 유대인들에 대해서 쓰고 있다. 그러나 들음이 저절로 믿음을 낳지는 않는다. 바울은 다시금 구약과 수사적 질문을 던진 이사야에게로 돌아간다. "우리가 전한 것을 누가 믿었느냐 여호와의 팔이 누구에게 나타났느냐"(사 53:1). 이 질문에 내포된 대답은 이것이다. "이스라엘이여! 그러므로 그대들은 믿지 않은 것에 대해 핑계할 것이 없도다."

바울은 독자들의 관심을 주님이 피조물의 찬란함 속에 스스로를 나타내신 것을 찬양하는 시편 19편 4절로 이끈다. 신학자들은 이것을 "일반 계시"라고 한다. 시편은 계속해서 주님이 성경 속에서 유대인들에게 초자연적으로 스스로를 계시하신 것을 찬양한다. 이것은 "특별 계시"라고 한다. 두 가지 모두 유대인들에게 변명의 여지 – 이방인들보다도 더 – 를 주지 않는다(롬 1:18-20).

이러한 창조물을 통한 진리의 계시와 성경을 통한 진리의 계시가 충분하지 않을 수 있기에, 그분은 당신의 백성들이 충격을 받고 무감각에서 깨어나도록 이방인들에게도 구원이 유효하게 하셨다. 그분은 그들이 자극을 받아 이스라엘 백성에게 먼저 주어졌던 것을 추구하도록 만들기 위해 인간의 이기적인 본성을 이용하셨다. 그럼에도 불구하고 복음을 들은 많은 사람들이 그것을 거절했다.

—10:21—

하나님은 신실하시며 변함이 없으시다. 그러므로 책임은 여전히 우리에게 있다. 우리의 창조주 하나님은 변하지 않으신다. 그분의 본성과 그분의 성품은 언제나처럼 지금도 동일하시며 미래의 어떤 것도 그분을 다르게 변화시키지 못할 것이다. 그러나 그분은 역사의 여러 단계마다 다른 방법으로 인간을 대하셨다. 예를 들어, 그분은 더 이상 성전 문 앞에 있는 제사장들에게 동물의 희생 제물을 가져오라고 하지 않으신다. 그 대신 그리스도가 "새 언약의 중보자"(히 9:15)가 되어 "단번에"(9:12) 희생 제물이 되고, 우리의 대제사장이 되셨다.

하나님이 구원의 방법을 바꾸셨다는 말 - 일부 사람들이 내가 그렇게 말했다고 중상하듯이 - 이 아니다. 구원은 언제나 그래왔듯이 오직 은혜에 의해서, 오직 믿음을 통해서 하나님께 응답함으로써 이루어진다. 예수님은 완전한 하나님의 계시이며 인간의 육신이 되신 하나님의 영원한 말씀이다. 예수 그리스도에 대한 믿음만이 의롭다 함을 받을 수 있는 유일한 길이며 그것으로 인해 영생의 선물을 얻는다.

하나님은 결코 본성과 성품을 바꾸지 않으시지만 시대에 따라서 다른 방법으로 인간과 관계를 맺으신다. 바울의 시대에 유대인들이 직면했던 인간의 책임에 대한 위기는 현재까지도 남아 있다. 주님은 예수 그리스도를 믿음으로써 그분의 은혜를 받을 수 있는 문을 열어놓고 우리를 계속 초대하고 계신다. 바울은 유대인 형제자매들을 포함한 모든 사람을 일깨우기 위해서, 포로로 잡혀가 고초를 겪은 유대인들의 회개에 하나님이 응답하신 내용을 담고 있는 이사야 65장 1-2절을 인용한다.

> "나는 나를 구하지 아니하던 자에게 물음을 받았으며 나를 찾지 아니하던 자에게 찾아냄이 되었으며 내 이름을 부르지 아니하던 나라에 내가 여기 있노라 내가 여기 있노라 하였노라 내가 종일 손을 펴서 자기 생각을 따라 옳지 않은 길을 걸어가는 패역한 백성들을 불렀나니."

바울은 내가 갈라디아서 2장 3-5절에 대한 설교를 할 때 다음의 문구를 인용했던 것과 같은 이유로 이사야서를 인용한다. "나에게 자유를 달라. 아니면 죽음을 달라." 많은 미국인들은 이 문구를 보면, 즉시 미국 독립 혁명 때 패트릭 헨리(Patrick Henry)가 전투 준비 명령을 내리면서 외쳤던 말이라는 것을 알아채고, 식민지 백성들이 독립을 쟁취하기 위해 치러야 했던 오랜 투쟁을 떠올릴 것이다. 그러나 미국 역사를 잘 모르는 사람들은 이 짧은 문구가 무엇을 암시하는지 모를 것이다. 마찬가지로 유대인들은 이사야서를 인용한 바울의 의중을 금방 이해했을 것이다. 그러나 이 일이 있은 지 2천 년도 더 지난 후에 살고 있는 이방인들은 역사적인 맥락을 알아야 할 것이다.

자신들의 죄에 대한 지독한 응보를 겪은 후 깨어지고 겸허해진 이스라엘 백성들은 탄식했다.

"그러나 여호와여, 이제 주는 우리 아버지시니이다 우리는 진흙이요 주는 토기장이시니 우리는 다 주의 손으로 지으신 것이니이다 여호와여, 너무 분노하지 마시오며 죄악을 영원히 기억하지 마시옵소서 구하오니 보시옵소서 보시옵소서 우리는 다 주의 백성이니이다 주의 거룩한 성읍들이 광야가 되었으며 시온이 광야가 되었으며 예루살렘이 황폐하였나이다 우리 조상들이 주를 찬송하던 우리의 거룩하고 아름다운 성전이 불에 탔으며 우리가 즐거워하던 곳이 다 황폐하였나이다 여호와여 일이 이러하거늘 주께서 아직도 가만히 계시려 하시나이까 주께서 아직도 잠잠하시고 우리에게 심한 괴로움을 받게 하시려나이까"(사 64:8-12).

주님은 아브라함의 유대인 후손들에게 하신 그분의 약속을 이루실 것을 확인하는 것으로 그들의 탄원에 응답하셨다. 그러나 그 성취는 남은 자들에게만 해당될 터였다. 바울은 책임에 대한 그의 주장을 설명하고 유대인들의 반응을 설명하기 위해, 소수의 사람들만 약속된 축복을 받는 반면에 대다수는 반항 가운데 있을 것이라고 예언했던 이사야의 구절을 언급한다. 이사야의 메시지는 이스라엘 백성들의 운명은 그들의 책임 아래 있기 때문에 현명히 선택할 것을 요청한다.

"여호와께서 이와 같이 말씀하시되 포도송이에는 즙이 있으므로 사람들이 말하기를 그것을 상하지 말라 거기 복이 있느니라 하나니 나도 내 종들을 위하여 그와 같이 행하여 다 멸하지 아니하고 내가 야곱에게서 씨를 내며 유다에게서 나의 산들을 기업으로 얻을 자를 내리니 내가 택한 자가 이를 기업으로 얻을 것이요 나의 종들이 거기에 살 것이라 사론은 양 떼의 우리가 되겠고 아골 골짜기는 소 떼가 눕는 곳이 되어 나를 찾은 내 백성의 소유가 되려니와 오직 나 여호와를 버리며 나의 성산을 잊고 갓에게 상을 베풀며 므니에게 섞은 술을 가득히 붓는 너희여 내가 너희를 칼에 붙일 것인즉 다 구푸리고 죽임을 당하리니 이는 내가 불러도 너희가 대답하지 아니하며 내가 말하여도 듣지 아니하고 나의 눈에 악을 행하였으며 내가 즐겨하지 아니하는 일을 택하였음이니라"(사 65:8-12).

이사야서의 두 구절을 모두 검토하면서 두 가지 사실에 주목하라. 첫째, 하나님의 주권과 인간의 책임은 서로 자연스럽게 조화를 이룬다. 이 둘은 화해할 필요가 없다! 이사야도 바울도 명백한 논리적 충돌에도 불구하고 어떻게 이 두 가지가 다 진리일 수 있는지 설명하려고 애쓰지 않는다. 둘째, 하나님의 본성과 성품은 변하시지 않지만 언제까지나 "종일 손을 펴서… 패역한 백성들을" 부르지는 않으실 것이다(사 65:2). 선택할 수 있는 시간이 다하는 날이 올 것이다. 그때는 언제라도 올 수 있다.

주님이 역사의 이 페이지를 넘기실 때 최후의 심판의 때가 시작될 것이고, 선택의 시간은 끝이 날 것이다. 그 일이 오늘 저녁 일어난다면 당신은 준비되어 있는가?

적용

하나님의 주권적 뜻 안에서 자유 찾기

하나님은 자기 백성들을 선택할 주권을 가지고 계신다. 모든 갈데아 사람 중에서 아브라함을, 이스마엘이 아니라 이삭을, 에서 대신 야곱을, 믿지 않는 다수가 아닌 믿음이 있는 남은 자들을 택하셨다. 그럼에도 불구하고 각 사람은 하나님이 베푸시는 은혜에 응답할 책임이 있으며, 그것을 거절한 것에 대해 질책을 받아 마땅하다. 죄에 대해 영원한 고통의 형벌을 받는 자들은 변명의 여지가 없을 것이다. 복음은 모든 사람 가까이에 있다(10:8-10). 아무도 영생의 제시에서 제외되지 않는다(10:11-15). 선물을 받기 위해 인간의 노력은 필요하지 않다(10:16-20). 거저 주어지는 영생의 선물은 여전히 유효하다(10:21).

하나님은 주권을 가지고 계신다. 사람들은 책임이 있다. 이 두 진리는 함께 가야 한다. 그렇지 않으면 복음 전도는 난관에 부딪힌다. 주님의 주권은 두 가지 면에서 우리에게 큰 위안을 준다. 첫째, 나는 나와 그분과의 관계가 나의 불성실로 인해 단절될 수 없다는 사실에 안도한다. 그럼 어색해질 수는 있을까? 그럴 수 있다. 서로에 대해 슬퍼할 수 있을까? 분명 그럴 수 있다. 결별할 수도 있을까? 천만의 말씀이다! 그 이유는 그분이 나를 택하셨고, 내가 그분과 함께 영생을 누리도록 나를 신실하게 준비시켜주실 것이기 때문이다.

둘째, 나는 다른 사람들의 구원은 내가 아니라 그분이 이루실 일이라는 사실에 안심한다. 나는 내 미약한 손안에 다른 사람들의 영원한 운명을 쥐고 있는, 견딜 수 없는 압박감을 상상만 할 수 있을 뿐이다. 그렇지 않다면 나는 사람들에게 다가갈 때 한 마디의 실언이나 부적절한 단어 선택, 또는 실수로 인해서 누군가를 지옥의 언저리로 한 걸음 더 다가가게 하지 않을까 끊임없이 노심초사할 것이다. 내 생각에 나는 실패가 불러올 엄청난 결과에 얼어붙어 한 마디도 하지 못할 것이다.

하나님의 주권적 지배가 다른 사람들의 운명을 결정하실 것이기에 나는 두려움 없이 담대하게 진리를 선포할 수 있다. 나는 사람들의 구원을 책임지지 않는다. 그러나 내 책임도 상당하다. 당신이 성도라면 당신도 그렇다. 그리고 이 책임은 하나님의 계획이 성공하기 위해서 반드시 필요하다. 하나님은 우리가 필요하시지 않지만, 그분의 구속 계획 속에서 우리에게 분명한 몫을 할당하셨다. 하나님은 전능하시지만 우리가 담당해야 할 세 가지 기본적인 임무가 있다.

1. 우리는 우리가 전하지 않으면 복음을 들을 수 없을 곳에 복음을 선포하는 수고를 아끼지 말고, 안전지대에서 나와 우리의 욕망을 제쳐둘 만큼 다른 사람들의 영혼에 관심을 가져야 한다.
2. 우리는 기쁜 소식을 신실하고, 거리낌 없이, 자주 – 능숙하면 더 좋고, 순종하는 삶 속에서 하면 더더욱 좋다 – 나누어야 한다.
3. 우리는 복음이 경계심을 뚫고 들어가 공허하게 비어 있는 영혼들 안에서 반향을 일으키기를 기도해야 한다. 우리가 신실하고 능숙하게 오직 그리스도 안에서, 오직 은혜에 의해서, 오직 믿음만을 통해서 얻는 칭의의 선물을 사람들에게 제시할 때 그들의 운명을 창조주의 사랑의 손길에 맡겨야 한다. 진리를 보지 못하는 마음이 보게 되고, 듣지 못하는 영혼이 듣게 해달라고 기도하라.

나는 복음 전도라는 이 거대한 사업을 성취하기 위해서 우리의 책임과 하나님의 주권적 역사가 어떻게 협력하는지에 대해 자주 일깨움을 받는다. 한번은 한 남자가 나에게 다가와 손을 내밀며 말했다. "목사님, 내가 몇 년 전부터 당신의 라디오 방송을 듣기 시작했다는 걸 당신에게 알려주고 싶습니다."

그는 내 손을 꼭 잡고 흔들면서 다른 손을 내 어깨에 얹고 계속 말했다. "나는 당신이 어떻게 생겼는지 전혀 몰랐습니다. 어디에 사는지도 몰랐죠. 당신에 대해 아는 것이 아무것도 없었습니다. 나는 당신의 메시지를 듣고 생각했습니다. '음, 맞는 말인 것 같아.' 그런데 그건 내가 그때까지 믿고 있었던 것과는 완전히 달랐습니다. 나는 좀 더 듣고 싶어졌고 다음 날에도 당신의 방송을 틀어 듣고 또 들었습니다. 그리고 무슨 일이 일어났는지 아십니까?"

그는 내 손을 놓고 양팔을 펼쳤다. "당신은 내 영적 아버지입니다." 그러고나서 그는 거의 숨을 쉴 수 없을 정도로 나를 꽉 껴안았다.

왜 그는 그렇게 행복했을까? 왜냐하면 내가 관심을 갖고 나누며 기도했기 때문이다. 나는 그를 알지도 못했다. 그러나 이제 그는 하나님의 진정한 아들이 되었다.

수년 전 몇몇 사람들이 품었던 비전과, 그보다 더 많은 사람들의 수고 덕분에 나는 라디오와 다른 미디어를 매개로 해서 내가 알지 못하는 군중들에게 설교할 수 있는 흔하지 않은 특권을 누렸다. 나는 날마다 누가 복음을 듣고 믿음으로 응답할지 전혀 알지 못한다. 그리고 믿거나 말거나 이것은 당신도 마찬가지이다. 비록 당신이 평생 동안 마이크 앞에 서거나 강대상에 올라갈 일이 없다고 해도 말이다. 당신의 신실한 선포를 들어야 하는 귀에 복음을 전달하는 성령의 측량할 수 없는 초자연적인 능력은, 라디오 방송이나 강대상과는 비교할 수 없을 정도로 크다.

하나님의 주권적 뜻에 의해 나는 당신에게 관심을 갖고 나누며 기도하라고 권고한다. 끝까지 신실하라. 열심히 하라. 당신에게도 신실한 열정에 대한 보상이 포옹으로 돌아오기를.

유대인: 잊혀졌는가 선별되었는가?(로마서 11:1-14)

[1]그러므로 내가 말하노니 하나님이 자기 백성을 버리셨느냐 그럴 수 없느니라 나도 이스라엘인
이요 아브라함의 씨에서 난 자요 베냐민 지파라 [2]하나님이 그 미리 아신 자기 백성을 버리지 아니하
셨나니 너희가 성경이 엘리야를 가리켜 말한 것을 알지 못하느냐 그가 이스라엘을 하나님께 고발하
되 [3]주여 그들이 주의 선지자들을 죽였으며 주의 제단들을 헐어 버렸고 나만 남았는데 내 목숨도 찾
나이다 하니 [4]그에게 하신 대답이 무엇이냐 내가 나를 위하여 바알에게 무릎을 꿇지 아니한 사람 칠
천 명을 남겨 두었다 하셨으니 [5]그런즉 이와 같이 지금도 은혜로 택하심을 따라 남은 자가 있느니라
[6]만일 은혜로 된 것이면 행위로 말미암지 않음이니 그렇지 않으면 은혜가 은혜 되지 못하느니라

[7]그런즉 어떠하냐 이스라엘이 구하는 그것을 얻지 못하고 오직 택하심을 입은 자가 얻었고 그 남

은 자들은 우둔하여졌느니라 8기록된 바

> 하나님이 오늘까지 그들에게 혼미한 심령과
> 보지 못할 눈과 듣지 못할 귀를 주셨다 함과 같으니라

9또 다윗이 이르되

> 그들의 밥상이 올무와 덫과
> 거치는 것과 보응이 되게 하시옵고
> 10그들의 눈은 흐려 보지 못하고
> 그들의 등은 항상 굽게 하옵소서 하였느니라

11그러므로 내가 말하노니 그들이 넘어지기까지 실족하였느냐 그럴 수 없느니라 그들이 넘어짐으
로 구원이 이방인에게 이르러 이스라엘로 시기나게 함이니라 12그들의 넘어짐이 세상의 풍성함이 되
며 그들의 실패가 이방인의 풍성함이 되거든 하물며 그들의 충만함이리요 13내가 이방인인 너희에게
말하노라 내가 이방인의 사도인 만큼 내 직분을 영광스럽게 여기노니 14이는 혹 내 골육을 아무쪼록
시기하게 하여 그들 중에서 얼마를 구원하려 함이라.

45년 동안 목회를 하고 있는 지금도, 두 가지 문제가 복음에 대한 나의 확신에 계속 의문을 제기한다. 바로 '도덕적인 이교도'와 '부도덕한 그리스도인'이다. 전자에 대해서는 신학적으로 그다지 많이 연구해보려고 시도하지 않았다는 것을 인정한다. 인간이 타락한 후에도 여전히 하나님의 형상을 가지고 있다는 사실은 납득이 된다. 그래서 믿지 않는 자들을 켜켜이 둘러싸고 있는 죄의 껍질 사이로 하나님의 영광의 광채가 새어나오는 것을 보아도 나는 놀라지 않는다.

그러나 어떤 그리스도인들은 복음에 대한 나의 자신감이 균형을 잃고 기울어지게 만든다. 나는 여러 번 예수 그리스도에 대한 믿음이 바위처럼 견고하다고 생각했던 어떤 사람을 믿었다가 나중에 그것이 모두 연극이었음을 발견했던 경험이 있다. 솔직히 말해서, 나는 교회가 그들이 숨기 좋아하는 장소라는 것을 알게 되었다. 이런 사람들은 바른 말을 하고, 성경을 전문가처럼 인용하며, 다른 사람들을 잘 이끌고, 일부는 자신 있게 설교하고 가르치기도 하지만, 이 영향력 있는 그리스도인 행세를 하는 사람들의 이면은 텅 비어 있다.

겉만 번지르르한 위선의 모본. 허울뿐인 도덕주의자들. 죄의 매력 – 그리고 죄의 거짓

남은 자

역사를 통틀어, 하나님은 여러 가지 방법으로 신실한 자들과 신실하지 않은 자들, 선택받은 자들과 선택받지 못한 자들을 나누셨다. 신학자들이 하나님의 주권적 선택과 인간의 자기 결정 사이의 상호작용을 이해하려고 애쓰는 와중에도 한 가지 진리는 분명하다.
하나님은 인간의 실패와 상관없이 약속을 지키신다.

결국, 오직 예수님만 100퍼센트 신실하시다. 그러므로 '그리스도 안'에 있는 자들만 끝까지 보존될 것이다.

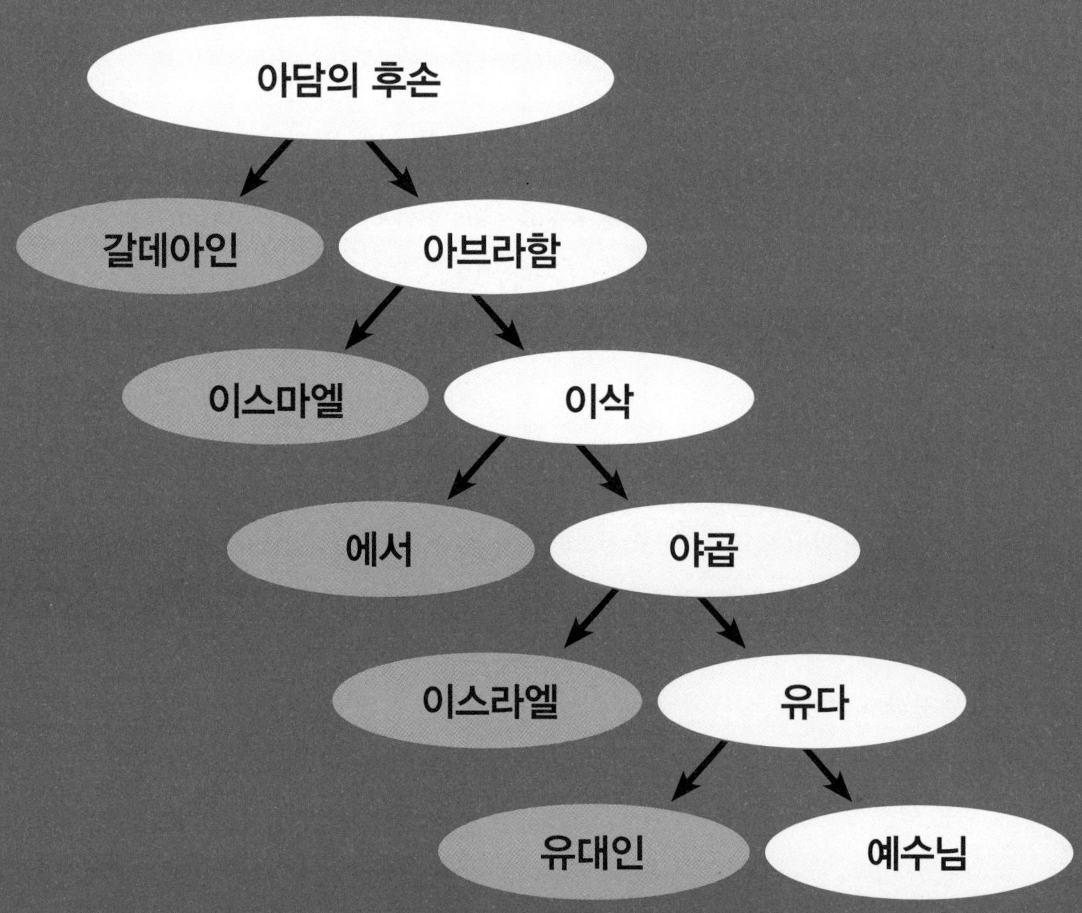

성경에 기록된 남은 자들

창세기 45:7, 열왕기하 19:30-31, 21:14, 역대하 34:9, 21, 36:20, 에스라 9:8-15, 느헤미야 1:1-2, 이사야 10:20-22, 11:11-16, 28:5, 37:31-32, 예레미야 6:9, 23:3, 31:7, 40:11-15, 42:2, 15, 19, 43:5, 44:7-14, 28, 50:20-26, 에스겔 9:8, 11:13, 아모스 5:15, 미가 2:12, 4:7, 5:7-8, 7:18, 스바냐 2:7, 9, 3:13, 학개 1:12-14, 2:2, 스가랴 8:6-12

되고 치명적인 결과 - 을 보여주는 살아 있는 기념물. 이러한 도덕이라는 열차가 뒤집힌 것 같은 사람들을 경험한 나는, 낙심하고 낮아질 대로 낮아져서 마침내 구세주를 찾음으로써 평화를 얻고 그분께로 돌아온 극소수의 소중한 사람들이 없었다면, 벌써 의기소침해져서 몇 번이나 은퇴를 하고도 남았을 것이다. 내가 하나님이 아니어서 얼마나 다행인지! 나라면 인내심을 잃고 그런 인간들을 휴지 조각처럼 구겨서 불속으로 던져버렸을 것이다. 그렇게 참을성을 잃을 때에 나는 은혜에 대한 멋진 시편 중 하나를 마음속에 떠올린다.

> "여호와는 긍휼이 많으시고 은혜로우시며 노하기를 더디 하시고
> 인자하심이 풍부하시도다 자주 경책하지 아니하시며
> 노를 영원히 품지 아니하시리로다
> 우리의 죄를 따라 우리를 처벌하지는 아니하시며
> 우리의 죄악을 따라 우리에게 그대로 갚지는 아니하셨으니
> 이는 하늘이 땅에서 높음 같이
> 그를 경외하는 자에게 그의 인자하심이 크심이로다
> 동이 서에서 먼 것 같이
> 우리의 죄과를 우리에게서 멀리 옮기셨으며
> 아버지가 자식을 긍휼히 여김 같이
> 여호와께서는 자기를 경외하는 자를 긍휼히 여기시나니
> 이는 그가 우리의 체질을 아시며
> 우리가 단지 먼지뿐임을 기억하심이로다"(시 103:8-14).

나는 인간의 예측 불가능한 본성 때문에 복음에 대한 확신을 잃기 시작할 때, 구제책은 분명하다는 사실을 기억하려고 최선을 다한다. 아니 그래야 한다. 나는 지평선으로 눈을 돌려 나의 주 하나님의 반석 같은 신실함을 올려다본다. 그분에게는 놀랄 일이 없고, 내가 흔들릴 때에도 모든 것이 그분의 지배 아래 있음을 나에게 확인시켜주시기 때문이다. 얼마나 큰 위안인가!

유대인의 불신앙이라는 문제에 부딪혔을 때 바울의 글을 읽는 독자들에게도 그와 같은

확신이 필요했다. 하나님의 선택을 받은 백성들이 하나님을 거부하고 스스로에게 영원한 형벌이라는 운명을 지웠다는 것은 생각만 해도 아찔하다. 그리고 그러한 사실은 – 도덕적으로 타락한 그리스도인들과 마찬가지로 – 확신을 흔들리게 한다. "하나님이 자기 백성을 버리셨느냐"(11:1)? "그들(유대인)이 넘어지기까지 실족하였느냐"(11:11)? 유대인의 불신앙 문제는 이방인 그리스도인들과 특별한 연관이 있다. 어쨌든 바울은 믿는 자들의 승리는 필연적임을 확신시켰다(8:28-39). 만약 하나님이 옛 언약을 구겨서 불길 속에 던져넣으신다면, 우리에게 주신 새 언약을 그렇게 하지 않으시리라고 누가 장담하겠는가?

바울은 두 질문에 대해 똑같은 대답을 한다. "그럴 수 없느니라!" 그런 다음 그는 하늘을 가리키며, 아브라함의 유대인 자손들을 향한 주님의 위대한 계획에 접근할 수 있는, 특별히 허가된 비밀 통로를 제시한다. 그러나 그것을 제대로 알기 위해 우리는 먼저 우리의 시각을 다음의 두 가지를 구분하시는 하나님의 시각에 맞추어야 한다.

남은 자들 대(對) 다수(11:1-6)

징계 대 형벌(11:7-14)

—11:1—

남은 자들에 대한 개념은 언제나 하나님의 구속 계획의 일부였기 때문에, 오늘날 그것을 실제로 볼 수 있다는 사실이 놀랄 일은 아니다. 바울은 이 개념을 하나님의 계획에서 떠나 있던 한 사람의 놀라운 이야기, 즉 자신의 경험담을 시작으로 설명한다. 또 다른 편지에서 그는 자신을 "나는 팔일 만에 할례를 받고 이스라엘 족속이요 베냐민 지파요 히브리인 중의 히브리인이요 율법으로는 바리새인이요 열심으로는 교회를 박해하고 율법의 의로는 흠이 없는 자"(빌 3:5-6)라고 묘사한다. 바울은 구약에 대한 믿음이 너무나 확고했기에, 그것을 훼손하는 것처럼 보이는 사람은 누구를 막론하고 파멸시키려고 했다. 그의 주요 목표물은 누구였는가? 바로 그리스도인이었다. 그는 유대인 혈족들에게 한 연설에서 과거의 열정을 회상하기도 했다.

"나는 유대인으로 길리기아 다소에서 났고 이 성에서 자라 가말리엘의 문하에서 우리 조상들의 율법의 엄한 교훈을 받았고 오늘 너희 모든 사람처럼 하나님께 대하여 열심이 있는 자라 내가 이 도를 박해하여 사람을 죽이기까지 하고 남녀를 결박하여 옥에 넘겼노니 이에 대제사장과 모든 장로들이 내 증인이라 또 내가 그들에게서 다메섹 형제들에게 가는 공문을 받아 가지고 거기 있는 자들도 결박하여 예루살렘으로 끌어다가 형벌 받게 하려고 가더니"(행 22:3-5).

부활하신 그리스도가 다메섹으로 가던 바울에게 나타나 레이저 같은 빛으로 그의 눈을 멀게 하시고, 타고 가던 짐승에게서 떨어뜨려 그 고집스러운 약속의 아들을 구원하셨다. 그리고 곧 바울은 그동안 새 언약에 대항하여 그가 벌였던 죽음의 캠페인에 자금을 대던 사람들에게 돌아와 복음을 선포했다. 그는 하나님이 당신의 백성들을 버리지 않으셨다는 살아 있는 예이다. 바울은 남은 자들 중 한 사람이며, 하나님이 미리 아신 자기 백성을 신실하게 보존하신다는 증거이다(롬 8:28-39).

—11:2-4—

바울은 필시 불경한 왕 아합과 사악한 계획을 꾸미는 그의 아내 이세벨에게 맞섰던 구약의 선지자 엘리야와 같은 심정이었을 것이다. 바울은 그 이야기를 예로 든다. 이스라엘 백성들은 "썩어지지 아니하는 하나님의 영광을"(1:23), 비를 형상화한 가나안 사람들의 폭풍의 신 바알과 그의 배우자인 바다의 여신 아세라와 바꾸었다. 그리고 그들이 숭배하는 납덩이를 추종하지 않는 사람들을 지독히 학대했다. 그래서 그 신실한 선지자 엘리야는 그 땅을 저주하여 3년 반 동안 비가 내리지 않게 했고, 아합과 이세벨과 그들이 상상해낸 신들의 선지자들은 그 일로 인해 치욕을 당했다.

마침내, 엘리야는 최후의 대결을 요청했다. 그는 아합에게 "온 이스라엘"과 바알과 아세라의 선지자 850명을 갈멜 산으로 불러 모아 하나님의 능력을 보여주자고 도전했다. 선지자들은 바알의 제단을 세우고 바알 신으로 하여금 희생 제물을 초자연적인 방법으로 불태우게 하라는 도전을 받았다. 그러나 하루 온종일 제단 주위를 돌면서 몸부림치고 피를 흘리며 울부짖었지만, 아무 일도 일어나지 않았다. 그러는 동안 혼자였던 선지자 엘리야는 그들을 조롱했다. "큰 소리로 부르라 그는 신인즉 묵상하고 있는지 혹은 그가 잠깐 나갔는지 혹은 그가 길을 행하는지 혹은 그가 잠이 들어서 깨워야 할 것인지"(왕상 18:27). (이런 모습으로 인해서 그는 왕궁에서 자신의 편을 만들지 못했다.)

바알의 선지자들이 실패한 것을 확인한 후에 엘리야는 자신의 제단을 준비했다. 그는 희생 제물을 나무 위에 얹었다. 그리고 사람들을 시켜 제물이 흠뻑 젖고 제단 주변에 파 놓은 도랑에 가득 찰 때까지 물을 부었다. 저녁 소제를 드릴 때에 엘리야는 모든 사람이 들을 수 있게 짧은 기도를 드린 후 물러섰다. "이에 여호와의 불이 내려서 번제물과 나무와 돌과 흙을 태우고 또 도랑의 물을 핥은지라"(왕상 18:38). 엘리야는 그 광경을 지켜본 이스라엘 백성들에게 바알의 앞잡이들을 잡아서 죽이라고 명령했다. 그리고 비를 내려달라고 기도하자 억수 같은 비가 쏟아졌다.

아합과 이세벨은 치욕을 당했다. 과대망상증 환자들은 치욕을 당하면 한층 더 위험해진다. 얼마 지나지 않아 한 사신이 엘리야를 찾아와 그를 죽이겠다는 이세벨의 위협을 전한다. 그래서 그는 분별이 있는 사람이라면 누구라도 할 일을 했다. 그는 도망가 숨었다.

은신처에 홀로 외롭게 있으면서 엘리야는 탄식했다. "내가 만군의 하나님 여호와께 열심이 유별하오니 이는 이스라엘 자손이 주의 언약을 버리고 주의 제단을 헐며 칼로 주의 선지자들을 죽였음이오며 오직 나만 남았거늘 그들이 내 생명을 찾아 빼앗으려 하나이다"(왕상 19:14). 그러자 주님은 죄인들을 심판하겠다고 약속하셨다. 그분은 일련의 사건들로 인해 이스라엘 백성들의 수는 감소할 것이나 혼란이 진정되고나면 7천 명의 신실한 유대인들이 남을 것이라고 말씀하셨다(왕상 19:18).

이것은 하나님이 신실한 소수를 보존하시면서 대다수의 반항적인 이스라엘 백성들을 심판하신 생생한 예이다. 하나님의 마음에는 다수가 나라를 대표하지 않는다. 신실한 남은 자들이야말로 '진정한 이스라엘'이라고 불릴 수 있다. 이들 - 우상을 숭배하는 지도자나 백성들 대다수가 아닌 - 이 하나님이 아브라함에게 하신 약속을 물려받을 것이다.

—11:5-7—

바울은 하나님이 남은 자들을 보존하신다는 것을 예증하기 위해 이스라엘의 역사 속에

등장하는 십여 개의 일화 중 하나를 택할 수 있었다. 그런데 이러한 엘리야의 특별한 경험이 바울과 우리의 경험과 어떤 면에서 같았을까? 외적으로는 엘리야의 시대 때와 똑같이 모든 이스라엘 사람이 하나님을 저버리고 영원히 구원을 잃어버린 것처럼 보인다. 상황이 너무나 절망적으로 보여서 우리는 절망 가운데서 생명이 끊어지게 해달라고 주님께 요청했던 엘리야의 예를 따르고 싶은 유혹에 빠질지도 모른다. 엘리야를 본향으로 데려오고 이스라엘의 장래에 대한 책을 덮어버리는 대신, 하나님은 세 가지 방법으로 낙심해 있는 선지자를 격려하신다.

첫째, 주님은 엘리야에게 다수의 의견이 이스라엘의 미래를 결정짓지 않는다는 사실을 확인시키셨다. 하나님이 반드시 그렇게 하실 것이다. 더 나아가 다수의 의견이 참된 이스라엘을 대표하지 않는다. 하나님은 그 수가 많은 적든 상관없이 오직 신실한 자들만 인정하신다.

둘째, 주님은 엘리야에게 할 일을 주셨다. 그분은 엘리야를 통해 종국에는 변절한 지도자들을 벌하고, 약속의 땅에서 반항하는 다수를 쓸어버릴 몇 가지 사건들이 벌어지게 하셨다(왕상 19:15–17).

셋째, 주님은 다가올 재앙의 때에 배교한 다수를 따르지 않고 묵묵히 거부한 이스라엘 백성 7천 명을 보존하실 거라고 선포하셨다. 그들은 하나님의 남은 자들이 되어 언약된 약속을 거둘 것이다.

바울이 엘리야의 경험을 회상한 이유는 그것이 유대인 독자들에게 매우 설득력 있는 이야기이기 때문이다. 이 이야기는 하나님이 그분의 계획을 진척시키기 위해서 남은 자들을 선택하신 완벽한 예이다. 주님이 엘리야에게 주신 것과 동일한 확신이 오늘날에도 적용될 수 있다. 이스라엘은 버림받지 않았다. 소수의 신실한 유대인들이 그들의 메시아를 받아들였고, 주님이 성도들에게 기쁜 소식을 전할 수 있는 능력을 주셨기 때문에 그들에게는 아직도 희망이 있다. 그러나 이스라엘을 향한 우리의 가장 큰 소망은 하나님의 성품에 있다. 우리는 주님이 반드시 약속을 성취하신다는 것을 알기에 그 약속을 받을 이스라엘 사람들이 있다는 것을 안다. 엘리야의 시대에 하나님이 이스라엘을 보존하시기 위해 남은 자들을 선택하신 것과 '동일한 방법으로', 하나님의 주권적 선택은 선택받은 자들의 공로에 의해서가 아니라 오로지 은혜에 의해 이루어질 것이다.

—11:8-14—

반항적인 다수 대신 신실한 남은 자들을 진정한 이스라엘로 규정한 바울은 두 번째 유용한 특질을 설정한다. '징계 대 형벌.' 그 차이는 미세하지만 심오하다. 성경에서 형벌은 죄의 결과를 감당해야 하는 정의의 문제이다. 고통 가운데 하나님으로부터 영원히 분리되는 것. 그것은 영원하고 엄중한 응분의 벌이다. 한편, 징계는 하나님이 그것과 관련된 모든 것 – 선한 것이건 악한 것이건 – 을 사용해 한 사람의 성품을 성숙시키는 성화의 문제이다. 그것은 대체로 일시적이며 언제나 건설적이다.

유대인과 이방인은 어떤 면에서는 아무런 차이가 없다. 어떤 사람들은 하나님의 주권적 은혜로 선택받는다. 또 어떤 사람들은 자신들의 죄 가운데서 마음이 완악해진다. 구원의 축복은 지옥의 저주가 그렇듯, 모두에게 동일하다. 하나님은 공평하시기 때문에 한 개인이 어느 민족에 속해 있든, 그것은 그의 영원한 운명과는 아무런 관련이 없다. 다른 한편으로는 주님은 유대인이라는 집단적 정체성에 대한 특별한 계획을 가지고 계신다. 그들은 지구 역사의 마지막 장에서 결정적인 역할을 할 것이다. 그러므로 그들은 한 민족으로서 주님의 특별한 관심을 받는다.

지금으로서는 선택된 자들이건 잃어버린 자들이건 모든 유대인은 징계를 받고 있다. 다시 한 번 바울은 이 징계의 시기는, 역사를 통틀어 이스라엘과 하나님과의 관계가 어떠했는지와 일치한다는 것을 보여주는 구약의 역사를 끄집어낸다. 8절에서 인용한 구절은 신명기 29장 4절로서 이스라엘 백성들이 40년 동안 광야를 배회하고나서 다시 약속의 땅의 경계선에 섰을 때 이스라엘에게 주어진 말씀이다.

> "그러나 깨닫는 마음과 보는 눈과 듣는 귀는 오늘 여호와께서 너희에게 주지 아니하셨느니라 주께서 사십 년 동안 너희를 광야에서 인도하게 하셨거니와 너희 몸의 옷이 낡아지지 아니하였고 너희 발의 신이 해어지지 아니하였으며 너희에게 떡도 먹지 못하며 포도주나 독주를 마시지 못하게 하셨음은 주는 너희의 하나님 여호와이신 줄을 알게 하려 하심이니라"(신 29:4-6).

이스라엘이 처음 그곳에 섰을 때를 기억할지 모르겠다. 그들은 열두 명의 정탐꾼을 보냈다. 그들은 돌아와 상반된 보고를 했다. 두 사람은 이스라엘 백성들에게 하나님을 신뢰하라고 격려한 반면, 다른 열 명은 당장 퇴각해야 한다고 권고했다. 이스라엘의 불신을 벌하실 때 주님의 징계는 남은 자들을 포함한 전 집단에게 내려졌다. 그것이 불공평해 보일 수도 있으나 징계의 시기는 두 가지 중요한 목적을 이루었다. 선택받은 자들에게 그들이 그분을 신뢰하지 않았음에도 불구하고 하나님의 신실한 예비하심과 그분의 백성들에 대한 지속적인 관심을 보여주었고, 잃어버린 자들에게는 그들의 죄를 회개할 수 있는 충분한 기회를 제공했다.

이 40년의 징계의 기간은 하나님이 계획을 보류하신 – 적어도 인간의 관점에서는 – 은혜의 계절이었다. (이스라엘 백성들의 실패와 그 결과로 인해 그들에게 약속의 땅을 주는 것이 '지체'된 것은 그분이 처음부터 계획하신 일이었다.) 그분은 유대인과 이방인 모두를 위해서 이 은혜의 계절을 허락하셨다. 우리는 아브라함의 유대인 자손들이 약속의 땅의 외곽을 헤매던 이 40년의 휴지기 때, 가나안에 살고 있던 이방인들이 하나님의 계획을 알고 거기 동참할 수 있는 충분한 기회를 가졌었다는 사실을 절대 잊으면 안 된다.

만약 가나안의 왕들이 사신을 보내 유대인들을 맞이했다면 역사가 어떻게 전개되었을지 상상해보라. "당신들의 하나님이 손가락 하나 까딱한 것만으로 얼마나 많은 애굽 군사들이 죽었는지 들었습니다. 그리고 당신들의 하나님이 당신들에게 이 땅을 주기 원한다는 것도요. 당신들의 하나님에 대해 배우고 그분을 섬길 기회를 얻기 위해 이 땅을 거저 주겠습니다. 가나안 군주 협의회를 대표해 환영합니다!" 실제로 대표적인 한 이방인 도시가 이렇게 했다(여호수아 9장을 보라)![4]

9절에 나오는 바울의 두 번째 구약 인용은 메시아적 내용이 담긴 탄원시의 일부이다.

> "비방이 나의 마음을 상하게 하여 근심이 충만하니
> 불쌍히 여길 자를 바라나 없고
> 긍휼히 여길 자를 바라나 찾지 못하였나이다
> 그들이 쓸개를 나의 음식물로 주며
> 목마를 때에는 초를 마시게 하였사오니

그들의 밥상이 올무가 되게 하시며
그들의 평안이 덫이 되게 하소서
그들의 눈이 어두워 보지 못하게 하시며
그들의 허리가 항상 떨리게 하소서
주의 분노를 그들의 위에 부으시며
주의 맹렬하신 노가 그들에게 미치게 하소서"(시 69:20-24).

이것은 주님이 기름 부으신 왕을 거부한 자들에게 영원한 형벌을 내려달라는 다윗의 탄원이다. 바울은 독자들에게 그 나라에 대한 각각의 징계의 시기는 결국에는 끝이 나며, 그때에 신실한 사람들은 상을 받고 신앙이 없는 사람들은 영원한 형벌을 받을 것임을 상기시키기 위해 다윗의 시를 넌지시 언급한다. 불행하게도 잃어버린 유대인들이 선택받은 자들보다 대체로 수가 많았다.

오늘날에도 11절의 수사적 질문을 하게 만드는 상황은 똑같은 듯하다. "그들이 넘어지기까지 실족하였느냐?" 이에 대해 바울은 이렇게 대답한다. "그럴 수 없느니라!"

유대인들은 영원히 내쫓긴 것이 아니다. 잠시 유보된 것이다. 주님이 모세와 여호수아의 때에 그러셨듯이 그분은 은혜의 계절을 허용하시려고 이스라엘을 향한 계획을 잠시 보류하셨다. 이는 모든 사람의 유익을 위해서였다. 이스라엘 백성들은 방황하면서 그들이 약속받은 축복을 기다리고 있고, 이방인들은 유대인들의 것을 누리고 있다. 사실, 바울은 이런 유대와 이스라엘의 배열에서 일석이조의 효과를 얻는다.

첫째, 하나님의 계획이 잠시 중단됨으로써 이방인들은 복음을 듣고 그분의 마스터플랜에 순종할 수 있는 충분한 기회를 갖는다(11:12). 지금 이스라엘의 광야에서의 방랑은 결국에는 끝이 날 터이고 하나님은 아브라함의 유대인 자손들을 위한 그분의 계획을 재개하실 것이다. (물론 '중단'이나 '재개'는 우리의 제한된 시각으로 볼 때 그런 것이고, 영원의 시각에서 볼 때는 아무것도 중단되지 않았다. 모든 것은 처음부터 하나님의 계획이었다.)

두 번째 혜택은 기발하다. 이방인들이 이 세상에서 담당해야 할 중요한 역할 중 하나는 그들이 그토록 풍성하고, 삶을 바꿔주며, 사람을 변화시키고, 흥미진진하며, 충족감을 주는 새 언약을 온전히 누림으로써, 유대인들로 하여금 그들이 잃어버린 것을 다시 찾겠다는 열망을 갖게 하는 것이다(11:11, 14).

당신이 사는 지역에 세계 최고의 레스토랑이 문을 열었다고 생각해보라. 그들은 미식가들을 위한 요리, 프라임 립, 해산물에서부터 구운 치즈 샌드위치와 햄버거에 이르기까지 당신이 상상할 수 있는 모든 요리를 준비해놓았다. 당신은 7–8명의 일행과 함께 테이블에 앉았지만 주머니 사정이 넉넉지 않아 핫도그 하나와 감자 튀김 한 접시만 시켜서 나눠 먹고 있다. 그런데 옆 테이블에 둘러앉은 14명은 메뉴에 있는 요리 중에서 가장 맛있고 비싼 요리를 주문한다. 한 무리의 웨이터들이 주방에서 나와 당신이 상상할 수 있는 가장 맛있는 요리들로 식탁을 채우기 시작한다. 그런데 이 요리의 퍼레이드가 끝나자마자 한 사람이 벌떡 일어나더니 주인에게 이렇게 말한다. "이보시오, 식사비는 제가 지불하겠습니다. 그런데 아무도 이 음식을 먹고 싶어하지 않는군요. 이건 우리가 원하던 음식이 아닙니다." 그리고 그들은 일제히 나가버린다.

그래서 다 준비되고 계산까지 마친 만찬을 즐길 사람이 없어지자, 주인은 당신들 쪽을 흘깃 보고는 아무도 관심을 주지 않던 테이블을 향해 걸어온다. 그는 미소 띤 얼굴로 말한다. "이 레스토랑에는 손님들밖에 없고 우리는 문 닫을 시간이 되었습니다. 식당 종업원들과 저와 함께 식사를 해도 괜찮으시다면 다른 손님들이 그냥 두고 가신 음식을 함께 드셔도 좋습니다." 그가 마지막 말을 채 마치기도 전에 당신 일행은 벌써 옆 테이블로 가서 음식을 먹고 있다.

이제, 그 다른 일행이 집으로 돌아가던 중에 서로 이런 대화를 나눈다고 생각해보라. "잠깐만! 도대체 우리가 무슨 짓을 한 거지? 배가 고픈데… 다시 돌아가자!" 그러나 그들이 도착했을 때 문은 잠겨 있고, 안에서는 당신의 일행들이 다섯 가지 코스 요리 중에서 첫 번째 요리를 즐기고 있다. 그래서 그들은 거기 선 채로 창문에 코를 대고, 당신의 일행과 종업원들이 그들의 만찬이 될 수도 있었던 요리를 즐기는 것을 지켜보고 있다.

"시기하다"는 바울이 사용한 헬라어의 꼭 맞는 번역이 아니다. 그가 선택한 동사는 "시기심을 불러일으키다"라는 의미를 가지고 있다. 레스토랑 밖에 있는 사람들은 분명히 당신들을 부러워할 테지만 시기심이 그들의 배를 채워주지는 못할 것이다. 음식에 대한 열망(몹시 허기진 상태)은 그들로 하여금 무언가를 하도록 만들 것이다.

그것이 바울이 가장 바라는 것이다. 그는 전 생애를 이방인들에게 복음을 전하는 일에 바쳤지만, 유대인 형제자매들이 예수 그리스도를 믿음으로써 은혜로 주어지는 의에 대한 열망을 갖게 되기를 간절히 원했다. 지금 그들은 올바른 지식이 없는 열심을 가지고 있지만(10:2), 언제까지나 그렇지는 않을 것이다. 그들의 눈이 떠지면, 또한 일시적인 유보 상태가 끝나면, 아브라함의 유대인 후손들은 만왕의 왕, 만군의 주로서 다스리실 메시아를 칭송하며 그들의 깃발을 내걸고 그들의 땅에 거하게 될 것이다. 예수 그리스도는 예루살렘에서 세상의 최고 지도자로 등극하여 그곳에서 만국을 다스리실 것이다. 주님을 아는 지식이 전 세계에 가득 찰 것이다. 하나님의 의가 다른 모든 권세를 가릴 것이다. 저주는 풀릴 것이다. 죄, 가난, 오염, 질병, 전쟁은 아득한 기억이 될 것이다. 환경적, 사회적 문제들은 과거의 일이 될 것이다. 사탄과 마귀들은 결박당하고 재갈이 물려질 것이다.

이것이 이스라엘의 미래이다. 바로 이것이 그들이 받은 약속의 성취 – 일단의 외교관들에 의해 그들에게 양도된 한 조각의 땅이 아니라 – 이다. 이것이 그들이 한 민족으로서 고대하는 것이다. 승리! 풍성함! 우리의 생각을 초월하는 축복! "하나님이 자기 백성을 버리셨느냐"(11:1)? "그들(유대인)이 넘어지기까지 실족하였느냐"(11:11)?

"그럴 수 없느니라!"

적용

절망적 상황과 견딜 수 없는 역경 속에 있는 하나님의 뜻

주님은 아브라함의 유대인 후손들을 택해 약속의 백성으로 삼으셨다. 그분은 그들에게 남쪽으로는 애굽, 북쪽으로는 앗수르까지 펼쳐진 지중해와 유프라테스 강 사이의 광활한 땅을 주시겠다는 조건 없는 약속을 하셨다(창 13:14-15, 15:18, 신 1:7-8, 수 1:4). 그분은 이스라엘 백성들을 축복하고 그들을 통해 전 세계를 축복하겠다고 약속하셨다.

그러나 그들은 반항했다. 유대인들은 인간이 만든 종교를 두둔하고 그분의 약속을 내쳤다. 결국 유대인들의 거부로 하나님의 언약은 위험에 처한 듯이 보였다. 어쨌거나, 어떻게 의로우신 하나님이 불의한 백성을 축복하심으로써 죄에 대해 보상을 하실 수 있겠는가? 그러나 하나님이 약속을 성취하지 않으신다면 그분은 더 이상 의롭다는 칭함을 받지 못하실 것이다.

어떤 사람들은 믿는 자들의 몸('교회'라고도 하는)이 이스라엘을 대체하여 아브라함의 약속의 축복을 물려받는다고 주장함으로써 이 외견상의 난제를 풀려고 했다. 다시 말해서, '아브라함의 영적 후손들'이 아브라함의 육신적 후손들을 대신해 언약의 축복을 받는다는 것이다. 그러나 이 주장을 성립시키려면 더 이상 성경을 있는 그대로 해석할 수 없다. 적어도 독자는 머릿속에서 "이스라엘"을 "교회"로 대체해야 한다. 그러면 계시록의 해석(성경의 다른 부분은 내버려두고라도)은 거의 불가능해진다.

바울은 이와 다른, 더 합리적인 접근법을 제시한다. 첫째, 그는 반항적인 유대인들 대다수가 진정한 이스라엘을 대표한다는 의견을 거부한다(11:1-6). 다수가 국민을 규정하는 민주주의와 달리, 신정은 하나님의 뜻에 의해 결정된다. 반항한 자들 - 그들이 수적으로 훨씬 우세하더라도 - 은 진정한 이스라엘이 아니다. 하나님은 신실한 소수를 "남은 자"라고 부르셨다.

둘째, 하나님은 언약의 백성들을 잊지도, 버리지도 않으셨다. 그들은 잠시 따로 유보되어 있을 뿐이다. 유대인들은 형벌을 받은 것이 아니라 징계를 받고 있다(11:7-14). 그리고 언젠가는 남은 자들이 일어나 하나님이 이스라엘에게 약속하신 모든 것에 대한 권리를 주장할 것이다.

바울의 설명은 아브라함의 후손들에게만 아니라 모든 사람에게 적용되는 두 가지 원칙을 강조한다.

1. 인간과 달리, 하나님은 신실한 소수인 남은 자들을 통해 최선을 이루신다. 성경은 하나님이 자기 백성들을 안심시키기 위해 일부러 불리한 패를 손에 쥐셨던 예들로 가득하다. 그분은 이스라엘 백성들을 애굽에서 이끌어내시어, 물 한 방울 나지 않아 기적으로 물을 공급받을 수밖에 없는 광야로 데려가셨다(출 17:1-7). 그분은 거대한 적군을 상대하기 위해 기드온에게 그의 군대를 300명의 공습 부대로 축소시키라고 지시하셨다(삿 7:19-25). 엘리야가 450명의 바알의 선지자들과 대결했을 때 하나님은 엘리야에게 제물이 흠뻑 젖고, 그 물이 흘러내려 주변에 파놓은 도랑을 채울 때까지 제단에 물을 부으라고 지시하셨다. 천둥과 번개의 가상의 신인 바알이 불꽃 하나 일으키지 못했던 반면에, 하늘에서 내려온 불길이 엘리야의 제물과 물과 제단과 땅의

일부분까지 불살랐다(왕상 18:25-38)!

당신도 불가능한 상황, 희망이 없는 상태에 처할 수 있다. 당신에게 닥친 역경이 인간적으로는 극복하기 어려울 수도 있다. 당신은 이렇게 자문할지도 모른다. "어디서부터 잘못된 걸까? 내가 뭘 잘못했기에 이런 일이 생긴 걸까?" 그 대답은 아마도 "아무것도 없다!"일 가능성이 높다. 세상이 당신을 향해 꾸민 음모 - 예수님이 경고하셨듯이(요 15:18-19) - 가 당신을 축복하고 싶어하시는 하나님의 열망을 보여주는 기회가 될 수도 있다.

당신은 지금 이 순간 아무것도 이루지 못하고, 비생산적인 시기를 견뎌내면서 유보 상태에 있을 수도 있다. 당신은 인생이라는 경기에서 직접 뛰지 못하고 벤치에 앉아 소외되고 버림받았다고 생각할지도 모른다. 또는 불의한 다수와 맞서 홀로 서 있는지도 모른다. 하나님은 언제나 신실한 남은 자들을 통해 선을 이루시기를 기뻐하신다. 당신이 옳다고 생각하는 것을 고수하라.

2. 인간들과는 달리, 하나님은 반드시 약속을 지키신다. 우리 세대는 부정직한 세대이다. 고결한 소수만 신뢰할 수 있다. 결혼 서약은 지켜지지 않는다. 계약은 거의 무의미하다. 법정은 셀 수 없이 많은 깨져버린 약속들에 대한 소송으로 넘쳐난다. 상담소들은 깨진 약속들로 인한 상한 마음을 치유하려고 애쓴다. 고결한 인품을 소유한 사람들을 점점 찾기가 힘들어진다. 그럼에도 불구하고 하나님은 약속을 절대 깨트리지 않으신다. 그분은 유대인들에게 하신 약속을 지키실 것이고, 우리에게 하신 약속을 지키실 것이다.

나의 어머니는 시련을 겪고 있는 사람들을 위해서 친필로 쓴 '약속의 책들'을 모아놓는 멋진 습관을 갖고 계셨다. 어머니는 가족을 잃고 슬퍼하거나, 어긋난 결혼을 회복하려고 애쓰거나, 가난과 싸우거나, 우울증에 시달리고 있는 사람을 만나면 하나님의 약속들이 담긴 성경 구절이 정성스럽게 쓰여 있는 자그마한 노트를 준비하시곤 했다. 격려가 필요한 사람에게 얼마나 멋진 선물인가. 절망적인 상황에 처해 있거나 견딜 수 없는 역경에 짓눌리고 있을 때 자기 자신에게 줄 수 있는 얼마나 멋진 선물인가.

그리고 나는 '약속'이라는 단어를, 특히 아이들에게 신중하게 사용할 것을 권고한다. 집에서 사용하는 말 가운데 '약속'이라는 말은, 당신의 언행이 일치하는 신성한 맹세일 경우에만 입 밖에 내는 소중한 말이 되어야 한다. 당신은 당신이 한 약속을 신실하게 지킴으로써 아이들에게 하나님이 약속을 지키시는 분임을 믿을 수 있게 하라.

감람나무 교훈에서 얻은 윤리학(로마서 11:15–29)

15그들을 버리는 것이 세상의 화목이 되거든 그 받아들이는 것이 죽은 자 가운데서 살아나는 것
이 아니면 무엇이리요 16제사하는 처음 익은 곡식 가루가 거룩한즉 떡덩이도 그러하고 뿌리가 거룩
한즉 가지도 그러하니라

17또한 가지 얼마가 꺾이었는데 돌감람나무인 네가 그들 중에 접붙임이 되어 참감람나무 뿌리의
진액을 함께 받는 자가 되었은즉 18그 가지들을 향하여 자랑하지 말라 자랑할지라도 네가 뿌리를 보
전하는 것이 아니요 뿌리가 너를 보전하는 것이니라 19그러면 네 말이 가지들이 꺾인 것은 나로 접
붙임을 받게 하려 함이라 하리니 20옳도다 그들은 믿지 아니하므로 꺾이고 너는 믿으므로 섰느니라
높은 마음을 품지 말고 도리어 두려워하라 21하나님이 원 가지들도 아끼지 아니하셨은즉 너도 아끼
지 아니하시리라 22그러므로 하나님의 인자하심과 준엄하심을 보라 넘어지는 자들에게는 준엄하심
이 있으니 너희가 만일 하나님의 인자하심에 머물러 있으면 그 인자가 너희에게 있으리라 그렇지 않
으면 너도 찍히는 바 되리라 23그들도 믿지 아니하는 데 머무르지 아니하면 접붙임을 받으리니 이는
그들을 접붙이실 능력이 하나님께 있음이라 24네가 원 돌감람나무에서 찍힘을 받고 본성을 거슬러
좋은 감람나무에 접붙임을 받았으니 원 가지인 이 사람들이야 얼마나 더 자기 감람나무에 접붙이심
을 받으랴

25형제들아 너희가 스스로 지혜 있다 하면서 이 신비를 너희가 모르기를 내가 원하지 아니하노니
이 신비는 이방인의 충만한 수가 들어오기까지 이스라엘의 더러는 우둔하게 된 것이라 26그리하여
온 이스라엘이 구원을 받으리라 기록된 바

구원자가 시온에서 오사
야곱에게서 경건하지 않은 것을 돌이키시겠고
27내가 그들의 죄를 없이 할 때에 그들에게
이루어질 내 언약이 이것이라 함과 같으니라

28복음으로 하면 그들이 너희로 말미암아 원수 된 자요 택하심으로 하면 조상들로 말미암아 사랑
을 입은 자라 29하나님의 은사와 부르심에는 후회하심이 없느니라.

나는 권력, 아름다움, 부, 지위, 인기를 얻고도 여전히 겸손한 몇몇 특별한 사람들을 알고 있다. 몇 안 되는 고귀한 사람들이다. 그러나 대부분은 참기 힘들 정도로 교만하다. 동석자들을 겉으로는 상냥하게 대하면서 뒤에서는 조용히 으스댄다. 그리고 – 만일 당신이 믿는다면 – 많은 사람들이 그리스도인이라고 자칭한다. 어떤 이유에서건 자기들의 특권적 지위에 영향을 받지 않는 겸손한 소수의 사람들은 두 가지 공통점을 지니고 있는 것 같다. 그것은 바로 '힘들었던 과거와 그 역사와의 밀접한 관계'이다.

나는 미군에서 막강한 권력을 지닌 몇 사람을 알 수 있는 특권을 누렸고, 그들의 겸손은 그들의 몸과 마음에 남아 있는 상흔의 수와 정비례한다는 사실을 알게 되었다. 수백 명의 군인들을 통솔하는 한 사람은 손으로 숟가락을 제대로 쥐지 못했다. 전쟁 포로였을 당시 받았던 고문으로 인해 그의 손가락들은 담배 파이프 청소 기구처럼 뒤틀린 것이었다. 그런데 군복을 벗은 지금의 그를 당신이 본다면 신발 판매원이나 경리 사원으로 오해할지도 모른다.

나는 엄청난 부를 소유하고 있으면서도 지극히 현실적인 몇 사람들과 알고 지낸다. 그들은 현실 세계의 삶을 일깨워주는 것들로 자기 자신을 둘러싼다. 그들은 자신이 가진 부에 못 미치는 삶을 살 뿐만 아니라, 보통 사람들과 교제를 나누기 위해 – 가난한 사람들을 도우면서 – 정기적으로 스스로를 부자들의 세계로부터 격리시킨다.

나는 영적으로 성숙한 그리스도인들에게 이와 비슷한 경향이 있다는 사실에 주목했다. 고난이 그들에게서 교만을 몰아내고, 그들이 어디에서 왔는지에 대한 날카로운 기억이 그들에게 부드러운 겸손과 진실된 공손함을 갖게 한다. 이와는 대조적으로 시련을 당해보지 않았거나, 그러한 기억을 잃어버린 사람들은 거의 예외 없이 다른 사람들의 자격을 따지거나 그들을 판단하는 태도를 보인다. 솔직히 나는 교만한 그리스도인들보다 더 역겨운 사람들을 보지 못했다.

이방인 성도들이 양자로서 하나님의 가족 안에서 유대인들의 자리를 대신 차지하고 있으며, 일시적으로 유대인들을 따로 떼어놓았다는 것을 설명한 후에 바울은 새로운 종류의 잠재된 위험을 감지한다. 이제 이방인들은 피조물을 대속하시려는 주님의 마스터플랜 속에서 영광의 자리 – 유대인들이 한때 누렸던 특권 – 를 차지하고 있다. 그렇기 때문에 바울은 그의 이방인 독자들이 으스대거나 교만해지지 않도록 겸손을 주지시켜야 할 필요를 느낀다.

근 20여 년을 제국 동부의 여러 도시들을 두루 다니며 유대인들과 이방인들에게 설교를 했던 바울은 예증의 기술에 통달했다. 이방인 성도들에게 하나님의 계획 속에서 그들이 차지하는 위치를 이해시키기 위해 그는 지중해 지역 사람들이라면 누구나 이해할 수 있는 이미지 – 감람나무 경작 – 를 사용한다. 안타깝게도 오늘날 대부분의 사람들은 농장에 가본 적도 없고, 감람나무 과수원에 가본 사람들은 더더구나 없을 것이다. 그래서 먼저 바울의 주장을 설명하고, 이 윤리에 대한 원예적인 교훈을 바탕으로 주장을 뒷받침하는 세 개의 진술에 대해 앞으로 살펴보기로 하자.

지금 이방인 그리스도인들이 누리고 있는 것은 한때는 유대인들을 위한 것이었고, 그것은 미래에 다시 한 번 유대인들의 영광의 자리가 될 것이다.

유대인들은 현재 징계를 받고 있으나 이는 일시적이다. 바울은 이미 이것을 자세히 설명했다. 그의 예는 이 교훈의 기초가 되는 사실의 재확인에 불과하다.

지금은 이방인들이 그 영광의 자리를 차지하고 있으나 으스대서는 안 된다. 이 영광은 공로를 통해 얻을 수 있는 것이 아니라 오직 은혜의 선물로 얻을 수 있다. 더구나 이 배열은 일시적이다.

주님은 현재 유대인과 이방인과 모두 함께 일하시나 그분의 계획은 이해할 수 없다. 우리는 주님의 계획이 펼쳐지는 것을 지켜볼 수는 있지만, 하나님이 그 일을 어떻게 또는 왜 하시는지 이해하지 못한다.

—11:15—

바울은 하나님이 그분의 구속 계획에서 유대인들을 잠시 제쳐두신 것이 이방인들에게 유익했음을 인정했다. 그러나 그것이 이상적이라는 뜻은 아니다. 만약 하나님이 그들의 불순종을 유리하게 이용하실 수 있다면, 그들의 순종은 세상에 얼마나 더 큰 혜택을 줄 수 있겠는가? 유대인들은 사고로 비극적 죽음을 당한 가족과 같다. 생존한 가족들은 살아남아 그 상실의 경험을 통해 영적으로 성장할 수도 있지만, 죽은 자들이 부활하여 가족에게로 돌아올 수 있다면 얼마나 멋진 일인가! 그 가족이 어떤 잔치를 벌일지 상상할 수 있는가?

이것이 바울이 자신의 아픔 속에서 선을 찾아내는 방식이다. 그는 동포 유대인들이 구원받는 것을 보기 위해 자신의 구원을 내어주려고 했다. 그래서 우리는 이방인 그리스도인들이 그리스도를 거부한 것에 대해 유대인들을 욕할 때, 바울 사도의 마음이 얼마나 아팠을지 상상할 수 있다. 교회 안에 유대인과 이방인 사이의 다툼이 있었다는 직접적인 증거는 찾지 못했지만, 성경은 그런 문제가 있었음을 암시한다(행 15:1-5, 갈 2:11-14, 엡 2:11-22). 더 나아가 지역 유대인 회당에서 유대인들이 그리스도인들을 핍박한 것은 유대인 - 구원받은 자들이건 완악한 자들이건 - 들을 향한 분노를 불러일으킬 수 있었다. 그래서 바울은 우리가 현재 보고 있는 것에 영원한 관점을 제공하려고 노력한다.

—11:16—

바울은 예증을 위해 그가 사용한 이미지를 소개하기에 앞서, 서둘러 민수기 15장 17-21절을 근거로 하는 유대인의 관습을 넌지시 내비친다. 이스라엘 백성들이 처음 약속의 땅에 들어갔을 때 주님은 "첫 열매"와 관련된 의식을 지킬 것을 지시하셨다. 1년 내내 땀 흘려 일한 후에 유대인 농부들은 첫 생산의 징표를 애타게 기다렸다. 왜냐하면 그 첫 징표를 보고 나머지 곡물의 질을 예측할 수 있었기 때문이다. 풍성한 수확의 "첫 열매"의 견본을 바치는 것은 하나님께 이렇게 말하는 것과 같았다. "이것은 당신께서 주신 것입니다. 그러므로 당신께 감사드리고, 당신이 사용하시도록 이것을 바치며, 당신께 영광을 돌립니다." 그 뒤로 땅에서 자라나는 모든 것을 똑같이 하나님께 바쳤다.

다른 모든 공급물에도 이와 동일한 원칙이 적용되어 하나님이 모든 선한 것의 원천이심을 지속적으로 상기시켰다. 따라서 여자들은 한 번 구울 분량의 밀가루를 반죽할 때 제사장에게 줄 소량의 견본을 따로 떼어놓곤 했다. 첫 수확 때처럼 이 "첫 열매"의 견본은 반죽 전체의 표본이 되었다. 마찬가지로 아브라함은 하나님의 영광을 위해 사용하시려고 따로 떼어놓은 백성의 첫 열매였다. 그러므로 그의 후손들도 따로 선별된다. 오늘날 유대인들과 그들의 하나님과의 관계는 아브라함이 누렸던 관계와 마찬가지로 특별하다.

—11:17–18—

바울은 재빨리 감람나무 재배와 신비한 접목과 관련된 그의 중심 예화로 돌아간다. 고대의 농부들은 참감람나무가 잘 자라지 않는 반면에, 돌감람나무의 뿌리와 가지는 바람이나 가뭄과 같은 열악한 환경을 잘 견뎌낸다는 사실을 발견했다. 그래서 그들은 두 나무의 가장 좋은 요소들, 즉 돌감람나무의 튼튼한 뿌리와 참감람나무의 맛난 열매를 결합시켰다. 그러나 바울의 예는 깜짝 놀랄 만큼 뒤틀린 이미지를 제공한다. 그의 예에서 돌감람나무 가지는 참감람나무 줄기의 진액과 뿌리에서 양분을 빨아들인다.

이것이 극적인 은혜의 그림이다. 돌감람나무 가지는 기름기가 거의 없는 작고 단단한 열매를 생산한다. 다시 말해서 돌감람나무 가지는 쓸모가 없다! 그럼에도 불구하고 괴상한 원예 감각에 의해 쓸모 있는 열매를 맺지 못하는 돌감람나무에게 자리를 내주느라, 열매를

Magnus Manske/Wikimedia Commons

옛날에 농부들은 열매를 많이 맺지 못하는 가지를 튼튼한 돌감람나무 가지에 접붙이는 방법을 알고 있었다. 바울은 그 이미지를 은혜의 경이로움에 대한 예증으로 바꾸었다. 열매를 맺지 못해 농부들에게는 무용지물인 돌감람나무는 그럼에도 불구하고 하나님의 구속 계획이라는 경작된 나뭇가지에 접붙여져 생명을 선물로 받았다.

맺지 못한 일부 참감람나무 가지들이 잘려나간다. 이제 돌감람나무는 참감람나무 줄기로부터 생명의 자양분을 받는다. 그러나 접목은 가지의 본성을 바꾸지는 못한다.

배나무 가지를 사과나무 줄기에 접목시키는 것은 실제로 가능하다. 그렇지만 배나무 가지의 본성이 바뀌지는 않는다. 배나무 가지가 사과나무 줄기로부터 양분을 공급받는다고 해서 사과를 생산하지는 않는다. 자기의 본성을 유지하여 배를 생산한다. 마찬가지로 돌감람나무 가지가 참감람나무에 접붙임되었다고 해서 더 좋은 열매를 맺지는 못한다. 사실상, 돌감람나무 가지는 자양분이 많은 진액을 공급받으면서도 별 도움이 될 만한 것을 돌려주지 못한다. 그런데 그 가지들이 다른 가지들, 특히 잘려나간 가지들에게 우월감을 느낀다면 얼마나 어리석은 일인가.

우리는 바울의 예화를 너무 비약적으로 받아들이지 않도록 주의해야 한다. 혹은 나의 멘토 중 한 분이 늘 말씀하시듯이, "너무 꼭 맞게 뜯어 맞추려고 하지 말라." 이것은 구원에 대해서 말하고 있는 것이 아니다. "열매"가 성령의 열매나 선행의 열매를 말하는 것도 아니다. 바울은 그저 하나님이 그분의 구속 계획 속에 유대인을 제쳐두고 이방인을 집어넣으신 것은, 한쪽이 더 낫거나 더 쓸모가 많기 때문이 아니라는 것을 말하고 있는 것이다. 하나님은 이방인들에게 은혜를 베푸시려고 그분의 계획에 그들을 접붙이셨다. 은혜는 어디까지나 공 없이 얻는 것이기에 어느 누구도 다른 이들을 얕볼 수 없다.

—11:19-24—

바울은 이방인에 대한 타당한 결론을 미리 말한다. "가지들이 꺾인 것은 나로 접붙임을 받게 하려 함이라"는 "나는 그들보다 더 가치가 있다. 그것 - 선호 - 이 성경적 선택의 본질 아닌가?"라는 식의 태도를 암시한다. 맞는 말이다. 그러나 공로에 의해서가 아닌 믿음을 통한 은혜에 의해서 선택받는다. 또한 그 선택은 절대 영구적이지 않다! 그분은 전혀 힘들이지 않고 그 과정을 뒤바꿔 열매를 맺는 가지들을 얻으실 수 있다(11:20-24).

표면적으로 볼 때 이것은, 바울 자신이 영원한 안전에 대해 쓴 것에 정면으로 배치되는 것처럼 보일 수 있다. 그는 아무것도 성도들을 하나님의 사랑에서 끊어지게 할 수 없으며 그들에게는 승리가 보장되어 있다고 말했다(8:28-39). 더 나아가 그는 이 부분 전체를 선택받은 백성들 – 유대인과 이방인 – 을 돌보시는 하나님의 신실하심을 확인시키기 위해 썼다. 그러므로 그 이미지와 그것이 의미하는 바를 분명히 밝혀야 한다.

"참감람나무의 뿌리"(11:17)는 아브라함의 구원이 아니라, 세상을 향한 하나님의 구속 계획 속에서 아브라함의 특권적 지위에 대한 비유적 이미지이다. 유대인들은 선조 아브라함으로부터 의가 아닌 언약의 약속들을 물려받는다. 바울은 자기의 DNA에 의해서, 또는 할례나 율법을 지킴으로써, 또는 믿음을 통해서 받는 은혜가 아닌 다른 어떤 방법에 의해서 구원받을 수 있다는 생각을 심혈을 기울여 반박한다. 더 나아가 이 특권적 지위는 민족 전체에게 주어진다. 우리는 우리의 참여로 개인적으로 하나님의 총애를 누릴 수는 있으나, 접붙임은 민족 전체를 대상으로 한다(11:20-23).

바울은 이 예화 속에서 교회와 이스라엘을 신중하게 구분한다. (그는 접붙임과 잘려나간 가지의 예화를 잊지 않았다.) 성경의 다른 부분에서 그는 유대인과 이방인 그리스도인들은 이전과는 전혀 다른 새로운 단일종의 인간이라고 선포하면서 그들의 화합을 강조했다(엡 2:14-16). 어떤 이들은 하나님이 말 그대로 이스라엘이라는 나라를 제쳐놓고 이 새 인류로 구성된 교회라고 하는 '영적 이스라엘'을 세워 이스라엘을 대신하게 하셨다고 결론지었다. 더 나아가 그들은 교회가 말 그대로서의 의미가 아닌, '영적으로' – 원하는 대로 어떤 의미도 부여할 수 있는 – 아브라함이 받은 약속들을 물려받을 것이라고 주장한다.

또다시 해결하기 어려운 역설이 주어졌다. 바울은 유대인과 이방인의 화합을 강조하면서도 하나님이 세상을 향한 구속 계획을 성취하시는 방법에 있어서 그들의 차이를 역설한다(11:22-24). 나는 어떻게 그 두 가지가 진실일 수 있는지 완전하게 설명할 수는 없지만, 그 증거를 액면 그대로 받아들여 상대를 경시하지 않으면서 각각의 진리를 확인할 수 있다. 하나님은 유대인들에게 땅 – 글자 그대로 부동산, 그것도 많은 – 을 약속하셨다. 그분은 그들에게 승리하는 메시아 왕을 약속하셨고, 그분은 천 년 동안 명실상부하게 전세계를 다스리실 것이다. 이방인들은 이스라엘과 함께 이 축복을 나누고 특권을 누릴지도 모르겠으나, 이방인들은 민족적으로 이 약속을 받지 못했고 유대인들은 받았다.

그럼에도 불구하고 여기서 바울이 의도한 바는 미래를 드러내는 것이 아니라, 반유대주의의 비기독교적이고 악한 태도에 반대하여 예언적으로 말하는 것이다.

—11:25-29—

다시 한 번 이 구절에서 바울이 진술한 목표는 이방인들이 '자만하다'의 관용적 표현인 "스스로 지혜 있다"고 여기는 것을 방지하는 것이다(11:25). 그들의 자만을 방지하기 위해 바울은 이전에 알려지지 않았던 영적 사실인 "신비" – 이 경우에는 하나님의 관점에서 미래를 언뜻 보는 것 – 를 드러낸다. 이스라엘에게 일어났던 일은 "더러는 우둔하게 된 것"인데, 이는 모든 유대인이 아니라 일부 유대인들의 마음이 완악해졌음을 의미한다. 그러나 일시적인 징계 아래 있는 이 시대는 "이방인의 충만한 수가 들어올" 때 끝이 날 것이다.

예수님은 지상에 계시는 동안 선택된 이방인들을 받아들이실 것을 포함한 하나님의 계획을 나타내셨다(눅 21:24, 요 10:16). "충만한"이라는 말이 무척 중요하다. 하나님은 이방인들의 수와 한 사람 한 사람의 정체를 알고 계시면서 그들의 믿음의 때를 중심으로 세상의 사건들을 조정해오셨다. 그 기간은 얼마일까? 오직 아버지만 아신다(마 24:36). 우리가 아는 것이란 이스라엘의 망명 이후로 유대인들은 이방 세계에 짓밟히며 살아왔고, 그것은 당신의 백성에 대한 하나님의 준엄하신 자비의 일부분이라는 것이다(11:22). 그러나 그때, 선택받은 모든 이방인이 우리 안(교회)에 들어올 때 문은 닫히고 일부 이스라엘 사람들의 완악함은 끝날 것이다.

이방인의 시대가 끝났을 때, "온 이스라엘이 구원을 받으리라"(11:26). 여기에는 유대인들 다수가 포함될 수도, 포함되지 않을 수도 있다. 기억하라. "모든 이스라엘" 또는 참된 이스라엘은 수가 아니라 믿음에 의해서 결정된다. 그러므로 "모든 이스라엘"과 "이방인의 충만한 수"는 하나님이 선택하신 모든 사람을 나타낸다. 하나님이 선택하신 모든 사람이 믿음을 갖게 되면 다음 시대가 시작될 것이다. 바울은 이사야 59장을 인용하여 도래할 시대를 암시했다.

이 예언의 노래 속에서 이사야는 정의도 공정함도 없는 이스라엘의 슬픈 현실을 한탄한다. 이스라엘은 세상의 남은 자들을 위해 하나님의 의의 본보기가 되어야 했으나 그들은 타락했고, 때문에 모든 피조물은 타락했다. 더구나 일을 바로잡을 "중재자가 없"었다(사 59:16). 그래서 하나님은 이 적지를 정복하고, 행악자들을 심판하며, "(이스라엘에서) 악을 떠나는 자"를 구원하려고 친히 갑옷을 입으신다. 장차 예수 그리스도가 이 땅에 오셔서 이스라엘의 왕좌에 앉으시고 그분께 순종하는 나라를 세우실 것이다. 그분은 거세게 흐르는 강물같이 오셔서 온 세상을 그분의 의로 충만하게 하실 것이다(사 59:19). 더 나아가 그분은 새 언약의 모든 규약을 발효시키실 것이다(렘 31:31-34).

그 새 시대는 영광의 시대일 것이다! 그때 이스라엘의 어린아이들은 마침내 그들이 약속받은 축복을 모두 받을 것이다. 그들은 그들의 약속의 땅 - 하나도 빠짐없이 - 을 갖게 될 것이다! 그들은 그들의 왕을 갖게 될 것이다. 대체로 선하고, 때때로 불의한 왕이 아니라 온전히 의롭고, 충성스러운 왕을 갖게 될 것이다. 그들은 온 세계에 하나님의 의로운 통치를 가져오는 매개체가 될 것이다.

불행하게도 지금 대다수의 유대인들은 민족적으로 은혜를 거절함으로써 "복음의 적"(11:28)이 되었다. 그러나 우리 이방인들은 현재의 상태만 보고 그들을 심판하기보다, 그들의 희생의 대가로 지금 우리가 누리고 있는 축복에 먼저 감사해야 한다. 실제로 우리는 피조물을 구속하시려는 하나님의 계획 안에서 미래에 그들이 담당할 역할로 인해 그들을 존중해야 한다.

마지막으로 이 문제에 대한 바울의 마지막 구절에 특히 유의하라. "하나님의 은사와 부르심에는 후회하심이 없느니라"(11:29). 이것은 시대를 초월해서 모든 사람에게 적용되는 보편적인 원칙이다. 이는 유대인이건 이방인이건 모든 믿는 자에게 해당되며(8:28 - 39), 하나님의 선택받은 백성인 아브라함의 유대인 자손들에게 해당된다.

요약을 위해 바울의 윤리에 대한 원예학적 교훈에서 우리가 얻을 수 있는 두 가지 사실을 적어보겠다.

유대인들은 현재 완악해져 있지만 결국에는 가장 사랑받을 것이다. 지금 마음이 완악한 유대인을 만난다면 당신이 죄 가운데서 완악하였을 때를 기억하라. 당신이 죄인이었을 때에도 하나님이 당신을 사랑하셨듯이(5:8), 그분은 이 약속의 아들딸들을 사랑하신다. 그 사람이 사랑받는 백성의 일원이라는 것 또한 기억하라. 해병대에서 흔히 말하듯이, "사람이 아니라 계급에게 경례하라."

우리는 영적으로 영광을 받았으나 도덕적으로는 그럴 자격이 없다. 이방인들은 민족적으로 자부심을 갖고 주장할 만한 영광스러운 유업을 별로 갖고 있지 않다. 우리는 이 영광의 자리에 설 자격이 없지만 우리에게 그것이 주어졌다. 그것이 바울이 에베소의 그리스도인들에게 이렇게 쓴 이유이다. "이제는 전에 멀리 있던 너희가 그리스도 예수 안에서 그리스도의 피로 가까워졌느니라"(엡 2:13). 유대인을 만나면 바울의 예화를 기억하라. 당신은 은혜로 말미암아 "본성을 거슬러"(롬 11:24) 현재의 영광의 자리에 접붙임되었다. 세상을 향한 하나님의 구속 계획 속에 있는 이 특권적 지위는 유대인들에게 속한 권리이다.

만약 이 세상에서 으스대거나 거만해서는 안 될 사람이 있다면 그것은 다름 아닌 이방인 그리스도인들이다. 우리에게는 주장할 수 있는 아무런 우월성도 없다. 우리의 유업은 야만스럽고 이교도적이다. 우리 조상들은 하나님의 의에서 벗어났고, 그들은 그 사실을 까마득히 몰랐다. 영적으로 말하자면 우리의 뿌리는 속속들이 썩었다. 그러므로 유대인들보다 우월하다고 주장하거나, 하나님의 계획 속에서 차지하고 있는 특권적 지위를 자랑하는 자들에게 나는 이사야 선지자의 말을 들려주겠다. "너희를 떠낸 반석과 너희를 파낸 우묵한 구덩이를 생각하여 보라"(사 51:1). 그것이 이방인들을 겸손하게 만드는 교훈이며, 때때로 우리에게 필요한 것이다.

적용
많이 받은 자에게…

인간을 다스리시는 하나님의 권리를 옹호하고 하나님의 성품을 변호하면서 바울은 답이 분명한 질문을 던졌다. "유대인들이 버림받았느냐?" 그의 대답은 두 가지 사실에 기초하고 있다.

1. 아브라함의 진정한 후예는 반항적인 다수가 아닌 신실한 소수이다.
2. 아브라함의 진정한 후예는 하나님의 징계 아래에 있으나 그것은 일시적이다.

그렇다면 현재 이스라엘에 대한 하나님의 태도가 어떤 식으로 이방인 성도들에게 영향을 미치는가? 몇 가지 함축된 의미가 금방 마음속에 떠오른다.

1. 우리는 으스대지 말아야 한다. 내 아내 신시아와 나는 네 명의 자녀를 양육하는 특권

을 누렸다. 한 아이가 야단을 맞으면 우리는 그 아이가 이미 창피당한 일에 대해서 다른 세 아이에게 더 창피를 당하지 않도록 나머지 아이들의 태도를 세심하게 살폈다. 바울의 감람나무의 교훈도 비슷한 목적을 가지고 있다(11:15-29). 유대인들이 하나님의 징계 아래 있다고 해서 그들에 대한 하나님의 사랑이 사라진 것은 아니다. 오히려, 하나님의 질책은 그들에 대한 하나님의 부성애를 나타낸다. 그러므로 바울은 이방인들에게 하나님의 계획의 선봉에 있는 그들의 위치는 잠정적인 것임을 인식하고 조금도 교만해지지 말라고 권고한다.

2. 우리는 유대인들 – 믿음이 있건 없건 – 을 영광을 받은 아들들로 존중해야 한다. 나는 풋볼 경기를 좋아하기에 고등학교, 대학교, 실업 팀 경기를 막론하고 닥치는 대로 관전한다. 그래서 나는 스타 프로 선수가 출장 정지 처분을 받아 경기에 출전하지 못했던 경우를 여러 차례 기억한다. 심각한 윤리 규정을 위반한 선수는 징계 차원에서 몇 차례 경기 출장이 금지된다. 그가 아무리 그 포지션을 위해 특별히 선출되었고 경기 능력이 뛰어나도, 그 팀은 그의 포지션을 다른 사람에게 줄 수밖에 없다. 대체 투입된 선수가 경기를 잘해도 대체 선수는 원래 그 포지션의 주인인 선수를 존중하는 것이 현명하다. 왜냐하면 그는 임시로 그 역할을 하고 있기 때문이다.

   내가 이 예를 든 것은 어느 한 민족이 다른 민족보다 우월하다거나, 하나님이 어떤 민족을 다른 민족보다 더 소중히 여기신다는 주장을 하기 위해서가 아니다. 주님은 공평하시다. 그러나 그분은 인류를 구속하시겠다는 그분의 계획 속에서 아브라함의 유대인 후손들에게 영광스러운 지위를 부여하셨다. 이는 존중받아 마땅한 역할이다. 지금은 믿는 자들의 몸인 "교회"가 존경받는 지위를 차지하고 있지만, 잠시 유보 상태에 있는 유대인들을 계속 예우하는 것이 현명하다.

3. 우리는 우리가 차지하고 있는 영광의 자리를 소중히 여기고 잘 관리해야 한다. 하나님의 구속 계획에서 영광의 자리는 큰 특권과 그에 상응하는 책임이 따른다. 예를 들어, 아브라함의 유대인 자손들에게 땅이 주어진 것은 깜짝 놀랄 만큼 중요한 전략적 의미를 가진다. 세 개의 거대 제국 – 애굽, 앗수르, 바빌론 – 사이를 여행하는 사람은 누구나 그 약속의 땅을 거쳐가야 했다. 사람들은 하나님께 순종하고 하나님은 그들을 축복하고 보호하시는 땅을 이방인 여행객들, 상인들, 군인들이 지나간다고

생각해보라. 그 증언이 세상을 어떻게 변화시켰을지 상상해보라.

새 언약의 자녀들인 우리는 땅이나 재물보다 훨씬 큰 특권을 소유하고 있다. 우리는 우리 안에 살아 계신 전능하신 하나님의 임재와 능력을 소유하고 있다. 그것은 구약의 성도들이 알았다면 입이 떡 벌어졌을 특권이다! 우리는 모든 환경 – 우리의 윤리적, 도덕적 실패까지도 – 을 사용하여 우리를 속에서부터 변화시키고 순종을 가르치겠다는 하나님의 조건 없는 약속을 받았다. 그리고 우리는 죄와 죽음에 대한 승리를 보장받았다.

예수님은 말씀하셨다. "무릇 많이 받은 자에게는 많이 요구할 것이요 많이 맡은 자에게는 많이 달라 할 것이니라"(눅 12:48). 우리에게는 우리에게 주어진 특권을 잘 관리해서 다른 사람들 위에 군림하는 것이 아니라 하나님의 은혜를 받은 살아 있는 초대장이 되어야 할 책임이 있다.

장차 그리스도를 왕으로 모신 이스라엘이 하나님의 구속 계획의 선두로 돌아올 것이고, 하나님의 약속의 축복을 모두 받을 것이며, 그들을 통해 하나님이 온 세상을 축복하실 것이다.

헤아리지 못하고, 찾지 못하며, 비교할 것이 없는!
(로마서 11:30-36)

30 너희가 전에는 하나님께 순종하지 아니하더니 이스라엘이 순종하지 아니함으로 이제 긍휼을
입었는지라 31 이와 같이 이 사람들이 순종하지 아니하니 이는 너희에게 베푸시는 긍휼로 이제 그들
도 긍휼을 얻게 하려 하심이라 32 하나님이 모든 사람을 순종하지 아니하는 가운데 가두어 두심은 모
든 사람에게 긍휼을 베풀려 하심이로다

33 깊도다 하나님의 지혜와 지식의 풍성함이여, 그의 판단은 헤아리지 못할 것이며 그의 길은 찾
지 못할 것이로다 34 누가 주의 마음을 알았느냐 누가 그의 모사가 되었느냐 35 누가 주께 먼저 드려
서 갚으심을 받겠느냐 36 이는 만물이 주에게서 나오고 주로 말미암고 주에게로 돌아감이라 그에게
영광이 세세에 있을지어다 아멘.

히말라야 산맥의 높이는 해발 6,500미터에서 8,500미터 가량이다. 인류가 최초로 등산을 생각해낸 이래로 히말라야 산맥은 등반가들의 꿈이었다. 그러나 1920년 이전까지는 어

느 누구도 그곳에 오를 엄두를 내지 못했다. 그러다가 1920에서 1953년 사이에 열한 팀의 원정대가 세상에서 가장 높은 산인 에베레스트 산 정상 등반에 도전했다. 첫 열 팀은 실패로 끝났고 조지 멜로리(George Mallory)와 앤드류 어바인(Andrew Irvine)의 목숨을 앗아갔다. 이들의 살아 있는 모습은 정상으로부터 300미터 아래에서 마지막으로 목격되었다.

29년 후, 에드먼드 힐러리(Edmond Hillary) 경과 그의 셰르파 안내원 텐징 노르게이(Tenzing Norgay)는 9번째 영국 원정대의 에베레스트 도전에 참여하여 1953년 5월 29일 정상에 도달했다. 역사상 최초로 인간의 발자국이 해발 8,848미터, 세계에서 가장 높은 곳에 찍혔다. 내가 알기로는 두 사람 다 그들이 본 것을 기록하지 않았다. 힐러리는 그가 어떻게, 왜 에베레스트에 올라갔는지는 설명했지만 그가 본 것이나 에베레스트 정상에서 세상을 조망했을 때의 느낌은 일절 설명하지 않았다. 그들은 할 말을 잃었던 것 같다. 누군들 입을 뗄 수 있었겠는가?

1,900년 전에 사도 바울은 고대 도시 고린도에서 손에 철필을 들고 신학이라는 히말라야의 높이를 측량했다. 경사면을 내려다보면 우리의 베이스캠프 세 곳이 보인다. 제일 먼저 우리는 주권 캠프(9:1-33)에 도착한다. 그곳에서 우리는 '구원의 계획'은 개인에 관한 것이 아니라는 사실을 발견한다. 하나님의 구원 계획은 하나님이 당신의 창조물을 되찾고, 그것으로부터 악을 몰아내며, 원래의 질서와 목적을 회복하려는 그분의 의도이다. 더 나아가 그분은 당신의 계획에 참여하라고 우리를 초대하신다.

분명히 말하겠다. 바울의 가르침에 의하면, 하나님은 구원받을 자들을 선택하셨다. 그분은 예지력에만 의지해서 선택하지 않으셨다. 그분은 만물의 창조주로서의 주권과, 만유의 심판자로서의 의로운 성품을 바탕으로 택하셨다. 그러나 그분은 선택하셨다.

우리는 두 번째 중간 기착지인 '책임 캠프'로 계속 올라간다. 이곳에서 우리는 한 사람이 자신의 자유 의지로 하나님의 초청을 거절하거나 믿기로 선택한 것에 대해 해명해야 할 책임을 하나님의 주권이 면제해주지 않는다는 것을 알게 되었다. 그곳의 공기는 눈에 띄게 희박해졌다. 많은 사람들이 그 역설을 용납하지 못하고 이 지점에서 돌아선다.

하나님은 반항적인 사람들이 그분을 거부했기 때문에 그들을 거부하신다(마 10:33, 21:42-44, 요 15:22-24, 롬 1:28-32).

우리는 하나님이 먼저 우리를 사랑하셨기 때문에 하나님을 사랑한다(롬 5:8, 8:28-30, 요일 4:10).

당신은 용감한 사람이므로 우리의 세 번째 기착지인 '겸손 캠프'를 향해 계속 나아간다. 그곳에서 우리는 유대인도 이방인도 하나님의 구속 계획 속에서 그들이 가진 특권적 지위를 자랑할 수 없다는 것을 알게 되었다. 하나님이 주신 징계의 수치스러운 결과로 유대인들은 잠시 잘려나갔다. 이제 접붙여진 이방인들이 축복을 받지만 그들은 자신들의 존재를 정당화해줄 어떤 것도 생산하지 못한다.

이제 지엽적인 것은 모두 벗어버리고 우리는 영광의 정상을 향해 나아간다. 불행하게도 우리의 수는 감소했다. 소심한 사람들은 벌써 이탈해서 하산을 시작했다.

—11:30-32—

바울은 세 구절(11:30-32)에서 "긍휼"이라는 단어를 네 차례 사용하면서 하나님의 계획 속에 있는 유대인들의 현재 상태에 대한 그의 가르침을 요약한다. 바울은 같은 말을 되풀이한 적이 거의 없기 때문에 이것은 놀랄 만한 일이다. 헬라어 *eleos*는 구약의 헬라어 번역본에서 히브리어 *chesed*를 표현하는 데 사용되었다. *Chesed*는 하나님의 약속의 백성들을 향한 그분의 수그러들 줄 모르는, 설명이 불가능한, 압도적인 은혜를 나타낸다. 히브리어만이 아니라 헬라어도 우리의 불행을 덜어주려는 하나님의 의향을 나타내는 감회로 가득 차 있다.

사도는 같은 곳에서 *apeitheia*라는 또 다른 어군을 사용하고 있는데, 이는 많은 번역본에서 "불순종"으로 번역되어 있다. 문자적 의미는 "설득할 수 없는 상태"[5] 또는 "완악한"이다. 그는 그런 다음 어떻게 하나님이 한 집단의 불순종을 다른 집단에게 긍휼을 나타내는

30너희가 전에는 하나님께 순종하지 아니하더니	31이 사람들이 순종하지 아니하니
이스라엘이 순종하지 아니함으로	이는 너희에게 베푸시는 **긍휼**로
이제 **긍휼**을 입었는지라	이제 그들도 **긍휼**을 얻게 하려 하심이라

수단으로 사용하시는지를 보여주기 위해 이 두 단어를 장난스럽게 교환한다.

주님은 엄한 사랑을 바탕으로 한 준엄한 행위를 통해 실은 유대인들에게 이렇게 말씀하신 것이다. "그걸로 충분하다. 너희는 내가 이방인들에게로 돌아설 것이라고 경고했음에도 불구하고 메시아를 거부했다. 그러니 너희는 제쳐놓겠다." 그리고 그분은 예루살렘에서 가장 완악한 유대인, 교회를 핍박하는 일에 열심이었던 사울이라는 사람을 불러 이방인들에게 복음을 선포하게 하셨다. 이방인들에게 나타난 긍휼은 이제 하나님이 약속하신 은혜를 주장하는 유대인들의 열심을 자극하는 하나님의 수단이 될 것이다.

하나님은 불가해한 긍휼로 전 인류의 불순종을 사용하여 우리를 "가두어 두"셨다. 또는 붙잡아두셨다(11:32). 헬라어로는 '함께'와 '넣다'가 합쳐진 복합어이다. 이것은 누가복음 5장 6절에서 그물에 엄청나게 많은 물고기가 잡혀 있는 모습을 표현할 때 사용된 것과 같은 단어이다. 이는 하나님이 우리를 우리의 죄로 에워싸고, 그물을 잡아당겨 빠져나갈 길을 막으셨다는 뜻이다. 그 이유는 우리에게 은혜를 베푸시기 위함이다.

솔직히 말해 나도 그분의 동기를 모르겠다. 어째서 거룩하신 하나님이 반항하는 것도 모자라 은혜에 저항하는 피조물에게 분에 넘치는 친절을 베풀기 위해 그렇게까지 하셨을까? 이것은 열매 맺지 못하는 가지를 흠잡을 데 없이 좋은 감람나무에 접붙이는 것만큼이나 터무니없는 일이다. 그러나 그것이 바로 은혜의 본질이다. 그것은 설명되지 않으며, 다만 그것을 절실히 필요로 하는 자가 감사함으로 받는 것이다.

—11:33-35—

이해할 길 없는 하나님의 긍휼에 대해 곰곰이 생각하던 바울은 돌발적으로 송영을 쏟아낸다. 그와 같은 설명할 수 없는 은혜는 하나님의 헤아릴 수 없이 깊은 선량함에서만 나올 수 있다. 창조주를 찬양하는 적합한 말을 찾기 위해 바울은 그의 풍부한 어휘를 뒤진다. 마치 언어의 진주알 하나하나를 아주 세심하게 골라 멋진 찬양의 목걸이를 꾸미는 것 같다. "깊도다 하나님의 지혜와 지식의 풍성함이여, 그의 판단은 헤아리지 못할 것이며 그의 길은 찾지 못할 것이로다"(11:33).

*Bathos*는 "깊이"라는 뜻이다. 1세기의 여행자에게 바다보다 더 강력하고 심오한 것은

없었다. 그 심연은 어둡고 신비로우며 어느 누구에게도 그 비밀을 아는 것을 허락하지 않았다.

*Ploutos*는 "부(富)"라는 뜻인데, 기본적으로 "선이 흘러 넘치다"라는 뜻을 깔고 있는 "흘러나오다"라는 동사에서 부분적으로 파생되었다. 부는 물리적, 영적, 도덕적인 것일 수 있다. 물론 하나님에 대해서 말할 경우에는 세 가지 모두를 의미한다.

*Sophia*와 *gnōsis*("지혜"와 "지식")는 생각하는 모든 것을 나타낸다. 만물에 대한 하나님의 지식과 모든 사건을 완벽하게 주관하시는 그분의 능력을 말한다.

*Anexeraunētos*는 "찾지 못하는"이라는 뜻이다. 어원은 지나간 자국을 따라가서 동물을 사냥하는 의미의 "추적하다"라는 동사이다. 주님의 판단은 인간의 논리로는 쫓아갈 수 없다. 그것은 우리의 이해를 초월한다.

*Anexichniastos*는 앞의 단어와 의미는 거의 같은데, 성경이나 성경과 관련된 문헌 외에 다른 곳에서는 발견되지 않았다. 많은 번역가들은 이 단어를 바울이 원래 사용한 "깊이"라는 주제와 문체를 반영하여 "깊이를 잴 수 없는(unfathomable, 33절의 '그의 길은 찾지 못할 것이로다'에서 '찾지 못할 것'을 일부 영어 성경은 unfathomable로 번역했다 – 역주)"으로 번역했다.

바울은 구약의 두 구절을 에둘러 말하면서 찬양에 힘을 싣는다. 첫 번째 구절은 이사야 40장 13절에서 나온 것으로 절묘하게 맞아 떨어진다. 한 주석가의 말을 빌리자면, "(이사야) 1-39장은 죄에 대한 심판을 강조하고, 40-66장은 그 죄에 대한 참회와 그 결과로 인해 인간과 세상에 나타나는 변화에 대해 말하고 있다."[6] 이사야는 하나님의 주권과 지혜를 찬양함으로써 강조점이 인간의 죄에서 하나님의 불가해한 은혜로 이동하는 것에 주목했고, 이것을 바울은 이렇게 바꾸어 말했다. "누가 주의 마음을 알았느냐 누가 그의 모사가 되었느냐?"

두 번째 구절은 욥기 41장 11절을 암시하고 있는데, 욥기의 이 구절에서 주님은 영문도 모른 채 고통받고 있는 욥에게 다음과 같은 말로 도전하신다. "누가 먼저 내게 주고 나로 하여금 갚게 하겠느냐 온 천하에 있는 것이 다 내 것이니라." 하나님이 주시는 이 도전은 욥과 그의 친구들이 답을 찾아나섰던 하나님의 인격, 지혜, 선하심에 대한 의심의 긴 여정의 끝에 찾아온다. 그때, 바로 지금처럼, 비극을 바라보던 그들의 입에서는 단 하나의 질문만 나왔다. "하나님은 왜 그렇게 하셨을까?" 그리고 수개월 간 소위 욥의 친구라는 작자들은 하나님의 본성에 대해 곰곰이 생각하면서 무익한 신학의 뒤엉킨 거미줄을 쳤다. 욥의 아내는 죽음으로써 그의 불행을 끝내라고 충고했다. 급기야 욥은 갈 데까지 가서 재판을 해달라고 강력히 청했다. 그는 재판에서 자기의 정당성이 입증되고 주님이 책잡힐 것이라고 확신했다.

오랜 시간이 흐른 뒤에 – 얼마나 오랫동안인지는 모른다 – 주님은 침묵을 깨고 "온전하고 정직하여 하나님을 경외하며 악에서 떠난 자"(욥 1:1)였던 욥과 대면하셨다. 그러나 그분은 대답을 가지고 오지 않으신다. 욥은 천국에서 있었던 사탄의 도전에 대해 전혀 알지 못한다. 욥은 어떤 설명도 듣지 못한다. 그가 당한 비극은 궁극적으로 그와 모든 사람에게 미칠 하나님의 선한 계획의 일부였다는 등의 논리적 이유의 목록도 전혀 받지 못한다. 대신, 그는 하나님을 만난다. 그리고 그것으로 충족된다. 하나님의 헤아릴 수 없는 자비를 보고, 찾을 수 없는 길을 들여다봄으로써 그 남자가 애타게 묻던 물음은 잠잠해진다. 그는 손으로 입을 가리고 어리석게 자신의 감정을 분출했던 것을 회개한다. 그리고 그는 예배한다.

바울은 욥과 동일시될 수 있다. 바울은 하나님의 계획을 계시하고 성령의 초자연적인 인도에 따라 하나님의 방법을 설명하는 데 최선을 다해왔다. 그러나 결국 인간의 한계를 초월하는 것을 설명하려는 그의 노력은 침묵으로 용해된다. 그리고 그는 하나님의 장엄함 앞에 묵묵히 서서 심오한 그분의 길에 경탄한다.

바울의 송영에 대해 생각하다가 하나님을 설명하는 데 그나마 적합한 어휘는 "– 못할"이 붙은 단어밖에 없다는 생각이 떠올랐다. 헤아리지 못할, 측량하지 못할 그리고 그분의 완전한 '다름'을 강조하는 말들. 여기에 대한 A.W. 토저(A.W. Tozer)의 생각이 특히 도움이 된다.

> 하나님은 무한하시다고 말하는 것은 그분은 측량할 수 없다고 말하는 것이다. 측량은 피조물이 자기 힘으로 무언가를 설명하기 위해 가지고 있는 방법이다. 이것은 한계, 불완전을 설명하는 것으로 하나님께는 적용될 수 없다. 거리는 공간에 있는 물체 사이의 간격을 말한다. 길이는 공간의 확장을 의미한다. 그리고 액체, 에너지, 소리, 빛과 같은 것을 측정하는 다른 익숙한 도량법들과 많은 수를 세는 숫자도 있다. 우리는 또 추상적인 것들을 측량하려고 하고, 신앙이 크다거나 작다거나, 지성이 높다거

나 낮다거나, 재능이 많다거나 적다고 말한다.

이 모두가 하나님께 적용될 수 없다는 것은 자명하지 않은가? 그것들은 우리가 하나님이 만드신 것들을 보는 방법이지 그분을 보는 방법은 아니다. 그분은 이 모든 것 위에 계시고, 밖에 계시며, 너머에 계신다. 우리가 가진 측량의 개념들은 산들과 인간, 원자와 별들, 중력, 에너지, 숫자, 속력은 수용할 수 있지만 하나님은 수용할 수 없다… 하나님 안에 있는 어떤 것도 적거나 많거나 또는 크거나 작지 않다. 말이나 생각으로 한정할 필요가 없이 그분은 그 자체로 그분이시다. 그분은 그냥 하나님이시다.[7]

—11:36—

유대인들을 향한 하나님의 계획이라는 주제에 대해 다 생각해보고 모든 합리적인 설명을 다 고려해본 후에 바울의 여정은 출발점에서 끝이 난다.

- 주에게서 – 하나님이 모든 존재하는 것들의 근원이시다.
- 주로 말미암고 – 하나님이 만물을 유지하시고, 모든 것에 목적을 주시며, 모든 것을 운행하신다.
- 주에게로 – 하나님이 모든 존재하는 것들의 목적이시다.

"모든 것." 생각해보라! 거기에는 당신의 현재의 상황도 포함되어 있다. 거기에는 당신이 납득하지 못하는 일들도 포함되어 있다. 거기에는 당신의 실직도 포함되어 있다. 거기에는 당신의 승진도 포함되어 있다. 거기에는 당신 가족에 대한 축복도 포함되어 있다. 거기에는 당신이 사랑하는 사람을 잃는 것도 포함되어 있다. 거기에는 당신이 겪고 있는 영문 모를 시험도 포함되어 있다. 거기에는 그것이 무엇이든, 그것이 고통스러운 것이든 즐거운 것이든, 바로 지금 당신이 처해 있는 상황도 포함되어 있다. '모든 것이.'

하나님은 숨지 않으신다. 하나님의 뜻도 감추지 않으신다. 우리가 보지 못한다면 그것은 우리가 하나님이 아닌 무언가를 찾고 있기 때문이다. 우리가 이해하지 못한다면 그것은 하나님이 이루지 않기로 작정하신 것을 우리가 기대하고 있기 때문이다. 그러나 이러한 제한은 우리의 것이지 그분의 것이 아니다.

바울은 하나님이 그에게 계시하신 모든 것을 우리에게 알려준다. 우리는 그가 조금이라도 숨기는 것이 있는지 의심할 아무런 이유가 없다. 그럼에도 불구하고 많은 질문에 대한 답을 얻지 못했다. 어떻게 천국이 벌써 이곳에 임했으면서 완전히 임하지는 않았는가? 어째서 하나님은 그분이 선택한 자들이 두렵고 참혹한 핍박을 당하고 있음에도 불구하고 악을 계속 존속시키시는가? 장차 어느 때에 하나님은 이스라엘에게 하신 약속들을 모두 이루실 것인가? 어떻게 어떤 사람들은 고난 중에 기뻐할 수 있는가? 의문은 끝이 없다. 당신처럼 나도 천국에 갔을 때 주님께 물어보고 싶은 질문 목록을 가지고 있다. 그러나 욥이나 바울이 그랬듯이, 나도 그분을 만나면 그 질문들이 더 이상 중요하지 않을 것 같다. 그때에는 모든 것이 납득될 테니까.

그렇다면 왜 대답을 듣지 못한 질문의 목록을 놓고 애를 끓이는가? 지금 여기, 영원한 세계의 이편에서 그분을 예배하지 않겠는가? 그분의 헤아릴 수 없는 긍휼, 측량할 길 없는 지혜, 그 무엇과도 비교할 수 없는 성품으로 충분하지 않은가? 그분은 하나님이시고 나는 아니라는 것을 생각해볼 때 제사를 드리는 것이 합당하지 않은가?

주: 하나님의 위엄(로마서 9:1–11:36)

1. 월터 찰머스 스미스, "Immortal, Invisible," 1867(퍼블릭 도메인).
2. H. Leon McBeth, *The Baptist Heritage*(Nashville: Broadman, 1987), 185.
3. J. I. 패커, *Evangelism and the Sovereignty of God*(Downers Grove, IL: InterVarsity Press, 1991), 35.
4. 기브온이 허위로 이런 제안을 했는데 여호수아는 주님께 물어보지 않았다. 그럼에도 불구하고 이스라엘은 그 거래의 목적을 지지했다. 혹 하나님이 가나안에 대한 심판을 선포하시기 전에 기브온이 이스라엘에게 접근했었다면 하나님은 그들의 제의를 수락하셨을지도 모른다. 여기서 내 의도는 만약 그랬다면 어떻게 됐을지 보여주려는 것이다.
5. W. E. Vine, Merrill F. Unger, and William White, *Vine's Complete Expository Dictionary of Old and New Testament Words*(Nashville: Nelson, 1996), 2:173.
6. John F. Walvoord, Roy B. Zuck, and Dallas Theological Seminary, *The Bible Knowledge Commentary: An Exposition of the Scriptures*(Wheaton: Victor, 1983), 1:1032.
7. A. W. 토저, 「하나님을 바로 알자(The Knowledge of the Holy, 생명의 말씀사)」.

하나님의 의

로마서 12:1–15:13

하나님의 구원 계획은 죄의 영구적인 결과를 피하기 위한 단순한 초대가 아니다. 이는 사탄을 그의 권좌에서 몰아내고 그의 세상 체계를 '하나님의 의'로 대체하기 위한 하나님의 지구 침략이다. 이를 '적대적' 인수(引受)로 부르는 것이 적합한 까닭은 주님이 악의적이어서가 아니다. 이는 사탄이 하나님을 혐오하고, 그의 세상 체계가 주님이 원래 창조하셨던 질서에 어긋나며, 지구상의 대다수 사람들이 그들의 창조주에게 반항하여 마음이 완악해져 있기 때문이다. 악은 하나님의 선을 적대시한다. 더 나아가 다니엘, 에스겔, 요한, 심지어 예수님까지도 장차 올 '주님의 날'을 깜짝 놀랄 정도로 격렬한 용어로 묘사했다. 돌연히 그리고 언제라도, 그리스도는 천국과 타락한 피조물 사이에 가로놓인 장막을 가르실 것이다. 그때 온 우주는 모든 악을 몰아내고 변화될 것이다. 원자부터 은하계에 이르는 모든 것이 다시 회복될 것이다.

'주님의 날'은 아직 오지 않았지만 어떤 면에서 그날은 그분을 따르는 자들의 마음속에 이미 와 있다. 그러므로 구원의 기쁜 소식은 개인적으로 화재를 대피하는 것 이상의 의미를 가지고 있다. 복음은 그분과 함께 이 피조물의 변화에 참여하라는, 소생된 피조물의 첫 모본이 되라는, 주님이 전 인류에게 보내시는 초대장이다. 우리는 그분의 권세의 대리인 그리고 그분의 뜻을 전달하는 대사가 되기 위해, 이 필연적인 결말을 지원하시는 그분의 지도 아래서 일하기 위해 초대받았다.

앞서 바울은 "하나님의 의가 나타나서 믿음으로 믿음에 이르게"(1:17) 하는 수단으로서의 복음을 설명했다. 나는 이것을 은혜가 천국에서 수직으로 내려오는 모습으로 상상했다. 바울은 그런 다음 하박국 선지자의 말을 인용했다. "오직 의인은 믿음으로 말미암아 살리라." 그것은 세상의 다른 사람들에게 수평적으로 흘러나가는 은혜이다. 우리에게 그럴 만한 통찰력이 있다면, 바울이 이 말씀을 통해 복음의 목적에 이어 이 편지의 개요를 말하고 있다는 것을 알아챘을 것이다. 은혜는 천국에서 흘러내려와 다른 사람들에게로 퍼져나간다. 처음 11장은 수직적인 은혜를 베푸시는 하나님과 하나님의 의로운 계획을 나타낸다.

우리는 하나님의 무시무시한 진노에 직면해 있었다(1:18-3:20).

우리는 그리스도 한 분 안에서, 오직 은혜로, 오직 믿음을 통한 구원에 대해 배웠다 (3:21-5:21).

우리는 하나님의 신실하심을 만났다(6:1-8:39).

우리는 불가해하고, 주권적인 하나님의 방법을 보았다(9:1-11:36).

그 다음에 "그러므로… 너희를 권하노니…"라는 말로 바울은 방향을 수직에서 수평으로 전환한다. 성도들 - 단체로서 그리고 개인으로서 - 은 천국에서 내려오는 하나님의 은혜와 세상으로 흘러나가는 하나님의 은혜의 교차점에 서 있다. 그리고 그것 때문에 성도들은 일종의 위기에 처해 있다. 성도들은 천국으로부터 후히 주어지는 은혜를 가지고 무엇을

핵심 용어

συσχηματίζω [*syschēmatizō*, 쉬스케마티조] (*4964*) "본받다, 귀감으로 삼다"
이 동사는 헬라어의 전치사 *syn*("-과 함께")와 *schēma*("모범")를 결합하여 "모범을 따르는 것"이라는 뜻을 갖게 되었다. 일반 문학에서는 형을 뜨는 점토나 주물을 지칭하는 말로 가장 많이 쓰인다. 성경에는 두 번(롬 12:2과 벧전 1:14) 나오는 데 모두 수동태로 쓰였다.

μεταμορφόω [*metamorphoō*, 메타모르푸] (*3339*) "변모하다, 형태가 변하다"
영어의 *metamorphosis*(메타모포시스)는 이 헬라어 단어를 그대로 영어 알파벳으로 바꾼 것이다. 자연계에서 볼 수 있는 가장 좋은 예는 애벌레가 나비로 변하는 것이다. *Syschēmatizō*가 외적인 변화를 강조하는 반면, *metamorphoō*는 그 정체성은 변하지 않으면서 본질이 근본적으로 변하는 것을 나타낸다. 예를 들어, 도토리와 도토리에서 자라난 나무는 동일한 개체이나 도토리의 본질은 근본적으로 바뀌었다(마태복음 17:2, 마가복음 9:2을 보라).

δοκιμάζω [*dokimazō*, 도키마조] (*1381*) "검증하다, 분석하다, 관찰을 통해 판별하다"
Dokeō, "지켜보다"가 어원인 이 단어는 보통 무역과 금속 공예에서 사용되었다. 동전이나 금괴의 값어치를 판별하는 가장 믿을 만한 방법은 금속을 녹는점까지 가열하여 관찰하는 것이다. 세속적, 종교적인 저자 모두 이 단어를 전쟁터의 전사나, 역경에 처한 지도자들을 비유하는 말로 사용했다 [영어의 "mettle(기개)"은 "metal(금속)"의 변형이다]. 앞서 바울은 인간의 죄성을 "타락"했다고 설명하면서 부정어가 붙은 *adokimos*를 사용했는데, 이것은 "가치가 없다고 판명되다"라는 뜻이다.

προσλαμβάνω [*proslambanō*, 프로스람바노] (*4355*) "수용하다, 받아들이다, 스스로에게 가져오다"
이 동사는 헬라어 동사 *lambanō*, "받아들이다"에 전치사 *pros*("-에"나 "-을 향하여")를 붙여 강조를 배가한다. 가장 좋은 예는 그리스도가 죄인들을 그 모습 그대로 "영접하신" 또는 "받아들이신" 것이다.

해야 할까? 개인적인 소득으로 여기고 저장해두어야 할까? 생수를 아까워하는 구두쇠처럼 굴어야 할까? 아니길 바란다. 내 경험에 의하면 은혜는 막힘없이 흘러나가지 않으면 썩고 만다.

각 생명에게 주님이 부어주시는 은혜는 모든 사람, 온 세계를 위한 것이다. 은혜가 일단 하나님이 선택한 사람을 채우고나면, 그것은 흘러넘쳐 그 사람 주변의 모든 것을 가득 채운다. 그것이 하나님이 사랑하는 아들딸들을 세상에 남겨두신 이유 – 은혜를 수평적으로 베푸시기 위해 – 이다. 그러나 성도들은 이 중요한 역할을 자력으로 또는 그들의 과거의 삶의 방식으로는 담당하지 못한다. 무언가가 변해야 한다.

강력한 헌신(로마서 12:1–8)

---

1 그러므로 형제들아 내가 하나님의 모든 자비하심으로 너희를 권하노니 너희 몸을 하나님이 기
뻐하시는 거룩한 산 제물로 드리라 이는 너희가 드릴 영적 예배니라 2 너희는 이 세대를 본받지 말고
오직 마음을 새롭게 함으로 변화를 받아 하나님의 선하시고 기뻐하시고 온전하신 뜻이 무엇인지 분
별하도록 하라

3 내게 주신 은혜로 말미암아 너희 각 사람에게 말하노니 마땅히 생각할 그 이상의 생각을 품지
말고 오직 하나님께서 각 사람에게 나누어 주신 믿음의 분량대로 지혜롭게 생각하라 4 우리가 한 몸
에 많은 지체를 가졌으나 모든 지체가 같은 기능을 가진 것이 아니니 5 이와 같이 우리 많은 사람이
그리스도 안에서 한 몸이 되어 서로 지체가 되었느니라 6 우리에게 주신 은혜대로 받은 은사가 각각
다르니 혹 예언이면 믿음의 분수대로, 7 혹 섬기는 일이면 섬기는 일로, 혹 가르치는 자면 가르치는
일로, 8 혹 위로하는 자면 위로하는 일로, 구제하는 자는 성실함으로, 다스리는 자는 부지런함으로,
긍휼을 베푸는 자는 즐거움으로 할 것이니라.

인류 역사의 결정적인 순간들은, 들을 때는 평범한 것 같지만 이해하면 할수록 점점 더 심오한 의미를 갖게 되는 획기적인 발언으로 마침표를 찍는 경우가 종종 있다. 창세기 22장을 보면 손에 칼을 쥔 한 노인과 그의 십대 아들 – 그의 "외아들" – 이 하나님께 드릴 제사에 쓸 나뭇단과 횃불을 가지고 모리아 산을 오르는 장면이 나온다. 아들은 천진난만하게 물었다. "불과 나무는 있거니와 번제할 어린 양은 어디 있나이까"(창 22:7). 아브라함은 다음과 같은 말로 대답했다. "내 아들아 번제할 어린 양은 하나님이 자기를 위하여 친히 준비

하시리라"(22:8).

그리고 그분은 준비하셨다(요 1:14)!

몇 세기 후에, 한 여든 살의 양치기는 장인의 양 떼를 지키다가 불타는 떨기나무에서 그를 부르는 목소리를 들었다. 주님은 모세에게 세상에서 가장 강력한 왕과 대면해, 그에게 하나님의 백성들을 해방시켜줄 것을 요구하라고 명령하셨다. 한물간 말더듬이 지도자는 주님께 자기의 부족한 점을 상기시켜드렸다. 그러나 하나님의 말씀은 이 늙은 양치기가 할 말을 잃게 만들었다. "이제 가라 내가 네 입과 함께 있어서 할 말을 가르치리라"(출 4:12).

모세는 주님이 유대인들을 속박에서 벗어나게 하시고, 훗날 그들에게 율법을 주시기 위해 자신을 도구로 사용하시리라는 것을 꿈에도 몰랐다.

역시 몇 세기 후에, 또 다른 젊은 양치기는 집에서 그를 찾았을 때 성실히 양 떼를 돌보고 있었다. 그가 들판에서 집으로 돌아왔을 때, 그를 기다리고 있는 늙은 선지자를 보았다. 몇 마디 말과 약간의 기름부음이 있은 후, 그의 삶은 영원히 변했다. 이스라엘의 삶이 변했듯이. 승리와 패배, 순종과 수치를 오가는 수십 년이 흐른 뒤에 주님은 완전히 이해하기 어려운 또 다른 말씀으로 다윗에게 다시 용기를 북돋아주셨다. "네 집과 네 나라가 내 앞에서 영원히 보전되고 네 왕위가 영원히 견고하리라"(삼하 7:16).

다윗은 비록 실수를 했지만 여전히 하나님의 마음을 따랐고, 그의 후손들이 언젠가는 이스라엘의 왕좌에 앉아 세상을 다스릴 것이다.

다윗 이후로 수세기가 지난 후에, 약속의 메시아가 가시 면류관을 쓰시고 죄인들을 못 박는 십자가에 못 박혀 세상에 하나님의 은혜를 더하셨다. 예수님은 "다 이루었다"(요 19:30)는 말씀으로 획을 내려긋고, 구원 계획에 마침표를 찍으셨다.

온 세계를 위한 획기적인 말!

바울의 로마서에는 특성상 획기적인 진술이 세 개나 들어 있다. 각각의 진술은 각 성도들의 결정적인 삶의 순간에 마침표를 찍는다.

- 첫째, 한 사람이 믿음을 통해 하나님의 은혜의 선물을 받아들이는 순간이 있다. "그러므로 우리가 믿음으로 의롭다 하심을 받았으니 우리 주 예수 그리스도로 말미암아

하나님과 화평을 누리자"(롬 5:1).

- 둘째, 어떤 사람이 자기의 영원한 운명이 보장되었다는 것을 깨달을 때가 있다. "그러므로 이제 그리스도 예수 안에 있는 자에게는 결코 정죄함이 없나니 이는 그리스도 예수 안에 있는 생명의 성령의 법이 죄와 사망의 법에서 너를 해방하였음이라"(롬 8:1-2).
- 마지막으로 성도 한 사람 한 사람은 각자의 삶 속에서 천국에서 내려온 은혜와, 다른 사람들에게 흘러나가는 은혜의 교차점에서 결정적인 순간을 맞는다. 거기에서 우리는 바울의 엄청난 말 속에 담긴 강력한 부름에 직면한다. "그러므로 형제들아 내가 하나님의 모든 자비하심으로 너희를 권하노니 너희 몸을 하나님이 기뻐하시는 거룩한 산 제물로 드리라 이는 너희가 드릴 영적 예배니라 너희는 이 세대를 본받지 말고 오직 마음을 새롭게 함으로 변화를 받아 하나님의 선하시고 기뻐하시고 온전하신 뜻이 무엇인지 분별하도록 하라"(롬 12:1-2).

마지막 두 구절은 가장 중요한 하나님의 부르심, 헌신과 변화로의 부르심을 나타낸다. 전자는 우리의 몸에 관한 것이고, 후자는 우리의 마음에 관한 것이다. 전자는 우리의 환경과 그 안에서 우리가 사는 방식에 관여한다. 후자는 우리 마음속에서 벌어지고 있는 일들을 알기 위해 내면을 본다. 베토벤 교향곡 5번의 첫 음처럼, 우리는 우리가 받은 은혜를 다른 사람들에게 베풀라는 그분의 요구 속에서, 시종일관 이 진리들이 형태를 바꿔가며 반복되는 것을 듣게 될 것이다.

—12:1—

바울은 로마서의 이 부분을 "너희를 권하노니"라는 뜻을 가진 *parakaleō* – 성령을 "the Paraclete(보혜사)"(요 16:7)라고 지칭할 때 사용된 동사형 – 라는 헬라어로 시작한다. 이 단어는 어떤 사람의 옆에서 조언, 격려, 위로, 희망, 긍정적인 시각을 제공하는 개념을 담고 있다. 훌륭한 격려자는 비난하지 않으면서 도전하고, 훈시하지 않으면서 지도하며, 거들먹거리지 않으면서 영감을 주고, 다른 사람이 장점을 발휘할 수 있도록 돕는다. 정해놓은 목표에 도달하도록 선수들을 격려하고 도전하는 코치처럼 바울은 성도들에게 스스로를 성별하라고 권고한다.

이 문맥에서의 성별이란 그리스도와 같은 목적과 삶의 방식을 받아들이기 위한 세속적인 세계관으로부터의 철저한 분리를 뜻한다. 이것은 어떤 사람이 그리스도를 믿게 되었다고 해서 저절로 되는 것이 아니다. 이것을 나는 '협력 명령'이라고 부른다. 하나님의 명령은 우리가 전적으로 협력해서 순종해야 하는 명령이다. 그러나 여기에서조차 하나님은 우리를 홀로 두지 않으신다. "하나님의 모든 자비하심으로"라는 문구에 유의하라. 우리는 하나님이 그 누구보다도 자비로우시다는 것을, 하나님의 성품을 헤아릴 수 없다고 표현한 바울의 설명을 통해 배웠다. 타락한 인류의 불행을 덜어주겠다고 작정하신 하나님은 우리가 그분의 부르심에 응답할 때 우리를 도울 준비가 되어 있으시다.

첫 구절에서 바울의 요지는 우리가 "드려야" 하는 육신의 사용이다. 그는 앞에서 성도들을 죄에서 돌이킨다고 할 때 이 동사를 사용했다.

> "그러므로 너희는 죄가 너희 죽을 몸을 지배하지 못하게 하여 몸의 사욕에 순종하지 말고 또한 너희 지체를 불의의 무기로 죄에게 내주지 말고 오직 너희 자신을 죽은 자 가운데서 다시 살아난 자 같이 하나님께 드리며 너희 지체를 의의 무기로 하나님께 드리라… 너희 자신을 종으로 내주어 누구에게 순종하든지 그 순종함을 받는 자의 종이 되는 줄을 너희가 알지 못하느냐 혹은 죄의 종으로 사망에 이르고 혹은 순종의 종으로 의에 이르느니라"(롬 6:12-13, 16, 밑줄 저자 강조).

이것은 특별한 목적을 위해 어떤 것의 사용을 중지한다는 뜻이다. 구약에서 제사장들에게 금, 은, 건축 재료 심지어는 음식을 주는 것은 드문 일이 아니었고, 제사장들은 그것을 가지고 물리적 필요를 채우기도 하고 예배 장소를 건축하는 데 사용하기도 했다(출 25:1-8, 대상 22:14, 스 1:4-6). 그러나 성전에 바치는 것은 모두 일등품이어야 했다. 희생제물은 흠이나 결함이 없어야 했다. 물건은 상등품이어야 했다. 전에 다른 신을 예배하는 데 사용되었던 것은 일절 바칠 수 없었다.

마찬가지로 우리의 성별된 몸은 다음과 같아야 한다.

• 기뻐하시는 – 그것을 통해 하나님의 성품을 찬양하는 만족스러운 제물.
• 거룩한 – 오로지 주님과 그분의 목적을 위해서 드려지는 정결한 제물.
• 산 – 일생 동안 거듭 반복해서 드려지는 신중하고 지속적인 제사.

바울은 이러한 우리 몸의 성별을 "영적 예배"라고 말한다. "영적"이라고 번역된 헬라어는 *logikos* 라는 형용사로 "어떤 것의 본질에 맞는"이라는 의미를 가지고 있다. 문자 그대로 우리 몸을 희생 제물로 바치라는 것이 아니라, 우리 몸을 진정으로 바치라는 뜻으로 말한 것이 분명하기 때문에, 번역자들은 이 단어를 경건한 행위에 맞는다는 뜻에서 "영적"이라고 번역했다.

그런데 *logikos* 를 다르게 번역하는 방법이 있다. 앞에서 바울은 성도들이 죄에 자기 몸을 내어주는 것은 논리적으로 말이 되지 않는다고 언급했다(6:1-3, 15-16). 어째서 자유롭게 된 노예가 계속 옛 주인을 섬기겠는가? 반면에 우리 몸을 새 주인을 섬기는 데 바치는 것은 지극히 논리적이다 – 양식에 맞는다. 그러므로 일부 번역가들은 마지막 구절을 "합당한 예배"라고 번역했다(KJV, NET, 한글 성경은 표준새번역에서 이렇게 번역하였다 – 역주).

—12:2—

바울의 두 번째 결정적인 발언은 물리적, 외적 세계를 뚫고 들어가 마음의 내면 세계를 직시한다. 유대인들은 윤리적 행위를 가장 중요하게 생각하는데, 이는 다방면에서 좋은 일이다. 이것은 선과 악에 접근하는 가장 기본적 태도이다. 그러나 예수님은 단순히 물리적, 외적 순종에 만족하지 않으셨다. 그분은 자기를 추종하는 무리에게 먼저 정결한 마음을 갖고, 그 다음에 정결한 손을 가질 것을 요구하셨다(마 15:17-20, 막 7:14-15). 죄와 의는 모두 마음에서 나오는 까닭이다.

우리는 둘 중 하나를 선택할 수 있다.

• *Syschēmatizō* – "본뜨다." 이 헬라어는 전치사 "함께(with)"와 영어의 "schematic(도식적인)"의 어원이 결합된 합성어이다.

- *Metamorphoō* – "어떤 것이 다른 것으로 변하는 것." 이 헬라어의 알파벳을 그대로 영어의 알파벳으로 바꾸어 "metamorphosis"가 되었다. 이 단어는 애벌레가 나비로 탈바꿈하는 것을 묘사하는 데 가장 많이 쓰인다.

"이 세대를 본받지 말고…." 우리가 본받지 말아야 할 것은, 창세기 1장에서 하나님이 여러 번 "좋았"다고 말씀하신 하나님의 창조의 원형이 기괴하게 뒤틀린 모습이다. 바울은 여기서 "세상"이나 "우주"라는 헬라어를 사용하지 않고, "영겁, 세대, 시기"의 뜻을 가진 단어를 사용하고 있다. 세상은 원래 악하지 않았다. 세상은 타락해왔다. 바울은 "세대"라는 용어를 사용하여 현재 피조물의 상태는 일시적이라는 사실을 강조한다. 이 세대 전에 우주는 의와 사랑인 하나님의 성품과 완벽한 조화를 이루며 움직였다. 그리고 그리스도가 재림하실 때 세상은 하나님의 성품에 맞추어 개조될 것이다.

안타깝게도 타고난 그대로의 우리는 악, 이기심, 탐욕, 속임수, 폭력이 지배하는 이 타락한 세상과 그 체계 속에서 가장 본질적인 부분이다. 하나님의 경제 원리는 정반대로 선, 이타심, 신뢰, 온화함, 진리에서 기쁨을 찾는다. 이 둘 사이에 중간 지대는 없다. 사도 요한은 이 두 개의 체계를 "어둠"과 "빛"으로 표현했다(요일 1:5-6). 바울은 이것을 "육신"과 "영"이라고 불렀다(롬 7:14-8:11). 이 시대와 앞으로 다가올 시대는 다음의 질문에 전혀 다른 답을 내놓는다.

인생의 의미는 무엇인가?
사람을 위대하게 만드는 것은 무엇인가?
누가 또는 무엇이 옳고 그름을 결정하는가?
공격을 받을 때 어떻게 반응해야 하는가?
무엇이 사람의 가치를 결정하는가?
잔악한 사람들은 번성하는데, 온유한 사람들은 왜 고난을 당하는가?

"…오직 마음을 새롭게 함으로 변화를 받아." 만약 우리가 이 타락한 세상 체계 – 우리는 그 안에서 태어났고 그것을 통해 형성되었다 – 와 다르게 행동해야 한다면, 우리는 변해야 한다. 불행하게도 우리는 스스로를 변화시킬 수 없기 때문에 "변화를 받아야" 한다. 이는 "우리의 마음을 새롭게 함"으로써 가능해질 터이다. 메시아가 새 언약을 가지고 오시기 수 세기 전에 주님은 예레미야 선지자를 통해 약속하셨다. "그러나 그 날 후에 내가 이스라엘 집과 맺을 언약은 이러하니 곧 내가 나의 법을 그들의 속에 두며 그들의 마음에 기록하여 나는 그들의 하나님이 되고 그들은 내 백성이 될 것이라"(렘 31:33).

변화를 받으라는 권고는 또 다른 '협력 명령'이다. 우리가 이 부르심에 순종하면 주님은 변화를 일으키신다. 우리는 성경의 좌표를 통해 세상을 보는 방법을 터득하고, 성경이 지시하는 대로 반응하는 법을 배운다. 성령은 십자가 처형 전날 예수님이 약속하신 대로 성경과 우리의 경험, 시련과 역경, 다른 성도들과의 교제를 통해 우리를 마음속부터 새롭게 하신다. 서서히 그리고 초자연적으로 우리의 마음은 하나님이 생각하시는 대로 생각하고, 하나님이 바라시는 것을 바라며, 하나님이 사랑하시는 것을 사랑하고, 하나님이 사물을 보시는 시각으로 보기 시작한다. 이것이 실현되면 우리는 하나님의 뜻을 분별하고 그것을 성취하기 위해 하나님과 협력할 수 있다(엡 4:17-24, 골 3:1-11).

—12:3—

성도들의 점진적인 변화를 통해 세상을 개혁시키는 이 프로그램은 성도들이 자기 자신을 어떻게 보느냐에서부터 시작해야 한다. 바울은 그의 독자들이 미세한 교만의 싹을 경계하기를 바란다. 교만한 사람들은 자신이 얼마나 교육을 잘 받았는지 말하기를 좋아하고, 자신이 얼마나 많은 것을 이루었거나 획득했는지에 관심이 집중되어 있으며, 다른 사람의 이야기에 꼭 자기 자랑을 더해야 직성이 풀린다. 그들은 더 많이 알고, 더 멀리 여행하며, 더 열심히 일하고, 더 잘 놀며, 절대 틀리는 일이 없다. 그러나 한 절친한 친구가 나에게 일깨워주었듯이, 공동묘지는 이 세상에서 없어서는 안 될 사람들로 가득 차 있다.

바울이 "내게 주신 은혜로 말미암아"라는 구절로 어떻게 그의 대립을 완화시키는지 눈여겨보라. 바울이 위선이라는 비난을 면하려고 그의 사도적 권위를 세우고 있는 것처럼 보이지만, 여기에는 그 이상의 뜻이 담겨 있다. 나는 여기서 그가 한때는 자기 자신을 교만하게 여겼음을 넌지시 비치는 솔직함을 본다. 그는 사실 이렇게 말하고 있는 것이다. "나 자신을 고귀하게 여겼던 사람으로서 여러분에게 겸허한 충고를 좀 하겠다."

이 한 구절 속에서 바울은 "생각하다"라는 헬라어 *phroneō*를 네 차례(한글 성경에는 세 차례 - 역주)나 사용한다. NASB는 다음과 같이 *sōphroneō*라는 단어를 번역했다. 우리는 자신에 대해 "너무 많이 생각"하는 것을 피하고, "타당한 판단"을 해야 한다. *sōs*["safe(안전)"]와 *phrēn*["mind(마음)"]이 결합하여 파생된 이 어원은 성경에는 거의 나오지 않지만 시민으로서 지켜야 할 도덕을 뜻하는 말로, 일반 헬라어에서는 많이 쓰였다. 한 사회의 대결 계급들이 지향점이나 리더십에 대해 의견이 일치할 때 그 사회는 '정신이 건전'하다고 했다.

바울은 독자들에게 스스로를 지나치게 높이 평가하지 말라고 경고하면서도, 마냥 스스로를 낮추라고는 주장하지 않는다. 인간이 타락하기는 했어도 우리는 여전히 하나님의 소중한 보물이다. 우리는 발밑의 깔개나 지렁이가 아닌 세상의 종이 되어야 한다. 위대한 청교도 신학자들과 예술가들은 걸핏하면 인간의 타락이라는 교리를 극단으로 몰고갔다. 나는 하나님 앞에서 겸허해지고 그분의 구원에 대해 감사하려는 그들의 열망에는 찬성한다. 그러나 우리는 하나님의 자녀가 되는 영광을 보장하는 입양 서류를 받았다(8:14-17). 이것은 비난이 아니라 스스로 축하해야 할 이유이다.

우리는 우리 자신에 대해 균형 있고, 분별 있으며, 현실적인 시각을 가져야 한다. 다시 말해서, 우리는 자신을 다른 사람들과 비교하지 말고, 하나님이 우리를 보시는 대로 우리 자신을 보아야 한다. 우리의 관계 - '하나님과 화평한' 관계 - 는 우리가 제공하는 어떤 것 때문에 견고한 것이 아니다. 처음부터 우리는 그 관계에 아무것도 보탠 것이 없으며, 우리가 드린 것이 있다면 그것은 먼저 그분에게서 받은 것이다. 하나님은 우리를 다른 성도들과 비교해서 그 가치에 따라 우리를 더 사랑하거나 덜 사랑하지 않으신다. 이러한 생각은 하나님이 우리를 보시는 시각이 아니라, 이 시대의 '사랑'과 '관계'가 어떠한지를 보여준다.

하나님 앞에서의 우리의 가치에 대해서 말하자면 우리는 모두 똑같이 높은 곳에 있다. 성도들은 모두 하나님의 주권에 의해 선택되었다. 선택은 분에 넘치는 호의의 결과이며, 이 은혜는 예수 그리스도 안에서 믿음을 통해 받는다. 어떤 성도가 다른 성도들보다 더 우월하다는 생각은 모두 어리석은 것이다.

—12:4-5—

바울은 인간의 몸을 그리스도 안에서 연합된 모습의 예로 즐겨 사용하고 있으며(고전 6:15, 12:14-25, 엡 4:16), 그것은 또한 동등과 동일은 다르며, 서로 다르다는 것은 불평등하다는 것이 아님을 보여주는 예도 된다. 인간의 몸은 많은 부분으로 이루어져 있다. 우리는 생명을 유지시켜주는 중요한 장기들 - 눈에 보이지 않는 - 을 가지고 있다. 걷거나 물건을 쥐는 등의 각기 다르지만 중요한 기능을 하는 팔다리도 있다. 다양한 방법으로 세상을 인지하게 해주는 감각 기관들도 있다. 그리고 이 모든 지체가 조화롭게 작용하면 삶은 편안하다. 그러나 한 부분이 상처를 입거나 마비되면 온몸이 고통스럽다.

그리스도의 몸도 인간의 몸과 같다. 다른 역할보다 좀 더 공적인 역할을 하는 지체도 있지만, 중요하지 않거나 소중하지 않은 성도는 없다.

바울의 예는 그리스도의 몸에 대한 세 가지 중요한 진리를 집중 조명한다.

- 연합 - 우리는 동일한 근원에서 생명을 얻는다. 우리 가운데 어느 누구도 몸을 떠나서 존재할 수 없다. 그리고 우리에게는 전체의 선을 위해서 각 지체를 조종하고 통제하는 머리이신 그리스도가 계신다.
- 다양성 - 하나님은 다양성을 사랑하신다. 동식물의 삶을 세심히 연구해보면 창조주의 놀라운 창조성을 발견하게 된다. 하나님이 창조를 재미있어 하셨다고까지 말할 수 있다. 나는 하나님이 오리 주둥이를 가진 오리너구리를 창조하시면서 웃으셨을 거라고 확신한다.
- 상호 관계 - 우리는 서로를 필요로 한다. 한 사람이 다치거나 슬퍼하면 몸 전체가 그 고통을 느낀다. 한 부분이 움직이지 못하면 다른 부분이 보완해준다. 질병이 몸을 공격하면 몸 전체가 대응한다.

한 몸을 이루는 유기체의 개념은 일반 세상에서는 낯선 개념이다. 많은 사업 관련 서적들이 팀워크를 가르치고 권장하기는 하지만 그 동기는 거의 예외 없이 개인의 성취로 귀착된다. 말하자면 이런 식이다. "팀워크에 관심을 가지라. 왜냐하면 그것이야말로 당신이 성공할 수 있는 최선의 방법이기 때문이다." 개인보다 사회 전체의 선을 더욱 중요하게 생각하는 것처럼 보이는 동양의 문화권에서도, 그 사회 체계를 무척이나 좋아하는 특권층의 소수의 지도자들이 정상의 자리에 앉아 있다!

그러나 하나님의 조직도 안에 있는 우리의 동기는 머리이신 예수 그리스도께 순종하는 몸 안에서 이루어지는 사랑과 긍휼에 의한 상호 섬김이다.

—12:6-8—

이제 우리는 하나님과 동료 성도들과 관련하여 우리 자신에 대한 타당한 관점을 가졌다. 이어서 우리는 몸 안에서의 각자의 역할, 특히 '영적 은사'에 대해 생각해보아야 한다. 영적 은사란 각 사람이 효과적이고 수월하게 역할을 수행할 수 있도록 하나님이 주신 초자연적인 능력이다.

바울은 일곱 가지 영적 은사를 나열한다.

예언. 엄밀히 말해서 성경이 기록되기 이전의 예언자들은 하나님과 하나님의 권위에 이끌려 말했고, 그들의 말은 마치 하나님이 직접 말씀하신 것처럼 받아들여져야 했다. 그들은 글자 그대로 하나님의 대변인이었다. 그들은 한치의 착오도 없이 말했고, 만약 아주 작은 실수라도 발견되면 마을 외곽으로 끌려가 그 자리에서 돌에 맞아 죽었다. 성경의 마지막 글자가 써지고 마지막 사도가 죽자, 더 이상 하나님의 영감을 받은 선지자가 필요하지 않았다. 이제 우리는 하나님의 영감으로 써진 완성된 성경을 가지고 있다.

그러나 더 넓은 의미에서, 몸 된 교회 안에는 앞일을 말하는 것을 주된 역할로 하는 '예언자들'이 아직 남아 있다. 이들은 예리하게 죄를 지적하면서 하나님의 기록된 말씀을 선포하는 초자연적인 능력을 성령의 은사로 받았다. 그들은 성경의 메시지에 충실한 하나님의 '대변인'으로서 말한다. 복음 전도자, 설교자, 작가들이 현대의 좋은 예이다.

섬김. 어떤 이들은 이것을 돕는 은사라고 부른다. 헬라어 동사 *diakoneō*가 집사(deacon)의 어원이다. 나는 바울의 목록에서 섬김의 은사가 가장 공적이고 가장 칭송받는 은사인 예언의 은사 바로 다음에 나온다는 사실이 흥미롭다. 이는 마치 그가 이 시대에 가장 인기가 없고, 가장 공적이지 않으며, 가장 존중받지 못하는 은사 가운데 하나인 섬김이 하나님의 체계 안에서는 높은 위치에 있다는 사실을 강조하려는 듯이 보인다. 예수님은 말씀하셨다. "너희 중에는 그렇지 않을지니 너희 중에 누구든지 크고자 하는 자는 너희를 섬기는 자(***diakon**os*)가 되고 너희 중에 누구든지 으뜸이 되고자 하는 자는 모든 사람의 종이 되어야 하리라 인자가 온 것은 섬김(***diakon**ēthēnai*)을 받으려 함이 아니라 도리어 섬기려(***diakon**ēsai*)하고 자기 목숨을 많은 사람의 대속물로 주려 함이니라"(막 10:43-45).

이 은사를 받은 사람들에게는 무엇이 필요한지 말할 필요가 없다. 그들은 그냥 상대방의 필요를 알아차리고, 어떻게 도와야 할지 알며, 박수갈채를 바라지도 않고, 주목받을 필요도 느끼지 않는다.

가르침. 선생들은 지식을 바탕으로, 쉽고 명료하게 계시된 진리를 능숙하게 전달하는 능력을 가지고 있다. 그들은 기록된 말씀을 뼈와 살이 있는 생명체로 만든다. 그들은 사람들이 정확한 지식을 배우고, 원칙들을 발견하며, 현실과의 관련성을 살펴보고, 그것을 적용하도록 돕는다.

권고. 이것은 성령을 본받은 은사이다. 이 용어는 12장 1절에서 "권하노니"라고 번역된 *parakaleō*에서 파생되었다. 권하는 자들은 진리를 납득시키고, 죄를 건설적으로 대면하며, 성경 읽기를 실천할 수 있는 계획으로 바꾸고, 성도들의 공동의 노력 뒤에서 그들을 단결시키는 능력을 가지고 있다. 그리고 그들은 그 일을 할 때 대체로 사람들의 기분을 상하게 하지 않는다. 그들의 강경한 주장은 격

성경에 기록된 영적 은사

바울은 로마서에서 일곱 가지 영적 은사의 목록을 나열하고 있는데 이 목록은 완벽하지 않다. 이 외에 적어도 고린도전서, 에베소서, 베드로전서에서 세 개의 부분적인 다른 목록이 발견된다.

로마서 12:6-8	예언
	섬김
	가르침
	권고
	구제
	다스림
	긍휼
고린도전서 12:4-11	지혜의 말씀
	지식의 말씀
	믿음
	병고침
	능력 행함
	예언
	영 분별
	방언
	방언 통역
에베소서 4:11	사도
	선지자
	복음 전하는 자
	목사
	교사
베드로전서 4:10-11	말
	봉사

려의 말로 윤색된다.

구제. 성도들은 누구나 관대해야 한다고 배우지만, 구제의 은사를 받은 사람들은 그들이 가진 것 이상을 주면서 베풀 기회를 찾는다. 이러한 사람들은 부요한 경우도 있지만 대부분은 시간, 에너지, 전문 기술을 나누는 평범한 사람들일 경우가 더 많다.

그들은 청동 명패나 그들의 이름을 딴 건축물 등을 원하지 않는다. 특별히 거부할 것도 없지만 초자연적인 구제의 은사를 가진 사람들은 그러한 관심을 일절 원하지 않는다. 그들은 익명을 더 좋아한다. 그들은 필요를 보면 그것을 채워주고 싶어 한다.

다스림. 다스림이라는 헬라어는 "인도하다" 또는 "돌보다"로 번역될 수 있는데, 기독교 사역에서 이 두 가지는 동일한 개념이다! 바울은 한 집단을 인도하고 관리하는 비상한 능력을 가진 사람들을 "다스리는 사람들"이라고 칭했다.

긍휼. 긍휼의 은사를 가진 사람들은 상처 입은 자들의 필요를 감지하는 특별한 능력 – 무엇을 어떻게 말할지, 그리고 언제 침묵해야 하는지를 아는 – 을 발휘한다. 이런 사람들은 환자와 가족들이 심각한 병과 죽음에 직면하는 병원에서 말할 수 없이 큰 도움이 된다.

이와 같은 바울의 획기적인 말은 5장 1절과 8장 1–2절의 말씀처럼, 우리가 그 안에서 안식할 수 있는 진리이자 응답해야 할 부름이다. 하나님이 우리를 변화시키겠다고 약속하셨고, 성령이 그분의 임무를 성공적으로 수행하시겠지만, 우리에게는 선택권이 있다. 우리는 계속 냉담하게 그분의 역사를 거절할 수도 있고, 그분이 행하시는 일에 맞추어 그분이 우리를 변화시키는 과정에 참여할 수도 있다. 그리고 이 선택은 우리가 우리 자신을 어떻게 보기로 결정할 것인지, 동료 성도들에게 어떤 우선순위를 부여할 것인지, 그리고 우리의 영적 은사를 어떻게 다른 사람들에게 혜택을 주는 은사로 바꿀 것인지에 대한 선택에서부터 시작된다.

적용

성별과 변화

"그러므로… 내가… 권하노니"(12:1)는 바울의 편지에서 중요한 전환점을 보여준다. 이제 우리에 대한 하나님의 은혜를 수평적 관점에서 보아야 한다. 그러나 우리 스스로 – 현재 우리의 상태로는 – 는 이 일을 할 수 없다. 우리는 이 타락한 세상의 구성원으로 태어났고, 우리는 골수와 마음의 동기까지 이 타락한 세상의 사고와 생활 방식을 지니고 있다. 우리는 새로운 패턴에 맞추어 내면부터 변화되고 개조되어야 한다. 성령이 이 내적 변화를 일으키는 초자연적인 작업을 충실히 행하실 것이다. 그러나 사도는 그 일에 우리가 참여해야 한다고 권고한다. 그는 두 가지 큰 노력을 우리에게 요구한다. 우리의 몸을 성별하고, 마음을 변화시키는 것이 그것이다.

"너희 몸을… 거룩한 산 제물로 드리라." 이것이 성별이다. 이는 세속적인 세계관으로부터의 근본적인 분리이며, 우리 몸을 거룩한 목적에 바치겠다는 결심에서 시작된다. 이 말씀은 우리의 삶에 우리가 간과해서는 안 되는 분명하고 실제적인 영향을 미친다. (몇 가지 구체적인 예를 들자면) 이것은 우리가 어디를 갈지, 우리 마음을 무엇으로 살찌울지, 우리 몸을 어떻게 취급할지, 어떤 영향을 받고 어떤 영향을 거부할지, 시간을 어떻게 쓸지, 돈을 어떻게 쓸지, 매일매일 무엇을 성취하기 위해 선택할지에 영향을 미친다.

"마음을 새롭게 함으로 변화를 받아." 이것이 변화이다. 궁극적인 목표는 변화된 마음, 내면부터 근본적으로 다른 본성이다. 그러나 우리는 우리의 마음을 변화시킬 수 없다. 오직 하나님만이 그 일을 하실 수 있다. 우리는 새로운 지식을 얻고 관점을 바꿀 수 있지만, 이러한 마음의 변화는 성도가 하나님의 개혁 프로그램에 참여하고 있음을 보여줄 뿐이다.

정곡을 찌르는 질문을 하나 던지고 이론에서 실제로 넘어가겠다. 당신은 당신의 몸을 무엇에 바치고 있는가? 당신에게는 당신 마음대로 사용할 수 있는 두 개의 아주 뛰어나면서도 고통스러운 분석 도구가 있다. 그것은 바로 당신의 스케줄과 재무제표이다. 몇 시간을 할애해서 이 두 가지를 검토해보라.

첫째, 백지 한 장에 당신의 일상적인 일주일간의 스케줄을 표로 만들라(다음의 예를 참고하라). 공적인 일과 당신의 주된 습관을 포함한 일상 생활을 기초로 시간대를 분류하라. 대부분의 사람들이 생계를 위해 일주일에 적어도 40시간을 할애해야 함을 고려할 때, 당신은 나머지 시간(128시간)을 어디에 쓰고 있는가? 배우자와 가족과 함께하고 있는가? 훌륭하다! 다른 사람들을 섬기는 일에 할애하고 있는가? 멋지다! 그것도 아니면 자기 개발에 쓰고 있는가? 대단하다! 휴식을 취하고 잠을 자는 데 쓰고 있는가? 그것도 적극 권장한다!

혹은 (이제, 솔직해지자) 당신은 하나님의 성별된 은혜의 도구로서의 당신의 삶에 아무

	월	화	수	목	금	토	일
오전 5-6시							
오전 6-7시							
오전 7-8시							
오전 8시-오후 5시							
오후 6-7시							
오후 7-8시							
오후 8-9시							
오후 9-10시							
오후 10-11시							
오후 11-12시							

도움도 되지 않는 활동에 시간을 쏟고 있는가? 이러한 자기 성찰은 과오를 드러내준다.

그 다음으로, 당신의 재정 상태를 검토하라. 은행과 신용카드 명세서부터 검토하는 것이 좋다. 색색 가지 형광펜으로 다음과 같이 항목별로 나누어 줄을 치라.

생활비: 주택, 식료품, 공공요금(전기, 전화, 가스 등), 그 외 제할 수 없는 비용

부채: 자동차 대출, 소비자 대출, 신용 카드 대금, 연체료, 은행 수수료

임의 지출: 오락, 휴가, 외식, 명품 의류, 그 외 다른 접대

기부: 교회, 선교, 구제 기관, 도움이 필요한 가정이나 친구들에게 한 기부

낭비: 삶에 아무 보탬이 되지 않고 오히려 해가 되거나 후회스러운 지출

항목들은 다를 수 있다. 이렇게 하는 이유는 가감 없이 정직하게 보고 지출 계획을 세우기 위해서이다. 다시 말하지만 이러한 자기 분석은 깊은 상처를 줄 수 있다.

스케줄과 재무제표를 분석한 후에는 그것들을 성별하라. 방법을 알려주겠다. 그것들을 주님께 바치는 기도를 하고, 당신 대신 마음을 변화시키는 작업을 시작해달라고 간청하라. 그런 다음 수정해야 할 부분을 조정하라. 스케줄이 계획성 없이 흘러가지 않게 하고, 시간과 에너지를 전략적으로 통제하라. 충동에 의해 되는 대로 돈을 흘려보내지 말고 당신의

가치관에 맞게 사용하라. 당신에게 소중한 것 – 영적 성장, 결혼 생활, 자녀들, 자선 활동, 휴식 – 을 위해 시간을 따로 떼어놓고 그 시간을 보호하라. 당신이 높은 가치를 두고 있는 것 – 베푸는 것을 시작으로 – 을 지속하고 목표를 이룰 수 있도록 예산을 마련하고 돈을 쓰라. 그리고 예산에 맞추어 생활하는 훈련을 하라.

분명히 알라. 성별과 변화는 결코 이론적인 개념이 아니다. 그것은 성도들이 실현할 수 있는 것이다. 내가 간략하게 말한 실천 사항들 – 또는 그 외의 다른 활동들 – 만으로 충분히 영적 성장을 이룰 수 있다거나, 그것들이 성령의 초자연적 역사를 대신할 수 있다고 말하는 것이 아니다. 그러나 그것들은 영혼을 새롭게 하시는 하나님의 프로그램에 참여하는 좋은 출발점이다. 당신의 시간과 돈을 성별하면, 당신의 몸을 성별하는 큰 발걸음을 내딛은 것이다. 그렇게 된다면 확신하건대 당신의 마음도 변화하기 시작할 것이다.

기독교 개론(로마서 12:9–16)

9 사랑에는 거짓이 없나니 악을 미워하고 선에 속하라 10 형제를 사랑하여 서로 우애하고 존경하
기를 서로 먼저 하며 11 부지런하여 게으르지 말고 열심을 품고 주를 섬기라 12 소망 중에 즐거워하며
환난 중에 참으며 기도에 항상 힘쓰며 13 성도들의 쓸 것을 공급하며 손 대접하기를 힘쓰라
14 너희를 박해하는 자를 축복하라 축복하고 저주하지 말라 15 즐거워하는 자들과 함께 즐거워하
고 우는 자들과 함께 울라 16 서로 마음을 같이하며 높은 데 마음을 두지 말고 도리어 낮은 데 처하며
스스로 지혜 있는 체 하지 말라.

당신은 다음 세대에게 무엇을 물려주고 싶은가? 당신보다 더 깊고, 풍성하며, 더 나은 삶을 살 수 있도록 당신보다 더 오래 살 사람들의 마음속에 무엇을 남겨둘 것인가? 1999년 미국의 인기 소설가 스티븐 킹(Stephen King)은 음주 운전자의 차에 치인 후 도랑에 버려졌을 때, 이 질문에 정면으로 부딪혔다. 어느 모로 보나 부유하고 성공한 사람이었던 그는 일시적인 것들의 무상함을 깨닫고 이렇게 결론지었다. "끝까지 남는 것은 당신이 전해준 것뿐이다."

잠시 투명 인간이 되어 당신의 장례식에서 관 옆에 서 있다고 상상해보라. 지상에서의 당신의 삶은 끝났다. 가족들은 눈물로 초점이 흐려진 눈을 깜박이며 가까운 곳에 앉아 있

다. 친구들은 당신의 삶을 회상하고 이런저런 사연들을 나누고 있다. 당신 가족과 친구들이 기억하고 있는 것은 무엇일까? 그들이 당신의 재정 상태에 대해 이야기하지 않을 것은 분명하다. 재산 목록 – 물론, 당신이 남겨준 기억이 그것밖에 없는 경우가 아니라면 – 에 대해서도 이야기하지 않을 것이다.

당신이 다음 세대에게 무언가 소중한 것을 남겼다면, 그것은 아마 눈에 보이는 것이 아닐 것이다. 당신이 남긴 보물은 관 뚜껑이 닫히고 당신의 몸이 2미터 밑 땅속에 묻힐 때 당신이 사랑하는 사람들이 가져갈 추억이다. 당신이 남긴 가장 귀중한 유산은 당신이 보여준 멋진 삶의 본보기, 날마다 베풀어준 한결같고 신실한 사랑, 그리고 은혜의 본보기일 것이다. 이런 것들은 당신을 아는 사람들이 당신보다 더 충만한 삶을 누리도록 해줄 것이다.

그렇다면 누군가가 우리에게 훌륭한 삶을 사는 방법과, 참으로 귀중한 유산을 남겨주는 데 도움이 될 만한 분명한 지침을 종합해줄 수 있다면 도움이 되지 않을까? 당신의 태도와 행동을 날마다 점검할 수 있는 간단한 목록이 있다면 매우 유용할 것이다. 나는 그런 목록이 보존되어 있다고 말할 수 있어서 기쁘다. 그 목록은 1세기에 중대한 영향을 미쳤던 한 뛰어난 남자의 글이 아니다. 그것은 하나님이 우리를 위해 보존하신, 하나님의 검인이 찍힌 영감으로 쓰인 목록이다.

고린도전서 13장이 사랑에 대한 가장 아름답고 가장 감동적인 논문이라면, 로마서 12장 9-16절은 사랑에 대한 가장 간결한 글이다. 바울은 80개가 채 되지 않는 헬라어 단어를 사용해 우리가 사랑하는 사람들의 추억을 살찌울 실제적이고 구체적인 사랑법과, 그들이 잘 살 수 있는 방법을 가르쳐준다.

—12:9 위선이 아닌 사랑—

순수한 사랑에는 두 가지 중요한 특성이 있다. 위선의 반대인 '진실'과, 잘 속아 넘어가는 것의 반대인 '분별'이다.

이 구절의 맨 처음에 나오는 헬라어를 글자 그대로 번역하면 "사랑은, 위선이 아니니!"이다. 영어 번역은 매끈하고 읽기 쉬운 문체를 만들기 위해 다음과 같은 말을 덧붙였다.

Let love be without hypocrisy(사랑은 위선이 없게 해야 하나니, NASB).

Love must be without hypocrisy(사랑에는 위선이 없어야 하나니, NET).

Love must be sincere(사랑은 진실해야 하나니, NIV).

나는 그냥 단순한 형태로 두는 걸 더 좋아한다. "사랑은 위선이 아니다." 헬라어로는 *an* ["아닌(no)"]과 ***hypokritos***("겉치레" 또는 "위장")의 합성어인 *anypokritos*이다. 이 단어는 어떤 단어보다도 세상 체계와 하나님의 질서의 차이를 잘 설명하고 있다. 동사 *hypokrinomai*는 보통 토론이나 연기를 할 때 "말대꾸하다"라는 뜻을 가지고 있다. 그러므로 헬라 작가들은 상황에 따라 그 단어를 긍정적인 뜻으로도, 부정적인 뜻으로도 사용했다. "고결한 사람은 평상심을 잃지 않고 주어진 임무를 수행할 수 있다."[1] 이러한 헬라식 사고방식을 현대에 적용한다면, 백악관 공보 비서관이 어떤 현안에 대해 개인적으로는 반대하면서도, 공식적으로는 대통령의 정책을 설명하고 옹호하는 경우를 들 수 있을 것이다. 공보 비서관의 임무는 대통령을 대신해서 정보를 제공하고 질문에 대답하는 것이다. 긍정적인 의미에서 그는 공적 역할을 충실히 수행하기 위해 그의 개인적인 의견은 뒷전으로 밀어놓고 있다.

다음과 같은 경우가 부정적으로 사용된 경우이다. "무대는 가짜 세상이고 배우들은 사기꾼들이다."[2] 그리스인들과 로마인들은 어느 누구보다도 속임수를 경멸했다.

유대인들은 이 용어를 대부분 부정적인 뜻으로 사용했는데, 이는 그들이 동기와 행위를 별개로 보려 하지 않는 점을 생각해볼 때 놀라운 일이 아니다. (유대인들의 생각에는 지식만으로는 충분하지 않았다. 어떤 사람이 지식을 행동으로 옮기지 못한다면 그는 현명한 사람으로 인정받을 수 없었다.) 신약의 저자들은 *hypokritos*를 사용할 때, 하나님께 받은 진리에서 멀어진 후에도 그렇지 않은 듯이 행동하는 사람들을 표현하는 데 사용하셨던 예수님의 예를 따랐다. 그러므로 위선자란, 말이 아니라 행동으로 거짓말을 하는 자였다.

만약 위선이 들어오면 사랑은 더 이상 사랑이 아닌 기이한 가면 – 회유, 보상, 경쟁, 허위 – 을 쓰게 된다. 사랑에는 가면이 들어설 여지가 없다. 연극도 없다. 생각과 다르게 행동할 여지도 없다. 사랑과 진리는 서로 연결되어 있기 때문이다.

사랑은 또 분별력이 있어야 한다. 바울은 "피하다, 혐오하다"라는 뜻의 헬라어 동사를 사용하여 "악을 미워하라"고 명령한다. 사랑은 악과 마주치면 함께하기를 거절한다. 사랑은 악을 수용하지도 않고, 그냥 외면하지도 않는다. 사랑은 정죄하거나 호통을 치기 위해서가 아니라 의를 고취시키기 위해 악을 행하는 자를 담대히 대면한다.

반대로 사랑은 "선한 것을 붙잡는다." 예수님은 결혼에 대해 말씀하실 때 이 단어를 사용하셨다. "사람이 그 부모를 떠나서 아내에게 합하여 그 둘이 한 몸이 될지니라"(마 19:5). 악을 좇아내고 선을 붙잡으려면 그 차이를 알아야 한다.

신학교에서 내가 들었던 한 강의에서 찰스 라이리(Charles Ryrie)는 사랑을 양쪽 기슭이 각각 진리와 분별로 되어 있는 강에 비유했다. 둘 중 한 쪽이라도 무너지면 그 강은 강둑을 흘러넘쳐 끔찍한 재난을 일으킬 것이다.

—12:10–15 사랑의 여덟 가지 특성—

사랑은 진리와 분별에 의해 인도받는다는 것을 단언한 바울은, 거기에 더하여 다른 사람들이 사랑을 경험할 수 있도록 우리가 사랑을 표현하는 데 도움이 되는 여덟 가지 특성을 강조한다.

헌신적인 사랑(12:10). 바울이 사용하는 용어들은 부드럽고 친절하기가 이루 말할 수 없다. 우리의 사랑은 한 가족 안에서 나누어지는 따뜻한 애정 같은 것이어야 한다. 그러나 진리를 들으면, 가족들은 특히, 서로 사랑하는 것이 힘들어질 수 있다! 그럼에도 불구하고 우리는 깨어질 수 없는 가족 간의 유대감을 가지고 있기에 할 수 있는 모든 노력을 다한다.

존경. 여기서 사용된 단어는 "존경하다" 또는 "높이 평가하다"라는 뜻이다. 누군가를 존경하는 것은, 다른 사람이 비본질적인 문제에 대해서 그가 좋아하는 것을 갖도록 기꺼이 허용하는 것에서부터 시작한다. 우리는 어떤 사람이 말을 하면 귀를 기울이고 그 말을 신중하게 생각해야 한다. 우리는 동의하지 않더라도 그들의 의견을 존중하고 허용해야 한다. 우리는 서로에 대해 감사를 표현하면서 다른 사람의 감정을 세심하고 공손하게 다루어야 한다.

흥미롭게도 바울은 이러한 면에 있어서 서로를 능가하라고 독자들에게 권면한다. "존경하기를 서로 먼저 하며"라는 구절은, "존경을 표현하는 데 있어서 서로를 이기라"로 번역될 수 있다. 즉, 계속 경쟁하면서 누가 진심으로 다른 사람을 더 귀하게 여길 수 있는지 보라는 것이다.

열심/ 열정(12:11). 헬라어의 본뜻은 주전자의 물이 끓어넘치듯이, "끓어넘치다" 또는 "끓어오르다"는 뜻이다. 사랑의 특성은 다른 사람들에게 잘하고, 성령 안에서 뜨거운 열정을 품고, 주님을 섬기는 것이다. 이러한 열정은 적극적인 낙천주의와 억누를 수 없는 열정적인 열심이 특징이다. 이것은 무기력과 무관심의 정반대이다. 누구라도 의무에 의한 수동적인 사랑이 아닌, 열정적이고 열광적인 사랑을 받고 싶어 한다.

인내(12:12). 12장 12절을 구성하는 세 개의 구절은 모두 인내에 대해 말하고 있다. 그리고 자세히 보면 의도적이라고밖에 할 수 없는 전개를 볼 수 있다.

소망 ▶ 환난 ▶ 기도

어떻게 환난을 견딜 수 있을까? 우리는 아직 일어나지 않은 일을 일어난 것처럼 기뻐하고, 기대하며, 소망하기를 그치지 말아야 한다. 우리는 낙심하고 포기하고 싶을 때에도, 우리의 의무를 수행하고 받은 축복으로 인해 계속 기뻐해야 한다. 그리고 그러는 내내 기도에 힘써야 한다.

사랑의 이런 특성들은 없어서는 안 되는 것들이다. 사람들이 함께 소망할 수 있고, 서로에게 그리고 그리스도께 헌신하기를 그치지 않으며, 서로를 대신해 아버지께 아뢸 수 있다면 아무것도 그들의 공동체를 갈라놓을 수 없다.

베풂(12:13). 사랑은 인색하지 않다. 사랑은 가진 것을 아낌없이 나눈다. "성도의 쓸 것을 공급하며"라는 구절은 *koinōneō*라는 헬라어를 사용하고 있는데, 이것은 교회를 지칭하는 전형적인 용어로서 "나누다, 교제하다, 참여하다"라는 뜻이다. 나는 이 말이 도움이 필요한 사람에게 남아도는 것을 나누어주는 것 이상의 의미를 담고 있다고 생각한다. 이것은 마음으로 고통을 나누는 것이다. 사랑은 상처를 받으면서도 베푼다. 사랑은 돈이 넉넉지 않을 때에도 서슴없이 나누어준다. 그리고 성금이 바닥나더라도 다른 사람의 궁핍을 함께 나누는 것을 그치지 않는다.

대접. 사랑은 또한 친절하다. 이 단어의 원뜻은 "이방인에 대한 사랑"이다. 이것은 나와 다른 사람들 – 다른 문화, 다른 종족, 다른 믿음에서 온 체류자들 – 에게까지 확장되는 사

묵상의 서재

엉덩이를 떼라!

벤자민 잰더(Benjamin Zander)는 「가능성의 기술(The Art of Possibility)」이라는 훌륭한 책을 저술했다. 당시 잰더는 보스톤 필하모닉의 지휘자이자 뉴 잉글랜드 음악학교(New England Conservatory of Music)의 교수로 재직 중이었다. 그는 음악가로서 글을 쓰면서 음악 세계와 일상생활을 노련하게 융합시켰다. 열정에 관한 장에서 그는 쇼팽을 완벽하게 연주했지만, 그 연주를 위대하게 만드는 본질적 요소가 결여되어 있었던 한 학생에 관한 이야기를 썼다.

> 한 젊은 피아니스트가 내 석사 과정 클래스에서 쇼팽의 서곡을 연주하고 있었다. 우리는 작품을 다 익히고 있었지만 그의 연주는 뭔가에 억눌려 있는 듯했다. 그는 머리로는 작품을 이해하고 있었다. 그는 다른 사람에게 그것을 설명할 수도 있었다. 그러나 음악의 진정한 언어인 감정적인 에너지를 전달하지는 못했다. 그러던 차에 해결의 실마리가 될 무언가가 내 눈에 띄었다. 그는 몸을 곧추세우고 중앙에 꼿꼿한 자세로 앉아 있었다. 나는 불쑥 내뱉었다. "문제는 자네가 엉덩이를 떼지 않는 연주자라는 거야!" 나는 그에게 몸 전체를 옆으로 흐르듯 움직이면서 몸으로 음악의 흐름을 따라가라고 했다. 그러자 갑자기 음악이 살아나기 시작했다. 몇몇 청중들은 음악 본연의 감정을 제대로 살리면서도 새로운 개성을 발산하는 연주를 들으면서 숨을 죽였다. 그 자리에서 그 모습을 지켜보았던 오하이오 주의 한 회사의 사장은 나에게 이런 편지를 보냈다. "나는 너무나 감동한 나머지 집에 돌아가 회사에서 '엉덩이 떼기 캠페인'을 벌였답니다."[3]

끊임없이 움직이는 그리스도인이 된다는 건 성도들에게 얼마나 근사한 목표인가! 우리가 살면서 가슴속에 담고 있는 진리를 생동적이고 열정적으로 표현한다면 세계 도처에서 사람들이 우리가 섬기는 하나님을 알기 위해 찾아올 것이다. "게으르지 말고 열심을 품고"라는 말씀처럼, 끓어오르는 열정과 말씀에 나와 있는 열심을 가지고 복음의 진리대로 살기 시작해야 할 때이다. 많은 그리스도인이 이것을 실천한다면, 우리 주변 사람들은 세상이 변화되는 것을 볼 수 있을 것이다.

랑이라는 개념을 담고 있다. 사랑은 다른 사람들, 특히 나와 다른 사람들에게 혜택을 줄 기회를 솔선해서 적극적으로 찾는다.

자비(12:14). 사랑의 모든 특성 중에서 의심할 여지없이 이것이 가장 실천하기 어렵다. 다른 특성들은 바쁘거나 고단하다는 이유로, 또는 자기 생각에 골몰하는 바람에 중도에 포기할 수는 있어도, 대개의 경우 저항하지는 않는다. 그러나 악을 선으로 갚는 것은 우리가 가지고 있는 모든 자연적 본성에 어긋나는 것이며, 특히 상처를 준 동료 그리스도인일 경우에는 더욱 그렇다. 죄에 대해 은혜로 답하는 것은 하나님의 고유한 본성이며, 이 능력은 오로지 그분에게서만 나오며 그분만 하실 수 있다. 바울은 이 주제에 대한 가르침을 12장 17-21절로 확장한다.

공감(12:15). 진정한 사랑은 절대 초연하지 않다. 형제나 자매가 기뻐하는 것을 보면 사랑은 흥분을 감추지 못한다. 사랑은 그들의 기쁨을 축하한다. 그리고 그와 동일한 열정으로 다른 사람의 상실을 마치 자기 것인 양 슬퍼한다.

내가 어렸을 적에 집에 걸려 있던 오래된 스웨덴 속담이 자주 마음속에 떠오른다. "기쁨은 나누면 배가 되고 슬픔은 나누면 반이 된다."

—12:16 겸손과 사랑—

바울은 사랑의 특성에 대한 목록을 그가 시작했던 겸손으로 돌아가 끝맺는다. 네 개의 구절이 겸손이라는 그림의 틀을 이루는데, 이 틀을 자세히 보면 예수님의 형상을 볼 수 있을 것이다.

"서로 마음을 같이하여"는 '집단 사고'를 권장하는 것이 아니다. 바울은 다양한 주제에 대해서 다르게 생각하는 것이 반드시 나쁘다고 말하는 것이 아니다. "마음"이라고 번역된 헬라어는 "이해" 또는 "사고방식"이라는 뜻을 가지고 있다. 우리는 관점이나 접근법은 다를지라도 지향점은 같아야 한다. 그 말은 본질적인 것에는 동의하되 가능한 것에서는 유동성을 허용한다는 뜻이다. 더 나아가 겸손은 이해받기 전에 이해하려고 한다. 겸손은 말로 싸우기보다는 소통하기를 더 좋아한다. 겸손은 진리를 희생하지 않으면서 다른 사람들과 공통된 견해를 찾으려고 노력한다. 겸손은 다른 사람들의 생각을 존중한다.

"높은 데 마음을 두지 말고"는 스스로를 태생이 고귀하고, 지위가 높으며, 신분이 높고, 고매하다고 생각하면서 그에 상응하는 대우를 기대하지 말라는 충고이다. 빌립보의 성도들에게 보낸 편지에서 바울은 예수님이 어떻게 그분의 천국 보좌에서 내려와 죄인들, 즉 우리를 위해 치욕스러운 죽음을 당하셨는지 일깨운다.

"도리어 낮은 데 처하며"는 헬라어 문자 그대로 해석하면 "지위가 낮은 사람들과 어울리다"는 뜻이다. 세속적 헬라 문화와 로마 문화에서는 어떤 사람이 지체가 낮은 사람들과 함께 있는 것이 노출되면 출세에 치명타가 될 수 있었다. 그들은 사회적으로도 달갑지 않을 뿐더러 모범 시민들의 도덕을 타락시킨다고 여겼다. 그런데 이와는 반대로 겸손은 소외된 사람들을 찾아가 그들을 포용하는 위험을 감수한다고 바울은 가르쳤다.

"스스로 지혜 있는 체하지 말라"는 12장 3절에서 말한 바울의 생각을 되풀이한다. 보통 자기가 지혜롭다고 생각해 다른 사람들에게 그것을 알리려고 하는 사람들이 가장 우스꽝스럽다. 지혜로운 사람은 다른 사람들이 먼저 알아본다.

사람은 누구나 바울이 설명한 그러한 사랑을 간절히 원한다고 해도 틀린 말은 아닐 것이다. 내가 아는 한, 가족과 친구들에게 오래 지속되는 사랑의 기억을 유산으로 남기고 싶지 않는 사람은 아무도 없다. 그런데 어째서 그리스도인의 사랑을 보기가 그렇게 힘든 것일까? 어째서 사람들은 가면 뒤에 숨거나, 그다지도 분별력이 없어지는 것일까? 두 가지 이유가 있다. '교만과 두려움.'

교만은 사랑을 해친다. 어떤 사람들은 놀라운 재능과 뛰어난 지성을 소유했음에도 불구하고 너무 교만해서 자기를 낮추지 못하고, 너무 교만해서 다가가지 못하며, 너무 교만해서 도움을 구하지 못하고, 너무 교만해서 자기를 내어주지 못해 사랑을 하지 못한다. 그래서 그들은 보기 좋은 것으로 얼굴을 가리고, 그럴듯하게 가장하며, 관심 있는 척하면서 모든 관계를 피상적으로만 유지한다. 그렇게 하면 진정한 모습이 노출되거나, 상처받을 위험이 없으니까 말이다.

두려움도 이에 못지않게 사랑에 치명적이다. 사랑은 상실이나 혹은 거절의 위험을 수반하기 때문에, 어떤 사람들은 진정한 사랑을 주는 것을 두려워한다. 그래서 그들은 자기의 인격을 희생하고서라도 사람들의 기분을 맞추는 데 만족한다. 대면하기에는 너무 소심하고 선을 추구하기에는 너무 유약한 그들은, 맞닥뜨리는 것을 그대로 받아들이고 이런 말로 스스로를 위로한다. "나는 조건 없는 사랑을 하고 있는 거야." 그러나 사실, 그들의 사랑은 싸구려 장신구에 지나지 않는다.

아이러니하게도 사람들은 그 사랑이 위선인지 무분별한 것인지 알 수 있다는 점이다. 조만간 그들은, 언제 교만이 그럴듯하게 겉만 꾸미고 있는지, 언제 두려움이 안전을 놓고 흥정하고 있는지 알게 된다. 교만이나 두려움에 의한 사랑은 자기 중심적이다. 그 무엇도 진정한 사랑, 특히 이타적인 사랑을 대신할 수 없다. 간단히 말해서, 사랑은 다른 사람의 최고의 선을 추구하는 것이다.

때때로 사랑은 엄하고 냉정하고 용감하며, 악과 맞닥뜨렸을 때 그것을 외면하지 않는다. 사랑은 사람들이 듣고 싶어하는 말을 들려주면서 편안하게 해주는 것이 아니다. 슬프게도 사랑은 때로는 엄정하고, 단호하며, 굽히지 않아야 한다. 그러나 그보다 더 많은 경우 부드러움과 긍휼, 이해와 인내, 은혜와 용서가 나타나야 한다. 어떤 경우든, 엄정하든 부드럽든, 진정한 사랑은 다른 사람의 최고, 최대의 선을 추구한다.

적용

진정한 사랑과 그리스도의 몸

바울은 '위선이 아닌' 사랑을 요구함으로써 수평적인 은혜의 이동을 계속 호소한다. 위선적인 사랑은 충동적으로 호소하거나 게으르지만, 진정한 사랑은 상대방의 최선을 이루기 위해 행동한다. 진정한 사랑은 잘 속지 않으며 분별력을 지니고 있다(12:9). 내가 낭만적이지 않다고 말해도 좋다. 나는 억제하지 못하는 사랑이나 한계가 없는 사랑을 믿지 않는다. 진정한 사랑은 양쪽의 경계선, 즉 진리와 분별의 경계선을 절대 넘지 않는다. 예컨대, 한 아이가 부모에게 이렇게 말할 수 있다. "저를 사랑한다면 제가 원하는 것을 주세요." 지혜로운 부모는 이렇게 대답할 것이다. "너를 사랑하기 때문에 너에게 가장 좋은 것을 주마."

바울은 이어서 사랑을 다정하고, 존중하며, 열정적이고, 참을성 있으며, 관대하고, 자비로우며, 공감하는 것으로 묘사한다. 그리고 궁극적으로 겸손을 원동력으로 삼아 다른 사람의 가장 크고 높은 선을 나의 것보다 먼저 추구하는 것으로 묘사한다(12:10-16). 흥미롭게도 진정한 사랑에 대한 바울의 간곡한 권고는 영적 은사와 그리스도의 몸에 대한 설명 바로 다음에 온다. 그는 고린도전·후서도 똑같은 순서로 썼다. 그 유명한 '사랑장'(고전 13장)도 몸 된 교회에 대한 긴 설명 뒤에 나온다.

우리들 대부분은 가족이나 일가 친척들 사이에서 이러한 진리가 어떻게 사랑에 적용되는지 어렵지 않게 이해할 수 있다. 우리는 아는 것을 적용하는 데 빈번히 실패하지만, 그래도 우리가 어떻게 해야 하는지는 알고 있다. 그러나 교회 안에서, 특히 개인적으로는 알 수도 없는 수백 명의 신도들을 섬기면서 어떻게 '위선이 없는 사랑'을 보여줄 수 있을까?

그 답은 "섬김"이다. 하나님은 당신에게 그리스도의 몸의 중요한 지체로서 그 역할을 담당할 수 있는 초자연적인 능력을 주셨다. 당신은 당신의 성격이나 당신이 받은 교육이나 직업의 영향을 받을 수도 있고, 받지 않을 수도 있는 은사를 가지고 있다. 그것은 성령이 당신을 사랑하셔서 그리고 – 마찬가지로 중요하게 – 당신의 교회를 사랑하셔서 초자연적으로 제공하신 것이다. 그분은 의도적으로 당신과 몸 된 교회가 서로를 필요로 하도록 계획하셨다. 다시 말해서 당신의 교회는 중요한 장기가 없는 몸처럼 당신이 없이는 온전하지 못하며, 하나님이 당신 안에 두신 것을 당신이 공급하지 못하면 교회 전체가 고통을 당한다.

지금까지 교회에서 섬겨본 적이 없고, 어디서부터 시작해야 할지 모르는 사람들을 위해 몇 가지 실제적인 제안을 하겠다.

1. **당신 자신을 알라.** 나는 영적 은사를 나열해놓은 목록을 그다지 좋아하지 않는다. 개인의 영적 은사를 발견하는 유일한 방법은 열심히 섬기는 것이다! 그렇지만 당신이 어떤 식으로 도와야 할지 모르겠다면, 잘 만들어진 영적 은사 테스트나 교회용으로 만들어진 성격 진단 테스트가 좋은 출발점이 될 수 있다. 당신 교회의 교역자가 그들이 좋아하는 조사 자료를 가지고 있을 수도 있고, 온라인상에서도 찾을 수도 있다. 결과를 간과하지 말라. 동시에 당신 마음이 무엇을 원하는지 면밀히 주시하라. 두 가지 모두 중요하다. 마음이 끌리는 특정한 사역이나 역할이 있는가?
2. **도움을 요청하라.** 교회 사무실에 전화해서 당신이 섬길 부서를 찾는 데 도움을 줄 만한 사람을 추천받아 약속을 정하라. 그 사람을 만나서 교회를 섬기고 싶은 마음을 설명하고 당신이 바라는 것과, 교회의 필요 사이에서 가장 적합한 부서를 찾을 수 있도

록 도움을 요청하라. 가난한 마음을 되살릴 준비를 하라! 이것은 기분 좋은 충격일 것이다. 나는 이런 자세를 끝까지 견지한 성도와 함께한 경험이 양손으로 꼽을 수 있을 정도로 많지 않다.

3. 성실히 섬기라. 대부분의 교회들은 최소한의 봉사 기간을 요구할 것이다. 당신은 분명 그 역할이 요구하는 도전에 직면할 것이고, 회피하거나 또는 그만두고 싶은 유혹을 받을 것이다. 그러나 끝까지 충성하라. 지도자에게 고충을 말하고, 도움을 요청하며, 최선을 다해 성실하게 섬기라. 그런 다음 주어진 헌신의 기간이 끝났을 때, 그 경험을 살려 더 적합한 역할을 찾으라. 결국에는 – 그리고 당신의 생각보다 더 빨리 – 당신이 있어야 할 자리를 찾게 될 것이다. 한 가지 명심할 것이 있다. 그것은 희생이 따르리라는 것이다. 그러나 시간이 갈수록 위대한 설교자 존 헨리 조웨트(John Henry Jowett)의 말이 사실임을 알게 될 것이다. "아무 대가도 치르지 않은 사역은 아무것도 이루지 못한다."
4. 은사를 발견하라. 교회 안에서 신실하게 그리고 희생적으로 거짓 없는 사랑을 베풀다 보면 어디서 어떻게 섬기는 것이 최선인지 알게 될 것이다. 일이 사랑의 수고가 될 때, 고단함에서 열정을 느낄 때 당신은 교회 안에서 당신의 자리를 찾을 것이다. 바로 그때부터 진정한 기쁨을 느끼기 시작할 것이다. 이상하게 보일지 모르지만 사역은 고단한 사람들에 의해 이루어진다!

인생에서 일어나는 대부분의 일들이 그렇듯이 진정한 사랑은 빨리 되지도 않고, 쉽지도 않다. 그러나 그리스도의 몸을 섬기는 일에 우선순위를 두다보면 그 일이 없는 삶을 상상할 수 없게 될 것이다. 더구나 당신에게 돌아오게 될 보상은 놀라울 것이다.

부당한 일을 당했을 때 올바로 행하기(로마서 12:17–21)

[17]아무에게도 악을 악으로 갚지 말고 모든 사람 앞에서 선한 일을 도모하라 [18]할 수 있거든 너희
로서는 모든 사람과 더불어 화목하라 [19]내 사랑하는 자들아 너희가 친히 원수를 갚지 말고 하나님의
진노하심에 맡기라 기록되었으되 원수 갚는 것이 내게 있으니 내가 갚으리라고 주께서 말씀하시니라
[20]네 원수가 주리거든 먹이고 목마르거든 마시게 하라 그리함으로 네가 숯불을 그 머리에 쌓아 놓으

리라 [21]악에게 지지 말고 선으로 악을 이기라.

배우이자 작가 그리고 유머 작가였던 고(故) 윌 로저스(Will Rogers)는 이런 말을 한 적이 있다. "나는 내가 좋아하지 않는 사람을 한 번도 만난 적이 없습니다." 윌 로저스는 내 해병대 훈련 교관을 만나지 않았던 것이 분명하다. 그는 부드러운 구석이라곤 찾아볼 수 없는 사람이었다. 나는 그의 친어머니조차도 그를 좋아했을지 확신할 수 없다. 윌 로저스는 장전되어 있다는 걸 확인시킨 권총을 휘두르며 나와 면담을 시작했던 교회 장로를 몰랐을 것이다! 그리고 당신은 윌이 당신의 삶을 견디지 못할 정도로 힘들게 만드는 사람들을 몰랐을 거라고 확신할 것이다.

솔직히 말해서, 우리는 모두 싫어하는 사람이 있고 아마도 우리를 좋아하지 않는 사람들은 더 많을 것이다. 우리는 우리의 머릿속에 그들이 들어 있지 않다고 믿고 싶어하지만, 고단하거나 외롭거나 낙심될 때 그들은 마치 유령처럼 뇌리에 계속 떠오른다. 우리는 산 제사로 우리 자신을 드려왔기 때문에 이것은 우리를 의기소침하게 만든다. 그러나 다른 사람의 악행은 우리로 하여금 제단에서 기어 내려와 받아 마땅한 정당한 대우를 받고 싶은 유혹에 빠지게 한다.

우리 자신을 제물로 계속 드리고, 세상의 체계가 아니라 하나님의 방법에 계속 순종하기 위해서는, 자연적인 힘보다 더 강한 무언가가 필요하다. 다행히도, 주님은 다른 사람의 악행에 대해 초연할 수 있는 초자연적인 능력을 주겠다고 약속하셨다. 그러나 은혜와 마찬가지로, 이는 믿음을 통해서 온다. 그리고 믿음은 우리가 살고 있는 시대가 그러지 말라고 할 때, 하나님께 순종하기로 선택하는 것이다.

—12:17—

바울의 충고는 간단명료하다. "아무에게도 악을 악으로 갚지 말라." 진정한 사랑의 속성을 설명하면서 바울은 그리스도의 말씀을 그대로 되풀이한다. "너희를 박해하는 자를 축복하라 축복하고 저주하지 말라"(12:14, 마 5:44, 눅 6:28). 예수님과 바울 모두 말을 조심하라고 가르치고 있다는 사실이 흥미롭지 않은가? 마음은 우물이고 혀는 두레박이다. 입술은 마음속에 있는 것만을 길어 올릴 수 있다. 변화되지 않은 마음은 자기의 권리를 지키려는 채워지지 않는 욕구를 가지고 있다.

복수의 계획은 저주로 시작된다. 「신약 신학 사전(The Theological Dictionary of the New Testament)」은 다음과 같은 사실에 주목한다. "거의 모든 종교의 역사 속에서 발견되는 저주는 초자연적인 작용에 의해 해를 끼치기 위해 하는 말이다."[4] 오늘날 우리는 흑마법을 시도하거나 악의적인 주문을 외우지는 않지만 저주는 한다. 우리는 우리에게 상처를 주거나 감정을 상하게 한 사람이 해를 입기를 바란다. 우리가 어떤 말로 응대하기로 결정하느냐에 따라서 그 다음 단계가 결정된다. 악을 악으로 갚지 말라는 명령에 순종하기 원한다면 혀를 제어해야 한다. 우리는 우선 "축복하고 저주하지 말라"는 명령에 순종해야 한다.

헬라어로 "축복"이라는 말은 "좋게 말하다"라는 뜻이다. 이 말에서 영어의 "칭송(eulogy)"이라는 단어가 나왔다. 우리는 그 사람의 삶이 끝나기 전에 우리의 감정을 상하게 만든 사람을 칭송해야 한다. 그러므로 우리가 그러고 싶은 마음이 들 때까지 기다릴 수 없다. 우리의 본성과 반대로 억지로 작정해야 한다. 그렇지 않으면 앙갚음하고 싶은 욕구가 훨씬 커질 것이다.

악을 악으로 갚는 것에 대한 대안에 주목하라. "선한 일을 도모하라." "중요시하다[respect, 일부 영어 성경(NASB)에는 '도모하라'가 respect로 번역되어 있다 - 역주]"의 헬라어 뜻은 "예견하다, 생각해보다, 중요하게 여기다"로서, 보는 것 또는 선견지명이라는 개념에 종속되어 있다. 이것은 사뭇 일리가 있다. 우리는 과거에 받은 공격을 넘어서서 우리가 할 수 있는 선한 일을 바라봄으로써, 우리의 행위가 단순한 반응이 되지 않게 해야 한다. 우리는 이런 모욕, 저런 공격에 여기저기 끌려다니지 말고 하나님의 성품에 이끌려 행동해야 한다.

—12:18-20—

그러나 바울은 현실주의자다. 그는 - 대부분의 사람들보다 더 잘 - 어떤 사람들은 우리가 어떻게 행동하든 상관없이 우리의 적이 되기로 작정했다는 것을 알고 있다. 어떤 무리는 단지 싸우기 위해서 살며 괴롭힐 사람이 없으면 안전부절못한다. 그러나 우리는 우리와 관계된 모든 사람과 평화롭게 살아야 한다. 어떻게 그럴 수 있을까? 바울은 두 가지 반응, 수동적인 반응과 능동적인 반응을 제시한다.

첫째, 적이 의도적으로 해를 끼쳐도 대응하지 말아야 한다. 구체적으로 설명하겠다. 이것은 어떤 관계 속에서 한 사람이 상대방에게 해를 끼쳐서 어긋난 관계를 회복하기 위해 대면해야 하는 상황이 아니다. 그런 경우에는 마태복음 18장 15-17절에서 예수님이 요약해 말씀하신 절차를 따라야 한다. 여기서 바울이 언급하고 있는 것은, 다른 사람을 해하려는 의도가 분명한 적의 행위 - 아마도 그리스도의 몸 외부의 어떤 사람, 반드시 그렇지는 않겠지만! - 에 대한 것이다. 이런 경우 대면은 의미가 없을 것이다. 이러한 상황에 대한 바울의 충고는, '그냥 넘겨라'이다.

복수를 제쳐놓아야 하는 이유에 주목하라. 그것은 "하나님의 진노하심에 맡기"기 위함이다. 처음에 나는 그 말이 이런 뜻인 줄 알았다. "너를 공격한 것에 대한 대가로 네 적에게 가해하려 하지 말라. 하나님은 네가 할 수 있는 것보다 훨씬 더 큰 상처를 그들에게 주실 수 있으니까 하나님이 하시도록 맡겨라!" 당신도 전에 이러한 가르침을 들었을 가능성이 크다. 그런데 하나님의 진노는 언제나 구속적이며, 앙갚음이나 앙심을 품는 것이 아니다. 이 은혜의 시대 동안 하나님의 진노는 죄인을 쫓아가서 도망갈 길을 막고, 죄의 응보로 대면하며, 꾸짖고, 중단하지 않는 죄를 참담하게 만드신다. 하나님은 왜 그렇게 하실까? 그 이유는 그 사람을 회개시키고, 그 사람에게 은혜를 베풀며, 하나님이 모든 성도를 구속하시듯이 우리의 적도 구속하시기 위함이다.

우리가 직접 복수를 하면, 하나님이 추격하려고 작정하고 계실지도 모르는 하나님이 사랑하는 그 사람과 하나님 사이에 우리가 감히 끼어드는 것이 된다. 게다가 그러한 행위는 다른 피조물의 삶 속에서 감히 창조주의 심판관의 자리를 차지하는 것이다. 결국에는 은혜의 시대가 끝나고 심판의 때가 시작될 것이다. 만약 그 사람이 궁극적으로 하나님의 영원한 진노를 받을 운명이라면 그들은 우리가 불쌍히 여겨야 할 사람들이지 복수를 꿈꿔야 할 대상이 아니다.

바울이 두 번째로 제시한 반응은 한결 능동적이다. 그 사람에게 당신이 낯선 사람에게 베푸는 것과 같은 호의를 베풀라는 것이다. 먹을 것과 마실 것에 대한 언급은, 근동 지역에서 나그네들에게 음식과 안전한 잠자리를 제공하는 것을 당연시하던 관습에서 영감을 얻은 것이다. 그런데 몇 가지 오해를 규명해야겠다.

이것은 평화주의에 대한 참고 자료가 아니다. 바울은 한 나라의 외교 정책에 대해서 쓴 것이 아니다. 이것은 다른 사람들의 악행의 표적이 된 사람들을 위한 지침이다. 더 나아가 바울은 물리적 공격에 대해 자기 자신이나 가족을 보호하는 분별 있는 행위를 힐난하는 것이 아니다. 만약 어떤 사람이 한밤중에 당신 집에 침입하려고 한다면 당신은 이렇게 말하지는 않을 것이다. "이봐요, 서재도 꼭 둘러봐요. 당신이 좋아할 만한 게 많이 있을 테니." 천만의 말씀이다. 이럴 경우에는 싸워야 한다. 경찰을 불러 그 침입자를 체포하여 기소하게 하라.

바울이 이 말을 한 의도는 나라를 지키거나 아내나 가족을 침입자로부터 보호하는 것을 금지하려는 것이 아니다. 그보다는 열띤 논쟁, 악의적인 고소, 의도적인 중상, 직장이나 학교 그리고 동네, 심지어는 교회에서 벌어지는 추악한 정치에 대해 말하는 것이다. 자기 자신과 가족을 보호하는 것은 당연하다. 그러나 보호와 보복은 종이 한 장 차이이다. 특히 발끈했을 때는 그 차이를 구별하기가 쉽지 않을 수 있다. 가장 좋은 대책은 적을 친절하게 대할 수 있는 방도를 모색하고, 생명과 건강에 즉각적인 위험이 되는 것을 모면하기 위해서만 싸우는 것이다.

악을 선으로 갚는 의도는 "숯불을 그 머리에 쌓아 놓"기 위함이다. 아무도 이 괴상한 수백 년 된 비유가 어디서 유래된 것인지 확실히 알지 못한다. 어떤 이들은 고대 이집트에서 참회의 표시로 머리 위에 숯 그릇을 얹고 다니던 관습을 가리키는 것이라고 주장한다. 나는 이 구절이 우리가 '그가 모자를 손에 들고 나를 찾아왔지'라고 말하듯이, 그냥 겸손을 표현하는 관용구라고 생각한다. 미국의 대공황 시절에 빈털터리가 된 사람은 친구들을 찾아가 도움을 요청하는 방법밖에 다른 선택의 여지가 없었을 것이다. 친구들이 소중한 동전 몇 닢을 떨어트려주리라는 절박한 바람을 가지고 모자를 내미는 것은 굴욕적인 경험이었다. 고대에는 한 가정의 불을 꺼트리는 것을 무책임의 전형으로 여겼다. 아마도 이웃집에서 숯 그릇을 가지고 집으로 걸어가는 치욕스러운 경험이, 겸손에 대한 이러한 묘사를 만들어냈을 것이다.

이 구절의 근원이 정확히 무엇이건 간에 의미는 분명하다. 친절의 목적은 적의 양심을 일깨우기 위한 것이다. 우리의 선행, 우리의 겸손으로 인해 그가 겸손하게 회개하고 돌아오기를 바라는 것이다.

—12:21—

보복에 관한 바울의 요지는 '구원의 마스터플랜'에 대한 사명 선언이 될 수 있다. 하나님의 궁극적인 목적은 피조물을 악의 지배로부터 되찾아 초자연적으로 변화시켜 그분의 의의 지배 아래로 데려오는 것이다. 즉, 그분은 선으로 세상의 악을 이기실 것이다. 그리스도의 "축복하고 저주하지 말라"(12:14, 막 5:44, 눅 6:28)는 명령을 따라 악을 선으로 갚음으로써 우리는 세상을 향한 그분의 위대한 계획에 능동적으로 참여하게 된다.

적에게 대응하는 태도에 대한 바울의 가르침 속에서 나는 연륜이 묻어나는 지혜와 현실 감각을 많이 본다. 그의 충고는 진부하지 않으면서 간결하다. 가감 없이 현실적이다. 그러나 그가 '쉽다'는 말을 일절 쓰지 않고 있다는 사실에 주목하라. 악을 선으로 갚는 것은 복잡한 개념이 아니다. 매우 간단한 일이다. 그러나 그 일은 우리가 평생 맡아야 할 임무 가운데 가장 어려운 것 중 하나이기도 하다.

솔직히 말해보자. 죄를 진 사람이 참회하고 진지하게 사과할 때 용서는 한결 쉽다. 그들의 뉘우침 속에 우리의 고통이 반영된 것을 볼 때 저주는 쉽게 축복으로 용해된다. 그러나 상처를 준 사람이 우리의 고통에서 기쁨을 취하고 개인적으로 우리의 상처에서 이익을 얻을 때, 그 사람을 친절히 대하겠다는 결단은 우리가 정의와 공정함에 대해 알고 있는 모든 것에 어긋난다. 친절은 우리의 자연적 능력을 초월하는 반응이다. 그것은 초자연적인 힘을 필요로 한다. 다행히 그것이 바로 하나님이 약속하신 것이다.

여기서 8장 28-39절에 나오는 우리를 안심시키는 바울의 말이 현실적으로 적용된다. 적에게 얻어맞을 때, 그가 최근에 저지른 악행으로 인해 마음이 흔들릴 때, 다음과 같은 의혹이 들기 쉽다. '내가 내 안녕을 도모하지 않는다면 누가 할 것인가?'

슬프게도 적의 화살이 날아올 때 다른 성도들이 우리를 돕기 위해 뛰어드는 경우는 거의 없다. 많은 사람들이 우리가 가장 도움을 필요로 할 때 위험을 무릅쓰고 우리 옆이나 앞에 서기보다는, 공격을 당한 후에 우리의 상처를 치료해주기를 더 좋아한다. 옹호자는 찾기 힘들다! 그리고 설상가상으로, 적이 그들 마음대로 행할 때 하나님은 무자비하게 멀리

묵상의 서재

"여보… 그냥 넘겨요"

46년이 지났어도 사역은 당최 더 수월해지지 않는다. 이런저런 일들을 겪었지만 아직도 이따금씩 나를 강대상에서 몰아내려는 결의에 찬 교인들이 나를 위산과다에 시달리게 한다. 나는 익명의 편지들을 읽지 않고 파쇄하는 법과, 침묵하고 있지만 강력한 세력을 가진 파벌 – 교회에서 가장 오래된 속임수이다 – 을 대표해 말한다고 주장하는 사람을 무시하는 방법을 터득했다. 그렇지만 이번 경우는 내 가족들까지 끌어들여 나에게 해를 가하려고 했다. 나는 격분한 나머지 말이 많아졌고, 과한 반응을 할 지경에까지 다다랐다.

어느 날, 내가 전화로 절친한 친구에게 현재의 상황에 대해 말 보따리를 풀어놓는 걸 아내 신시아가 들었다. 나는 말을 마치고 전화를 끊은 뒤에 의자에 털썩 기대앉았다. 통화 내용을 침실에서 듣고 있던 신시아가 계단 아래로 왔다. 아내가 조용히 부르는 소리가 들렸다. "얘기 좀 해도 돼요?"

나는 책상에서 일어나 계단 쪽으로 가서 계단 꼭대기에 앉아 말했다. "말해봐요."

"그냥 넘겨요." 아내는 거기 서서 빤히 위를 올려다보았다. "그냥 넘겨요!" 아내는 똑같은 말을 되풀이했다.

아내의 말은 계단을 날아 올라와 내 폐부를 찔렀다.

"당신 목소리와 어조, 그리고 침실까지 들릴 정도로 큰 소리로 말하는 걸 들었어요. 제발, 여보… 그냥 넘겨요."

걱정스러운 아내의 지혜로운 말. 아내는 내가 그릇된 일을 하거나, 누구를 해치거나, 내가 어떤 행동을 취할 것을 걱정하고 있는 것이 아니었다. 그런 건 하나도 문제가 되지 않았다. 아내는 내 분노가 내 마음속 깊은 곳에서 일어나고 있다는 사실을 걱정하고 있었다.

나는 그 일을 그냥 넘겨야 했다. 그리고 나는 그렇게 했다.

닐 앤더슨(Neil Anderson)은 이렇게 썼다. "용서란 다른 사람의 죄의 결과와 함께 살기로 동의하는 것이다. 당신이 원하든 원하지 않든 당신은 이 결과들과 함께 살 것이다. 당신이 할 수 있는 선택은 용서하지 않은 원한 속에서 살 것인지, 용서의 자유 속에서 살 것인지에 대한 선택밖에 없다."[5]

당신이 당신에게 행해진 그릇된 일을 놓아 보내지 않는 한 당신은 악에게 정복당하고, 당신이 제거하려고 하는 바로 그것에 의해 희생당할 것이다. 그러니 선택의 여지가 없다. 그것은 복잡하지 않지만 결코 쉽지도 않다. 내 경험에서 배우라. 그냥 넘기라.

가 계시거나, 다른 데 마음을 두고 계시거나, 무관심한 듯이 보일 때가 많다. (욥에게 물어보라.) 이럴 때 바울이 앞서 던진 물음에 대한 답이 필요하다. "만일 하나님이 우리를 위하시면 누가 우리를 대적하리요"(8:31)? 이것은 믿음에 관한 물음이다. 우리는 진심으로 하나님의 지배와 그분이 우리를 위험 - 적의 공격을 포함해서 - 으로부터 보호하실 것을 믿는가? 여기에 대해 우리가 어떤 대답을 하느냐에 따라 우리 입술에서 저주가 나올 수도 있고 축복이 나올 수도 있다. 그리고 이것은 다시 친절이나 보복으로 이어진다.

나는 앞에서 마음은 우물이고 입술은 마음에 담긴 것만을 길어낼 수 있다고 말했다. 적이 위기를 조장하기 전에 바울이 던진 믿음의 질문에 대한 답이 미리 우리 마음을 채워야 한다. 만약 우리가 미사일을 피할 때까지 기다린다면 우리의 대답은 암담할 것이다. 그러니 지금 준비하자. 위기가 오기 전에 이 쟁점을 정리하고 마음을 온전히 정하자. 8장 32-39절에 나와 있는 바울의 믿음의 질문에 대한 답을 읽으라. 그리고 그것이 현재 당신의 영적 목표라고 가정하라. 큰 소리로 다시 읽으라. 그것에 대해 기도하라. 당신이 중력의 법칙 속에서 살듯이 자연스럽게 그 진리를 받아들이도록 당신의 마음을 변화시켜달라고(12:2 참고) 성령께 요청하라. 그러면 적이 포화를 발사할 때 침착하고 단호하고 평온한, 하나님이 확약하신 친절로 대응할 수 있는 초자연적인 능력을 갖게 될 것이다.

적용
부당한 일을 당했을 때 어떻게 할 것인가

인신공격을 받는 고통을 아는 사람이 있다면 그것은 바울이었다. 그는 예루살렘과 로마 사이의 제국을 누비고 다니는 동안, 자연재해뿐만 아니라 무지막지한 공격을 숱하게 받으면서 살아남았다. 그는 여러 차례 매를 맞았고 심지어는 복음 선포를 막으려는 사람들에게 돌을 맞기도 했다. 그는 이교도들, 유대인들, 심지어는 동료 그리스도인들을 포함한 종교적 라이벌들의 위축감을 주는 언어적 공격을 이겨냈다. 1세기의 교회 지도자들 가운데 바울만큼 다른 사람들로부터 고통을 받은 사람은 없었다. 그러므로 12장 17절에 나오는 "아무에게도 악을 악으로 갚지 말고"라는 그의 명령은 위대한 개인적 희생에서 나온 말이다.

인신공격에 대한 바울의 가르침은 세 가지 원칙으로 요약될 수 있다.

1. 악은 더 많은 악을 불러일으킨다. 본능적인 반응을 따르지 말라. 우리는 누구나 마음 속 깊은 곳에 선천적인 본능을 가지고 있다. 우리 몸의 세포 하나하나는 생존을 위해 프로그램 되어 있다. 어떤 물체가 얼굴에 너무 가까이 다가오면 우리는 움찔한다. 넘어지려고 하면 손을 뻗는다. 운전을 할 때 다른 차가 빠르게 후진하면 우리는 경적을 울리고 또 울린다! 이런 것들은 타고난 본능적인 반응이다. 누군가가 우리에게 해를 끼치면 보복을 함으로써 정의를 추구하려는 것이 우리가 타고난 본능이다. 바울은 이러한 우리에게 초자연적인 반응을 하라고 요구한다. 이는 우리의 자연적인 반응을 억제해야 한다는 뜻이다.
2. 정의에 대한 우리의 갈망은 타락했다. 당신의 정의를 추구하려 하지 말라. 정의는 하나님을 찬미한다. 그것이 주님이 공익을 위해서 권한을 부여하신 정부를 우리에게 주신 이유이다. 창조주의 형상을 담고 있는 자들로서 우리는 다른 사람들에게 부당한 일을 당하면 정의를 갈구한다. 그러나 우리의 창조주와는 달리, 정의에 대한 우리의 갈망은 자만심, 두려움, 혐오, 이기심에 의해 촉발된다. 그러므로 우리는 자격이 없다. 바울은 정의에 대한 욕망을 내려놓고 도리어 우리를 공격한 사람을 축복하라고 요구한다.
3. 복수는 은혜가 끼어들 여지를 남기지 않는다. 그 문제를 하나님께 내어드리라. 모든 사람은 죽음과의 약속을 피할 수 없다. 그때 각 사람은 창조자 앞에 서서 심판을 받게 될 것이다. 만약 형벌이 예정되어 있다면, 그때 – 그 전은 아니다 – 하나님은 그 사람의 행위대로 벌을 내리실 것이다. 그때가 되기 전까지 주님은 모든 행악자에게도 은혜를 연장해서 제공하신다. 심지어 정부에 의해 제공된 정의도 하나님이 믿지 않는 자들을 회개시키기 위해 사용하시는 질책의 도구이다. 감히 우리가 끼어들 수 있을까? 바울은 우리에게 하나님이 영혼의 심판자가 되시게 하고, 그분의 무한한 지혜로 정의를 제공하고 자비를 베푸시도록 허용하라고 요구한다.

우리는 다른 사람의 악행 때문에 고통을 받으면 치유가 필요하다. 그때 복수는 감질나는 약속을 속삭인다. "앙갚음을 하면 그 상한 심정도 치유되고 마음이 다시 편해질 거야." 그러나 그것은 거짓말이다. 복수는 상처를 치유하지 못한다. 은혜만이 그럴 수 있다. 진심 어린 회개와 진지한 사과는 큰 효과가 있겠지만 공격자들 대부분은 절대 그런 겸손을 무릅쓰지 않는다. 다행히 하나님의 은혜는 요청하기만 하면 얼마든지 공급된다. 그러므로 응징할 방법을 모색하지 말고 은혜를 요청하라. 그러고나서 치유를 향한 발걸음을 한 발짝 더 내디딤으로써 복수의 끈덕진 거짓말을 제지하라. "너희를 박해하는 자를 축복하라 축복하고 저주하지 말라… 악에게 지지 말고 선으로 악을 이기라"(12:14, 21).

경건한 반역자 되기(로마서 13:1-7)

1각 사람은 위에 있는 권세들에게 복종하라 권세는 하나님으로부터 나지 않음이 없나니 모든 권
세는 다 하나님께서 정하신 바라 2그러므로 권세를 거스르는 자는 하나님의 명을 거스름이니 거스
르는 자들은 심판을 자취하리라 3다스리는 자들은 선한 일에 대하여 두려움이 되지 않고 악한 일에
대하여 되나니 네가 권세를 두려워하지 아니하려느냐 선을 행하라 그리하면 그에게 칭찬을 받으리라
4그는 하나님의 사역자가 되어 네게 선을 베푸는 자니라 그러나 네가 악을 행하거든 두려워하라 그
가 공연히 칼을 가지지 아니하였으니 곧 하나님의 사역자가 되어 악을 행하는 자에게 진노하심을 따
라 보응하는 자니라
5그러므로 복종하지 아니할 수 없으니 진노 때문에 할 것이 아니라 양심을 따라 할 것이라 6너
희가 조세를 바치는 것도 이로 말미암음이라 그들이 하나님의 일꾼이 되어 바로 이 일에 항상 힘쓰느
니라 7모든 자에게 줄 것을 주되 조세를 받을 자에게 조세를 바치고 관세를 받을 자에게 관세를 바
치고 두려워할 자를 두려워하며 존경할 자를 존경하라.

잠시, 나와 시간을 거슬러올라가 당신이 특별한 상황에서 도덕적 딜레마에 빠져 있다고 가정해보자. 당신은 당신의 기독교적 양심을 따를지, 아니면 정부의 지시를 따를지를 결정해야 할 처지에 놓여 있다.

1760년부터 시작하자. 당신은 영국 사람이다. 당신은 당신의 가족이 여러 세대에 걸쳐 살아온 런던에서 자라고 교육받았다. 당신은 조지 왕의 정책에 다 찬성하는 것은 아니지만 군주에게 충성한다. 영국은 당신에게 친절했다. 당신의 가업은 번창해왔다. 때가 되어 당신의 아버지는 당신에게 모험이 필요하다는 것을 감지하고 대서양 너머의 식민지에서 입지를 다지는 것이 어떨지 제의했다. 당신은 모험과 뉴 잉글랜드에서의 여러 가지 가능성에 매력을 느낀다. 그래서 여행을 계획하고, 미국으로 배를 타고 건너가 토지를 매입해 사업

을 시작한다.

도착했을 당시에 혁명에 대한 소문이 나돌았지만 당신은 귀를 기울일 만한 이야기라고 생각하지 않았다. 그런데 몇 년이 지난 후에 당신은 식민지 주민들이 분노하고 있는 이유를 이해한다. 모든 곳에 세금이 부과되어 당신이 막 시작한 사업도 자금이 고갈될 위기에 처한다. 그리고 그 세금은 정부에 의해 되돌아오는 것 같지도 않다. 당신은 당신의 미국 친구들이 당한 불의에 대해서는 공유했지만, 여전히 왕의 충성스러운 백성이다.

시간은 빠르게 흐른다. 혁명의 문제를 더 이상 회피할 수 없다. 당신은 충성을 바칠 대상을 선택해야 한다. 어떻게 할 것인가? 당신의 마음은 고국에 있지만 양심은 미국 땅에 뿌리를 내렸다. 머물 것인가? 영국 편을 들 것인가 아니면 고국 사람들의 반대편에 설 것인가? 혁명 연합군이 싸움에 참여하라고 권유한다. 민병이 될 것인가 아니면 그들을 멀리하고 영국군이 나타나기를 기도할 것인가?

백 년 후인 1860년으로 가보자. 당신은 남부 앨라배마 주에 목화, 옥수수, 복숭아 그리고 그것들을 재배하는 많은 노예들이 있는 대규모 농장을 소유하고 있다. 이런 사회 구조는 해를 거듭할수록 더 많은 부를 쌓을 수 있게 해주었고 당신과 당신의 재산 증식에 더할 나위 없이 좋았다. 그런데 당신은 최근에 예수 그리스도를 믿게 되었고, 보기 드물게 담대한 당신의 교회 목사가 노예 제도를 반대하는 설교를 했기 때문에 지금 당신은 고민에 빠졌다. 당신의 동료들은 노예 제도는 도덕적인 것이며 성경에 의해서도 정당성이 입증되었다고 말하지만, 고요한 영혼의 심연을 들여다보면 당신은 분별할 수 있다.

그러던 중 1860년 11월, 새 대통령이 선출되면서 당신은 그 이슈를 외면할 수 없게 된다. 당신이 살고 있는 주는 1861년 2월 연방에서 탈퇴했고, 4월에 총력전이 시작되었다. 어떻게 해야 할까? 노예들을 풀어주고 가족과 농장을 버려둔 채, 북부로 가서 연합군을 위해 싸울 것인가? 아니면 양심의 목소리에 귀를 막고 노예들을 그대로 소유하면서 남부에 남아 있을 것인가?

다시 한 번 1936년으로 고속 감기를 해서 가보자. 당신은 베를린에 사는 독일인이자 그리스도인이다. 편견에 사로잡혀 제정신이 아닌 한 독재자에게, 점점 증가하는 무분별하고 때로는 폭력적이기까지 한 시민들이 막대한 권력을 부여했다. 그러나 독일의 미래는 밝다. 다시 번영하기 시작했고, 사람들은 다시 일자리를 찾았으며, 당신의 사업은 이제 막

이윤을 창출하기 시작했고, 베를린 하계 올림픽은 독일인들에게 다시금 긍지를 느끼게 해 줄 터였다.

그러던 중 당신의 유대인 친구들과 이웃들 몇 명이 불길해 보이는 다윗의 별을 강제로 달아야 했고, 어떤 사람들은 영문도 모른 채 행방불명이 되었다. 하루하루 지나면서 당신은 충성을 바칠 대상을 선택하라는 압력을 받는다. 독재자와 다수의 당신 동료들을 지지할 것인가, 아니면 유대인들과 다른 '탐탁지 않는 자들'에 대한 공정한 대우를 옹호할 것인가? 공공연히 정부에 대항할 것인가 아니면 정부의 주권을 인정하고 명령에 따를 것인가?

로마의 성도들은 이교도 행정관들의 관심을 끌지 않고 그들만의 공동체 안에 안전하게 틀어박혀 있는 것이 한결 쉽다는 것을 깨달았다. 정부와 관련된 것은 그것이 무엇이든 거리를 둠으로써 그들은 도덕적 딜레마에 빠지는 일을 최소화시켰을 것이다. 불행하게도 나는 오늘날 이런 일들이 많이 벌어지고 있는 것을 본다. 그리스도인들은 분한 적개심이나 심지어는 반정부적인 태도를 키우면서 반항적으로 독립할 수 있다. 그들은 기회가 있을 때마다 정부의 코를 비트는 일을 거의 의무로 생각한다. 나의 멘토인 레이 스테드만도 처음으로 소득세를 내야 했을 때 이러한 태도가 생겼다는 것을 인정했다.

> 나는 소득이 너무 적어서 오랫동안 세금을 내지 않았다. 그런데 소득이 점점 증가하면서 결국 세금을 납부하게 되었다. 나는 내가 그것을 얼마나 싫어했는지 기억하고 있다. 나는 납세 신고서를 보낼 때 "지옥세청[미국의 국세청을 'The Internal Revenue Service'라고 하는데 그는 이것을 'Infernal(지옥의) Revenue Service'라고 했다 - 역주]이라고 써서 보냈다. 그들은 그 돈은 받았지만 아무 반응도 보이지 않았다. 이듬해에는 좀 더 발전해서 "영세청(The Eternal Revenue Service)"이라고 써서 보냈다. 그렇지만 나는 이런 죄를 모두 회개했고 이제는 기쁜 마음으로 세금을 내려고 한다.[6]

나는 이 외에도 역시 건강하지 않은 태도로써, 정부와 관련된 것은 무엇이든 관여하지 않으려는 '무관심'과도 마주친다. 이러한 태도를 가진 사람들은 다음과 같은 생각을 한다. '우리는 하나님 나라의 백성이야. 그러니까 뭐가 됐든 민원에 참여하는 것은 기껏해야 시간만 낭비하거나 자칫 죄를 짓게 될 수도 있어. 그런데 왜 골칫거리를 만들겠어?'

그러나 사도 바울의 생각은 이와 달랐다. 그래서 왜 그리스도인들이 이 두 가지 극단적인 태도를 피해야 하는지를 설명한다.

—13:1—

내가 '수평적 은혜'라고 불렀던 것의 중요한 측면 중 하나는 책임 있는 시민 의식이다. 바울은 로마 주민들 – 그리고 훗날 이 편지를 읽을 모든 사람들 – 에게 통치 권력에 순종하라고 명령했다. *hypotassō* 라는 용어는 다른 사람의 명령에 대한 자발적인 복종을 표현하는 군대 용어이다.

만약 우리가 행동 지침으로 삼아야 할 것이 그게 전부였다면 그 요구는 혼란스러웠을 것이다. 일시적인 권위는 예수님이 왕으로서 세상을 다스리기 위해 재림하실 때 무너지게 되어 있다. 더구나 이런 권위는 악을 보상하고 하나님의 의를 억압하는 세상 체계의 핵심 부분이다. 그러니 그것에 순종하는 것은 하나님의 질서에 대항하는 것이 아닌가?

꼭 그렇지만은 않다. 바울은 더 나아가 세상이 반역했고 악한 세상 체계가 우리를 지배하고 있지만, 여전히 세상을 조정하는 것은 하나님이시라고 설명한다. 모든 세상 권력에 주어진 자치권은 제한되어 있으며, 그릇되게 행할 때가 많지만 주님은 그럼에도 불구하고 그들을 사용해 그분의 뜻을 이루신다(사 45:1, 렘 25:9, 단 4:32). 그러므로 보편적인 원칙을 생각해봤을 때, 우리는 그들을 거부해서는 안 된다. 바울은 세 가지 이유를 제시한다.

세속적 권위는 법과 질서의 대리인이다(13:1).

시민으로서 복종하는 것은 우리로 하여금 사람이 아니라 하나님을 두려워하게 한다(13:2-4).

시민으로서 복종하는 것은 우리로 하여금 비난의 여지가 없는 삶을 살게 한다(13:5-6).

세속적 권위는 법과 질서의 대리인이다. 천지창조 이후에 하나님은 세상을 채우고, 조직하시며, 각각의 피조물에게 목적을 부여하셨다. 정부가 법을 제정하고 정의를 실행할 때, 심지어 그들이 제대로 하지 못할 때조차도, 그들은 하나님의 창조 질서를 존중하는 것이다. 그러므로 정부는 그들이 의도하든 하지 않든 그것과는 상관없이 하나님의 뜻을 섬기고 있는 것이다. 그들은 하나님의 허락 아래 형성되고 번성하며, 하나님의 계획을 더 이상 섬기지 못할 때 소멸한다.

—13:2-4—

시민으로서 복종하는 것은 우리로 하여금 사람이 아니라 하나님을 두려워하게 한다. 우리가 정부에 대항한다면 그것은 하나님의 정의의 도구 – 보편적으로 말해서 – 와 싸우는 것이다. (드물게 예외가 있다.) 모든 정부, 심지어 잔혹하고 전체주의적인 정부도 시민들이 평화롭게 살고, 생산적인 삶을 유지하며, 아무 문제를 일으키지 않기를 바란다. 정말로 정부를 두려워해야 할 유일한 사람들은 그릇된 일을 행하는 사람들이다. 두려움 없이 살고 싶다면 선을 행하라. 법을 준수하고, 세금을 내며, 빨간 불에 멈추고, 이웃의 재산을 탐하지 말며, 그들의 사생활을 침해하지 말고, 은행을 털지 말라. 여기에 더하여 우리가 옳은 일을 행하면 권세자들에게 좋은 평판을 얻을 것이다.

정부를 두려워하지 않는 삶이 주는 이득은 두 가지다. 첫째, 그런 삶은 우리가 하나님을 경외할 수 있는 자유를 준다. 다시 말해서 그분의 권위를 존중하고 하나님이 기뻐하시는 옳은 일을 행할 수 있는 자유를 준다. 둘째, 불필요하게 감옥에 갇혀 있는 것보다 더 자유롭게 하나님을 섬기게 해준다.

—13:5-6—

시민으로서 복종하는 것은 우리로 하여금 비난의 여지가 없는 삶을 살게 한다. 그리스도인이 올바르게 행동하고 법에 순종하려는 동기는 단지 체포되거나 형벌을 피하기 위해서만이 아니라 양심에 꺼리지 않기 위해서이다. 그리스도인의 양심은 성령이 변화시킨 양심일 것이다. 그러므로 다시 말하지만 민법을 준수하는 것은 하나님께 복종하는 것이다.

유대인 그리스도인들은 탐욕 때문이 아니라 성결을 지키려는 열심 때문에 이교도 정부에 세금을 내는 문제로 고민했을 것이다. 유대인들은 일반적으로 하나님이 주신 돈으로 가 이사에게 세금을 낸다고 생각했다(마 22:17-22, 막 12:14-17, 눅 20:22-26). 바울은 세금을 내는 것을 공익에 기여하는 것으로 여겼고, 하나님은 포로 시절에도 그것을 권장하셨다. "너희는 내가 사로잡혀 가게 한 그 성읍의 평안을 구하고 그를 위하여 여호와께 기도하라 이는 그 성읍이 평안함으로 너희도 평안할 것임이라"(렘 29:7). 더구나 행정관들은 하나님의 허락 아래 일하는 것이므로 그들의 봉급을 지불하는 것은 하나님을 이롭게 하는 일이다.

—13:7—

바울의 요지는 모든 요구 사항과 의무 조항을 이행하면서 정부의 눈에 공손하고 훌륭해 보이는 삶을 살라는 권고이다. 우리는 정부에 세금과 각종 공공 시설에 대한 사용료 외에도 더 많은 것을 빚지고 있다. 우리는 바울이 "두려움"과 "존경"이라고 표현한 것처럼, 존경을 표할 의무가 있다.

바울은 우리와 정부와의 관계에 앞에서 말한 원칙을 그대로 적용하고 있다. "할 수 있거든 너희로서는 모든 사람과 더불어 화목하라"(12:18). 우리가 선량한 시민으로서의 모든 요구 사항을 다 이행하면 예수 그리스도를 긍정적으로 비출 수 있을 뿐만 아니라, 어쩌면 더 자유롭게 복음을 전할 기회를 얻게 될 것이다.

바울은 세상의 권세자들에게 순종하는 문제가 그리스도인들에게 껄끄러운 문제라는 것을 알고 있다. 어쨌든 그는 몇 년 내에 소름 끼치도록 잔혹하게 변할 네로의 통치권 한복판에 있는 로마의 성도들에게 이 글을 쓰고 있다. 그는 우리가 하늘에 계신 왕 – 대부분의 정부가 인정하지 않고, 많은 경우 반대하는 – 께 순종하면서, 권세를 잡은 자들을 포함하여 "모든 사람과 더불어 화목"해야(12:18) 한다는 사실을 측은하게 생각한다. 이것은 유지하기 어려운 섬세한 균형이다. 우리는 우리의 도덕적 특수성을 잃지 않으면서 세상의 권세자들과 의미 있는 관계를 유지해야 한다. 우리는 평화롭게 정부에 복음을 침투시키려고 노력하면서 정부의 요구에 협력해야 한다. 간단히 말해 우리는 경건한 반역자들이 되는 방법을 배워야 한다!

그러나 간혹, 정부의 명령에 불순종하는 것밖에 선택의 여지가 없는 경우도 있다. 더 드물게는 정부의 권력을 빼앗을 방도를 모색해야 할 때도 있다. 어느 정부나 부도덕한 행위를 하지만 대개의 경우 우리가 할 수 있는 최선의 대응은 의미 있는 관계를 유지해서 더 나은 쪽으로 변하도록 영향을 미치는 것이다. 그러나 정부의 권력자들이 우리에게 부도덕한 행위를 하라고 명령한다면, 그것은 전적으로 다른 문제가 된다. 우리는 그 명령에 불순종해야 할 의무가 있다(행 5:29 참고). 평화롭고 공손하게 우리는 하나님이 명령하신 대로 행해야 한다. 우리는 어쩌면 우리의 선택에 따르는 결과를 받아들여야 할지도 모른다. 그것은 형벌, 핍박 또는 다른 곳으로의 피난이 될 수도 있다.

아주 드물게, 우리는 특별히 잔혹한 정권으로부터 무구한 사람들을 보호하기 위해 무기를 들고 싸우라는 부르심을 받을 수도 있다. 그런 경우에는 싸우는 것이 옳다.

적용

싸워야 할 때를 알기

바울은 로마에 있는 그리스도인들이 걱정되었다. 유대인들과 그리스도인들에 대한 정치적 기류가 시시각각 적대적으로 변하고 있었다. 당대의 한 로마 문헌에 의하면 유대인과 그리스도인들은 "인류에 대해 혐오와 적개심"을 가지고 있다는 세평을 얻고 있었다.[7] 바울은 물론 평판 – 공정하지 못한 것이라도 – 이 강력한 영향력을 가질 수 있다는 것을 알았다. 공적 생활에서의 그리스도인들의 부재로 인해 생긴 공백은 부득이하게 두려움과 중상으로 채워졌다. 그래서 바울은 유대인들에게 세상 사람들과 분리된 채 그들과 다르게 살 것을 권장했던 1세기의 유대인 정책을 근본적으로 전환했다. 바울은 성도들에게 공적 생활과 관계를 맺고, 자신들도 모르게 하나님의 도구로 사용되고 있는 그들의 이교도 정부를 지원하라고 권고했다.

미국 정부는 심지어, 유신론이 공익을 위협한다고 생각해서 기독교에 대해 점점 적대적 – 무관심한 것이 아니라 – 이 되어가는 다른 나라들을 바싹 뒤쫓고 있다. 결과적으로 전 세계의 그리스도인들은 갈수록 1세기 로마의 그리스도인들과 매우 유사한 상황에 처해 있음을 깨닫고 있다. 이제 우리의 반응은 바울의 원래 독자들의 반응과 조금도 다르지 않을 것이다. 우리는 사회 문제에 뜻을 가지고 참여하고 긍정적인 영향을 끼침으로써 복음을 전파할 기회를 만들어야 한다.

안타깝게도 정부에 대항해야 할 경우도 있다. 민주주의는 공공 정책에 대한 반대 의견을 체제 내에서 평화적으로 표현할 수 있는 방법인 '시민 불복종'이라는 수단을 제공한다. 비교적 청렴하고 안정된 정권 하에서 이것은 공적인 부당 행위를 바로잡는 가장 효과적인 수단이다. 법정은 변화를 위한 유용한 도구가 될 수 있다.

드문 경우이기는 하나, 정부 정책에 더 극적으로 대항해야 할 때도 있다. 통과된 법이 성경의 명령에 분명하게 위배될 경우에는 평화로운 방법으로 불순종해야 한다. 정부 정책이 힘없는 자들을 학대하거나 희생시킬 때에는 그런 핍박에 반대하는 평화로운 행동을 취해야 한다. 이러한 행동의 좋은 예가 1960년대에 미국 남부의 인종 차별법에 대한 시민 불복종 운동이다. 시위대는 번번히 부당한 대우를 받으면서도 한 발의 총도 쏘지 않았다.

지극히 드문 경우지만, 변화를 일으킬 수 있는 방법이 모두 소진되고, 사람들의 생사가 달려 있으며, 너무 긴급해서 다른 선택의 여지가 없을 경우에는 선한 사람들도 무기를 들고 무력으로 악에 맞서야 한다. 이것은 테러리즘이나 여타의 야만적 폭력 행위를 묵과하는 것이 아니라 전쟁이 필요악이 될 때도 있다는 것을 인정하는 것이다.

그러나 정부가 올바르게 일을 처리하지 않을 때에도 순종하려는 모든 노력을 다 해보기도 전에 거역하거나 반대하려는 마음을 먹으면 안 된다. 바울이 이러한 명령을 한 이유는 이교도 정부와의 어색한 긴장 관계 속에서 생존하는 방법을 가르치기 위해서이기도 하지만, 그리스도인들과 관료들과의 사랑의 관계를 권장하기 위함이다. 그렇다. 당신이 읽은 대로다. 사랑의 관계라고 했다. 정부 관료들이 인정과 격려를 받고, 감사의 마음까지 전달받는 가운데 점점 돈독해지는 관계. 사면초가에 몰린 관료가 당신이 그리스도인인 것을 알았을 때 안도의 한숨을 내쉰다면 얼마나 근사한 일인가.

일어나 옷을 입으라!(로마서 13:8-14)

8피차 사랑의 빚 외에는 아무에게든지 아무 빚도 지지 말라 남을 사랑하는 자는 율법을 다 이루
었느니라 9간음하지 말라, 살인하지 말라, 도둑질하지 말라, 탐내지 말라 한 것과 그 외에 다른 계명
이 있을지라도 네 이웃을 네 자신과 같이 사랑하라 하신 그 말씀 가운데 다 들었느니라 10사랑은 이
웃에게 악을 행하지 아니하나니 그러므로 사랑은 율법의 완성이니라

11또한 너희가 이 시기를 알거니와 자다가 깰 때가 벌써 되었으니 이는 이제 우리의 구원이 처음

믿을 때보다 가까웠음이라 [12]밤이 깊고 낮이 가까웠으니 그러므로 우리가 어둠의 일을 벗고 빛의 갑
옷을 입자 [13]낮에와 같이 단정히 행하고 방탕하거나 술 취하지 말며 음란하거나 호색하지 말며 다투
거나 시기하지 말고 [14]오직 주 예수 그리스도로 옷 입고 정욕을 위하여 육신의 일을 도모하지 말라.

나는 현대인들, 특히 사람들로 복작대는 거대 도시에 사는 이들이 주위에서 벌어지고 있는 일에 적응하는 능력에 감탄한다. 이 시대의 온갖 소음과 활동과 빠른 움직임 속에서 마음을 흐트러뜨리지 않을 수 있는 능력은 생존의 문제이다. 그러나 거기에는 대가가 따른다. 우리는 너무 쉽게 명백한 사실을 간과하고, 중요한 것을 놓치며, 그로 인해 우리가 참여해야 할 곳에 참여하지 못한다.

바울의 독자들도 서구 문명의 중심지인 1세기의 로마에 살면서 분명히 동일한 압력을 느꼈을 것이다. 그들은 정치에 관여하지 않고 싶은 유혹을 적잖이 받았을 것이다. 어쨌든 그리스도가 재림하시면 붕괴될 운명인 정부에 왜 시간을 허비한단 말인가? 확신하건대 그들은 네로의 광적인 통치 아래서 반유대인, 반그리스도인의 정서가 막 싹트기 시작하던 이웃들과 교류할 필요를 느끼지 못했을 것이다. 더구나 그리스도가 언제라도 재림해 그분의 왕국을 세우실 거라고 약속하셨기 때문에 그들은 아마 지상에서 보내는 그들의 시간이 길지 않으리라고 생각했을 것이다. 그래서 바울은 그들의 잘못된 생각을 진지하게 다룬다.

바울은 그리스도의 몸 안에서 성도들의 관계를 고찰하고(12:2–16), 파괴적인 적들에게 대응할 방법을 가르치고나서(12:17–21), 또 다른 긴급한 문제인 정부와의 상호 관계(13:1–7)와 구원받지 못한 이웃들과의 관계(13:8–10), 그리고 세상에서 하나님의 의의 대사로서 우리의 책무(13:11–14)를 다룬다.

—13:8—

"아무에게든지 아무 빚도 지지 말라"는 명령은 두 가지 이유에서 의외이다. 첫째, 이 명령은 13장 7절에서 바울이 명령했던 것과 정면으로 배치되는 듯이 보인다. "모든 자에게 줄 것을 주되." 두 구절 모두 "빚을 진(owed)"이라는 말(*opheilō* 어군, 영어 성경은 두 구절 모두 owe를 썼다 – 역주)이 나온다. 그래서 바울의 말이 모순된 것처럼 보인다.

"모든 자에게 줄 것을 주되"(13:7).

"아무에게든지 아무 빚도 지지 말라"(13:8).

둘째, 이것은 돈을 빌리거나 빚을 지는 것을 금하는 것처럼 들린다는 이유로 일부 주석가들은 신용카드, 자동차 대출, 저당, 심지어 교회 건축을 위한 대출까지도 반대하는 근거로 사용했다.

우리 모두가 빚지지 않고 살 수 있다면 얼마나 좋겠는가. 더러는 그런 사람들이 있고 사람들은 그들에게 갈채를 보낸다. 사람들은 나에게 이렇게 묻곤 한다. "우리 교회에 부채가 있나요?" "네, 있어요." 나는 대답한다. "그렇지만 우리가 충분히 감당할 수 있는 액수입니다." 어떤 이들은 거만한 어조로 물었다 "음, 왜 빚을 지게 됐죠?" 그러면 나는 농담 삼아 이렇게 대답한다. "비를 맞으면서 예배드릴 수는 없으니까요!"

세를 얻었을 때 우리는 다른 사람들에게 계속 월세(그냥 없어지는 돈)를 내거나, 담보 대출을 받아서 동일한 액수로 건물을 매입할 수 있었다. 대출이 하나님이 우리에게 맡기신 돈을 관리하는 최선의 방법일 때도 있다. 더구나 오랜 기간에 걸쳐 돈을 갚아나가면 하나님이 우리에게 보내주신 도움이 필요한 사람들을 섬기면서 적절한 시설을 갖출 수 있다.

그렇더라도 우리는 빚을 엄격히 관리하고 지혜롭게 대처해야 한다. 13장 8절에 나오는 동사는 현재 시제로, 습관적이고 반복적으로 계속 빚을 져서는 안 된다는 의미를 함축하고 있다. 다시 말해서, 무한정 빚을 져서는 안 된다. 빚을 갚으라. 빚을 청산하지 않고 그대로 두지 말라. 빚에 빚을 더하지 말라. 빚 지는 것을 거침없이 반복하는 생활 태도를 갖지 말라(나는 '중독'이라는 말을 쓰지 않으려고 무지 노력했다). 그리고 절대 채무를 불이행하지 말라.

신용 거래는 도구에 불과하다. 그것은 적절히 사용될 수도 있고 상습적으로 남용될 수도 있다. 불행하게도 오늘날 대부분의 사람들은 신용 거래를 남용한다. 그래서 나는 부채를 물리쳐야 할 큰 악으로 보는 사람들의 의도를 이해할 수 있다.

부채에 대한 내 입장을 정리했으니 바울의 나머지 문장을 살펴보겠다. 맥락을 보라. 돈보다 범위가 더 넓다는 점에 유의하라. 13장 7절에서 살펴보았듯이 우리는 정부에 돈(세금과 사용료)과 존경(경외)을 빚지고 있다.

아무 빚도 지지 말라는 명령은 돈을 넘어서서 무형물로까지 확장된다. 유일한 예외는 사랑이다.

바울의 요지는 간단하다. 존경받는 사람이 되라. 의무를 이행하라. 채권자가 당신을 잡으러 쫓아다니지 않게 하라. 채권자를 찾아가 아무것도 숨기거나 속이려 하지 말고 빚을 갚을 방도를 모색하라. 존경을 받아 마땅한 특별한 위치에 있는 사람에게 아낌없이 적극적으로 존경을 표하라. 시간을 내주기로 헌신했거나 약속한 것이 있으면 제대로 하라. 이런 식으로 살면 보상으로 자유를 얻는다. 마지못해 하는 일이 적을수록 더 많은 것을 아낌없이 베풀 수 있다. 의무의 목록이 짧을수록 은혜를 베풀 수 있는 여유가 많아진다.

"서로 사랑하라"는 명령은 동료 그리스도인들에게만 국한된 것이 아니다. "이웃"이라고 번역된 헬라어는 *heteros*인데, "다른 종류"라는 뜻이다. 첫 번째 종류는 당신과 비슷한 종류의 다른 사람이다. 또 다른 종류는 당신과 매우 다른 사람이다. 믿음과 신학이 다른 사람, 성격이 다른 사람, 정치적 견해가 다른 사람, 습관이 다른 사람, 취향과 인종과 가치와 역사가 다른 사람. 다시 말해서 사랑이 있다면 '다름'은 문제가 되지 않는다. 사랑이야말로 결코 다 갚을 수 없는 영원한 빚이다.

—13:9-10—

바울은 사랑이 율법의 완성이라고 했는데, 이는 예수님의 가르침을 생각나게 한다(마 22:35-40, 막 12:28-31). 율법은 하나님의 성품을 표현할 뿐만 아니라 하나님의 원래의 창조 질서, 우주가 운행되는 방식에 대한 그분의 비전을 나타낸다. 그러나 죄는 늘 하나님이 선하게 창조하신 것을 뒤튼다. 죄는 반드시 해를 끼친다. 그러므로 죄와 사랑은 공존할 수 없다. 사랑은 간음을 하지도 용납하지도 않는다. 사랑은 살인하지 않는다. 사랑은 다른 사람의 재물을 강탈하지 않는다. 그리고 사랑은 다른 사람이 받은 축복을 욕심내지 않는다. 이런 것은 모두 피해자를 희생시켜 자기를 만족시키는 행위이다. 그리고 확신하건대, 희생자가 없는 죄는 없다.

바울에게 사랑은 예수님이 세상에 재림하셨을 때 다스리실 새 왕국의 높은 이상을 구현하는 것이다. 그때에는 하나님이 원래 창조하셨던 질서가 회복될 것이다. 그때가 될 때까지 바울은 성도들이 이 새 왕국의 살아 있는 모본이 되기를 갈구했다. 인류가 타락하기 전,

태초에 그랬던 것처럼, 하나님이 의로우시므로 사람들도 의로워야 한다. 하나님이 사랑이시므로 그들도 서로 사랑해야 한다. 하나님이 진리이시므로 그들도 그 진리를 따라 살아야 한다. 창조에 대한 하나님의 원래의 비전을 성취하기 위해 우리가 변화되면, 우리의 영향으로 세상도 변화될 – 미미하나마 – 것이다.

—13:11—

바울의 긴박한 어조에 주목하라. 이는 마치 아침에 기상나팔을 불어서 군사들을 군용 침대에서 일으켜 세우는 것 같은 느낌이다. 때가 되었으므로 우리는 일어나 서둘러야 한다.

바울은 '시간'이라는 뜻을 가진 두 개의 단어 중 어느 것이라도 사용할 수 있었을 것이다. 첫 번째는 *chronos*인데, 여기서 영어의 chronology(연대기)가 나왔다. 이것은 해시계에 표시된 시간이나, 달력에 표시된 날을 가리킨다. 또 다른 단어는 *kairos*로서 고정되어 있는 또는 지정되어 있는 시기를 나타낸다. 이것은 특정한 시기의 특질을 지칭하기도 해서, 찰스 디킨스(Charles Dickens)는 그의 소설 「두 도시 이야기(A Tale of Two Cities)」를 다음과 같은 말로 시작했다. "그때는 최고의 시대(*kairos*)였고, 최악의 시대(*kairos*)였다."

실제로 바울은 이렇게 쓰고 있다. "또한 너희가 이 시기를 알거니와." 그렇기 때문에 우리에게 사랑하라고 말한다. 우리는 주변 사람들을 다음과 같은 방법으로 사랑해야 한다.

우리 자신에 대해 균형 잡힌 시각을 유지해야 한다(12:3).
몸의 유익을 위해 우리의 은사를 사용해야 한다(12:4-8).
서로에게 먼저 존경을 표해야 한다(12:9-14).
악을 선으로 갚고 하나님이 다른 사람들을 단죄하고 구속하실 여지를 남겨두어야 한다(12:17-21).
정부에 대한 우리의 의무를 다하고 권세자들에게 그들이 받아야 할 존경을 표해야 한다(13:1-7).

이러한 태도는 우리가 관계를 형성하고, 희망을 갖고 새 왕국을 확장할 수 있는 사랑의 바탕을 만든다.

바울은 우리의 "시기"를 언급하며 "구원"이 이전보다 가까워졌다고 표현했다. 물론 이것은 개인적인 구원을 말하는 것이 아니다. 그것은 이미 성취되었다. 바울은 예수 그리스도의 재림과, 하나님의 의의 회복과, 구원의 마스터플랜에 대해 말하고 있다. 그 시기가 전보다 가까이왔고 언제라도 닥칠 수 있기 때문에 우리는 지금 자고 있으면 안 된다. 깨어서 그날을 고대하며 살아야 한다.

—13:12–13—

바울은 그 다음에 밤과 낮의 예를 들면서 극적으로 전환한다. 그리스도의 재림의 날이 밝기 전, 길고 어두운 밤이 계속될 것이기에 어떤 성도들은 잠들어 있고 어떤 이들은 어둠의 일에 빠져 있다. 사도는 이러한 죄를 두 개씩 묶어 세 가지 조항으로 나열한다.

방탕과 술취함. 이 말은 특히 헬라의 술의 신 바커스를 기리는 방탕한 밤의 축제를 가리키는데, 이 축제는 술에 취해 거리에서 퍼레이드를 벌인 후에 부도덕한 성행위로 끝을 맺었다. 이것은 재미있게 놀거나 과하지 않은 음주를 금지하는 것이 아니다. 음주가 여흥이나 중독으로까지 변해, 성령이 아닌 다른 것이 그 사람을 지배하게 만드는 것과 관련되어 있다.

음란과 호색. 음란이라는 말을 글자 그대로 해석하면 '침상'이라는 말로 성적 방탕에 대한 완곡어이다. 결혼 안에서의 '호색'은 아무것도 문제될 것이 없다. 바울의 의도는 부부 사이의 자발적이고 창조적인 친밀성을 규제하려는 것이 아니다. 더 정확한 번역은 '방탕' 또는 '성적 부정(不貞)'이다. 의미는 성적 규범을 무시하는 것이다.

쟁투와 시기. 문자적으로 이 단어들은 '내분'과 '열정'을 뜻한다. 앞서, 바울은 하나님에 대한 열심(10:2)을 칭찬했으나, 열정이 잘못된 방향으로 흐르면 공동체를 분열시킨다.

—13:14—

헬라어에는 '그러나'로 번역될 수 있는 두 개의 대조 접속사가 있다. 하나는 일상에서 흔히 쓰이는 것이고, 다른 하나인 *alla*는 뚜렷하고 강한 대조를 나타내는 데 쓰인다. 그리고 바울이 여기서 선택한 것이 바로 *alla*이다. 어둠의 일과 절대적이고 극명하게 대비되는 것으로 우리에게 주어진 것이 빛의 갑옷이었다(살전 5:8). 우리는 주 예수 그리스도로 옷 입어야 한다(갈 3:27, 엡 4:24).

예컨대 그리스도로 옷 입듯이 어떤 것으로 "옷 입는다"(갈 3:27), 또는 "새 사람"(엡 4:24, 골 3:10), 또는 "하나님의 전신 갑주"(엡 6:10-17)와 같은 개념은 "옷이 날개다"라는 옛 속담을 생각나게 한다. 동양에서는 – 오늘날까지도 – 사람의 사회적 계급을 옷으로 나타내기 때문에 옷이 개인의 정체성을 나타내는 데 많은 부분을 차지한다. 서양에서는 고급스러운 의복을 입음으로써 그것을 통해 자신감을 얻기도 한다. 새 옷을 입었을 때 기분이 좋아지는 것은 허영심 때문만은 아니다.

무언가를 "입는" 것은 특정한 방식을 믿고 그에 따라 행동하는 것이다. "그리스도를 옷 입는 것"은 '젠체하는' 것처럼 다소 꾸민다는 말로 들린다. 그러나 우리는 내면에 있는 것을 숨기려고 무언가를 입는 것이 아니라 그리스도 안에 있는 우리의 진정한 정체성을 나타내려는 것이다. 우리가 "입은" 것은 우리가 누구인지를 상기시켜주며, 그로 인해 우리는 한결 수월하게 그에 걸맞게 행동할 수 있다. 예를 들어, 경찰관은 방탄 조끼를 입고, 그것은 그들에게 조심해야 한다는 걸 일깨워준다. 그들이 입고 있는 제복은 그들의 신분을 인식시켜주고 모범을 보여야 한다는 사실을 일깨워준다. 그들이 달고 있는 배지는 그 도시와 시민을 대표하고 있다는 책임감을 일깨워준다. 그리고 그들이 차고 있는 무기는 그들이 마주치는 생명들을 주의 깊고 신중하게 다루어야 한다는 것을 상기시킨다.

바울의 또 다른 명령은 "육신의 일을 도모하지 말라"이다. 앞서 배웠듯이, "육신"은 사도가 사용한 기술적 용어이다. 이 단어는 우리의 물질적인 면을 지칭하는 것이 아니라, 우리가 과거에 죄에 종 노릇했던 것과 타락한 세상 체계를 지칭한다. 우리가 새로운 피조물이라고 해도 아직 완전히 변화된 것은 아니다. 우리는 옛 자아를 완전히 벗어버리지 못했다. 우리의 옛 자아는 우리가 그것의 호소에 귀를 기울이면 우리를 죄로 다시 끌고 가려고 호시탐탐 기회를 노리고 있다.

"도모"라는 말의 문자적 의미는 "고려" 또는 "계획"이라는 뜻이다. 다시 말해서 "육신의 일을 (계획 또는 고려)하지 말라"는 말은, 죄는 종종 죄를 계획하거나 적어도 죄에 대해 선택의 여지를 남겨놓는 것에서 시작된다는 경고인 것이다. 그러지 말고 우리는 미리 대책을 강구해야 한다. 육신은 충동적이므로 죄를 짓기 불편하도록 미리 계획하라.

우리는 그리스도인 공동체 안에서 "사랑"이라는 말을 흔히 듣는다. 세상의 문화는 이 말을 남녀 간의 로맨스나 혹은 가족 간의 정을 나타내는 말로 제한하는 반면에, 그리스도인들은 더 광범위하게 적용하기를 좋아한다. 우리는 교회 내에서 서로를 깊이 돌보고 이방인들에게 친절을 베풀라고 배운다. 좋은 일이다. 그러나 바울의 적용은 그보다 범위가 더 넓다.

우리는 세금을 납부하는 것을 사랑의 표현이라고 생각하지 않는다. 그러나 바울에 의하면 그것은 사랑의 표현이다. 속도 제한을 지키고, 자동차를 제때에 점검하며, 배심원의 의무를 이행하고, 투표소에서 우리의 목소리를 낼 때 우리는 사랑을 표현하고 있는 것이다. 길에서 다른 운전자들을 정중하게 대하고, 다른 사람에게 더 좋은 주차 공간을 양보할 때 우리는 사랑을 표현하고 있는 것이다. 식당에서 후한 팁을 놓고 나오는 것도 다른 사람들이 고마워할 수 있는 구체적이고 의미 있는 방법으로 사랑을 표현하는 것이다. 그리고 내 말을 믿으라. 그들은 그것을 알아챈다.

스톤브라이어 교회 앞으로 배달된 편지 한 통을 소개하고 싶다.

> 제가 여러분에게 이 글을 쓰는 이유는 여러분 교회의 교인들이 제 삶에 얼마나 큰 감동을 주었는지 알리고 싶어서입니다. 몇 년 전, 남편과 저는 두 명의 어린 자녀들과 함께 자그마한 방 두 개짜리 아파트에서 살고 있었습니다. 그런데 예정에 없던 세 쌍둥이 사내아이들을 출산하는 축복과 도전에 직면하여 망연자실해 있었습니다.
>
> 우리 가족들은 모두 1,600킬로미터 이상 떨어진 곳에 살았고 우리는 아무런 도움도 받을 수 없었지요. 세 쌍둥이가 태어난 지 3주가 지난 다음 날 병원에서 집으로 왔고, 저는 당장 일자리가 필요했습니다. 기저귀와 분유 값을 대기 위해 저는 여러분 교회 근방에 있는 식당의 웨이트리스로 취직을 했습니다. 저는 여전히 심각한 통증에 시달렸고, 우리 가족이 감당할 수 있는 한계를 넘었다고 생각하니 덜컥 겁이 났지요.
>
> 직장에서의 첫날, 저는 여러분 교회에서 온 한 그룹에 음식을 서빙했습니다. 그들은 독신 성인들이었는데, 저는 대학교 때 웨이트리스로 일했던 경험을 통해 그리스도인

들이나 교회에서 온 사람들은 팁에도 인색할 뿐더러 무척이나 까다롭고 무례하다는 것을 알고 있었습니다. 그들은 저의 행동이 굼뜨다는 것을 눈치챘지만 불평하지 않고 이해해주었습니다. 그들은 심지어 저의 형편에 대해 묻기까지 했고, 세 쌍둥이를 키우고 있는 상황을 알게 되었지요.

그 그룹은 주일마다 계속 찾아왔고 저는 그들에게 서빙하는 것을 영광으로 생각했습니다. 그들은 제 아이들에 대해서 물었고 저에게 꼭 필요한 방법으로 용기를 북돋아 주었습니다. 그들은 말로 다 설명할 수 없는 방법으로 저를 격려해주었습니다. 그로 인해 저는 웨이트리스라는 일을 하나님을 위해 사람들을 섬기는 일로 보게 되었습니다. 저는 음식 접시를 내려놓을 때나, 그들에게 줄 축복을 생각하면서 기도하곤 했습니다. 저는 하나님과 그분의 계획에 대해 몹시 혼란스러운 상태였는데 느닷없이 한 무리의 그리스도인들이 너무나 이상한 방법으로 저의 삶 속으로 들어왔습니다. 그리고 그들은 저에게 위로를 주었습니다.

세 쌍둥이와 함께한 우리의 첫 성탄절은 재정적으로 참담했습니다. 우리는 겨우겨우 청구서들을 지불하고 있었으니까요. 그 성탄절에 그 독신자 그룹은 식사를 하러 오지는 않았지만(실망스럽게도), 식당으로 찾아와 고액이 든 봉투를 저에게 남겨놓고 갔습니다. 저는 그날 밤 일을 마치고 집으로 가는 길에 토이저러스(미국의 큰 장난감 상점 - 역주)에 들러 쇼핑하는 내내 울었습니다. 수많은 사람들이 이상한 눈으로 저를 쳐다보았지만 저는 상관하지 않았습니다.

제가 스톤브라이어 교회의 독신자 그룹을 알아온 지도 이제 몇 년이 되었군요. 저의 남편은 다시 시카고로 전근을 가게 되었고, 이제는 제가 아이들과 매일 집에 있어도 될 만큼 충분한 생활비를 벌고 있습니다. 지금은 형편이 비교할 수 없을 정도로 나아졌습니다. 그 당시의 경험이 근래에 갑자기 생각이 났고, 저는 여러분에게 저를 그리스도인으로 만들기 위한 하나님의 아주 특별한 계획이 제 삶 속에서 어떻게 일어났는지를 알려주고 싶었습니다. 저는 그때 그들에게 음식을 서빙하게 해주신 하나님께 감사드립니다.

일어나라! 그리스도를 옷 입으라! 그리고 식당에서 우리를 위해 봉사하는 사람들을 포함해서… 사랑할 누군가를 찾으라!

적용
추락을 피하기 위해 실족을 계획하라

사랑을 추구하고 악을 피하라는 바울의 간곡한 권고를 읽다보면, 나는 그의 급박한 어조와 계획적인 행동을 취하라는 주장에서 깊은 인상을 받는다. 그는 이러한 계획적인 삶의 방식을 "그리스도로 옷 입는 것"이라고 말한다. 희생자가 없는 죄는 없기 때문에 우리는 죄를 피함으로써 다른 사람들을 사랑해야 한다(13:8-10). 그리고 선을 이룰 기회를 모색해야 한다(13:11-14). 세상은 경건한 삶(13:13)을 호락호락 허용하지도 않고 그렇게 살도록 그냥 놔두지도 않을 것이다. 이와는 대조적으로 유혹과 덫은 각 가정의 대문 밖에 깔려 있다. 그러므로 그것들과 맞닥뜨렸을 때 놀라면 안 된다. 발부리가 걸려 비틀댈 때마다 한탄하기보다 매번 그것을 그리스도를 높일 기회로 바꾸자. 즉, 아무것도 운에 맡기지 말자는 뜻이다.

이를테면, 특정 텔레비전 채널이 아주 약간이라도 유혹에 빠지게 만든다면 방송 서비스 공급자에게 전화해서 그 채널을 봉쇄시키라. 여행할 때 미리 호텔에 전화해서 당신 방에 성인 방송을 차단해달라고 요청하라. 집을 떠나 있을 때 다른 유혹에 시달린다면 친구나 동성의 동역자, 배우자 또는 다른 가족 등 적합한 동행인과 함께 여행하도록 하라.

혹여 인터넷이 당신 마음을 가지 말아야 할 곳으로 조금이라도 유인한다면 지나가는 사람들이 스크린을 볼 수 있는 곳에 컴퓨터를 놓으라. 집안 식구 누구나 자유롭게 당신 컴퓨터를 사용할 수 있게 하라. 가장 좋은 방법은 당신을 꾸짖고 나무랄 수 있는 사람에게 컴퓨터 사용에 관한 보고가 자동적으로 전달되는 소프트웨어를 설치하는 것이다. 당혹감은 강력한 부정적 동기가 되기 때문에, 규정을 어기면 당신이 존경과 찬탄을 계속 받고 싶은 사람에게 보고되도록 합의하라.

적극적으로 유혹을 피하는 것 외에, 바울은 그리스도인으로서의 행보를 강화시킬 방도를 모색하라고 권고한다. 당신이 이 책을 읽고 있다면 당신은 성경을 공부하기로 결심했다고 추정해도 무방하다. 아주 잘한 일이다. 공부를 계속하기를 권한다. 당신의 영적 저수지를 신성한 진리로 채우라. 당신의 삶이 추락할 때 그것이 필요할 것이다. 크게 실망하거나 실패하거나 깊은 슬픔을 겪을 때는 지혜를 구할 때가 아니다. 그때는 당신이 성실하게 저장해온 지혜를 길어 올릴 때다.

실제적인 가치가 있는 것을 성취함으로써 성경을 통해 얻은 지혜를 공고히 하라. 다른 사람들과 더불어 당신이 속해 있는 공동체를 위한 일을 하라. 당신이 존경하고 흠모하는 사람들이 세상을 발전시키기 위해 어떤 일을 하고 있는지 찾아내 그들과 협력하라. 당신은 신성한 진리를 절실히 필요로 하는 세상에 복음을 실제적으로 적용할 수 있을 뿐만 아니라, 다른 신령한 사람들로부터 유익한 영향을 많이 받을 수 있을 것이다.

지혜와 성숙을 얻으면 그것을 전달하라. 배우려는 의지가 있는 사람을 찾아서 당신과 함께 그리스도인의 길을 걷자고 초대하라. 출판된 것들도 있기는 하지만 잘 짜인 커리큘럼이 아니어도 된다. 멘토링은 당신이 옳은 일을 행할 때 다른 사람들이 당신의 삶을 관찰하도록 허락하는 것일 뿐이다. 그들은 당신의 실수에서 배우고, 당신이 회복한 지혜를 발견하며, 당신의 승리에서 힘을 얻는다.

"주 예수 그리스도로 옷 입는 것"은 목적 의식에 의한 결단이며, 저절로 되는 것이 아니다. 그리스도로 옷 입는 것은 우리 가슴에 표상을 달고 모든 사람 – 우리 자신과 우리를 지켜보는 사람들 – 에게 우리가 그분께 속해 있음을 알리는 것이다. 그리스도로 옷 입는 것은 모든 살아 있는 것들이 따라야 할 행동 규범을 확립한다. 이렇듯 그리스도로 옷 입는 것은 "육신의 일을 도모하지 않는다"(13:14).

은혜를 행위로(로마서 14:1-12)

1믿음이 연약한 자를 너희가 받되 그의 의견을 비판하지 말라 2어떤 사람은 모든 것을 먹을 만
한 믿음이 있고 믿음이 연약한 자는 채소만 먹느니라 3먹는 자는 먹지 않는 자를 업신여기지 말고
먹지 않는 자는 먹는 자를 비판하지 말라 이는 하나님이 그를 받으셨음이라 4남의 하인을 비판하는
너는 누구냐 그가 서 있는 것이나 넘어지는 것이 자기 주인에게 있으매 그가 세움을 받으리니 이는
그를 세우시는 권능이 주께 있음이라

5어떤 사람은 이 날을 저 날보다 낫게 여기고 어떤 사람은 모든 날을 같게 여기나니 각각 자기
마음으로 확정할지니라 6날을 중히 여기는 자도 주를 위하여 중히 여기고 먹는 자도 주를 위하여 먹
으니 이는 하나님께 감사함이요 먹지 않는 자도 주를 위하여 먹지 아니하며 하나님께 감사하느니라
7우리 중에 누구든지 자기를 위하여 사는 자가 없고 자기를 위하여 죽는 자도 없도다 8우리가 살아

도 주를 위하여 살고 죽어도 주를 위하여 죽나니 그러므로 사나 죽으나 우리가 주의 것이로다 9 이를
위하여 그리스도께서 죽었다가 다시 살아나셨으니 곧 죽은 자와 산 자의 주가 되려 하심이라
10 네가 어찌하여 네 형제를 비판하느냐 어찌하여 네 형제를 업신여기느냐 우리가 다 하나님의 심
판대 앞에 서리라 11 기록되었으되

> 주께서 이르시되 내가 살았노니 모든 무릎이 내게 꿇을 것이요
> 모든 혀가 하나님께 자백하리라 하였느니라

12 이러므로 우리 각 사람이 자기 일을 하나님께 직고하리라.

십자가에 달리시기 전날 예수님은 고개를 숙이고 제자들을 위해 기도하셨다. 그분은 열두 제자를 위해 기도하셨고, 그들이 훈련시킬 새 제자들을 위해 기도하셨으며, 앞으로 태어날 제자들을 위해 기도하셨다. 우리를 악에서 보호해주시고, 환난 중에서 우리를 지켜 달라고 기도하신 후에 그분은 마지막 요청을 하셨다.

무역의 전략적 교차로를 지배하던 고린도는 로마에게 소중한 지역이었다. 선주들은 용감하게 말레아 곶(Cape of Malea)을 우회하는 위험한 여정보다, 선박과 화물 등을 모두 끌고서 좁은 지협을 가로지르는 쪽을 택했다. 더구나 이 천혜의 지협은 아가야(오늘날의 그리스 남부)를 오가는 교역을 지배했다.

"내게 주신 영광을 내가 그들에게 주었사오니 이는 우리가 하나가 된 것 같이 그들도 하나가 되게 하려 함이니이다 곧 내가 그들 안에 있고 아버지께서 내 안에 계시어 그들로 온전함을 이루어 하나가 되게 하려 함은 아버지께서 나를 보내신 것과 또 나를 사랑하심 같이 그들도 사랑하신 것을 세상으로 알게 하려 함이로소이다"(요 17:22-23).

분명히 예수님은 기도하시면서 우리의 연합을 염두에 두고 계셨다. 그러나 '연합'은 '획일'과는 다르다. 사람들은 종종 이 둘을 혼동한다. 연합하고, 협력하며, 서로 섬기라는 부르심을 받았다고 해서 우리가 모두 다르다는 사실을 무시할 수는 없다. 우리는 제각각 고유한 유전자를 가지고 있다. 게다가 우리 한 사람 한 사람은 서로 다른 환경 속에서 형성되어왔다. 우리는 다른 관점, 다른 의견, 다른 선호, 다른 문제 해결 방식을 가지고 있다. 우리들 각 사람은 제 나름의 신념과 편견 – 그중 어떤 것을 지키기 위해서는 죽음도 불사할 수 있는 – 을 가진 성도들의 공동체의 일원이다. 그럼에도 불구하고 하나님은 우리가 연합하고 조화를 이루면서 공존하기를 바라신다. 그러나 그것은 거의 실현된 적이 없다.

교회사의 어떤 장을 펼쳐도 거기에는 갈등이 있다. 모두가 함께 잘 지냈던 1세기의 '좋았던 옛 시절'을 갈구하는 사람들은 진상을 알고나면 실망할 것이다. 사실은 1세기의 그리스도인들도 오늘날의 우리와 마찬가지로 연합을 유지하기 위해 고군분투했다. 바울이 고린도서를 쓴 것도 회중들이 내부적으로 분열되기 일보직전이었기 때문이다. 드러난 죄가 신도들을 분개하게 만들었고, 그 와중에 다른 모임에서는 율법주의가 성도들을 옥죄였다. 교회 외부로부터 들어온 거짓 고발이 내부에서 나온 그릇된 가르침에 기름을 끼얹는 격이 되었다. 어떤 파벌은 바울을 좋아했고, 또 다른 파벌은 베드로나 아볼로를 좋아했으며(고전 1:12), 이들 사이의 신학적 논쟁은 교회를 계속 혼란에 빠트렸다.

다른 교회들에서는 구리 장색 알렉산더가 끈덕지게 바울을 반대했고(딤후 4:14), 디오드레베는 요한의 사도의 권위를 찬탈했으며(요삼 9-10절), 후메내오와 빌레도는 여러 교회에서 성도들의 신앙을 훼손시켰다(딤전 1:20, 딤후 2:17). 바울은 베드로가 다른 유대인들 앞에서 이방인 그리스도인들을 위선적으로 대했기에 그를 책망해야 했다(갈 2:11-14). 바울 사도는 하고많은 사람 중에서 하필이면 바나바와 심하게 다투는 바람에 두 사람은 헤어졌고,

다시는 함께 일하지 않았다(행 15:39)!

사도들이 갈등을 겪었다면 우리는 더 말할 것도 없을 것이다. 그렇다고 해서 불화가 반드시 나쁘다는 말은 아니다. 사실, 의견의 차이는 몸 된 교회에 큰 이점이 될 수 있다. 대부분의 의견 차이는 다 그렇다고 말할 수 있다. 중요한 것은 그 차이를 어떻게 처리하느냐이다. 각 부분이 원활하게 돌아가게 해주는 인내, 올바른 관점, 충분한 의사 소통, 풍성한 은혜가 있다면 연합을 이루는 것은 어렵지 않다.

—14:1—

바울은 의견 차이가 해결되지 않으면 분열과 불화로 이어질 수 있음을 인식하고 있다. 그래서 그는 로마 교회의 두 가지 뜨거운 쟁점 – 식습관과 절기 – 에 초점을 맞추기로 작정한다. 처음에 바울은 어떤 쟁점들은 사람들을 두 그룹으로 나누는 역할을 한다는 점에 주목한다. 그는 어떤 이들을 "믿음이 연약한 자"라고 부른다. "연약한"이라는 말 뒤에 숨은 뜻은 나약하거나 여리다는 뜻이다. 다리를 심하게 다친 사람이 있다고 생각해보자. 오랜 회복기를 거친 후에 그 사람은 다시 걸으려고 한다. 그러나 약해진 다리가 후들거린다.

"강한" 자(15:1 참고)가 후들거리는 믿음의 다리로 걸으려고 애쓰는 자들을 포용해야 (또

고린도

고린도(368쪽의 지도를 보라)는 고대 그리스 도시들을 전략적 요충지로 만들어준 고린도 만과 사론 만 사이의 지협을 지배했다. 선주들은 용감하게 말레아 곶을 우회하는 위험한 여정보다, 선박과 화물 등을 모두 끌고서 좁은 지협을 가로지르는 쪽을 택했다. 고린도를 지배하는 자가 그 지역의 무역의 흐름을 지배했다. 고린도는 결국 로마의 장군에게 패해 남자들은 몰살당하고, 여자와 아이들은 노예로 팔린 후 근 1세기 동안 폐허로 남아 있었다. 그후 기원전 46년 줄리어스 시저가 로마의 이익을 위해 그 지협을 보존하고자 고린도를 재건했고, 로마의 자유민들을 위한 식민지로 삼았다.

바울 시대에 인구가 8만 명 정도였던 이 로마의 식민지는 로마와 매우 흡사했다. 고린도는 황제를 숭배했고, 로마법을 지지했으며, 국제 무역이 활발했고, 운동 경기를 개최했으며, 이교도들을 끌어모았고, 노예 제도가 만연했으며, 다수의 유대인들이 거주하는 것에 관대했고, 자칭 "작은 그리스도"라고 하는, 이제 막 싹트기 시작한 새 종파를 이해하기 위해 애썼다. 바울은 고린도에서 배운 교훈을 로마에 전달했다. "깨어 믿음에 굳게 서서 남자답게 강건하라 너희 모든 일을 사랑으로 행하라"(고전 16:13-14).

는 글자 그대로 "받아들여야") 한다. 그러나 연약한 자들을 받아들이되 그들 자체나 그들의 의견을 바꾸지 말고 그대로 받아들이고 환영해야 한다는 것이다. "비판"으로 번역된 구절은 "판단하다"는 동사의 강조 형태이다. 이것은 "사람들을 구별 짓는 것" 또는 "어떤 사람의 상대적 가치를 판별하는 것"이라는 뜻이다(행 15:8-9). 다시 말해서, 믿음이 연약한 자들이 변하기를 기대하지 말고 그 모습 그대로 조건 없이 받아들여야 한다는 뜻이다.

—14:2-3—

로마의 그리스도인들 대부분은 신에게 경의를 표하기 위해 동물을 제사 때 바치던, 우상을 숭배하는 이교도 신앙에서 개종한 사람들이었다. 그 당시에는 불에 채 타지 않았거나 의식 때 먹으려고 조리된 남은 고기는 시장에 내다 팔 수 있었다. 그러나 구원받기 전에 우상을 숭배했던 성도들은 우상에게 바쳐졌던 고기를 먹는 것에 혐오감을 느꼈다. 보통 그들은 직접 조리하지 않은 고기는 먹지 않았다.

그런데 바울은 우상은 실체가 없다고 가르쳤다. 그러므로 그 고기에 부여된 의미는 상상에 불과하다. 우상의 제단에서 나온 고기는 다른 고기보다 더 좋을 것도 나쁠 것도 없다(고전 8:1-13). 바울은 이것을 "믿음이 강한 자들"의 관점이라고 생각한다.

나는 소위 말해 "믿음이 연약한" 사람들의 관점을 이해할 수 있다. 그들의 고충을 현대의 예로 들어보겠다. 젊은 날을 헤이트 애시베리(미국 샌프란시스코의 한 지역, 60년대 히피와 마약 문화의 중심지 – 역주)에서 허송세월하고, 티모시 리어리(Timothy Leary, 히피즘의 옹호자이자 대부, 합성 환각제인 LSD의 사용을 옹호했다 – 역주)의 가르침을 쫓아다니면서 탕진한 한 남자가 있다고 상상해보라. 십여 년 동안 LSD와 대마초 그리고 '자유 연애'를 즐기고, 노숙자 생활을 한 결과 그에게 남은 것이란 허약해지고, 여기저기 움푹 패인 병든 몸밖에 없었다. 그리고 그때 돌아온 탕자처럼 그 역시 그리스도 안에서 정신을 차려 회개하고 온전한 구원을 찾았다. 진실된 신앙을 가진 그리스도인 공동체가 그를 도와 과거에 의해 훼손된 부분을 해결하고 괜찮은 직장을 찾아주었다. 그러는 사이 그는 말씀을 공부했고 그의 믿음은 더욱 성숙해졌다.

이것이 그 남자의 과거사다. 이제 그의 옛 히피 친구들은 그에 대해 아는 것이 거의 없다. 그의 눈동자는 희망으로 반짝인다. 그의 걸음걸이는 활기가 넘친다. 그리스도의 사랑으로 그의 얼굴은 환하게 빛난다. 그리고 그는 교회에서 사랑받고 깊은 존경을 받는 영향력 있는 지도자가 되었다.

어느 날, 교회에서 십대 사역을 하는 젊은 목사가 아이들과 재미있는 시간을 갖기로 한다. (나는 청소년 사역을 하는 목사들을 정말로 존경한다. 그들은 재미있게 놀면서 십대들을 가르칠 수 있는 가장 창조적인 방법들을 생각해낸다.) 그는 60년대식 파티를 준비한다. 홀치기염색을 한 티셔츠, 구슬, 가발, 형광 포스터, 스모그 기계… 그리고 퀸(영국을 대표하는 락 그룹 - 역주)의 앨범.

더 자세한 말이 필요 없을 것이다. 아마 당신은 그 순진한 청소년부 목사가 일으킬 말썽을 짐작할 수 있을 것이다. 그에게 그 CD들은 그저 '옛 노래', 한물간 '소프트 락'에 불과하다. 오늘날 과속으로 달리는 차에서 엄청나게 큰 소리로 울려 퍼지는 시끄러운 음악에 비하면 아무것도 아니다. 의상은 서로 보고 웃을 구실을 만들기 위한 것일 뿐이다. 그리고 장식은 순전히 재미를 위한 것이다.

그러나 과거에 히피였던 그 사람에게 60년대 소품들은 그저 웃어넘길 만한 것들이 아니었다. 그에게 그 노래들은 가장 저속하고 파괴적인 종류의 죄를 상징했다. 그 의상들은 약물 과다 복용으로 오래전에 죽은 사람들의 오도된 철학을 나타냈다. 당신은 그리스도를 만나기 전 그의 삶을 상징하던 것들로 장식된 파티장을 보고 그가 느꼈을, 명치가 저려오는 슬픔을 상상할 수 있는가?

바울은 고기를 먹지 않는 사람들을 "연약한 믿음을 가진 자들"로 표현했다. 그러나 그 말을 경멸의 의미로 생각해서는 안 된다. 우리는 누구나 이래저래 "연약하다" - 나약하고 여리다. 과거에 히피였던 사람의 연약함이 그를 열등하게 만드는 것은 아니다. 어떤 면에서 그는 동료 그리스도인들보다 더 성숙하고 더 강할 수도 있다. 그러나 그의 믿음은 깊은 상처가 남아 있는 부분에서는 언제나 약해질 것이다.

그리스도인들이 우상에게 바쳐진 고기를 먹는 것을 혐오했던 사람들도 마찬가지다. 그러므로 바울은 그 쟁점의 극단에 있던 당사자들에게 서로를 이해와 긍휼과 유연함을 가지고 대하라고 명령한다. "연약한 사람들"은 강해져야 하고, "강한 사람들"은 그들의 자유를 행동에 옮기는 데 있어서 남을 배려해야 한다. 그것은 오늘날에도 마찬가지다.

—14:4—

바울은 재빨리 핵심 쟁점 – 질책 – 을 끄집어낸다. 그의 질문을 현대의 비즈니스 세계에 적용하면 이런 것이다. "당신이 뭐길래 다른 사람이 고용한 고용인의 업무 능력을 평가하는가?"

바울이 비본질적인 문제를 다루는 맥락에서 이 질문이 나왔다는 것을 아는 것이 중요하다. 바울은 고린도의 성도들이 자기 아버지의 부인과 동침했던 남자의 파렴치한 죄를 묵과한 것에 대해 격분을 표했다. 그는 그들에게 이렇게 지시했다. "이 악한 사람은 너희 중에서 내쫓으라"(고전 5:13). 뚜렷한 성경의 가르침이 없는 문제는 도덕적으로 중립이다. 어리석을 수는 있어도 죄는 아니다.

바울이 사용한 "서 있다"라는 동사는 그가 즐겨하는 표현 중 하나이다. 그것은 어떤 사람이 해야 할 일을 확신을 갖고 담대하게 함으로써 좋은 평가를 받는다는 뜻이다(고전 16:13, 빌 1:27, 4:1, 살전 3:8, 살후 2:15). 두말할 것도 없이 "넘어지다"는 정반대의 의미이다. 이것은 최후의 심판과는 아무 상관이 없으며 하나님의 총애를 받거나 질책을 받는 것과 관련이 있다.

도덕적으로 중립적인 문제에 대해서는 오로지 하나님만이 그 영혼을 평가하고 행위를 판단할 권리를 갖고 계신다. 종의 행위가 마땅치 않다면, 그분은 성도를 계속 변화시키는 방법으로 그 문제를 해결하실 것이다.

—14:5—

초대 교회의 또 다른 중대한 쟁점은 이교도나 여타의 절기를 지키는 문제였다. 유대인들과 이방인 성도들 대부분이 우상에게 비쳐졌던 고기를 먹는 것을 혐오스럽게 생각했던 반면, 몇몇 날들을 중요하게 생각하는 것에 대해서는 의견이 갈렸다.

유대인에게는 그들의 정체성을 떠받치는 세 개의 기둥이 있다. 조상 아브라함, 약속의 땅 그리고 안식일. 이방인들은 경건한 유대인들의 삶에서 안식일이 차지하는 중요성을 거의 인식하지 못한다. 안식일은 일주일의 7일째 되는 날로만 국한되지 않는다. 안식일의 정신은 이스라엘의 여러 축제들 속에 흐르고 있다. 축제들은 거의가 하나님이 직접 제정하신 것이며, 유대인들이 하나님의 사제적 민족으로서의 정체성, 복음을 전파할 대리인으로서의 책임, 장차 세상을 다스릴 역할, 그리고 지속적인 은혜의 필요성을 잃지 않도록 돕기 위해 제정되었다.

이와는 대조적으로 이방인들의 달력도 역시 이교도의 절기와 축제들로 가득 차 있다. 모든 축제가 술에 취해 흥청망청 놀면서 음탕하게 즐기는 것만은 아니었다. 그러나 그들은 가상의 신들을 섬겼고 지구를 하나의 인격체로 취급했다. 이런 절기는 "하나님의 진리를 거짓 것으로 바꾸어 피조물을 조물주보다 더 경배하고 섬"기는 것이었다(롬 1:25). 개종한 이방인들에게 유대인들이 특정한 날을 거룩하게 지키는 것은 우상 숭배의 분위기를 풍겼다.

유월절이 되었다. 유대인들이 기뻐하며 집에서 누룩과 먼지를 치우고 있을 때 교회 안에 감도는 긴장감을 상상해보라. 유월절은 유대인들이 영원히 지켜야 할 관습이었고(출 12:24), 새 언약이 그것을 종식시켰다고 할 만한 것은 딱히 없었다. 율법을 지켜야 하는 부담에서 벗어났다고 해서, 하나님이 유대인들을 노예에서 해방시켜 약속의 땅으로 데려오신 것을 유대인 그리스도인들이 계속 축하하지 말라는 법도 없지 않은가?

바울에 의하면, 특정한 날을 기리는 것은 우상에게 바쳐졌던 것일지도 모르는 고기를 먹는 것과 마찬가지로 양심의 문제이다. 그것은 도덕적으로 중립적인 문제이다. 절기를 지켜서 얻는 이득이 있는가? 생각과 동기만 바르다면 분명 이로운 점이 있다! 영적 쇄신과 육체적 안식을 위해서 일주일에 하루를 따로 떼어놓기를 계속해야 할까? 그것은 분명 현명한 일이다. 하나님은 우리의 유익을 위해서 안식일을 정하셨다. 그러나 우리는 안식일을 지키라는 명령에서 자유로워졌다. 새 언약 아래서 토요일이나 일요일이나 또는 다른 어떤 날을 안식일로 지키는 것은 양심의 문제이다.

양심의 문제는 성경에 분명한 명령으로 나와 있지 않은 문제들이기 때문에 죄가 되지 않는다. 우리는 서로 붙잡아주어야 하며 도덕적으로 순결하도록 서로를 격려해야 한다. 그러나 다른 결정에 대해서는 우리의 양심을 따라야 한다. "자기 마음으로 확정" 해야 한다는 말이 뜻하는 바가 그것이다.

—14:6—

여기서 진리는 상대적이라거나, 이제 도덕은 각 사람의 양심이 허용할 수 있느냐에 따라서 규정된다고 주장하는 것이 아님을 분명히 밝힌다. 바울은 성도들이 서로에게 제기한 규약을 풀어주면서 두 가지를 당연한 것으로 간주한다.

첫째, 어떤 문제들은 명백하고 절대적으로 잘못된 것이어서 서로 책임지고 바로잡아주어야 한다. 그러나 어떤 도덕적 문제들은 개개인에 따라 달라진다. 양심의 문제에 대해서는 개인의 동기가 그것의 도덕성을 결정한다. 바울은 "주를 위하여"와 "하나님께 감사"라는 구절을 되풀이하면서 이 사실을 강조한다.

둘째, 그리스도인의 양심은 점진적으로 성령에 의해 변화되면서 그리스도의 마음을 반영하게 된다. 성령이 성도의 마음에 거하기 전의 양심은 고장난 나침반처럼 다수의 의견이나 개인의 정욕, 거꾸로 된 도덕, 무지에 의해 갈팡질팡한다. 그러나 이제는 성령이 나침반의 바늘을 계속 가지고 계시면서 안내해주시기 때문에, 나침반은 점점 더 정확하게 북쪽을 찾을 수 있다.

—14:7-9—

우리는 서로에게 속해 있지 않고 하나님께 속해 있다. 우리는 그분의 소중한 재산이다. 우리가 아니라 그분에게 마음을 새롭게 하는 책임이 있다. 그러므로 우리는 서로에게 우리가 좋아하는 행동을 하도록 통제하거나 강압함으로써 서로 방해하지 말고, 하나님이 우리를 변화시키는 역사를 행하실 기회를 허용해야 한다. 그분은 바로 이 변화를 성취하기 위해 죽었다가 살아나셨다. 우리는 그분이 "지으"셨다(엡 2:10).

새신자들이 성장하는 것을 보고 싶은 열망에 이제 막 신앙을 갖게 된 그들에게 성숙한 성도들이 부담을 줌으로써 그들의 기쁨을 빼앗는 경우가 많다. "담배를 끊어라." "성경을 읽어라." "빚을 청산하고 가난한 사람들에게 더 많은 돈을 주라." "더 점잖게 옷을 입으라." "기름진 음식 섭취를 줄이라" 등등… 끝이 없다.

이런 생활의 변화는 좋은 것이다. 나는 사람들이 성경의 원칙을 적용하는 지혜를 얻도록 돕고 그리스도의 모범을 따를 것을 권고하는 일에 헌신해왔다. 그러나 초신자가 하룻밤 사이에 성숙한 그리스도인처럼 행동하기를 기대한다면 어리석은 일이다. 더구나 변화된 양심과 사랑의 표현으로써 하나님을 기쁘시게 하고 싶어하는 거듭난 영혼이 동기가 되어서 그러한 행동이 나와야지, 동료의 기대에 부응하고 싶은 그릇된 욕구가 동기가 되어서는 안 된다.

—14:10–12—

바울은 두 개의 수사 의문문을 던져 이 쟁점을 다시 원점 – 질책 – 으로 가져간다. 두 개의 질문을 병치한 덕택에 우리는 사도가 "비판"이라는 말 속에 어떤 뜻을 담았는지 정확하게 알 수 있다. "비판하다"라는 동사의 정확한 의미는 그것이 사용된 문맥에 따라 크게 달라지기 때문에 이것은 중요하다.

"네가 어찌하여 네 형제를 비판하느냐?"
"어찌하여 네 형제를 업신여기느냐?"

두 번째 문장의 헬라어 동사는 "어떤 사람이나 사물을 아무 가치가 없다고 생각하여 멸시하는 것"이라는 뜻이다.[8] 분명히 우리는 행동의 기준을 가지고 있어야 하고, 서로 실족하지 않도록 붙잡아주라는 명령을 받았다. 잊지 말라. 바울은 고린도의 성도들에게 죄를 짓고 있는 한 남자가 자기 죄를 회개할 때까지 교회에서 쫓아내라고 충고했다(고전 5:1–5, 13). 이것은 바울이 여기서 규정한 "비판"과 다르다. 그의 의도는 그 남자가 회개하고 회복할 수 있을 때까지 성도들의 청렴을 지키려는 것이었다. 이 엄중한 사랑의 행위는 그 남자에게도 이로운 일이었다.

"비판"이라는 말 속에는 긍정적인 요소가 없다. 그저 부정적이고 냉엄할 뿐이다. 이런 종류의 비판은 오류가 있을 수 있는 인간의 기준을 근거로 다른 사람의 가치를 감히 평가하려 한다. 우리의 비판 능력은 몇 가지 결점을 가지고 있다.

우리는 전지하지 않으므로 우리의 비판은 모든 사실을 바탕으로 하지 않는다.

우리는 객관적이지 않으므로 우리의 비판은 이기심에 의해 손상될 수 있다.

우리는 완전하지 않으므로 우리의 비판은 위선적이다.

우리는 하나님이 아니므로 우리의 비판은 재판권이 없다.

오직 하나님만이 인간의 가치를 평가할 권리가 있으시다. 왜냐하면 그분만이 그들을 소유하고 계시기 때문이다. 그분이 인간을 창조하셨고, 구속하셨으며, 알고 계시고, 보살피신다.

바울은 당시에 성도들을 첨예하게 갈랐던 쟁점들을 설명하면서 논의를 시작하고, 그들이 공유하고 있는 것을 상기시키면서 논의를 끝맺는다. 성도들의 연합을 방해하는 온갖 차이점에도 불구하고, 우리는 모두 같은 재판관 앞에 설 것이며 같은 잣대로 헤아림받을 것이다. 이것이 원래부터 계획되었다는 것을 증명하기 위해 바울은 주님이 모든 피조물을 가시적으로 다스리실 날을 묘사한 구약의 이사야 선지자의 말을 바꾸어 말한다(사 45:23). 우리가 진정한 재판관을 보게 되는 날, 우리는 모두 같은 자세로 겸허히 순복하며 그분 앞에서 허리를 굽힐 것이다.

은혜를 행동으로 옮기는 방법에 대한 바울의 가르침은 이렇게 요약될 수 있다. 서로를 그냥 내버려두라! 그리스도인들은 훈계해줄 사람이나 자칭 인생 코치가 되어줄 사람을 필요로 하지 않는다. 대부분의 성도들은 이미 자신의 행동에서 변화되기를 바라는 길다란 목록을 가지고 있다. 그러므로 누군가가 몇 개의 목록을 더하는 것은 도움이 되지 않는다. 사실은 상처를 준다. 대부분의 초신자들은 그리스도인이 된 것 자체만으로도 이미 벅차다.

동료 신자들이 변화하는 것을 진심으로 돕기 원한다면, 그들을 요구 – 우리의 것이든 다른 사람의 것이든 – 에서 해방시켜주어야 한다. 그들이 이미 가지고 있는 것 – 의무, 질책, 의심, 부정적 태도 – 을 더하기보다 그들에게 부족한 것을 보충해주어야 한다. 우리는 그들에게 숨 쉴 수 있는 여지, 새로운 일을 시도할 수 있는 (그리고 실패할 수 있는) 여지, 하나님이 바꾸시고자 하는 것을 스스로 발견할 수 있는 여지를 허용해야 한다. 그들의 마음을 어지럽히는 찌푸린 얼굴과 요구와 기대와 다른 성도들의 입방아가 없다면, 그들은 자유롭게 성령의 끌어당김을 느끼고 순전하고 지속적인 성장을 경험할 것이다. 아마도 동료 성도들 안에 거하시는 영으로 말미암아 촉발된 선을 신뢰함으로써, 심지어는 역경을 당하고 있을 때에도 우리는 모든 성도가 번성하고 '은혜의 안식처'가 되는 것을 볼 수 있을 것이다.

우리가 서로를 그냥 내버려둔다면.

적용

은혜에 관한 세 가지 원칙

바울은 성도들이 은혜의 안식처, 즉 사람들이 자기 모습 그대로일 수 있는 자유와 하나님이 원하시는 모습으로 변할 수 있는 - 그분의 계획에 따라 그분의 때에 - 자유를 가진 장소가 되기를 원하시는 예수님의 바람을 반영했다. 나는 로마서 14장 1-12절에서 성도들이 마음에 간직한다면 어떤 교회라도 변화시킬 수 있는 은혜의 원칙을 적어도 세 가지는 찾아낼 수 있었다.

1. 은혜의 삶은 서로를 용납하는 것에서 시작된다. 다른 사람을 받아들이기 위해서 반드시 그 사람과 의견이 일치해야 하는 것은 아니다. 우리는 우리가 반대하는 의견이나 생각을 가진 사람을 거부하지 않으면서도 그의 생각이나 의견에 정중하게 반대할 수 있다. 용납은 타인을 진지하게 대하고 그 사람의 의견을 숙고한다. 용납은 서로 다른 것을 선호하는 것에 대해 많은 여지를 남긴다. 한 사람의 음악, 음식, 예술 그리고 여타의 개인적 기호는 당신이나 다른 이들의 그것과 크게 다를 수 있다. 용납은 다른 사람이 즐거워하는 것에서 기쁨을 얻는다. 용납은 다른 사람이 비판받지 않고 다를 수 있는 기회를 허락하고, 그 사람을 이해할 수 있는 시간을 주며, 그 사람의 말을 믿어준다.

용납은 다른 사람들이 바람직하지 못한 행동과 생각으로 질책받거나 힐난받아야 할 때에도, 안심하고 그들 본연의 모습을 잃지 않게 해준다. 우리는 그릇된 생각에 맞서야 할 때가 있다. 그리고 때때로 경건한 대립은 분리를 초래한다. 그것은 유쾌하지는 않으나 옳은 일이다. 관계를 유지하기 위해서 확실하게 성경에 기초하고 있는 신념을 타협해야 할 때, 우리는 둘 중 하나를 포기해야 한다. 이런 힘든 상황에서는 성경을 견지하고 관계를 포기해야 한다.

용납은 진리를 도외시하거나 죄를 간과하는 것이 아니다. 용납은 관계를 이끌기 위해 진리와 사랑을 요구한다.

2. 은혜의 태도는 다른 사람들이 하나님이 원하시는 모습으로 변화되도록 놓아주는 것이다. 이는 나에게 해악을 끼친 사람에 대한 정의와 자비의 문제를 주님의 손에 맡기고, 그분이 그 모든 것을 통해 합력하여 선을 이루실 것을 신뢰하며, 그 사람의 행위에 대한 처분을 하나님께 맡기는 것이다. 다시 말해서, 은혜의 태도는 다른 누군가의 성령이 되는 것을 거부하는 것이다. 우리는 사랑 안에서 단호하게 맞설 수 있지만(마 18:15-17), 하나님의 손길에 범죄한 사람을 맡겨야 한다.

우리는 우리 각자가 내린 선택에 대해 해명하기 위해 하나님 앞에 서야 한다. 우리는 다른 이들의 행위에 대한 의견을 말하라는 요청을 받지 않을 것이다. 은혜의 태도는 이 진리를 우리와 다른 사람들, 특히 우리에게 해를 끼친 사람들과의 관계의 바탕으로 삼는다.

3. 은혜에 대한 헌신은 한 개인이 다른 사람들의 심판관이 되는 것을 허락하지 않는다. 나는 그럴 자격이 없기 때문에 다른 누군가를 심판할 수 없다. 세 가지 이유가 생각난다.

첫째, 나는 전지하지 않으므로 모든 사실을 알 수 없다. 올바르게 심판을 하려면 모든 사실을 알아야 한다. 그러나 나는 내 인생에 대해서 간신히 현명한 판단을 내릴 수 있을 정도의 지식만 가지고 있기 때문에 다른 사람의 인생에 대해서 왈가왈부할 수 없다.

둘째, 나는 온전히 객관적일 수 없다. 나는 편향되어 있다. 나는 이기적이다. 나는 유한하다. 나는 큰그림을 볼 수 없다. 하나님은 무언가를 결정하실 때마다 우주의 모든 요소를 다 고려하신다. 나는 죄의 본성과 제한된 지성을 갖고 있기에 그렇게 하지 못한다.

셋째, 나는 정죄할 수 있으나 대속할 수 없다. 하나님은 죄를 대면하실 때 언제나 구원의 방법을 제시하신다. 그리스도는 구원을 이루시기 위해서 십자가에서 죽었다가 부활하셨다. 성령은 죄를 깨닫게 한 다음 영혼을 변화시키실 수 있다. 하나님 아버지는 누군가에게 실패를 경험하게 하신 후에 희망을 주신다. 그러나 나의 정죄는 거부 외에 아무것도 줄 것이 없다.

우리가 이 세 가지 원칙을 바탕으로 관계를 이끌어나갈 때 이루어질 영적 오아시스를 상상해보라. 사람들을 너그러이 받아들이고, 다른 사람들의 엄격한 기대에 구속당하지 않고 살며, 늘 이해와 사랑으로 심판하시는 하나님에게만 심판받는다면 우리의 가정과 교회가 얼마나 유쾌하고 새로워지겠는가! 상사가 탁월한 능력을 발휘하면서 은혜의 원칙에 따라 운영하는 사무실은 얼마나 더 생산적으로 바뀌겠는가!

알 수 있는 방법은 하나밖에 없다. 지금 당장 당신이 가정과 일터에 은혜의 원칙들을 적용하라.

팽팽한 줄 위의 자유(로마서 14:13-23)

13그런즉 우리가 다시는 서로 비판하지 말고 도리어 부딪칠 것이나 거칠 것을 형제 앞에 두지 아
니하도록 주의하라 14내가 주 예수 안에서 알고 확신하노니 무엇이든지 스스로 속된 것이 없으되 다
만 속되게 여기는 그 사람에게는 속되니라 15만일 음식으로 말미암아 네 형제가 근심하게 되면 이
는 네가 사랑으로 행하지 아니함이라 그리스도께서 대신하여 죽으신 형제를 네 음식으로 망하게 하
지 말라 16그러므로 너희의 선한 것이 비방을 받지 않게 하라 17하나님의 나라는 먹는 것과 마시는
것이 아니요 오직 성령 안에 있는 의와 평강과 희락이라 18이로써 그리스도를 섬기는 자는 하나님을
기쁘시게 하며 사람에게도 칭찬을 받느니라 19그러므로 우리가 화평의 일과 서로 덕을 세우는 일을
힘쓰나니 20음식으로 말미암아 하나님의 사업을 무너지게 하지 말라 만물이 다 깨끗하되 거리낌으
로 먹는 사람에게는 악한 것이라 21고기도 먹지 아니하고 포도주도 마시지 아니하고 무엇이든지 네
형제로 거리끼게 하는 일을 아니함이 아름다우니라 22네게 있는 믿음을 하나님 앞에서 스스로 가지
고 있으라 자기가 옳다 하는 바로 자기를 정죄하지 아니하는 자는 복이 있도다 23의심하고 먹는 자
는 정죄되었나니 이는 믿음을 따라 하지 아니하였기 때문이라 믿음을 따라 하지 아니하는 것은 다 죄
니라.

1974년 8월 7일, 뉴욕 시민들은 거리 위 110층 높이에서 움직이는 이상한 물체를 주시했다. 해가 지평선 위로 떠오르자 사람들은 한 남자가 지난 밤 세계무역 센터의 쌍둥이 빌딩 사이에 설치한 팽팽한 강철 케이블 위에서 균형을 잡으며 태평하게 걸어가고 있는 것을 목격했다. 그 당시 겨우 25살이던 공중 줄타기 곡예사 필리프 프티(Philippe Petit)는 400미터 높이에서 두 건물 사이를 적어도 여덟 차례나 걷고 춤추며, 깡충깡충 뛰고 달렸다. 한 번은 줄타기 곡예사들의 전통적인 인사를 하기 위해 한쪽 무릎을 꿇기도 했다. 45분 후 그 대담한 도전자는 줄에서 내려와 화가 잔뜩난 채로 기다리고 있던 뉴욕 경찰에 의해 체포되었다.

그의 친구들은 바람 때문에 줄이 끊어지거나 흔들려 떨어질 수 있다고 경고했지만, 그

는 안전벨트 없이 그 아슬아슬한 곡예를 하겠다고 고집을 부렸다. 그는 완전한 자유의 느낌을 제한하거나 '고공의 희열'을 감소시킬 수 있는 일체의 요소를 거부했다. 그가 사용했던 유일한 기구는 균형을 잡는 25킬로그램 상당의 장대뿐이었다. 필리프 프티는 진정한 자유를 느낄 수 있다면 그 모든 위험을 감수할 가치가 있다고 믿었다.

로마서 14장 1-12절은 고공의 희열과 완전한 자유를 느끼는 줄타기 곡예와 비슷하다. 이어지는 열한 구절은 자유라는 줄 위를 걸으면서 유지해야 할 균형을 설명한다. 걸음걸이가 흔들리지 않기 위해서는 세심한 주의가 필요하며, 성도는 균형을 잡아주는 장대를 들어야 한다. 장대의 한쪽 끝은 자기 통제이고, 다른 쪽 끝은 다른 사람들에 대한 사랑이다. 어느 한쪽이 다른 쪽보다 지나치게 기울어지면 안 된다.

—14:13—

바울은 지나치게 조심스러운 나머지 두려움을 품거나 율법주의로 빠질 수 있는 "믿음이 연약한 자들"과, 자유를 사랑하다가 무감각하고 무심해질 수 있는 "믿음이 강한 자들" 모두를 향해 말한다. 그는 두 영역의 성도들에게 "비판"하지 말라고, 즉 우리가 양심의 문제를 어떻게 처신하는가를 근거로 "서로를 업신여기지" 말라고 간곡히 타이른다.

율법주의자는 어떤 문제에 대해서 신념을 공유하지 않는 사람의 믿음의 순수성에 의문을 제기할 것이다. 자유주의자들은 끊임없이 율법을 들먹이는 사람의 신앙의 순수성에 의문을 제기할 것이다. 그들을 같은 환경이나 회중 안에 집어넣는 것은 모든 사람에게 해를 끼칠 수 있다.

바울의 주된 관심사는 두 가지 분명한 위험을 피하는 것이다. 첫째, 율법주의자는 자유롭게 나는 믿음이 강한 그리스도인들을 추락시킬 수 있다. 둘째, 자유주의자는 조심스러운, 믿음이 연약한 그리스도인들을 죄에 빠트릴 수 있다. 바울은 이 두 가지 위험성에 이름을 붙인다. *skandalon*("부딪칠 것")과 *proskomma*("거칠 것"). 많은 저자들이 이 두 가지 용어를 호환해서 사용했는데, 내 생각에 바울은 그 의미에 미세한 차이를 부여하려는 것 같다.

*Proskomma*는 멍든 무릎이나 이마의 혹과 같이 넘어져서 생긴 결과물일 수도 있고, 또는 걸림돌처럼 장애물 자체를 지칭하기도 한다. 머리를 뒤로 젖히고 달리면서 함박웃음을

지으며 세상의 걱정에서 벗어나, 그리스도 안에서 자유를 누리고 있는 그리스도인의 모습을 머릿속에 그려보라. 그런 다음 그를 향해 발을 내밀고 있는 율법주의자를 상상해보라.

*Skandalon*은 일종의 덫이다. 문자적인 의미로는 토끼잡이 덫과 비슷한, 문에 용수철이 달리고 안에 미끼를 넣은 새장같이 생긴 덫이다. 비유적으로 이것은 한 사람을 파멸에 이르게 하는 수단을 표현하는 데 사용되었다. 이제 막 그리스도인이 된 사람이 성도에게 적합한 것과 그렇지 않은 것을 신중하게 분별하려고 노력하면서, 성숙한 그리스도인의 모범을 본받으려는 모습을 상상해보라. 이제 걸핏하면 취할 때까지 술을 마시면서 자신의 행위를 '그리스도 안에서의 자유'라고 변명하는 경솔한 성도의 모습을 그려보라. 그 경솔한 사람이 보여준 본보기는 그리스도 안에 있는 새로운 형제자매에게 덫이 된다.

개인의 자유와 자기 절제 사이의 균형은 하루아침에 이루어지지 않는다. 누구나 그 균형을 찾고 유지할 수 있도록 바울은 따라야 할 세 가지 원칙을 제시한다.

스스로 속된 것과 속되지 않은 것은 없다(14:14-16).

기독교의 본질은 외적인 것에 있지 않다(14:17-19).

자유가 하나님의 역사를 방해할 때는 자유를 포기해야 한다(14:20-23).

—14:14-16—

스스로 속된 것과 속되지 않은 것은 없다. 생명이 없는 물체는 정신이나 의지가 없기 때문에 선하거나 악할 수 없다. 더구나 그것들은 스스로 무언가를 할 수 있는 능력이 없다. 우상들은 누군가가 그것들에게 의미를 부여하기 전까지는 아무것도 아니다. 다듬어진 나무나 돌조각은 악하지 않다. 그것들을 숭배하는 것이 악하다. 상상의 신에게 바쳐진 고기는 사람들이 그것에 부여한 의미 외에는 다른 고기와 아무런 차이도 없다.

그러나 특히 마음이 변화되지 않은 사람들에게 인식은 강력한 영향을 미칠 수 있다. 누군가의 죄악 된 과거와 연관되어 있는 광경, 소리, 상징물들은 영적 성장에 실제적인 위협이 될 수 있다. 약물 남용은 악하며, 악한 사람들은 아마 술집에 자주 갈 것이다. 그러나 이 두 가지는 그러한 것들에 쉽게 영향받지 않는 성숙한 그리스도인에게는 아무 영향을 미치지 못할 것이다. 그러나 사회에 복귀한 지 며칠 되지 않은, 알코올 중독에서 회복 중인 사람들에게는 두려워할 이유가 충분하다. 무신경한 그리스도인만이 유혹을 피하려고 하는 그를 비난할 것이다. 그 사람들에게 술과 술집은 악한 것이다. 연약한 믿음의 다리로 서 있는 어떤 사람이 감지된 위험으로부터 뒷걸음질 칠 때, 성숙한 신자는 둘 중 하나를 선택할 수 있다. 쾌락을 사랑할 것인지 다른 사람을 사랑할 것인지. "그리스도께서 대신하여 죽으신 형제를 네 음식으로 망하게 하지 말라"는 바울의 권고는, 처음에 언뜻 보면 지나치게 과장되게 들리고 여러 가지 의미로 해석되어왔다.

"형제를 망하게 하다"는 다른 사람의 믿음을 파괴한다는 뜻일 수 있다. 그러나 이 헬라어 동사의 목적어는 "형제", 즉 사람이다. 또한 순전한 성도의 신앙은 파괴될 수 없다. 그러므로 다른 사람이 무슨 짓을 하든 그는 영원히 안전하다.

"형제를 망하게 하다"는 나쁜 본보기가 됨으로써 누군가를 육체적으로 파괴할 수 있다는 것을 뜻할 수 있다. 이것은 가능한 해석이나 가능성은 낮다. 15절의 첫 부분이 형제가 "근심"하게 된다고 번역되어 있는데, 이는 "고민하게 하다" 또는 "슬프게 하다"라는 뜻을 가진 *lypeō*라는 헬라어 동사를 번역한 것이다. 상처를 입은 것은 감정이지 육체가 아니다. 관계적인 것이지 영적인 것이 아니다. 더 나아가 이 구절의 전반적인 맥락은 그리스도의 몸 안에서의 연합과 서로의 차이를 용인하는 것이다.

"망하게 하다"로 번역된 이 헬라어는 이보다는 드물게 "상실하다" 또는 "상실의 고통을 겪다"[9]로 정의되기도 한다. 다른 성도의 양심을 존중하지 않으면 당신은 관계를 훼손함으로써 그 사람을 잃을 가능성이 크다. 더 나아가 당신이 즐기는 것에 대해 오명을 안겨주고, 다른 성숙한 그리스도인들이 자유를 누리는 것을 더 어렵게 만들 위험이 있다.

그렇다면 이 말씀은 성숙한 신자는 믿음이 약한 그리스도인들의 '연약한 감성'이라는 감옥 속에 계속 갇혀 있어야 한다는 뜻일까? 그렇지 않다. 당신의 사생활을 보호하고 환경을 선택하라. 아무도 당신에게 믿음이 약한 사람들에게 둘러싸여 있어야 한다고 말하지 않는다. 그러나 당신이 그들과 함께 있게 되었을 때는 잠시 스스로 당신의 자유를 유보하라. 당신의 자유를 과시함으로써 그들의 긴장을 풀어줄 수 있다고 생각한다면 오산이다. 구약의 잠언에 귀를 기울이라. "노엽게 한 형제와 화목하기가 견고한 성을 취하기보다 어려운즉"(잠 18:19). 사람들은 감정이 상했을 때는 교훈을 얻기가 힘들다. 상대방이 좋아하는 것을 맞춰주면서 가르칠 수 있는 환경을 조성하라. 위기를 완화시키라. 그러고나면 아마도 몇 가지 정곡을 찌르는 질문들을 할 수도 있을 것이다.

—14:17-19—

기독교의 본질은 외적인 것에 있지 않다. 예수님은 말씀하셨다. "입으로 들어가는 것이 사람을 더럽게 하는 것이 아니라 입에서 나오는 그것이 사람을 더럽게 하는 것이니라"(마 15:11). 음식, 습관, 의복, 여흥, 음악 그리고 심지어 장식 등과 같은 눈에 보이는 것에 의지하기는 얼마나 쉬운가. 생명체에서 가장 풍성한 기쁨을 느끼는 기관은 위장이 아니다. 가슴이다. 우리는 최후의 날 우리 뱃속에 집어넣은 것이 아니라, 우리 가슴속에서 키워낸 것에 대해서 대답해야 할 것이다.

우리는 무엇에 집중하고 있는가? 우리는 의, 평화, 기쁨과 같은 그리스도인의 성장의 참된 열매보다 사람들이 선호하는 것에 더 많은 관심을 가지고 있는가? 외부 세계 사람들이 교회의 창문을 통해 우리를 들여다볼 때 그들이 무엇을 보기 원하는가? 율법주의자들은 비본질적인 문제들을 규율화시켜 밀어붙이고, 다른 사람들은 반발하면서 그것을 무시하는 것을 보기 원하는가? 얼마나 혼란스러운 광경인가! 누가 그런 것을 보기 원하겠는가?

그보다는 서로에게 숨 쉴 공간을 주고, 다른 사람들의 감성을 존중하며, 그리스도를 섬기자. 바울이 쓴 이 구절이 이것을 가장 잘 표현하고 있다. "형제들아 너희가 자유를 위하여 부르심을 입었으나 그러나 그 자유로 육체의 기회를 삼지 말고 오직 사랑으로 서로 종노릇 하라"(갈 5:13).

—14:20—

자유가 하나님의 역사를 방해할 때는 자유를 포기해야 한다. 바울은 고린도의 성도들에게 이렇게 썼다. "모든 것이 가하나 모든 것이 유익한 것은 아니요 모든 것이 가하나 모든 것이 덕을 세우는 것은 아니니 누구든지 자기의 유익을 구하지 말고 남의 유익을 구하라"(고전 10:23-24). 어떤 것도 '하나님의 역사'를 방해해서는 안 된다. 즉, 어떤 것도 세상에 구원을 가져오고, 그분의 창조물을 되찾으며, 그분의 의가 흘러넘쳐 악을 씻어내는 것을 그르칠 수 없다. 우리는 중요한 것에 계속 초점을 맞추어야 한다. 비본질적인 문제들의 사소한 차이를 가지고 옥신각신하는 것은 얼마나 어리석은 일인가.

—14:21-23—

어떤 그리스도인들은 다른 그리스도인들보다 믿음이 더 강하다. 그러나 우리보다 믿음이 더 강한 사람은 언제나 있다. 다른 누군가의 연약함을 배려하기 위해 우리가 우리의 자유를 제한하고 있는 사이, 또 다른 그리스도인도 우리를 위해 그렇게 하고 있다! 그렇지 않다면 당신이 속해 있는 공동체 안에서 당신이 가장 성숙한 사람이라고 생각하는가? 그렇게 생각하지 않기를 바란다. 그것이야말로 영적 연약함의 분명한 징표이다.

누구에게나 성장의 여지는 있다. 모든 사람은 끊임없이 균형을 유지하는 방법을 배우고 있다. 본질적인 도덕의 문제와 비본질적인 양심의 문제 사이의 차이를 알기 위해서는 성숙한 지혜가 필요하다. 자기가 좋아하는 것보다 다른 사람의 행복을 더 앞에 두기 위해

당신이 먹는 것이 곧 당신이다

기원전 587년, 느부갓네살은 요새화된 도시였던 예루살렘을 무너뜨리고 유다 왕국의 백성들을 성전에서 내몰았다. 유다 백성들은 외국 땅에서 외국인들 속에 섞여 살면서 동화되었고, 그들의 언약도 시험대에 올랐다. 앞서, 북 이스라엘의 열 지파는 앗수르인들에게 침략당해 앗수르 제국 전역에 뿔뿔이 흩어져 강제로 다른 종족들과 결혼했고, 결국에는 절멸되었다. 이제 유대인들의 존속도 비슷한 위협에 직면했다. 아브라함의 후손들이 없다면 언약도 존재할 수 없다.

다행히 네 명의 용감한 젊은이 – 다니엘, 하나냐, 미사엘, 아사랴 – 가 포로 된 유대인들의 선례가 되었다. 비록 그들의 성전은 수백 킬로미터 밖에 있고 곧 폐허가 될 터였지만, 하나님의 율법은 그들의 마음속에 간직되어 있었다. 하나님이 그들을 고향으로 다시 돌려보내주실 때까지, 순종은 그들의 정체성을 보존하고 구별시켜줄 것이었다. 우상에게 바쳐졌던 것이 거의 확실한 고기를 왕이 그들에게 먹으라고 명령했을 때, 다니엘과 친구들은 그것을 거절하고 채소와 물을 먹기로 결단했다. 주님은 그 네 사람을 축복하셨고, 종국에는 그들을 느부갓네살 왕의 정부 요직에 앉혀 동족을 보호하고 정복자들에게 영향을 미칠 수 있게 하셨다(단 1:11-21).

고향에서 멀리 떨어져 이방인들에게 둘러싸여 있던 유대인들이 하나님의 약속의 끈을 놓치지 않기 위해 가진 것이라곤 그들의 혈통과 율법뿐이었다. 유대인들의 엄격한 사상에 비추어볼 때 이방 신들에게 바쳐졌던 고기를 먹는 것은 곧 이방인이 되는 것을 의미했다.

서는 성숙한 사랑이 필요하다. 세상을 향한 하나님의 위대한 계획을 위해서 당장의 자유를 희생할 때 그 희생 너머를 볼 수 있으려면, 비범한 통찰력이 있어야 한다. 다른 사람들을 정죄하지 않으면서 그들에게 다를 수 있는 자유를 허용하려면, 초자연적인 은혜가 필요하다. 다른 사람들을 그 모습 그대로 받아들이려면 사랑이 필요하다. 그러므로 다른 성도가 당신에게는 불쾌한 어떤 것을 즐긴다는 이유로 그를 좋지 않게 생각한다면, 당신은 그 사람과의 관계에서 볼 때 믿음이 연약한 사람이다!

늘 실제적인 가르침을 주었던 바울은 우리가 자유라는 외줄 위에서 균형을 유지하는 데 도움이 되고, 다른 사람들도 균형감을 얻는 데 도움이 될 만한 단순한 세 가지 원칙을 일깨워준다.

첫째, 배려하라(14:21). 당신이 가정에서 개인적으로 즐기는 것은 전적으로 당신과 주님 사이의 일이다. 합법적인 모든 것이 다 건설적인 것은 아니다. 그 차이를 알고 하나님이 창조하신 모든 멋진 것들로 인해 당신이 누릴 수 있음을 감사드리라. 공공장소에 있을 때 필요 이상으로 스스로를 제한하지 말라. 그러나 당신의 행위가 다른 사람들에게 미칠 잠재적 영향에 유의하라. 반응에 신경을 쓰고 그것에 맞추어 너그럽게 당신의 행동을 조정하라.

둘째, 확신을 가지라(14:22). 사실대로 말하자면, 많은 그리스도인들이 자기가 무엇을 믿고 있는지 명확히 알지 못한다. 그래서 주변의 모든 사람들을 만족시키려고 애쓰고 지속적으로 좌절하며 산다. 그러나 앞서 깨달았듯이 사람은 다 다르며, 신념 역시 상반된다. 한 사람을 기쁘게 하면 다른 사람의 기분을 상하게 할 수 있다.

그보다는 당신이 고민하고 있는 '양심의 문제'가 분명한 도덕적 이슈가 아닌지 신중하게 검토하라. 성경은 어떻게 말하고 있는지 알아보라. 신뢰할 만하고 성숙한 성도들과 그 문제에 대해 논의하라. 그 문제가 다른 사람들과 당신 자신에게 미칠 긍정적, 부정적 영향을 모두 고려하라. 일단 그 문제가 해결되면 당신은 확신 가운데 자유를 누릴 수 있다. 방어적으로 반응할 필요도 없고, 다른 누군가를 설득시킬 필요도 없으며, 스스로 넘겨짚어 생각할 필요도 없다. 더 나아가 그 조용한 확신은, 당신이 다른 사람들을 있는 모습 그대로 받아들일 수 있게 해줄 것이다.

셋째, 일관성을 가지라(14:23). 일관되게 양심에 따라 행동하라. 그러나 시간이 흐르면서 양심이 서서히 변하는 것에 놀라지 말라. 몇 년 전에 당신에게 아무 문제가 되지 않았던 것들이 지금은 양심에 거리낄 수 있다. 이것은 있을 수 있는 일이다. 당신의 양심은 계속 성숙해야 한다.

나는 나이를 먹어가면서 내가 가졌던 보편적 기준의 목록이 점점 짧아지는 것을 발견하게 된다. 처음 신학교를 졸업했을 때 나는 백 개쯤 되는 신학적 난제들 중 어느 하나를 지키기 위해서 목숨도 내놓을 수 있었다. 그리고 '지극히 중요한' 해야 할 것과, 해서는 안 되는 긴 목록을 가지고 있었다. 그러나 지금 그 목록은 훨씬 짧아졌다. 반대로 과거에는 아무 거리낌 없이 자유를 누렸지만 지금은 더 이상 양심이 허락하지 않는 문제들도 몇 가지 있다. 그래서 – 나에게 있어서는 – 이러한 문제들은 금지 영역이다. 감사하게도 나는 계속 성장하고 있다.

우리의 양심이 성령에 의해 변화되고 점점 성숙해갈수록 우리는 성령의 목소리를 분별하게 된다. 그러나 그렇다고 해서 우리의 양심이 다른 누군가의 양심처럼 되어야 한다는 말은 아니다.

높은 줄 위에서 춤추는 것은 위험한 일이지만, 그것은 자기 절제와 다른 사람에 대한 사랑 사이에서 균형을 맞추는 방법을 터득한 사람들만이 이룰 수 있는 위업이다. 그 고공에서 느끼는 희열과 자유의 환희는 위험을 감수할 만한 가치가 있을 뿐만 아니라, 우리는 이러한 자유를 누리기 위해 창조되었다. 우리는 자유로워지기 위해 거듭났다는 사실을 절대 잊지 말아야 한다(갈 5:1, 13).

적용

만인에게 보여주기 위한 삶

이상적인 세상에서는 14장 13–23절에 나오는 바울의 지침이 필요하지 않을 것이다. 모든 사람이 은혜 안에서 온전히 자유를 누리고, 다른 사람들을 정죄하지 않으며, 그들이 자유를 누리도록 관대히 은혜를 베풀 것이다. 불행히도 천국의 이편에는 이상적인 것이 아무것도 없다. 죄와 이기심은 하나님의 정원에 핀 은혜의 꽃 속에서 잡초처럼 자란다. 그렇기 때문에 성령은 바울에게 균형을 권고하라고 지시한다. 그렇지 않으면 공동체는 은혜 – 무엇보다도 먼저 – 에 의해서 분열될 수 있다!

바울은 로마의 성도들에게 그 자체로 그리고 스스로 속된 것은 없다는 것을 일깨워주었다(14:14-16). 사람들은 사물에 각자의 의도대로 선하거나 악한 목적을 부여한다. 바울은 그들에게 기독교의 본질은 외적인 것에 있지 않으며, 마음에 영향을 미치는 영원한 결과에 관한 문제에 있다는 것도 상기시켰다(14:17-19). 우리는 어떤 사람의 손이나 입에 무엇이 닿느냐에 초점을 맞추기보다, 마음속에 무엇을 키우고 있는가에 더 많은 관심을 기울여야 한다. 그리고 바울은 자유가 하나님의 역사를 방해할 때에는 자유를 포기해야 한다고 함으로써 우선순위를 명확히 했다(14:20). 사람들이 더 큰 선보다 자기의 욕구를 우선시함으로써 사역이 결실을 맺지 못하거나, 서서히 중단된다면 얼마나 안타까운 일인가.

당연히 바울의 일깨움은 그리스도인을 쉽게 해결되지 않는 일종의 긴장 상태에 처하게 한다. 어디까지가 불필요하게 자유를 제한하는 것일까? 우리는 사생활 없는 삶에 지나치게 신경을 쓴 나머지 하나님이 누리라고 하신 모든 것을 누리지 못하면 안 된다. 반대로, 어디까지가 성도의 자유가 하나님의 역사를 침해하지 않는 경계선일까? 우리는 믿지 않는 자들이 신앙을 갖는 데 방해가 되거나, 형제자매와의 관계가 소원해지게 만드는 소모적인 쾌락을 결코 원하지 않는다. 그렇다면 어느 지점에 선을 그을 것인가? 다음의 예화가 도움이 될 수 있을 것이다.

몇 년 전, 나는 여기저기 다니며 연달아 여러 차례 강연을 해야 했던 긴 일주일을 보낸 후에, 맛있는 식사 – 성공적인 한 주간의 사역을 마감하는 – 를 하려고 북부 캘리포니아의 한 식당에 들어갔다. 맛있는 음식 냄새가 풍겼고 메뉴판에 나와 있는 두어 개의 메뉴는 작은 와인 한 잔과 곁들이면 완벽할 것 같았다. 나는 아무도 나를 알지 못하는 – 어쨌든 내 얼굴은 모르는 – 곳에 혼자 있었다. 나는 생각했다. '안 될 거 없잖아?'

잠시 후 웨이터가 다가왔고, 잠깐 의례적인 인사를 주고받은 후 그가 말했다. "손님 목소리를 어디서 많이 들은 것 같은데요."

순간 나는 생각했다. '젠장!' 그리고 그 말에 아무런 대꾸도 하지 않았다.

"음료수는 무엇으로 드릴까요?" 그가 물었다.

"아이스티가 좋겠네요." 내가 대답했다.

식사를 마치고 웨이터에게 신용카드를 주자 그는 대번에 반응을 보였다. "와, 그럴 줄 알았어요!"

잠시 대화를 나눈 후, 그가 고백했다. "사실, 처음에는 당신이 누군지 몰랐지만 어쩐지 낯이 익어서 당신을 지켜보았답니다."

"그래요?" 나는 별 생각 없이 말했다. "왜요?"

"음, 사실, 저는 바로 얼마 전에 알코올 중독 갱생 프로그램을 마쳤거든요."

나는 말했다. "세상에, 훌륭하시네요. 정말 잘하셨어요."

그는 내가 밝힐 수 없는 몇 가지 사연을 말해준 뒤, 내가 음료수를 선택한 것이 그에게 큰 힘이 되었다고 분명히 밝혔다. 금주를 향해 내딛는 그의 연약한 첫걸음이 내가 내 자유를 제한함으로써 더 확고해졌던 것이다.

나는 복음을 위해 공적인 연단에 서는 특권을 누리고 있기에 이것을 작은 희생으로 생각한다. 그러나 만약 이것을 지나치게 의식한다면 나는 공공장소에서는 물과 이쑤시개밖에 주문하지 못할 것이다. 어떤 사람은 내가 후식으로 파이 두 조각을 먹었기 때문에, 또는 붉은색 육류를 주문했기 때문에 상처받을지도 모르니 말이다! 이런 문제는 균형을 유지해야 하지 않겠는가?

그렇다면 어디까지 선을 그을 것인가? 내가 당신을 위해서… 또는 나 자신을 위해서 그 문제에 대해서 선을 그어줄 수 있다면 얼마나 좋겠는가! 내가 아는 것이란 내 양심이 그날 저녁 한 잔의 포도주를 마시지 말라고 말했고, 감사하게도 나는 그 말에 귀를 기울였다는 것이 전부다. 모든 결정이 다 그런 식으로 이루어져서는 안 된다. 때로는 분명하게 옳은 것과 그른 것 사이에서 선택해야 한다. 그러나 더 많은 경우 우리는 '양심의 문제'와 씨름해야 한다. 다시 말해서 성경이 침묵하고 사람들의 의견이 분분한 문제들 말이다. 그럴 때에는 성령에 의해 변화되고 있는 마음의 소리에 귀를 기울여야 한다.

때로는 제대로 듣지 못할 때도 있을 것이다. 우리는 양심을 따랐는데 누군가는 상처를 입거나 감정이 상한다. 그럴 때에는 우리 자신을 정당화하거나, 논리적 변론을 펼치거나, 감정을 다친 사람에게 '극복하라'고 요구하기보다, 그 사람이 진정으로 아파하는 것에 공감하고 이해하는 태도를 보여야 한다. 그런 다음에 은혜 안에서 안식하고, 그 경험을 통해 배우며, 그로 인해 더 지혜로워져야 한다.

양심의 문제가 조금 덜 모호하다면 얼마나 좋겠는가. 사람들의 섬세한 감정의 지뢰밭 속에서 좀 더 수월하게 가장 안전한 길을 찾을 수 있다면 얼마나 좋겠는가. 어쩌면 이런 이유 때문에 성숙한 사람들이 은혜를 가장 잘 실천할 수 있는 것이 아닐까. 이 조언을 기억하라. 자유라는 선물은 늘 책임이라는 소박한 포장지에 싸여서 온다. 다행히 우리에게는 절대 비난하지 않고 우리를 인도하시는 중재자가 계신다. 그분은 결코 계획을 포기하지 않으신다. 그분은 절대 넌더리를 내며 떠나지 않으실 것이다. 다른 사람들 - 특히, 은혜를 죽이는 자들 - 이 비난을 퍼붓고 질책할 때, 성령은 격려의 말을 속삭이시며 모든 일을 그분의 관점에서 보도록 우리를 훈련시키신다.

자유라는 선물은 때로는 부담스럽다. 그러나 자유를 대체할 만한 다른 것을 생각해보면, 나는 다른 어떤 것도 원하지 않는다. 더구나 우리는 혼자가 아니다. 우리에게는 서로가 있고, 우리 안에는 그리스도의 영이 계시다. 이것을 바울만큼 잘 표현한 사람은 없을 것이다.

> "형제들아 너희가 자유를 위하여 부르심을 입었으나 그러나 그 자유로 육체의 기회를 삼지 말고 오직 사랑으로 서로 종 노릇 하라"(갈 5:13).

우리는 하나다… 우리는 하나인가?(로마서 15:1-13)

1믿음이 강한 우리는 마땅히 믿음이 약한 자의 약점을 담당하고 자기를 기쁘게 하지 아니할 것이
라 2우리 각 사람이 이웃을 기쁘게 하되 선을 이루고 덕을 세우도록 할지니라 3그리스도께서도 자
기를 기쁘게 하지 아니하셨나니 기록된 바 주를 비방하는 자들의 비방이 내게 미쳤나이다 함과 같으
니라 4무엇이든지 전에 기록된 바는 우리의 교훈을 위하여 기록된 것이니 우리로 하여금 인내로 또
는 성경의 위로로 소망을 가지게 함이니라 5이제 인내와 위로의 하나님이 너희로 그리스도 예수를
본받아 서로 뜻이 같게 하여 주사 6한마음과 한 입으로 하나님 곧 우리 주 예수 그리스도의 아버지
께 영광을 돌리게 하려 하노라

7그러므로 그리스도께서 우리를 받아 하나님께 영광을 돌리심과 같이 너희도 서로 받으라 8내
가 말하노니 그리스도께서 하나님의 진실하심을 위하여 할례의 추종자가 되셨으니 이는 조상들에게
주신 약속들을 견고하게 하시고 9이방인들도 그 긍휼하심으로 말미암아 하나님께 영광을 돌리게 하
려 하심이라 기록된 바

그러므로 내가 열방 중에서 주께 감사하고
주의 이름을 찬송하리로다 함과 같으니라

10 또 이르되

열방들아 주의 백성과 함께 즐거워하라 하였으며

11 또

모든 열방들아 주를 찬양하며

모든 백성들아 그를 찬송하라 하였으며

12 또 이사야가 이르되

이새의 뿌리 곧 열방을 다스리기 위하여 일어나시는 이가 있으리니

열방이 그에게 소망을 두리라 하였느니라

13 소망의 하나님이 모든 기쁨과 평강을 믿음 안에서 너희에게 충만하게 하사 성령의 능력으로 소
망이 넘치게 하시기를 원하노라.

공항 터미널은 여행자들의 친숙한 소음으로 웅성댔다. 안내 방송이 수시로 흘러나와 높은 천장에 부딪쳐 울리다가 끊임없이 와글거리는 사람들의 목소리 속에 묻혀버렸다. 여행 가방의 바퀴가 이따금씩 딸각거렸고 거대한 판유리 밖에서는 제트 엔진이 웅웅거렸다. 40여 년 동안 내가 듣지 못했던 어떤 소리가 내 귀에 들어오기 전까지는 평소와 다를 게 하나도 없었다. 그 소리는 해병대 훈련 교관의 불독이 짖는 소리였다.

나는 그 거슬리는 소리가 나는 방향으로 몸을 돌이켜 익숙한 소리를 눈으로 확인했다. 그곳에는 역삼각형 체형의 한 남자가 구김 한 점 없는 황갈색 유니폼에 챙이 넓은 모자를 쓰고 있었다. 그는 그가 지닌 가장 효과적인 도구인 위협적인 태도로, 한치의 흐트러짐도 없이 빽빽한 대열을 이루고 서 있는 갓 입대한 신병들의 주의를 환기시키고 있었다.

한 명 한 명의 모습이 얼마나 제각각인지 나는 킥킥 터져나오는 웃음을 참을 수 없었다. 짧은 머리, 고수머리, 텁수룩한 머리, 말끔하게 깎은 머리, 붉은 머리, 금발 머리, 갈색 머리, 검은 머리. 청바지와 바지, 티셔츠와 끈으로 묶는 신발, 운동화와 페니로퍼 등등. 표정들도 다 제각각이었다. 어떤 이들은 불안감에 떨었고, 어떤 이들은 장대처럼 뻣뻣했으며, 또 어떤 이들은 간신히 웃음을 참고 있었다. 흑인, 백인, 아시아인, 라틴 아메리카인, 아메리칸 원주민이 섞여 코가 앞 사람의 뒤통수에 닿을 정도로 촘촘히 서 있었다.

그들은 앞으로 맞이할 12주일 동안 무엇이 그들을 기다리고 있는지 전혀 모를 터였지

만, 나는 모든 것을 아주 또렷이 기억하고 있었다. 신병을 훈련시킬 때 가장 먼저 하는 일은, 머리를 깎는 것부터 시작해 각 사람의 개성을 벗겨내는 일이다. 피로와 압박감이 육체와 정서의 모든 특성을 마모시키고, 가차 없이 밀어붙이는 훈련 속도는 반항할 기력조차 남겨놓지 않는다. 결국, 함께 나눈 그 시련을 통해 남자들은 가장 기본적인 요소만 남게 되고, 그러한 그들을 한꺼번에 눌러 짜 이상적인 전사의 틀에 맞게 개조시킨다.

군대란 개성을 말살하고 획일성을 강요함으로써 통일체를 만들어내는 곳이다. 그 과정은 아름답지 않으나 200여 년의 검증 결과, 그 방법이야말로 훈련되지 않고 비협조적인 개개인을, 단일의 화합된 싸우는 기계로 변화시키는 가장 효과적인 방법임이 입증되었다. 전쟁의 원칙은 단 하나의 규칙에 의해서만 지배된다. '죽느냐 죽이느냐.'

어떤 이들은 감히 입 밖에 내놓지는 못하지만, 그리스도인의 마음의 변화가 비슷한 패턴을 따르는 것을 보고 싶어 한다. 획일성이 통일체를 만들어내는 효과적인 방법이라는 것은 사실이다. 만약 모든 사람이 단순하게 획일적으로 생각하고, 획일적으로 행동하며, 획일적으로 예배하고, 똑같은 옷을 입으며, 심지어는 좋아하는 것까지 똑같다면 교회가 분열하거나 내적 분쟁을 겪을 가능성이 훨씬 적을 것이다. 그러나 전쟁 – 살인과 파괴의 기술 – 은 그리스도의 군사로서 우리가 맡은 사명이 아니다. 오히려 우리는 억압이 아니라 하나님의 의를 성취하기 위해 일한다. 하나님의 의는 사랑, 평화, 기쁨, 자유를 낳는다.

새 왕국에서의 통합은 부패한 세상 체계 속에서의 통합 과정과는 정반대이다. 새 왕국에서의 통합과 개성은 친구이지 적이 아니다. 그러나 그리스도가 재림하시기 전인 지금, 우리는 '다름'이 계속 갈등을 초래하고 때로는 충돌을 일으키기도 한다는 사실을 받아들여야 한다. 그러므로 하나님의 의가 세상에 흘러넘칠 때까지, 새 왕국의 원칙들이 변화되지 않은 마음에 아무리 거북하게 느껴지더라도 그 원칙들을 적용함으로써 우리의 '다름'을 해결하는 방법을 배워야 한다.

—15:1-2—

짤막한 한두 가지 지적을 제외하면 바울의 모든 가르침은 자신도 포함되어 있다고 생각하는 "믿음이 강한 자들"에게 주어졌다. "믿음이 강한 자들"이란 "믿음이 연약한 자들"이 아닌 사람들(14:1)과 "모든 것을 먹을 만한 믿음이 있"는 사람들을 포함한다(14:2). 다시 말해서, 믿음이 강한 자들은 지루한 목록들과, 사람들의 비위를 맞추는 행동과, 행위에 기초한 의를 초월한 사람들이다. 믿음이 강한 자들은 마음속 깊은 곳에서부터 하나님의 은혜와, 그분의 아들이 주신 영생의 선물과, 성령의 임재하심으로 인해 그들이 의롭다는 사실을 알고 있다. 이것을 위해 그들은 아무것도 증명해 보일 필요가 없으며, 다른 사람들을 위해 모든 것을 베풀 수 있다는 것을 안다. 이와 함께 그들은 영원한 안전 속에서 확신을 가지고 안식한다.

여기서 그는 로마에 있는 이런 성숙한 성도들 – *dynatoi*("강한") – 에게 연약한 자들의 "약점을 담당" 하라고 권고한다. 그가 선택한 동사는 *bastazō*인데, "지고 가다, 스스로 감당하다"라는 뜻이다. 즉, 다른 사람의 짐을 나누어 짐으로써 부담을 덜어준다는 뜻이다. 산 정상을 향해 올라가고 있는 일단의 배낭 여행객이 있다고 생각해보라. 이들은 모든 장비와 식량을 정상까지 날라야 한다. 그런데 어떤 이들은 다른 사람들보다 더 무거운 짐을 질 수 있다. 강한 사람들은 약한 사람들의 짐을 덜어내 자신의 짐에 얹는다.

그렇다면 정확히 강한 자들은 무엇을 감당해야 하는가? 그것은 바로 바울이 불필요한 제약 없이 살지 못하거나, 다른 사람들의 자유를 허용하지 못하는 (또는 의향이 없는) 것으로 정의한 덜 성숙한 성도들의 '약점'이다. 성숙한 성도들은 자기 자신을 만족시키기보다는 율법주의자들의 짐을 받아들임으로써 연합을 독려해야 한다. 바울은 14장 14–15절과 21절에서 구체적인 적용을 제시하여 '율법주의자들의 짐을 받아들이는 것'의 예를 보여주었다. 만약 고기를 먹는 것이 다른 성도들과의 연합을 저해한다면 음식을 포장해 가거나 샐러드 바를 애용하라. 이것은 베풀기 어렵고 서글픈 선물이지만 예수 그리스도가 우리 각 사람에게 주신 것에 비하면 아무것도 아니다. 바울은 앞에서 실제로 이렇게 말했다. "그리스도께서 대신하여 죽으신 형제를 네 음식으로 망하게 하지 말라"(14:15).

"이웃을 기쁘게" 하라는 바울의 구절은 옳은 일을 희생하며 다른 사람들을 기쁘게 하라는 것이 아니다. 다른 사람의 호감을 얻기 위해서 그렇게 하는 것도 아니다. 바울의 권면은 우리가 이해하고 있는 '사람들을 기쁘게 하는 것'이 아니다. 그가 원하는 것은 성도들이 자기 자신의 행복과 안락보다 타인의 그것을 더 소중하게 생각하는 것이다.

—15:3–4—

이타심의 특성을 예로 들기 원할 때마다 바울은 예수 그리스도를 예로 들었다.

> "너희 안에 이 마음을 품으라 곧 그리스도 예수의 마음이니 그는 근본 하나님의 본체시나 하나님과 동등됨을 취할 것으로 여기지 아니하시고 오히려 자기를 비워 종의 형체를 가지사 사람들과 같이 되셨고 사람의 모양으로 나타나사 자기를 낮추시고 죽기까지 복종하셨으니 곧 십자가에 죽으심이라"(빌 2:5–8).

연약한 사람들의 약점을 짊어지기 위해 고귀한 자리에서 자발적으로 내려온 사람의 예는 얼마나 완벽한 예인가. 그분은 우리를 높이기 위해 가장 치욕스러운 죽음을 겪으시고자 우주에서 가장 높은 영광의 자리에서 내려오셨다.

그리스도가 약한 자들을 위해서 스스로의 안락을 유보하신 것을 강조하기 위해 바울은 시편 69편 9절을 인용한다. "주를 비방하는 비방이 내게 미쳤나이다." 이것은 의로운 자가 고난을 당하면서 내뱉는 탄식이다. 이 구절은 다시 그에게 희망의 근원으로서의 성경의 영속적인 가치를 상기시킨다. 그가 강조하는 세 가지 혜택에 주목하라.

- 성경의 포괄적인 가치: 하나님의 모든 말씀은 처음부터 끝까지 모두 교훈을 위해 쓰인 것으로 유익하다.
- 성경의 시의적절성: 오래전에 사라진 문화 속에서 쓰였음에도 하나님의 말씀은 모든 시대의 모든 인류에게 적용되는 시간을 초월한 원칙들을 가르쳐준다.
- 성경의 실제적 적용: 성경에서 가르치고 있는 원칙들을 성실히 적용하면 역경을 극복하고 분명한 확신을 키우는 데 도움이 된다.

—15:5–6—

바울의 축원은 공동의 목적 아래 성도들을 연합하게 하는 하나님의 능력을 요청한다.

그런데 그것은 예수님이 깨트리셨던 일종의 집단 사고로서의 "서로 뜻이 같게 하기 위한 것"이 아니다. 우리는 이미 서로에게 과도한 영향을 받고 있다. 더구나 전 회중이 "서로 뜻이 같아"지면 전부 잘못될 수 있다!

우리는 "예수 그리스도를 본받아" 한뜻이 되어야 한다. 즉, 하나님의 아들의 '방법대로' 하나가 되어야 한다는 뜻이다. 이것은 헛되이 서로를 모방하려고 하는 것과는 다르다. 교향악단이 이 차이를 설명해주는 완벽한 예이다.

만약 베토벤의 9번 교향곡이 100대의 바이올린으로만 연주된다면 얼마나 지루할지 상상해보라. 오해하지 말라. 나는 바이올린을 좋아한다. 그러나 이것은 거의 200년 전에 작곡가가 양피지에 깃펜으로 곡을 쓰면서 머릿속에 떠올렸던 음향은 아니다. 그는 다양한 악기들이 악보에 따라 고유의 음을 만들어내기를 원했다. 그는 그 걸작을 연주하는 데 현악기, 목관악기, 금관악기, 타악기 그리고 인간의 목소리까지 요구했다. 그는 각 악기가 연주할 부분을 공들여 세심하게 작곡했다. 각 악기마다 시작하고 마치는 때가 다르며, 다른 형식으로 다른 음을 연주한다. 그럼에도 불구하고 그들의 연주는 조화를 이룬다.

교회는 하나의 교향악단이다. 우리는 예술가가 연주하는 악기이다. 우리는 그 작곡가가 우리 개개인의 음으로 하모니를 만들어내도록 우리를 위해 작곡한 악보대로 연주한다. 우리 내면의 절대 음감에 우리 자신을 조율하고, 작곡가의 명곡을 열정을 가지고 정확하게 해석하면서 하나가 되어 연주한다. 그리고 그 결과는 경이롭다. 우리는 하나님의 영광을 드러낸다.

—15:7-12—

바울은 또다시 우리의 모본이신 그리스도께로 돌아가 한 번 더 "받아들임"을 독려한다(14:1, 3, 18 참고). "받아들이다"라는 헬라어는 "자기 자신에게 가져오다"라는 뜻이며, 이는 물론 아들이 하나님 아버지의 영광을 위해서 하신 일이다. 그분의 받아들임의 사역은 두 가지이다. 하나는 유대인에 대한 것이고 다른 하나는 이방인에 대한 것이다.

예수님은 유대인으로 태어나 유대인들의 의식과 관습을 지키셨다. 그분은 하나님이 아브라함과 맺으신 언약을 인정하기 위해 할례를 받으셨고(창 12:1-3, 15:17-21), 하나님이 이스라엘과 맺으신 언약의 조건을, 그들이 살았어야 하는 삶을 대신 사심으로써 완수하셨다(신 28장). 그분은 무고한 대리인으로서 그 언약의 축복을 요구하셨다. 그리고 다윗의 후손으로서 이스라엘의 왕좌를 주장하심으로써 다윗의 언약(삼하 7:16)을 성취하셨다.

그런 다음 바울은 이방인들이 태초부터 하나님의 구속 계획의 일부였음을 보여주기 위해 네 개의 구약 구절을 인용한다(순서대로 시편 18:49, 신명기 32:43, 시편 117:1, 이사야 11:10을 인용했다). 주님은 애초에 아브라함에 대한 축복이 그분의 은혜를 전 세계로 확대시키는 통로가 되도록 계획하셨다. 이스라엘 백성들은 약속의 땅에 정착해 하나님이 다스리시는 나라의 살아 있는 예, 즉 은혜가 충만하여 그곳에 머무는 자들은 절대 떠나고 싶어하지 않는 그런 나라가 될 터였다. 그리고 이스라엘의 왕들은 하나님께 전적으로 순종하며, 모든 백성들을 이끌어 하나님을 예배하게 하고, 종국에는 전 세계의 이방인들을 그분의 신정 아래로 데려올 터였다.

아브라함의 후손들이 실패하고, 이스라엘 백성들이 실망시키며, 왕들이 순종하지 않았던 곳에서 예수 그리스도는 성공하셨다.

하나님의 의는 마침내 그분의 아들, 예수 그리스도의 인격 안에서 나타나셨다. 그분이 재림하실 때, 세상은 원자 하나하나까지 재창조되어 하나님의 의를 나타낼 것이다. 그러므로 그 새 왕국이 어떤 모습일지 알고 싶다면 그 왕국의 왕만 바라보면 된다. 그리고 지상에서 사역하시는 동안, 그분은 종이셨다.

—15:13—

바울은 그의 가르침의 이 마지막 부분을 축원으로 끝맺는다. "소망"은 다시 한 번 이루어질 수도 있고 이루어지지 않을 수도 있는 불확실한 바람이 아니다. 그리스도인의 소망은 하나님의 약속에 근거한 보증된 기대이다(4:18, 5:1-5, 8:24-25, 15:4). 하나님은 반드시 약속을 지키시는 분이므로 우리 앞에는 보장된 미래가 있다. 그러므로 우리는 평안과 기쁨을 가지고 시련을 견딜 수 있다. 믿음이 없다면 좌절하고 포기할 수도 있지만, 그럴 때마다 믿음이 우리를 흔들리지 않게 붙잡아줄 것이다.

"…하게 하사"라는 말은 인과 관계를 나타내는 접속사이다. 하나님이 기쁨과 소망을 충만하게 하신다는 것에 주목하라. 우리의 책임은 믿는 것밖에 없다. 바울은 이러한 믿고 받는 과정이 성도들에게 차고 넘치는 소망 – 조금만 있어도 세상에 흘러넘쳐 변화를 일으킬 수 있는 – 을 주기 바랐다.

이 축원으로 바울이 로마인들에게 주는 가르침은 끝난다. 그의 편지의 나머지 부분은 몇 가지 개인적인 문제들에 대한 언급과 장래의 계획에 대한 간략한 설명으로 채워진다.

바울은 이 가르침의 마지막 대목을 많은 실제적인 지혜로 채워넣었다. 그의 생각의 흐름을 되짚어보면 하나의 패턴을 발견하게 될 것이다. 각각의 훈계마다 특정한 관계 – 자기 안의 은혜(12:1-2), 그리스도의 몸 안의 은혜(12:3-16, 14:1-15:13), 세상을 향한 은혜(12:17-13:14) – 와 구체적으로 이 관계가 성도들에 의해서 어떤 영향을 받는지에 대한 내용이 담겨 있다. 이것은 수평적 은혜, 즉 다가올 홍수의 첫 물방울에 관한 가르침이다. 마치 거센 강물이 댐을 무너트리듯이 머지않아 하나님의 의가 천국과 세상 사이의 장벽을 무너트릴 것이지만, 지금 그 의는 우리를 통해 온다. 아니 적어도 그러기로 되어 있다.

그러므로 신실한 성도여, 그대에게 주어진 은혜로 무엇을 할 것인가? 은혜가 그대의 마음속부터 변화시키도록 할 것인가? 다른 사람들이 그대의 확신을 나누어 가질 수 있도록 하나님의 은혜와 기쁨과 평강이 그대에게 충만하게 하도록 할 것인가? 그대는 장차 올 하나님의 의의 예시인가? 그대에게 바울의 도전적인 권고와 고무적인 축원을 전한다.

> "그러므로 형제들아 내가 하나님의 모든 자비하심으로 너희를 권하노니 너희 몸을 하나님이 기뻐하시는 거룩한 산 제물로 드리라 이는 너희가 드릴 영적 예배니라 너희는 이 세대를 본받지 말고 오직 마음을 새롭게 함으로 변화를 받아 하나님의 선하시고 기뻐하시고 온전하신 뜻이 무엇인지 분별하도록 하라"(12:1-2).

> "소망의 하나님이 모든 기쁨과 평강을 믿음 안에서 너희에게 충만하게 하사 성령의 능력으로 소망이 넘치게 하시기를 원하노라"(15:13).

주: 하나님의 의(로마서 12:1–15:13)

1. Gerhard Kittel and Friedrich, *Theological Dictionary of the New Testament: Abridged in One Volume*, trans. Geoffrey W. Bromiley(Grand Rapids: Eerdmans, 1985), 1236.
2. 같은 책.
3. Rosamund Stone Zander and Benjamin Zander, *The Art of Possibility*(Boston: Harvard Business Press, 2000), 118-19.
4. Kittel and Gerhard Friedrich, eds., *Theological Dictionary of the New Testament: Abridged in One Volume*, 75.
5. 닐 앤더슨, 「이제 자유입니다(The Bondage Breaker, 죠이선교회)」.
6. 래이 스테드만, 「고통이 주는 교훈(From Guilt to Glory, IVP)」.
7. 타키투스, *The Works of Tacitus*, 2nd ed. (London: Woodward and Peele, 1737), 2:698.
8. Johannes P. Louw and Eugene Albert Nida, *Greed-English Lexicon of the New Testament: Based on Semantic Domains*, electronic ed. of the 2nd ed. [New York: United Bible Societies, 1996(orig. 1989)], 1:762.
9. 이 헬라어 단어는 92번 쓰였는데, 흠정역은 22번을 "잃어버리다"로 번역했다.

하나님의 공동체

로마서 15:14-16:27

새끼 낙타가 고개를 숙여 물웅덩이에서 물을 마시면서 물에 비친 자기 모습을 찬찬히 살펴보았다. 얼마간의 시간이 흐르고난 후 새끼 낙타는 엄마에게 물었다. "왜 우리 속눈썹은 이렇게 길어요, 엄마?"

엄마 낙타는 근엄하게 말했다. "왜냐하면 그래야 모래 폭풍 속에서도 길을 볼 수 있거든. 우리는 남들이 갈 길을 찾지 못할 때에도 계속 길을 갈 수 있단다."

새끼 낙타는 자기의 발을 보고, 엄마의 발과 비교하고나서 물을 한 모금 더 마시고는 물었다. "그럼 발은 왜 이렇게 넓적한 거예요?"

엄마 낙타가 대꾸했다. "그래야 사막의 흐르는 모래 위를 파묻히지 않고 가로지를 수 있단다."

새끼 낙타는 또 물었다. "왜 우리 등에는 이렇게 큰 혹이 있어요?"

엄마 낙타는 참을성 있게 대답했다. "그것 때문에 우리는 마실 물 한 방울 없이도 메마른 황무지를 며칠씩 여행할 수 있는 거란다. 멋지고 근엄한 낙타만큼 사막에서 잘 보고, 멀리 걷고, 오래 사는 동물은 없단다."

한동안 아무 말이 없던 새끼 낙타가 물었다. "그런데 엄마, 그 말이 전부 사실이라면, 우리는 왜 동물원에서 사는 거죠?"

대체로 사람들은 고립되어 있으면 일을 잘 못한다. 죄수들, 입원 환자들, 집에 있는 중병 환자들, 어린아이들을 키우는 전업 주부들 그리고 종종 치명적인 고독감에 시달리는 외로운 퇴직자들 등등. 사람들이 외부 세계로부터 장기 격리되는 경우, 결국 개인의 정체성은 좀먹기 시작한다. 고립된 사람들은 흔히 지금 그들을 둘러싸고 있는 환경보다 세상이 훨씬 더 크다는 사실을 망각한다. 그들은 시야가 한정되어 있기에 동기를 상실한다. 그들은 자기 자신 외에는 집중할 것이 없기 때문에 대부분 자기 연민과 건강 염려증이 촉발시킨 우울증에 빠진다.

인간은 해결해야 할 문제와 극복해야 할 도전을 필요로 한다. 우리는 우리 자신보다 더 큰 무언가에 참여할 기회를 갈망한다. 더구나 우리는 서로와의 관계를 즐기고, 창조주와의 친밀감을 키우며, 그분의 부섭정관으로서 피조물을 다스림으로써 만물이 그분의 목적과 완벽한 조화를 이루게 하고, 그분의 영광을 나타내기 위해 창조되었다(창 1:26-28). 그러나 그 모든 것은 우리가 홀로 지나치게 많은 시간을 보낼 때 상실되거나 혼란을 일으킬 수 있다.

심신을 약화시키고 때로는 치명적이기도 한 고립의 영향은 그리스도인 공동체를 파괴시킬 수도 있다. 그들은 그들만의 문제에 정신이 팔려 있다. 그들은 서로를 의심하고, 수상쩍어하며, 비난하고, 지배하기 시작한다. 그들은 그들만의 정체성을 보존하는 데 지나치게 몰두한 나머지 주변의 다른 공동체에 속한 사람들의 절실한 필요를 금방 잊어버린다. 고립은 동기에 재갈을 물리고, 열정의 불꽃을 꺼트리며, 결국에는 스스로 유발시킨 기억 상실에 공동체 전체를 몰아넣는다. 그들은 자기가 누구인지, 왜 하나님이 특정한 은사를 그들에게 주셨는지, 이 세상에서 존재하는 그들의 목적이 무엇인지 잊어버린다.

로마의 교회가 특별히 이 위험에 직면해 있었다. 그리스도인들에 대한 네로의 잔혹한 핍박은 하루아침에 발생한 것이 아니었다. 로마에 화재가 일어나기 몇 년 전인 기원후 64년 그리스도인들은 이미 멸시의 대상이 되어 있었다. 로마인들은 유대교는 야만적이고 무신론적인 민족의 종교이며, 특히 기독교는 건전한 시민들을 도덕적으로 타락시키는 사악한 돌연변이라고 생각했다. 그 결과 성도들은 서로 돕고 격려하기 위해 더 긴밀히 뭉쳤다.

로마인, 종교, 의식 그리고 관계

대부분의 고대 문화에서 종교는 부족을 응집시키는 접착제였고, 종교 의식은 부족의 동일성을 공고히 해주었다. 그리고 1세기의 로마는 세계에서 가장 거대한 부족이었다. 로마에 속하는 것은 강력한 동지애를 향유하는 것이었고, 로마에서 탈퇴하는 것은 증오를 부르는 것이었다. 로마인이 되는 것은 최고의 교양인이 되는 것이었다. 로마인이 되기를 열망하지 않는 자들은 인간 이하의 존재임이 분명하므로 그런 대우를 받아 마땅했다. 그러므로 '교회와 국가의 분리'는 로마 제국의 충직한 시민에게는 혐오스러운 사상이었을 것이다.

로마인들은 종교에 대해서는 놀라울 정도로 관대했다. 그들은 정복한 문화의 종교를 허용했을 뿐만 아니라, 존재할지도 모르는 신의 마음을 상하게 하는 위험을 감수하기보다 거짓 신을 섬기는 편이 더 안전하다는 생각에서 그들의 신을 자기들의 판테온(만신전 - 역주)에 포함시켰다. 거기에 더하여 그들은 부족 확장의 수단으로서 공유된 의식의 가치를 알아보았다.

유대인들과 그리스도인들은 로마인들에게 골칫거리였다. 그들은 눈에 보이지 않고 이름도 말해서는 안 되는 신을 섬겼다. 더군다나 그 신은 종교적 신앙을 발판으로 확장하는 문화에서는 상상할 수조차 없는 배타적인 신앙을 요구했다. 얼마나 편협한가! 얼마나 거만한가! 얼마나 터무니없는 냉담함인가! 그런 사람들을 부족의 일원으로서 신뢰할 수 없었다. 그들은 로마의 신들 - 황제를 포함하여 - 을 거부했고, 로마의 의식을 얕보았다. 그러므로 그들에게서는 분명 어떤 덕목도 찾아볼 수 없다고 생각했을 것이다.

아이러니하게도, 유대인들과 그리스도인들이 미움을 받은 이유는 그들이 또 다른 신을 섬겼기 때문이 아니었다. 로마인들은 유대인과 그리스도인들을 '무신론자'라고 경멸했다.

핵심 용어

ὑπακοή [*hypakoē*, 휘파코에] (*5218*) "순종, 준수, 유념"

"죄"라는 뜻의 *hamartia*(롬 6:16)의 반의어인 *hypakoē*는 신성한 권위의 목소리를 듣고 그것에 주의를 기울이는 사람의 행동이다. 가장 대표적인 예는 참된 믿음의 기준을 정하신 그리스도이시다(롬 5:19). 그래서 바울은 순전한 기독교를 설명하는 데 이 용어를 자주 사용한다(로마서 1:5, 15:18, 16:19, 고린도후서 7:15, 10:6, 그리고 베드로전서 1:2, 22도 보라).

συνίστημι [*synistēmi*, 시니스테미] (*4921*) "인정받다, 함께 놓다, 어울리다"

이 합성어는 쓰임새가 광범위하지만 바울은 거의 "인정받다, 수용을 권하다, 고려를 제안하다"라는 고전적인 의미로만 사용한다. 예를 들어, 하나님은 자기 아들의 죽음을 통해 우리를 향한 사랑을 "확증하신다"(롬 5:8). 이 말은 수동적이고, 방임적인 제안이 아니라 말하는 사람의 바람에 유념하라는 권고이다.

διχοστασία [*dichostasia*, 디코스타시아] (*1370*) "분쟁, 불화, 분열"

이 용어는 권위에 대한 저항보다는 동료 간의 알력을 나타내는 데 주로 사용된다. "분쟁"이라는 말은 한 집단이 "우리 대 그들"로 양분되는 것을 나타낸다. 서로 의견이 다른 것과 분쟁은 별개의 문제이다.

σκάνδαλον [*skandalon*, 스칸달론] (*4625*) "방해, 장애물, 덫"

본래의 문자적 의미는 짐승을 잡는 용수철이 달린 덫처럼 "앞뒤로 튀어 오르다" 또는 "쾅 하고 닫히다"라는 듯이다. 그러므로 일반적으로 "어떤 것을 가두는 장치"를 의미한다. 이 단어의 비유적 표현은 유대인과 그리스도인의 글 외에는 거의 쓰이지 않았으나 전혀 없는 것은 아니다. 한 헬라의 극작가는 무고한 사람들을 부당하게 고발한 사람이 그들을 "함정에 빠트리는" 질문을 하는 장면을 묘사하는 데 이 단어를 사용했다.[1] 신약 성경에서는, 예수 그리스도가 하나님께 대항하면서 스스로를 의롭다고 생각하는 사람들에게 지적, 도덕적 걸림돌이 되신다(롬 9:33, 11:9, 갈 5:11, 고전 1:23). 교회와 관련해서는 예수님과 예수님이 친히 지도하신 제자들이 가르친 진리에 위배되는 모든 교리가 *skandalon*이다.

그들은 자주 비밀리에 모였고, 새로운 신자들을 의심의 눈초리로 바라보았으며, 자신들에게 관심이 쏠리는 일을 피했다. 이런 자기 보존의 과정 속에서 그들은 점차 고립되어갔다.

바울은 하나님의 구원의 마스터플랜을 설명하고 – 은혜의 수평면과 수직면을 모두 조명하면서 – 로마의 성도들에게 은혜의 대사로서 책임을 완수하라고 격려한 후에, 미래로 초점을 옮긴다. 바울은 스스로를 하나님의 위대한 계획의 일부로, 그리고 로마의 성도들을 하나님의 계획이 성공하는 데 없어서는 안 될 부분으로 보았다. 그는 로마 교회와의 협력이 이전보다 복음을 훨씬 멀리 전파시킬 것이라는 생각을 많이 했다.

이 편지의 결론은 이런저런 생각을 대충 모아놓고 개인적인 안부를 묻는 것이 아니다. 이것은 로마의 성도들을 고립 상태에서 끌어내고, 그리스도 안에서 그들의 정체성을 일깨우며, 여태껏 그들이 보여주었던 신실성을 칭찬하고, 하나님의 구원의 계획을 추진해나가는 데 구체적인 행동에 나설 것을 요구하기 위해 신중하게 쓰인 것이다. 그리고 바울은 하나님의 의를 절실히 필요로 하는 스페인 – 로마의 변방인 – 에 주목한다.

동역자들, 계획 그리고 기도(로마서 15:14-33)

14내 형제들아 너희가 스스로 선함이 가득하고 모든 지식이 차서 능히 서로 권하는 자임을 나도
확신하노라 15그러나 내가 너희로 다시 생각나게 하려고 하나님께서 내게 주신 은혜로 말미암아 더
욱 담대히 대략 너희에게 썼노니 16이 은혜는 곧 나로 이방인을 위하여 그리스도 예수의 일꾼이 되
어 하나님의 복음의 제사장 직분을 하게 하사 이방인을 제물로 드리는 것이 성령 안에서 거룩하게 되
어 받으실 만하게 하려 하심이라 17그러므로 내가 그리스도 예수 안에서 하나님의 일에 대하여 자랑
하는 것이 있거니와 18그리스도께서 이방인들을 순종하게 하기 위하여 나를 통하여 역사하신 것 외
에는 내가 감히 말하지 아니하노라 그 일은 말과 행위로 19표적과 기사의 능력으로 성령의 능력으로
이루어졌으며 그리하여 내가 예루살렘으로부터 두루 행하여 일루리곤까지 그리스도의 복음을 편만하
게 전하였노라 20또 내가 그리스도의 이름을 부르는 곳에는 복음을 전하지 않기를 힘썼노니 이는 남
의 터 위에 건축하지 아니하려 함이라 21기록된 바

> 주의 소식을 받지 못한 자들이 볼 것이요
> 듣지 못한 자들이 깨달으리라 함과 같으니라

22그러므로 또한 내가 너희에게 가려 하던 것이 여러 번 막혔더니 23이제는 이 지방에 일할 곳이
없고 또 여러 해 전부터 언제든지 서바나로 갈 때에 너희에게 가기를 바라고 있었으니 24이는 지나
가는 길에 너희를 보고 먼저 너희와 사귐으로 얼마간 기쁨을 가진 후에 너희가 그리로 보내주기를 바
람이라 25그러나 이제는 내가 성도를 섬기는 일로 예루살렘에 가노니 26이는 마게도냐와 아가야 사
람들이 예루살렘 성도 중 가난한 자들을 위하여 기쁘게 얼마를 연보하였음이라 27저희가 기뻐서 하
였거니와 또한 저희는 그들에게 빚진 자니 만일 이방인들이 그들의 영적인 것을 나눠 가졌으면 육적
인 것으로 그들을 섬기는 것이 마땅하니라 28그러므로 내가 이 일을 마치고 이 열매를 그들에게 확
증한 후에 너희에게 들렀다가 서바나로 가리라 29내가 너희에게 나아갈 때에 그리스도의 충만한 복

을 가지고 갈 줄을 아노라
30 형제들아 내가 우리 주 예수 그리스도와 성령의 사랑으로 말미암아 너희를 권하노니 너희 기
도에 나와 힘을 같이하여 나를 위하여 하나님께 빌어 31 나로 유대에서 순종하지 아니하는 자들로부
터 건짐을 받게 하고 또 예루살렘에 대하여 내가 섬기는 일을 성도들이 받을 만하게 하고 32 나로 하
나님의 뜻을 따라 기쁨으로 너희에게 나아가 너희와 함께 편히 쉬게 하라 33 평강의 하나님께서 너희
모든 사람과 함께 계실지어다 아멘.

벤 앤 제리(Ben and Jerry, 세계적인 아이스크림 브랜드 '밴앤제리'의 공동 창업주), 워즈니액과 잡스(Wozniak and Jobs, 애플사 공동 창업주), 크릭과 왓슨(Crick and Watson, DNA의 이중 나선 구조를 발견한 과학자들), 윌버와 오빌(Wilbur and Orville, 비행기를 발명한 라이트 형제), 스탠리와 리빙스턴(Stanley and Livingstone, 최초로 아프리카 대륙 횡단에 성공한 탐험가와 그를 살린 신참 기자), 루이스와 클락(Lewis and Clark, 1804년 미국 대륙 서북공정에 나섰던 탐험가들), 무디와 생키(Moody and Sankey, 19세기 미국의 유명한 복음 전도자와 가수로 함께 복음 전도 집회를 이끌었음), 루터와 멜랑흐톤(Luther and Melanchthon, 독일의 종교개혁가), 그레이엄과 바로우(Graham and Barrows, 유명한 복음 전도자와 그의 성가대 지휘자 – 이상 역주). 이와 같은 위대한 동역자를 찾기란 쉽지 않다. 왜냐하면 맞추기도 유지하기도 까다로운 특성 가운데 적어도 세 가지가 정교한 조합을 이루어야 하기 때문이다.

- **동등한 능력.** 잠재적인 동역자들은 우선 자신에게 없는 것을 보충해줄 다른 누군가가 필요하다는 사실을 인식해야 한다. 이는 능력이 뛰어난 사람들에게는 쉬운 일이 아니다. 더구나 성공한 사람으로서 서로를 자연스럽게 보완해주는 겸손한 두 사람을 찾기란 정말 흔치 않은 일이다.
- **상호 신뢰.** 동역 – 여느 훌륭한 관계와 마찬가지로 – 은 각 사람이 다른 사람의 인격과 능력을 전적으로 신뢰할 수 있을 때 견고해지므로, 각자가 신뢰할 수 있는 사람이어야 한다.
- **공동의 비전.** 두 명의 유능하고 신뢰할 만한 사람들이 성취하고자 하는 목표가 같아야 한다. 그렇지 않으면 그들은 끊임없이 서로에게 좌절감을 안겨줄 것이다.

이러한 필수 자질들, 곧 능력, 신뢰, 비전을 다 갖춘 사람을 찾는 경우가 극히 드물고, 유지하기도 쉽지 않기 때문에 동역을 시작한 지 얼마 되지 않아 동역자들이 갈라서는 경우가 다반사이다. 그러나 훌륭한 동역이 잘 이루어져 지속되면 반드시 예사롭지 않은 결과를 낳는다.

바울은 협동의 힘과 위험을 알고 있었다. 그와 바나바는 함께 많은 것을 이루었다. 그들은 모두 유능했고 신뢰할 만했으나 더 이상 사역에서 공유하는 비전 – 특히, 사역의 방법에 있어서 – 이 없었다. 바나바는 그들의 첫 선교 여행에서 그들을 버리고 떠났던 마가라는 요한에게 한 번 더 기회를 주고 싶어했으나 바울은 원하지 않았다. 결국, 그들의 동역은 심한 언쟁 후에 끝이 났다(행 15:36-40). 그들은 우정을 다시 회복했고, 근본적인 신학적 입장은 서로 지지했지만 다시는 함께 일하지 않았다.

바울은 다른 동역자와 함께 사역했다. 그는 여러 차례 실라, 디모데, 디도, 누가와 협력했다. 그리고 말년에는 "그가 나의 일에 유익" 하다고 말하면서 문제의 그 마가를 데려와달라고 요청했다(딤후 4:11).

바울의 개척 사역에는 동역이 필요했다. 그는 고린도에서 사역하면서 그의 세 번째 전도 여행의 반 정도를 마쳐가고 있었다. 새 교회들이 세워졌고 기존의 교회들은 강건해졌다. 그는 지역의 지도자들을 훈련시켜 그 지역에서 복음을 전파하도록 했고, 로마 동부 전역에서 그의 순회 사역을 이어가도록 제자들을 준비시켰다. 그는 여정을 마무리하기 위해 에게 해 연안의 밀레도에서 다시 배를 타고 예루살렘으로 가서, 그가 오는 길에 모금한 구호금을 전달할 예정이었다.

대부분의 사람들은 그가 로마 제국을 세 차례나 돌면서 평생을 사역에 바쳤으니 은퇴할 때가 되고도 남았다고 생각할 것이다. 그러나 바울은 그렇지 않았다! '문명 세계'의 사역을 유능한 사람들에게 맡기고나자, 복음의 불모지에 복음을 전할 기회는 개척자인 바울 사도에게 대단히 유혹적이었다. 그는 예루살렘으로부터 로마와 스페인의 접경에 이르는 경로를 짜기 시작했다. 그러나 그가 계획한 이 엄청난 도전은 혼자 감당할 수 있는 일이 아니라는 것을 그는 알고 있었다. 이 사역은 믿을 수 있고 많은 자원을 가진 로마 교회와의 동역이 필요할 터였다.

바울이 한 제안의 요지는 간단하다. '너희, 나, 함께.' 그들의 도움을 얻기 위해 바울은 로마 성도들의 장점을 밝히면서 소명을 일깨운다(15:14-16). 그리고 그는 자신의 소명을 확인하고 계획을 밝힌 뒤(15:17-29), 기도와 함께 그의 사역에 동참해줄 것을 요청한다(15:30-33).

—15:14—

바울은 이 편지를 처음부터 끝까지 로마의 교회'에' 썼다. 여기서부터 그는 그들에 '대해서' 쓰기 시작한다. 그는 그가 확신하는 로마의 형제자매들의 특성을 세 구절로 표현하는데, 각각의 구절은 그가 만났거나 알고 있는 유명한 몇몇 교인들에게서 관찰한 특성을 나타낸 것이다.

"선함이 가득하고." "가득하다"는 말은 "차고 넘치다"는 뜻이다. 그리고 "선함"이라는 단어는 도덕적, 윤리적 순결을 표현한다. 여기에서는 친절과 사려 깊음, 가난한 사람들에게 베푸는 자선까지도 포함된다.

에버렛 F. 해리슨(Everett F. Harrison)은 이렇게 썼다. "선함이란 타고난 기질이 아니라 성령의 거하심으로 인해 생명의 결 속에 아로새겨진 도덕적 우수성이다."[2] 기억하라, 이들은 앞에서 모두 타락했다는 말을 들었던 바로 그 로마인들이라는 사실을. 성도들의 옛 본성은 여전히 타락한 채로 남아 있지만, 그들은 거듭남과 그에 따르는 성령의 채우심으로 인해 새 본성을 받는다. 이 새 본성이 선한 행위를 표출한다.

"모든 지식이 차서." 글자 그대로 그들은 온전히 알고 충분히 깨달은 지식이 "차고 넘쳤다." 분명한 것은 하나님 한 분만 전지(全知)하시지만, 로마 성도들은 기독교의 진리에 대해 성숙한 이해를 보여주었고, 세상에서 그들을 곤경에 처하게 한 문제들을 이해하고 있었다. 성도들이 모든 것을 온전히 알고 충분히 깨달았을 때, 그들은 그들의 때를 알고 그들이 해야 할 일을 깨닫는다. 대개의 경우 성도들에게 결여된 것은 열정이나 비전이 아니다.

"능히 서로 권하는 자임." "능히"로 번역된 헬라어 *dynamis*는 "힘"이라는 뜻을 가지고 있다. 그들은 지식을 건설적으로 적용하기 위한 힘을 내면으로부터 얻는다. "권한다"는 단어는 두 개의 헬라어 단어 *nous*("마음")와 *tithēmi*("놓다")의 합성어이다. 무언가를 다른 사람의 마음속에 둔다는 개념은 헬라 사람들이 교육의 과정을 이해하는 방식이었다. 로마의 그리스도인들은 지적인 면뿐만 아니라 의지와 기질까지도 영향을 미칠 수 있는 방법으로 "지식을 전하고", "교정하며", "마음에 둔다." "따라서 그 말은 '권하다', '경고하다', '일깨우다', '교정하다'와 같은 의미를 갖는다."[3]

이 세 가지 특성은 본질적으로 성숙한 그리스도인의 모습을 나타낸다. 교회가 도덕적으로 정결하고, 윤리적으로 순결하며, 온전히 알고 충분히 깨달은 지식이 충만한 사람들 – 서로를 교육시키고 책임지며 붙잡아줄 수 있는 – 로 이루어져 있을 때, 교회가 세상에 미칠 영향을 상상해보라. 목사들은 그들의 교인이 한 번에 한 사람씩 선함이 가득하고, 모든 지식이 차며, 능히 서로 권할 수 있는 사람으로 변화되는 것을 보기 위해 평생을 헌신한다.

—15:15–16—

복음의 기초에 대한 바울의 긴 설교를 듣고나면, 어떤 이는 로마의 성도들은 믿음이 성숙하지 않았거나 가르침을 절실히 필요로 하고 있다고 생각할 수도 있다. 그래서 바울은 이 담대한 선언을 쓴 이유는 새 지식을 제공하기 위해서가 아니라, 로마의 성도들이 그들만의 영적 여정을 되짚어 그들이 받은 헤아릴 수 없는 은혜의 소중함을 다시금 느낄 수 있도록 돕고, 구원의 확실성을 확인해주며, 행동을 촉구하기 위한 것임을 분명히 밝힌다. 더 나아가 그는 로마의 교회를 포함하여 모든 교회를 가르치고 굳게 세우는 것이 그의 사도적 의무 – 그가 빚진(1:14, 고전 9:16) – 라고 생각한다.

바울이 사도로서의 자신의 의무를 재확인하고 이방인들 사이에서 그가 가진 특별한 사명을 다시 한 번 강조한 것은, 자신이 쓴 편지의 정당성을 입증하려는 것이 아니다. 그는 편지의 서두에서 "너희 중에서도 다른 이방인 중에서와 같이 열매를 맺게"(1:13) 하려고 제국의 수도를 방문하는 것이라고 그의 의도를 언급했다. 그는 그들이 로마를 복음화하는 데 참여하기를 바랐다. 그리고 편지의 마지막에 한 걸음 더 나아간다. 그는 로마에서의 사역을 위한 가능성을 조사하면서 서쪽 지평 너머 더 많은 것을 바라본다. 로마의 성도들이 훌륭한 동역자라고 말하면서 그는 사역의 다음 단계를 위한 비전과 계획을 나눈다.

—15:17-21—

성경의 이 부분에 포함된 시간을 초월한 원칙들 외에도 우리는 훌륭한 부수적인 혜택을 누릴 수 있다. 우리는 내가 은혜와 기개가 넘치는 사람으로 표현한 이 사도의 모습을 볼 수 있는 드문 기회를 얻었다. 그의 조건과 그가 성취한 일들이 보여주는 인상적인 이력에도 불구하고, 그는 스스로를 예수 그리스도의 노예로 여긴다. 그는 주인의 공로를 조금이라도 자신에게 돌릴 마음이 없다. 그 안에 성령의 능력이 실재하셨기 때문에 그가 행한 이적들은 진짜다. 하나님이 그를 통해 복음을 전하기로 작정하셨기에 이방인들이 회심했고, 그들의 언행 속에서 순종이 나타난다. 바울이 순종하고 끝까지 해냈기에 여러 국제적인 도시에서 복음이 번성할 수 있었다. 아무도 그의 사역이 효과가 없었다고 시비할 수 없다.

15장 19절의 "편만하게"라는 말에 유의하라. 바울은 로마의 통치 아래 있는 대부분의 지역을 포함하는 예루살렘과 일루리곤 사이의 광활한 지역까지 "복음을 편만하게 전"했다고 공표한다. 그는 분명하게 "세상의 이 지역에서의 내 임무는 완수되었고 나는 이곳을 아주 유능한 사람들에게 맡긴다"라고 말하고 있다. 그리고 이사야 52장 15절을 인용해 그의 진의를 강조한다. 그것은 아직 복음을 듣지 못한 곳으로 가는 것이다.

메시아가 세상을 다스리시고, 열국에서 온 이방인들이 그분 앞에 엎드리는 이사야의 환상은 바울의 책무가 되었다. 그는 처음 했던 세 차례의 선교 여행을 통해 이제 겨우 이사야 선지자의 예언을 성취하기 시작했다. 그렇기 때문에 바울의 비전은 늘 그의 지경을 넘어 어디든 복음이 전파되지 않은 곳으로 그를 내몰았다. 그리고 - 나는 바울의 이런 점을 좋아한다 - 그의 꿈은 언제나 그의 기억보다 컸다. 기억은 당신을 과거에 묶어둘 수도, 새로운 도전으로 떠밀 수도 있다. 과거의 성공에 대한 기억은 그를 태만하게 만들지 않았고, 오히려 고무시켜 그리스도를 위해 더 많은 것을 성취하게 만들었다.

바울은 자랑하거나 칭송받기 위해서가 아니라 자신이 하려는 제안의 초석을 깔기 위해서 이전의 성공과 남아 있는 비전을 생각해낸다. 사실 그는 이렇게 말하고 있는 것이다. "나의 비전은 늘 복음을 듣지 못한 곳에 그것을 전파하는 것이었다. 하나님의 은혜로 이 사역은 성공을 거두어왔다. 나는 로마의 동부에서 내가 할 수 있는 것을 다했다. 그래서…."

—15:22–25—

바울은 급히 시각을 과거에서 미래로 바꾼다. 과거에는 동부에 필요한 사역이 그를 붙잡았지만, '이제는' 새로운 계획이 로마의 서부와 그 너머까지 펼쳐진다. 로마 교회를 소중한 동역자로 확인하고, 스스로를 사역에서 그들을 대표할 만한 사람으로 소개한 후에 바울은 고맙게도 공동 사역을 제안한다. 그는 그가 현재 맡고 있는 예루살렘 교회에 구호금을 전달하는 임무를 완수하고나서 스페인으로 갈 계획을 세운다.

바울의 전도 전략은 제일 먼저 주요 통상로 주변의 대도시에 작전 기지를 세우는 것이다. 예를 들어, 에베소는 바다를 통해 들어오는 보급품과 정부의 안정성이 보장되었고, 로마에 속한 아시아 주들을 관통하는 잘 정비된 도로들로의 접근이 용이했다. 고린도도 마찬가지여서 바울은 고린도를 근거지로 해서 마게도냐와 무시아를 복음화했고, 무시아를 통해서 비두니아까지 진출했다.

바울은 로마를 기점으로, 그가 생각하던 두 개의 사명 중 하나를 계획한다. 그는 로마에서 배를 타면 지금 우리가 스페인이라고 부르는 지역으로 곧장 갈 수 있었다. 이 지역은 로마에게 정복당했지만, 1840년의 미국 서부와 흡사하게 무한한 잠재력을 가진 채 대부분이 그냥 방치되어 있었다. 그러나 '스페인'은 북부 이탈리아와 현재의 프랑스를 거쳐 종국에는 피레네 산맥 너머까지 서부를 복음화하겠다는 바울의 열망을 상징하는 것이라고 보는 것이 더 맞다.

바울의 꿈은 원대하다! 그가 전도 계획을 세운 땅덩어리는 그의 세 번의 선교 여행 중 첫 번째 선교 여행 때 다녔던 지역보다 넓었다. 그리고 그 세 번의 여행을 통해서 겪었던 고난만 보아도 이 네 번째 여행에서 그의 앞에 놓여 있을지도 모르는 고난을 짐작하고도 남는다.

> "유대인들에게 사십에서 하나 감한 매를 다섯 번 맞았으며 세 번 태장으로 맞고 한 번 돌로 맞고 세 번 파선하고 일 주야를 깊은 바다에서 지냈으며 여러 번 여행하면서 강의 위험과 강도의 위험과 동족의 위험과 이방인의 위험과 시내의 위험과 광야의 위험과 바다의 위험과 거짓 형제 중의 위험을 당하고 또 수고하며 애쓰고 여러 번 자

묵상의 서재

내가 절대 은퇴를 안 하는 이유

몇 년 전 한 여성이 내게 전화를 걸어왔다. "목사님은 저를 모르시겠지만 저는 목사님의 라디오 프로를 듣고 있어요." 그녀는 말을 이어갔다. "실은, 그 방송으로 인해 제 삶이 바뀌었답니다."

그리고 그녀는 흐느끼기 시작했다. "제 인생은 엉망진창이었고, 모든 것이 끝났다고 생각했어요. 저는 낙태를 두 번이나 했고 남편과 세 아이들을 버렸어요. 저에게 소중한 것들을 모두 파괴했지요. 더 이상 잃을 게 아무것도 없다는 생각이 들자, 저는 권총을 하나 사서 싸구려 모텔 방에 들어갔어요."

나는 긴장했다. 흐느끼며 그 악몽같았던 밤을 회상하는 그녀의 목소리에서 절망적인 고뇌가 묻어나왔다.

"침대 옆에 주저앉아서 입 속에 권총을 밀어 넣었지요… 그런데 갑자기 라디오가 딸깍 하고 켜졌어요. 목사님의 방송이 나오더군요. 아마 어떤 독실한 신자가 그 방송 시간에 맞춰 라디오가 켜지도록 알람을 맞춰놓았던 모양이에요. 음악이 나오고 목사님의 목소리가 들렸죠."

거기까지 듣자, 나는 더 이상 서 있을 수 없었다.

"방송을 들으면서 저는 천천히 권총을 입에서 뺐어요… 그리고 제가 살건 죽건 제 앞에 놓인 것은 슬픔뿐이라는 걸 깨달았지요. 권총을 옆에 내려놓고 침대 옆에 무릎을 꿇고서 예수 그리스도께 저를 구원해달라고 요청했어요. 지금도 가끔 제 입 속에 있던 권총의 감촉이 떠오르곤 해요."

나는 은퇴를 할 건지, 하면 언제 할 건지를 묻는 질문을 자주 받는다.

절대 안 한다. 육신이 쇠해서 쉬엄쉬엄하거나 활동을 줄일지언정 복된 소식을 선포하는 일을 절대 멈추지는 않으리라. 절대로!

내가 어떻게 은퇴할 수 있겠는가?

지 못하고 주리며 목마르고 여러 번 굶고 춥고 헐벗었노라 이 외의 일은 고사하고 아직도 날마다 내 속에 눌리는 일이 있으니 곧 모든 교회를 위하여 염려하는 것이라"(고후 11:24-28).

생각해보라! 이것이 제국의 '문명화된' 지역에서 그가 당했던 일이다! 그는 이제 팍스 로마나(Pax Romana, "로마의 지배에 의한 평화")의 변방, 그리고 그 너머, 그 누구의 지시도

거대한 도시 로마는 바울이 한 지역에 복음을 전할 때 필요한 세 가지 결정적인 이점을 가지고 있었다. 그것은 바로 풍부한 공급, 효율적인 운송 수단(선박과 도로) 그리고 거의 무제한으로 뻗어나갈 수 있는 연결망이다. 바울은 에베소와 고린도처럼 로마를 작전 기지로 사용할 계획이었던 듯하다.

받지 않는 '야만인들'의 처분에 자신을 맡기게 될 곳으로 갈 계획을 세우고 있다.

—15:26-29—

바울은 로마 교회를 격려하려고 마게도냐와 아가야 – 현재의 그리스 – 교회의 구제 행위를 예로 든다. 헬라의 이방인 신도들은 자신들의 재물을 나누는 것을, 값을 매길 수 없는 영적 보화, 즉 복음이라는 선물을 준 예루살렘 사람들에 대한 감사의 표시로 생각했다. 바울은 분명히 로마도 감사의 빚을 지고 있으며, 그 빚은 다른 이방인들을 구원하려는 그의 사명을 도움으로써 갚을 수 있다는 것을 에둘러 말하고 있다.

바울은 로마로 가게 될 것을 확신하고 있다. 그러나 어떤 일로 그곳에 가게 될지 꿈에도 상상하지 못했을 것이다. 세 번째 여행에서 모금한 구호금을 전달한 후에 바울은 성전에서 유대인 지도자들 – 전에 그가 그리스도인들을 박해할 때 섬겼던 자들 – 의 거짓 고발로 인해 체포된다. 몇 번의 심리, 실패한 암살 음모, 몇 달간의 보호 감호 그리고 기나긴 재판을 거친 끝에, 바울은 로마 시민의 권리로서 로마에서 재판을 받게 해달라고 요청한다(행 21-26장). 그래서 사도 바울은 기어코 가려고 했던 목적지에 도착한다. 계획보다 늦게, 로마 호위병의 호위를 받으며.

—15:30-33—

바울은 "내가 우리 주 예수 그리스도와 성령의 사랑으로 말미암아(*dia*)"라는 기도로 로마 교회에 동역을 호소한다. 헬라어 전치사 *dia*는 그 쓰임새가 다양해서 문맥에 따라 뜻이 달라진다. 이 경우 이 단어의 정확한 의미는 "…의 중개로" 또는 "통해서"라는 뜻이다. 그들은 아들과 성령을 통해서 아버지께 다가가야 한다. 더 나아가 바울은 운동 경기에서 승리를 쟁취하기 위해 함께 싸우는 팀을 묘사할 때 흔히 쓰는 단어를 사용하면서, 그의 형제자매들에게 그와 "힘을 같이하"자고 권면한다.

바울은 그들의 간절한 기도를 바라는 마음을 과장해서 말한 것이 아니다. 그는 예루살렘에 구호금을 전달해야 할 의무감을 느끼는 한편, 그곳에 돌아갔을 때 자신의 안전을 심히 염려하고 있다. 훗날, 고린도에서 예루살렘으로 여행하던 중 그는 에베소 교회 지도자들에게 그가 탄 배가 다시 출항하기 전에 그를 만나러 오라고 부른다. 그리고 그는 단호히 말한다.

> "보라 이제 나는 성령에 매여 예루살렘으로 가는데 거기서 무슨 일을 당할는지 알지 못하노라 오직 성령이 각 성에서 내게 증언하여 결박과 환난이 나를 기다린다 하시나 내가 달려갈 길과 주 예수께 받은 사명 곧 하나님의 은혜의 복음을 증언하는 일을 마치려 함에는 나의 생명조차 조금도 귀한 것으로 여기지 아니하노라"(행 20:22–24).

이러한 실재적인 위험 때문에 바울은 구체적인 응답이 필요한 세 가지 기도를 요청한다. 첫째, 그의 적들이 그의 사역을 중단시키지 못하게 해달라고 기도한다. 둘째, 예루살렘의 유대인 그리스도인들이 헬라의 이방인 형제자매들이 주는 금전적 선물을 받게 해달라고 기도한다. 그리고 셋째, 그는 로마 너머까지 이어가려는 그의 사역 계획이 지체되지 않고, 로마 교회의 도움을 얻을 수 있게 되기를 기도한다.

바울은 의심의 여지없이 모든 사도 가운데 가장 개척 정신이 강한 사람이다. 성경의 기록은 그의 세대의 어느 누구보다도 그가 더 많이 여행했고, 더 많은 교회를 개척했으며, 더 많은 지도자들을 훈련시켰고, 더 많은 성경을 집필했음을 보여준다. 그럼에도 우리는 그가 홀로 있는 경우를 거의 보지 못한다. 그는 복음을 전파하고 교회를 강건히 세워야 한다는 그의 의무를 공유하는 재능 있고, 추진력 있는 사람들을 주변에 두고 있다. 그는 전폭적으로 신뢰할 수 있는 동역자들, 모든 것을 바쳐 헌신하지 않고는 배기지 못하는 사람들을 찾는다. 그리고 신뢰할 만한 동료를 찾으면, 지체하지 않고 그들이 가장 큰 영향을 미칠 수 있는 곳에 배치한다.

고난과 역경을 많이 겪었고 위험도 두려워하지 않는 바울이었지만, 로마의 변경에 새 길을 개척하겠다는 그의 비전은 믿을 수 있는 동역자의 도움이 있어야만 실현될 수 있다는 것을 알고 있었다. 우리는 그의 계획이 어떻게 펼쳐졌을지 추측만 할 수 있을 뿐이다. 사도행전은 바울이 로마에서 가택 연금을 당하고 있는 것으로 끝난다. 그러나 나는 개인적으로 그가 로마에서 두 번째로 투옥되었다가 결국 그곳에서 순교당하기 전에, 최소한 그가 꿈꾸던 비전의 일부를 실현했다고 믿는다.

만약 바울의 꿈이 스페인이 있는 서쪽으로 그를 데려갔다면, 필시 로마에 있는 그의 형제자매들이 항해 비용을 충당했을 것이다.

적용
큰 꿈을 더 큰 현실로 바꾸는 방법

위대한 사람들은 위대한 꿈을 꾸고 그 비전을 현실로 바꾸기 때문에 위대해진다. 바울의 복음에 대한 비전은 그와 동시대에 살았던 그 어떤 사람도 감히 상상하지 못했던 지역으로까지 뻗어나갔다. 바울이 로마 제국의 동쪽 지역을 세 차례 순회한 후에, 모든 주요 도시는 상대적으로 안정된 교회와 그들을 인도할 상당히 유능한 지도자들을 갖게 되었다. 바울이 제국의 서쪽 지역을 목표로 삼은 것이 그 즈음이었다. 그는 그때까지 그를 인도했던 동일한 원칙들을 적용함으로써 과거의 성공을 발판으로 삼았다. 나는 로마서 15장 14-33절에서 네 가지 원칙을 발견했다.

1. 인생에서 가장 큰 성취는 협력을 통해서 이루어진다(15:17-18). 우리는 종종 바울이 신실한 동료 한두 명을 제외하고 순전히 혼자서 이 도시 저 도시를 터벅터벅 걸어 다니는 모습을 상상한다. 그러나 정작, 그는 여러 차례 상당히 많은 수행원들과 함께 여행했고, 그것 때문에 선교를 계속하기 위해 교회들로부터 빈번한 도움을 받았다. 그는 다른 사람들이 함께하면 훨씬 더 효율적으로 일할 수 있다는 협력의 힘을 알고 있었다. 그는 자신의 비전을 나눔으로써 열정을 불러일으킬 수 있는 유능한 사람들을 늘 찾았다.
2. 위대한 업적은 아무 장애 없이 절대 이루어지지 않는다(15:22). 한 지혜로운 작가는 이렇게 썼다. "나의 영광의 목적지로 가는 길이 여기저기 흩어져 있는 바위와 움푹 패인 구덩이들로 손상되었다는 말을 듣는다면, 길을 가며 덜컥거릴 때마다 내가 제대로 가고 있다는 걸 알게 될 것이다." 로마 제국 동쪽 지역의 복음화는 빨리, 손쉽게 이루어지지 않았다. 바울은 위험에 대한 노출, 굶주림, 난파, 강도, 투옥, 채찍질,

돌팔매질, 중상, 심지어 가장 절친한 친구들의 반발을 겪었다(고린도후서 11:23-33을 보라). 이런 일들은 바울을 좌절시킬 수 있었다. 많은 사람들은 이런 방해를 하나님의 반대의 징후로 받아들일 수 있었다. 그러나 바울의 마음은 흔들리지 않았다.

3. 변하지 않는 소망은 장애물을 넘어선다(15:23-25). 계획했던 목표가 좌절된 채 감옥에서 괴로운 나날을 보낼 때에도, 그는 주님이 악한 사람들의 악행을 그리스도의 복음을 전파하는 데 사용하실 것을 믿었다(빌 1:12-14). 만약 당신이 당신의 소망이나 꿈에 찬물을 끼얹는 사람들과 함께 일하고 있다면 함께하지 말아야 할 사람들과 함께하고 있는 것이다. 새로운 친구들을 찾으라. 진정한 친구들은 지혜롭고 실제적인 조언을 주면서도 용기를 북돋아준다. 그들은 하나님과 함께라면 불가능한 일이 없다는 사실을 일깨워준다. 하나님을 영화롭게 하는 비전만 바라보며 주님을 신뢰하면 소망은 유지된다.
4. 변하지 않는 소망의 필수 요소는 열정이다(15:29). 랄프 왈도 에머슨(Ralph Waldo Emerson)은 이렇게 썼다. "어떤 위대한 일도 열정 없이 절대 이루어지지 않는다." 그가 옳다. 그러나 열정과 흥분을 혼동하지 말라. 열정과 흥분은 많은 경우 함께 오지만, 흥분은 대개 처음에 한두 번 좌절을 겪고나면 이내 사그러든다. 열정은 비전이 반드시 실현되어야 한다는 흔들리지 않는 확신에 힘입은 변하지 않는 긍정적인 태도이다.

어쨌든, 바울은 정말 로마에 갔다. 그리고 정부가 그의 여비를 대주었다! 옛 동료들이 제기한 거짓 혐의와 싸우고 암살 시도를 간신히 모면한 그는 네로 황제에게 재판을 받기 위해 로마 호위병들에 의해 로마로 호송되었다. 그는 로마에서 로마 병사들이 지키는 가운데 가택 연금을 당했는데, 그는 그것을 절호의 기회로 보았다. 그는 자기가 처한 환경을 근위병들을 전도할 기회로 삼았다.

당신이 위대한 비전을 가지고 있다면 당신은 지도자이다. 당신은 또한 그 귀한 꿈을 현실로 바꿔야 할 책임을 지고 있다. 당신의 비전을 다른 사람들과 나누고 도움을 요청하기를 주저하지 말라. 장애를 예상하고 당신의 비전을 성취하겠다는 목표에서 눈을 떼지 말라. 당신이 품고 있는 하나님을 영화롭게 하는 비전이 하나님의 능력을 통해 성취되게 해달라고 간구하며 기도 속에 꿈을 묻으라. 그리고 당신에게 하나님의 신실하심을 상기시켜 주는 동료들을 찾으라. 그리고 부득이하게 장애를 만날 때 좌절하지 말고 열정을 잃지 말라. 확신에 의해 앞으로 나아가고 역경을 이점으로 바꿀 방도를 모색하라.

만약 당신의 비전이 하나님을 영화롭게 하고 이 세상에 하나님의 의를 가져오는 것이라면, 하나님이 원대한 꿈을 더 큰 현실로 바꾸실 것을 확신해도 된다. 그분을 믿으라!

사랑, 그리고 거룩한 입맞춤(로마서 16:1-16)

1내가 겐그레아 교회의 일꾼으로 있는 우리 자매 뵈뵈를 너희에게 추천하노니 2너희는 주 안에
서 성도들의 합당한 예절로 그를 영접하고 무엇이든지 그에게 소용되는 바를 도와 줄지니 이는 그가
여러 사람과 나의 보호자가 되었음이라
3너희는 그리스도 예수 안에서 나의 동역자들인 브리스가와 아굴라에게 문안하라 4그들은 내
목숨을 위하여 자기들의 목까지도 내놓았나니 나뿐 아니라 이방인의 모든 교회도 그들에게 감사하느
니라 5또 저의 집에 있는 교회에도 문안하라 내가 사랑하는 에배네도에게 문안하라 그는 아시아에
서 그리스도께 처음 맺은 열매니라 6너희를 위하여 많이 수고한 마리아에게 문안하라
7내 친척이요 나와 함께 갇혔던 안드로니고와 유니아에게 문안하라 그들은 사도들에게 존중히
여겨지고 또한 나보다 먼저 그리스도 안에 있는 자라 8또 주 안에서 내 사랑하는 암블리아에게 문안
하라 9그리스도 안에서 우리의 동역자인 우르바노와 나의 사랑하는 스다구에게 문안하라 10그리스
도 안에서 인정함을 받은 아벨레에게 문안하라 아리스도불로의 권속에게 문안하라 11내 친척 헤로디
온에게 문안하라 나깃수의 가족 중 주 안에 있는 자들에게 문안하라 12주 안에서 수고한 드루배나와
드루보사에게 문안하라 주 안에서 많이 수고하고 사랑하는 버시에게 문안하라 13주 안에서 택하심을
입은 루포와 그의 어머니에게 문안하라 그의 어머니는 곧 내 어머니니라 14아순그리도와 블레곤과
허메와 바드로바와 허마와 및 그들과 함께 있는 형제들에게 문안하라 15빌롤로고와 율리아와 또 네
레오와 그의 자매와 올름바와 그들과 함께 있는 모든 성도에게 문안하라 16너희가 거룩하게 입맞춤
으로 서로 문안하라 그리스도의 모든 교회가 다 너희에게 문안하느니라.

훌륭한 단체를 표현하는 데 사용되는 어휘 가운데 몇 가지는 교회를 표현하기에 부적절하다. 교회가 클 수는 있으나 "메가(mega)"라는 말을 붙이는 것은 찬사가 아니다. 교회는 모름지기 그리스도에 대해 알기 원하는 사람이라면 누구라도 두 팔을 활짝 펴고 환영해야 하지만, 그 정체성을 '친(親) 구도자적'으로 바꾸어서는 안 된다. 교회는 늘 예수 그리스

도의 복된 이야기(good–story, '복음'의 고대 영어식 표현)를 강조하고 사회와 문화의 지도층을 끌어들여야 하지만, 스스로 '드러나기' 위해 교회가 물려받은 사도적 사명을 부인하거나 신학을 멀리해서는 안 된다.

또한 교회는 조직이 있어야 하고, 최고의 운영 방법을 채택하며, 최신 기술을 도입하는 지혜도 있어야 하지만, 지붕에 십자가를 꽂은 실적 좋은 기업이 되어서는 안 된다. 제일 먼저 마음속에 떠오르는 단어가 '효율적인', '추진력 있는', '집중된', 심지어는 '확장하는' – 적어도 교회의 문턱을 넘고 있는 사람들에게 – 과 같은 것이어서는 안 된다. 교회란 원래 나이 많은 사람들이 젊은이들을 가르치고 격려하며, 모든 사람이 서로를 책임지고 붙잡아주며, 그 안에서 안전, 포용, 희망, 도움을 찾는 가정과 같은 곳이다. 교회는 서로의 말을 믿을 수 있고, 의미 있는 예배를 드리며, 꺾을 수 없는 믿음이 있고, 은혜가 확연히 드러나며, 사랑을 생생히 느낄 수 있는 장소가 되어야 한다.

교회는 기름칠이 잘된 성능 좋은 기계가 아니라, 모든 사람을 훈훈하게 환대할 수 있는 공동체가 되어야 한다.

몇 년 전, 나는 한 무리의 목사와 전도사들과 함께 몇몇 교회들을 순방하면서 각 교회들이 어떻게 시작되었고, 그 지역 사회 내에서 그들의 주된 활동은 무엇이며, 어떻게 계속 변화하면서 점점 커지는 문화의 필요를 채울 계획인지를 배우는 기회를 가졌다. 우리는 상당히 알려진 대형 교회의 입구에서 약속 시간이 되기를 – 우리가 일찍 도착해서 교회는 아직 우리를 맞을 준비를 하고 있었다 – 기다리고 있었다. 기다리는 동안 관리인 중 한 사람이 다가왔고 우리는 그와 이야기를 나누기 시작했다. (나는 관리인들과 대화하는 것을 좋아한다. 다른 사람들은 교회를 그들이 바라는 모습이나 들은 소문대로 보는 반면에, 관리인들은 대체로 있는 그대로의 모습을 본다.) 곧 대화는 규모에 대한 것으로 넘어갔고, 그는 재빨리 자신의 교회가 얼마나 성장했는지 말해주었다. 내가 물었다. "교회가 얼마나 큰가요?" 그가 말했다. "글쎄요, 매주 주일마다 2,500명 정도는 처리합니다."

'처리라고?' 나는 그의 어휘 선택이 그 교회의 문화를 반영하고 있다고 생각했지만 우선은 판단을 보류했다. 그날 다시는 그 말을 듣지 못했지만 사역자들의 사역 방식이나 태도가 그 관리인으로 하여금 그런 어휘를 사용하게 만들었다는 사실이 시간이 지날수록 분명해졌다. 사람들을 '처리'하기 시작한 교회는 어떻게 될까? 처리는 정육 공장에서 하는 일이지 교회에서 하는 일이 아니다!

바울이 수세기 동안 출중한 지적, 신학적 통찰력으로 칭송받을 수 있었던 이유는, 주로 그가 로마의 성도들에게 보낸 편지 때문이다. 그러나 그는 그 외에도 사람들에 대한 관심도 깊었다. 바울에게 관계는 무척 중요했다. 검은색, 흰색, 회색으로 짜인 신학적 쟁점들 속에서 우리는 사랑이라는 선홍색 실을 찾아낼 수 있다.

하나님은 우리를 향한 사랑을 "붓고", "확증하셨다"(5:5, 8). 아무것도 우리를 하나님의 사랑에서 끊을 수 없다(8:28-39). 우리는 거짓 없이 전심으로 서로 사랑해야 한다(12:9-10). 우리는 우리에게 악을 행하는 자들을 축복하고 존중함으로써 교회 밖의 사람들을 사랑하기를 그치지 말아야 한다(13:8-10). 우리는 우리 자신의 안락함이나 쾌락보다 다른 성도들을 더 사랑해야 한다(14:15). 그런 다음 바울은 로마의 형제자매들의 사랑으로 그의 계속되는 사역에 참여해줄 것을 부탁한다(15:30).

바울은 다른 무엇보다도 사람들을 소중히 여기는 까닭에 사랑을 가장 중요하게 생각한다. 그렇기 때문에 편지 말미에 긴 명단 – 어떤 이는 로마인이고 어떤 이는 헬라인인데, 모두 바울이 개인적으로 소중히 여기는 사람들이다 – 이 나오는 것이 전혀 놀랍지 않다. 바울은 그가 문안한 한 사람 한 사람에 대해서 다 할 이야기가 있었을 터였으나 두 가지 이유에서 간단히 감사를 표한다. 첫째, 그는 안부를 전하면서 시간이나 거리가 그들 한 사람 한 사람에 대한 그의 사랑을 식게 할 수 없음을 그들에게 확실히 알리고 싶어 한다. 둘째, 그들에 대한 그의 관심은 실리적인 것이 아니라 개인적인 것임을 로마 교회에 확실히 알리고 싶어 한다. 대부분의 로마 성도들을 만난 적은 없지만, 바울은 그 형제자매들을 사랑한다.

—16:1-2—

뵈뵈는 "순수한, 밝은, 빛나는"이라는 뜻이다. 바울은 그녀를 "우리 자매"라고 언급했고 *diakonos*("집사", 우리말 성경에는 일꾼이라고 번역되었다 – 역주)라고 불렀다. 헬라어에는 이 단어의 여성형이 없다. 그래서 나는 이것을 그녀가 고린도에서 동쪽으로 11킬로미터 떨어진 곳에 있는 겐그레아의 여자 집사였다는 뜻으로 해석한다. 게다가 바울은 그녀를 "추천한다." 이는 그가 그녀와 함께 개인적인 추천서를 보낸다는 뜻이다. 이것은 편지를 배달하는 사람에게 주어지는 통상적인 예의였다. 따라서 바울이 편지를 배달하는 중요한 임무를 뵈뵈에게 맡겼을 가능성이 크다.

그는 성도들에게 그녀가 바울과 다른 사역자들에게 해왔듯이 "도우라"고, 문자적으로 해석하면 "옆에 서 있으라"고 부탁한다. 그는 의례적인 접대 이상을 요청하는 듯하다. 어쩌면 그녀가 로마로 옮겨가거나, 정부와 관련된 미묘한 사안에 대해 도움이 필요한 건지도 모른다. 어쨌든 바울은 그녀를 높이 평가하고 있다.

—16:3-4—

누군가에게 "문안"한다는 말의 의미는 복잡하게 생각할 필요가 없다. 고대의 인사는 오늘날 우리가 생각하는 것과 매우 흡사하다. 서유럽과 미국에서는 악수를 한다. 동유럽과 중동 지역에서는 서로의 뺨에 키스를 한다. 극동에서는 인사를 할 때 절을 한다. 고대에는, 특히 제국의 국제적인 수도에서는 인사 방식이 이보다 더 많았으면 많았지 적지 않았다. 그렇지만 어떤 방식이든 표현하는 감정은 같다. 행복의 축원과 감사 그리고 우정이다.

바울은 우선 그의 두 번째 전도 여행 중 고린도에서 처음 만났던 브리스가(브리스길라로도 알려진)와 아굴라에게 인사를 전한다. 그들은 글라우디오 황제가 유대인들을 박해하던 시기에 로마를 떠났다. 주님의 섭리 가운데 그들은 그들처럼 장막 만드는 일을 하는 바울을 만나게 되었고, 아마 그를 통해 그리스도를 알게 되었을 것이다(행 18:1-3). 분명 바울은 그들에게 깊은 영향을 미쳤다. 바울이 고린도를 떠나야 할 때가 되었을 때 그들은 에베소까지 그와 함께 가서 그곳에 몇 년을 머물렀다(행 18:18-19). 그가 그들에게 에베소에 정착하라고 권했던 것이 분명하다.

에베소 교회는 소아시아에 있는 그의 작전 본부였고, 그 지역에 지속적으로 안정된 영향력을 행사했다. 그렇지만 에베소 교회 자체가 불안정했기에 성숙하고 식견 있는 그리스도인들이 필요했다(딤전 1:3). 그 부부의 집은 예배하고 가르치는 모임 장소가 되었고(고전 16:19), 부부는 아볼로라는 정력적인 유대인 전도자를 포함하여 지도가 필요한 사람들을 신실하게 가르쳤다(행 18:24-28).

친구를 위해 위험을 무릅쓴 그 부부는 바울의 생명의 은인이었다. 바울은 여기서 상세히 말하지는 않지만, 그들은 분명히 한 번 이상 바울을 위해 '그들의 목숨을 걸었다.' 고린도와 에베소는 모두 대표적인 이교도 숭배의 중심지였기에 기독교의 성장으로 인해 재정적인 어려움을 겪었다. 그래서 두 도시의 이방인 관원들은 기독교는 자신들이 가장 소중히 여기는 것을 모조리 집어삼키려는 괴물이며, 바울은 베어버려야 할 괴물의 머리라고 생각했다. 브리스가와 아굴라와 같은 유력한 친구들이 없었다면 그들은 바울을 제거하는 데 성공했을지도 모른다.

결국, 글라우디오 황제가 네로에게 왕위를 물려주려는 왕비에게 살해당한 후에야 그 부부는 다시 로마로 귀환했다. 그들은 로마에서 그랬듯이, 고린도와 에베소에서도 점점 커져가는 성도의 무리를 성숙한 태도로 인도하면서, 그들의 집을 그리스도인들이 모이고 교제하며, 배우고 성장하는 안전한 장소로 제공했다.

목사들은 기도할 때 브리스가와 아굴라 같은 부부를 기도 목록의 맨 위에 놓는다!

—16:5—

에배네도는 브리스가와 아굴라가 로마로 돌아왔을 때 합류한 것으로 보인다. 바울은 그를 (글자 그대로) "아시아의 첫 열매"라고 부른다. 바울은 그 지역에 와서 무질서하게 연결된 작은 성도의 무리가 살아남기 위해 고군분투하고 있는 것을 발견하고 기뻐했을 것이다. 그리고 그들 중에서 최초의 개심자인 에배네도를 바울은 특별히 더 고맙게 생각했을 것이다. 에배네도는 바울이 직접 그리스도를 전한 최초의 개종자였을 가능성이 높다.

—16:6-7—

마리아(히브리어 이름 마리암의 영어식 표현)는 교회를 위해 "많이 수고한" 유대인 여인이다. 그것이 무엇을 의미하는지에 대해서는 추측해볼 수밖에 없지만, 바울은 분명 로마의 성도들이 그녀의 봉사 활동에 대해 상세히 알리라고 생각하고 있다.

바울은 네 가지 의미심장한 표현으로 안드로니고와 유니아에게 안부를 전한다.

- "친척"은 아마 유대인이라는 뜻일 것이다(9:3).
- "함께 갇혔던." 이것은 기록되지는 않았지만 바울이 이 두 성도와 함께 옥에 갇혔던 때를 말하는 듯하다.
- "사도들에게 존중히 여겨지고." 이 말은 (문자적으로) 초대 교회에서 그들이 사도와 같은 대접을 받았다는 뜻이거나, 아니면 그냥 사도들에게 높은 평가를 받았다는 뜻일 수 있다. 일부 사람들은 이 구절을 사용해 그 두 사람이 더 넓은 의미에서의 "사도"로 인정받았다고 주장한다. 물론 그리스도가 친히 지명하신 12사도가 있었지만 초대 교회도 바울이나 바나바처럼 교회 업무를 위해 공식적으로 파견한 사람을 가리켜 "사도"라는 명칭을 썼다(행 13:1-3). 그러므로 넓은 의미에서 "사도"는 "전도자"나 "중책을 맡은 자"라는 뜻이었다. 결국 우리는 바울이 쓴 이 구절만으로는 그들이 초대 교회에서 공식 직책을 수행했다면 그것이 무엇이었는지 알 수 없다.
- "나보다 먼저 그리스도 안에 있는 자." 이 말은 (말 그대로) 따로 설명이 필요 없다. 그들은 바울보다 먼저 그리스도인이었다.

안드로니고와 유니아는 바울과 바나바, 바울과 실라처럼 남자 사역 파트너였을 수도 있다. 그러나 그들이 브리스가와 아굴라처럼 결혼한 성도였을 가능성도 있다. "안드로니고"는 남자 이름이지만, "유니아"라는 헬라어는 남성이나 여성 모두에게 쓰일 수 있다. 이 구절을 바탕으로 초대 교회에서 여성 지도자를 세웠다고 주장하는 사람들에게 이 구절은 매우 중요하다. 만약 이 두 사람이 사도였고 유니아가 여성이었다면 그 함의는 분명하다. 그렇지만 유니아가 남자였다면 그 쟁점은 미결로 남는다.

안타깝게도 이 구절은 신학에 도움이 될 만큼 분명하지 않다. 유니아는 남자일 수도 여자일 수도 있으며, 양쪽 다 그럴듯한 증거가 있다. 더구나 "사도에게 존중히 여겨지고"라는 말 또한 여러 가지 뜻으로 해석될 수 있다. 우리는 이 구절을 원래의 의도, 즉 사역을 하면서 가장 힘들었던 고난과 가장 기뻤던 승리의 일부를 함께 나눈 두 사람에 대한 바울의 진심 어린 인사로 해석하는 것이 제일 좋을 듯하다.

—16:8–15—

다음에 나오는 20명의 이름에 대해서는 제공되는 정보가 거의 없다. 바울이 언급하고 있는 각 사람은 전체 이야기의 빙산의 일각이다. "사랑하는", "동역자", "그리스도 안에서 인정 받은", "친척", "주 안에서 수고한 자", "선택 받은 자", "형제들", "성도." 우리는 이 말 하나하나가 어떤 사연을 가지고 있는지 상상할 수밖에 없다. 우리가 확실히 아는 것은 이름이 거론된 한 사람 한 사람은 바울이 소중히 여기는 사람들이며, 로마 교회와 관련되어 있다는 것이 전부이다.

—16:16—

뵈뵈를 추천하고 로마에 있는 많은 친구들에게 안부를 전한 후에 바울은 "거룩한 입맞춤"으로 서로 문안하라고 권면한다. 이것은 바울이 자주 하는 말이다. 그는 이 인사법을 중요하게 생각한다(고전 16:20, 고후 13:11, 살전 5:26). 그런데 그는 다른 형태의 인사법 – 특히 로마식 악수 – 이 더 흔한 곳에서 이 관습의 중요성을 강조하는 듯하다. 왜 그런지는 추측할 수밖에 없는데, 내가 생각하는 이유는 세 가지이다.

먼저, 바울은 성도들에게 주변의 문화와 최대한 좋은 관계를 유지하라고 권고했다. 성도들은 정부 관원을 존중하고, 이웃을 존중하며, 그들이 속한 지역 사회에 영향을 미치면서 그리스도인의 자유를 누려야 한다. 그렇지만 그리스도인의 특색을 잃을 정도로 사회에 너무 동화되어서는 안 된다. 입맞춤은 본래 동방, 특히 유대인들의 관습이었다. 나는 바울이 친밀한 인사를 나누는 이 단순한 행위 – 뺨에 살짝 하는 입맞춤 – 를 하나 됨과 포용의 공적인 상징으로 지키고 싶어 한다고 생각한다. 두 남자 또는 두 여자가 공공장소에서 마주쳤을 때 그들의 입맞춤을 보고, 사람들은 그들이 "예수 그리스도"라는 남자의 이름을 공유하는 이상하고 친밀한 집단의 일원임을 알 수 있었을 것이다.

둘째, 바울은 성도들에게 동방의 입맞춤을 통해 그들이 그들의 근원지의 서쪽에 살고 있음을 일깨워주고 싶어 한다. 비밀 단체의 악수처럼 "거룩한 입맞춤"은 그들이 공유하는 정체성을 강화시킨다.

무엇보다도, 이 특별한 인사는 사이가 좋지 않거나 친밀하지 않은 사람들은 하기 어렵다. 나는 대부분의 사람들과 악수는 할 수 있지만, 잘 모르는 사람의 뺨에 키스는 못한다. 더구나 내가 존경하지 않는 사람에게 입을 맞출 수는 없다. 바울의 명령이 나에게는 관계를 분명하고 친밀하게 유지하려는 강한 동기가 된다.

공교롭게도 기술의 발달은 과거 어느 때보다도 관계를 쉽게 유지할 수 있게 만들어주었다. 이메일과 컴퓨터만 있으면 대부분의 사람들은 즉석에서 지구촌 어디로든지 편지를 보낼 수 있다. 또한 북미와 유럽 사람들은 상대방이 어디에 있든 그들에게 전화를 하거나 문자를 보낼 수 있는 개인 휴대 전화를 가지고 다닐 수 있다. 그런데 이렇게 기술적으로 진보된 사회에서 사람들은 살고 있지만, 그 가운데 외로움을 호소하는 사람들이 점점 더 증가하고 있다.

밴스 패커드(Vance Packard)는 1972년에 미국은 "낯선 자들의 나라"가 되었다고 썼다. 그리고 지금도 그렇고, 이전보다 더하다. 여론 조사 기관 갤럽은 인구가 밀집한 지역에 사는 사람들 사이에서 고립과 우울증이 증가한다는 보고를 계속 내놓고 있다. 상상해보라! 사람들에게 둘러싸여 있는 사람이 완전히 혼자라고 느끼는 것을.

사람들은 2천 년 전이나 지금이나 다른 사람들과의 의미 있는 관계를 갈구한다. 케케묵은 관습을 되살리자거나 새로운 관습을 만들자고 주장하는 것이 아니다. 그렇지만 우리는 그 "거룩한 입맞춤"에 담겨 있던 목적을 실현할 수 있는 방법을 강구해야 한다.

16절은 관계에 관한 것이다. 한 사람 한 사람이 '그리스도 안에서' 의미를 가지면서 연합되고 성도들은 동일한 유대감을 나눈다.

이 구절 – 바울의 편지 거의 끝머리에 있어서 쉽게 묵살되는 – 을 곰곰이 숙고해보면, 예시된 그리스도의 몸에 대한 몇 가지 진리를 발견하게 된다.

그리스도의 몸은 그 연합의 종류가 여러 가지이다. 바울과 절친한 관계에 있는 사람들 중에는 독신, 부부, 과부, 홀아비들이 포함되어 있다. 그는 남자와 여자, 노예와 사회적 엘리트, 초신자와 성숙한 성도 그리고 헬라인과 로마인과 유대인들에게 문안한다. 그는 몇 사람은 감옥에서, 많은 사람을 회당에서, 몇몇은 시장에서, 한두 명은 교회에서 만났는데, 모두 그리스도를 전하면서 만났다. 그들은 다양한 배경과 전통을 가진 제국 전역에서 온 사람들이었지만, 공유하는 한 가지가 있었다. 그것은 오직 예수 그리스도 안에서, 오직 믿음으로, 오직 은혜에 의해서 구원받았다는 것이다.

그리스도의 몸은 이름 없이 봉사하는 사람들에 의해 하나가 된다. 뵈뵈는 고린도 인근의 교회들을 단합시켰고, 주님이 후대에 길이 남을 중요한 편지를 전달하는 사명을 맡기신 인물이었다. 그런데도 우리는 그녀에 대해 별로 아는 것이 없다. 마리아, 우르바노, 드루배나와 드루보사(혹시 쌍둥이?), 버시는 수고했다고 언급되어 있다. 그들에 대해서는 성경이나 다른 신빙성 있는 사료에서 더 이상의 자료를 찾을 수 없다. 브리스가와 아굴라가 고린도에서 바울을 섬겼고, 에베소에서 교회를 강건히 세웠으며, 로마에서도 같은 일을 했다는 것은 의심할 여지가 없다. 그렇지만 그들에 대해서도 역시 성경에 나온 간략한 치하의 말 외에는 더 이상 아는 것이 없다. 여기에 열거된 27명의 이름은 묵묵히 그리스도의 몸을 살찌웠던 헤아릴 수 없이 많은 다른 사람들을 대표한다.

그리스도의 몸은 단순하고 현실적인 사랑이 특징이다. 바울의 인사는 그가 이 많은 사람들과 나누는 유대감에 비하면 다소 간결하다. 뵈뵈는 겐그레아 교회의 핵심적인 존재였다. 바울은 고린도, 에베소 그리고 지금은 로마에서 브리스가와 아굴라와 함께 장막 만드는 일과 제자 양육 사역을 했다. 그는 안드로니고와 유니아와 함께 지하 감옥에 갇혔고, 마리아와 우르바노와 드루배나, 드루보사, 버시와 함께 일했다. 그는 이 27명의 남녀와 함께 역사를 공유했고, 그들에 대한 그의 사랑은 미사여구를 필요로 하지 않는다. 바울은 자기의 감정을 표현하는 말보다, 그가 생각하는 그들의 가치를 증명하는 말을 사용한다.

바울의 문안 목록은 교회에 대한 그의 비전을 반영한다. 성도들은 그들을 둘러싸고 있는 지역 사회만큼이나 다양하지만, 그들은 구세주에 대한 유례없는 헌신으로 하나가 되어야 한다. 성도들은 찬사를 받지 않아도 일하고 섬기며 나누고, 고난받고자 하는 사람들로 채워져야 한다. 성도들은 서로를 보면 감사해야 할 이유가 마음속에 금방 떠올라야 한다. 그리고 성도들은 사랑 안에서 하나가 되어, 포옹이나 악수하는 것만큼 자연스럽게 뺨에 입을 맞출 수 있어야 한다.

나를 사랑하지 않는다면 나에게 입맞추지 말라.

적용

진심 어린 애정의 A, B, C, D

바울과 로마의 동지들 사이의 사랑은 미적지근하지 않았다. 사역을 하면서 겪은 고난과 승리는 시간이나 거리가 퇴색시킬 수 없는, 깊고 변하지 않는 애정으로 그들의 마음을 결합시켰다. 그는 이런 종류의 애정이 로마의 성도들을 나눌 수 없는, 친밀한 공동체로 단단히 결속시키기를 소망했다. 사실대로 말하자면 그는 오늘날 우리에게도 똑같은 것을 원하고 있을 것이다.

인사를 받거나 칭찬을 받은 27명의 명단을 되새기면서 각 사람과 바울과의 개인적인 관계를 곰곰이 생각해보면, 나는 바울이 12장 1절-15장 13절에서 가르친 교훈을 성실하게 실천했음을 깨닫게 된다. 이 교훈들을 기억하기 쉽도록 - 그래서 적용할 수 있도록 - 네 개의 간단한 명령으로 요약했다. 이것을 그리스도의 몸 안에서 나누는 사랑에 대한 A, B, C, D로 기억하라.

A. 서로 용납하라(Accept one another). 하나님은 사람들의 외모를 각각 다르게 창조하셨듯이 사람들에게 다양한 의견, 가치관, 흥미, 은사, 능력을 주셨다. 어떤 이들은 생각하고, 먹고, 숨 쉬고 그리고 사명을 꿈꾼다. 많은 사람들이 누군가를 가르칠 기회를 모색한다. 다른 사람들은 특별한 도움이 필요한 아이들에게 헌신하는 것 외에 다른 일은 꿈도 꾸지 못한다. 또 다른 사람들은 음악의 멋진 통로가 된다. 우리는 그들 모두를 필요로 한다.

게다가 우리는 성장하는 속도가 각기 다른 다양한 성장 단계에 있는 그리스도인 공동체이다. 우리 안에는 아직도 욕을 하는 이제 막 개종한 그리스도인들(그리고 욕을 하면서 그것을 숨기려고 하는 일부 오래된 그리스도인들)이 있다. 우리 안에는 평생 동안 교회를 다닌 사람들과, 몸 된 교회 안에서의 삶이 어떤 것인지 아직도 알아가는 단계에 있는 많은 사람들이 있다. 우리는 복제 인간들의 모임이 아니라 다양한 가족이다. 다양성을 향유하고 당신과 다른 사람들을 받아들이라.

B. 섬기는 자가 되라(Become a servant). 우리가 서로 섬길 때 공동체는 가장 안정된다. 도움이 될 만한 일이나 도움이 필요한 사람을 찾고 주저하지 말라! 어디서부터 시작해야 할지 모르겠다면 경험이 많은 사람을 찾아서 물어보라. "여기서 제가 도울 만한 일이 무엇

이 있을까요?" 목사가 기절하는 걸 보고 싶다면 그에게 다가가서 이렇게 물으라. 사람들은 대부분 가장 긴급한 필요에는 무관심한 채, 자신의 은사에 가장 잘 맞거나 은사를 발휘할 수 있는 자리를 찾으려고 한다. 종은 까다롭지 않다.

C. 다른 사람을 존중하는 마음을 키우라(Cultivate esteem for others). 나는 "가치나 진가를 보여주는 것"이라는 뜻을 가진 "esteem"이라는 고어를 사용하고 있다. 다른 사람의 가치를 인정하는 최고의 방법은 그 사람을 매우 귀중한 사람인 것처럼 대하는 것이다.

당신이 진심으로 존경하는 사람을 생각하라. 나에게 그런 대상은 에이브러햄 링컨이다. 만약 이 위대한 대통령이 우리 집에 들어온다면, 그를 대하는 내 태도에는 그에 대한 나의 존경심이 우러날 것이다. 마음의 결과로 드러나는 것이 태도이므로, 나는 내가 모르는 사람일지라도 그들을 링컨 대통령과 똑같이 대접함으로써, 그들을 존중하는 마음을 키울 수 있다.

어떤 특정한 사람들을 존중하는 것은 조금 더 수월할지도 모른다. 그러나 나는 당신이 피하고 싶은 사람들을 더 귀중하게 대할 것을 권면한다.

D. 사랑을 행동으로 나타내라(Demonstrate your love). 행위가 없는 사랑은 냉담한 무관심과 다를 바 없다. 그 둘은 똑같아 보인다. 그러므로 친절한 행위로 사랑을 표현할 방법을 찾으라. 그리고 만약 진심으로 도전하고 싶다면 더 분명한 방법으로 사랑을 표현해보라. 남자들은 사랑을 표현하는 것을 어려워하는데, 이것을 극복해야 한다.

한번은 수요 예배 때 설교를 하고 있는데, 뒷문이 왈칵하고 열리더니 우락부락하게 생긴 두 남자가 걸어 들어왔다. 한 사람은 민소매 옷을 입고 있었는데 한쪽 팔에 길게 새긴 문신이 드러나 있었다. 또 한 사람은 할리 가죽 자켓을 입고 겨드랑이 밑에 나치 헬멧을 끼고 있었다. 그들은 저벅거리며 뒷좌석으로 가더니 털썩 하고 앉았다. 민소매 셔츠의 남자는 예배 시간 내내 선글라스를 끼고 있었고, 두 사람 모두 팔짱을 끼고 앉아서 석상처럼 꿈쩍도 하지 않았다.

예배가 끝나자 사람들은 여기저기에 모여 교제하면서 대화를 나누고 있었다. 그런데 그 거구의 남자들이 나에게로 곧장 다가왔다. 헬멧을 들고 있던 남자가 말했다. "선생이 스윈돌이오?"

"네, 그렇습니다만." 나는 침을 꿀꺽 삼켰다.

"라디오에 나오는 그 사람 맞소?"

"네, 아마 내가 당신이 라디오에서 들은 그 사람일 거요."

그러자 그는 헬멧을 팽개치고 나를 땅에서 들어올리면서 뼈가 으스러져라 껴안았다. 나는 어찌해볼 수도 없이 발을 대롱거리면서 숨을 쉬려고 애썼다. "찰스, 절대 그만두지 마시오. 당신이 예수님에 대해서 말해주어서 감사하다는 말을 하고 싶었소. 그리고 당신을 사랑한다는 것도!"

그가 나를 내려놓자 이번에는 그의 친구가 다가오더니 또 한 번의 고통스러운 포옹을 가했다. 나는 이 두 부랑자들과 함께했던 시간이 정말 즐거웠다. 그들의 진솔한 사랑 표현이야말로 우리가 서로를 대할 때마다 보여주여야 할 태도이다.

진정한 애정의 기본 요소를 잠시 되새기는 시간을 가지라. 그런 다음 눈을 감고 당신 교회의 성도들이 이 네 가지 명령 – 판단하지 말고 서로 용납하기, 교만하지 않고 서로를 섬기기, 서로를 귀빈으로 대하기, 서로에게 진심에서 우러나오는 애정을 아낌없이 표현하기 – 을 성실히 실천하는 모습을 떠올려보라. 그들을 집으로 돌려보내려면 아마 불을 끄고 문을 닫아 걸어야 할 것이다! 누군들 이렇게 파급 효과가 큰 사랑의 공동체에 참여하고 싶지 않겠는가?

이것이 당신이 안식처라고 부르고 싶은 교회의 모습이라면 당신이 솔선수범하라. 제일 먼저 하는 사람이 되라. 진정한 사랑의 본보기가 되어 당신에게 합세하는 사람들을 칭찬하라. 얼굴을 찌푸리며 비난하는 사람들을 못 본 척하고, 뚱한 사람들에게 순수한 미소로 대하라. 그리고 그것이 미치는 영향을 지켜보라.

하나님의 포도밭을 짓밟는 멧돼지(로마서 16:17-20)

---

[17]형제들아 내가 너희를 권하노니 너희가 배운 교훈을 거슬러 분쟁을 일으키거나 거치게 하는 자
들을 살피고 그들에게서 떠나라 [18]이같은 자들은 우리 주 그리스도를 섬기지 아니하고 다만 자기들
의 배만 섬기나니 교활한 말과 아첨하는 말로 순진한 자들의 마음을 미혹하느니라 [19]너희의 순종함
이 모든 사람에게 들리는지라 그러므로 내가 너희로 말미암아 기뻐하노니 너희가 선한 데 지혜롭고
악한 데 미련하기를 원하노라 [20]평강의 하나님께서 속히 사탄을 너희 발 아래에서 상하게 하시리라
우리 주 예수의 은혜가 너희에게 있을지어다.

1520년 6월 15일 교황 레오 10세는 마틴 루터를 파문한다는 교서를 내렸다. 교서에서 교황은 기독교를 하나님이 심으시고 베드로와 그의 후계자들에게 위탁하신 포도밭에 비유했다. 그리고 루터를 그 포도밭을 파괴하고 집어삼키려고 숲에서 나온 멧돼지에 비유했다. 이 비유가 아이러니한 것은 그것이 2년만에 교황청의 재정을 고갈시킨 – 어떤 이들이 구실로 삼듯이 구제 사업을 지원한 것도 아니고, 자기를 위해 흥청망청 쓰고 사치스러운 축제를 벌이느라 – 인물에게서 나온 것이기 때문이다. 성도들의 보속금을 마지막 동전 한 닢까지 깡그리 다 써버린 교황 레오 10세는, 교회 부지들을 제일 높은 입찰가를 제시한 자에게 팔았다. 성직의 빈자리가 채워질 때마다 그는 더 많은 자리를 만들어내 그것 역시 돈을 받고 팔았다. 설상가상으로 재정이 줄어들수록 교황의 탐욕은 점점 더 커졌다. 급기야 그는 가톨릭 교회가 맡은 임무인 은혜를 나누어주는 역할을 상거래와 다를 바 없는 것으로 격하시켰는데, 특히 면죄부를 마구 찍어내 판매한 것이 제일 대표적인 일이다.

레오 10세의 부패는 새로운 일이 아니었다. 하나님의 포도밭을 마구 짓밟은 멧돼지들은 늘 있었다. 예수님은 홀로 위선적인 바리새인들과 교만한 사두개인들에게 저항하셨다. 바울은 에베소의 장로들에게 그들 사이에 있는 늑대들을 조심하라고 경고했고(행 20:29), 사역하는 내내 정기적으로 거짓 선생들과 사기꾼들과 맞섰다(행 13:6-11, 고후 11:11-15, 26, 갈 2:4-5, 빌 3:2, 딤전 6:20, 딤후 1:14-15, 2:16-18, 4:14). 요한의 글 가운데 많은 부분이 이런저런 이단들에 대한 답변이었고, 말년에는 거짓 선생들을 거절하라고 권고하는 편지를 썼다(요일 4:1, 요이 7-8절, 요삼 9-11절). 베드로와 유다도 동일한 어려움에 직면했다(벧후 2:1-3, 유 4절). 그러니 로마 교회가 멧돼지와 유사한 침입자들에게 취약했던 것이 놀랄 일은 아니다.

로마의 성도들을 준비시키기 위해 바울은 '멧돼지들'을 색출하는 방법을 가르치면서(16:17), 그들의 전형적인 특성을 폭로한다(16:18). 다행히 로마의 성도들은 강건했기 때문에, 하나님의 포도밭을 지키는 방법에 대한 가르침은 간결했고, 대부분은 확인의 형식을 취하고 있다(16:19-20). 그의 충고는 간략해서 더 특별하다.

—16:17—

바울은 그의 편지에서 딱 두 번 로마 사람들에게 "권면한다(*parakaleō*)." 그는 그들 스스로를 산 제사로 드리라고 권면하고(12:1), 스페인에 대한 그의 계획이 좌절되지 않도록 기도해달라고 부탁한다(15:30). 이 구절에서 바울은 교인들에게 특정 행동을 자세히 살펴볼 것을 권하고 있다. 이 단어는 micro*scope*나 tele*scope*에서 볼 수 있는 *skopeō*라는 단어이다. 지도자들만이 아니라 모든 성도가 두 가지 치명적 위험, 곧 "불화"와 "훼방"에 대해서 스스로를 자세히 살피라는 것이다.

어떤 사람들은 한 집단을 분열시켜 대번에 다투게 만드는 묘한 재주를 가지고 있다. 내가 지금까지 관찰한 바에 의하면 분열을 일으키는 사람들은 은밀하게 행동하는 데 이골이 난 사람들이어서 찾아내기가 어렵다. 속삭거림과 일대일의 사적인 만남이 그들의 사업 수단이다. 설상가상으로 그런 사람들은 스스로를 사람들을 분열시키는 존재로 인식하지 못한다. 그들은 그저 할 수 있는 한 조언을 해줌으로써 '도와주려는 것' 뿐이다.

불화를 일으키는 사람을 알아볼 수 있는 가장 좋은 방법은 극적인 사건에 관심을 갖고 주의 깊게 살피면서, 주변에 떠도는 대화에 귀를 기울이는 것이다. 얼마 지나지 않아 다른 사람들이 공통으로 겪은 한 사건 속에서 한 사람의 이름이 표면으로 떠오를 것이다. (분열시키는 사람들은 거의 대부분 한 번의 분열만으로 만족하지 않는다.)

"포도밭의 멧돼지"를 분별할 수 있는 또 다른 징표는 "방해물"을 개발하고 확장하는 것이다. 이 헬라어 단어는 *skandalon*인데, 14장 13절을 설명할 때 덫이라고 배웠다. 이런 사람들은 방심한 그리스도인들을 유인하기 위해 신학적 덫을 놓는다. 그들의 가르침은 우리의 마음을 끌지만, 예수님과 예수님이 친히 가르치셨던 사람들이 선포한 진리에 위배된다. 지금 우리는 우리를 위해 한 점의 오류도 없이 성경에 보존된 진리를 가지고 있다. 그러므로 "방해물"은 성경이 동의하지 않는 모든 교리 또는 행위인 것이다.

—16:18—

교회 안에 침입자가 들어왔다는 징후를 발견한 바울은 그 사람의 본성을 폭로한다. 그런 사람들은 자기의 "욕구(배)"만을 섬기기 때문에 그리스도를 섬기지 않는다. 다른 모든 행위를 포함한 그들의 가르침으로 득을 보는 것은 그들 자신이다. 그 보수는 돈, 권력, 특권, 지배, 지지 등 무엇이든 타락한 마음이 갈구하는 것일 수 있다. 그리고 본심을 숨기기 위해 그들은 놀랄 정도로 존경스러운 이미지를 보여준다. 그들은 교회의 어휘 – 내가 '그리스도인어'라고 부르는 방언 – 에 통달했고, 성숙한 성도들이 갖추어야 할 태도로 완벽하게 가장한다.

분열시키는 사람들과 거짓 선생들은 사람을 다루는 기술을 광이 반짝반짝 날 정도로 다듬는다. 그들은 직관적으로 영향력 있는 자리에 있는, 신뢰할 만한 사람들을 찾아내 그들의 약점을 이용한다. 만약 교만이 약점이면 아첨한다. 두려움이 약점이면 통제 감각을 강화한다. 불안감이 약점이면 그들이 중요한 존재로 느끼도록 만든다. 좌절하면 불가능한 것을 약속한다. 진실은 듣기에 껄끄러울 때가 많기 때문에 그들은 진리와 비슷한 어떤 것도 말하려 하지 않는다. 그래서 신중하지 못한 사람들은 그들의 꼬임에 넘어간다. 결국, 거짓말이 들통날 때쯤이면 피해는 가늠할 수 없을 만큼 커져 있다.

—16:19-20—

교회 지도자들인 디모데와 디도에게 보낸 바울의 편지는, 목사가 어떻게 파괴적인 사람들과 거짓 선생들을 다루어야 하는지에 대한 구체적인 충고를 담고 있다. 그는 교회를 보호하는 일에 있어서 적극적인 태도를 취할 것을 강조한다. 범죄한 사람은 자기의 잘못을 정면에서 지적받아야 하고, 만약 회개가 따르지 않으면 훈육을 받아야 하며, 필요하다면 성도들과 분리되어야 한다.

이 경우 바울은 교회의 지도자들이 아니라 전체 성도들에게 말하고 있기 때문에 조언의 내용이 다르다. 어떤 성도들이건 기본적인 책무는 성경의 진리에 순종하는 것이다. 그리고 이 점에 있어서 로마의 성도들은 다른 교회들 사이에서 모범적인 명성을 얻었다.

그의 구체적인 충고에 주목하라. "선한 데 지혜"로우라는 충고는 지식과 행동이 일치해야 한다는 뜻이다. 당신이 어떤 것이 사실이라고 진심으로 믿는다면 그것에 맞는 선택을 해야 한다. 실제로 바울은 동료 디도에게 거짓 선생의 한결같은 특성은 성경의 진리에 순종하지 않는 것이라고 말한다(딛 1:15-16).

뿐만 아니라 교인은 "악한 데 미련" 해야 한다. "미련하다"라는 헬라어는 원래 포위 공격에서 무너지지 않고 보존되었던 도시의 성벽을 뜻했다. "온전한" 또는 "다치지 않은"이 정확한 동의어일 것이다. 악은 어김없이 공격을 할 것이고 그 공격은 강력할 것이다. 그러나 성도의 고결한 성벽은 무너지지 않을 것이다.

지도자들에게는 분열을 조장하는 사람들과 거짓 선생들을 대면해야 하는 책임이 있지만, 보통 성도들은 그러한 책임을 지지 않는다. 지혜와 경계는 교회에 반드시 필요하다. 지혜롭고 조심성 있는 성도는 사람들이 분열될 때를 알며, 대번에 분쟁을 일으키는 사람들의 술책을 알아차린다. 그러면 교인들은 분열되거나 그릇된 길로 가는 것을 거부할 수 있다. 파괴적인 사람들은 청중을 잃으면 떠나는 습성이 있다.

로마의 교회는 이 점에 있어서 늘 강건했기 때문에, 바울은 독자들에게 하나님이 곧 신실한 추종자들의 발을 사용해 사탄을 물리치실 것을 확신시킨다.

하나님의 포도밭은 늘 멧돼지들의 마음을 끌 것이다. 이것은 교회사를 돌아보았을 때 발생되었던 뚜렷한 사실이며, 오늘날에도 계속될 것이다. 그러므로 당신은 분열을 조장하는 사람이나 거짓 선생을 발견하더라도 놀라지 말라. 그렇다고 해서 꼭 당신의 교인들이 온전하지 않다고 생각할 필요는 없다. 중요한 것은 교인들이 어떻게 반응하느냐이다. 그들은 분열을 일으키는 사람의 징표를 알아챌 준비가 되어 있는가? 그들은 사기꾼의 오류를 분별하는 방법을 배웠는가?

여기 모든 교인이 스스로에게 질문할 수 있도록 훈련받아야 할 네 가지 목록이 있다. 이것은 진리를 걸러내는 거름망 같은 것이다. 우리가 듣는 모든 것은 이 네 가지 질문으로 걸러져야 한다.

"내가 듣고 있는 것이 성경과 일치하는가?"
"내가 듣고 있는 것이 나의 구세주이신 예수 그리스도를 영화롭게 하는가?"
"내가 듣고 있는 것이 내가 더 경건한 사람이 되는 데 도움이 되는가?"
"내가 듣고 있는 것이 동료 성도들을 더 존중하게 만드는가?"

만약 모든 사람이 그들이 듣는 모든 것을 이 네 가지 질문으로 검사한다면, 분열시키는 사람이나 사기꾼들이 얼마나 무력해질지 상상해보라. 모든 성도가 이렇게 지혜롭게 행동하고 경계를 게을리하지 않는다면, 멧돼지들은 절대 하나님의 포도밭을 파괴하지 못할 것이다.

적용

하나님의 포도밭을 짓밟는 멧돼지를 해결하는 방법

지킬 가치가 있는 것은 무엇이든 결국에는 공격을 받는다. 그러나 문 밖의 야만인들로부터 공격받을 것이라 예상하지 말라. 피해를 입은 교회들은 대개 숨죽여 속삭이는 대화 속에서 한 번에 한 사람씩 사람들을 분열시키고 거짓 가르침을 퍼트리는 사람들에 의해서, 내부로부터 알게 모르게 해체되는 경우가 더 많다. 아이러니하게도 이런 파괴자들은 그들이 선한 일을 성취하고 있다고 생각한다. 프랑스 수학자이자 그리스도인 철학자인 블레이즈 파스칼(Blaise Pascal)은 이렇게 썼다. "인간은 종교적인 확신에 의해서가 아니라면 결코 악을 그렇게 완전하고 당당하게 행하지 않는다."

멧돼지들이 하나님의 포도밭을 침범할 때 지도자들이 손을 놓고 있어서는 안 된다. 지도자들은 기민하고, 단호하며, 과감하게 행동해야 한다. 다음의 세 가지 목록은 분열시키는 사람들과 거짓 선생들의 파괴로부터 교인들을 지키는 최선의 방법을 나타낸다. '관찰, 대면, 분리.'

1. 관찰(16:17). 양 떼를 약탈자로부터 지키기 위해 끊임없이 살피는 목자처럼 지도자들은 분열을 경계하고, 사기꾼들을 색출하며, 오류에 귀를 기울이고, 경계를 게을리하지 말아야 한다. 나는 지도자들에게 전체주의적인 접근 방법을 조언하는 것이 아니다. 편집증은 역효과를 낳는다. 그러나 분열시키는 사람이 교인들 속에서 속삭이고 있는 것을 발견하더라도 놀라지 말라. 어느 교회나 다 그런 사람들은 있다. 건강하고 성장하고 있는 교회라도 말이다.
2. 대면(요삼 10절). 대면은 유쾌하지 않은 단어가 되었다. 아마 대면의 상황이 잘 마무

리되는 경우가 드물기 때문인 것 같다. 대면이란 상황의 진상을 공개적으로 논의하기 위해 그것을 어둠 속에서 밝은 곳으로 끄집어내는 것에 불과하다. 대면은 비난이 아니라 책임 있는 사람에게 진솔한 질문을 함으로써 전략적으로 잘 사용될 수 있다. 사실을 논의하고 설명을 구하다보면 필연적으로 진실이 표면으로 떠오를 것이다. 그리고 감사하게도 그것으로 충분할 때가 많다. 분열시키는 사람들과 거짓 선생들은 비밀 유지를 잘하지만 한 번 위장이 벗겨지면 대개는 뒤로 물러선다. 간혹, 떠나는 경우도 있다.

3. 분리(딛 3:9–11). 때때로 분열시키는 사람들과 거짓 선생들은 잠시 물러섰다가 얼마 후에 다시 파괴 행위를 시작한다. 영적 지도자들의 권위를 찬탈해도 될 만큼 충분한 지지를 얻고 있다는 생각이 들면, 영적 지도자들에게 공공연히 반항하는 사람들이 있다. 이럴 경우 안타깝지만 지도자들은 공동체를 온전한 상태로 유지하기 위해 파괴적인 사람들을 제거해야 한다. 멧돼지들을 도망치게 놔두면 그들은 질서를 흩트리고, 불신을 조장하며, 심각한 혼란을 초래한다.

지도자들이 분열시키는 사람들과 거짓 선생들을 대면하는 경우는 드물며, 그들을 제거하고 완전히 정리하는 경우는 더더구나 찾아보기 힘들다. 때로는 비난을 두려워하기도 한다. 대개는 그냥 놔두면 문제가 저절로 해결되리라는 어리석은 희망을 갖는다. 그들은 또 대면과 분리로 인해 교인들 일부를 잃게 될 것을 걱정한다. 사실상 어떤 경우든 교인들을 잃는 것을 막을 수는 없다. 그러나 신속하고 단호하게 행동을 취하면 피해를 줄일 수 있다. 오래 기다리면 기다릴수록 균열은 더 커져서 파괴되는 부분도 커질 것이다.

당신이 교회의 지도자라면, 양 떼를 지키는 임무를 맡은 사람이라면, 파괴적인 사람이 분쟁의 씨를 뿌리거나 거짓을 가르치는 것을 감지했을 때 주저하지 말라. 문제가 저절로 해결되기를 기다리지 말라. 문제는 저절로 해결되지 않는다. 신속하고 단호하며 지혜롭게 대처하라. 그런 다음 단합을 유지하기 위해 해야 할 일을 하면서 헤치고 나아가라.

성도들은 상세히 알지 못하더라도, 그것이 무엇이든 이 유쾌하지 않은 책무를 완수해야 하는 교회 지도자들에게 힘을 실어줄 수 있는 일을 하라. 그들에게는 지지자들 – 그들의 편에 서 있는 신실하고 진실된 친구들 – 이 필요하다. 이것은 지도자들이 좋아하는 일도 아니고, 그렇다고 다른 대안이 있는 것도 아니다. 진실성을 가지고 이끄는 그들을 신뢰하고 그들의 용기를 칭송하라. 어떤 사역에서건 리더십은 오해로 가득 찬 외로운 책무이다. 인도를 잘하는 지도자들은 충성스러운 지지를 받아 마땅하다.

친구들을 높이고 하나님을 영화롭게 하라(로마서 16:21-27)

[21]나의 동역자 디모데와 나의 친척 누기오와 야손과 소시바더가 너희에게 문안하느니라

[22]이 편지를 기록하는 나 더디오도 주 안에서 너희에게 문안하노라

[23]나와 온 교회를 돌보아 주는 가이오도 너희에게 문안하고 이 성의 재무관 에라스도와 형제 구아도도 너희에게 문안하느니라

[24](없음) 어떤 사본에는 다음과 같은 구절이 있다. "우리 주 예수 그리스도의 은혜가 여러분 모두와 함께하기를 바랍니다 아멘"

[25]나의 복음과 예수 그리스도를 전파함은 영세 전부터 감추어졌다가 [26]이제는 나타내신 바 되었
으며 영원하신 하나님의 명을 따라 선지자들의 글로 말미암아 모든 민족이 믿어 순종하게 하시려고
알게 하신 바 그 신비의 계시를 따라 된 것이니 이 복음으로 너희를 능히 견고하게 하실 [27]지혜로우
신 하나님께 예수 그리스도로 말미암아 영광이 세세무궁하도록 있을지어다 아멘.

사람들은 바울에 대해 생각할 때 보통 '두려움을 모르는, 단호한, 결연한, 열정적인, 열매가 풍성한, 독립적인' 등의 형용사를 떠올린다. 어릴 적 내 상상 속의 바울은 지팡이와 배낭 하나만 달랑 지고, 내 성경책 뒤에 점선으로 표시된 도시들을 터벅터벅 걸어서 여행하는 모습이었다. 그리고 친구 한 명이 함께해주려고 따라다니는 것을 상상했다. 첫 번째는 바나바, 그 다음에는 실라 그리고 아마도 의사 누가와 디모데였을 것이다. 그러나 나는 바울이 전도 여행을 다녔던 그 길을 대부분 혼자 걸었다고 생각했다.

그런데 바울의 편지들을 잠깐 조사해보면 다른 그림이 나온다. 바울은 신학적 쟁점에 대해서는 자주 홀로였지만, 결코 독자적이거나 사람들과 떨어져 따로 있지 않았다. 대부분의 경우 그는 시간이 지나면서 점점 더 많은 수행원들과 함께 여행했다. 세 번째 여행을 마칠 즈음 로마서를 쓸 때는 고린도에서 그에게 훈련받고 있는 다섯 명의 진지한 사역자들과 함께 있었고, 심부름으로 외지에 간 몇 사람들이 더 있었다(실라, 누가, 디도 등). 어쩔 수 없이 먼저 여행을 떠나야 했을 때에는 늘 일행을 기다렸고(행 17:16, 18:5 참고), 두 번째로 로

마에서 투옥되어 홀로 남겨졌을 때에는 절박하다고 말할 수 있을 정도로 동료들을 간절히 원했다(딤후 4:9–11). 바울은 그와 동역했던 사람들을 사랑했다. 사실, 그는 그들에게 의지했다. 친구들을 무척 좋아한 나머지 곁에 친구들이 없으면 의기소침해졌다.

이것은 자연스러운 일이다. 하나님은 우리를 홀로 떨어져 살도록 창조하지 않으셨다. 우리가 혼자 있을 수 없다는 말이 아니다. 홀로 남겨졌을 때 바울은 그 시간을 효율적으로 사용했다(행 17:10, 16–17, 18:1–4, 20:1–2). 그러나 협력은 그의 열정에 더욱 불을 지폈고 그의 사역을 확장시켰다. 그는 분명히 다른 사람들과 함께 있는 것을 더 좋아했다.

—16:21–22—

만나기를 고대하는 로마의 성도들에게 안부를 전하고(16:1–16) 그들의 강건함을 칭송한 후에(16:17–20), 바울은 그를 가장 가까이서 돕는 사람들과 절친한 친구들의 안부를 전한다.

바울이 맨 처음 디모데를 만난 것은 첫 번째 전도 여행 때, 그의 고향 다소에서 160킬로미터 떨어진 곳에 있는 더베와 루스드라에 갔을 때였다(행 16:1–2). 바울은 그 젊은이에게서 깊은 인상을 받아 그를 전도 여행에 데리고 갔다. 바울이 로마서를 마무리할 즈음에 디모데는 그의 가장 절친한 친구이자 가장 유능한 조수가 되어 있었다.

바울은 이 외에도 점점 늘어나는 사역자 무리에 합세한 다른 세 사람의 이름을 언급하는데, 누기오는 아마도 안디옥에서 사역하면서 하나님이 바울과 바나바에게 내리신 지시를 들었던 "선지자들과 교사들" 중 하나인 듯하다(행 13:1). 바울은 데살로니가에서 야손을 처음 만났는데, 그때 그가 얼마나 용감한 사람인지 직접 목격했다(행 17:5–9). 그리고 소바더는 베뢰아에서 사역할 때 만났다(행 20:4). 바울은 그가 유대인들에 대해서만 사용하는 단어인 "친척"이라는 명칭을 사용한다(9:3, 16:7, 11).

바울은 그의 편지를 받아 적은 더디오가 개인적인 안부를 전하는 것을 허락한다. 바울은 여러 차례 조수들을 시켜 그의 생각을 적게 했다. 그들은 주어진 주제에 대한 스승의 강연을 수십 차례(디모데의 경우는 아마 수백 번)나 들었기 때문에 간단한 지시로 충실한 초고를 쓸 수 있었다. 그런 다음 바울이 손수 꼼꼼히 교정을 본 후에 대필자들이 가장 멋진 필체로 최종 원고를 작성한다. 그렇게 했으면서도 바울은 그 성령의 감화로 작성된 문서 하단에

묵상의 서재

아버지는 길을 아신다

1944년에 열 살이었던 나는 텍사스 만의 해안에서 가족들과 여름 휴가를 즐기고 있었다. 해마다 할아버지가 우리에게 그곳에 있는 작은 오두막을 내어주셨는데, 나는 아직도 그곳에 대한 멋진 추억들을 간직하고 있다. 그 시절 내가 제일 좋아했던 것은 아버지와 함께 도다리를 잡는 것이었다.

도다리를 잡아본 적이 없다면 내가 설명해주겠다. 어둠이 내리면 도다리는 해안가 가까이 다가와 부드러운 모래 바닥에 몸을 숨기고 새우나 숭어가 헤엄쳐 지나가기를 꼼짝 않고 기다린다. 그러면 우리는 콜맨 랜턴과 '기그'라고 하는 작살을 들고 무릎 깊이까지 물속을 헤치며 걸어 들어간다. 그리고 도다리를 발견하면 멈춰 서서 도망가기 전에 놈을 '작살낸다.' 우리는 종종 어둠 속에서 1.5킬로미터 이상을 걸어야 할 때도 있었다.

어느 그믐날 밤, 아버지와 나는 오두막을 나와 천천히 갯벌과 모래사장을 거쳐 만의 곶을 향해 걸어갔다. 어둠 속으로 더 깊이 걸어 들어가자 엄마와 형 그리고 여동생이 저 멀리 떨어진 오두막에서 웃고 떠드는 소리가 들렸다. 곶에 도착한 후에는 더 이상 가족들의 웃음소리도 들리지 않았고 오두막의 불빛도 보이지 않았기에 나는 점점 불안해지기 시작했다.

"아빠?"

"응? 도다리가 보이니?"

"네… 네 아빠, 그런데 아빠… 오두막이 안 보여요."

"나도 알아. 괜찮으니까 도다리나 계속 찾거라, 알겠지?"

어떤 때에는 도다리를 작살로 찍어 들어올릴 때 도다리들이 펄떡거리면서 물을 튀기기도 하고, 간혹 그 차가운 물이 뜨거운 랜턴에 튀어 유리 덮개가 깨질 때도 있었다.

"곧 큰 놈으로 한 마리 잡을 수 있을 것 같은데." 아버지가 말씀하셨다. (낚시꾼들은 언제나 낙관적이다!)

"아빠, 도다리가 꼬리를 파닥거리면 램프가 깨질지도 몰라요. 그러면 우리는 아무것도 비출 만한 것이 없어요."

아버지가 말씀하셨다. "나한테 회중 전등이 있단다."

"아빠, 그 전등에 전지는 제대로 있는 거예요?"

아버지는 물을 뚫어져라 쳐다보며 도다리를 찾고 계셨다. 나는 오두막의 희미한 불빛이라도 보이기를 바라면서 뒤돌아서 주위를 둘러보고 있었다.

"전지는 새 거야."

"한번 켜봐도 돼요?"

그게 화근이었다! 보통은 매우 참을성 있는 아버지의 인내심이 한계에 다다랐던 것이다.

"아니, 켜지 마. 도다리나 찾아!"

오랜 정적이 흐른 뒤에, 나는 겸연쩍게 물었다. "아빠, 아빠는 우리가 어디 있는지 알아요?"

"그럼 알지."

나는 아버지를 믿었다. 나는 열살 짜리 아이의 자그마한 손을 아버지의 커다란 손아귀 속에 살짝 집어넣었다. 그리고 다시는 오두막의 불빛을 찾으려고 뒤돌아보지 않았다. 아버지는 자신이 어디 있는지 아셨고, 중요한 것은 그 사실이었다. 내 손이 아버지의 손아귀 안에 들어가자 나는 그제서야 마음이 놓였다.

직접 더 적어넣는 경우가 왕왕 있었다(고전 16:21, 갈 6:11, 골 4:18, 살후 3:17, 몬 19절).

그의 조수가 편지를 '대필'했다고 말하는 것은 잘못이다. 생각은 100퍼센트 바울의 생각이다. 그가 지도하고, 검토하며, 단어를 선택하고, 문서에 직접 서명했다. 오랜 전통에 의해 그는 신뢰할 만한 조수에게 문서의 초고를 작성하게 하고, 최종적으로 완성된 것을 쓰게 했다. 여기에 나오는 서기의 이름은 더디오인데, 이는 "셋째"라는 뜻이다. '프리모(Primus), 세쿤도(Secundus), 더디오(Tertius).' 그의 이름은 노예들이 흔히 쓰는 이름이었다.

우리는 해방된 노예 "삼식이"가 바울의 신학적 대작을 쓰면서 느꼈을 감동을 상상할 수 있다. 우리는 더디오가 바울의 예화에 나오는 창조자로부터 입양 서류를 받아 든 해방된 노예에게서 느꼈을 동질감을 상상할 수 있다. 이 신임받는 조수가 잠시 편지 쓰던 것을 멈추고, 두루마리에서 몸을 돌려 바울에게 이렇게 묻는 장면을 상상해보라. "제 인사말을 써넣어도 될까요?" 그러자 바울이 대답한다. "물론이지!"

"이 편지를 기록하는 나, 해방된 노예인 더디오도 주 안에서 너희에게 문안하노라."

나는 이런 인간적인 체취를 사랑한다!

—16:23—

헬라에서 세 달을 머무는 동안(행 20:2-3) 바울은 아마 고린도를 그의 작전 기지로 사용했을 것이다. 그를 영접한 집 주인은 가이오라는 부유한 개종자인데 바울이 직접 세례를 준 사람이다(고전 1:14). 브리스가와 아굴라가 로마에서 한 것처럼(16:3-5), 가이오도 자신의 집을 그리스도인들이 예배하고, 가르치며, 교제하는 장소로 제공했다.

에라스도는 "이 성의 재무관"이라고 나와 있는데, 이 성이란 필시 고린도일 것이다. 시정 담당관들은 종종 상당한 부를 축적한 노예들을 해방시켜주었다. 그의 이름은 "친애하는"이라는 뜻이며, 더 이상 숫자로만 정체성을 인정받고 싶지 않았던 해방된 노예들이 흔히 선택하는 이름이었다. 에라스도나 가이오는 바울이 에베소에서 사역할 때 함께 여행했던 사람들과 동일 인물이 아닐 가능성이 크다(행 19:22, 29). 그렇지만 그들은 바울의 절친한 친구이자 신실한 옹호자였다.

"구아도"는 "넷째"라는 뜻으로 더디오처럼 그도 아마 노예인 듯하다. 그의 이름이 가이오와 에라스도와 함께 나오는 것으로 보아 고린도에서 바울이 머물렀던 집의 하인이었을 수도 있다. 바울이 그를 "형제"라고 불렀을 때, 그는 기쁨으로 가슴이 벅차올랐으리라.

—16:24—

뒤에 쓰인 사본의 대부분은 이 구절을 포함하고 있으나, 일부 사본에서는 16장 27절로 재배치되어 있으며, 로마서의 가장 오래된 사본에는 완전히 빠져 있다. 그러므로 이 구절은 나중에 첨가되었을 가능성이 높다. 그럼에도 이 짧은 축사는 바울 특유의 문체와 일맥상통한다.

—16:25-27—

바울이 쓴 편지의 마지막 장은 네 단락으로 나눌 수 있다. 첫 번째 단락(16:1-16)은 로마에 사는 사람들에게 전하는 개인적인 인사이다. 두 번째 단락(16:17-20)은 그들의 포도밭을 굶주린 멧돼지들로부터 지키라는 권고이다. 세 번째(16:21-24)는 고린도의 성도들로부터의 문안이다. 마지막 단락(16:25-27)은 하나님의 주권을 찬양하는 축원이다.

바울은 로마서를 끝맺으면서 논쟁을 접고, 교리를 제쳐두고, 사람에게서 하나님의 영광으로 주의를 돌린다. 이 세 구절은 몇 개의 복합구를 거느린 한 문장으로 되어 있어서 서두의 문장과 매우 유사하다(1:1-7). 기본적인 의미는 이것이다. "이제는… 너희를 능히 견고하게 하실… 하나님께… 영광이 세세무궁하도록 있을지어다." 그 사이에 있는 말이나 구는 무작위로 첨가된 것이다. 바울은 단어를 선택할 때, 하나하나가 편지의 메시지를 잘 반영하고, 편지의 원저자가 하나님이심을 나타낼 수 있도록 신중하게 선택했다.

"이제는… 너희를 능히 견고하게 하실… 하나님께…"는 성도들을 강하고 흔들리지 않게 하는 힘의 근원은 오직 하나님뿐이심을 밝히고 있다. 우리는 변화시키시는 성령의 사역에 참여할 것을 권고받지만 우리 스스로를 변화시키지는 못한다. 주님 한 분만이 그렇게 하실 수 있다.

"…나의 복음과 예수 그리스도의 전파함은…." 주님은 복음의 약속에 따라 우리를 견고하게 하신다. 바울은 복음이라는 말을 할 때 주권을 주장하기 위해서가 아니라, 소유권을 주장하기 위해서 "나의 복음"이라고 부르고 있다. 바울은 복음의 진리에 그의 영혼을 걸었기 때문에 복음은 그의 것이다. 복음은 하나님의 부르심에 따라 그에게 맡겨졌으므로 그의 것이다(롬 2:16, 딤전 1:11, 딤후 2:8). 그리고 믿음을 통한 하나님의 은혜와 구원에 대한 복된 소식은 다른 누구도 아닌 예수 그리스도가 중심이시다.

"…영세 전부터 감추어졌다가… 그 신비의 계시를 따라 된 것이니." 신비는 이전에 드러나지 않은 신성한 진리이다. "신비"는 비밀 정보나 불가사의한 지식과는 아무 상관이 없다. 예수 그리스도의 온전한 진리는 그분이 죽음에서 부활해 승천하시기 전까지는 온전히 알려지지 않았다. 이제, 그것은 다음의 요약된 바와 같이 온전하게 드러났다.

> 그리스도는 성경대로 우리의 죄를 위해 죽으시고 장사 지낸 바 되셨다. 그분은 십자가 위에서 우리 죄의 대가를 다 치르셨으며, 하나님의 의를 만족시키기 위해 그 외에 다른 것은 필요하지 않다. 그리스도는 기적적으로 육신의 부활을 하셨다. 그분은 이제 그것과 동일한 영생을, 그분을 믿는 믿음을 통해 은혜로 받는 모든 사람에게 주신다. 하나님이 거저 주시는 영생의 선물을 받는 자들은 죽은 후에 그분과 영원히 함께 하기 위해 새 생명으로 부활할 것이다. 이 선물을 거절하는 자들은 영원한 고통 속에 있게 될 것이다.

"…이제는 나타내신 바 되었으며…." 지금은 그토록 단순하고, 분명하며, 누구나 알 수 있는 사실이 그리스도가 그것을 드러내시기 전에는 수세기 동안 비밀이었다. 바울은 이 비밀이 이제 베일을 벗었다고 선포하는 것을 특권으로 생각한다.

"…영원하신 하나님의 명을 따라 선지자들의 글로 말미암아 모든 민족이 믿어…." 복음은 늘 하나님의 계획 속에 들어 있었고, 그 자취는 성경을 통틀어 모세의 글까지 거슬러 올라간다. 이제 유대인들에게 맡겨졌던 부분적인 메시지가 온전히 드러나 모든 민족, 문화, 신조, 국가, 언어, 세대에 다 미칠 수 있게 되었다. 우리 하나님은 얼마나 은혜로우신가!

"…믿어 순종하게 하시려고…." 이 구절로 사도는 그의 편지 - 그리고 복음 - 를 다시 원점으로 가져간다. 두 가지 다 "하나님의 의"를 궁극적인 목표로 한다. 바울은 처음 복음에 대해 언급할 때 이렇게 단언했다. "오직 의인은 믿음으로 말미암아 살리라"(롬 1:17). 복음의 온전한 목표는, 믿는 자들과 모든 피조물이 태초에 그랬듯이 다시 하나님의 선하심과 조화를 이루며 존재할 때까지 성취되지 않는다.

"…지혜로우신 하나님께 예수 그리스도로 말미암아 영광이 세세무궁하도록 있을지어다." 주님은 세상을 창조하시고, 채우시며, 체계를 세우시고, 모든 것에 목적을 부여하셨다. 그 다음 당신의 형상대로 인간 – 남자와 여자 – 을 창조하시고, 그들을 세상에 두어 그곳에서 살게 하셨으며, 그 풍성함을 누리게 하셨다. 그리고 그들에게 「웨스트민스터 대요리 문답(Larger Westminster Catechism)」이 정확히 서술하고 있는 단 하나의 목적을 주셨다. 그것은 바로 "하나님을 영화롭게 하는 것과 그분을 영원히 마음을 다하여 즐거워하는 것"이다.[4] 예수 그리스도가 이것을 가능하게 하셨다. 그리고 그분은 만물이 다시 하나님의 영광을 나타내도록 온전히 회복시키실 것이다.

그리고 이 점에 대해서, 나는 바울과 함께 마음을 다해 외친다. "아멘!"

주: 하나님의 공동체(로마서 15:14-16:27)

1. 아리스토파네스, *Acharnenses*, 687.
2. 에버렛 F. 해리슨, "Romans," *Expositor's Bible Commentary*, ed. Frank E. Gaebelein(Grand Rapids: Zondervan, 1976), 10:155.
3. Gerhard Kittel and Gerhard Friedrich, eds., *Theological Dictionary of the New Testament: Abridged in One Volume*, trans. Geoffrey W. Bromiley(Grand Rapids: Eerdmans, 1985), 645.
4. *The Westminster Standards*(Philadelphia: Great Commission Publications, 1986), 35.

찰스 스윈돌의 신약 인사이트 시리즈

로마서

1쇄 인쇄 2010년 11월 20일
2쇄 발행 2014년 5월 30일

지은이 찰스 스윈돌
옮긴이 김희수
펴낸곳 주) 도서출판 디모데 〈파이디온 선교회 출판 사역 기관〉

등록 2005년 6월 16일 제 319 – 2005 – 24호
주소 서울특별시 서초구 서초대로 141–25(방배동, 세일빌딩)
전화 마케팅실 070) 4018–4141
팩스 마케팅실 031) 902–7795
홈페이지 www.timothybook.com

값 30,000원
ISBN 978–89–388–1500–2 04230
ISBN 978–89–388–1499–9 (세트)